Marc Brandt

Mac OS
Hacking

Marc Brandt

Mac OS
Hacking

Professionelle Werkzeuge und Methoden zur forensischen Analyse des Apple-Betriebssystems

- Sicherungs- und Analysetechniken für digitale Spuren
- Integrierte Mac-OS-Sicherheitssysteme angreifen und überwinden
- Forensische Analysestrategien zu Spotlight, Time Machine und iCloud

Bibliografische Information der Deutschen Bibliothek

Die Deutsche Bibliothek verzeichnet diese Publikation in der Deutschen Nationalbibliografie; detaillierte Daten sind im Internet über http://dnb.ddb.de abrufbar.

Satz: DTP-Satz A. Kugge, München
art & design: www.ideehoch2.de
Druck: M.P. Media-Print Informationstechnologie GmbH, 33100 Paderborn
Printed in Germany

ISBN 978-3-645-60551-9

Über den Autor

Der Autor Marc Brandt ist an der Hochschule für Polizei Baden-Württemberg als Dozent tätig. Hier hält er schwerpunktmäßig Seminare zu den Themengebieten Mac, Mobile Devices und Network Forensics.

Marc Brandt begann seine Laufbahn als Streifenpolizist. Ein Jahr später wechselte er zur Kriminalpolizei. Bereits während seiner Tätigkeit bei einer Spezialdienststelle der Polizei Baden-Württemberg konnte er seine technische Begeisterung einbringen und vertiefen. Nach seinem Wechsel zum Polizeipräsidium Mannheim ergriff er 2007 die Chance auf eine Beschäftigung in der IT-Forensik. Seit diesem Zeitpunkt bildet er sich stetig weiter und krönte seine Leidenschaft für digitale Spuren im Jahr 2015 mit dem Abschluss M. Sc. in Digitaler Forensik an der Hochschule Albstadt-Sigmaringen.

Im Rahmen seiner Tätigkeit als Dozent erstellte er bereits mehrere Skripte und Papers für IT-Experten innerhalb der Polizei und führte entsprechende Seminare durch. Das Buch »Mac OS Hacking« ist ein Ergebnis seiner praktischen Erfahrungen und seiner lehrenden Tätigkeit.

Danksagungen

Dieses Buch widme ich meiner Frau Nina, die mich seit Jahren begleitet. Mit ihrer Expertise ist sie meine größte Inspiration und zugleich größte Kritikerin.

Danken möchte ich Daniel Jud von der Kantonspolizei Zürich für seine wertvollen Tipps und Hilfen.

Mein Dank gebührt zudem dem Franzis Verlag für die freundliche, motivierende und professionelle Begleitung bei der Erstellung bis hin zur Veröffentlichung des Buchs, insbesondere Herrn Ulrich Dorn für sein wertvolles fachliches Lektorat.

Vorwort

Das Buch »Mac OS Hacking« ist eine umfangreiche Anleitung und Hilfe für IT-Foren-siker, Analysten und interessierte Apple-Nutzer. Es bietet ein profundes Grundlagen-wissen zum Thema Mac OS und führt durch alle wichtigen Prozesse einer forensischen Analyse eines Mac-Computersystems. Ein aufmerksames Studium des Buchs macht Sie zu einem Spezialisten für das Betriebssystem Mac OS.

Neben der Beschreibung von Funktionalitäten und Besonderheiten des Betriebssystems werden insbesondere digitale Spuren lokalisiert, kategorisiert und praktische Methoden für eine Analyse aufgezeigt. Das Auffinden von Informationen in Plist- oder SQLite-Dateien kann bei der Arbeit von forensischen Analysten u. a. von Ermittlungsbehör-den zur Beantwortung bedeutsamer Fragestellungen führen und damit zur Aufklärung von Straftaten beitragen. Ebenso kann eine Sicherung und Analyse des Hauptspeichers beispielsweise zur Identifizierung von Passwörtern oder zur Lokalisierung von Malware verhelfen.

Das Buch entstand unter anderem auf Grundlage meiner Abschlussarbeit »Forensische Analyse von Mac OS X« im Rahmen des Studiums der Digitalen Forensik an der Hoch-schule Albstadt-Sigmaringen. »Mac OS Hacking« richtet sich an forensische Analysten und interessierte Leser, die einen tieferen Einblick in das Betriebssystem Mac OS erhal-ten möchten.

Im Lauf des Buchs lernt der Leser entsprechende Sicherungs- und Analysetechniken für digitale Spuren kennen. Darüber hinaus enthält das Buch weitere neu hinzugekommene Themenbereiche wie ein umfangreiches Kapitel über das Dateisystem HFS+ oder Ana-lysemöglichkeiten von Mac-Technologien wie Spotlight, Time Machine oder iCloud. Ebenso neu eingeflossen sind Themen wie die fortgeschrittene analytische Nutzung des Terminals, ein Kapitel zu AppleScript und zu Mac OS X Server.

Das Buch lebt in erster Linie davon, gelesen und benutzt zu werden. Es würde mich freuen, wenn Ihnen das Lesen Spaß bereitet und Sie viele Informationen mitnehmen und einsetzen können. Gerne freue ich mich über Ihr Feedback und Ihre Ideen zur Ver-besserung des Buchs und der zugehörigen Übungen.

Marc Brandt, Calw im Sommer 2017

Motivation und Aufbau des Buchs

Apple-Computersysteme mit dem Betriebssystem Mac OS spielen heute eine immer größere Rolle. Dennoch befindet sich die Mac-Forensik als Teildisziplin der Computer-forensik noch immer in einer Nischenrolle. Es existieren vergleichsweise wenige Fortbil-dungsangebote und nur wenige verlässliche Dokumentationen – und diese wiederum meist nicht in deutscher Sprache. Apple selbst ist recht zurückhaltend und liefert nur zu bestimmten Bereichen technische Informationen (sogenannte Technical Notes), beispielsweise dem XNU-Kernel. Viele proprietäre Funktionalitäten bzw. Frameworks sind hingegen wenig bis überhaupt nicht dokumentiert.

Bekannte Bücher wie Amit Singhs »OS X Internals: A Systems Approach« oder das exzellente Werk »Mac OS X and iOS Internals« von Jonathan Levin bieten zwar profunde Informationen zur OS-X-Systemarchitektur, zu Objective-C, Frameworks und APIs, sind aber derzeit nicht auf aktuellem Stand oder legen keine Schwerpunkte auf die forensische Analyse. Das Buch »OS X Internals: A Systems Approach« beispielsweise ist PowerPC-orientiert und wurde 2006 (bis zur OS-X-Version 10.4 Tiger) zuletzt aktualisiert. Das über 800 Seiten schwere Buch »Mac OS X and iOS Internals« wurde zuletzt 2013 aufgelegt (bis zur OS-X-Version 10.7.4 Lion und iOS 5.1.1).

Zur Zeit befindet sich Mac OS in der Version 10.12.2 mit der Bezeichnung macOS Sierra, die mobile Variante des Betriebssystems iOS in der Version 10.2.1. Aus diesem Bedürfnis nach Informationen heraus entstand die Idee für dieses Buch. Es möchte auf die Besonderheiten des Betriebssystems Mac OS eingehen, das mehr und mehr Menschen in seinen Bann zieht. Es möchte hinter die Kulissen von Mac OS und der damit korrespondierenden Apple-Geräte schauen, möchte eingesetzte Technologien und Mechanismen transparent erklären, um Analysten, Forensikern und interessierten Lesern als Anleitung bzw. Hilfestellung zur Verfügung zu stehen.

Das Buch ist in die folgenden Teilbereiche gegliedert:

- **Mac OS Lab**: Das Kapitel führt durch die Einrichtung eines Übungs-Accounts auf Ihrem Mac-Computer. Mit dem eingerichteten Account können Sie die begleitenden Übungen zum Buch durchführen.

- **Hintergrund**: Das Kapitel gibt eine Einführung in die Grundkonzepte und die Systemarchitektur von Mac OS. Es bietet einen Blick unter die Oberfläche des Betriebssystems und zeigt Mac-spezifische Technologien auf.

- **Mac-Datenträger, -Partitionen und -Dateisystem**: Das Kapitel bietet umfangreiche Informationen zu eingesetzten Partitionierungs-Schemata und den Dateisystemen HFS+ und Apple File System unter forensischen Gesichtspunkten.

- **Forensische Analyse von Mac OS**: Das Kapitel zeigt Möglichkeiten der forensischen Sicherung und Analyse von Mac-Computern und Mac OS auf. Dabei liefert es einen Einblick in den aktuellen Stand der Forschung.

- **Kategorisierung von Spuren**: Das Kapitel enthält eine mögliche Kategorisierung von digitalen Spuren. Dies erleichtert die Suche und Bewertung entsprechender Spuren und dient als Grundlage für eine weitere forensische Analyse.

- **Persistente Spuren**: Das Kapitel betrachtet nicht flüchtig gespeicherte digitale Spuren eines Mac-OS-Betriebssystems und bietet eine weitere Kategorisierungsmöglichkeit an. In diesem Kapitel werden systemnahe und anwendungsorientierte Artefakte, Analysemöglichkeiten und ihre Bewertung besprochen.

- **Mac-OS-Log-Dateien**: Mac OS besitzt mächtige Logging-Funktionalitäten, die eine Fundgrube für Informationen darstellen. Das Kapitel thematisiert die von Mac OS verwendeten Technologien, unter anderem auch das mit macOS Sierra neu eingeführte Unified-Logging-System.

- **Hack the Mac**: Mac OS ist als sicheres Betriebssystem bekannt. Viele Anwender nutzen die sehr intuitiv einzurichtenden Zugangsbeschränkungen wie Kennwörter, Schlüsselbund-Dateien oder die Verschlüsselungstechnologie FileVault. Das Kapitel zeigt praktisch auf, wann und wie sie überwunden bzw. konkret angegriffen werden können.

- **Übung Analyse und Cracking**: In diesem Kapitel haben Sie die Möglichkeit, ein kriminalistisches Szenario zu bearbeiten. Das Szenario umfasst Inhalte und Techniken aus den Kapiteln »Persistente Spuren«, »Mac OS Log-Dateien« und »Hack the Mac«.

- **Anwendungsanalyse unter Mac OS**: Nach der Vorstellung eines allgemeinen Modells zur Analyse von Programmen führt das Kapitel am Beispiel der Nachrichten-Applikation durch eine Anwendungsanalyse unter Mac OS.

- **Nicht-persistente Spuren**: Als äußerer Rahmen einer Kategorisierung von digitalen Spuren beinhalten nicht persistente Spuren im weitesten Sinne flüchtige Spuren. Dazu zählen beispielsweise der Hauptspeicher, Auslagerungsdateien oder Cloud Storage.

- **Random-Access-Memory-Analyse**: Die Sicherung und Analyse von Hauptspeicherinhalten wird in einem eigenen Kapitel besprochen. Das Buch legt hierbei einen Schwerpunkt auf Analysemöglichkeiten mit der Open-Source-Software Volatility.

- **Mac-Technologien unter forensischer Betrachtung**: Das Kapitel bespricht praxisrelevante Mac-spezifische Technologien wie Versions, Spotlight, Time Machine und iCloud. Neben einem möglichst tiefen Einblick in die Funktionsweisen bietet das Kapitel forensische Analysestrategien zu den jeweiligen Themenbereichen.

- **Advanced Terminal**: Das Mac-Terminal ist ein äußerst mächtiges und vielfältiges Werkzeug auch für Analysten. Das Kapitel gibt einen tieferen Einblick in die Möglichkeiten, das Potenzial der Kommandozeile für forensische Zwecke zu nutzen.

- **AppleScript**: Das Kapitel beinhaltet eine Einführung in die Skriptsprache AppleScript und das Werkzeug Automator. Anhand einiger praktischer Beispiele werden einfach umzusetzende Automatisierungsmöglichkeiten aufgezeigt.

- **OS X Server**: Das Kapitel betrachtet das Serversystem OS X Server und gibt eine Einführung in forensische Analysemöglichkeiten.

Übungen und Downloads

Das Buch wurde so verfasst, dass sich ein chronologisches Lesen, angefangen bei der Beschreibung der Betriebssystemarchitektur über die Kategorisierung der digitalen Spuren bis hin zur forensischen Analyse bzw. der RAM-Analyse und den weiteren Kapiteln des Buchs, anbietet. Nichtsdestotrotz können die einzelnen Kapitel des Buchs auch für sich allein stehend gelesen werden.

Zum optimalen Lesen und Verstehen der Inhalte dieses Buchs benötigen Sie einen Mac-Computer mit einem aktuellen Betriebssystem, idealerweise OS X 10.11 El Capitan oder macOS 10.12 Sierra. Obwohl das Vorhandensein eines Mac-Computers nicht unbedingt eine Voraussetzung ist, um das Buch zu verstehen, empfehle ich sehr, die Übungsbeispiele auch praktisch durchzuführen.

Die im Buch vorgestellten Übungsbeispiele stehen auf der Website des Franzis Verlags unter der URL *www.buch.cd* zum Download zur Verfügung.

Typografische Konventionen

Das Buch nutzt unterschiedliche typografische Konventionen und didaktische Elemente, um den Lesefluss zu erleichtern. Im Folgenden sind einige der genutzten Stilelemente beschrieben:

Programmcode, Listings und Terminaleingaben werden im Fließtext formatiert dargestellt. Funktionen und Anweisungen sind entsprechend eingerückt.

```
def example():
    print(„Hallo Welt")
```

Eingaben im Terminal sind durch das Prompt $ gekennzeichnet. In diesem Buch werden Terminaleingaben und korrespondierende Ausgaben in vielen Fällen in Form von beispielhaften Screenshots aufgezeigt.

```
$ ls -lai
```

Datei- und Pfadangaben werden in *kursiver* Schrift dargestellt.

/Users/marc/Desktop/example.txt

~/Desktop/example.txt

Hyperlinks zu externen Quellen im Internet werden ebenfalls in kursiver Schrift dargestellt.

http://www.franzis.de

Inhaltsverzeichnis

1	Ein Mac OS Lab aufsetzen	19
1.1	System Integrity Protection deaktivieren	19
1.2	Einen Übungs-Account einrichten	19
1.2.1	Einen neuen Benutzer-Account erstellen	20
1.2.2	Gatekeeper-Funktionalität deaktivieren	21
1.3	Programme im Mac OS Lab installieren	22
1.3.1	Java SE	22
1.3.2	Xcode	22
1.3.3	Fuse	23
1.3.4	Mac Ports	23
1.3.5	Homebrew	23
1.3.6	Libewf	24
1.3.7	Xmount	24
1.3.8	Sleuth Kit	25
1.3.9	SQLite-Browser	25
1.3.10	Hex-Editoren	25
1.3.11	Github	25
1.3.12	Python	25
1.4	Den Übungs-Account wieder löschen	26
2	Wichtige Hintergrundinformationen	27
2.1	Das Betriebssystem Mac OS	27
2.2	Applelution in Cupertino	28
2.2.1	Apple-Betriebssystem-Modelle	31
2.3	Mac OS X intern	31
2.3.1	Historie der Mac-OS-X-Versionen	32
2.3.2	Darwin – das Grundgerüst von Mac OS	37
2.4	Die Mac-OS-Architektur	38
2.4.1	HFS+	39
2.4.2	HFS+ case-sensitive	39
2.4.3	/bin	40
2.4.4	/sbin	40
2.4.5	/usr	41
2.4.6	/etc	41
2.4.7	/dev	41
2.4.8	/tmp	41
2.4.9	/var	41
2.4.10	/Applications	42
2.4.11	/Developer	42
2.4.12	/Library	42

2.4.13	/Network	42
2.4.14	/System	43
2.4.15	/Users	43
2.4.16	/Volumes	43
2.4.17	/Cores	43
2.4.18	Apple EFI	46
2.4.19	Launchd	50
2.4.20	Prozesse und Threads	51
2.4.21	Mach-O-Binaries	53
2.4.22	Bundles und Packages	55
2.4.23	Applications	56
2.4.24	Frameworks	56
2.5	**Mac-OS-Sicherheitskonzepte**	**57**
2.5.1	Code Signing	57
2.5.2	Sandboxing	57
2.5.3	Gatekeeper	58
2.5.4	File Quarantine	59
2.5.5	System Integrity Protection	59
2.5.6	XPC	60
2.6	**Zusammenfassung**	**61**
2.7	**Übung: Mac-OS-Handling**	**62**
3	**Das Mac-OS-Dateisystem im Fokus**	**67**
3.1	**Solid State Disks**	**68**
3.2	**GUID-Partitionsschema**	**70**
3.2.1	GUID Partition Table	70
3.2.2	Analyse der GUID Partition Table	75
3.2.3	Zusammensetzen von Fusion-Drive-Laufwerken	77
3.3	**Hierarchical File System Plus (HFS+)**	**78**
3.3.1	Speichersystematik	80
3.3.2	HFS+ Special Files	81
3.3.3	Extraktion von HFS+ Special Files	82
3.3.4	Volume Header	83
3.3.5	Allocation File	86
3.3.6	B-Baum-Struktur	87
3.3.7	Catalog File	95
3.3.8	Extents Overflow File	100
3.3.9	Attributes File	100
3.3.10	Journal	103
3.3.11	Dateikomprimierung	103
3.3.12	Hardlinks	105
3.3.13	Mac-OS-Zeitstempel	107
3.4	**Apple File System (APFS)**	**108**
3.4.1	Flexible Partitionen	109
3.4.2	Dateisystem-Snapshots	111
3.4.3	Dateien und Verzeichnisse klonen	112
3.4.4	Verschlüsselung	112
3.4.5	Eine APFS-Volume erstellen	113

3.4.6	Partitionsschema	115
3.4.7	Container-Superblock	117
3.4.8	Volume Header	117
3.4.9	Forensische Ansätze	120
3.4.10	Ausblick auf das APFS	123
3.5	**Übung: Partitionen und Dateisystem**	**124**
4	**Forensische Analyse von Mac OS**	**131**
4.1	**Stand der Forschung**	**131**
4.2	**Modelle der Digitalen Forensik**	**132**
4.3	**Der investigative Prozess nach Casey**	**132**
4.3.1	Der investigative Prozess für Mac-Computer	135
4.4	**Live Response**	**135**
4.4.1	Maßnahmen bei eingeschalteten Mac-Computern	136
4.4.2	Vertrauenswürdige Binaries	137
4.4.3	Sammlung volatiler Daten (Triage)	138
4.4.4	Virtuelle Maschinen	139
4.5	**Übung: Live Response**	**140**
4.5.1	RAM-Sicherung	145
4.5.2	Logische Sicherung	147
4.6	**Post-Mortem-Analyse**	**147**
4.6.1	Forensische Abbilder von Datenträgern	148
4.6.2	Live-CD/-DVD oder bootbarer USB-Stick	150
4.6.3	Sicherung von MacBooks mit NVMe-Controllern	152
4.6.4	Sicherung über die Recovery-Partition	154
4.6.5	Target Disk Mode	155
4.6.6	FileVault 2 und Fusion Drive	155
4.6.7	Open-Firmware-Passwort	156
4.6.8	Disk Arbitration	156
4.7	**Sicherungsstrategien für Mac-Computer**	**157**
4.8	**Übung: Sicherung erstellen**	**158**
4.8.1	Sicherung mit dd/dcfldd	158
4.8.2	Sicherung mit ewfacquire	159
4.8.3	Sicherung mit dem FTK Imager	159
5	**Kategorisierung digitaler Spuren**	**161**
5.1	**Persistente Spuren**	**161**
5.2	**Mac-spezifische Formate**	**162**
5.2.1	Property List Files	162
5.2.2	NSKeyedArchiver-Format	163
5.2.3	SQLite	166
5.2.4	Analyse von SQLite	169
5.2.5	Disk Images	178
5.2.6	Forensische Abbilder mounten	180
5.3	**System- und lokale Domäne**	**181**
5.3.1	Systeminformationen	181
5.3.2	Nutzerkonten	184
5.3.3	Netzwerkeinstellungen	185

5.3.4	Software-Installationen	186
5.3.5	Drucker	189
5.3.6	Keychains	190
5.3.7	Firewall	192
5.3.8	Launch Agents	193
5.3.9	Launch Daemons	194
5.3.10	Freigaben	195
5.4	**Nutzer-Domäne**	**201**
5.4.1	Nutzer-Account-Informationen	202
5.4.2	Papierkorb	204
5.4.3	Zuletzt genutzte Objekte	205
5.4.4	Dock	206
5.4.5	Spaces	207
5.4.6	Anmeldeobjekte von Nutzern	209
5.4.7	SSH	210
5.4.8	Apps	211
5.4.9	Kontakte	211
5.4.10	Kalender	213
5.4.11	Mail	214
5.4.12	Safari	217
5.4.13	Fotos	218
5.4.14	Nachrichten	219
5.4.15	FaceTime	221
5.4.16	Notizen	221
5.4.17	Continuity	223
5.4.18	Siri	224
5.4.19	Applikationen von Drittanbietern	225
5.5	**Netzwerk-Domäne**	**226**
5.6	**Zusammenfassung**	**226**
6	**Informationen aus Log-Dateien**	**227**
6.1	**Log-Dateien des Betriebssystems**	**227**
6.1.1	Nutzer-/Account-Informationen	227
6.1.2	Software-Installationen	228
6.1.3	Filesystem Check	228
6.1.4	Storage Manager	228
6.1.5	WiFi.log	229
6.1.6	System.log	229
6.1.7	Periodische Log-Dateien	231
6.1.8	Apple System Logs	232
6.1.9	Audit-Logs	233
6.1.10	Unified Logging	235
6.2	**Log-Dateien der Nutzer-Domäne**	**245**
6.2.1	Verbundene iOS-Geräte	245
6.2.2	FaceTime-Verbindungen	246
6.2.3	Übersicht	246

7	**Hack the Mac**	**249**
7.1	**Mac-OS-Nutzerpasswörter**	**249**
7.1.1	Cracking des Nutzerpassworts mit Dave Grohl	251
7.1.2	Cracking des Nutzerpassworts mit Hashcat	252
7.2	**FileVault 2 – Full Disk Encryption**	**256**
7.2.1	FileVault2-Cracking mit JtR – EncryptedRoot.plist.wipekey	259
7.2.2	FileVault2-Cracking mit JtR – Image-Datei	264
7.3	**Mac-OS-Keychains cracken**	**266**
7.3.1	Angriff auf den Nutzerschlüsselbund mit JtR	266
7.4	**Verschlüsselte Disk Images**	**267**
7.4.1	Angriff auf eine verschlüsselte DMG-Datei mit JtR	268
7.4.2	Angriff auf eine verschlüsselte Sparsebundle-Datei mit JtR	268
7.5	**Übung: Analyse und Cracking – Teil 1**	**268**
7.5.1	Szenario	268
7.5.2	Lösung: Szenario	270
7.5.3	Fortsetzung des Szenarios	273
7.5.4	Lösung: Fortsetzung des Szenarios	273
8	**Anwendungsanalyse unter Mac OS**	**275**
8.1	**Tools zur Anwendungsanalyse**	**275**
8.1.1	Mac OS: Aktivitätsanzeige	275
8.1.2	List open Files: lsof	277
8.1.3	Fs_usage	277
8.1.4	Xcode: Instruments	278
8.1.5	DTrace	280
8.1.6	FSmonitor	280
8.1.7	DaemonFS	281
8.2	**Modell zur Analyse von Applikationen unter Mac OS**	**281**
8.3	**Anwendungsanalyse der Nachrichten-App**	**283**
8.3.1	Analyseumgebung	283
8.3.2	Anwendungsanalyse der Nachrichten-App	283
8.3.3	Ansätze für eine forensische Analyse	304
8.3.4	Zusammenfassung	305
9	**Random-Access-Memory-Analyse**	**307**
9.1	**Stand der Forschung**	**308**
9.2	**Struktur des RAM-Speichers**	**308**
9.3	**Tools zur Sicherung und Analyse**	**311**
9.4	**RAM-Analyse mit Volatility**	**312**
9.5	**Volatility-Plugin vol_logext.py**	**314**
9.6	**Zusammenfassung**	**317**
10	**Forensische Betrachtung der Mac-Technologien**	**319**
10.1	**Versions**	**319**
10.2	**Spotlight**	**326**
10.2.1	Analyse von Spotlight	327
10.2.2	Spotlight als Werkzeug	329
10.3	**Time Machine**	**333**
10.3.1	Time-Machine-Spuren auf zu sichernden Rechnern	334

10.3.2 Allgemeine Struktur eines gemounteten Time-Machine-Backups 337

10.3.3 Struktur eines lokalen Backups 344

10.3.4 Analyse von Time-Machine-Backups 345

10.4 iCloud 350

10.4.1 iCloud-Spuren unter Mac OS 353

10.4.2 iCloud-Daten sichern 360

10.5 iOS-Backups 361

10.6 Übung: Cracken eines verschlüsselten iOS-Backups 368

10.7 Übung: Angriff auf die Manifest.plist 368

10.8 Übung: Analyse und Cracking – Teil 2 369

10.8.1 Suchen mit Spotlight 369

10.8.2 Fortsetzung des Szenarios 371

10.8.3 Lösung: Suchen mit Spotlight 371

10.8.4 Lösung: Fortsetzung des Szenarios 372

11 Advanced Terminal im forensischen Umfeld 373

11.1 Basiskommandos 373

11.2 Tastaturfunktionen 374

11.3 Spezielle Kommandos 374

11.3.1 Suche nach Dateien: locate 374

11.3.2 Suche nach Dateien: find..375

11.3.3 Grep...376

11.4 Mac-OS-Kommandos 377

11.4.1 Anzeige von erweiterten Metadaten 377

11.4.2 Anzeige und Konvertierung von Plist-Dateien 378

11.5 Scripting-Grundlagen 379

11.6 Übung: Advanced Terminal 380

12 AppleScript, Automator, OS X Server 381

12.1 Ein kurze Einführung in AppleScript 381

12.2 Automator und relevante Arbeitsabläufe 383

12.2.1 Workflow: Copy Files..386

12.2.2 Workflow: Kalenderdaten parsen 387

12.2.3 Workflow: Kontakte parsen 388

12.2.4 Dienst: Dateiliste erstellen 389

12.2.5 Dienst: MD5-Hashliste erstellen..391

12.2.6 Programme: Versteckte Dateien anzeigen und ausblenden......391

12.2.7 Programme: Diskarbitration Daemon aktivieren und deaktivieren..........392

12.3 Mac OS als vollwertiges Serversystem 393

12.3.1 OS-X-Server-Upgrade über den App Store...............................393

12.3.2 Grundlegende OS-X-Server-Einstellungen...............................394

12.3.3 Dateifreigaben innerhalb eines Mac-Netzwerks.......................395

12.3.4 Digitale Spuren zu eingerichteten Diensten.............................395

Literaturverzeichnis 397
Kapitel »Wichtige Hintergrundinformationen«.. 397
Kapitel »Das Mac-OS-Dateisystem im Fokus«... 400
Kapitel »Forensische Analyse von Mac OS« 401
Kapitel »Kategorisierung digitaler Spuren« 402
Kapitel »Informationen aus Log-Dateien«... 404
Kapitel »Hack the Mac« 405
Kapitel »Anwendungsanalyse unter Mac OS« 405
Kapitel »Random-Access-Memory-Analyse«.. 406
Kapitel »Forensische Betrachtung der Mac-Technologien«.......................... 407
Kapitel »AppleScript, Automator, OS X Server« 407

Stichwortverzeichnis.. 409

1 Ein Mac OS Lab aufsetzen

Besitzen Sie einen Apple-Computer mit Mac OS 10.11 El Capitan oder macOS 10.12. Sierra? Gerne möchte ich Sie dazu einladen, Ihren Computer so einzurichten, dass Sie in der Lage sind, die einzelnen Kapitel des Buchs und die zugehörigen Übungen praktisch zu bearbeiten und nachzuvollziehen. Das folgende Kapitel thematisiert das Einrichten eines eigenen Nutzer-Accounts unter Mac OS. Folgen Sie hierzu der schrittweisen Anleitung und richten Sie Ihren Mac so ein, dass sämtliche benötigte Funktionalitäten und Programme, die in diesem Buch aufgezeigt werden, zur Verfügung stehen. Im Rahmen des Buchs finden zur Durchführung von Übungen ausschließlich frei verfügbare Open-Source-Programme Verwendung. Nach dem Lesen des Buchs und Bearbeiten der Übungsbeispiele können Sie den Übungs-Account wieder aus Ihrem Mac-OS-System löschen und damit den Ausgangszustand wiederherstellen.

1.1 System Integrity Protection deaktivieren

Die Sicherheitseinstellung System Integrity Protection verhindert unter Umständen die Installation von Drittanbieterprogrammen unter Mac OS. Um eine Installation der Programme zu ermöglichen, sollte die Funktion deaktiviert werden. Führen Sie dazu folgende Schritte durch:

1. Führen Sie mit der Tastenkombination `cmd` + `R` einen Neustart des Mac im Recovery-Modus durch.

2. Öffnen Sie das Dienstprogramm Terminal und geben Sie im Terminal-Fenster den Befehl `csrutil disable` ein.

3. Damit der Befehl wirksam wird, führen Sie einen Neustart des Mac durch.

Das Deaktivieren der System Integrity Protection (abgekürzt SIP) erfolgt systemweit und beeinflusst somit sämtliche eingerichtete Benutzer.

Nach der Arbeit mit dem Buch kann die System Integrity Protection selbstverständlich wieder aktiviert werden. Hierzu werden die oben angeführten Schritte wiederholt, im Terminal wird dann allerdings der Befehl `csrutil enable` eingegeben. Der SIP-Status kann mit dem Befehl `csrutil status` abgefragt werden.

1.2 Einen Übungs-Account einrichten

Um auf Ihrem Mac-OS-System einen Übungs-Account einzurichten, sollten Sie auf Ihrem System Volume mindestens 10 GB freien Speicherplatz zur Verfügung haben. Überprüfen Sie den zur Verfügung stehenden Speicherplatz über die Menüleiste Ihres Desktops. Öffnen Sie hierzu das *Apfel*-Symbol-Menü und wählen Sie dort *Über diesen Mac*.

Bild 1.1: Das geöffnete *Apfel*-Symbol-Menü.

1.2.1   Einen neuen Benutzer-Account erstellen

Erstellen Sie einen neuen Benutzer-Account, indem Sie in den *Systemeinstellungen* Ihres Mac OS *Benutzer & Gruppen* wählen. Authentifizieren Sie sich dort mit Ihrem Administrator-Passwort und erstellen Sie den neuen Benutzer-Account *MacOS* im Administrator-Modus. Wählen Sie ein Passwort und bestätigen Sie mit *Benutzer erstellen*.

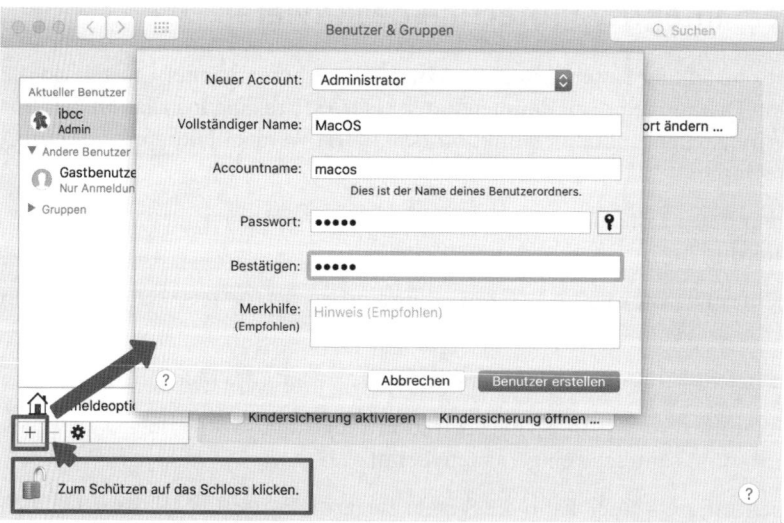

Bild 1.2: Einen neuen Benutzer erstellen.

Nach dem erfolgreichen Erstellen wird der Übungs-Account *MacOS* in der Benutzerverwaltung aufgeführt. Um ein schnelles Wechseln zwischen den Accounts Ihres Systems zu ermöglichen, aktivieren Sie unter *Anmeldeoptionen* das Optionsfeld *Menü für schnellen Benutzerwechsel*.

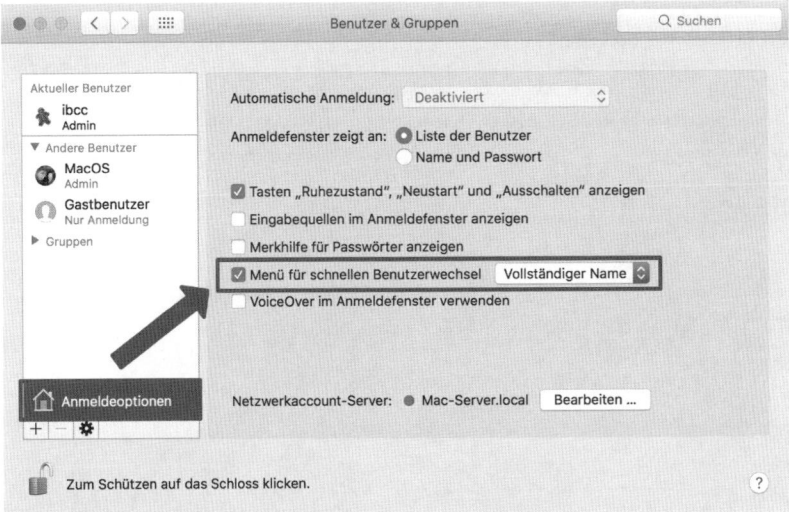

Bild 1.3: Menü für schnellen Benutzerwechsel aktivieren.

In der Mac-OS-Menüleiste sehen Sie jetzt auf der rechten Seite einen neu hinzugekommene Eintrag mit dem Namen des aktuell auf Ihrem Apple-Computer angemeldeten Benutzers – hier *ibcc*. Öffnen Sie das Menü der Schaltfläche und wechseln Sie zum neuen Benutzer *MacOS*.

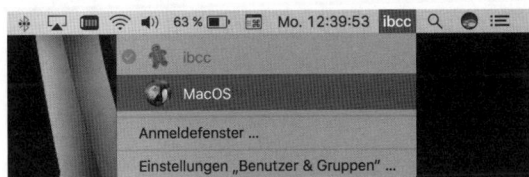

Bild 1.4: In den Übungs-Account *MacOS* wechseln.

Nach dem Wechsel in den Übungs-Account *MacOS* können Sie mit der Installation weiterer Software fortfahren. Über die Menüleiste können Sie jederzeit zurück in Ihren ursprünglichen Benutzer-Account wcchseln.

1.2.2 Gatekeeper-Funktionalität deaktivieren

Die Gatekeeper-Funktionalität von Mac OS sollte ebenfalls deaktiviert werden. Unter Mac OS X in der Version 10.11 oder kleiner sollte in den Gatekeeper-Einstellungen das Optionsfeld *Keine Einschränkungen* ausgewählt werden. Unter macOS 10.12 ist es nicht mehr möglich, die Gatekeeper-Einstellungen entsprechend einzuschränken. In diesem Fall muss die Ausführung von nicht signiertem Programmcode dezidiert jedes Mal erlaubt werden.

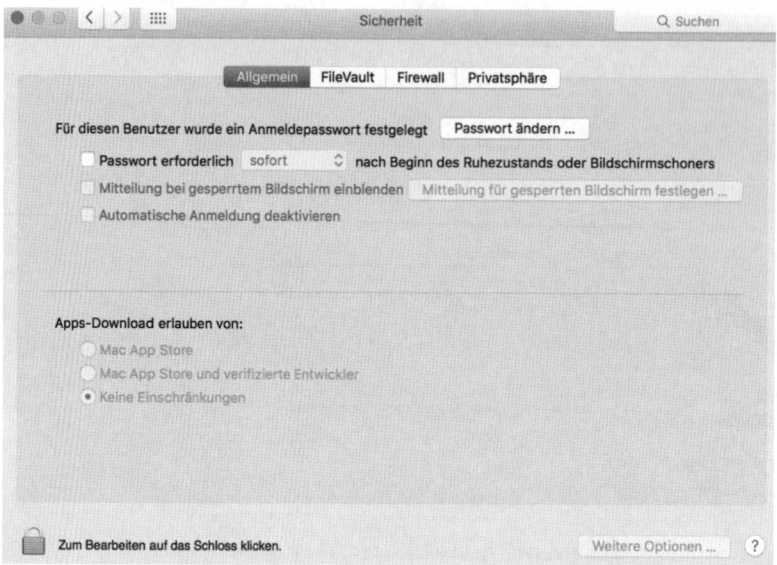

Bild 1.5: Mit der Option *Keine Einschränkungen* wird die Gatekeeper-Funktionalität deaktiviert.

1.3 Programme im Mac OS Lab installieren

Nachdem Sie den neuen Benutzer-Account angelegt haben, installieren Sie die folgenden Programme und Tools innerhalb Ihres eingerichteten Übungs-Accounts *MacOS*.

1.3.1   Java SE

Laden Sie das aktuelle Java SE Development Kit unter der URL *http://www.oracle.com/ technetwork/java/javase/downloads/jdk8-downloads-2133151.html* herunter und installieren Sie das Programm anschließend durch Ausführung der DMG-Installationsdatei.

1.3.2   Xcode

Installieren Sie die Entwicklungsumgebung Xcode für Mac OS. Registrieren Sie sich hierfür kostenfrei bei Apple und erstellen Sie einen Apple-Entwickler-Account (*https:// developer.apple.com/register*). Hierüber haben Sie Zugriff auf umfangreiche kostenfreie Downloads und Informationen zu technischen Spezifikationen von Apple-Produkten und -Technologien.

Nach erfolgreicher Registrierung können Sie Xcode und die aktuellen Command Line Tools unter *https://developer.apple.com/downloads* herunterladen. Installieren Sie die beiden Programme in Ihrem Übungs-Account.

Alternativ können Sie sich im Übungs-Account mit Ihrer Apple ID anmelden und Xcode über den App Store beziehen.

1.3.3   Fuse

Laden Sie Fuse für Mac OS über die URL *http://osxfuse.github.io* herunter und installieren Sie die DMG-Installationsdatei. Fuse erweitert die nativen Fähigkeiten Ihres Mac-OS-Systems zur Verwaltung von Dateisystemen und erlaubt es Ihnen, weitere Drittanbieter-Dateisysteme zu nutzen. Fuse ist eine Voraussetzung für das Programm Xmount.

1.3.4   Mac Ports

Zur Verwendung von Linux Binaries unter Mac OS existiert die Portierungslösung Mac Ports. Mac Ports kann von der Webseite *www.macports.org* kostenfrei bezogen werden. Die Installation erfolgt durch die Ausführung der DMG-Installationsdatei. Nach Durchführung der Installation sollte Mac Ports mit dem Terminalkommando `$ sudo port -v selfupdate` aktualisiert werden. Die Bedienung von Mac Ports erfolgt über das Terminal. Mac Ports ermöglicht das Herunterladen von Linux-Programmen, die für Mac OS portiert wurden (Ports). Die Programme werden von Mac Ports heruntergeladen, Abhängigkeiten werden geprüft, kompiliert und installiert. Das Installationsverzeichnis von Mac Ports unter Mac OS ist */opt/local/var/macports*.

Mac Ports kann mit den folgenden Terminalkommandos gesteuert werden:

Terminalkommandos: Mac Ports	
`$ sudo port selfupdate`	Aktualisiert Mac Ports
`$ sudo port search Suchbegriff`	Suche nach Ports
`$ sudo port install Paketname`	Installation eines Ports
`$ sudo port uninstall Paketname`	Löschen eines Ports
`$ sudo port upgrade outdated`	Aktualisierung von Ports
`$ sudo port uninstall inactive`	Deinstalliert inaktive Ports

1.3.5   Homebrew

Eine Installation von weiteren freien Programmen für Mac OS ermöglicht Homebrew. Der Paketmanager kann von der Webseite *http://brew.sh* kostenfrei bezogen werden. Die Installation erfolgt im Terminal mit dem Befehl:

```
$ ruby -e "$(curl -fsSL https://raw.github.com/mxcl/homebrew/go)"
```

Homebrew ermöglicht das Herunterladen von Programmen sowie deren Kompilierung und Installation. Dabei verzichtet Homebrew auf Root-Rechte. Programme werden in das Verzeichnis */usr/local/Cellar/* installiert, von wo aus jeweils ein symbolischer Link nach */usr/local/bin* erzeugt wird. Sind Programme bereits im System installiert, wird kein Link erzeugt. Überschneidungen zu bereits vorhandenen Installationen werden dadurch verhindert. Die Bedienung von Homebrew erfolgt ebenfalls über das Terminal.

Homebrew kann mit den folgenden Terminalkommandos gesteuert werden:

Terminalkommandos: Homebrew	
`$ brew update`	Aktualisiert Homebrew
`$ brew search Suchbegriff`	Sucht nach einem Programm
`$ brew install Paketname`	Installiert ein Programm
`$ brew options Paketname`	Zeigt Optionen zur Installation
`$ brew uninstall Paketname`	Deinstalliert ein Programm
`$ brew outdated`	Zeigt veraltete Programme an
`$ brew upgrade Paketname`	Aktualisiert Programme
`$ brew cleanup`	Deinstalliert veraltete Programmversionen

Nach der Installation von Homebrew ist es empfehlenswert, die Umgebungsvariable von Mac OS anzupassen und das Homebrew-Verzeichnis mit aufzunehmen. Dies kann durch Hinzufügen des folgenden Eintrags am Ende der Datei ~/.*profile* erfolgen:

```
$ export PATH=/usr/local/bin:/usr/local/sbin:$PATH
```

1.3.6   Libewf

Die Libewf-Bibliothek bietet Zugriff auf das EWF-Format (Expert Witness Compression), das von vielen forensischen Produkten eingesetzt wird, um Sicherungen von Datenträgern anzufertigen. Beispielsweise enthält die Bibliothek das Programm ewfacquire zur Erstellung von forensischen Abbildern von Datenträgern oder ewfmount zum Einbinden von forensischen Abbildern im EFW-Format in Mac OS. Eine Installation von libewf kann über Mac Ports erfolgen:

```
$ sudo port install libewf
```

1.3.7   Xmount

Das Programm Xmount ermöglicht das Konvertieren von verschiedenen Formaten von Festplattenabbildern untereinander. Es nutzt ein mit Fuse erzeugtes virtuelles Dateisystem, unter dem das konvertierte Datenträgerabbild verfügbar ist. Xmount kann so forensische Abbilder von Datenträgern im RAW- oder EWF-Format in das DMG-Format konvertieren, so dass sie im System eingebunden werden können. Ein anderer Einsatzbereich ist das Konvertieren in Formate wie VMDK oder VHD, um die Abbilder im Rahmen einer Virtualisierung mit Produkten wie VMware, VirtualBox, QEMU und anderen verwenden zu können. Mit Xmount konvertierte Abbilder von Datenträgern können unter Nutzung einer zusätzlichen Cache-Datei zudem beschreibbar eingebunden werden. Alle Schreibvorgänge werden dann virtuell im Cache File verarbeitet. Xmount kann über die URL *https://www.pinguin.lu/xmount* als 64-Bit-Package heruntergeladen und die DMG-Installationsdatei anschließend installiert werden.

1.3.8 Sleuth Kit

Sleuth Kit ist eine mächtige Sammlung von Werkzeugen zur Analyse von Datenträgern oder Abbildern von Datenträgern. Sleuth Kit gehört in das Repertoire eines jeden IT-Forensikers und ermöglicht eine profunde und manuelle Analyse von Partitionierungsschemata und Dateisystemen. Die Werkzeugsammlung kann über Mac Ports bezogen werden.

```
$ sudo port install sleuthkit
```

1.3.9 SQLite-Browser

Zur Analyse von SQLite-Datenbanken unter Mac OS kann beispielsweise der kostenfreie SQLite-Browser genutzt werden. Die DMG-Installationsdatei des Programms ist unter der URL *http://sqlitebrowser.org* verfügbar.

1.3.10 Hex-Editoren

Installieren Sie einen der beiden kostenfreien Hexadezimaleditoren Hex Fiend oder 0XED. Hex Fiend kann als ZIP-Datei über die URL *http://ridiculousfish.com/hexfiend* heruntergeladen, entpackt und in das *Programme*-Verzeichnis von Mac OS verschoben werden. 0XED ist ebenfalls als ZIP-Datei über die URL *http://suavetech.com/0xed* erhältlich.

1.3.11 Github

Github ist ein Onlinedienst zur Bereitstellung von Software-Projekten. Entwickler können diese über sogenannte Repositories (von Github verwaltete Verzeichnisse) zur Verfügung stellen. Zur Installation von Programmen über Github installieren Sie das Programm Git über Homebrew.

```
$ brew install git
```

1.3.12 Python

Mac OS enthält bereits als Standard die Installation von Python 2.7. Eine direkte Nutzung von Python ist somit möglich. Es empfiehlt sich allerdings, zur Nutzung und zur Entwicklung von Python-Programmen zusätzlich die offiziellen Python-Releases zu installieren. Diese können über die URL *https://www.python.org/downloads/mac-osx* bezogen werden. Die offiziellen Stables bieten jeweils den neuesten Versionsstand von Python.

Eine Installation von Python 2.7 und/oder Python 3 kann sehr einfach über das Terminal unter Nutzung des Paketmanagers Homebrew durchgeführt werden:

```
$ brew install python
$ brew install python3
```

Die Installation von Python über Homebrew beinhaltet automatisch auch die Installation der Python-Paketmanager pip und Setuptools, die eine einfache Installation von Drittanbieter-Libraries für Python ermöglichen. Im Terminal kann die installierte Version für Python 2.7 mit folgendem Befehl ermittelt werden:

```
$ python --V
```

Die Überprüfung einer Installation von Python 3 erfolgt analog mit dem Befehl:

```
$ python3 --V
```

Weitere Software
Mit der Installation der beschriebenen Programme haben Sie die Basis-Einrichtung des Übungs-Accounts *MacOS* abgeschlossen. Im weiteren Verlauf des Buchs werden Sie zur Durchführung von Übungen aufgefordert, weitere Software hinzuzufügen. Die Installation wird dann in den entsprechenden Kapiteln gesondert beschrieben.

1.4 Den Übungs-Account wieder löschen

Falls Sie das Buch gelesen und die Übungen abgeschlossen haben, können Sie den Übungs-Account *MacOS* wieder von Ihrem System löschen. Hierzu wählen Sie in den *Systemeinstellungen* den Punkt *Benutzer & Gruppen*. Dort können Sie den Übungs-Account nach der Authentifizierung mit Ihrem Administratorkennwort durch Auswahl der *Minus*-Schaltfläche löschen.

2 Wichtige Hintergrundinformationen

Das Kapitel gibt wichtige Hintergrundinformationen zum Betriebssystem Mac OS. Im ersten Abschnitt wird die Entwicklung hin zur aktuellen Betriebssystemversion macOS 10.12 Sierra und die damit verbundene Entwicklung der Apple-Produktfamilie vorgestellt. Die folgenden Abschnitte »Mac OS intern« und »Mac-OS-Architektur« beschäftigen sich mit wichtigen Grundfunktionalitäten des Betriebssystems und internen Mechanismen. Anschließend gibt der Abschnitt »Mac-OS-Sicherheitskonzepte« einen Einblick in implementierte Sicherheitsmechanismen. Am Ende des Kapitels werden die wichtigsten Erkenntnisse nochmals zusammengefasst.

2.1 Das Betriebssystem Mac OS

Mac OS hat sich seit seiner Einführung im Jahr 1984 durch den kalifornischen Computerhersteller Apple von einem Nischen-Betriebssystem zu einem der erfolgreichsten Betriebssysteme überhaupt entwickelt. Produkte wie MacBook, MacBook Pro, MacBook Air oder iMac erfreuen sich insbesondere in den letzten Jahren einer explosionsartigen Popularität.

Apple konnte als einer der wenigen Computerhersteller, die Hard- und Software in Produkteinheit vertreiben, sein Mac OS zum weltweit erfolgreichsten UNIX-basierten Betriebssystem aufsteigen lassen. Mit der Einführung des iPhones im Jahr 2007 hat die mobile Variante iOS den Siegeszug der Smartphones eingeleitet und eine völlig neue Ära für mobile Endgeräte bzw. Computer eröffnet. Heute ist Apple das wirtschaftlich erfolgreichste Unternehmen weltweit. Im November 2015 überschritt der Marktwert des Unternehmens erstmals die Marke von 700 Milliarden Dollar. Damit ist Apple das wertvollste Unternehmen aller Zeiten und lässt Konkurrenten wie Microsoft (394 Milliarden Dollar) weit hinter sich. Apple ist mit seinen Produkten ein Trendsetter für technische Innovationen und steht für hochwertige, moderne und leistungsfähige Geräte.

Diese Entwicklung ist kein Zufall. Apple verbesserte sein Betriebssystem Mac OS und die damit verbundenen Computer in einem jahrelangen Prozess ständig weiter. Ein Quantensprung in der Entwicklung war die Einführung von Mac OS X im Jahr 2001, welches das bis dahin nicht mehr konkurrenzfähige Mac OS Classic ablöste. Mac OS X war eine völlige Neuentwicklung. Begonnen mit dem Kernel, wurde die Betriebssystemarchitektur komplett neu entworfen und damit die Basis für die bis heute andauernde Entwicklung von Mac OS X gelegt. Die endgültige Befreiung als Nischenprodukt gelang Apple mit dem Wechsel seiner Prozessorarchitektur von PowerPC- zu Intel-Prozessoren im Jahr 2006. Die derzeit aktuelle Mac-OS-X-Version 10.12, auch als macOS Sierra bezeichnet, wurde am 20.09.2016 veröffentlicht. Die mobile Variante des Betriebssystems iOS 10 wurde am 13.09.2016 veröffentlicht. Die Funktionalitäten und Besonderheiten von OS X werden in den folgenden Abschnitten thematisiert.

Damit Sie Mac OS X und die besonderen Features des Betriebssystems besser verstehen, will das Buch zu einer kleinen Reise in die Vergangenheit einladen, die zeigt, wie sich Mac OS X über die Jahre entwickeln konnte. Dabei geht es nicht darum, jede technische Neuerung aufzuzählen. Apple führt teilweise von Version zu Version Hunderte neuer Features ein, insbesondere in der Mac OS X GUI(Graphical User Interface) oder den Anwendungsframeworks. Diese können bei Bedarf den technischen Spezifikationen der einzelnen Versionen bzw. Wikipedia entnommen werden. Vielmehr geht es darum, globaler auf die Entwicklung der entscheidenden Eckpunkte und Technologien von Mac OS X zu blicken.

2.2 Applelution in Cupertino

Die Firma Apple Computer wurde 1976 von Steve Jobs, Steve Wozniak und Ronald Wayne in Cupertino (USA, Kalifornien) gegründet. Ronald Wayne verließ das Gründungstrio einige Tage später. Der erste Computer wurde im gleichen Jahr entworfen und in sehr geringer Stückzahl (200 Computer) unter dem Namen Apple I für 666,66 US-$ veräußert. Im Juni 1977 entwickelten Jobs und Wozniak das Nachfolgemodell Apple II. Die Architektur des Apple II war für die damaligen Verhältnisse sensationell. Jobs und Wozniak gelang es, die benötigte Hardware in ein recht flaches Gehäuse zu integrieren. Der Apple II konnte auf einem entsprechenden Monitor farbige Grafiken darstellen und mit einer Erweiterungskarte an einen Fernseher angeschlossen werden. Als Massenspeichermedium nutzte er bereits damals ein Floppy-Laufwerk mit 5 1/4-Zoll-Disketten. Der Apple-II-Computer war einer der ersten 8-Bit-Computer, die eine weite Verbreitung fanden.

Als Betriebssystem kam das von Wozniak entwickelte kommandozeilenbasierte Apple Integer Basic zum Einsatz. Der Rechner war aufgrund seines Designs, seines modularen Aufbaus und seiner Erweiterungsmöglichkeiten eine Innovation. Das verbesserte Modell Apple II+ wurde 1979 entwickelt und fand erstmals auch in Europa Verbreitung. Im Apple II+ kam das von Microsoft entwickelte Betriebssystem Applesoft BASIC zum Einsatz. Es bot erweiterte Funktionalitäten wie das Rechnen mit Gleitkommazahlen oder Befehle zur Darstellung hochauflösender Grafiken.

Bild 2.1: Apple II

Die von Microsoft entwickelte Codebasis von Applesoft BASIC wurde 1982 auch im Commodore BASIC des Commodore 64 benutzt. Zur Verbreitung des Computers trug außerdem maßgeblich das 1979 von Daniel Bricklin und Bob Frankston an der Harvard Business School erfundene Programm VisiCal bei. VisiCal war die erste Tabellenkalkulation überhaupt und konnte damals exklusiv auf Apple-II-Computern genutzt werden. Die Grundideen von VisiCal wurden später beispielsweise von Lotus und Microsofts Excel übernommen.

Zwar war der Apple-II-Computer bereits für eine größere Käuferschicht interessant, dennoch erforderte die Bedienung des Rechners durch das kommandozeilenorientierte BASIC ein gewisses Maß an technischem Verständnis. Die Vision von Jobs war es, einen Computer zu entwickeln, der von jedermann bedient werden kann. Ein erster Schritt in diese Richtung war das 1983 entwickelte Apple LISA OS, eines der ersten grafischen Betriebssysteme. LISA OS war allerdings zu teuer, um kommerziell Erfolg zu haben. Unter dem Begriff Macintosh wurde schließlich 1984 im Rahmen eines Werbespots zum Superbowl der erste kommerziell erfolgreiche Personal Computer mit einem grafischen Betriebssystem eingeführt.

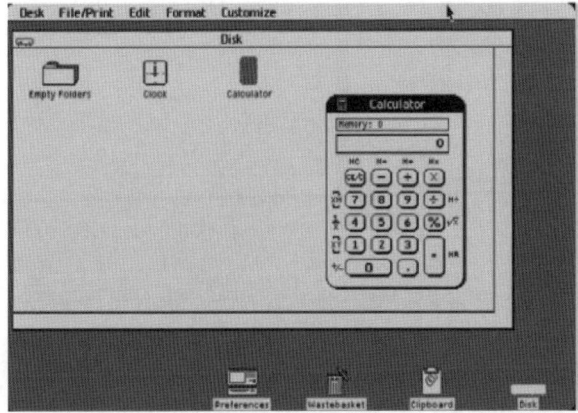

Bild 2.2:
Blick zurück auf LISA OS

Der Begriff Macintosh (im Weiteren auch verkürzt als Mac bezeichnet) sollte in Folge für die Apple-Betriebssysteme gelten. Das 1984 eingeführte Mac OS oder Mac OS Classic unterstützte die Bedienung per Maus und besaß als zentrales Element den bis heute bekannten Dateibetrachter Finder.

Ebenfalls im Jahr 1984 stellte Apple Computer John Sculley als Konzernchef ein. Die anfänglich gute Beziehung von Steve Jobs und John Sculley wandelte sich mehr und mehr zu einer Auseinandersetzung, die schließlich im Austritt von Steve Jobs aus der Firma Apple Computer 1985 ihr Ende fand.

Apple Computer konnte den anfänglichen technologischen Vorsprung in der Folge nicht halten. Das Mac-OS-Betriebssystem konnte nicht schnell genug fortentwickelt werden und verlor im Vergleich zu den mittlerweile vorhandenen Betriebssystemen Linux, BSD und vor allem Microsoft Windows (3.0 bis NT) den Anschluss. Eklatante Schwächen von Mac OS waren insbesondere die nur schwach entwickelten Multitasking-Fähigkeiten (sog. kooperatives Multitasking) und der nicht vorhandene Speicherschutz bei Programmausführungen.

Die kurz vor der Insolvenz stehende Firma Apple Computer entschloss sich 1997 zu einem radikalen Wandel, stellte Steve Jobs wieder ein und kaufte zudem die zwischenzeitlich von Steve Jobs aufgebaute Firma NeXT auf. Mit der Wiedereinstellung von Jobs änderte sich die Unternehmenskultur dramatisch. Jobs reduzierte das Unternehmensportfolio auf einige wenige Produkte und forcierte die Entwicklung eines neuen Betriebssystems Mac OS X. Mac OS X ist seit 2002 das alleinige Betriebssystem für Apple-Computer.

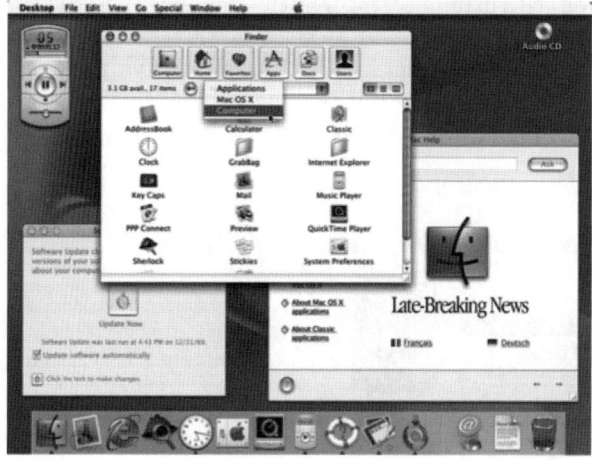

Bild 2.3:
Blick zurück auf Mac OS 10.0

Die neue Produktstrategie sah vor, den Computer mehr und mehr in den Lebensmittelpunkt zu stellen (digital hub) und in alltägliche Abläufe zu integrieren.

Die Entwicklung von Software wie iTunes zur Medienwiedergabe, iPhoto zur Verwaltung und Bearbeitung von Fotos oder iMovie für die Bearbeitung von Filmen ließen Mac-Computer und Mac OS X für Heimanwender immer interessanter werden. Marktinnovationen waren der 2001 vorgestellte MP3-Player iPod und der iTunes Music Store, in dem bis heute online Musik eingekauft werden kann.

Im Zuge der Umstellung der Prozessorarchitektur von PowerPC- auf Intel-Prozessoren erfuhr auch die Mac-Produktfamilie eine Neusortierung. Apple Computer führte 2006 die bis heute gebräuchlichen Modelle MacBook Pro, iMac, MacBook, Mac Pro und Mac mini ein. Ein weiterer Meilenstein war die Vorstellung des iPhones und des Apple TV im Jahr 2007. Beide nutzten als Betriebssystem iOS, eine im Kern mobile Variante von Mac OS X für ARM-Architekturen. Apple Computer erweiterte sein Portfolio damit um weitere Produktlinien außerhalb des eigentlichen Computer-Kernsegments. Symbolisch verdeutlichte die Firma dies durch eine Umbenennung von Apple Computer ins schlichtere Apple. Als weitere neue Produktlinien folgten schließlich 2010 das iPad (Betriebssystem iOS) und 2014 die Apple Watch (Betriebssystem watchOS, basierend auf iOS).

2.2.1 Apple-Betriebssystem-Modelle

Die Produktlinie von Apple besteht aus Mac-Systemen, die prinzipiell auf drei unterschiedlichen Betriebssystem-Modellen basieren:

- Das Betriebssystem Mac OS X findet sich in den Mac-Desktop-Rechnern und Laptops wieder. Als Desktop-Rechner sind die Modelle Mac Pro, Mac mini und iMac erhältlich, im Laptop-Bereich die Geräte MacBook, MacBook Air und MacBook Pro. Sämtliche Desktop- und Laptop-Modelle basieren derzeit auf Intel-Core-i- oder Core-M-Prozessoren (Broadwell/Skylake/Kaby Lake) in unterschiedlichen Ausführungen.

- Das mobile Betriebssystem iOS läuft in den Produktfamilien iPhone, iPod Touch, iPad und dem Apple TV. Das auf Mac OS X basierende iOS ist eine für mobile Geräte angepasste Betriebssystemversion für ARM-Architekturen. Dabei werden die Geräte von einem von Apple entwickelten SoC (System on a Chip) angetrieben. Diese SoCs kombinieren ARM-CPU, Grafikprozessor und Hauptspeicher auf einem Chip. Die erste SoC-Generation Apple A4 wurde im iPhone 4 und dem iPad der ersten Generation verbaut. Die derzeit aktuellen SoCs A10 bzw. A10X kommen im iPhone 7, 7 plus und im iPad Pro zum Einsatz.

- Eine Besonderheit ist die Apple Watch, deren Betriebssystem watchOS wiederum ein stark verschlanktes und funktionseingeschränktes iOS als Basis hat. Die dritte Produktlinie besitzt ein proprietäres embedded OS und besteht aus den Geräten iPod Shuffle, iPod Classic und iPod Nano.

2.3 Mac OS X intern

Als Steve Jobs 1985 Apple Computer verlassen hatte, gründete er die Firma NeXT. Unter dem Label NeXT entstand das Betriebssystem NeXTSTEP. NeXTSTEP basierte auf dem Mach Microkernel und unterstützte bereits Speicherschutz, Threads, Multitasking und Interprozesskommunikation durch Versenden sogenannter Mach-Messages. Das Betriebssystem war zudem objektorientiert. Es beinhaltete diverse Frameworks, unter anderem zur Entwicklung von Programmen unter der grafischen Oberfläche und zur Unterstützung von Gerätetreibern (DriverKit).

Als Programmiersprache zur Entwicklung von Programmen konnte das ebenfalls objektorientierte Objective-C eingesetzt werden. NeXTSTEP nutzte bereits das Konzept von sogenannten Bundles für Anwendungsprogramme und Bibliotheken. Bundles bestehen aus einer Verzeichnisstruktur und entsprechenden Dateien und können zu einer Bundle-Datei (Paketdatei) gepackt werden. NeXTSTEP nutzte Bundles beispielsweise, um Software und entsprechende Abhängigkeiten durch einfaches Verschieben der Bundles zu installieren bzw. zu deinstallieren.

Als Apple 1997 die Firma NeXT übernahm, erwarb sie vor allem deren technologische Entwicklungen. Das Betriebssystem NeXTSTEP selbst wurde nicht weiterentwickelt, die NeXTSTEP-Architektur hingegen nutzte Apple als Grundlage für die Konzeption eines gänzlich neuen Betriebssystems. Das angestaubte Mac OS mit seiner Finder-basierten GUI wurde kombiniert mit dem technisch fortschrittlichen, aber weniger schönen

NeXTSTEP. Das Resultat war Mac OS X. Noch heute lebt das ursprüngliche NeXTSTEP gewissermaßen in Mac OS X fort, da viele der Systemkomponenten (Cocoa, Mach, IOKit u. a.) direkte Abkömmlinge des NeXT-Betriebssystems sind. Aber auch das ursprüngliche Mac OS hat insbesondere mit seinem zu Darwin weiterentwickelten Kernel und den beiden Systemapplikationen System und Finder bis heute Bestand.

Mac OS X wurde im März 2001 eingeführt und durchlief bis heute mehrere Versionssprünge. Es hat sich über die Zeit in ein äußerst umfangreiches Betriebssystem weiterentwickelt. Mit der Version Mac OS X 10.12 wurde Mac OS X in macOS umbenannt.

2.3.1 Historie der Mac-OS-X-Versionen

Dieses Unterkapitel gibt einen Überblick über die Mac-OS-X-Versionen und über die wichtigen technischen Entwicklungen. Ein zeitlicher Überblick über die Mac-OS-X-Versionen kann der folgenden Tabelle entnommen werden. Die Mac-OS-X-Versionen selbst haben zahlreiche Unterversionen. Die von Mac OS X genutzte Darwin-Version folgt mit Ausnahme von Mac OS X 10.0 den entsprechenden Mac-OS-X-Versionen nach folgendem Schema:

> **Hinweis**
> Mac-OS-X-Version = 10.x.y
> Darwin-Version = x+4.y

Mac-OS-X-Versionen

Version	Name	Release	Darwin-Version
10.0 – 10.0.4	Cheetah	24.03.2001	1.3.1
10.1 – 10.1.5	Puma	25.09.2001	1.4.1, ab OS X 10.1.1: 5.1 - 5.5
10.2 – 10.2.8	Jaguar	13.08.2002	6.0 – 6.8
10.3 – 10.3.9	Panther	24.10.2003	7 – 7.9
10.4 – 10.4.11	Tiger	29.04.2005	8 – 8.11
10.5 – 10.5.8	Leopard	26.10.2007	9 – 9.8
10.6 – 10.6.8	Snow Leopard	28.08.2009	10 – 10.8
10.7 – 10.7.5	Lion	20.07.2011	11 – 11.4.2
10.8 – 10.8.5	Mountain Lion	16.02.2012	12 – 12.5
10.9 – 10.9.5	Mavericks	10.06.2013	13 – 13.4
10.10 – 10.10.5	Yosemite	16.10.2014	14 - 14.5
10.11 – 10.11.3	El Capitan	30.09.2015	15 – 15.3
10.12 – 10.12.3	macOS Sierra	20.09.2016	16 - 16.3

Cheetah

Die erste Mac-OS-X-Version 10.0 Cheetah wurde im März 2001 nach einer einjährigen Beta-Phase veröffentlicht. Cheetah war der Nachfolger des letzten Mac OS 9 Classic und eine völlige Neukonzeption. Das neue Betriebssystem unterstützte Multitasking, Speicherschutz und galt als sehr stabil. Cheetah führte das grafische User-Interface Aqua, das Dock und einen integrierten E-Mail-Client ein. Es beinhaltete weiterhin die Carbon API, die Kompatibilität zum Vorgänger Mac OS 9 herstellte.

Puma

10.1 Puma verbesserte insbesondere die Geschwindigkeit bei GUI-Aktivitäten, erlaubte das Abspielen von DVDs und bot mit dem AppleScript Studio eine Möglichkeit zum Erstellen von eigenen Applikationen.

Jaguar

10.2 Jaguar führte einige wichtige Neuerungen ein. Darunter das Framework Quartz Extreme zur Grafikbeschleunigung, das Netzwerkprotokoll Apple Bonjour, mit dem sich Apple-Geräte in einem lokalen Netzwerk gegenseitig finden können, sowie das Drucksystem CUPS (Common Unix Printing System). Bonjour wurde mit Jaguar zunächst unter dem Namen Rendezvous eingeführt und aufgrund von namensrechtlichen Problemen mit der OS-X-Version 10.4 umbenannt.

Panther

10.3 Panther nutzte Apple zur Einführung des eigenen Web-Browsers Safari, basierend auf dem Open-Source-Browser Webkit. Weiterhin fand die Funktion Exposé Einzug in Panther, mit der durch Drücken der F3 -Taste alle geöffneten Fenster nebeneinander dargestellt werden können. Eingeführt wurden außerdem die Verschlüsselungstechnologie FileVault, das schnelle Wechseln zwischen Benutzerkonten und die Applikation iChat.

Tiger

10.4 Tiger wurde vor allem als Betriebssystemversion bekannt, unter der Apple den Wechsel der Prozessorarchitektur von PowerPC zu Intel vornahm. Tiger war auf beiden Versionen lauffähig und beinhaltete sowohl das von der PowerPC-Architektur genutzte Open-Firmware-Interface als auch das von Intel genutzte Extensible-Firmware-Interface (EFI). Unterstützt wurden Mach-O-Binaries (unter Mac OS X ausführbare Dateien) für PowerPC und Intel-Strukturen, die sogenannten Fat Binaries oder auch Universal Binaries. Tiger führte die Indexierungstechnologie Spotlight und den Automator zum einfachen Erstellen von AppleScript-Dateien ein, weiterhin das Dashboard, über das sogenannte Widgets bedient werden können, sowie Safari und Mail jeweils in der Version 2. Für Entwickler kamen die Frameworks Core Data, Image, Video und Audio hinzu. Core Audio beispielsweise ist Grundlage der Mac-integrierten Text-to-Speech-Funktionalität und für das Terminalkommando `say`, mit dem der Mac Texteingaben als Sprache ausgibt.

Leopard

10.5 Leopard beinhaltete eine Vielzahl von Neuerungen. Eingefügt wurden das Sicherungsinstrument Time Machine, die Funktion Spaces zur Nutzung mehrerer Schreibtische und Quick Look zum schnellen Vorab-Betrachten von Dateiinhalten. Ab Leopard war die Dual-Boot-Lösung Boot Camp vorinstalliert. Für Entwickler stellte Leopard Objective-C in der Version 2.0 zur Verfügung und integrierte die Skriptsprachen Ruby und Python. FSEvents ermöglichten ab Leopard die Protokollierung von File-System-Änderungen, eine technische Grundlage u. a. für Spotlight und Time Machine. Leopard war die erste Mac-OS-X-Version, die als vollständig UNIX/POSIX-konform zertifiziert wurde. Ab Leopard erhielten alle weiteren Mac-OS-X-Versionen diese Zertifizierung.

Snow Leopard

10.6 Snow Leopard ließ von außen betrachtet kaum sichtbare Veränderungen erkennen. Vielmehr fanden die Veränderungen unter der Haube statt, insbesondere durch die neue Unterstützung von 64-Bit-Prozessoren und den entsprechenden Funktionalitäten in den Nutzer- und Kernel-Bibliotheken. Sämtliche Anwendungen mussten dazu neu codiert werden, um auf 64-Bit portiert werden zu können. Ab Snow Leopard wurde die Unterstützung der PowerPC-Architektur endgültig eingestellt. Fat Binaries (oder Universal Binaries) mit Binärcode für Intel und PowerPC wurden ab Snow Leopard daher zumindest theoretisch obsolet. In der Praxis werden ausführbare Programme jedoch bis heute in vielen Fällen noch immer als Fat Binary kompiliert. Für den Nutzer war insbesondere die Applikation Mac App Store eine Neuerung, über die analog zum App Store der iOS-Geräte Software und Updates bezogen werden konnten.

Lion

10.7 Lion brachte vor allem aus Nutzersicht sehr viele Veränderungen mit sich. Ab dieser Version begann Apple insbesondere die Usability, d. h. die Nutzererfahrung, von Mac OS X und dem mobilen iOS zusammenzuführen. Lion integrierte viele Features, die bereits in der mobilen Betriebssystemversion unterstützt wurden, wie beispielsweise Multi-Touch-Gesten, die Möglichkeit, Applikationen im Full-Screen-Modus zu betreiben, das der iOS-GUI Springboard nachempfundene Launchpad, Versions sowie AirDrop zum Austauschen von Dateien in lokalen Netzwerken. Die Integration von iCloud ermöglichte die direkte Nutzung von Cloud-Speicher über das Betriebssystem. Core Storage erlaubte fortan die Verwaltung von logischen Datenträgern und ermöglichte neue Partitionierungsmodelle, wie beispielsweise die Erweiterung eines Dateisystems auf mehr als eine Partition oder die Unterstützung des ebenfalls mit Lion eingeführten FileVault 2 zur Realisierung einer Full Disk Encryption, d. h. der vollständigen Verschlüsselung einer Festplatte. Lion erhöhte die Mac-OS-X-Sicherheitsmechanismen durch das Sandboxing von Anwendungen und eine entsprechende Einschränkung bzw. dezidierte Vergabe von Rechten sowie die vollständige Implementierung von Address Space Layout Randomization (ASLR). Lion war die erste Mac-OS-X-Version, die nicht mehr über eine Installations-DVD verteilt wurde, sondern online aus dem App Store bezogen werden musste.

Mountain Lion

10.8 Mountain Lion setzte den mit Lion begonnenen Trend zu Angleichung der Betriebssysteme Mac OS X und iOS fort. Mountain Lion integrierte die Mitteilungszentrale zur komprimierten Darstellung bestimmter Informationen, führte die Applikation Erinnerungen ein und unterstützte insbesondere iMessage-Nachrichten auch auf dem Mac. Im Betriebssystem verankert wurde die Unterstützung sozialer Medien wie Facebook, Twitter u. a. Die neue Funktion Power Nap ermöglichte ab Lion die Ausführung von Aktionen im Sleep-Modus, wie beispielsweise den Empfang von E-Mails, von iMessage-Nachrichten, von Updates oder die Sicherung mit Time Machine.

Mavericks

10.9 Mavericks brachte wiederum eine Vielzahl von kleinen Neuerungen aus Nutzersicht. Neu waren beispielsweise die Applikation iBooks und die überaus skandalträchtige Anwendung Maps. Der Finder unterstützte ab Mavericks sogenannte Tabs und erlaubte das Markieren (Tags) von Dateien oder Verzeichnissen. Passwörter konnten ab Mavericks über die iCloud Keychain mit mehreren Apple-Geräten synchronisiert werden. Eine technisch überaus relevante Änderung war die Einführung von Compressed Memory, d. h. dem Komprimieren und Verschlüsseln von Pages im RAM-Speicher. Mavericks war die erste Mac-OS-X-Version, die Apple kostenfrei zur Verfügung stellte. An diesem Konzept hält Apple bis zur aktuellen Version 10.12 bislang fest.

Yosemite

10.10 Yosemite verbesserte stark das Zusammenspiel von iOS-Geräten und Mac OS X. Die Einführung von Continuity (auch Handoff) erlaubte ab Yosemite die gemeinsame Nutzung bzw. die Weiterführung von Anrufen, iMessage-Nachrichten, Safari-Sessions oder Dateien von iOS zu Mac OS X oder in umgekehrter Richtung. Damit erreichte Yosemite eine sehr starke Verzahnung beider Betriebssysteme.

El Capitan

10.11 El Capitan setzt seinen Schwerpunkt vor allem auf Verbesserungen bezüglich der Performanz und Stabilität. Das neue Metal Framework erlaubt eine im Vergleich zu OpenCL wesentlich leistungsfähigere Nutzung des Grafikprozessors und eine entsprechend schnellere Darstellung von Grafiken. Die bereits 2014 vorgestellte Programmiersprache SWIFT zum Entwickeln von Applikationen unter Mac OS X wird mit El Capitan in der verbesserten Version SWIFT 2.0 angeboten. Am 03.12.2015 hat Apple SWIFT 2.0 unter die Apache-2.0-Lizenz gestellt. Somit ist die Programmiersprache als Open-Source-Produkt frei verfügbar. Weitere Verbesserungen im Bereich Sicherheit implementiert die System Integrity Protection. System Integrity Protection schränkt die Rechte von nicht von Apple signierten Prozessen ein, auch wenn diese im Kontext eines Admin Accounts ausgeführt werden (auch Rootless genannt). Durch die Funktionalität sind Zugriffe auf bestimmte Systembibliotheken nur noch von Code, der von Apple anhand einer Code-Signatur genehmigt wurde, möglich. App Transport Security (ATS) sieht fortan die TLS-Verschlüsselung als Standard für alle Mac-OS-X-Applikationen vor. Aus Nutzersicht ist insbesondere die Split-Funktion neu eingeführt, die die gleichzeitige Darstellung von zwei Applikationen auf einem Bildschirm ermöglicht.

macOS Sierra

10.12. macOS Sierra ist die derzeit aktuelle Version von Mac OS X. Änderungen bewegen sich hauptsächlich auf Ebene der Nutzerframeworks. Neu hinzugekommen ist eine tiefere Integration des Sprachassistenten Siri in das Betriebssystem. So ist Siri unter macOS in der Lage, Betriebssystemfunktionen zu steuern und auf Apps, die Siri implementiert haben, zuzugreifen. Der Browser Safari verfügt ab macOS Sierra über einen Picture-in-Picture-Modus. Videos können in diesem Modus gesondert von Safari in einem eigenen Fenster dargestellt werden. Dies ermöglicht es, das Video dauerhaft zu betrachten, auch wenn andere Desktopinhalte als Safari genutzt werden. Ebenfalls neu hinzugekommen ist die Zwischenablage Cross Clipboard. Der Zwischenspeicher kann nun zwischen mehreren Apple Devices über iCloud geteilt werden. So ist es möglich, eine Bilddatei in einem iPhone zu kopieren und auf dem Mac-Computer wieder einzufügen.

Das Betriebssystem macOS Sierra überprüft im Rahmen des »Storage Recommendation and Optimization Feature« ständig Dateien und Verzeichnisse und versucht, durch ein automatisches Verlagern von Dateien in den Cloudspeicher iCloud Speicherplatz einzusparen. Die Funktion kann über die Menüleiste *Apfel-Symbol/Über diesen Mac/Festplatten verwalten ...* erreicht werden.

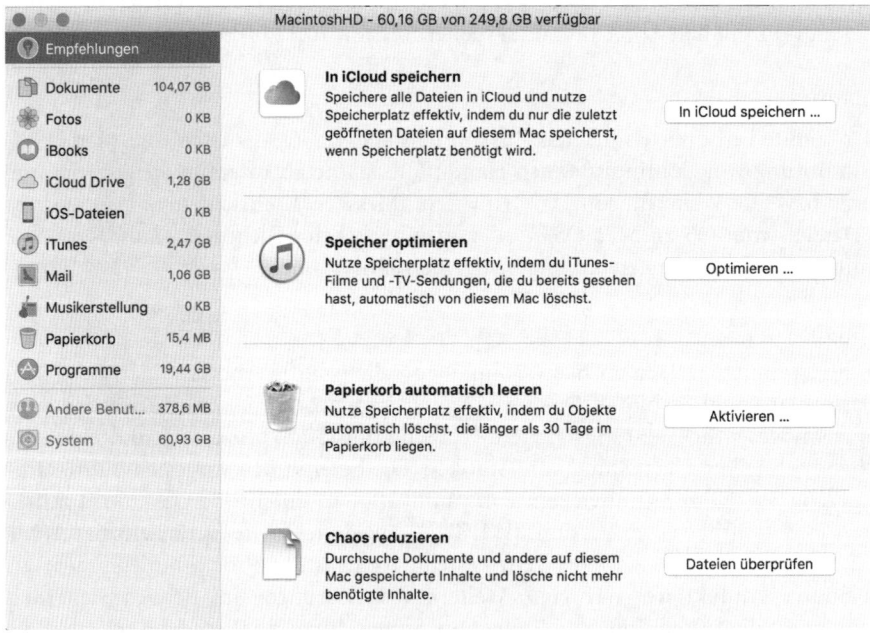

Bild 2.4: iCloud-Speicherplatz einsparen mit dem Storage Recommendation and Optimization Feature

Weiterhin ermöglicht das Feature Proximity das Entsperren eines Mac-Computers mit einer Apple Watch. Interessant sind auch die erweiterten Funktionen, die innerhalb der Menüleiste oder eines Kontextmenüs im Finder durch Drücken der [alt]-Taste erreicht werden können. So ist beispielsweise die Funktion *Sofort Löschen* oder das eigentlich versteckte Verzeichnis *~/Library* durch Drücken von [alt] in der Menüleiste verfügbar. Neue Funktionalitäten hat außerdem die Nachrichten-App erhalten. So ist es jetzt möglich, für Links, Bilder oder lange Nachrichten eine Vorschau zu erhalten. Durch langes Drücken des Touchpads/der Maus oder Drücken der [ctrl]-Taste ist es möglich, sogenannte Tapbacks zu versenden. Außerdem ist die Nachrichten-App in der neuen Version in der Lage, Musik und Videos direkt innerhalb der Applikation darzustellen.

Mac-OS-Notationen

Die Firma Apple hat ihr Betriebssystem Mac OS X mit Version 10.12 in **macOS** Sierra umbenannt und vereinheitlicht damit die Namensgebung für ihre Betriebssystemderivate. Aktuell nutzt Apple die Bezeichnungen iOS, tvOS, watchOS und macOS. Im Folgenden wird allgemein der Begriff **Mac OS** als Begrifflichkeit für das aktuelle macOS-Betriebssystem genutzt. Falls eine Unterscheidung nach Versionen notwendig ist, wird die Bezeichnung Mac OS X mit Versionsnummer 10.X gewählt.

2.3.2   Darwin – das Grundgerüst von Mac OS

Darwin wird oftmals fälschlicherweise mit Mac OS gleichgestellt bzw. synonym verwendet. Das ist so nicht korrekt, obgleich eine sehr enge Verbindung zwischen beiden besteht. Darwin ist ein von Apple entworfenes freies UNIX-Betriebssystem und unter der Apache-2.0-Lizenz als Open-Source-Software lizenziert. Darwin bildet sozusagen das Grundgerüst von Mac OS. Es stellt den Kern des Betriebssystems mit Kernel, Systembibliotheken und UNIX-Shell-Umgebung. Weitere für Mac OS typische proprietäre Frameworks, wie die grafische Benutzeroberfläche Aqua, Quartz oder OpenGL, sind nicht Bestandteil von Darwin.

Diese Tatsache bereitet Ermittlern oder IT-Forensikern regelmäßig Probleme. Open-Source-Komponenten wie Darwin sind vergleichsweise gut dokumentiert oder erforscht, wohingegen Apple für seine proprietären Frameworks teilweise nur spärliche oder gar keine Informationen zur Verfügung stellt.

Das zentrale Element von Darwin ist der XNU-Kernel. XNU (bedeutet 'X ist Not Unix') ist ein von Apple entwickelter hybrider Kernel. Er besteht zu Teilen aus dem Mach-Microkernel des NeXTSTEP-Betriebssystems in Version 3.0 und dem monolithischen FreeBSD Kernel. XNU vereint damit beide Kernel-Strukturen zu einem hybriden System. Hierbei übernimmt der Mach-Teil von XNU die Speicherverwaltung, Interprozesskommunikation und das Multitasking (inklusive Kernel-Threads). Der BSD-Teil ist zuständig für die Nutzer- und Rechteverwaltung, das Prozessmodell, den TCP/IP Stack und die Verwaltung des Dateisystems.

Ein weiterer Bestandteil des XNU-Kernels ist das I/O-Kit, ein objektorientiertes Framework für Gerätetreiber. Es ist u. a. zuständig für die Verwaltung der Funktionen Plug & Play, Hotplug und der Energieverwaltung. Weiterhin administriert das I/O-Kit sogenannte Kernel-Extensions zur Erweiterung der eigentlichen Kernel-Funktionalitäten – insbesondere Systemerweiterungen und Treiber. Durch Kernel-Extensions kann der XNU-Kernel zum einen schlank gehalten werden, zum anderen ist es nicht notwendig, den Kernel neu zu kompilieren, um Kernel-Funktionalitäten hinzuzufügen, wie es bei vergleichsweise vielen Linux-Betriebssystemen der Fall ist.

Der XNU-Kernel und damit Darwin entstand in der Übergangsphase von Mac OS Classic zu Mac OS X.

XNU-Kernel-Komponenten		
Mach-3.0-Microkernel	BSD-Kernel	I/O-Kit
Preemptives Multitasking (Process Scheduling und Kernel-Threads)	Nutzer- und Rechteverwaltung (Unix-Nutzer-IDs und Rechte)	Kernel-Extensions (KEXT), Systemerweiterungen und Treiber
Protected Memory (Speicherschutz) Advanced Virtual Memory (Adressraum pro Prozess)	Prozessmodell	Plug & Play
Interprozesskommunikation (IPC)	POSIX API, BSD System Calls (syscall, sysctl, ioctl)	Hotplug
Interrupt-Management	TCP/IP-Stack, Firewall	Energieverwaltung
Kernel Debugging Support	Dateisystem	
Real Time Support (Zuteilung von Prozessorressourcen für zeitsensitive Anwendungen)		

2.4 Die Mac-OS-Architektur

Um ein besseres Verständnis für das Betriebssystem Mac OS und die folgenden Kapitel zu erhalten, werden in den kommenden Unterabschnitten die Architektur und die Grundsystematiken des Betriebssystems Mac OS näher betrachtet. Dabei werden die einzelnen Technologien und Frameworks nur so tief besprochen, wie es für das Gesamtverständnis notwendig ist. Aus forensischer Sicht befinden sich relevante digitale Spuren eher weniger in grundlegenden Systemverzeichnissen, dennoch beinhalten sie in der Fachlichkeit oft benutzte Begrifflichkeiten wie Cocoa, Aqua, Webkit und weitere. Zu wissen, welche Technologien sich hinter den Begriffen verbergen, ist damit nicht nur für Entwickler, sondern auch für digitale Forensiker durchaus interessant.

Die Architektur von Mac OS lässt sich in einem Schichtensystem visualisieren. Die folgende Abbildung zeigt eine von Apple benutzte Modellierung. Verschiedene aufeinander aufbauende Schichten implementieren das Gesamtbetriebssystem. Jede Schicht enthält Technologien, die ihre Dienste über Interfaces an die jeweils darunter- oder darüberliegende Schicht zur Verfügung stellen. Von oben nach unten betrachtet stellen die einzelnen Schichten zunehmend spezielle und systemnahe Dienste zur Verfügung. Für Entwickler bietet es sich an, möglichst Dienste aus höheren Schichten zu nutzen, da diese oft darunterliegende Schichten mit umfassen bzw. diese abstrahieren.

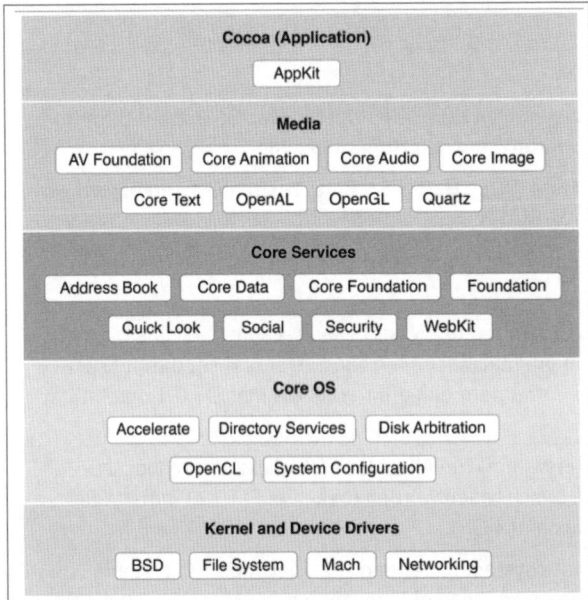

Bild 2.5: Das Schichtensystem der Mac OS Layer

Die Kernel- und Treiber-Schicht bildet die Basis der Mac-OS-Architektur mit Darwin und dem hybriden XNU-Kernel. Sie beinhaltet den nativen Dateisystem-Support. Mac OS nutzt HFS+ (Hierachical File System) in der Variante journaled case-insensitive als Standard-Dateisystem seit Mac OS 8.1. Insgesamt wird HFS+ in mehreren Varianten unterstützt.

2.4.1   HFS+

HFS+ wird innerhalb des Betriebssystems auch als Mac OS Extended bezeichnet. Standardmäßig ist HFS+ nicht case-sensitive, d. h. das Betriebssystem unterscheidet nicht zwischen Groß- und Kleinschreibung. Dateinamen können also beliebig groß- oder kleingeschrieben werden, das Betriebssystem ordnet dennoch sämtliche Schreibweisen einer einzigen Datei zu. Zwei Dateien können somit, ganz im Gegensatz zu einem case-sensitiven Dateisystem, niemals den gleichen Namen besitzen. Journaling wurde mit Mac OS X 10.3 eingeführt und schützt vor allem die Integrität des Dateisystems bei unvorhergesehenen Abstürzen oder Fehlern, indem es Änderungen im Dateisystem protokolliert.

2.4.2   HFS+ case-sensitive

In dieser Variante wird das Dateisystem auch HFSX genannt. Es ist das Standard-Dateisystem der mobilen Variante iOS, bei dem zwischen Groß- und Kleinschreibung unterschieden wird.

Beide Varianten unterstützen die Verschlüsselung FileVault (128-Bit-Full-Disk-Encryption). Neben HFS+ unterstützt Mac OS die folgenden weiteren Dateisysteme:

Mac-OS-Dateisysteme	
Dateisystem	Beschreibung
HFS	Vorgänger-Dateisystem von HFS+. HFS war bis Mac OS 8.1 das Standard-Dateisystem und wurde dann von HFS+ abgelöst.
UDF / ISO 9660	Universal Disk Format (UDF), Dateisystem für Festplatten und optische Datenträger (DVD-R, DVD-W).
NTFS	Microsoft New Technology File System; kann von Mac OS nur gelesen werden (ab 10.6).
UFS	Unix File System. UFS wird unter Mac OS kaum genutzt. Es besitzt große Ähnlichkeiten zum original Macintosh File System (MFS), das mit den ersten Macintosh-Computern eingeführt und bis Mac OS 8.1 unterstützt wurde.
FAT 16/32	Microsoft FAT-Dateisystem (File Allocation Table); kann von Mac OS gelesen und auch beschrieben werden (beachte: FAT-32 limitiert die Dateigröße auf maximal 4 GB).
ExFAT	Microsoft ExFAT-Dateisystem (Extended File Allocation Table); kann von Mac OS gelesen und auch beschrieben werden (ab Mac OS X 10.6.5).

Zur Kommunikation des BSD-Kernels mit den jeweiligen Dateisystemen nutzt Darwin VFS (Virtual File System). VFS stellt zur Kommunikation eine API zur Verfügung und ist somit ein Interface für alle unterstützen Dateisysteme.

Als UNIX-konformes Betriebssystem besitzt Mac OS eine in der UNIX-Welt standardmäßig vorhandene Verzeichnisstruktur nach den Richtlinien des Filesystem Hierarchy Standard:

UNIX-System-Verzeichnisse						
			/			
bin	sbin	usr	etc	dev	tmp	var

2.4.3 /bin

Das Verzeichnis */bin* enthält die Binärdaten der für Linux grundlegenden Befehle, wie z. B. cat, chmod, cp, echo, ls, su.

2.4.4 /sbin

Das Verzeichnis */sbin* enthält weitere System-Binärdateien, bspw. für Netzwerkkonfigurationen und für das Dateisystem-Management.

2.4.5 /usr

Das Verzeichnis *Unix System Resources* enthält einige für das System unabdingbare Unterverzeichnisse, die u. a. neben vielen Benutzerbefehlen, Bibliotheken weitere Systembefehle beinhalten (bspw. enthält das Unterverzeichnis */include/* Standard C Headers).

2.4.6 /etc

Hierin sind wichtige Konfigurations- und Informationsdateien enthalten. In Mac OS liegen einige LINUX-Funktionalitäten in modifizierter Form vor. Beispielsweise zeigt */etc* mit einem symbolischen Link auf */private/etc*.

2.4.7 /dev

Das Verzeichnis enthält BSD-Device-Files, die angeschlossene blockorientierte Geräte repräsentieren.

2.4.8 /tmp

Dieses Verzeichnis enthält temporäre Daten, auf die jeder Nutzer Lese- und Schreibrechte hat (Rechte: rwxrwxrwx). Bei einem erneuten Booten des Systems wird dieses Verzeichnis samt aller darin liegenden Daten wieder geleert. In Mac OS ist das Verzeichnis ein symbolischer Link nach */private/tmp*.

2.4.9 /var

Dieses Verzeichnis enthält variable Daten, wie z. B. zwischengespeicherte Daten von Anwendungsprogrammen (*/var/cache*), Logdateien (*/var/log*), abzuarbeitende Warteschlangen für Druckaufträge (*/var/spool*) oder temporäre Daten, die bei einem Neustart erhalten bleiben sollen (*/var/tmp*). In Mac OS ist das Verzeichnis ein symbolischer Link nach */private/var*. Die UNIX-Verzeichnisse sind im Finder nicht sichtbar. Sie sind durch das Setzen des HFS+-Attributes Hidden als versteckt gekennzeichnet und werden daher ausgeblendet. Die HFS+-Datei-Flags können mit dem Terminalkommando chflags modifiziert und mit ls -10 betrachtet werden.

```
● ● ●                    🖥 MacintoshHD — -bash — 94×32
IBCCs-MacBook-Pro121:/ Marc$ ls -l0
total 68
drwxrwxr-x+ 69 root  admin  sunlnk               2346 30 Dez 12:38 Applications
drwxr-xr-x+ 65 root  wheel  sunlnk               2210  5 Dez 13:24 Library
-rw-r--r--   1 Marc  wheel  -                    3689  6 Mär  2014 LogKext Readme.html
-rwxr-xr-x   1 Marc  wheel  -                     688  6 Mär  2014 LogKextUninstall.command
drwxr-xr-x@  2 root  wheel  hidden                 68  1 Okt 10:48 Network
drwxr-xr-x@  4 root  wheel  restricted            136 11 Dez 15:26 System
drwxr-xr-x   6 root  admin  -                     204 11 Dez 16:09 Users
drwxrwxrwt@  8 root  admin  hidden                272 31 Dez 12:08 Volumes
drwxr-xr-x@ 39 root  wheel  restricted,hidden    1326 11 Dez 15:26 bin
drwxrwxr-t@  2 root  admin  hidden                 68  1 Okt 10:48 cores
dr-xr-xr-x   3 root  wheel  hidden               8074 30 Dez 18:51 dev
lrwxr-xr-x@  1 root  wheel  restricted,hidden      11  1 Okt 10:47 etc -> private/etc
dr-xr-xr-x   2 root  wheel  hidden                  1 30 Dez 18:51 home
-rw-r--r--@  1 root  wheel  hidden                313 23 Aug 04:35 installer.failurerequests
dr-xr-xr-x   2 root  wheel  hidden                  1 30 Dez 18:51 net
drwxr-xr-x@  4 root  wheel  hidden                136 27 Apr  2015 opt
drwxr-xr-x@  6 root  wheel  hidden                204  1 Okt 10:48 private
drwxr-xr-x@ 59 root  wheel  restricted,hidden    2006 11 Dez 15:26 sbin
lrwxr-xr-x@  1 root  wheel  restricted,hidden      11  1 Okt 10:47 tmp -> private/tmp
drwxr-xr-x@ 13 root  wheel  restricted,hidden     442 17 Dez 21:06 usr
lrwxr-xr-x@  1 root  wheel  restricted,hidden      11  1 Okt 10:48 var -> private/var
```

Bild 2.6: Anzeige der Datei-Flags mit `ls -l0`

Über die UNIX-Verzeichnisstruktur hinaus besitzt Mac OS weitere, speziell für das Betriebssystem typische Verzeichnisse. Diese übernehmen teilweise Aufgaben der originären UNIX-Struktur:

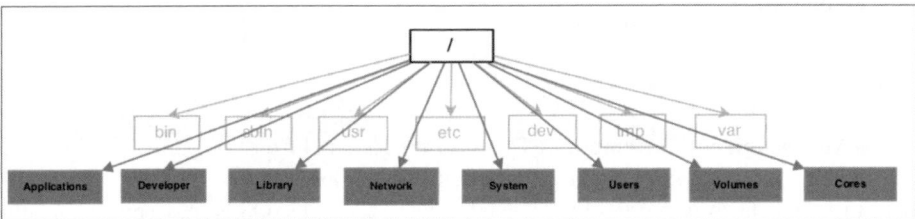

Bild 2.7: Mac-OS-System-Verzeichnisse

2.4.10 /Applications

Das Verzeichnis */Applications* ist das Standardverzeichnis für die Installation von Applikationen.

2.4.11 /Developer

Im Verzeichnis */Developer* befinden sich, sofern die Entwicklungsumgebung Xcode installiert ist, dazugehörige Developer Tools.

2.4.12 /Library

Das Verzeichnis */Library* enthält Daten und Dokumentationen von System-Applikationen.

2.4.13 /Network

In das Verzeichnis */Network* werden verbundene Netzwerkressourcen dynamisch eingebunden. Das Verzeichnis ist die Grundlage für die Verknüpfung von verbundenen Netzwerkressourcen im Finder.

2.4.14 /System

Enthält das Unterverzeichnis *Library/* mit weiteren Unterverzeichnissen, die System-Dateien wie Frameworks (*/System/Library/Frameworks*), Kernel-Extensions (*/System/Library/Extensions*) und weitere enthalten.

2.4.15 /Users

Dies ist das Verzeichnis für Nutzer-Accounts. Jeder Nutzer besitzt ein eigenes Home-Verzeichnis, das in */Users* als Unterverzeichnis eingerichtet wird.

2.4.16 /Volumes

Das Verzeichnis */Volumes* ist Mount Point für verbundene Speichermedien und Netzwerkressourcen.

2.4.17 /Cores

Das Verzeichnis */Cores* enthält Core Dumps. Core Dumps werden erzeugt, wenn ein Prozess abstürzt. Sie enthalten ein Abbild des virtuellen Speichers des Prozesses, das insbesondere zu Debugging-Zwecken nützlich sein kann.

Neben der BSD-Dateisystem-Komponente beinhaltet die Kernel- und Treiber-Schicht den BSD-Netzwerk-Socket zur Unterstützung der gängigsten Netzwerkprotokolle sowie die Technologien XPC (Interprozesskommunikation) und Caching API (libcache API). Mac OS nutzt die libcache API, um von Applikationen genutzte Inhalte zwischenzuspeichern und so die Performanz zu erhöhen. Typischerweise nutzt libcache hierzu Speicherbereiche auf SSDs oder Festplatten. Die API arbeitet durch Caching-Prozesse in Kombination mit dem Core Foundation Framework (NSCache-Klasse) außerdem dem Betriebssystem Mac OS zu. Hierdurch kann Mac OS je nach Nutzung entscheiden, welche Inhalte einer Applikation in komprimierte RAM-Speicherbereiche oder in Auslagerungsdateien verschoben werden.

Die Core-OS-Schicht beinhaltet hardwarenahe Dienste, die auf die Kernel- und Treiber-Schicht aufsetzen. Subsumiert werden unter Core OS die Sicherheitsmechanismen Gatekeeper, Sandboxing und Code Signing, die im Abschnitt »Mac-OS-Sicherheitskonzepte« näher besprochen werden. Weiterhin beinhaltet die Core-OS-Schicht Frameworks wie Disk Arbitration, das für das automatische Einbinden von Datenträgern in Mac OS zuständig ist.

Core-OS-Frameworks		
Core-OS-Frameworks	Funktion	Speicherort
Accelerate	Beschleunigung komplexer mathematischer Operationen.	Accelerate.framework

Core-OS-Frameworks	Funktion	Speicherort
Directory Services	Netzwerk-Verzeichnisdienst, der die Verwaltung von Benutzer und Netzwerkressourcen ermöglicht, unterstützt u. a. LDAP, SMB, Bonjour, Microsoft Active Directory und weitere.	OpenDirectory.framework
Disk Arbitration	Mounten von Datenträgern und diesbezügliche Benachrichtigung von Apps.	DiskArbitration.framework
OpenCL	Die von Apple entwickelte Programmiersprache OpenCL ermöglicht es, die Rechenkapazitäten von GPU-Prozessoren auch für nicht-grafische Anwendungen zu nutzen.	OpenCL.framework
System Configuration	Framework zur Konfiguration und Verwaltung von Netzwerkverbindungen.	SystemConfiguration.framework

Die Schicht Core Services beinhaltet Frameworks, auf die Applikationen direkt zugreifen dürfen. Core Services umfasst Dienste, die im Hintergrund laufen und Zugriff auf die Dienste der beiden tieferliegenden Schichten bieten, ohne direkt in Nutzerinteraktion von Applikationen involviert zu sein. Neben den tabellarisch genannten wichtigsten Frameworks unterstützt die Core-Services-Schicht die Programmierschnittstelle Grand Central Dispatch (GCD).

Die GCD-Technologie bietet eine softwareseitige Verwaltung von Tasks in sogenannten dispatch queues (Warteschlangen für Tasks) und deren Abarbeitung bzw. Ausführung auf mehreren Prozessoren (bzw. Prozessorkernen). GCD ermöglicht damit eine parallele Abarbeitung von Tasks, ohne dass sich der Entwickler näher mit der Implementierung von Multithreading beschäftigen muss.

Core-Services-Frameworks		
Core-Services-Frameworks	Funktion	Speicherort
Core Data	Framework zur Erstellung von Core-Data-Objekten anhand eines Datenmodells, die Daten in XML, binär oder SQLite speichern können.	CoreData.framework
Core Foundation & Foundation	Zwei essenzielle Frameworks zur Erstellung von Applikationen (Initiierung von Objekten und weiteren Datentypen); Teil der Cocoa API.	Foundation.framework (objektorientiert, Objective-C) CoreFoundation.framework (Standard C)
Address Book	Das Framework bietet Zugriff auf eine zentrale Datenbank zur Speicherung von Kontakten.	Contacts.framework (ab 10.11) AddressBook.framework (‹ 10.11)

Core-Services-Frameworks	Funktion	Speicherort
Social	Frameworks zur direkten Einbindung sozialer Netzwerke.	Accounts.framework Social.framework
Security	Framework zur Nutzung von Sicherheitsfunktionalitäten wie Nutzer-Authentifizierung, Zertifikate, Keychain usw.	Security.framework
WebKit	WebKit ermöglicht es Applikationen, HTML-Inhalte darzustellen. Das Framework ist die Grundlage des Browsers Safari.	WebKit.framework

Die Media-Schicht implementiert mit ihren Frameworks Bild-, Audio- und Video-Funktionalitäten.

Media-Frameworks		
Media-Frameworks	Funktion	Speicherort
AV Foundation	Audio-Unterstützung in Audio- und Video-Dateien, bspw. VoIP.	AVFoundation.framework
Core Audio	Gruppe von Frameworks zur Unterstützung von Audio-Funktionalitäten.	CoreAudio.framework CoreAudioKit.framework AudioToolbox.framework AudioUnit.framework CoreMIDI.framework
Quartz	Sammlung von Frameworks zur Darstellung von 2D- und 3D-Grafiken. Stellt die grundlegende Grafikschicht von Mac OS dar.	Quartz.framework Beinhaltet: ImageKit.framework PDFKit.framework QuartzComposer.framework QuickLookUI.framework
QuartzCore	Framework zur Implementierung von Grafik- und Animationsfunktionalitäten; beinhaltet Core Animation (2D-Rendering und Animation) und Core Image (erweiterte Grafikfunktionen und Nutzung von GPU).	QuartzCore.framework
OpenAL	Open AL bietet plattformübergreifende 3D-Audio-Unterstützung.	OpenAL.framework
OpenGL	Framework zur Entwicklung von 2D- und 3D-Grafikapplikationen.	OpenGL.framework

Media-Frameworks	Funktion	Speicherort
Core Text	Sammlung von Frameworks zur Unterstützung von Grafiken und Text.	ApplicationServices.framework Beinhaltet: CoreGraphics.framework CoreText.framework ImageIO.framework
Metal	Leistungsfähiges Framework zur Nutzung von GPU-Ressourcen zur Beschleunigung von 3D-Rendering und zur Abarbeitung auch nicht grafischer Aufgaben.	Metal.framework

Das Applikationsframework Cocoa ist vor allem für die Umsetzung von Apps und entsprechenden Nutzerinteraktionen zuständig. Es besteht aus den Frameworks AppKit, Core Data und Foundation. Die beiden zuletzt genannten wurden bereits in der Schicht Core Services thematisiert. Zur Applikationsschicht wird auch die grafische Nutzeroberfläche Aqua gezählt. Aqua ist die grafische Benutzeroberfläche von Mac OS und für die grafische Darstellung von Inhalten, Texturen und Schriften verantwortlich. Aqua basiert auf dem Quartz-Framework.

Cocoa-Frameworks		
Cocoa-Framework	Funktion	Speicherort
AppKit	Zentrales Framework zur Entwicklung von Apps. Es beinhaltet über 170 Klassen zur Implementierung des User-Interfaces einer Applikation.	AppKit.framework
Aqua	Grafische Benutzeroberfläche von Mac OS, basierend auf dem Quartz Compositor.	Foundation.framework

2.4.18 Apple EFI

Mit der Umstellung von PowerPC- auf Intel-Prozessoren erfolgte auch ein Umstieg der Bootumgebung von dem unter PowerPC genutzten Standard Open Firmware zu dem auf x86-Prozessoren üblicheren EFI (Extensible Firmware Interface). EFI geht weit über die Beschränkungen und Funktionalitäten des unter x86-Prozessoren gewohnten Vorgängers BIOS hinaus. Der Standard EFI wurde ab dem Jahr 1998 von Intel entwickelt. Intel gab EFI als offenen Standard frei, so dass das ursprüngliche EFI zum Unified EFI oder UEFI weiterentwickelt werden konnte. Apple implementierte eine eigene EFI-Lösung, die sich stark am ursprünglichen Intel EFI orientierte und einige zusätzliche Features des Nachfolgers UEFI beinhaltete. Apple war der erste Computerhersteller, der ab dem Jahr 2006 ausschließlich EFI als Bootumgebung einsetzte und bis heute einsetzt.

EFI kann im Gegensatz zum stark limitierten BIOS als Interface betrachtet werden, über das EFI-Programme ausgeführt werden können. EFI-Programme wiederum können verschiedene Funktionen wahrnehmen, beispielsweise die Hardware testen oder – was der häufigste Einsatz ist – als Boot-Loader zum Starten eines Betriebssystems fungieren. Im Gegensatz hierzu ist das unflexible und in ROM-Speicherbausteinen fest verbaute BIOS ein nicht veränderbares Programm zu Initiierung der CPU, zur Lokalisierung des Boot-Laufwerks und zum Starten des Betriebssystems. Die Apple-eigene Implementierung von EFI unterstützt keine Shell-Umgebung. Interaktion kann lediglich durch das Drücken von unterschiedlichen Tastaturkombinationen beim Hochfahren des Apple-Computers erreicht werden. Der Nutzer kann hierdurch EFI anweisen, in verschiedenen Modi zu starten.

EFI-Tastaturkombinationen beim Starten des Mac-Computers	
`X`	Zwingt OS X zum Starten.
`C`	Boot von CD/DVD.
`N`	Netzwerk Boot.
`T`	Boot im Target Disk Mode (TDM).
`alt`	Öffnet eine Auswahl von bootfähigen Geräten.
`shift`	Bootet im Safe Mode.
`cmd` + `V`	Bootet im Verbose Mode.
`cmd` + `S`	Bootet im Single User Mode.
Touchpad oder Mouse drücken	Wirft beim Booten CD oder DVD aus.
`cmd` + `alt` + `P` + `R`	Setzt PRAM und NVRAM zurück.
`cmd` + `R`	Bootet in den Recovery Mode.

Zu beachten ist, dass EFI die Möglichkeit bietet, ein Firmware-Passwort zu setzen. In diesem Fall funktionieren keine der genannten Tastaturkombinationen mit Ausnahme der `alt`-Taste. Apple nutzt das proprietäre Programm boot.efi als Loader zum Starten des Betriebssystems Mac OS.

```
● ● ●                          ⬆ ibcc — -bash — 127×21
IBCCs-MacBook-Pro121:~ Marc$ file /System/Library/CoreServices/boot.efi
/System/Library/CoreServices/boot.efi: PE32+ executable (EFI application) x86-64 (stripped to external PDB), for MS Windows
IBCCs-MacBook-Pro121:~ Marc$ ▮
```

Bild 2.8: EFI-Applikation boot.efi

Generell stellt das EFI-Interface zwei Klassen von Diensten zur Verfügung: einmal die EFI-Boot-Services, die lediglich während des Bootvorgangs verfügbar sind und bei Aufruf der Funktion `ExitBootServices()` beendet werden, zum anderen die EFI-Runtime-Services, die ebenfalls während des EFI-Bootvorgangs verfügbar sind, aber auch darüber hinaus bestehen bleiben können. Auf EFI-Runtime-Services kann der XNU-Kernel somit auch nach dem Start von Mac OS noch zugreifen. EFI-Boot-Services unterstützen beispielsweise den Zugriff auf Hauptspeicher, Hardwarekomponenten oder das Starten von EFI-Programmen wie boot.efi. EFI-Runtime-Services beinhalten u. a. das Speichern der lokalen Zeit oder das Speichern eines Timers zum Hochfahren des Systems (Wakeup-Timer).

EFI-Runtime-Services werden in sogenannten NVRAM-Variablen gespeichert. NVRAM-Variablen sind eine mächtige Funktionalität von EFI, sie sind semantisch vergleichbar mit Shell-Umgebungsvariablen, darüber hinaus allerdings systemweit verfügbar. Sie können sowohl vom Betriebssystem als auch von EFI genutzt werden. NVRAM-Variablen werden verwendet, um persistente Informationen während des Bootvorgangs zu speichern, aber auch um im laufenden Betrieb Daten zu verwahren, die bei einem Neustart benötigt werden, beispielsweise Kernel-Panic-Informationen. Über Mac OS ist mit dem Kommando nvram ein Zugriff auf die NVRAM-Variablen möglich. Aus den NVRAM-Variablen lassen sich diverse Informationen wie bspw. Computer-Hostnamen (fmm-hostname), Bootinformationen (efi-boot-device) oder iCloud-E-Mail-Adressen auslesen (siehe die folgenden drei Abbildungen).

```
● ● ●                               ⌂ ibcc — -bash — 127×21
[IBCCs-MacBook-Pro121:~ Marc$ nvram -p | grep fmm-computer-name
fmm-computer-name        IBCCs MacBook Pro12,1
IBCCs-MacBook-Pro121:~ Marc$ ▮
```

Bild 2.9: Ausgabe von nvram -p mit Filter nach Hostname

```
● ● ●                               ⌂ ibcc — -bash — 127×21
[IBCCs-MacBook-Pro121:~ Marc$ nvram -p | grep efi-boot-device
efi-boot-device <array><dict><key>IOMatch</key><dict><key>IOProviderClass</key><string>IOMedia</string><key>IOPropertyMatch</ke
y><dict><key>UUID</key><string>A67FFC83-61D0-4800-A546-D3755CF0C6EF</string></dict></dict><key>BLLastBSDName</key><string>disk4
s2</string></dict></array>%00
efi-boot-device-data    %02%01%0c%00%d0A%03%0a%00%00%00%00%01%01%06%00%00%0c%00%04%01*%00%02%00%00%00{@%06%00%00
%00%00%00%08%f4E%02%00%00%00%00%83%fc%7f%a6%d0a%00H%a5F%d3u\%f0%c6%ef%02%02%7f%ff%04%00
IBCCs-MacBook-Pro121:~ Marc$ ▮
```

Bild 2.10: Ausgabe von nvram -p mit Filter nach Boot-Device mit Disk-uuid

```
● ● ●                               ⌂ ibcc — -bash — 127×21
[IBCCs-MacBook-Pro121:~ Marc$ nvram -p | grep icloud
fmm-mobileme-token-FMM  bplist00%d9%01%02%03%04%05%06%07%08%09%0a%0b%16%17%18%19%1a%1b%1cVuserid_%10%13dataclassPropertiesYauth
TokenXpersonIDXusernameWaddTime_%10%12enabledDataclassesTguidXuserInfo%11%01%f5%d1%0c%0d_%10!com.apple.Dataclass.DeviceLocator%
d4%0e%0f%10%11%12%13%14%15VapsEnvXhostnameJauthMechanismJschemeZProduction_%10%13p36-fmip.icloud.comUtokenUhttps_%10(AQAAAABWau
cHi4e6_Vi27JbIy6NQpp8M4hEGCd4~Z1359408072▮         @me.com]A%d5%9a%b9%ce%08%e0%db%a1%0c_%1056AF7A312-6E8A-4A78-8AE2-86CFFC9CD243%
d3%1d%1e%1f !"_%10%15InUseOwnerDisplayName_%10%13InUseOwnerFirstName_%10%12InUseOwnerLastName[Marc Brandt]MarcVBrandt%00%08%00%
1b%00`%00B%00%00%00%01%00%00/%00%82%00%85%00%a9%00%b2%00%b9%00%c2%00%d0%00%d7%00%e2%00TB%00Te%01%04%01/%01:%01I%01
R%01T%01(%01%82%01%9a%01%b0%01%c5%01%d1%01%d6%00%00%00%00%00%02%01%00%00%00%00%00%00%00%00%00%00%00%00%00%00%00%00
%00%00%01%dd
IBCCs-MacBook-Pro121:~ Marc$ ▮
```

Bild 2.11: Ausgabe von nvram -p mit Filter nach icloud

Eine etwas übersichtlichere Darstellung kann mit Auswahl der XML-Ansicht nvram -px erreicht werden, allerdings sind Inhalte dann unter Umständen Base64-codiert. Die EFI-Implementierung boot.efi ist für das Hochfahren des Mac-OS-Betriebssystems zuständig. Während des Startvorgangs initialisiert boot.efi eine Repräsentation aller unterstützter Hardware-Geräte des Systems in einer Baumstruktur, dem sogenannten Device Tree. Der Device Tree wird nach dem Hochfahren von Mac OS an den XNU-Kernel weitergegeben und dann insbesondere von der I/O-Kit-Komponente des Kernels genutzt.

In einem laufenden System ist der Device Tree innerhalb des Ebenen-Konzepts der I/O Registry einsehbar. Mit dem Tool I/O Registry Editor kann der Device Tree visualisiert dargestellt werden. Das Tool ist Bestandteil der Hardware I/O Tools für Xcode und kann über das Apple-Entwicklerportal heruntergeladen werden. Alternativ kann auf der

Kommandozeile das Programm `ioreg` zur Ansicht der I/O Registry und zur Filterung des Device Tree verwendet werden.

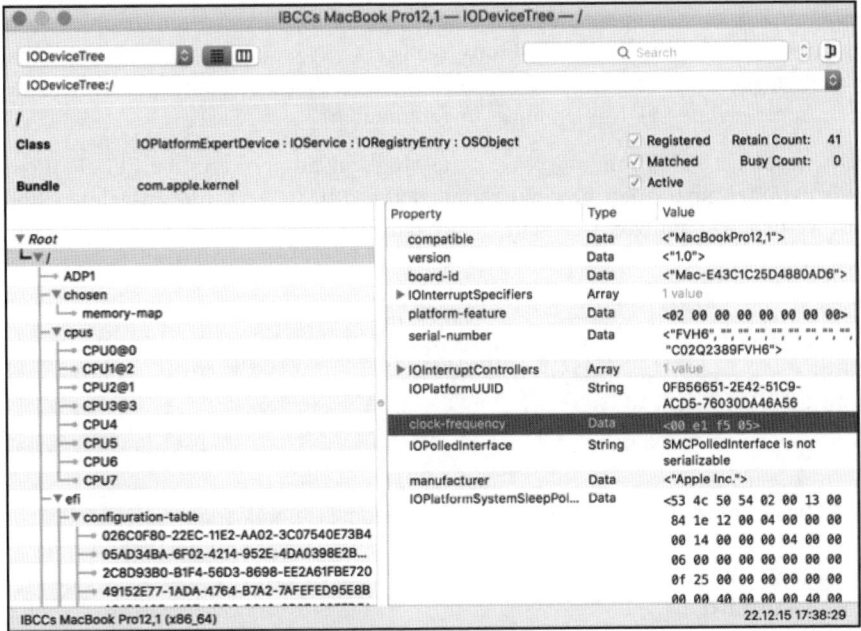

Bild 2.12: I/O Registry Explorer

```
IBCCs-MacBook-Pro121:~ Marc$ ioreg -d 3 -p IODeviceTree -l
+-o Root  <class IORegistryEntry, id 0x100000100, retain 14>
  | {
  |   "IOKitBuildVersion" = "Darwin Kernel Version 15.2.0: Fri Nov 13 19:56:56 PST 2015; root:xnu-3248.20.55~2/RELEASE_X86_64"
  |   "OS Build Version" = "15C50"
  |   "OSKernelCPUSubtype" = 3
  |   "OSKernelCPUType" = 16777223
  |   "OSPrelinkKextCount" = 266
  |   "IOConsoleLocked" = No
  |   "IORegistryPlanes" = {"IOPower"="IOPower","IOService"="IOService","IO80211Plane"="IO80211Plane","IOUSB"="IOUSB","CoreCap$
  |   "IOConsoleUsers" = ({"kCGSSessionOnConsoleKey"=Yes,"kCGSSessionLoginwindowSafeLogin"=No,"kSCSecuritySessionID"=100007,"k$
  |   "IOKitDiagnostics" = {"Container allocation"=21289397,"Instance allocation"=8496824,"Pageable allocation"=7358554112,"Cl$
  | }
  |
  +-o /  <class IOPlatformExpertDevice, id 0x100000112, registered, matched, active, busy 0 (12444 ms), retain 42>
    | {
    |   "compatible" = <"MacBookPro12,1">
    |   "version" = <"1.0">
    |   "board-id" = <"Mac-E43C1C25D4880AD6">
    |   "IOInterruptSpecifiers" = (<0900000005000000>)
    |   "platform-feature" = <0200000000000000>
    |   "serial-number" = <46564836000000000000000004330325132333839465648360000000000000000000000000000000>
    |   "IOInterruptControllers" = ("io-apic-0")
    |   "IOPlatformUUID" = "0FB56651-2E42-51C9-ACD5-76030DA46A56"
    |   "clock-frequency" = <00e1f505>
    |   "IOPolledInterface" = "SMCPolledInterface is not serializable"
    |   "manufacturer" = <"Apple Inc.">
    |   "IOPlatformSystemSleepPolicy" = <534c505402001300841e1200040000000014000000040000060000000000000000f2500000000000000004$
    |   "IOPlatformSerialNumber" = "C02Q2389FVH6"
    |   "system-type" = <02>
    |   "product-name" = <"MacBookPro12,1">
```

Bild 2.13: Ausgabe des Device Tree mit `ioreg`

Die Apple-eigene Implementierung von EFI unterstützt mit Boot Camp eine Dual-Boot-Lösung zum Booten von Windows-Betriebssystemen auf Apple-Hardware. Hierzu wurde boot.efi dergestalt modifiziert, dass mehrere Betriebssysteme gebootet werden können. Boot Camp bietet eine automatische Installationsroutine für Windows-

Betriebssysteme und liefert ein umfangreiches Treiberpaket, um Apple-Hardware vollständig zu unterstützen.

Über Drittanbieter-Bootloader wie rEFIND oder rEFIT ist darüber hinaus das Booten von weiteren Betriebssystemen möglich. Damit kann beispielsweise ein Tripple-Boot-System mit Mac OS, Windows und Linux realisiert werden. Eingeschränkt wird die Funktionalität allerdings bei Nutzung der FileVault-Verschlüsselung. In diesem Fall sind nur noch Apple-eigene EFI-Implementierungen nutzbar.

Neben `nvram` bietet das Kommando `bless` die Möglichkeit, per Terminal EFI-Bootloader-Informationen abzurufen bzw. zu modifizieren. Mit `bless` kann ausgelesen und definiert werden, wie und von welchem Device das Betriebssystem starten soll.

```
● ● ●                          ⬆ ibcc — -bash — 127×32
IBCCs-MacBook-Pro121:~ Marc$ bless -info /
finderinfo[0]: 1497496 => Blessed System Folder is /System/Library/CoreServices
finderinfo[1]: 5370427 => Blessed System File is /System/Library/CoreServices/boot.efi
finderinfo[2]:       0 => Open-folder linked list empty
finderinfo[3]:       0 => No alternate OS blessed file/folder
finderinfo[4]:       0 => Unused field unset
finderinfo[5]: 1497496 => OS X blessed folder is /System/Library/CoreServices
64-bit VSDB volume id:  0xE3B58439E4604138
IBCCs-MacBook-Pro121:~ Marc$ ▊
```

Bild 2.14: Das Kommando `bless` zeigt Informationen zum EFI-Bootloader.

2.4.19 Launchd

Beim Booten von Mac OS sucht der EFI-Bootloader zunächst das Boot-Volume, von dem aus das Betriebssystem gestartet werden soll. Anschließend wird der XNU-Kernel geladen. Der Kernel wiederum initiiert weitere essenzielle Betriebssystemfunktionen wie das Dateisystem oder die Speicher- und Prozessverwaltung. Der XNU-Kernel startet zudem die Umgebung für Nutzer mit der grafischen Oberfläche sowie die Nutzer- und Rechteverwaltung (bspw. beim Bootprozess ab dem Fenster zur Passworteingabe des Nutzer-Accounts).

Beispielhafte Beschreibung eines Mac-OS-Systemstarts:

1. **EFI**: Überprüft die Hardware und startet den Bootloader boot.efi.

2. **Boot.efi**: Lädt den XNU-Kernel und benötigte Kernel-Extensions (kext). Das Laden des Kernels wird durch die Startanimation (rotierendes Rad) visualisiert. Nach Laden des Kernels wird launchd gestartet.

3. **Launchd**: Startet Daemons und das Nutzer-Anmeldefenster.

4. **Nutzer-Login**: Startet die Launch Agents des Nutzers und die OS-X-GUI.

Launchd ist der erste Prozess im Usermode, der vom XNU-Kernel gestartet wird und ist damit auch für den Bootvorgang verantwortlich. Er ist systemweit direkt oder indirekt für das Starten von allen anderen Prozessen im Usermode zuständig. Launchd besitzt die PID 1 und wird vom BSD-Subsystem des XNU-Kernels gestartet. Der Prozess tägt den hartcodierten Namen */sbin/launchd*. Hauptaufgabe von Launchd ist das Starten oder Stoppen von sogenannten Launch Daemons und Launch Agents (im Weiteren vereinfacht Daemons und Agents genannt).

Daemons sind Programme, die im Hintergrund laufen und weitere Dienste zur Verfügung stellen, ohne direkt in Nutzerinteraktion zu treten (Hintergrund-Systemprozesse). Agents sind ebenfalls im Hintergrund laufende Programme. Allerdings sind diese nutzerbezogen, haben Zugriff auf das jeweilige Nutzerverzeichnis und können im Gegensatz zu einem Daemon über das GUI in Nutzerinteraktion treten (Hintergrund-Nutzerprozesse). Agents werden erst dann gestartet, wenn sich ein Nutzer einloggt.

Launchd selbst kann über das Kommandozeilenprogramm `launchctl` gesteuert und zum manuellen Starten oder Stoppen von Daemons und Agents veranlasst werden. Haben sich Nutzer in einem Mac-OS-System eingeloggt, sind mehrere launchd-Prozesse vorhanden: zum einen der vom Kernel initiierte launchd Prozess mit `PID 1`, zum anderen jeweils ein Fork des launchd für jeden eingeloggten Nutzer.

Launchd kann selbst nicht vom Nutzer gestartet oder gestoppt werden. Es ist der letzte Prozess, der beendet wird, bevor das System herunterfährt.

Launchd löst den bis zur Mac-OS-X-Version 10.4 benutzten Systemstartprozess `mach_init` (bootstrap) ab. Im Vergleich zu `mach_init` ist launchd wesentlich leistungsfähiger. Insbesondere seine Fähigkeit, Daemons und Agents beim Systemstart nicht zwangsläufig auch ausführen zu müssen, unterscheidet ihn vom Vorgänger. Launchd ist in der Lage, Daemons und Agents erst dann auszuführen, wenn sie vom System benötigt werden. Hierzu durchsucht launchd beim Systemstart deren plist-Dateien und registriert die dort definierten Sockets und File-Deskriptoren. Beim Systemstart werden lediglich Daemons und Agents geladen, die verfügbar sein müssen. Alle anderen werden von launchd auf Anforderung gestartet oder beendet, sobald sie nicht mehr benötigt werden.

2.4.20 Prozesse und Threads

Die Leistungsfähigkeit moderner Prozessoren resultiert nicht aus dem reinen Leistungszuwachs einzelner Prozessoren durch eine höhere Taktrate, sondern aus der Kombination von mehreren Prozessorkernen auf einem Chip. Dies ermöglicht eine Parallelisierung der Rechenleistung und eine Verteilung der abzuarbeitenden Aufgaben auf mehrere Prozessoren bzw. Prozessorkerne.

Das reine Prozessmodell würde die Leistungsfähigkeit dieser Multi-Core-Architekturen nicht ausnutzen, denn es würde lediglich ein Prozessorkern mit der Aufgabenabarbeitung betraut sein, die restlichen Prozessorkerne würden brach liegen. Mit der Aufteilung von Prozessen in Threads hingegen können Prozesse aufgeteilt und Aufgaben innerhalb von Programmen verteilt werden. Threads können parallel auf mehreren Prozessorkernen verarbeitet werden, was bei modernen Multi-Core-Architekturen einen enormen Gewinn an Performanz bedeutet.

Das auf dem Mach-3.0-Microkernel basierende Mac OS setzt auf ein Modell von Threads und Tasks. Tasks haben dabei einen eigenen Adressraum und bestehen aus mindestens einem Thread. Jeder Task besitzt außerdem einen speziellen Namensraum für Mach-Ports (port right namespace). Mach-Ports sind Kommunikationspunkte des Kernels für Tasks oder zugehörige Threads. Sie funktionieren unidirektional, d. h. nur in eine Richtung (Sender zu Empfänger) und eröffnen einen Kommunikationskanal zwischen einem Empfänger eines Dienstes (Client) und einem Anbieter (Server). Mach-Ports werden zur

Kommunikation von Tasks oder Threads untereinander oder mit dem Kernel genutzt. Zu jedem Mach-Port gehört auch eine Rechtezuweisung, d. h. eine Definition, wer Sender sein darf und wer Empfänger.

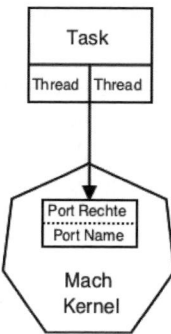

Bild 2.15: Schematische Darstellung der Mach-Task.

Eine Kommunikation von Mach-Tasks bzw. -Threads erfolgt unter Nutzung von Semaphoren, Notifications, Locks (analog zum Mutex-Mechanismus) und Mach-Message-Queues (mach_msg). Mach-Messages können komplexere Inhalte wie beispielsweise Port-Rechte beinhalten. Zur Abarbeitung von Threads nutzt die Mach-Komponente des XNU-Kernels den CMU-Mach-3-Scheduler. Dieser ermöglicht ein Scheduling-Verfahren mit einer Prioritäten-Vergabe in vier Ebenen (Normal, hohe Priorität, Kernel-Modus, Real Time). Ebenso ermöglicht er ein preemtives Scheduling, d. h. bereits laufende Tasks können unterbrochen und bspw. einem anderen Prozessorkern zur Abarbeitung zugeteilt werden.

Seit Version 10.6 stellt Mac OS X die API Grand Central Dispatch (GCP) zur Verfügung. GCP übernimmt die Verwaltung und Verteilung der Threads auf die einzelnen Prozessorkerne. Für Programmierer bietet GCP als Schnittstelle eine einfache Möglichkeit, Parallelisierung zu implementieren, ohne sich mit Details bezüglich der Umsetzung von Multithreading beschäftigen zu müssen.

Insgesamt bietet Mac OS mit den Mach-basierenden Threads einen äußerst leistungsfähigen Mechanismus zur Verwaltung und Steuerung von Threads und zur Interprozesskommunikation.

Aufsetzend auf den beschriebenen Mach-Threads, unterstützt Mac OS mit der BSD-Komponente des XNU-Kernels zudem das POSIX-Standard-Prozessmodell. Die Hauptkomponente des Modells bilden Prozesse als Instanzen von laufenden Programmen, die durch einen PID (Process Identifier) eindeutig definiert werden. Neben dem PID verwaltet der Kernel weitere prozessspezifische Informationen, wie den Status des Prozesses, vom Prozess genutzte Threads oder geöffnete Dateien.

Standard-UNIX-Kommandos wie ps zur Ausgabe von Prozessen und Threads sind damit auch unter Mac OS nutzbar:

```
● ● ●                          ⌂ ibcc — -bash — 127×32
IBCCs-MacBook-Pro121:~ Marc$ ps aux | awk '{print $2 "\t "$11}' | sort -n | head
PID     COMMAND
1       /sbin/launchd
47      /usr/sbin/syslogd
48      /usr/libexec/UserEventAgent
50      /usr/libexec/kextd
51      /System/Library/Frameworks/CoreServices.framework/Versions/A/Frameworks/FSEvents.framework/Versions/A/Support/fsevents
d
55      /System/Library/CoreServices/appleeventsd
56      /usr/libexec/configd
57      /System/Library/CoreServices/powerd.bundle/powerd
62      /usr/libexec/airportd
IBCCs-MacBook-Pro121:~ Marc$ ▊
```

Bild 2.16: Sortierte Ausgabe der ersten zehn Prozesse mit ps

Der BSD-Kernel ermöglicht weiterhin die Nutzung von POSIX-Threads (pthread) sowie die Nutzung von Standard-UNIX-Signalen (POSIX IPC).

```
● ● ●                    ⌂ ibcc — -bash — 80×24
Marc:~$ kill -l
 1) SIGHUP       2) SIGINT      3) SIGQUIT     4) SIGILL
 5) SIGTRAP      6) SIGABRT     7) SIGEMT      8) SIGFPE
 9) SIGKILL     10) SIGBUS     11) SIGSEGV    12) SIGSYS
13) SIGPIPE     14) SIGALRM    15) SIGTERM    16) SIGURG
17) SIGSTOP     18) SIGTSTP    19) SIGCONT    20) SIGCHLD
21) SIGTTIN     22) SIGTTOU    23) SIGIO      24) SIGXCPU
25) SIGXFSZ     26) SIGVTALRM  27) SIGPROF    28) SIGWINCH
29) SIGINFO     30) SIGUSR1    31) SIGUSR2
Marc:~$ ▊
```

Bild 2.17: Auflistung von POSIX-Signalen unter OS X mit kill -l

```
⊗ ⊖ ⊗                         ⌂ ibcc — 127×32
IBCCs-MacBook-Pro121:~ Marc$ kill PID 3656
-bash: kill: PID: arguments must be process or job IDs

[Prozess beendet]▊
```

Bild 2.18: Beenden des Bash-Prozesses mit PID 3656

Ein wesentlicher Unterschied besteht darin, dass Mac OS keine UNIX Capabilities unterstützt. UNIX Capabilities sind ein Mechanismus, um nicht privilegierten Prozessen temporär Superuser-Rechte einzuräumen. Mac OS ersetzt die nicht vorhandenen UNIX Capabilities durch ein eigenes Berechtigungskonzept, sogenannte Mac OS Entitlements. Diese ermöglichen eine feingranulare Rechtevergabe für Apps (Prozesse) auch innerhalb des Application Sandboxing.

2.4.21 Mach-O-Binaries

Programme bestehen aus Bundles, die aus einer vorgegebenen Verzeichnisstruktur bestehen. Neben den ausführbaren Binärdateien im Verzeichnis /Contents/MacOS enthalten die übrigen Verzeichnisse vom Programm benötigte Ressourcen, hauptsächlich Dateien für die grafische Darstellung wie Icons, Grafiken etc.

Als Format für ausführbare Dateien nutzt Mac OS ausschließlich Mach-O-Binaries. Mac OS unterstützt somit keine weiteren Formate wie beispielsweise die von Windows genutzten Portable Executables (PE32) oder die unter Linux gebräuchlichen ELF-Binaries (Executable and Library Format).

Mach-O-Binaries unterstützen verschiedene Prozessor-Architekturen und können sowohl für 32-Bit- als auch für 64-Bit-Intel-Prozessoren kompiliert werden. Eine dritte Möglichkeit ist die Integration von unterschiedlichen Codes für mehrere Plattformen in einem Mach-O-Universal-Binary (auch als Fat Binary bezeichnet). Sie können sowohl

Code für PowerPC- als auch für Intel-32-Bit- und 64-Bit-Architekturen enthalten. Auch wenn aktuelle Apple-Computer ausschließlich mit 64-Bit-Intel-Prozessoren ausgestattet und Universal Binaries daher nicht unbedingt notwendig sind, werden sie in der Praxis dennoch sehr oft benutzt. Die folgende Abbildung zeigt die Untersuchung einer Binärdatei mit dem Programm file.

```
● ◉ ●                         MacOS — -bash — 117×22
[IBCCs-MacBook-Pro121:MacOS Marc$ pwd
/Applications/Firefox.app/Contents/MacOS
[IBCCs-MacBook-Pro121:MacOS Marc$ file firefox
firefox: Mach-O universal binary with 2 architectures: [x86_64: Mach-O 64-bit x86_64 executable] [i386: Mach-O i386 e
xecutable]
IBCCs-MacBook-Pro121:MacOS Marc$ ▌
```

Bild 2.19: Universal Binary des Firefox-Browsers

Die unterschiedlichen Mach-O-Binärdateien besitzen folgende Signaturen:

Signaturen von Mach-O-Binaries	
Signatur	Mach-O-Format
0xcafebabe	Fat Binary (Little Endian)
0xbebafeca	Fat Binary (Big-Endian)
0xfeedface	Mach-O (32-Bit)
0xfeedfacf	Mach-O (64-Bit)

```
● ● ●                         MacOS — -bash — 106×25
macoss-Mac:/Applications/Firefox.app/Contents/MacOS\Marc $ cat firefox | xxd
00000000: cafe babe 0000 0002 0100 0007 8000 0003  ...............
00000010: 0000 1000 0000 6e80 0000 000c 0000 0007  ......n.........
00000020: 0000 0003 0000 8000 0000 6d90 0000 000c  ..........m.....
```

Bild 2.20: Signatur der Mach-O-Binärdatei des Firefox-Browsers

Eine Analyse des Mach-Headers bzw. des Fat-Headers einer Mach-O-Binärdatei kann mit den Kommandos otool und lipo erfolgen. Mach-O-Binärdateien werden dynamisch gelinkt. Ein dynamischer Linker */usr/lib/dyld* fügt der Binärdatei bei Programmausführung benötigte Referenzen zu externen Bibliotheken und Symbolen hinzu.

Zum Einstieg in die Überprüfung der Funktionalität eines Programms kann mit dem Kommando nm die Symboltabelle der Mach-O-Binärdatei abgefragt werden. Rückschlüsse auf benutzte Symbolnamen gibt strings, während ein einfaches Disassemblieren wiederum otool durch Darstellung der einzelnen Mnemonics einer Funktion ermöglicht.

Analyse von Mach-O-Binaries	
Kommando	Funktion
otool -hV [Mach-O-Binärdatei]	Gibt den Mach-O-Header einer Binärdatei aus.
lipo detailed_info [Universal Binary]	Zeigt den Fat-Header eines Universal Binaries an.
strings [Mach-O-Binärdatei]	Kann Hinweise auf Symbolnamen einer Binärdatei geben.

Kommando	Funktion
`nm` [Mach-O-Binärdatei]	Gibt die Symboltabelle einer Mach-O-Binärdatei aus.
`otool -p` [Symbol] `-tV` [Mach-O-Binärdatei]	Disassembliert ein Symbol einer Mach-O-Binärdatei und zeigt entsprechende Mnemonics an.

Zur Veranschaulichung zeigt die folgende Abbildung ein Disassemblieren der Main-Funktion eines C-Programms unter Mac OS.

```
● ● ●                          src — -bash — 100×27
[IBCCs-MacBook-Pro121:src Marc$ otool -hV HelloWorld
HelloWorld:
Mach header
      magic cputype cpusubtype  caps    filetype ncmds sizeofcmds      flags
MH_MAGIC_64 X86_64         ALL LIB64    EXECUTE    15      1280  NOUNDEFS DYLDLINK TWOLEVEL PIE
[IBCCs-MacBook-Pro121:src Marc$ nm HelloWorld
0000000100000000 T __mh_execute_header
0000000100000f40 T _main
                 U _puts
                 U dyld_stub_binder
[IBCCs-MacBook-Pro121:src Marc$ otool -p _main -tV HelloWorld
HelloWorld:
(__TEXT,__text) section
_main:
0000000100000f40        pushq   %rbp
0000000100000f41        movq    %rsp, %rbp
0000000100000f44        subq    $0x10, %rsp
0000000100000f48        leaq    0x3b(%rip), %rdi      ## literal pool for: "!!!Hello World!!!"
0000000100000f4f        movl    $0x0, -0x4(%rbp)
0000000100000f56        callq   0x100000f68           ## symbol stub for: _puts
0000000100000f5b        xorl    %ecx, %ecx
0000000100000f5d        movl    %eax, -0x8(%rbp)
0000000100000f60        movl    %ecx, %eax
0000000100000f62        addq    $0x10, %rsp
0000000100000f66        popq    %rbp
0000000100000f67        retq
IBCCs-MacBook-Pro121:src Marc$ █
```

Bild 2.21: Mach-O-Header, Symbole und disassemblierte Main-Funktion eines Hello-World-C-Programms

2.4.22 Bundles und Packages

Bundles (synonym auch als Packages bezeichnet) sind ein Konzept, das Mac OS aus dem originären NeXTSTEP-Betriebssystem übernommen hat. Apple bezeichnet Bundles als »fundamentale Technologie in Mac OS und iOS, um Ressourcen und Programmcode zu packen«. Bundles sind hierarchisch angeordnete Verzeichnisstrukturen inklusive der darin enthaltenen Daten. Sie haben eine standardisierte Verzeichnisstruktur (siehe Abbildung). Mac OS nutzt Bundles beispielsweise für Applikationen (Apps), Frameworks, Plugins, Widgets und Kernel-Extensions.

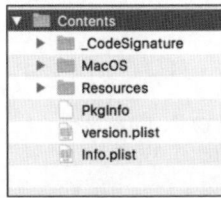

Bild 2.22: Bundle-Verzeichnisstruktur

2.4.23   Applications

Mac-OS-Applikationen sind in dem zuvor beschriebenen Bundle-Format gepackt. Für den Nutzer erscheinen sie im Finder als eine Datei mit der Endung .app.

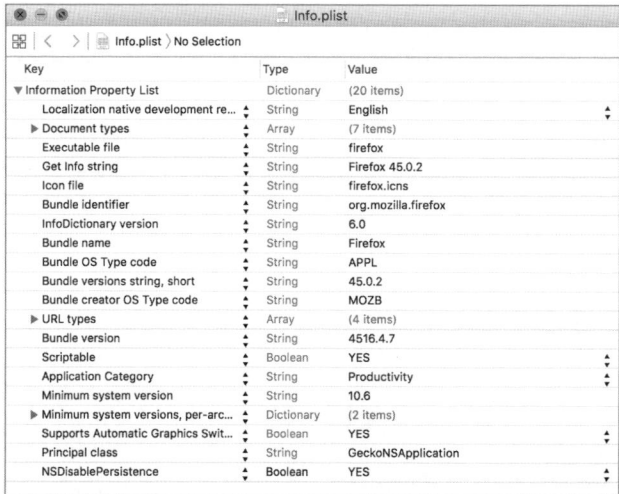

Bild 2.23: Die *Info.plist* von Firefox

Ein Bundle enthält die für eine Applikation essenziellen Dateien. Hierunter fallen der ausführbare Code, Bibliotheken (Libraries), aber auch weitere Dateien wie Icons, GUI-Elemente und Grafiken. Innerhalb des Verzeichnisses */Contents* enthält eine Applikation die Datei *Info.plist*, das Verzeichnis *MacOS*, das ausführbaren Binärcode enthält, sowie das Verzeichnis *Resources* mit weiteren für das Programm erforderlichen Dateien.

Die Datei *Info.plist* enthält die Metadaten einer Applikation im XML-Format, unter anderem Informationen zum Namen des Bundles, zur Bundle-Version, den *Bundle identifier* und den Dateinamen der ausführbaren Datei.

2.4.24   Frameworks

Frameworks sind Bestandteile des Betriebssystems, die für die Mac-OS-spezifischen Funktionalitäten verantwortlich sind. Sie sind eine Apple-eigene Technologie und damit nicht auf andere Systeme übertragbar. Im Gegensatz zu vielen Mac-OS-Komponenten, wie beispielsweise dem quelloffenen Darwin, sind die Mac-OS-Frameworks proprietär und ein von Apple gut gehütetes Geheimnis. Frameworks bauen auf den herkömmlichen Systembibliotheken auf und bieten meist eine eigene API zur Programmierung. Frameworks sind ebenfalls in Bundles gepackt. Mac OS speichert Frameworks unter folgenden Pfaden:

- */System/Library/Frameworks* – Apple-Frameworks
- */Library/Frameworks* – Drittanbieter-Frameworks (z. B. Python, OSX Fuse etc.)
- */Library/Frameworks* – nutzerspezifische Frameworks

Insgesamt unterstützt Mac OS über 100 unterschiedliche Frameworks.

2.5 Mac-OS-Sicherheitskonzepte

Die Frage nach der Sicherheit von Mac OS wird unter Anhängern und Fachleuten allgegenwärtig und kontrovers diskutiert. Oft wird behauptet, dass es für Mac OS generell keine Malware gäbe und entsprechende Schutzmechanismen nicht notwendig seien. Auch wenn Mac OS einige im Vergleich zu anderen Betriebssystemen sehr fortschrittliche Technologien einsetzt, um die Ausführung von schadhaftem Code zu verhindern, können Mac-Computer durchaus angegriffen und auch geschädigt werden. Derzeit existieren ca. 1500 bekannte Malware-Signaturen für Mac OS. Die Mac-OS-Features zur Absicherung des Systems gegen Schadsoftware (auch als Hardening bezeichnet) lassen Mac-Malware weniger fortschrittlich erscheinen als Windows-Malware. Dennoch finden sich immer wieder Wege und Sicherheitslücken, um Schadcode auszuführen.

Trends bei neuerer Mac-OS-Malware gehen hin zu Trojaner-Funktionalitäten durch das Ausnutzen von fehlerhaftem Nutzerverhalten oder hin zur Nutzung von Multi-Plattform-Technologien, wie das Ausnutzen von Sicherheitslücken in Java. Ein bekanntes Beispiel dafür ist der Trojaner Flashback, der im Jahr 2012 mehr als 600.000 Systeme infizieren konnte. Flashback nutzte eine Java-Sicherheitslücke und verbreitete sich getarnt in einem manipulierten Adobe-Flash-Installer. Die zunehmende Popularität von Mac-Computern eröffnet für Angreifer neue Anreize, diesen Markt durch Erstellung neuer Malware verstärkt zu erschließen.

2.5.1   Code Signing

Code Signing erlaubt es, Programmcode durch eine digitale Signatur zu authentifizieren. Hierfür muss sich ein Programmierer im Apple-Developer-Programm registrieren, um dort eine digitale Signatur zu beantragen. Auch wenn unter Mac-OS-Programme ohne digitale Signatur ausgeführt werden können (je nach Einstellung des Betriebssystems), ist eine Signierung von Applikationen, die über den App Store vertrieben werden, Pflicht. Die Authentifizierung mit einer digitalen Signatur verhindert die Ausführung von Code aus unsicheren Quellen beispielsweise beim Download von Programmen aus dem Internet bzw. die Ausführung von Code, der nachträglich verändert wurde. Im Unterschied zum mobilen Betriebssystem Android, das die Ausführung von selbst-signierten Applikationen zulässt, muss eine digitale Signatur unter Mac OS von Apple selbst (Code Signing Certification Authority) ausgestellt werden.

2.5.2   Sandboxing

Der Sandboxing-Mechanismus wurde mit Mac-OS-X-Version 10.5 unter dem Namen Seatbelt eingeführt und mit Version 10.7 in **Sandbox** umbenannt. Seither wurde das Sandboxing mehr und mehr verbessert und ist mittlerweile integraler Bestandteil von Mac OS und seiner Sicherheitsstrategie. Nutzt eine Applikation den Mechanismus, wird sie in einer gekapselten Umgebung, einer sogenannten Sandbox ausgeführt. Hier besitzt sie nur sehr eingeschränkte Zugriffsrechte auf das Dateisystem bzw. auf Ressourcen außerhalb der Sandbox. Zugriffsrechte können dabei feingranular vergeben werden (Mac OS Entitlements). Das Sandboxing verhindert das Ausbrechen von Schadcode aus der Sandbox und somit auch die systemweite Ausbreitung.

Bild 2.24: TextEdit-Container

Applikationen, die Sandboxing nutzen, werden in sogenannten Containern ausgeführt. Diese Container sind Verzeichnisse von Applikationen, die sich im Pfad */Library/Containers* befinden. Die Applikationen haben nur auf Objekte innerhalb ihres Containers Zugriff. Der Zugriff auf Ressourcen außerhalb der Sandbox wird zum einen über die Datei *container.plist* geregelt, zum anderen über sogenannte Aliase, die auf Verzeichnisse oder Dateien außerhalb der Sandbox verweisen.

Mit dem Kommando `asctl` kann überprüft werden, ob eine Applikation Sandboxing nutzt und wie der Pfad des Sandbox-Containers lautet:

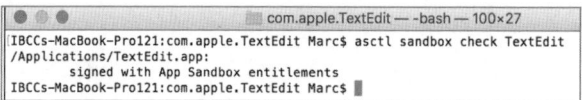

Bild 2.25: Ausgabe von Sandboxing-Informationen mit `asctl`

2.5.3 Gatekeeper

Gatekeeper ist ein von Apple implementiertes Sicherheitsfeature seit Mac OS X 10.7.5. Gatekeeper prüft bei der Ausführung von Applikationen, ob sie eine digitale Signatur (siehe Abschnitt »Code Signing«) besitzen und blockt die Ausführung von nicht signierten Programmen. Gatekeeper lässt bis zur Version Mac OS X 10.11 die Auswahl von drei verschiedenen Sicherheitslevels zu. Die Default-Einstellung ist seit Mac OS X 10.8 *Mac App Store und verifizierte Entwickler.*

Bild 2.26:
Gatekeeper-Sicherheitslevels <=
Mac OS X 10.11

Mit der aktuellen Betriebssystemversion macOS Sierra hat Apple die Auswahl reduziert und die Einstellung *Keine Einschränkungen* entfernt. Bei der Ausführung von nicht signiertem Programmcode wird der Nutzer jetzt immer gefragt, ob er einer Ausführung zustimmen möchte. Zur Ausführung ist das Administratorkennwort erforderlich.

Bild 2.27: Gatekeeper-Sicherheitslevels ab macOS Sierra (10.12)

2.5.4   File Quarantine

File Quarantine nennt Apple ein in Mac OS X 10.5 eingeführtes Konzept, das es Mac OS ermöglicht, Dateien mit ihrem Herkunftsort (Download-Quelle) zu kennzeichnen. Der Herkunftsort wird über das Dateisystem HFS+ als Metadatum abgelegt. Die Speicherung erfolgt, wenn eine Datei von einer Applikation heruntergeladen wird, die File Quarantine unterstützt (bspw. Safari, Mail, iMessage, Airdrop etc.). Zur Unterstützung von File Quarantine wird in der Info.plist der jeweiligen Applikation der Schlüssel *LSFileQuarantineEnabled* auf *True* gesetzt.

Mac OS speichert File-Quarantine-Events in einer SQLite-Datenbank. Unter Umständen enthält diese Informationen zu heruntergeladenen Dateien und ist daher aus forensischer Sicht sehr interessant.

File-Quarantine-Events-SQLite-Datenbank	
File-Quarantine-SQLite-Datenbank	/Library/Preferences/com.apple.LaunchServices. QuaratineEvents. V2

Dateien, die File-Quarantine-Metadaten enthalten, werden bei jeder Ausführung von XProtect automatisch auf bekannte Malware-Signaturen überprüft. XProtect ist eine Apple-eigene und in Mac OS implementierte Antivirus-Software und enthält derzeit 72 [Stand: macOS 10.12.3] bekannte Malware-Signaturen für Mac-Systeme.

XProtect-Signaturen	
XProtect-Signaturen	/System/Library/CoreServices/CoreTypes.bundle/Contents/Resources/ XProtect.plist

2.5.5   System Integrity Protection

Mit Mac OS X 10.11 hat Apple ein neues Sicherheitsfeature mit dem Namen **System Integrity Protection** (SIP) eingeführt. Das Feature wird oftmals auch als »Rootless« bezeichnet. SIP setzt an dem Fakt an, dass unter UNIX-Systemen Nutzer mit Root-Rechten Zugriff auf sämtliche Bereiche des Systems haben und damit tiefgreifende Veränderungen am System durchführen können. Apple sah darin eine der noch verbliebenen großen Sicherheitsschwächen von Mac OS.

»[any] piece of malware is one password or vulnerability away from taking full control of the device« (Zitat eines Apple-Entwicklers auf einem WWDC-Entwicklerkongress).

SIP blockiert für sämtliche Prozesse systemweit den Zugriff auf bestimmte Systemdateien, Verzeichnisse und Prozesse. Beispielsweise kann auf die Verzeichnisse */System*, */bin*, */usr* und */sbin* nicht mehr schreibend zugegriffen werden. Die zu schützenden Systembereiche werden mit einem HFS+ Extended Attribute gekennzeichnet. Der XNU-Kernel blockiert in Folge sämtliche Prozesse, die nicht explizit eine Berechtigung haben, auf geschützte Bereiche zuzugreifen. Möchte ein Prozess auf geschützte Bereiche zugreifen, benötigt er eine exklusiv von Apple ausgestellte Signatur. SIP verhindert damit beispielsweise zuverlässig Code Injection in System-Binaries.

Nach der Einführung von System Integrity Protection mit El Capitan sind viele Applikationen, die entsprechende Systemzugriffe benötigen, nicht mehr bzw. nur noch eingeschränkt lauffähig. Eine Möglichkeit bietet das manuelle Deaktivieren von SIP mit dem Kommando `csrutil`. Beispielsweise kann mit `csrutil status` abgefragt werden, ob SIP aktiv ist. Nach einem Neustart in den Recovery-Modus, kann das Feature SIP bei Bedarf mit `csrutil disable` deaktiviert werden.

2.5.6   XPC

XPC (Interprocess Communication and Services) ist eine Technologie zur Kommunikation von Programmen mit dem Betriebssystem Mac OS. Ausführbare Programme werden unter Mac OS meist als Applikationen oder Apps bezeichnet und unter Mac OS in einer Sandbox ausgeführt. Mit XPC ist es möglich, Apps sogenannte XPC Services zuzuweisen. XPC Services sind Kommunikationspunkte einer Applikation zu bestimmten Systemdiensten. Sie ermöglichen die konkrete Kommunikation einer App aus der gesandboxten Umgebung heraus. XPC Services selbst können in der Entwicklungsumgebung Xcode erstellt und einer Applikation zugeordnet werden (siehe die folgende Abbildung).

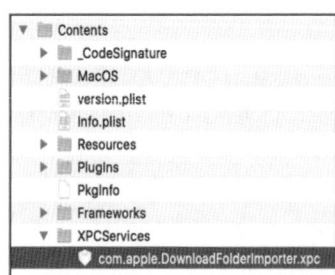

Bild 2.28: XPC Service der Nachrichten-App

XPC Services haben analog zu Applikationen eine eigene Bundle-Struktur.

Bild 2.29: Bundle-Struktur eines XPC Service

Die Services selbst laufen ebenfalls in einer gesandboxten Umgebung mit der maximal möglichen Einschränkung von Rechten. Ein XPC Service ist nur für seine jeweilige Applikation verfügbar. Es ist nicht möglich, die Rechte eines XPC Service zu erweitern, bspw. durch Zuweisung von Root-Rechten. XPC ermöglicht damit die Aufteilung von Applikationen sozusagen in Teilmengen, die jeweils über ihre XPC Services kommunizieren können. Durch diese Aufteilung wird eine explizite Rechtevergabe (Privilege Separation) innerhalb einer Applikation ermöglicht. Das Sandboxing-Verfahren bringt sicherheitstechnisch enorme Vorteile.

Beispielhaft könnte eine über das Web kommunizierende App von einem Angreifer durch Ausnutzung einer Sicherheitslücke kompromittiert werden. Wegen des Sandboxing-Konzepts ist der Angreifer nicht in der Lage, seine Rechte auf das Betriebssystem oder selbst auf weitere Teile der Applikation auszuweiten. Wäre hingegen kein Sandboxing eingesetzt, könnte der Angreifer unter Umständen das komplette System übernehmen. Vorteile bringt das Verfahren neben dem strikten Berechtigungskonzept auch für die Stabilität von Apps. So können Teile der App, die weniger stabil laufen, ausgelagert und mit eigenen XPC Services ausgestattet werden.

XPC Services werden von launchd verwaltet. Der zentrale Prozess launchd ist in Mac OS zuständig für das Scheduling aller übrigen Prozesse. XPC Services werden von launchd auf Aufforderung gestartet und, falls nicht mehr benötigt, wieder beendet.

Beispielhafte Ausgabe von XPC Services im Terminal:
```
$ find /Applications/ -name *.xpc
$ find /System/Library/Frameworks -name *.xpc
```
Die Ausgabe der Befehle im Terminal zeigt, dass die systemintegrierten Frameworks XPC Services extensiv in Gebrauch nehmen.

2.6 Zusammenfassung

Im Kapitel »Hintergrund« wurde das notwendige Basiswissen für die folgenden Kapitel des Buchs vermittelt. Nach einer Einführung in das Betriebssystem Mac OS und in die Apple-Produktfamilie wurden die Betriebssystemarchitektur, eingesetzte Technologien und Sicherheitskonzepte näher betrachtet. Hierbei bietet das Kapitel einen Überblick über das Betriebssystem Mac OS, ohne die technischen Details einzelner Technologien zu thematisieren.

Mit Spannung erwartet werden darf die zukünftige Entwicklung von Mac OS. Das über Jahre gewachsene Betriebssystem entwickelt sich hinsichtlich der unterstützten Features sehr stark. Andererseits hat sich der Betriebssystemkern mit Mach- und BSD-Komponenten kaum verändert. Noch immer setzt Apple auf Mach-Funktionalitäten und Vorteile der Microkernel-Architektur. Es bleibt abzuwarten, ob Apple an der XNU-Kernel-Architektur festhält oder aber im Zuge der Performanz und weiterer UNIX-Kompatibilität (bspw. Unterstützung von ELF-Binaries statt Mach-O) einen vollständigen Wechsel des Kernels von Mach zu BSD vornimmt. Weiterhin gespannt sein darf man auf die weiter zunehmende Verzahnung der Betriebssysteme Mac OS und iOS.

2.7 Übung: Mac-OS-Handling

Die Übung Mac-OS-Handling führt Sie in grundlegende Bedienungskonzepte von Mac OS ein und macht Sie mit den wichtigsten Funktionalitäten aus Anwendersicht vertraut. Sie können die Übung in Ihrem Übungs-Account *MacOS* durchführen.

Mac OS besitzt eine aufgeräumte grafische Nutzeroberfläche. Zentrales Element ist der Schreibtisch mit dem Dock im unteren Bildschirmbereich und der Menüleiste im oberen Bildschirmbereich. Auf dem Schreibtisch selbst werden je nach Einstellung eingehängte externe Datenträger angezeigt.

Bild 2.30: Der aktuelle Schreibtisch von macOS Sierra

Über das Dock können diverse weitere Funktionen wie Papierkorb, Finder, Systemeinstellungen etc. erreicht werden. Die obige Abbildung zeigt beispielhaft den Schreibtisch des Übungs-Accounts *MacOS* unter macOS Sierra.

Die Menüleiste befindet sich am oberen Rand des Schreibtischs. Sie zeigt jeweils das aktive Programm mit seinen Auswahloptionen an. Öffnen Sie beispielsweise Safari, ändert sich die Menüleiste und zeigt entsprechende Funktionalitäten für das aktive Programm an.

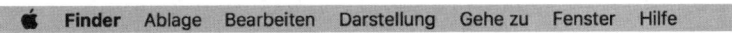

Bild 2.31: Die macOS-Sierra-Menüleiste

Am rechten Rand der Menüleiste werden Symbole angezeigt, die für Menüs anderer Programme stehen, wie z. B. Suche, Lautstärke, Uhrzeit, etc. Über die Symbole können Sie direkt auf korrespondierende Funktionen zugreifen.

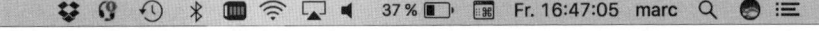

Bild 2.32: Symbole in der Menüleiste

Das Dock bietet einen Schnellzugriff auf Programme und oft benutzte Verzeichnisse. Aktive Programme werden mit einem Punkt gekennzeichnet.

Bild 2.33: Leicht überfülltes Dock

Möchten Sie unter Mac OS ein Programm beenden, können Sie das über die Menüleiste des Programms oder durch die Tastenkombination cmd + Q realisieren. Eine weitere Möglichkeit ist, die Funktion *Sofort beenden...*, die ein geöffnetes Programm zum Beenden zwingt. Die Funktion finden Sie über das Apfel-Symbol in der Menüleiste.

Fenster lassen sich unter Mac OS ähnlich wie unter Windows bedienen. Mit den Kontrollknöpfen kann die Fensterdarstellung verändert werden. Rot schließt ein Fenster (Achtung: nicht auch das Programm), Gelb minimiert ein Fenster und Grün vergrößert es.

Im Finder lassen sich Datei- oder Verzeichnisoperationen durchführen. Er bietet am linken Rand eine Schnellübersicht über Favoriten, Geräte, Freigaben und Tags. So können eingebundene Laufwerke und Netzwerkfreigaben meist bereits durch einen Blick auf die Angaben im Finder lokalisiert werden.

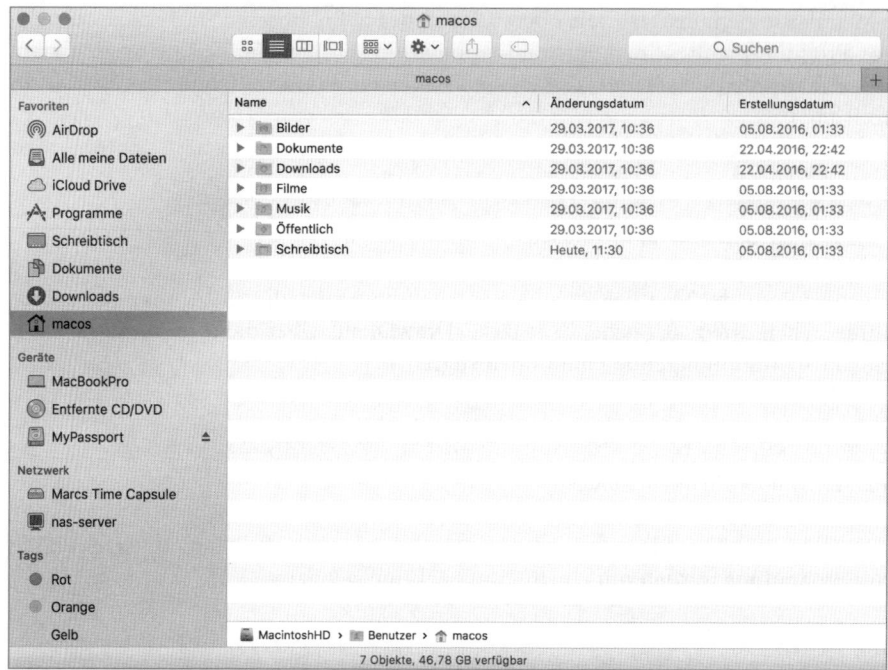

Bild 2.34: Der Mac-OS-Finder

Die inhaltliche Darstellung im Finder kann in den Einstellungen des Programms erweitert und den persönlichen Bedürfnissen angepasst werden. Erweitern Sie die Anzeige des Finders, indem Sie in der Menüleiste unter *Darstellung* die Tab-, Pfad-, Status- und Seitenleisten einblenden. Weiterhin können Sie unter dem Menüpunkt *Darstellungsoptionen einblenden* Standardeinstellungen für die dargestellten Spalten des Dateibetrachters auswählen. Es sind standardmäßig nicht alle Arten von Zeitstempeln in der Auswahl der angezeigten Spalten enthalten. Wählen Sie hier alle Zeitstempelformate aus. Bei Bedarf können Sie die Spalten im Finder verschieben und die Anordnung Ihren Vorlieben anpassen.

Das Launchpad ist eine dem mobilen Springboard nachempfundene Schnellstart-Ansicht für Applikationen. Das Launchpad wird über das Dock oder durch Drücken der F4 -Taste gestartet.

Mac OS bietet neben dem Standard-Schreibtisch die Möglichkeit, mehrere Schreibtische zu nutzen. Auf den einzelnen Schreibtischen können unterschiedliche Applikationen ausgeführt werden. Fenster und Programme können zwischen den Schreibtischen beliebig getauscht werden. Mehrere Schreibtische können in der Funktion Spaces ausgewählt bzw. hinzugefügt oder entfernt werden. Spaces zeigt zudem aktive Fenster und Applikationen an, die von hier aus auf die einzelnen Schreibtische oder alleinstehend zur Auswahl verschoben werden können. Die Spaces-Funktion wird durch Drücken der F3 -Taste aktiviert.

Testen Sie die Funktion Spaces und erstellen Sie mehrere Schreibtische. Öffnen Sie anschließend einige Programme wie Safari, Kalender, Maps etc. und verschieben Sie

sie zwischen den Schreibtischen. Anstatt mit der F3 -Taste können Sie mit ctrl +
Pfeiltaste← oder Pfeiltaste→ zwischen den Schreibtischen wechseln.

Bild 2.35: Drei Spaces in Aktion

Die Funktion Split Screen kann den Bildschirm in zwei Teile trennen. Jeder Teil kann
jeweils von einer Applikation genutzt werden. Split Screen wird über Spaces oder durch
langes Drücken des grünen Vergrößerungsbuttons eines Fensters ausgewählt.

Bild 2.36: Split Screen in Spaces

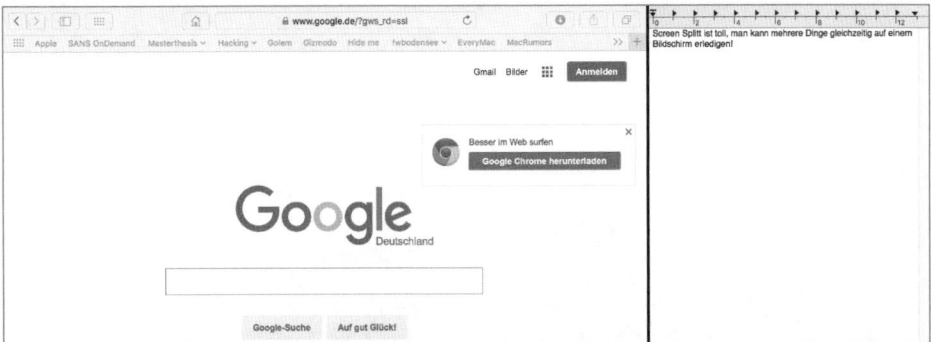

Bild 2.37: Split Screen zweier Anwendungen, hier Safari und TextEdit

Mac-Computer nutzen ein eigenes Tastaturlayout. Insbesondere Anwender, die Windows-Systeme gewohnt sind, finden nicht alle Funktionstasten an den gewohnten Stellen vor. Mac OS bietet in den *Systemeinstellungen* die Möglichkeit, sich eine interaktive Tastaturübersicht und Hilfe in der Menüleiste einblenden zu lassen. Die Auswahl wird über *Systemeinstellungen/Bedienungshilfen/Tastatur-Einstellungen öffnen.../Tastatur und Emoji-Übersichten in der Menüleiste anzeigen* gestartet.

Bild 2.38: Hilfe: die Tastaturübersicht in der Menüleiste.

Weitere sinnvolle Hilfen zu verfügbaren Gesten des Trackpads können unter *Systemeinstellungen/Trackpad* als interaktive Demos abgerufen werden.

3 Das Mac-OS-Dateisystem im Fokus

Anwender eines Mac-Computers arbeiten tagtäglich mit Dateien und Verzeichnissen, ohne sich darüber Gedanken machen zu müssen, wie diese organisiert und abgespeichert werden. Das Betriebssystem Mac OS abstrahiert die dahinterliegenden Technologien für die Anwender. Aus technischer Sicht übernimmt das Dateisystem die konkrete Organisierung und Speicherung der von Mac OS genutzten Dateien und Verzeichnisse auf einem physikalischen Datenträger. Die Funktionalität eines Dateisystems kann vereinfacht in fünf Schichten visualisiert werden, die jeweils unterschiedliche Aufgaben wahrnehmen:

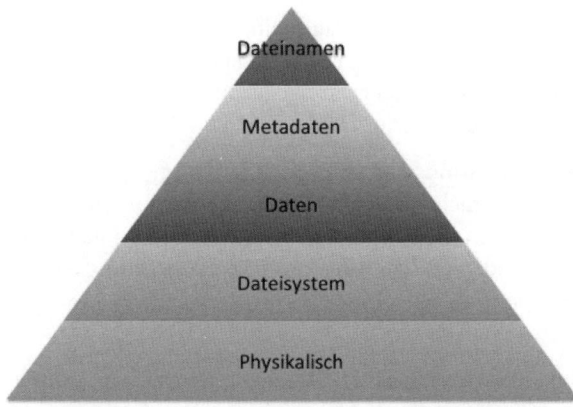

Bild 3.1: Die einzelnen Schichten im Dateisystem

Die **physikalische Schicht** bezeichnet die Hardware des Datenträgers. Dies sind meist Solid-State-Disk-Speicher (SSD) oder magnetische Festplatten. Die kleinsten Speichereinheiten sind Pages (Seiten) oder Sektoren.

Die **Dateisystem-Schicht** abstrahiert die Hardware durch Strukturierung des physikalischen Datenträgers in kleinere Einheiten (Partitionen), die jeweils ein Dateisystem zur Organisierung der verwalteten Dateien und Verzeichnisse besitzen. Zu seiner Strukturierung hat ein Datenträger ein Partitionsschema wie bspw. GUID, MBR (Master Boot Record) oder APM (Apple Partition Map).

Die **Daten-Schicht** weist einzelnen Dateien und Verzeichnissen allokierte Bereiche des physikalischen Datenträgers zu. Die Allokation wird vom jeweiligen Dateisystem vorgenommen und verwaltet.

Die **Metadaten-Schicht** enthält Verwaltungsdaten und zusätzliche Informationen zu Dateien und Verzeichnissen, die vom Dateisystem administriert werden.

Die **Dateinamen-Schicht** schließlich beinhaltet Dateinamen, Verzeichnisse und eine Verzeichnishierarchie.

3.1 Solid State Disks

Solid State Disks (SSDs) funktionieren nicht wie herkömmliche magnetische Festplatten. Sie bestehen aus Flash-Speicherbausteinen (NAND-Technologie mit serieller Anordnung der Speicherzellen) und haben keinerlei bewegliche Teile. Neben den SLC- oder MLC-Speicherbausteinen ist die zentrale Komponente einer SSD der Controller. Er übernimmt die Steuerung des Datenflusses zwischen Mac und SSD. Moderne Controller können NAND-Speicherbausteine parallel ansprechen und damit enorme Datendurchsatzraten erreichen.

NAND-Speicherbausteine arbeiten Page(Seiten)-orientiert. Eine Page hat bei modernen SSDs eine Größe von 4 kByte oder 8 kByte und ist damit die kleinste adressierbare Speichereinheit. Pages wiederum sind zu Blöcken zusammengefasst. Ein Block umfasst 128 Pages bzw. 256 Pages.

Möchte der Controller Daten schreiben, kann er die Pages einzeln ansprechen. Dafür müssen diese allerdings vollständig geleert worden sein, so dass keine Daten mehr enthalten sind. Enthält eine Page noch alte, zum Löschen freigegebene Daten, müssen sie vor einem Schreibvorgang gelöscht werden.

Möchte der Controller eine Page löschen, muss er zwangsläufig den gesamten Block löschen. Ein Löschen einzelner Pages ist nicht möglich. Es werden immer ganze Blöcke (mit 128 Pages) gelöscht. Das Verfahren wäre ohne weitere Mechanismen nicht effizient, denn der Controller müsste vor jeder Speicherung komplette Blöcke löschen. Im schlechtesten Falle würde lediglich eine Page eines Blockes beschrieben, aber 128 (bzw. 256) Löschvorgänge initiiert werden.

Um das zu vermeiden, hat der Controller einer SSD die Aufgabe, Daten so zu organisieren, dass weniger Löschvorgänge durchgeführt werden müssen.

Die Adressierung der Pages einer SSD erfolgt nach dem LBA-Verfahren (Logical Block Addressing). LBA ist unabhängig von der eigentlichen Geometrie der SSD. Bei LBA wird die SSD als einfaches einzelnes langes Device adressiert und blockweise, von 0 beginnend, durchnummeriert. LBA Adressen werden von Mac OS verwaltet und vom Controller der SSD in den entsprechenden physikalischen Speicherplatz umgerechnet.

Bei einer klassischen magnetischen Festplatte würde das Betriebssystem bei einer neuen Speicherung einer Datei der Festplatte mitteilen, welche LBA-Adressen die Datei belegt. Auf der Festplatte würden die LBA-Adressen statisch auf die physikalischen Sektoren übertragen und die Sektoren im Anschluss mit Daten beschrieben werden.

Bei einer SSD funktioniert dies flexibler. Aufgrund der beschriebenen Funktionalität von NAND-Speicherbausteinen agiert der Controller wesentlich »intelligenter«. Zwar bekommt der Controller auch hier vom Betriebssystem mitgeteilt, welche LBA-Adressen die Datei belegt, allerdings weist er den LBA-Adressen dynamisch freie Pages der SSD zu. Pages, die einer LBA-Adresse zuvor zugeordnet waren, markiert der Controller als ungültig. Damit ist er in der Lage, die Speicherung in neue Pages zu verlagern, um

Löschvorgänge einzusparen. Diese Funktionalität des Controllers bedeutet allerdings auch, dass durch Neuverweise von LBA-Adressen zu Pages alte Inhalte zunächst weiter gespeichert bleiben und nicht wie bei klassischen Festplatten überschrieben werden.

Aufgrund dieser Zuordnung von LBA-Adressen zu Pages durch den Controller füllen sich beim Schreiben von Daten immer mehr Pages, andererseits sind auch immer mehr Bereiche der SSD mit eigentlich gelöschten Daten gefüllt. Auch dies wäre nicht effizient. Der Controller hat daher zusätzlich die Aufgabe, innerhalb seiner Pages aufzuräumen. Das Verfahren nennt sich **Garbage Collection** und beschreibt prinzipiell die Entscheidungsfindung des Controllers, welche Blöcke er löschen möchte. Grundlage seiner Entscheidung wird sein, wie viele Pages eines Blockes noch gültige Daten enthalten, die verschoben werden müssen, und wie oft ein Block generell schon gelöscht wurde (**Wear Leveling**). Garbage Collection sorgt für eine Speicherbereinigung, indem nicht mehr benötigte Daten bereits im Vorfeld eines neuen Schreibvorgangs aus den NAND-Speicherzellen gelöscht werden.

Technisch gesehen sammelt Garbage Collection gültige Pages und fasst sie blockweise zusammen. Das Ziel ist es, möglichst viele Blöcke mit verwaisten Pages zu erzeugen, die dann für einen neuen Schreib-/Löschzyklus zur Verfügung stehen.

Der Controller wird zudem generell versuchen, Schreibzugriffe gleichmäßig über alle NAND-Speicherzellen zu verteilen, da diese eine begrenzte Anzahl von Schreib-/Löschzyklen haben und danach nicht mehr funktionsfähig sind. Speicherzellen, die mit Daten gefüllt sind, die sich kaum ändern (bspw. das Betriebssystem) werden daher von Zeit zu Zeit vom Controller umorganisiert, um eine gleichmäßige Auslastung zu erreichen (Wear Leveling).

Die Mechanismen Garbage Collection und Wear Leveling sorgen für eine ständige Umorganisierung von Daten in Verbindung mit dem Löschen von frei gewordenen Blöcken über den gesamten Speicherbereich der SSD. Bei herkömmlichen magnetischen Festplatten sind gelöschte Dateien wiederherstellbar, solange ihre Speicherbereiche nicht durch neue Daten überschrieben werden. Bei Solid-State-Disks werden gelöschte Dateien durch die beschriebenen Umorganisierungsalgorithmen, in Verbindung mit dem TRIM-Mechanismus des Betriebssystems, in den meisten Fällen innerhalb kürzester Zeit bereinigt und sind dann nicht mehr wiederherstellbar.

In aktuellen Apple-Modellen sind entweder Solid-State-Disks oder Fusion-Drive-Laufwerke verbaut. Apple hat vermutlich aus diesem Grund mit Mac OS X 10.11 die Option *Papierkorb sicher entleeren* und die Funktion *Sicheres Löschen* im Festplattendienstprogramm entfernt. Die Terminal-Programme `srm` (secure remove) und `diskutil secure-Erase` waren jedoch weiterhin nutzbar. Mit macOS Sierra wurde auch das Kommando `srm` entfernt.

Physikalische und logische Volumes
Apple bezeichnet Datenträger wie SSDs, magnetische Festplatten oder externe Speichermedien als **physikalische Volumes**. Physikalische Volumes können weitere Partitionen enthalten. Vom Laufwerksmanager Core Storage verwaltete Volumes (Fusion Drive, FileVault 2) werden als **logische Volumes** bezeichnet.

3.2 GUID-Partitionsschema

Apple-Computer nutzen seit dem Jahr 2006 ausschließlich EFI als Bootumgebung, entsprechend wird per Default das **GUID-Partitionsschema** (auch GUID Partition Table oder GPT) eingesetzt. GPT ist Teil des EFI-Standards. Auf älteren Mac-Rechnern (vor 2006) kam unter dem Standard Open Firmware das Partitionsschema Apple Partition Map (APM) zum Einsatz. Außerdem unterstützt Mac OS auch das weit verbreitete Master-Boot-Record (MBR) Partitionsschema.

3.2.1   GUID Partition Table

Das GPT-Partitionsschema wurde von Apple mit dem Wechsel der Prozessorfamilie auf Intel-Hardware im Jahre 2006 implementiert. Es löste die unter der PowerPC-Architektur genutzte Apple Partition Map (APM) ab. Mit GPT können maximal 128 Partitionen definiert werden, wobei jede Partition maximal 8 ZB (Zettabyte = 10^21 Bytes) groß sein darf. Damit geht GPT weit über das Größenlimit von maximal 2 TB der Partitionsschemata APM und MBR hinaus. GPT nutzt das LBA-Verfahren (Logical Block Addressing) und verwaltet Datenträger und Partitionen anhand von sogenannten Global Unique IDs (GUID).

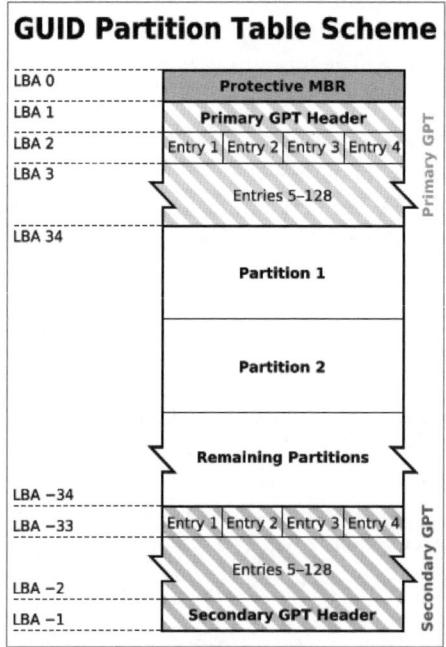

Bild 3.2: GUID-Partitionsschema

Die GUID-Partitionstabelle besteht aus fünf Teilen:

1. Schützender Master Boot Record (Protective MBR)
2. GPT-Header (Primary-GPT-Header)

3. Partitionstabelle (Primary Partition Table)

4. Sicherung der Partitionstabelle (Secondary Partition Table)

5. Sicherung des GPT-Headers (Secondary-GPT-Header)

Die Sicherung der Partitionstabelle und des GPT-Headers sind fast exakte Kopien des GPT-Headers und der Partitionstabelle. Ist eine Partitionstabelle defekt, kann sie anhand der Sicherung wiederhergestellt werden. GPT-Header und Partitionstabelle werden mit einer CRC32-Prüfsumme abgesichert. An den Prüfsummen können fehlerhafte Header und Partitionstabellen erkannt werden.

Der schützende Master Boot Record

Der schützende Master Boot Record (MBR) befindet sich im ersten Sektor (LBA 0) des Datenträgers. Er enthält lediglich einen Eintrag mit dem Partitionstyp `0xEE` für EFI-GPT-Disk. Damit kennzeichnet er den Datenträger als belegt, so dass nicht GPT-kompatible Systeme keinen Zugriff auf die GPT-Daten erhalten (Schutzfunktion).

Position	Offset	Length	Index	Element	Value
0	0	512	0	▼ mbr_t [0]	
0	0	440	0	code_area	
440	+440	4	1	disk_signature	0x0
444	+444	2	2	padding	padding: 00 00
446	+446	16	3	▼ partition_entry...	
446	0	1	0	status	nonbootable: 00
447	+1	3	1	▶ start_chs [0]	
450	+4	1	2	partition_type	efi_protect_mbr: EE
451	+5	3	3	▶ end_chs [0]	
454	+8	4	4	start_lba	1
458	+12	4	5	num_sectors	490234751
462	+462	16	4	▶ partition_entry...	
478	+478	16	5	▶ partition_entry...	
494	+494	16	6	▶ partition_entry...	
510	+510	2	7	signature	magic: 55 AA

Bild 3.3: Ansicht des schützenden MBR mit SynalizeIt!Pro

Offset	Byte(s)	Inhalt
446	1	Boot-Flag (80hex=bootfähig, 00hex=nicht bootfähig)
447	3	CHS-Eintrag des ersten Sektors (Little Endian)
450	1	Typ der Partition (Partitionstyp)
451	3	CHS-Eintrag des letzten Sektors (Little Endian)
454	4	Startsektor LBA (Little Endian/reversed Nibbles)
458	4	Anzahl der Sektoren in der Partition (Little Endian/reversed Nibbles)
510	2	MBR-Signatur 0x55AA

Speicheradressen des MBR

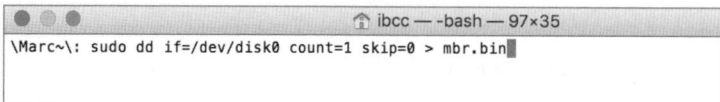

Bild 3.4: Sicherung des PMBR mit dd in die Datei mbr.bin

Der GPT-Header

Der **GPT-Header** hat eine Größe von 512 Bytes. Er ist anhand der Signatur EFI PART eindeutig identifizierbar. Der GPT-Header enthält Informationen zur vorliegenden Partitionierung des Datenträgers, wie die Anzahl der Partitionen, die LBA-Startadresse des GPT-Headers, der Sicherung des GPT-Headers sowie der Partitionstabelle. Außerdem enthält der GPT-Header die GUID des Datenträgers.

Bild 3.5: Ansicht des GPT-Headers mit SynalizeIt!Pro

Speicheradressen des GPT-Headers		
Offset	Byte(s)	Inhalt
0	8	Signatur EFI PART
8	4	Revision
12	4	Headergröße in Bytes
16	4	CRC32-Prüfsumme
24	8	Startadresse GPT-Header (LBA)
32	8	Startadresse Sicherung GPT-Header (LBA)
40	8	Erste mögliche LBA-Adresse
48	8	Letzte mögliche LBA-Adresse
56	16	GUID-Datenträger
72	8	Startadresse Partitionstabelle (LBA)
80	4	Anzahl Partitionseinträge
84	4	Größe eines Partitionseintrags

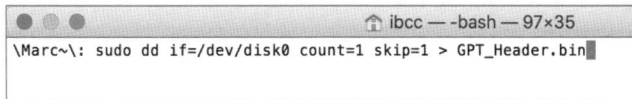

```
● ● ●                    � ibcc — -bash — 97×35
\Marc~\: sudo dd if=/dev/disk0 count=1 skip=1 > GPT_Header.bin▊
```

Bild 3.6: Sicherung des GPT-Headers mit `dd` in die Datei `GPT_Header.bin`

GPT nutzt zur Speicherung der GUID ein nicht intuitiv lesbares Format (GUID Endianess). Hierbei wird die fünfteilige GUID in den ersten drei Teilen in Little Endian (LE) abgelegt, in den letzten beiden Teilen hingegen in Big-Endian (BE):

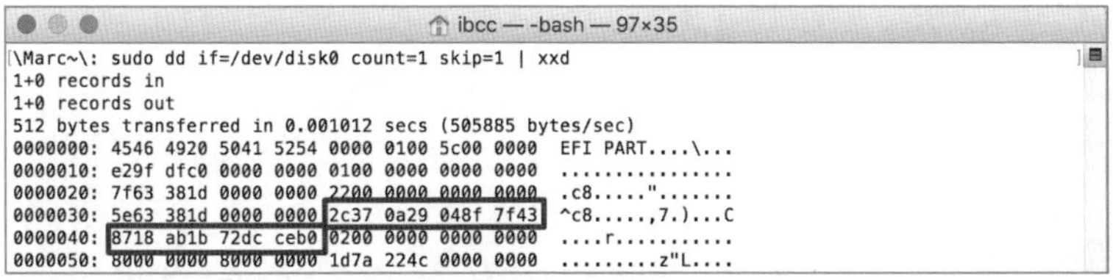

```
● ● ●                    ⚑ ibcc — -bash — 97×35
\Marc~\: sudo dd if=/dev/disk0 count=1 skip=1 | xxd                              ▣
1+0 records in
1+0 records out
512 bytes transferred in 0.001012 secs (505885 bytes/sec)
0000000: 4546 4920 5041 5254 0000 0100 5c00 0000   EFI PART....\...
0000010: e29f dfc0 0000 0000 0100 0000 0000 0000   ................
0000020: 7f63 381d 0000 0000 2200 0000 0000 0000   .c8.....".......
0000030: 5e63 381d 0000 0000 2c37 0a29 048f 7f43   ^c8.....,7.)...C
0000040: 8718 ab1b 72dc ceb0 0200 0000 0000 0000   ....r........
0000050: 8000 0000 8000 0000 1d7a 224c 0000 0000   .........z"L....
```

Bild 3.7: GUID im GPT-Format GUID Endianess

GUID (Umrechnung)
Die GUID aus der Abbildung oben kann folgendermaßen umgerechnet werden:
`[ 4 Bytes LE] - [2 Bytes LE] - [2 Bytes LE] - [2 Bytes BE] - [6 Bytes BE]`
`29 0A 37 2C - 8F 04 - 43 7F - 87 18 - AB 1B 72 DC CE B0`

Die Partitionstabelle

Im Anschluss an den GPT-Header folgt ab LBA-Adresse 2 die **Partitionstabelle**. Die Partitionstabelle besteht aus einem Array mit Einträgen, die jeweils eine Partition beschreiben. Ein Partitionseintrag hat jeweils eine Länge von 128 Bytes. Folglich können je LBA-Adresse (512 Bytes) genau vier Partitionseinträge untergebracht werden. Die Partitionstabelle kann insgesamt maximal 128 Einträge umfassen und somit LBA 2 bis 34 belegen.

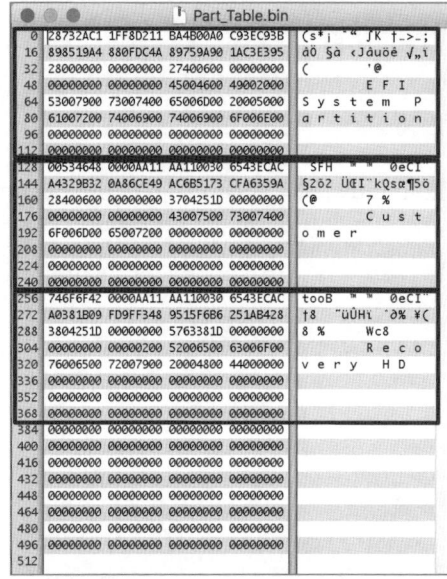

Bild 3.8: Ansicht der Partitionstabelle mit Hex Fiend (LBA 2 mit drei Partitionseinträgen)

Speicheradressen der Partitionstabelle je Eintrag		
Offset	Byte(s)	Inhalt
0	16	GUID-Partitionstyp
16	16	GUID-Partition (unique)
32	8	Startadresse Partition (LBA)
40	8	Endadresse Partition (LBA)
48	8	Eigenschaften
56	72	Partitionsname

Die GUID für den Partitionstyp und die einzigartige GUID der Partition (Unique Partition GUID) sind ebenfalls in GUID Endianess abgelegt. Anhand der Partitionstyp-GUID kann ermittelt werden, um was für eine Partition es sich handelt bzw. welcher Partitionstyp verwendet wird. Apple hat hierfür fixe GUID-Werte festgelegt:

Partitionstypen und GUIDs		
Partitionstyp	Signatur	GUID
EFI System Partition		C12A7328-F81F-11D2-BA4B-00A0C93EC93B
HFS+ Partition	HFS	48465300-0000-11AA-AA11-00306543ECAC
APFS-Container	NXSB	7C3457EF-0000-11AA-AA11-00306543ECAC
Apple Boot Partition	Boot	426F6F74-0000-11AA-AA11-00306543ECAC
Apple Core Storage (FileVault)	Storage	53746F72-6167-11AA-AA11-00306543ECAC
Basic Data Partition (Boot Camp)		EBD0A0A2-B9E5-4433-87C0-68B6B72699C7

3.2.2 Analyse der GUID Partition Table

Zur Analyse der Partitionsstruktur eines Datenträgers können native Mac-OS-Terminalbefehle genutzt werden. Eine weitere Möglichkeit, diesbezügliche Informationen zu ermitteln, ist die Nutzung von TSK (The Sleuth Kit). Mac OS nutzt zur Referenzierung von Datenträgern und Partitionen einen **Disk Identifier**.

Disk Identifier

Disk-Identifier-Format: `disk#s#`

Referenzierte Datenträger (erste #) und Partitionen (zweite #).

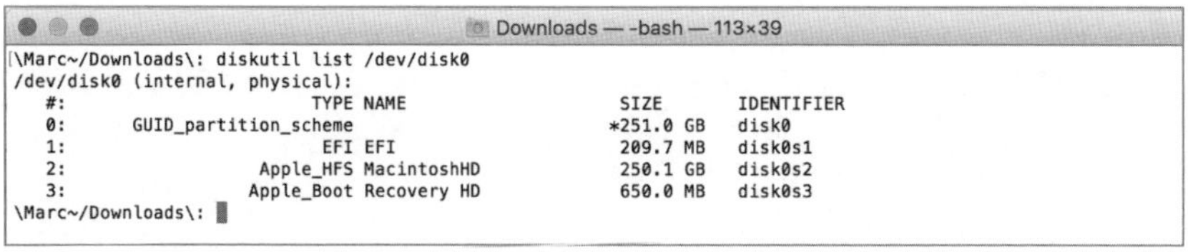

Bild 3.9: Ausgabe von `diskutil list` und Anzeige des Disk Identifiers

Mac-OS-native Befehle für Datenträger und Partitionen:

- `$ diskutil list` – zeigt alle Datenträger und Partitionen an

- `$ diskutil cs list` – zeigt Informationen zu Core Storage Volumes

- `$ diskutil info disk0` – zeigt Detailinformationen zum Datenträger

- `$ diskutil info disk0s2` – zeigt Detailinformationen zur Partition

- `$ sudo gpt -r show disk0` – zeigt GPT-Partitionierungsinformationen (inklusive GUIDs)

- `$ hdiutil pmap /dev/disk0` – zeigt Partitionsschema

- `$ hdiutil partition /dev/disk0` – zeigt Detailinformationen zur Partitionierung

TSK-Befehle (The Sleuth Kit):

- `$ sudo mmls /dev/disk0` – zeigt Partitionierungsinformationen

- `$ fsstat -o [Offset zur Partition] /dev/disk0` – zeigt umfangreiche Informationen zur Partition

Sleuth-Kit-Befehle können auch auf einem Live-System unter Nutzung des Character Device */dev/rdisk* ausgeführt werden.

Image-Dateien können ebenfalls nach Partitionierungsinformationen untersucht werden. Der Befehl `hdiutil` bzw. die TSK-Befehle `mmls` und `fsstat` können direkt auf dmg-Images angewandt werden. Eine weitere Möglichkeit ist das Umwandeln von Image-Dateien (dd/e01 etc.) mit `xmount` in das Format dmg. Die umgewandelte DMG-Datei kann anschließend schreibgeschützt in das System eingebunden werden, so dass eine Untersuchung mit den genannten Befehlen möglich wird.

```
● ● ●                          Downloads — -bash — 127×36
\Marc~/Downloads\: mkdir /Volumes/dmg
\Marc~/Downloads\: sudo xmount --in ewf --out dmg exercise_01.E01 /Volumes/dmg/
\Marc~/Downloads\: hdiutil attach -nomount /Volumes/dmg/exercise_01.dmg
/dev/disk3
\Marc~/Downloads\: █
```

Bild 3.10: Umwandeln eines e01-Images mit xmount und anschließendes Einbinden mit hdiutil

Eine Alternative zu xmount ist das Programm ewfmount aus der libewf-Bibliothek. Mit ewfmount lassen sich Image-Dateien im EWF-Format (e01) in das System einbinden. Ewfmount erzeugt im Mountpoint eine numerisch bezeichnete Datei ewf#. Im Beispiel wird die ewf-Datei mit dem symbolischen Link hd.dmg verbunden und im Anschluss mit hdiutil gemountet.

```
● ● ●                          Volumes — sh — 127×36
sh-3.2# pwd
/Volumes
sh-3.2# mkdir dmg
sh-3.2# ewfmount /Users/ibcc/Desktop/exercise_01.E01 /Volumes/dmg/
ewfmount 20140608

sh-3.2# ln -s /Volumes/dmg/ewf1 /Users/ibcc/Desktop/hd.dmg
sh-3.2# hdiutil attach -nomount /Users/ibcc/Desktop/hd.dmg
/dev/disk3
sh-3.2#
```

Bild 3.11: Umwandeln eines e01-Images mit ewfmount und anschließendes Einbinden mit hdiutil

```
● ● ●                          Downloads — -bash — 107×36
\Marc~/Downloads\: sudo mmls /dev/disk0
GUID Partition Table (EFI)
Offset Sector: 0
Units are in 512-byte sectors

     Slot    Start         End           Length        Description
00:  Meta    0000000000    0000000000    0000000001    Safety Table
01:  -----   0000000000    0000000039    0000000040    Unallocated
02:  Meta    0000000001    0000000001    0000000001    GPT Header
03:  Meta    0000000002    0000000033    0000000032    Partition Table
04:  00      0000000040    0000409639    0000409600    EFI System Partition
05:  01      0000409640    0488965175    0488555536    Customer
06:  02      0488965176    0490234711    0001269536    Recovery HD
07:  -----   0490234712    0490234751    0000000040    Unallocated
\Marc~/Downloads\: █
```

Bild 3.12: Untersuchung des Datenträgers /dev/disk0 mit mmls

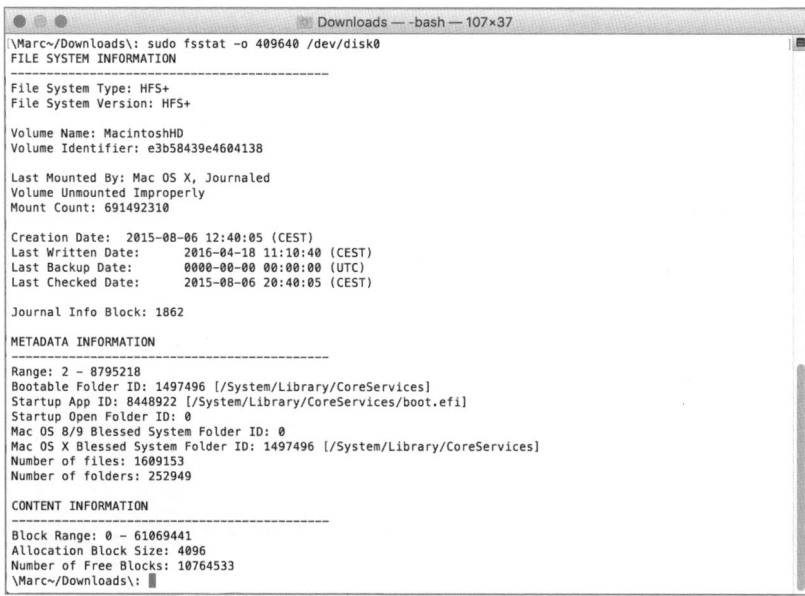

```
● ● ●                        Downloads — -bash — 107×37
\Marc~/Downloads\: sudo fsstat -o 409640 /dev/disk0
FILE SYSTEM INFORMATION
--------------------------------------------
File System Type: HFS+
File System Version: HFS+

Volume Name: MacintoshHD
Volume Identifier: e3b58439e4604138

Last Mounted By: Mac OS X, Journaled
Volume Unmounted Improperly
Mount Count: 691492310

Creation Date:  2015-08-06 12:40:05 (CEST)
Last Written Date:     2016-04-18 11:10:40 (CEST)
Last Backup Date:      0000-00-00 00:00:00 (UTC)
Last Checked Date:     2015-08-06 20:40:05 (CEST)

Journal Info Block: 1862

METADATA INFORMATION
--------------------------------------------
Range: 2 - 8795218
Bootable Folder ID: 1497496 [/System/Library/CoreServices]
Startup App ID: 8448922 [/System/Library/CoreServices/boot.efi]
Startup Open Folder ID: 0
Mac OS 8/9 Blessed System Folder ID: 0
Mac OS X Blessed System Folder ID: 1497496 [/System/Library/CoreServices]
Number of files: 1609153
Number of folders: 252949

CONTENT INFORMATION
--------------------------------------------
Block Range: 0 - 61069441
Allocation Block Size: 4096
Number of Free Blocks: 10764533
\Marc~/Downloads\: ▮
```

Bild 3.13: Analyse der Partition Offset `409640` mit `fsstat`.

3.2.3   Zusammensetzen von Fusion-Drive-Laufwerken

Fusion-Drive-Laufwerke werden von dem logischen Gerätemanager **Core Storage** verwaltet. Sicherungen von Fusion-Drive-Laufwerken benötigen daher ebenfalls Core Storage, um wieder zusammengebaut werden zu können. Zu beachten ist, dass Core-Storage-Laufwerke kein Partitionsschema haben, da sie logisch verwaltet werden. Die folgende Abbildung zeigt beispielhaft das Zusammensetzen zweier Image-Dateien zu einem Fusion-Drive-Laufwerk.

```
● ● ●                        Downloads — -bash — 107×37
[\Marc~/Downloads\: mkdir /Volumes/1
[\Marc~/Downloads\: mkdir /Volumes/2
[\Marc~/Downloads\: sudo xmount --in ewf --out dmg /Volumes/RECON/exercise_03_FusionDrive1.E01 /Volumes/1/
[\Marc~/Downloads\: sudo xmount --in ewf --out dmg /Volumes/RECON/exercise_03_FusionDrive2.E01 /Volumes/2/
[\Marc~/Downloads\: hdiutil attach -nomount /Volumes/1/exercise_03_FusionDrive1.dmg
/dev/disk3            GUID_partition_scheme
/dev/disk3s1          EFI
/dev/disk3s2          Apple_CoreStorage
/dev/disk3s3          Apple_Boot
[\Marc~/Downloads\: hdiutil attach -nomount /Volumes/2/exercise_03_FusionDrive2.dmg
/dev/disk4            GUID_partition_scheme
/dev/disk4s1          EFI
/dev/disk4s2          Apple_CoreStorage
/dev/disk4s3          Apple_Boot
\Marc~/Downloads\: ▮
```

Bild 3.14: Umwandeln und Einbinden von Image-Dateien eines Fusion-Drive-Laufwerks mit `xmount`

Das Fusion Drive wird von Core Storage automatisch als eigenes logisches Laufwerk */dev/disk5* eingebunden und ist anschließend verfügbar.

```
● ● ●                        Downloads — -bash — 107×20
/dev/disk3 (disk image):
   #:                    TYPE NAME                  SIZE       IDENTIFIER
   0:      GUID_partition_scheme                  +16.0 GB     disk3
   1:                     EFI EFI                 209.7 MB     disk3s1
   2:       Apple_CoreStorage FusionDrive          15.7 GB     disk3s2
   3:              Apple_Boot Boot OS X           134.2 MB     disk3s3
/dev/disk4 (disk image):
   #:                    TYPE NAME                  SIZE       IDENTIFIER
   0:      GUID_partition_scheme                   +8.1 GB     disk4
   1:                     EFI EFI                 209.7 MB     disk4s1
   2:       Apple_CoreStorage FusionDrive           7.2 GB     disk4s2
   3:              Apple_Boot Recovery HD         650.0 MB     disk4s3
/dev/disk5 (disk image):
   #:                    TYPE NAME                  SIZE       IDENTIFIER
   0:               Apple_HFS FusionHD            +17.6 GB     disk5
                                 Logical Volume on disk3s2, disk4s2
                                 5DEF664F-C176-4600-9EE2-4B9E6DAAFC9F
                                 Unencrypted
\Marc~/Downloads\:  ▌
```

Bild 3.15: Die Ausgabe von `diskutil list` zeigt das zusammengesetzte Fusion Drive.

Anstatt mit `xmount` lässt sich das Umwandeln der Image-Dateien auch mit `ewfmount` umsetzen.

```
● ● ●                             Volumes — sh — 127×36
sh-3.2# pwd
/Volumes
sh-3.2# mkdir 1
sh-3.2# mkdir 2
sh-3.2# sudo ewfmount /Users/ibcc/Desktop/exercise_03_FusionDrive1.E01 /Volumes/1/
ewfmount 20140608

sh-3.2# sudo ewfmount /Users/ibcc/Desktop/exercise_03_FusionDrive2.E01 /Volumes/2/
ewfmount 20140608

sh-3.2# ln -s /Volumes/1/ewf1 /Users/ibcc/Desktop/hd.dmg
sh-3.2# ln -s /Volumes/2/ewf1 /Users/ibcc/Desktop/ssd.dmg
sh-3.2# hdiutil attach -nomount /Users/ibcc/Desktop/hd.dmg
/dev/disk3              GUID_partition_scheme
/dev/disk3s1           EFI
/dev/disk3s2           Apple_CoreStorage
/dev/disk3s3           Apple_Boot
sh-3.2# hdiutil attach -nomount /Users/ibcc/Desktop/ssd.dmg
/dev/disk4              GUID_partition_scheme
/dev/disk4s1           EFI
/dev/disk4s2           Apple_CoreStorage
/dev/disk4s3           Apple_Boot
sh-3.2# ▌
```

Bild 3.16: Umwandeln und Einbinden von Image-Dateien eines Fusion-Drive-Laufwerks mit `ewfmount`

Auch hier werden die mit `hdiutil` eingebundenen Laufwerke automatisch von Core Storage als zusammenhängendes logisches Laufwerk eingebunden und damit das Fusion Drive zusammengesetzt.

3.3 Hierarchical File System Plus (HFS+)

Das **Hierarchical File System Plus** (HFS+) wurde von Apple mit Mac OS 8.1 im Jahr 1998 als Nachfolger des Dateisystems HFS eingeführt.

Der Vorgänger HFS wurde von Mac OS X bis zur Version 10.5 vollständig unterstützt. Seit 10.6 kann auf das HFS-Dateisystem lediglich lesend zugegriffen werden. Das 1986 eingeführte HFS verwaltet Dateien und Verzeichnisse in zwei Datenteilen, sogenannten Forks (Verzweigungen). Der Datenteil (Data Fork) enthält die eigentliche Datei, der Teil für zusätzliche Informationen (Resource Fork) enthält generell Ressourcen wie beispielsweise Icons, Lizenzinformationen, Bilder, Metadaten sowie ausführbaren Programmcode.

Für den Anwender ist die Aufteilung der Datei in zwei unterschiedliche Datenströme nicht transparent. HFS limitiert Dateinamen auf eine Länge von 31 Zeichen. Eine weitere Beschränkung ist die Anzahl von maximal 2^{16} (65.536) Dateien auf einem HFS-Volume. Dies reichte bereits bei Einführung von Mac OS X Cheetah im Jahr 2001 nicht aus, um das neue Betriebssystem von einem HFS-Datenträger zu booten.

Fork

Im Dateisystem HFS/HFS+ besteht eine Datei aus zwei unterschiedlichen Datenströmen, einem Daten-Teil (Data Fork) und einem Teil für zusätzliche Informationen (Resource Fork). Im Dateisystem HFS wurde der Resource Fork genutzt, um Metadaten zur Datei abzuspeichern. HFS+ hingegen tendiert dazu, Resource Forks von Dateien nicht weiter zu nutzen. Entsprechende Metadaten werden in HFS+ Special Files wie dem Catalog oder dem Attributes File gespeichert.

Die Beschreibung einer Datei (Metadaten) erfolgt unter HFS+ über das Catalog File (Datei- oder Verzeichniseintrag). Hier sind Informationen wie CNID (Catalog Number ID), Dateiname, Zeitstempel usw. zu finden. Neben diesen Informationen zu Metadaten enthält das Catalog File auch Informationen zur Belegung der Datei im Speicher (Allokation). Die Speicherbelegung wird durch Extents vorgenommen, die jeweils zusammenhängende Blöcke im Speicher beschreiben. Das Catalog File bietet die Möglichkeit, Extents für den Datenteil (Data Fork) und Metadatenteil (Resource Fork) einer Datei zu speichern.

Beim Kopieren von Dateien auf ein Nicht-HFS+-Volume unter Mac OS X werden Resource Forks und HFS+-Metadaten in eine zusätzliche Datei mit dem Präfix ._ ausgelagert.

Extent

Ein Extent repräsentiert unter HFS+ zusammenhängende Allokationsblöcke. Extents werden vom Dateisystem HFS+ benutzt, um Inhalte von Dateien zu referenzieren. Ein Extent besteht aus einem Array von Datenstrukturen, sogenannten Extent-Deskriptoren. Diese beschreiben jeweils zusammengehörige Allokationsblöcke (Anfang und Anzahl der zusammenhängenden Allokationsblöcke).

```
● ● ●                          📁 MSAB_USB — -bash — 142×40
imac-marc:MSAB_USB ibcc$ ls -la
total 368
drwxrwxrwx@ 1 ibcc   staff     4096 19 Apr 11:18 .
drwxrwxrwt@ 7 root   admin      238 19 Apr 11:18 ..
drwxrwxrwx  1 ibcc   staff     4096 28 Feb 19:33 .Spotlight-V100
drwxrwxrwx@ 1 ibcc   staff     4096  4 Apr 08:15 .Trashes
-rwxrwxrwx  1 ibcc   staff     4096 28 Feb 19:33 ._.Trashes
-rwxrwxrwx  1 ibcc   staff     4096 19 Apr 11:18 ._ASCII-Tabelle.pdf
drwxrwxrwx  1 ibcc   staff     4096 19 Apr 11:18 .fseventsd
-rwxrwxrwx@ 1 ibcc   staff   160462 22 Feb  2013 ASCII-Tabelle.pdf
imac-marc:MSAB_USB ibcc$ ▇
```

Bild 3.17: Ausgelagerte Metadaten der Datei *ASCII-Tabelle.pdf* auf einem FAT-formatierten USB-Stick

```
● ● ●                                    🖳 MSAB_USB — -bash — 142×40
imac-marc:MSAB_USB ibcc$ cat ._ASCII-Tabelle.pdf | xxd
0000000: 0005 1607 0002 0000 4d61 6320 4f53 2058  ........Mac OS X
0000010: 2020 2020 2020 2020 0002 0000 0009 0000   ........
0000020: 0032 0000 0eb0 0000 0002 0000 0ee2 0000  .2..............
0000030: 011e 0000 0000 0000 0010 0000 0000 0000  ................
0000040: 0000 0000 0000 0000 0000 0000 0000 0000  ................
0000050: 0000 0000 4154 5452 3b9a c9ff 0000 0ee2  ....ATTR;.......
0000060: 0000 0098 0000 0016 0000 0000 0000 0000  ................
0000070: 0000 0000 0000 0001 0000 0098 0000 0016  ................
0000080: 0000 1563 6f6d 2e61 7070 6c65 2e71 7561  ...com.apple.qua
0000090: 7261 6e74 696e 6500 3030 3032 3b35 3663  rantine.0002;56c
00000a0: 3432 3935 393b 5072 6576 6965 773b 0000  42959;Preview;..
00000b0: 0000 0000 0000 0000 0000 0000 0000 0000  ................
00000c0: 0000 0000 0000 0000 0000 0000 0000 0000  ................
00000d0: 0000 0000 0000 0000 0000 0000 0000 0000  ................
00000e0: 0000 0000 0000 0000 0000 0000 0000 0000  ................
```

Bild 3.18: Ansicht der ausgelagerten Metadaten (Datei *._ASCII-Tabelle.pdf*)

Der Nachfolger HFS+ erweitert mit einer maximalen Dateianzahl von 2^{32} die einge-schränkten Möglichkeiten des Vorgängers. HFS+ erlaubt die Unterstützung größerer Datenträger und längerer Dateinamen (maximal 255 Zeichen Unicode/UTF-16). Es unterstützt weiterhin größere Dateigrößen und erweiterte Metadaten. Eine detaillierte technische Beschreibung von HFS+ bietet die Technical Note TN1150 aus dem Jahr 2004.

3.3.1   Speichersystematik

Das Dateisystem HFS+ nutzt als kleinste Einheit, um Speicher zu belegen, sogenannte **Allokationsblöcke**. Ein Allokationsblock kann unterschiedlich groß sein und wird bei der Initialisierung eines HFS+-Laufwerks festgelegt. HFS+ implementiert in der Regel eine Allokationsblockgröße von 4 KB. Ein Allokationsblock wiederum besteht aus acht Blöcken mit jeweils 512 Bytes Größe.

Die Organisierung von Daten erfolgt unter dem Dateisystem HFS+ in der Byte-Reihen-folge **Big-Endian**.

Allokationsblock unter HFS+							
512	512	512	512	512	512	512	512
512	512	512	512	512	512	512	512
512	512	512	512	512	512	512	512

HFS+ sieht für die Referenzierung von Allkoationsblöcken einen 32-Bit-Wert vor, so dass maximal 2^{32} Allokationsblöcke genutzt werden können. Der Vorgänger HFS bei-spielsweise kann maximal 2^{16} (65.536) Allokationsblöcke referenzieren.

Beispiel
Auf einer 2 GB großen Festplatte soll eine Datei mit der Größe von 4 KB gespeichert werden. Wie viele Allokationsblöcke belegt die Datei auf einem HFS- und auf einem HFS+-Volume?

HFS
Die Allokationsblockgröße berechnet sich aus:
2 GB = 2.097.152 KB
Maximale Anzahl der Allkoationsblöcke = 65.536
2.097.152 KB / 65.536 = 32 KB
Allokationsblockgröße = 32 KB
Die Datei würde trotz ihrer Größe von 4 KB einen Speicherplatz von 32 KB unter HFS belegen.

HFS+
Die ist mit 4 KB implementiert. Die Datei würde demnach genau einen Allokations-block von 4 KB und damit auch 4 KB Speicherplatz belegen.
Anhand des Beispiels wird deutlich, dass HFS durch die Beschränkung der maxi-malen Anzahl von Allokationsblöcken insbesondere bei großen Datenträgern ver-schwenderisch mit Speicherplatz umgeht. HFS+ kann Speicherplatz durch die grö-ßere Maximalzahl von Allokationsblöcken wesentlich effizienter nutzen.

Mehrere Allokationsblöcke fasst HFS+ zu einem Clump zusammen. Das Dateisystem nutzt Clumps bevorzugt zur Allokation von Daten. Die der Datei zugewiesenen Clumps umfassen mehrere zusammengehörige Allokationsblöcke. Die Allokation von Clumps vermeidet beispielsweise eine Fragmentierung der allokierten Speicherbereiche. Die Größe eines Clumps kann im Volume Header des HFS+-Volumes ermittelt werden (bei-spielsweise 0x00010000 = 65.536 Bytes = 16 Allokationsblöcke).

HFS+-Clump mit einer Größe von 65.536 Bytes							
4 KB	4 KB	4 KB	4 KB	4 KB	4 KB	4 KB	4 KB
4 KB	4 KB	4 KB	4 KB	4 KB	4 KB	4 KB	4 KB
4 KB	4 KB	4 KB	4 KB	4 KB	4 KB	4 KB	4 KB

3.3.2   HFS+ Special Files

Zur Organisierung seiner Daten nutzt HFS+ fünf sogenannte Special Files und den HFS+-Volume-Header. Sämtliche Special Files sind innerhalb des HFS+ allokiert und besitzen einen eigenen Fork (Data Fork):

• **Volume Header** – zeigt Informationen zum HFS+-Volume.

• **Allocation File** – verwaltet von HFS+ allokierte Blöcke.

• **Extents Overflow File** – beinhaltet erweiterte Extents.

• **Catalog File** – verwaltet Dateien/Verzeichnisse, zugehörige Extents und Metadaten.

• **Attributes File** – beinhaltet erweiterte Metadaten.

• **Startup File** – unterstützt das Booten von HFS+ von Mac-fremden Systemen.

Allgemein kann die Struktur eines HFS+-Volumes folgendermaßen abgebildet werden:

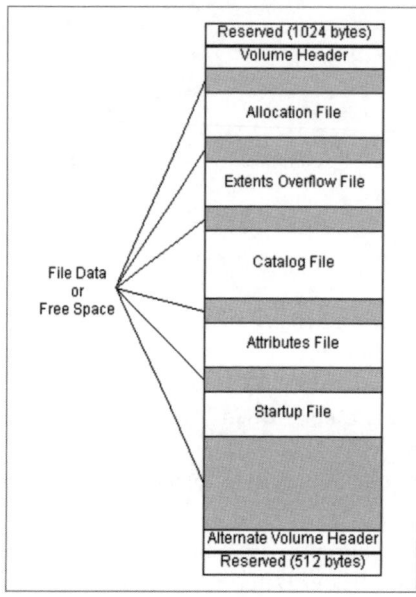

Bild 3.19: Organisation eines HFS+-Volumes

3.3.3 Extraktion von HFS+ Special Files

HFS+ Special Files besitzen eine von Apple reservierte Catalog Node ID (CNID).

Reservierte Catalog Node IDs	
CNID	Special File
3	Extents Overflow File
4	Catalog File
6	Allocation File
7	Startup File
8	Attributes File

Zu einer weiteren forensischen Analyse können Special Files anhand der CNID bei Bedarf mit dem Sleuth-Kit-Terminalbefehl icat aus einem HFS+-Volume extrahiert werden.

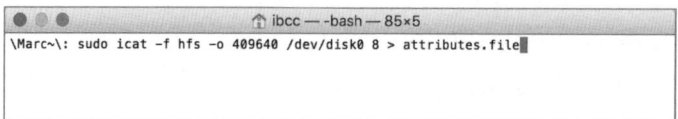

Bild 3.20: Extraktion des Attributes File mit icat

3.3.4   Volume Header

Der Volume Header enthält Informationen über das HFS+-Volume:

- HFS+-Version

- Erstellungszeitpunkt des Volumes (Ausnahme: Format des Zeitstempels ist Lokalzeit)

- Anzahl von Dateien und Verzeichnissen

- Blockgröße

- Signatur

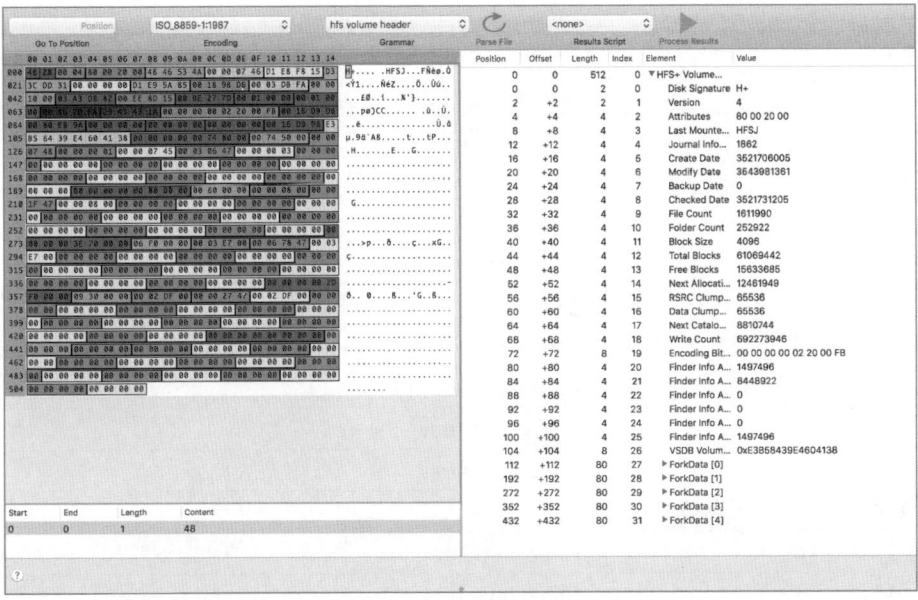

Bild 3.21: Ansicht des Volume Headers mit SynalizeIt!Pro

Weiterhin beinhaltet er Informationen zu jedem der oben genannten Special Files. Jedes HFS+-Volume muss einen Volume Header besitzen. Innerhalb einer HFS+-Struktur befindet er sich genau 1024 Bytes vom Anfang des Volumes entfernt und hat eine Größe von 512 Bytes. Eine Sicherung des Volume Headers (Alternate Volume Header) befindet sich am Ende des Volumes, wiederum 1024 Bytes vom Ende entfernt.

Die folgende Tabelle zeigt die Belegung der Speicheradressen des Volume Headers:

Speicheradressen des HFS+-Volume-Headers		
Offset	Größe in Bytes	Inhalt
0	2	Signatur (H+)
2	2	Version
4	4	Attribute

Offset	Größe in Bytes	Inhalt
8	4	Zuletzt eingebundene Version
12	4	Journal-Info-Block
16	4	Erstellungszeitstempel (Lokale Systemzeit)
20	4	Änderungszeitstempel (UTC)
24	4	Backupzeitstempel (UTC)
28	4	Überprüfungszeitstempel (UTC)
32	4	Anzahl der Dateien des Volumes
36	4	Anzahl der Verzeichnisse des Volumes
40	4	Größe der Allokationsblöcke
44	4	Gesamtzahl der Blöcke
48	4	Anzahl freier Blöcke
52	4	Nächste Allokation
56	4	Größe des Ressource Clump
60	4	Größe des Data Clump
64	4	Nächste freie Catalog ID
68	4	Zähler, Mounten des Volumes
72	8	Codierungsbitmap
80	4	Finder Info Array [0]
84	4	Finder Info Array
88	4	Finder Info Array
92	4	Finder Info Array
96	4	Finder Info Array
100	4	Finder Info Array
104	4	Finder Info Array
108	4	Finder Info Array
112	80	Position und Größe des Allocation File
192	80	Position und Größe des Extents File
272	80	Position und Größe des Catalog File
352	80	Position und Größe des Attributes File
432	80	Position und Größe des Startup File

Ab Offset 112 befinden sich Informationen zu den fünf Special Files. Diese haben jeweils eine Länge von 80 Bytes und sind wie folgt belegt:

Belegung der Speicheradressen der Special Files		
Offset	Größe in Bytes	Inhalt
0	8	Größe (logisch)
8	4	Clump-Größe
12	4	Gesamtzahl der Allokationsblöcke
16	4	Extent 1 – Start Allokationsblock
20	4	Extent 1 – Anzahl der Allokationsblöcke
24	4	Extent 2 – Start Allokationsblock
28	4	Extent 2 – Anzahl der Allokationsblöcke
32	4	Extent 3 – Start Allokationsblock
36	4	Extent 3 – Anzahl der Allokationsblöcke
40	4	Extent 4 – Start Allokationsblock
44	4	Extent 4 – Anzahl der Allokationsblöcke
48	4	Extent 5 – Start Allokationsblock
52	4	Extent 5 – Anzahl der Allokationsblöcke
56	4	Extent 6 – Start Allokationsblock
60	4	Extent 6 – Anzahl der Allokationsblöcke
64	4	Extent 7 – Start Allokationsblock
68	4	Extent 7 – Anzahl der Allokationsblöcke
72	4	Extent 8 – Start Allokationsblock
76	4	Extent 8 – Anzahl der Allokationsblöcke

```
● ● ●                    ⬆ ibcc — -bash — 85×5
\Marc~\: sudo dd if=/dev/disk0 count=1 skip=409642 > Volumeheader.bin
```

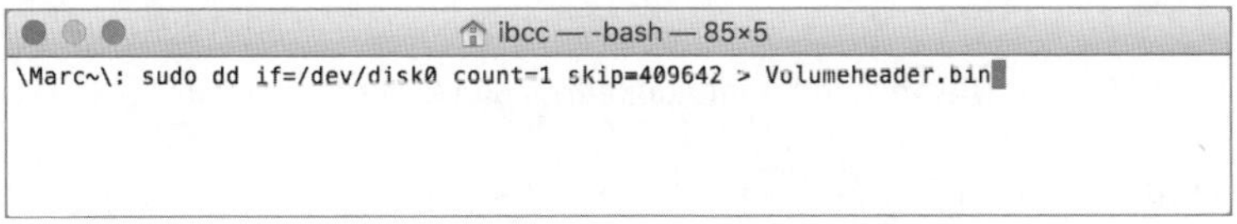

Bild 3.22: Sicherung des Volume Headers der HFS+-Partition ab Offset 409642 mit dd in die Datei Volumeheader.bin

Der HFS+-Volume-Header kann mit dem Terminalbefehl hdiutil fsid explizit analysiert werden. Der Befehl ist sowohl auf Images (dmg) als auch auf Volumes (*/dev/disk#*) anwendbar. Auch fsstat gibt Informationen zum Volume Header aus, allerdings ohne weitere Details zu den HFS+ Special Files.

- $ hdiutil fsid – zeigt Informationen zum Volume Header
- $ fsstat -o [Offset zur Partition] */dev/disk0* – zeigt umfangreiche Informationen zur Partition an (u. a. zum Volume Header)

3.3.5 Allocation File

Das Allocation File verwaltet die Belegung von Speicher auf HFS+-Volumes. Hierzu verwendet das Allocation File ein bestimmtes Schema, um allokierte Bereiche des Volumes beschreiben zu können (auch Bitmap-Format genannt). Ein Allokationsblock (unter HFS+ mit der Allokationsblockgröße von 4 KB implementiert) wird jeweils von einem Bit repräsentiert.

Die Größe des Allocation File ergibt sich aus der Größe des Volumes.

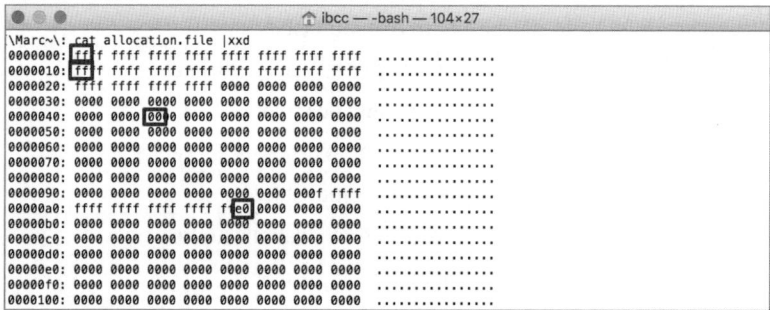

Bild 3.23: Hexadezimaler Auszug aus dem Allocation File

Jedes Byte beschreibt acht Allokationsblöcke. Das Bit wird jeweils mit 0 belegt, wenn der Allokationsblock unbelegt ist, mit 1 wenn er allokiert ist. Das linke Bit beginnt mit dem Allokationsblock mit der niedrigsten Allokationsnummer.

Beispiele für die Darstellung der Belegung von Allokationsblöcken im Allocation File		
Hex	Bits	Status
0x00	0000 0000	Kein Allokationsblock ist belegt.
0xFF	1111 1111	Alle Allokationsblöcke sind belegt.
0x1F	0001 1111	Die niedrigsten drei Allokationsblöcke sind unbelegt.
0xE0	1110 0000	Die höchsten fünf Allokationsblöcke sind unbelegt.

Weniger intuitiv ist die Bestimmung der Allokationsblocknummer bei Betrachtung des Allocation File. In der Abbildung oben zählt der hexadezimale Offset (linke Seite der Abbildung) die Bytes beginnend mit 0.

Die Nummern der einzelnen Allokationsblöcke eines Byte können wie folgt berechnet werden:

- Beginn Allokationsblocknummer eines Byte: 8 x Offset (dez.)

- Ende Allokationsblocknummer eines Byte: 8 x Offset (dez.) + 7

Beispiele
Es sollen folgende Allokationsnummern berechnet werden:

1. Byte (Offset 0x00)
Beginn Allokationsblocknummer: 0
Ende Allokationsblocknummer: 7
Im 1. Byte sind demnach die Allokationsblöcke 0 bis 7 belegt (0xFF).

16. Byte (Offset 0x10)
Beginn Allokationsblocknummer: 128
Ende Allokationsblocknummer: 135
Im 16. Byte sind demnach die Allokationsblöcke 128 bis 135 als belegt gekennzeichnet (0xFF).

68. Byte (Offset 0x44)
Beginn Allokationsblocknummer: 544
Ende Allokationsblocknummer: 551
Im 68. Byte sind demnach die Allokationsblöcke 544 bis 551 unbelegt (0x00).

169. Byte (Offset 0xA9)
Beginn Allokationsblocknummer: 1352
Ende Allokationsblocknummer: 1359
Im 169. Byte sind demnach die Allokationsblöcke 1352 bis 1354 belegt. Die Blöcke 1354 bis 1359 sind unbelegt (0xE0).

3.3.6 B-Baum-Struktur

Das Catalog File, das Attributes File und das Extents Overflow File besitzen eine spezielle Struktur zur Speicherung von Inhalten: die sogenannte B-Baum- oder B-Tree-Struktur (= balanced Tree).

Die B-Baum-Struktur wurde zu Beginn der 70er Jahre erfunden. Zur damaligen Zeit wollte man eine Lösung erarbeiten, um große Datenmengen effizient und performant auf Massenspeicher (Festplatten, Bandlaufwerke etc.) abzulegen. Bereits zur damaligen Zeit konnten beispielsweise Datenbanken große Datenmengen aufnehmen, aber es war nicht möglich, diese stets in vollem Umfang im RAM-Speicher zu halten.

Die Idee der B-Baum-Struktur war es, solche Daten auf wesentlich langsamere Speicherarten auszulagern. Dafür musste eine Struktur entwickelt werden, die möglichst wenige Zugriffe auf den langsameren Speicher benötigt, um die Geschwindigkeitsnachteile hinsichtlich der Zugriffszeit nicht allzu dominant werden zu lassen.

Allgemeine Struktur eines B-Baums

B-Bäume werden in der Informatik auch als Vielwegbäume bezeichnet. Sie besitzen eine Wurzel sowie weitere Knoten mit jeweils mehreren Einträgen. Grafisch erinnert der Aufbau an einen revers dargestellten Baum.

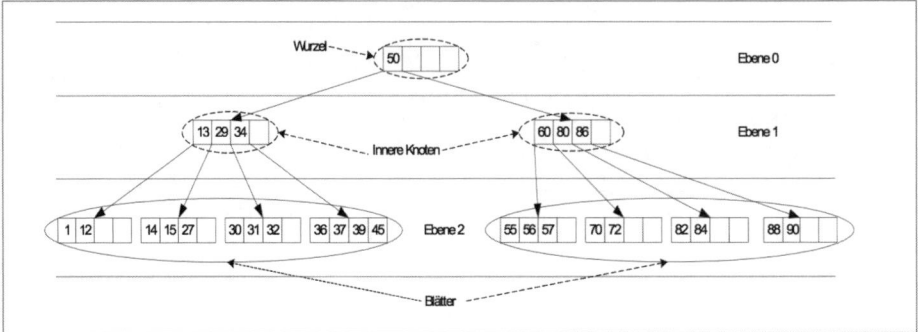

Bild 3.24: B-Baum-Struktur vom Grad 2

Ein Knoten (Node) besteht, wie in der Abbildung ersichtlich, aus mehreren Einträgen. Ein einzelner Eintrag eines Knotens wiederum besteht aus einem Verweis (Pointer), aus einem Schlüssel- und einem Datensatzfeld (wenn belegt). Der Verweis (Pointer) verzweigt auf nachfolgende Knoten, sogenannte Kind-Knoten (die Abbildung visualisiert die Verweise durch Pfeile). Das Schlüsselfeld kann wie im gewählten Beispiel Zahlenwerte enthalten, das Datensatzfeld enthält Nutzdaten.

Knoten, die keine weiteren Nachfolger haben, werden Blätter (Leafs) genannt. Sie liegen auf einer Ebene und bestimmen zugleich die Höhe des B-Baums.

Generell wird die Größe eines Knotens nicht zufällig gewählt, sondern richtet sich nach dem verwendeten physikalischen Speicher. Hat beispielsweise der physikalische Speicher eine Sektor-/Seitengröße von 512 Bytes, wird auch die Größe eines Knotens mit 512 Bytes gewählt. Damit wird erreicht, dass mit einem Zugriff auf das Speichermedium genau ein Knoten gelesen werden kann, was die Anzahl der Zugriffe maximal optimiert. Allgemein entspricht die Größe eines Knotens folglich der Größe eines Sektors oder einer Seite des physikalischen Speichers (meist 512 Bytes bis 4096 Bytes, je nach verwendeter Speicherart).

Folgende Eigenschaften definieren einen B-Baum:

- Verweise von Schlüsseln weisen jeweils auf einen Teilbaum mit kleineren Schlüsselwerten (als der Elternschlüssel) hin.

- Die Elemente eines Knotens sind sortiert.

- Ein Knoten enthält maximal n Elemente.

- Ein Knoten muss mindestens 0.5 x n Elemente besitzen, d. h. Knoten müssen mindestens zu 50 % belegt sein.

- Der Weg von der Wurzel zu einem Blatt ist immer gleich lang (balanced Tree)

Die vielfache Verzweigung von B-Bäumen führt zu einer Struktur von geringer Höhe. B-Bäume können rasch nach Inhaltsdaten durchsucht werden, ohne dass viele Knoten durchlaufen werden müssen. Das Durchlaufen von möglichst wenigen Knoten bedeutet möglichst geringe Zugriffszeiten auf den physikalischen Speicher und damit eine möglichst hohe Performanz.

Beim Suchen innerhalb eines B-Baums wird von der Wurzel aus jeweils ein Knoten gelesen. Falls die gesuchte Information nicht aufgefunden werden kann, wird hierarchisch zur nächsten Seite übergegangen, so lange, bis die Information gefunden wurde.

HFS+-B-Bäume und Knoten

Die HFS+ Special Files implementieren eine eigene Baumstruktur. Ein HFS+-B-Baum ist in Knoten mit fester Größe unterteilt. Folgende vier Knoten werden benutzt:

• Wurzelknoten (Header Node)

Für jede B-Baum-Datei existiert nur ein Wurzelknoten. Dieser ist jeweils der erste Knoten des B-Baums und beinhaltet Informationen über alle weiteren Knoten.

• Map-Knoten (Map Nodes)

Map-Knoten speichern Allokationsinformationen der Knoten einer B-Tree-Datei. Map-Knoten sind dann vorhanden, wenn die Kapazität des Wurzelknotens zur Speicherung dieser Informationen nicht ausreicht.

• Index-Knoten (Index Nodes)

Index-Knoten enthalten Verweise (Pointer) zu weiteren nachgelagerten Knoten.

• Blätter (Leaf Nodes)

Die Blätter oder Leaf Nodes enthalten die eigentlichen Nutzdaten, referenziert anhand eines eindeutigen Schlüsselwerts.

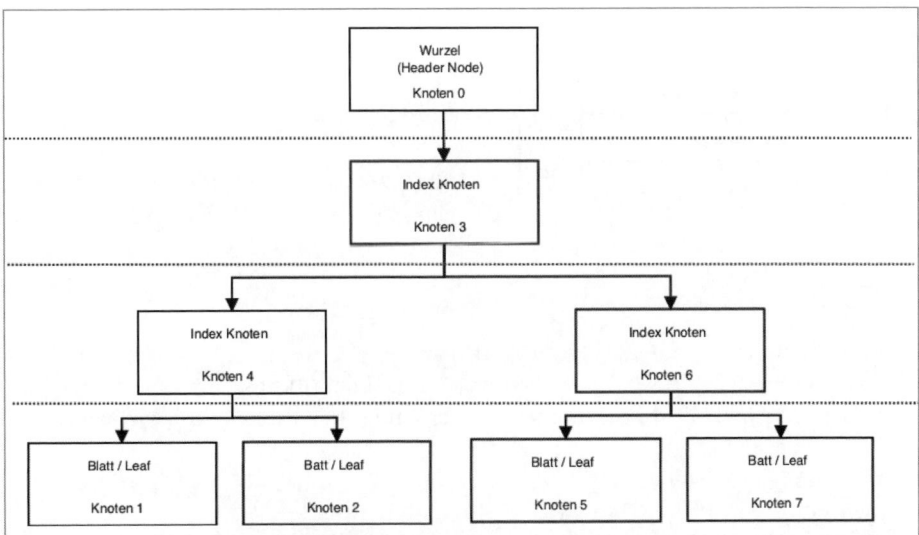

Bild 3.25: Struktur eines HFS+-B-Baums vom Grad 3

Root-Knoten
Der nächste Knoten nach der Wurzel wird u. a. als Root-Knoten bezeichnet. Root-Knoten kann je nach Tiefe des B-Baums ein Index-Knoten oder ein Blatt-/Leaf-Knoten sein.

Allgemein enthält jeder Knoten eines HFS+-B-Baums folgende Elemente:

- eine eindeutige Knotennummer
- einen 14 Byte großen Deskriptor, der den Knoten beschreibt
- mehrere Einträge (Records)
- eine Liste von Offsets zu den Einträgen (am Ende des Knotens)

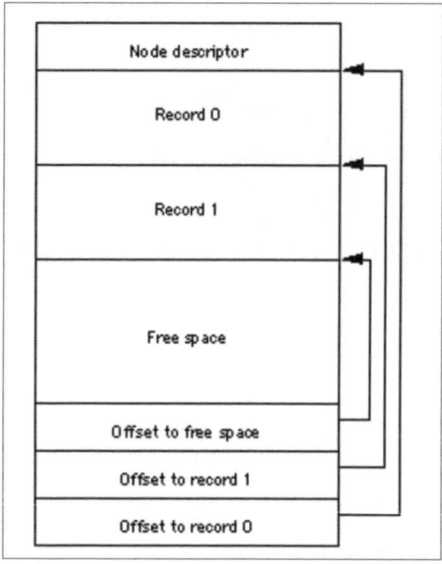

Bild 3.26: Allgemeine Struktur eines HFS+-Knotens

Berechnung der Knotennummer
Die Nummer eines Knotens berechnet sich aus:
Knotennummer = [Offset des Knotens im Special File] / [Größe des Knotens]
Für die Knoten haben die HFS+ Special Files unterschiedliche Default-Größen:
Catalog File: 8.192 Bytes
Attributes File: 4.096 Bytes
Extents Overflow File: 1.024 Bytes

Jeder HFS+-Knoten besitzt einen 14 Bytes langen Deskriptor (Node Descriptor). Dieser enthält Informationen zum Knoten sowie Pointer zu den vorherigen und folgenden Knoten. Den letzten Knoten einer B-Baum-Datei kann man daran erkennen, dass der Pointer zum nächsten Knoten den Wert 0 hat. Analog handelt es sich um den ersten Knoten eines B-Baums, wenn der Pointer zum vorherigen Knoten 0 ist. Aus dem

Deskriptor kann die Tiefe des Baums, der Typ des Knotens sowie die Anzahl der Einträge ermittelt werden.

Speicherbelegung des Deskriptors eines Knotens (Node Descriptor)		
Offset	Größe in Bytes	Wert
0	4	Link zum nächsten Knoten
4	4	Link zum vorherigen Knoten
8	1	Typfeld
9	1	Tiefe des Baums
10	2	Anzahl der Einträge (Records)

Speicherbelegung im Typfeld des Deskriptors		
Wert dez.	Wert hex.	Knoten-Typ
-1	0xFF	Blatt (Leaf Node)
0	0x00	Index-Knoten (Index Node)
1	0x01	Wurzelknoten (Header Node)
2	0x02	Map-Knoten (Map Node)

```
● ● ●                    ⌂ ibcc — -bash — 80×24
\Marc~\: sudo icat -f hfs -o 40 ~/Downloads/GPT_exercise.dmg 4 > catalog.file
\Marc~\: cat catalog.file | xxd
0000000: 0000 0000 0000 0000 0100 0003 0000 0002  ................
0000010: 0000 0003 0000 0026 0000 0002 0000 0001  .......&........
0000020: 1000 0204 0000 005f 0000 005b 0000 0005  ......._...[....
0000030: f000 00cf 0000 0006 0000 0000 0000 0000  ................
0000040: 0000 0000 0000 0000 0000 0000 0000 0000  ................
```

Bild 3.27: Beispiel – Deskriptor des Wurzelknotens (Header Node) eines Catalog Files

Entsprechend ist im Beispiel der obigen Abbildung die Speicherbelegung wie folgt:

- Nächster Knoten: 0x0000 0000 = 0

- Vorheriger Knoten: 0x0000 0000 = 0

- Typfeld: 0x01 = 1 (=Wurzelknoten/Header Node)

- Tiefe des Baums: 0x00 = 0

- Anzahl von Einträgen: 0x0003 = 3 Einträge

Position	Offset	Length	Index	Element	Value
0	0	389120	0	▼ HFS+ B-Tree File [0]	
0	0	4096	0	▼ Header Node [0]	
0	0	14	0	▼ Node Descriptor [0]	
0	0	4	0	Forward Link	0
4	+4	4	1	Backward Link	0
8	+8	1	2	Kind	Header Node: 0x1
9	+9	1	3	Height	0
10	+10	2	4	Number of Records	3
12	+12	2	5	Reserved	00 00
14	+14	106	1	▶ Header Record [0]	
120	+120	128	2	▶ User Data Record [0]	
248	+248	3848	3	▶ Map Record [0]	
4096	+4096	4096	1	▶ Node [0]	
8192	+8192	4096	2	▶ Node [0]	
12288	+12288	4096	3	▶ Node [0]	

Bild 3.28: Ansicht des Deskriptors des Wurzelknotens (Header Node) mit SynalizeIt!Pro

Aufbau eines Wurzelknotens (Header Node)

Der Wurzelknoten (Header Node) hat die Knotennummer 0 und enthält essenzielle Informationen über den B-Baum. Abweichend von der allgemeinen Knotenstruktur besitzt er genau drei Einträge: den Header-Eintrag (Header Record), den Nutzerdaten-Eintrag (User Data Record) und den Map-Eintrag (Map Record).

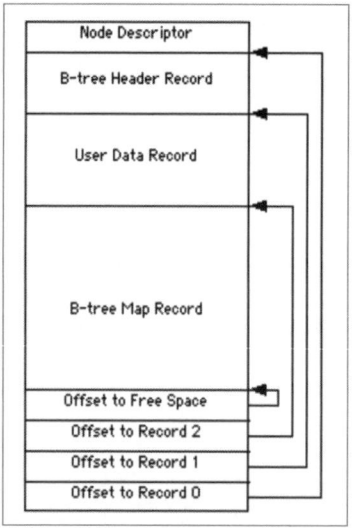

Bild 3.29: Aufbau des Wurzelknotens (Header Node)

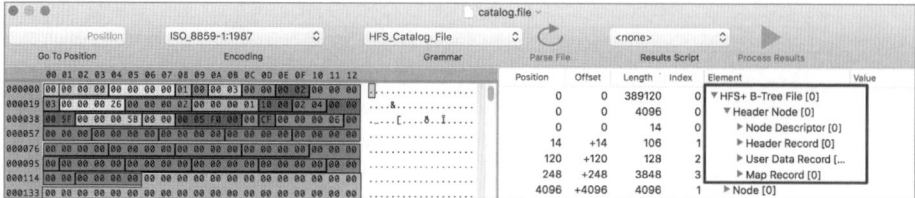

Bild 3.30: Ansicht der Struktur des Wurzelknotens (Header Node) mit SynalizeIt!Pro

Der Header-Eintrag hat eine Länge von 106 Bytes. Er enthält die folgenden Speichereinträge:

Speicherbelegung im Typfeld des Deskriptors		
Offset	Größe in Bytes	Eintrag
0	2	Tiefe des B-Baums
2	4	Nummer des Root-Knotens
6	4	Anzahl der Blätter (Leaf-Einträge) im B-Baum
10	4	Knotennummer des ersten Leaf-Knotens
14	4	Knotennummer des letzten Leaf-Knotens
18	2	Größe der Knoten im B-Baum
20	2	Maximale Schlüssel für Einträge in den Index- und den Leaf-Knoten
22	4	Anzahl der Knoten im B-Baum
26	4	Anzahl der unbelegten Knoten im B-Baum
32	4	Clump-Größe
36	1	B-Baum-Typ (0x00 = für HFS+ Special Files)
37	1	Schlüsseltyp (0xCF, 0xC7 = Case-insen.; 0xBC = Case-sen.)
38	4	Attribute
42	4	Reserviertes Array – 64 Bytes

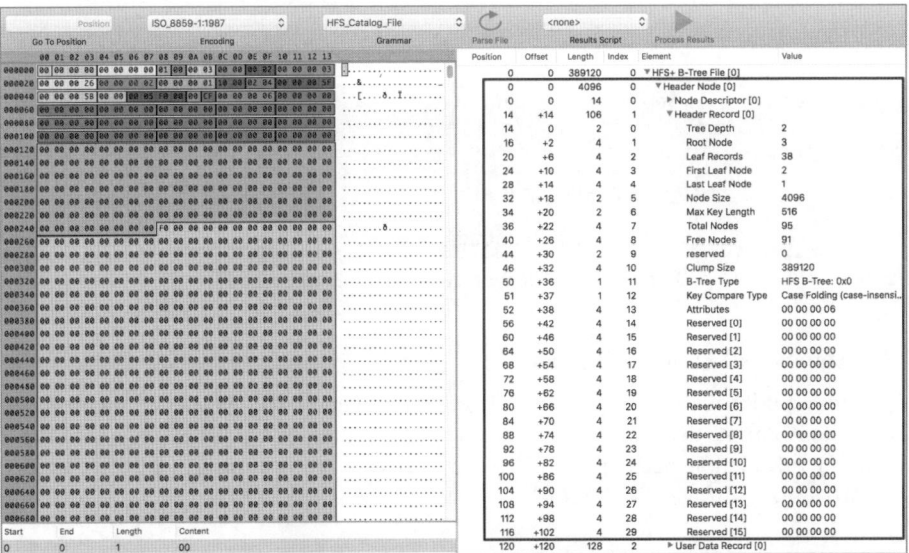

Bild 3.31: Ansicht eines Header-Eintrags mit SynalizeIt!Pro

Der Nutzerdaten-Eintrag (User Data Record) hat eine Länge von 128 Bytes. Der Eintrag ist in den HFS+ Special Files zwar vorhanden, wird jedoch nicht genutzt. Der Map-Eintrag (Map Record) ist analog zum Allocation File aufgebaut. Er speichert in einem Bit-map-Format, welche Knoten im B-Baum allokiert sind bzw. welche nicht allokiert sind.

Der Map-Eintrag hat die Größe ...
Map-Eintrag = [Größe des Knotens] - [Deskriptor + Header-Eintrag + Nutzerda-ten-Eintrag]
Map-Eintrag = [Größe des Knotens] - [14 Bytes + 106 Bytes + 128 Bytes]
Map-Eintrag = [Größe des Knotens] - 248 Bytes

Aufbau eines Index-Knotens (Index Node)

Index-Knoten enthalten Verweise zu den eigentlichen Nutzdaten in den Leaf-Knoten (Blättern). Allgemein enthält ein Index-Knoten für jede(s) Datei/Verzeichnis einen Eintrag mit entsprechendem Verweis (Pointer Record). Dieser enthält einen Schlüssel, bestehend aus Catalog Node ID und Unicode-Namen der Datei oder des Verzeichnisses sowie den Verweis auf den Leaf-Knoten.

Index-Knoten, Einträge von Verweisen – Layout (Pointer Records)	
Größe in Bytes	Eintrag
2	Länge des Schlüssels
Variabel	Schlüsselfeld
4	Nummer des nächsten Knotens

Das Schlüsselfeld enthält:

Schlüsselfeld eines Verweis-Eintrags (Pointer Records)	
Größe in Bytes	Eintrag
4	Parent Catalog ID (CNID)
2	Größe des Dateneintrags
Variabel	Dateneintrag (File/Verzeichnisnamen in Unicode)

Aufbau eines Leaf-Knotens (Blattes)

Leaf-Knoten oder Blätter enthalten die eigentlichen Nutzdaten. Sie stellen die unterste Ebene des B-Baums dar und bestehen aus den drei Einträgen Schlüssellänge, Schlüssel-feld und Nutzdaten. Je nach Special File enthalten sie Catalog-Einträge, Extent-Einträge oder Attribute-Einträge.

Aufbau eines Leaf-Knotens (Blattes)	
Größe in Bytes	Eintrag
2	Schlüssellänge
4	Schlüsselfeld (Parent Catalog ID - CNID)
Variabel	Nutzdaten

Innerhalb eines HFS+-B-Baums werden Nutzdaten über Schlüssel (CNID und Namen) referenziert. Index-Knoten verweisen damit auf Leaf-Knoten (Blätter) mit Inhaltsdaten. Analog zum allgemeinen Aufbau eines B-Baums sind die Schlüsselwerte innerhalb eines Knotens sortiert. Auch Knoten auf gleicher Ebene sind sortiert verkettet. Die Suche nach Einträgen innerhalb der Knoten erfolgt ausgehend von der Wurzel anhand der Schlüsselwerte über die Index-Knoten, so lange, bis ein Leaf-Knoten mit dem gesuchten Eintrag aufgefunden wird.

3.3.7   Catalog File

Das als B-Baum strukturierte Catalog File enthält eine Hierarchie aller Dateien und Verzeichnisse eines HFS+-Volumes. Zur Referenzierung innerhalb des Dateisystems hat jede Datei bzw. jedes Verzeichnis eine eindeutige 4 Bytes große Catalog Node ID (CNID). Sie wird numerisch vergeben. Zu beachten ist, dass die CNIDs von 0 bis 16 von Apple reserviert sind. Sie werden speziellen HFS+-Dateien statisch zugeteilt.

Wie bereits erwähnt, werden Dateien und Verzeichnisse innerhalb des Catalog Files durch Vergleichen der CNID und des Namens referenziert.

Die forensisch interessanten Informationen sind auf der untersten Ebene des B-Baums, den sogenannten Blättern oder Leaf-Knoten (Leaf Nodes) zu finden. Das Catalog File speichert auf dieser Ebene für jede Datei bzw. jedes Verzeichnis zwei Einträge.

Wird eine Datei oder ein Verzeichnis unter Mac OS gelöscht, wird das Catalog File reorganisiert. Eine Wiederherstellung von gelöschten Inhalten anhand von Metadaten ist unter Mac OS dadurch so gut wie unmöglich. Dateien und Verzeichnisse haben die beiden folgenden Eintragstypen:

- *Datei-/Verzeichniseintrag (File/Folder Record)*
  Enthält CNID, Zeitstempel (MAC), Berechtigungen, Dateigröße und Inhaltsdaten einer Datei bzw. eines Verzeichnisses.

- *Eintrag Datei/Verzeichnis-Verkettung (File/Folder Thread Record)*
  Enthält Eltern-CNID und den Datei-/Verzeichnisnamen in Unicode.

Jedem Datei- oder Verzeichniseintrag sowie jedem Eintrag für eine Datei- oder Verzeichnisverkettung steht im Catalog File ein Schlüssel voran. Dieser dient der Referenzierung innerhalb der B-Baum-Datei anhand der CNID bzw. des Datei- oder Verzeichnisnamens.

Catalog-File-Schlüssel		
Offset	Größe in Bytes	Eintrag
0	2	Schlüssellänge
2	4	Eltern-CNID
6	2	Länge des Datei-/Verzeichnisnamens
8	Variabel	Datei-/Verzeichnisname in Unicode

In Einträgen für Datei- oder Verzeichnisverkettungen (Folder/File Thread Records) ist im Schlüssel kein Datei- oder Verzeichnisname angegeben. Das Feld ist stattdessen mit dem Wert 0x0000 belegt.

Verzeichniseintrag

Ein Verzeichniseintrag (Folder Record) im Catalog File hat eine Größe von 88 Bytes. Die Belegung der Speicheradressen kann der folgenden Tabelle entnommen werden:

Verzeichniseintrag (Folder Record)		
Offset	Größe in Bytes	Eintrag
0	2	Typ des Eintrags (0x0001 für Verzeichnis)
2	2	Flags
4	4	Anzahl Dateien/Verzeichnisse, die das Verzeichnis beinhaltet
8	4	CNID des Verzeichnisses
12	4	Erstellungszeitpunkt (HFS+-Format)
16	4	Zeitpunkt der letzten Inhaltsänderung (HFS+-Format)
20	4	Letzte Änderung des Verzeichniseintrags im Catalog File
24	4	Zeitpunkt des letzten Zugriffs (HFS+-Format)
28	4	Zeitpunkt des letzten Backups (ungenutzt)
32	16	Zugriffsrechte (HFSPlusBSDInfo)
48	16	Nutzerinformationen (FolderInfo)
64	16	Finder-Informationen (ExtendedFolderInfo)
80	4	Text-Encoding
84	4	Reserviert

Catalog File, Zugriffsrechte (HFSPlusBSDInfo)		
Offset	Größe in Bytes	Eintrag
0	4	ID Besitzer
4	4	ID Gruppe
8	1	Admin-Flags

Offset	Größe in Bytes	Eintrag
9	1	Besitzer-Flags
10	2	File Mode (Berechtigungen)
12	4	iNode-Nummer, Link Count oder Raw Device

Aus dem Feld `File Mode` können die POSIX-konformen Berechtigungen des Verzeichnisses ermittelt werden:

Beispiel
Eintrag im Feld File Mode = 0x41A4
Darstellung binär: 0100 000 110 100 100

File Mode						
Wert	Typ	Flag		User	Group	Other
Hex	0100	000		110	100	100
Dez	4	0		6	4	4
	Verzeichnis	SetUID, SetGID, Sticky bits		rw-	r—	r—

- Typ:
  4 = Verzeichnis
  8 = Datei

- Flag:
  000 = SetUID, SetGID, Sticky bits

Dateieintrag

Ein Dateieintrag (File Record) im Catalog File hat eine Größe von 248 Bytes. Im Catalog File können acht Extents für den Data Fork (ab Offset 88) und acht Extents für den Resource Fork (ab Offset 168) in einem Dateieintrag aufgenommen werden. Für jeden Extent enthält der Dateieintrag (HFSPlusForkData) jeweils Informationen zu den Allokationsblöcken (Anzahl der Allokationsblöcke des Extents und Start-Allokationsblock). Reicht der Platz im Dateieintrag des Catalog File nicht aus, werden weitere Extents in das Extents Overflow File ausgelagert. Die Belegung der Speicheradressen eines Dateieintrags kann der folgenden Tabelle entnommen werden:

Catalog File und Dateieintrag		
Offset	Größe in Bytes	Eintrag
0	2	Typ des Eintrags (0x0002 für Datei)
2	2	Flags
4	4	Reserviert

Offset	Größe in Bytes	Eintrag
8	4	CNID der Datei
12	4	Erstellungszeitpunkt (HFS+-Format)
16	4	Zeitpunkt der letzten Inhaltsänderung (HFS+-Format)
20	4	Letzte Änderung des Verzeichniseintrags im Catalog File
24	4	Zeitpunkt des letzten Zugriffs (HFS+-Format)
28	4	Zeitpunkt des letzten Backups (ungenutzt)
32	16	Zugriffsrechte (HFSPlusBSDInfo)
48	16	Nutzerinformationen (FolderInfo)
64	16	Finder-Informationen (ExtendedFolderInfo)
80	4	Text-Encoding
84	4	Reserviert
88	80	DataFork (HFSPlusForkData)
168	80	Resource Fork (HFSPlusForkData)

Eintrag für Datei- und Verzeichnisverkettungen

Die Einträge für Verkettungen im Catalog File (File/Folder Thread Records) ermöglichen die Zuordnung einer Datei oder eines Verzeichnisses zu einem übergeordneten Elternverzeichnis. Sie ermöglichen damit den Aufbau einer hierarchischen Datei- und Verzeichnisstruktur. Ein Eintrag enthält die Eltern-ID des übergeordneten Verzeichnisses sowie den Datei- bzw. Verzeichnisnamen in Unicode.

Eintrag für Datei- und Verzeichnisverkettungen		
Offset	Größe in Bytes	Eintrag
0	2	Typ des Eintrags (0x0003 = Verzeichnis, 0x0004 = Datei)
2	2	Reserviert
4	4	Eltern-ID (CNID)
8	2	Länge des Datei-/Verzeichnisnamens
10	Variabel	Datei-/Verzeichnisname Unicode (max. 255 Zeichen)

Bild 3.32: Beispiel eines Dateieintrags im Catalog File

Schlüssel (rot markiert):
- Schlüssellänge: 0x001C = 28 Bytes

- Eltern-CNID: 0x0000 0018 = 24

- Länge des Dateinamens: 0x000B = 11 Bytes (= 22 Bytes Unicode)

- Dateiname in Unicode: 0x0063006800750063006B0061006E002E006A00700067 = chuckan.jpg

Dateieintrag (blau markiert):
- Type des Eintrags: 0x0002 = 2 = Dateieintrag

- Flags: 0x0086

- CNID der Datei: 0x0000 001C = 28

- Erstellungszeitpunkt: 0xD2E10B60 = 3537963872 (dez.) = 2016-02-10 15:44:32 Wed UTC

- Zeitpunkt der letzten Inhaltsänderung: 0xD12E10B60 = 3537963872 (dez.) = 2016-02-10 15:44:32 Wed UTC

- Letzte Änderung des Verzeichniseintrags: 0xD2E10B93 = 3537963923 (dez.) = 2016-02-10 15:45:23 Wed UTC

- Zeitpunkt des letzten Zugriffs: 0xD2E10B93 = 3537963923 (dez.) = 2016-02-10 15:45:23 Wed UTC

- Zugriffsrechte: 0x000001F500000014000081A400000001

Zugriffsrechte:
- ID Besitzer: 0x000001F5 = 501

- ID Gruppe: 0x00000014 = 20

- Admin-Flags: 0x00

- Besitzer-Flags: 0x00

- File Mode (Berechtigungen): 0x81A4

- Link Count: 0x00000001

Berechtigungen:
- Darstellung hexadezimal: 0x81A4

- Darstellung binär: 1000 000 110 100 100

Berechtigungen					
Wert	Typ	Flag	User	Group	Other
Hex	1000	000	110	100	100
Dez	8	0	6	4	4
	Datei	SetUID, SetGID, Sticky bits	rw-	r--	r--

3.3.8 Extents Overflow File

Dateien, für die aufgrund ihrer Größe die acht Extents des Catalog Files zur Beschreibung der Allokation nicht ausreichen, erhalten im Extents Overflow File Platz für weitere Extents. Diese Datei ist ebenfalls als B-Baum strukturiert. Das Extents Overflow File besitzt Dateneinträge, die die Informationen zu den zusätzlichen Extents beinhalten (bis zu acht weitere Extents je Dateneintrag). Jedem Eintrag steht ein Schlüssel voran, der den Dateneintrag beschreibt und insbesondere seine Zugehörigkeit zu einer Datei anhand der CNID feststellt. Damit wird eine Referenzierung von ausgelagerten Extents zu Dateien bzw. eine Suche im B-Baum ermöglicht.

Extents Overflow File – Schlüssel		
Offset	Größe in Bytes	Eintrag
0	2	Schlüssellänge
2	1	Typ des Fork (0x00 = Data Fork, 0xFF = Resource Fork)
3	1	Unbelegt
4	4	Datei-CNID
8	4	Start Allokationsblock

Extents Overflow File - Dateneintrag		
Offset	Größe in Bytes	Eintrag
0	4	Extent 1 – Start Allokationsblock
4	4	Extent 1 – Anzahl der Allokationsblöcke (Größe)
8	4	Extent 2 – Start Allokationsblock
12	4	Extent 2 – Anzahl der Allokationsblöcke (Größe)
...	...	...
56	4	Extent 8 – Start Allokationsblock
60	4	Extent 8 – Anzahl der Allokationsblöcke (Größe)

3.3.9 Attributes File

Das dritte HFS+ Special File mit B-Baum-Struktur ist das Attributes File. HFS+ nutzt das Attributes File, um erweiterte Metadaten zu speichern. Erweiterte Metadaten oder auch Extended Attributes sind eine mit Mac OS X 10.4 eingeführte Funktionalität des Betriebssystems Mac OS, um umfangreiche Metadaten direkt im Dateisystem abzulegen. Mac OS speichert eine Vielzahl von erweiterten Metadaten wie beispielsweise Spotlight-Kommentare, Zeitpunkt und Quelle von heruntergeladenen Dateien und vieles mehr. Das Attributes File besitzt drei verschiedene Dateneinträge, in denen erweiterte Metadaten gespeichert sein können:

- Inline Data Attribute

- Fork Data Attribute

- Extension Data Attribute

Den Dateneinträgen ist jeweils ein Schlüssel vorangestellt, der eine Referenzierung des Metadatums zu einer Datei oder einem Verzeichnis ermöglicht.

Catalog File – Schlüssel		
Offset	Größe in Bytes	Eintrag
0	2	Schlüssellänge
2	2	Unbelegt
4	4	Datei-/Verzeichnis-CNID
8	4	Start Allokationsblock
12	2	Länge des Attribut-Namens
14	Variabel	Attribut-Name

Inline Data Attribute

Inline Data Attributes speichern Metadaten vollständig innerhalb des Attributes File.

Attributes File – Inline Data Attribute		
Offset	Größe in Bytes	Eintrag
0	4	Typ des Eintrags (0x00000010 = Inline Data Attribute)
4	8	Reserviert
12	4	Attribute-Größe
16	Variable	Attribute Data

Fork Data Attribute

Metadaten, die aufgrund ihrer Größe nicht innerhalb des Attributes File gespeichert werden können, werden in Extents ausgelagert. Fork-Data-Attribute-Einträge beinhalten Informationen zur Größe und Position der Extents.

Attributes File – Fork Data Attribute		
Offset	Größe in Bytes	Eintrag
0	4	Typ des Eintrags (0x00000020 = Fork Data Attribute)

Extension Data Attribute

Extension-Data-Attribute-Einträge erweitern einen Fork-Attribute-Eintrag, falls mehr als acht Extents benutzt werden.

Attributes File – Extension Data Attribute		
Offset	Größe in Bytes	Eintrag
0	4	Typ des Eintrags (0x00000030 = Extension Data Attribute)

Zur Bezeichnung von Attributen wird das reverse DNS-Format verwendet. Beispiele für Attribute mit Metadaten sind *com.apple.quarantine* oder *com.apple.metadata*.

```
       00 01 02 03 04 05 06 07 08 09 0A 0B 0C 0D 0E 0F 10 11 12
008189 78 00 0E 00 00 00 00 00 00 00 00 00 FF 01 00 05 00 00 00 34   x.........ÿ.....4
008208 00 00 00 00 00 19 00 00 00 00 00 14 00 63 00 6F 00 6D 00   ...........c.o.m.
008227 2E 00 61 00 70 00 70 00 6C 00 65 00 2E 00 71 00 75 00 61   ..a.p.p.l.e...q.u.a
008246 00 72 00 61 00 6E 00 74 00 69 00 6E 00 65 00 00 00 10 00   .r.a.n.t.i.n.e....
008265 00 00 00 00 00 00 00 00 00 15 30 30 30 31 3B 35 36 62   ..........0001;56b
008284 62 35 61 65 61 3B 53 61 66 61 72 69 3B BE 00 34 00 00 00   b5aea;Safari;%.4...
008303 00 00 1A 00 00 00 00 00 14 00 63 00 6F 00 6D 00 2E 00 61   ..........c.o.m..a
008322 00 70 00 70 00 6C 00 65 00 2E 00 71 00 75 00 61 00 72 00   .p.p.l.e...q.u.a.r.
008341 61 00 6E 00 74 00 69 00 6E 00 65 00 00 00 10 00 00 00 00   a.n.t.i.n.e........
008360 00 00 00 00 00 00 15 30 30 30 31 3B 35 36 62 35 61   ........0001;56b5a
008379 66 33 3B 53 61 66 61 72 69 3B BE 00 34 00 00 00 00 00 1B   f3;Safari;%.4......
008398 00 00 00 00 00 14 00 63 00 6F 00 6D 00 2E 00 61 00 70 00   .......c.o.m...a.p.
008417 70 00 6C 00 65 00 2E 00 71 00 75 00 61 00 72 00 61 00 6E   p.l.e...q.u.a.r.a.n
008436 00 74 00 69 00 6E 00 65 00 00 00 10 00 00 00 00 00 00 00   .t.i.n.e..........
008455 00 00 00 00 15 30 30 30 31 3B 35 36 62 62 35 61 30 34 3B   ....0001;56bb5a04;
008474 53 61 66 61 72 69 3B BE 00 34 00 00 00 00 00 1C 00 00 00   Safari;%.4........
008493 00 00 14 00 63 00 6F 00 6D 00 2E 00 61 00 70 00 70 00 6C   ....c.o.m..a.p.p.l
008512 00 65 00 2E 00 71 00 75 00 61 00 72 00 61 00 6E 00 74 00   .e...q.u.a.r.a.n.t.
008531 69 00 6E 00 65 00 00 00 10 00 00 00 00 00 00 00 00 00 00   i.n.e.............
```

Bild 3.33: Beispiel eines Inline Data Attribute im Attributes File

Schlüssel (rot markiert):

- Schlüssellänge: 0x0034 = 52 Bytes

- Datei-/Verzeichnis-CNID = 0x00000019 = 25

- Start Allokationsblock: 0x00000000

- Länge des Attribut-Namens: 0x0014 = 20 Bytes (= 40 Bytes Unicode)

- Attribut-Name = 0x0063006F... = com.apple.quarantine

Dateieintrag (blau markiert):

- Type des Eintrags: 0x00000010 = Inline Data Attribute

- Attribut-Größe: 0x00000015 = 21 Bytes

- Attribute Data: 0x30303031... = 0001;56bb5aea;Safari;3/4.4

Attribute können das Schlüsselpräfix kMDItem zur Kennzeichnung von Metadaten enthalten. Mac OS nutzt eine Vielzahl von Schlüsselwerten, um Metadaten zu referenzieren. Erweiterte Metadaten des Attributes File werden unter anderem von Technologien wie Spotlight zur Suche innerhalb des Dateisystems exzessiv verwendet.

```
       00 01 02 03 04 05 06 07 08 09 0A 0B 0C 0D 0E 0F 10 11 12
008816 00 00 00 00 00 00 00 00 00 00 00 00 00 13 BE 00 54 00 00 00   ...........%.T...
008835 00 00 24 00 00 00 00 00 24 00 63 00 6F 00 6D 00 2E 00 61   ..$.....$.c.o.m..a
008854 00 70 00 70 00 6C 00 65 00 2E 00 6D 00 65 00 74 00 61 00   .p.p.l.e...m.e.t.a.
008873 64 00 61 00 74 00 61 00 3A 00 6B 00 4D 00 44 00 49 00 74   d.a.t.a.:.k.M.D.I.t
008892 00 65 00 6D 00 57 00 68 00 65 00 72 00 65 00 46 00 72 00   .e.m.W.h.e.r.e.F.r.
008911 6F 00 6D 00 73 00 00 00 10 00 00 00 00 00 00 00 00 00 00   o.m.s.............
008930 00 6F 62 70 6C 69 73 74 30 30 A1 01 5F 10 40 68 74 74 70   .obplist00¡._.@http
008949 3A 2F 2F 6D 65 64 69 61 2E 62 72 65 69 74 62 61 72 74 2E   ://media.breitbart.
008968 63 6F 6D 2F 6D 65 64 69 61 2F 32 30 31 35 2F 30 35 2F 63   com/media/2015/05/c
008987 68 75 63 6B 5F 6E 6F 72 72 69 73 5F 77 61 6C 6B 65 72 2E   huck_norris_walker.
009006 70 6E 67 08 0A 00 00 00 00 00 01 00 00 00 00 00 00 00   png. .............
009025 00 02 00 00 00 00 00 00 00 00 00 00 00 00 00 00 4D DE   ...............MÞ
```

Bild 3.34: Beispiel eines Inline Data Attribute im Attributes File mit Schlüsselpräfix kMDItem

Schlüssel (rot markiert):

*   Schlüssellänge: 0x0054 = 84 Bytes

*   Datei-/Verzeichnis-CNID = 0x00000024 = 36

*   Start Allokationsblock: 0x00000000

*   Länge des Attribut-Namens: 0x0024 = 36 Bytes (= 72 Bytes Unicode)

*   Attribut-Name = 0x0063006F... = com.apple.metadata:kMDItemWhereFroms

Dateieintrag (blau markiert)

*   Type des Eintrags: 0x00000010 = Inline Data Attribute

*   Attribut-Größe: 0x0000006F = 111 Bytes

*   Attribute Data: 0x62706C69... =

*   bplist00.._.@http://media.breitbart.com/media/2015/05/chuck_norris_walker.png

3.3.10 Journal

Das Dateisystem HFS+ nutzt Journaling als Standardeinstellung. Journaling ermöglicht die Wiederherstellung von Teilen des Dateisystems bei Abstürzen, fehlerhaftem Einbinden oder anderen Fehlerquellen und sichert damit die Konsistenz des Systems. Das Journal protokolliert Änderungen im Dateisystem sowie an Metadaten von Dateien und Verzeichnissen (nicht Dateiinhalte). Hierzu protokolliert es Vorgänge als Transaktionen. Ein solcher Eintrag innerhalb des Journals ist so lange gültig, bis die Transaktion erfolgreich abgeschlossen wurde. Nach erfolgreicher Ausführung wird sie wieder aus dem Journal gelöscht. Eine fehlerhafte Transaktion kann aus dem Journal wiederhergestellt werden.

Das Journal besteht aus zwei als versteckt markierten Dateien, die sich im Root-Verzeichnis des HFS+-Volumes befinden:

*   .journal_info_block

*   .journal

Der Journal-Info-Block (.journal_info_block) enthält Größe und Position des Journal-Headers und des Journal-Buffers, in dem die Transaktionen gespeichert werden. Das Journal (.journal) enthält den Journal-Header mit Informationen zu den Transaktionen und den Journal-Buffer.

3.3.11 Dateikomprimierung

Mit Mac OS X 10.6 erweiterte Apple das HFS+-Dateisystem um die Funktionalität Dateikomprimierung. Durch die Komprimierung, insbesondere von Systemdateien und von Apple mitgelieferten Applikationen, kann das Betriebssystem insgesamt kleiner gehalten werden. Für den Anwender erfolgt die Komprimierung im Hintergrund. Im Finder kann nicht festgestellt werden, ob Dateien komprimiert sind oder nicht.

Im Zuge forensischer Analysen kann die Dateikomprimierung zu Problemen führen. Die meisten Windows-basierten forensischen Programme wie X-Ways oder FTK können entsprechende Dateien nicht dekomprimieren und stellen sie ohne Inhalt dar (Dateigröße 0 Byte).

```
 ●  ●  ●                          bin — -bash — 99×26
\Marc/bin\: pwd
/bin
\Marc/bin\: ls -lO
total 5168
-rwxr-xr-x  1 root  wheel  restricted,compressed    22464  3 Dez 07:36 [
-r-xr-xr-x  1 root  wheel  restricted,compressed   628496  3 Dez 07:36 bash
-rwxr-xr-x  1 root  wheel  restricted,compressed    23520  3 Dez 07:36 cat
-rwxr-xr-x  1 root  wheel  restricted,compressed    33904  3 Dez 07:37 chmod
-rwxr-xr-x  1 root  wheel  restricted,compressed    28832  3 Dez 07:37 cp
-rwxr-xr-x  1 root  wheel  restricted,compressed   378624 12 Mär 09:37 csh
-rwxr-xr-x  1 root  wheel  restricted,compressed    28368  3 Dez 07:36 date
-rwxr-xr-x  1 root  wheel  restricted,compressed    31856  3 Dez 07:37 dd
-rwxr-xr-x  1 root  wheel  restricted,compressed    27440  3 Dez 07:36 df
-r-xr-xr-x  1 root  wheel  restricted,compressed    18144  3 Dez 07:36 domainname
-rwxr-xr-x  1 root  wheel  restricted,compressed    18032  3 Dez 07:37 echo
-rwxr-xr-x  1 root  wheel  restricted,compressed    53872  3 Dez 07:36 ed
-rwxr-xr-x  1 root  wheel  restricted,compressed    22992  3 Dez 07:36 expr
-rwxr-xr-x  1 root  wheel  restricted,compressed    18192  3 Dez 07:37 hostname
-rwxr-xr-x  1 root  wheel  restricted,compressed    18528  3 Dez 07:36 kill
-r-xr-xr-x  1 root  wheel  restricted,compressed  1394432 12 Mär 09:37 ksh
-rwxr-xr-x  1 root  wheel  restricted,compressed   124048 12 Mär 09:37 launchctl
-rwxr-xr-x  1 root  wheel  restricted,compressed    18944 12 Mär 09:37 link
-rwxr-xr-x  1 root  wheel  restricted,compressed    18944 12 Mär 09:37 ln
-rwxr-xr-x  1 root  wheel  restricted,compressed    38512  3 Dez 07:36 ls
-rwxr-xr-x  1 root  wheel  restricted,compressed    18496  3 Dez 07:36 mkdir
-rwxr-xr-x  1 root  wheel  restricted,compressed    24144  3 Dez 07:36 mv
```

Bild 3.35: Anzeige von komprimierten Dateien im Verzeichnis */bin mit ls –lO*

Von Mac OS komprimierte Dateien werden mit dem erweiterten Metadatum *com.apple.decmpfs* gekennzeichnet. Entsprechend existieren Attribut-Einträge im Attributes File. Inhalte von komprimierten Dateien werden innerhalb des Resource Fork gespeichert. Der Data Fork einer komprimierten Datei hat den Wert 0. Sehr kleine komprimierte Dateien sind möglicherweise komplett innerhalb des Attributes File als Inline-Attribut abgelegt sein.

Der Sleuth-Kit-Terminalbefehl `istat` ermöglicht die Ausgabe von Attributen/Metadaten einer Datei bzw. eines Verzeichnisses auch unter HFS+. Die folgende Abbildung zeigt die Ermittlung der CNID mit `stat -x`. Anschließend wird `istat` zur Ausgabe der Datei-Metadaten verwendet.

```
⊗ ⊜ ⊙                            🔲 bin — -bash — 137×48
\Marc/bin\: pwd
/bin
\Marc/bin\: stat -x ls
  File: "ls"
  Size: 38512          FileType: Regular File
  Mode: (0755/-rwxr-xr-x)         Uid: (    0/    root) Gid: (    0/    wheel)
Device: 1,2   Inode: 5367110    Links: 1
Access: Thu Apr 21 14:58:50 2016
Modify: Thu Dec  3 07:36:57 2015
Change: Fri Dec 11 15:24:42 2015
\Marc/bin\: sudo istat -o 409640 /dev/disk0 5367110
File Path: /bin/ls
Catalog Record: 5367110
Allocated
Type:    File
Mode:    rrwxr-xr-x
Size:    38512
uid / gid: 0 / 0
Link count:    1

File Name: ls
Admin flags: 8 -
Owner flags: 32 - compressed
Has extended attributes
File type:       0000
File creator:    0000
Text encoding:   0 = MacRoman
Resource fork size:    16254

Times:
Created:            2015-12-03 07:36:57 (CET)
Content Modified:       2015-12-03 07:36:57 (CET)
Attributes Modified:    2015-12-11 15:24:42 (CET)
Accessed:           2016-04-21 14:58:50 (CEST)
Backed Up:          0000-00-00 00:00:00 (UTC)

Resource Fork Blocks:
16645085-16645088

Attributes:
Type: CMPF (4355-2)   Name: com.apple.decmpfs   Resident   size: 16
Type: RSRC (4353-1)   Name: RSRC   Non-Resident   size: 16254  init_size: 16254

Compressed File:
    Uncompressed size: 38512
    Compression type is UNKNOWN
\Marc/bin\: ▌
```

Bild 3.36: Anzeige von Datei-Metadaten einer komprimierten Datei mit `istat`.

3.3.12 Hardlinks

Ein HFS+-Volume besitzt die Verzeichnisse */HFS+ Private Data* und */HFS+ Private Directory Data.* Beide Verzeichnisse sind gut versteckt und unter dem Betriebssystem Mac OS per Terminal oder Finder nicht erreichbar. Das Verzeichnis */HFS+ Private Data* enthält Inhalte von Dateien und das Verzeichnis */HFS+ Private Directory Data* Inhalte von Verzeichnissen, die Hardlinks haben. Hardlinks werden von HFS+ erzeugt, wenn mehrere Dateinamen auf ein und dieselbe Datei referenzieren. In diesem Fall allokiert HFS+ die Dateien nicht mehr wie gewohnt, sondern benutzt das ungewöhnliche Konstrukt, dass die Dateien in das Verzeichnis */HFS+ Private Data* ausgelagert werden. Die ausgelagerten Dateien sind dort folgendermaßen bezeichnet:

iNode + iNodenummer

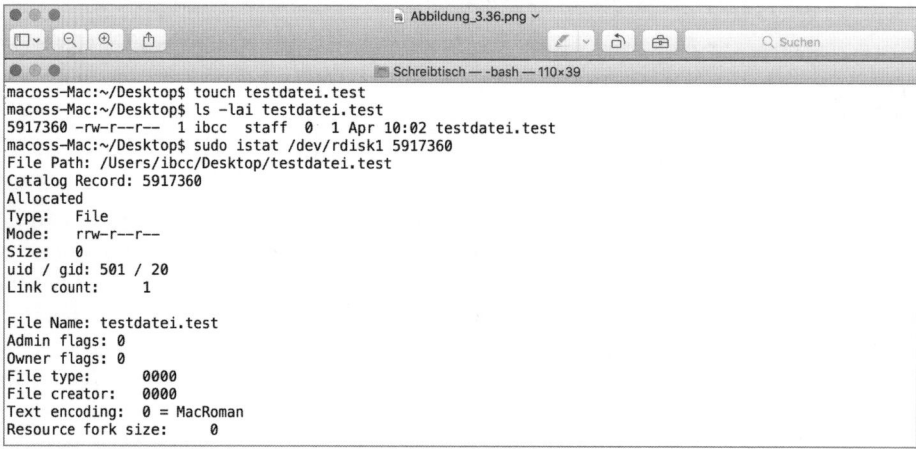

Bild 3.37: Ansicht der Verzeichnisse */HFS+ Private Data* in X-Ways

Die Referenznummer wird für Dateien mit Hardlinks einmalig vom Dateisystem vergeben. Im Datei- oder Verzeichniseintrag werden vorhandene Hardlinks im Feld *Link Count* entsprechend numerisch aufgeführt. Das Feld kann bspw. mit dem Sleuth-Kit-Kommando istat ausgewertet werden. Werden Hardlinks einer Datei hinzugefügt oder gelöscht, wird der *Link Count* entsprechend aktualisiert.

Das Verhalten von Hardlinks stellt ein Versuch nach. Die folgende Abbildung zeigt das Erstellen der Datei *testdatei.test* auf einem HFS+-Volume. Die mit dem Kommando touch neu erstellte Datei erhält die iNode 5917360. Die Ausgabe von istat zeigt, dass der Dateieintrag den *Link Count* 1 enthält und die Datei normal allokiert ist.

In der nächsten Abbildung wird zunächst mit dem Kommando ln ein neuer Hardlink mit Namen *neuerhardlink.test* auf die Ursprungsdatei *testdatei.test* erzeugt. Danach wird der string *Testinhalt* in die Datei *testdatei.test* geschrieben. Die anschließende Ausgabe von *neuerhardlink.test* zeigt, dass der Inhalt *Testinhalt* ausgegeben wird. Die Datei *neuerhardlink.test* verweist damit auf den gleichen Dateiinhalt wie *testdatei.test*. Die Überprüfung der iNodes mit ls -lai bestätigt diese Annahme, beide Dateien haben die gleiche iNode-Nummer. Schließlich zeigt die Ausgabe von istat, dass der Dateieintrag jetzt unter *Link Count* den Wert 2 enthält und unter *File Path* auf das */HFS+ Private Data*-Verzeichnis verwiesen wird. Der Dateiinhalt wurde ausgelagert.

```
macoss-Mac:~/Desktop$ touch testdatei.test
macoss-Mac:~/Desktop$ ls -lai testdatei.test
5917360 -rw-r--r--  1 ibcc  staff  0  1 Apr 10:02 testdatei.test
macoss-Mac:~/Desktop$ sudo istat /dev/rdisk1 5917360
File Path: /Users/ibcc/Desktop/testdatei.test
Catalog Record: 5917360
Allocated
Type:    File
Mode:    rrw-r--r--
Size:    0
uid / gid: 501 / 20
Link count:    1

File Name: testdatei.test
Admin flags: 0
Owner flags: 0
File type:    0000
File creator:    0000
Text encoding:  0 = MacRoman
Resource fork size:    0
```

Bild 3.38: Erstellen der Datei *testdatei.test* und Ausgabe mit istat

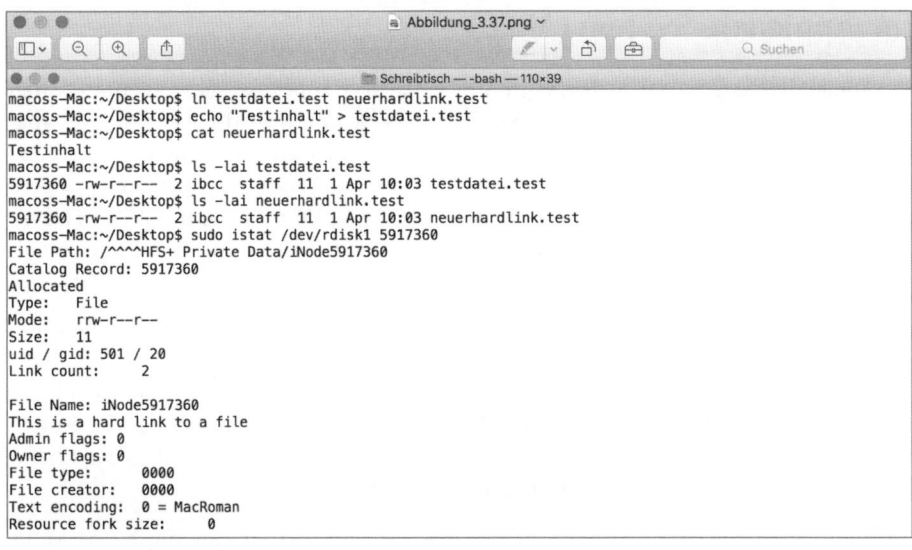

Bild 3.39: Erzeugen eines Hardlinks und Ausgabe mit istat

3.3.13 Mac-OS-Zeitstempel

Das HFS+-Dateisystem speichert Zeitstempel in einem eigenen 32-Bit-Format.

HFS+-Zeitstempel/Mac OS Integer

*   32-Bit

*   Sekunden ab dem 01.01.1904, 00:00:00 UTC

*   Beispiel: 3544086615

Insbesondere im Verlauf einer forensischen Analyse des Betriebssystems Mac OS können zwei weitere Zeitstempel-Formate relevant sein.

Mac Epoch/Cocoa oder Webkit Integer

*   32-Bit

*   Sekunden ab dem 01.01.2001, 00:00:00 UTC

*   Beispiel: 482934615

Unix Epoch/Unix Integer

*   32-Bit

*   Sekunden ab dem 01.01.1970, 00:00:00 UTC

*   Beispiel: 1461241815

3.4 Apple File System (APFS)

Das Apple File System (APFS) wurde im Juni 2016 von Apple als Nachfolger des Dateisystems HFS+ vorgestellt. Apple hat bereits früh erkannt, dass die technischen Möglichkeiten des 32-Bit-Dateisystems HFS+ hinsichtlich der Unterstützung spezieller Speichermedien wie SSD-Festplatten und allgemein immer größer werdenden Datenträgern limitiert sind. Bereits mit Mac OS X 10.5 plante Apple die Einführung von ZFS als Dateisystem, rückte von diesem Vorhaben allerdings stillschweigend wieder ab und entwickelte stattdessen HFS+ weiter.

HFS+ wurde mit den Jahren immer wieder an moderne Bedürfnisse angepasst und funktional erweitert, beispielsweise durch die Aufnahme von erweiterten Metadaten oder die Implementierung des Journaling. Dennoch kann HFS+ den Bedürfnissen, die an ein modernes Dateisystem gestellt werden, aufgrund seiner technisch immanenten Limitierungen nicht erfüllen. Viele neue Fähigkeiten können mit den Limitierungen des 32-Bit-Dateisystems HFS+ prinzipiell nicht umgesetzt werden.

Mit dem Apple File System (APFS) hat Apple seit dem letzten Jahr die Entwicklung eines eigenen »Next-Generation-Dateisystems« vorangetrieben. Das Apple File System (APFS) ist ein 64-Bit-Dateisystem, das für den Einsatz auf Flash- und SSD-Speichern optimiert ist und TRIM-Kommandos unterstützt. Die von APFS unterstützen 64-Bit großen iNode-Adressen ermöglichen signifikant größere Adressierungsmöglichkeiten von insgesamt über 9 Quintillionen Dateien auf einem Volume (2^{64}), ebenso ermöglichen 64-Bit große Zeitstempel (Unix Time in Nanosekunden) eine wesentlich feinere zeitliche Granularität als der lediglich sekundengenaue 32-Bit-Mac-Epoch-Zeitstempel.

Der zeitliche Verlauf von Änderungen an Dateien innerhalb des Dateisystems kann damit wesentlich genauer berechnet werden. APFS unterstützt weiterhin flexible Partitionen, Dateisystem-Snapshots, eine auf Dateisystemebene implementierte Verschlüsselung, das Klonen von Dateien und Verzeichnissen und das »Copy on write«-Feature, das ein Kopieren von Dateien ohne Zeitverlust ermöglicht. Laut Angaben von Apple erhöht das APFS durch die unterstützten Funktionalitäten die Datensicherheit bei der Nutzung von Flash- oder SSD-Speichermedien enorm.

Funktionen von HFS+ und APFS im Vergleich		
	HFS+	APFS
Anzahl Allokationsblöcke	2^{32} (4 Billionen)	2^{63} (9 Quintillionen)
iNodes	32 Bit	64 Bit
Max. Dateigröße	2^{63} Bytes	2^{63} Bytes
Zeitstempel-Genauigkeit	1 Sekunde	1 Nanosekunde
Copy-On-Write		✓
Crash protected	Journaled	✓
Klonen von Dateien und Verzeichnissen	-	✓
Snapshots	-	✓

	HFS+	APFS
Space Sharing	-	✓
Full Disk Encryption	✓	✓
Sparse Files	-	✓
Fast Directory Sizing	-	✓
Case-sensitive	-	✓

3.4.1 Flexible Partitionen

Das APFS unterstützt durch eine veränderte Allokationsmechanik das Erstellen von APFS-Partitionen, die von vornherein keine feste Größe mehr haben. Jede APFS-Partition kann theoretisch den gesamten Platz eines Datenträgers einnehmen, ist praktisch aber nur so groß, wie Speicherplatz auch tatsächlich genutzt wird (Sparse Files). Die Technik macht es sehr einfach, große Datenträger schnell zu formatieren oder Partitionsgrößen flexibel anzupassen.

Das Apple File System funktioniert ohne Zutun des logischen Laufwerksmanagers Core Storage. Als Partitionierungsschema wird GPT genutzt, allerdings führt APFS zusätzlich eine weitere Abstrahierungsschicht ein. Um ein APFS-Volume erzeugen zu können, muss zunächst ein APFS-Container erstellt werden. Ein Datenträger kann dabei mehrere APFS-Container enthalten. Innerhalb eines APFS-Containers können dann einzelne APFS-Volumes definiert werden. Jedes einzelne APFS-Volume wiederum besitzt einen eigenen Adressraum, um Dateien und Verzeichnisse abzulegen.

Ein APFS-Container ist damit eine Sammlung von logischen Volumes und kann im weitesten Sinne mit einer logischen Gruppe von Volumes verglichen werden. Damit stellt ein APFS-Container eine weitere Abstrahierungsschicht zwischen dem Datenträger und den enthaltenen Dateisystemen der Volumes dar. Dabei nutzt jedes in einem APFS-Container enthaltene Volume den Adressraum des APFS-Containers. Werden in einem Container mehrere Volumes erstellt, teilen sich die Volumes den Adressraum des APFS-Containers untereinander auf. Der gewöhnungsbedürftige Effekt hierbei ist, dass im unteren Beispiel Volume 1 und Volume 2 die gleichen Angaben bei der Anzeige des insgesamt belegten und freien Speicherplatzes erhalten würden.

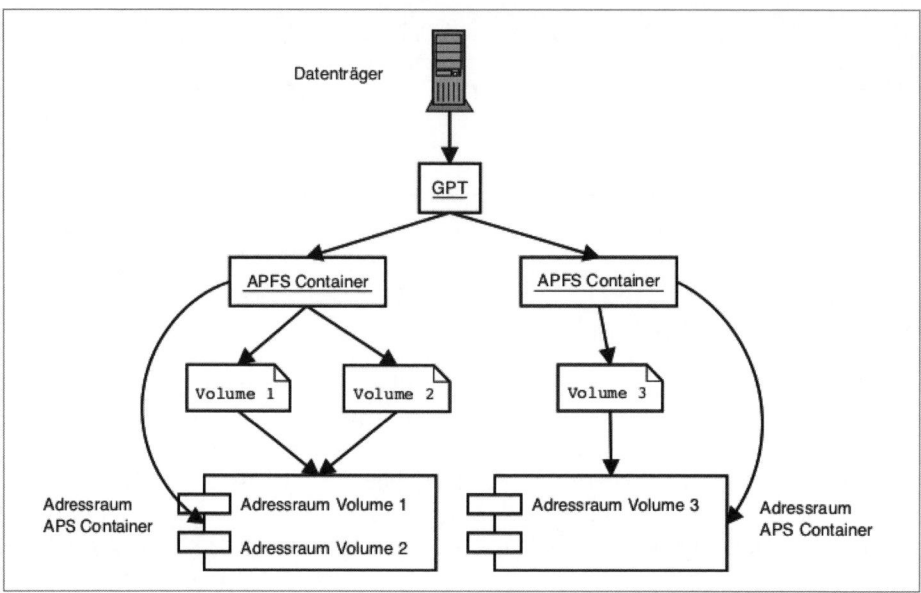

Bild 3.40: APFS-Systematik

Die folgenden Abbildungen zeigen einen USB-Datenträger mit einem APFS-Container, der zwei Volumes enthält. Volume 1 hat eine effektive Größe von 121,8 MB, Volume 2 von 36,9 KB.

```
● ● ●                              ⬆ ibcc — -bash — 111×22
/dev/disk7 (synthesized):
  #:                      TYPE NAME                SIZE       IDENTIFIER
  0:      APFS Container Scheme                    +7.8 GB    disk7

/dev/disk7s1 (external, virtual):
  #:                      TYPE NAME                SIZE       IDENTIFIER
  0:              APFS Volume kylo_apfs            +121.8 MB  disk7s1

/dev/disk7s2 (external, virtual):
  #:                      TYPE NAME                SIZE       IDENTIFIER
  0:              APFS Volume darth_apfs           +36.9 KB   disk7s2
```

Bild 3.41: Ausgabe mit dem Kommando `diskutil list` (Auszug)

Die Ausgabe von `diskutil info` für das jeweilige Volume zeigt, dass bei der Angabe von Volume Total Space, Volume Used Space und Volume Available Space der Adressraum des Containers angezeigt wird (Space Sharing).

```
● ● ●                              ⬆ ibcc — -bash — 112×30
macoss-Mac:~$ diskutil info /dev/disk7s1
     Device Identifier:        disk7s1
     Device Node:              /dev/disk7s1
     Whole:                    No
     Part of Whole:            disk7

     Volume Name:              kylo_apfs
     Mounted:                  Yes
     Mount Point:              /Volumes/kylo_apfs 1

     Partition Type:          41504653-0000-11AA-AA11-00306543ECAC
     File System Personality:  APFS
     Type (Bundle):            apfs
     Name (User Visible):      APFS

     OS Can Be Installed:      No
     Media Type:               Generic
     Protocol:                 USB
     SMART Status:             Not Supported
     Volume UUID:              51528675-7F73-4C7C-824B-25135F4A52FD
     Disk / Partition UUID:    51528675-7F73-4C7C-824B-25135F4A52FD

     Disk Size:                7.8 GB (7843307520 Bytes) (exactly 15318960 512-Byte-Units)
     Device Block Size:        4096 Bytes

     Volume Total Space:       7.8 GB (7843307520 Bytes) (exactly 15318960 512-Byte-Units)
     Volume Used Space:        147.1 MB (147124224 Bytes) (exactly 287352 512-Byte-Units) (1.9%)
     Volume Available Space:   7.7 GB (7696183296 Bytes) (exactly 15031608 512-Byte-Units) (98.1%)
     Allocation Block Size:    4096 Bytes
```

Bild 3.42: Die Ausgabe von `diskutil info` zeigt Details zum Volume `disk7s1`.

```
● ● ●                              ⬆ ibcc — -bash — 112×30
macoss-Mac:~$ diskutil info /dev/disk7s2
     Device Identifier:        disk7s2
     Device Node:              /dev/disk7s2
     Whole:                    No
     Part of Whole:            disk7

     Volume Name:              darth_apfs
     Mounted:                  Yes
     Mount Point:              /Volumes/darth_apfs

     Partition Type:          41504653-0000-11AA-AA11-00306543ECAC
     File System Personality:  APFS
     Type (Bundle):            apfs
     Name (User Visible):      APFS

     OS Can Be Installed:      No
     Media Type:               Generic
     Protocol:                 USB
     SMART Status:             Not Supported
     Volume UUID:              85858218-A8ED-425D-9038-8B679C62B2B1
     Disk / Partition UUID:    85858218-A8ED-425D-9038-8B679C62B2B1

     Disk Size:                7.8 GB (7843307520 Bytes) (exactly 15318960 512-Byte-Units)
     Device Block Size:        4096 Bytes

     Volume Total Space:       7.8 GB (7843307520 Bytes) (exactly 15318960 512-Byte-Units)
     Volume Used Space:        147.1 MB (147124224 Bytes) (exactly 287352 512-Byte-Units) (1.9%)
     Volume Available Space:   7.7 GB (7696183296 Bytes) (exactly 15031608 512-Byte-Units) (98.1%)
     Allocation Block Size:    4096 Bytes
```

Bild 3.43: Die Ausgabe von `diskutil info` zeigt Details zum Volume `disk7s2`.

3.4.2 Dateisystem-Snapshots

Das APFS unterstützt die Erstellung von Momentaufnahmen des aktuellen Stands des Dateisystems (Dateisystem-Snapshots). Beim Erstellen eines Snapshots hält APFS den Zustand des Dateisystems fest. Falls nach der Erstellung eines Snapshots Dateien verändert werden, schreibt das APFS sie an eine neue Stelle im Dateisystem und registriert damit, dass die Veränderung nicht zum Snapshot gehört. In Kombination mit Time Machine könnten die Dateisystem-Snapshots eine erhebliche Steigerung an Performanz bedeuten. Time Machine könnte dadurch veränderte Dateien sehr viel schneller lokalisieren.

3.4.3 Dateien und Verzeichnisse klonen

Geklonte Dateien oder Verzeichnisse sind Kopien von Dateien oder Verzeichnissen, die auf dem APFS-Volume keinen weiteren Platz benötigen. Beim Klonen einer Datei wird lediglich der Dateieintrag kopiert, die geklonte Datei allerdings nicht neu allokiert. Hierdurch können Dateien ohne Zeitverlust kopiert werden (Copy-On-Write). Erst beim Ändern einer Datei werden neue Allokationsblöcke belegt, allerdings nur diejenigen Blöcke, die sich geändert haben bzw. neu hinzugekommen sind. Dies ermöglicht zum einen eine äußerst effiziente Speicherverwaltung, zum anderen das Speichern verschiedener Versionen einer Datei.

Durch die Kombination von Dateisystem-Snapshots mit der Möglichkeit, einzelne Dateien und Verzeichnisse zu klonen, kann das APFS aller Voraussicht nach auf ein Journaling verzichten.

3.4.4 Verschlüsselung

Die von APFS implementierte Verschlüsselung erfolgt auf verschiedenen Ebenen und vereint damit das bisher gewohnte Konzept der Full Disk Encryption FileVault 2 und der Hardware-Verschlüsselung unter iOS. Mit APFS ist es möglich, das Dateisystem im Ganzen zu verschlüsseln (Single-Key-Encryption). Hierzu wird ein Dateisystem-Schlüssel erzeugt, der für die Verschlüsselung und Entschlüsselung eines ganzen Volumes zuständig ist. Alternativ kann eine Multi-Key-Encryption umgesetzt werden. Das Konzept erinnert an die Hardware-Verschlüsselung unter iOS. Dabei wird jede Datei separat mit einem Datei-Schlüssel verschlüsselt. Zusätzlich werden sensible Metadaten von Dateien kryptiert. Als Verschlüsselungsalgorithmen nutzt APFS AES-XTS oder AES-CBT.

Das APFS wird als Dateisystem sämtliche Apple-Endgeräte unterstützen, die unter Mac OS, iOS, watchOS oder tvOS lauffähig sind. Offiziell eingeführt wurde APFS am 30.03.2017 für alle Apple-Endgeräte unter iOS 10.3. Die forensischen Auswirkungen sind derzeit noch begrenzt. Das Dateisystem spielt bei der Analyse von iOS-Endgeräten nur bedingt eine Rolle, da ohnehin kein physikalisches Abbild der aktuellsten iOS-Version erzeugt werden kann. Analysemethoden beschränken sich auf den Zugriff über Backups oder über das Apple File Protocol (AFP). Für Mac OS wurde das APFS bisher offiziell noch nicht released. Zwar bietet macOS Sierra die Möglichkeit, APFS-Volumes zu erzeugen, zu lesen und zu beschreiben. Allerdings ist der Support von APFS noch in der Betaphase und es werden viele Funktionalitäten noch nicht unterstützt.

Beispielsweise sind APFS-Volumes noch nicht als Startvolumes oder als Volumes für Time Machine nutzbar. Auch sind derzeit nur wenige Informationen zum neuen Dateisystem von Apple erhältlich. Die einzige Informationsquelle ist das »Apple File System Guide« auf der Entwicklerseite von Apple mit nur spärlichen technischen Informationen. Mit einer Einführung von APFS für Mac OS kann im Laufe des Jahres 2017 gerechnet werden. Ab diesem Zeitpunkt wird das APFS auch aus forensischen Gesichtspunkten in den Vordergrund rücken, denn bisher unterstützen gängige forensische Analyseprogramme wie X-Ways, FTK oder EnCase das APFS noch nicht.

Ebenso wenig ist es möglich das neue Apple File System, mit den üblichen Tools zur Dateisystemanalyse wie Sleuth Kit zu analysieren. Aktuell kann das Dateisystem ausschließlich mit einem Mac-OS-System unter Nutzung von Mac-OS-nativen Kommandos gelesen und bearbeitet werden. Die folgenden Unterabschnitte zeigen, wie ein APFS-Volume unter Mac OS erstellt werden kann, welche Strukturen erkannt und inwieweit erste forensische Ansätze vorgenommen werden können.

3.4.5 Eine APFS-Volume erstellen

Unter macOS Sierra ist es möglich, mit dem Terminalkommando `diskutil` einen USB-Datenträger als APFS-Volume einzurichten. Eine weitere Möglichkeit ist die Erstellung eines Sparsebundle-Disk-Images als APFS-Volume.

diskutil

```
$ diskutil apfs createContainer /dev/disk#s#
$ diskutil apfs addVolume disk#s# APFS neuesAPFSVolume
```

hdiutil

```
$ hdiutil create -fs APFS -size 1GB APFSimg.sparseimage
```

In den folgenden Abbildungen wird die Erstellung eines APFS-USB-Volumes beschrieben. Genutzt wird ein HFS+-formatierter USB-Stick mit 8 GB Volumen.

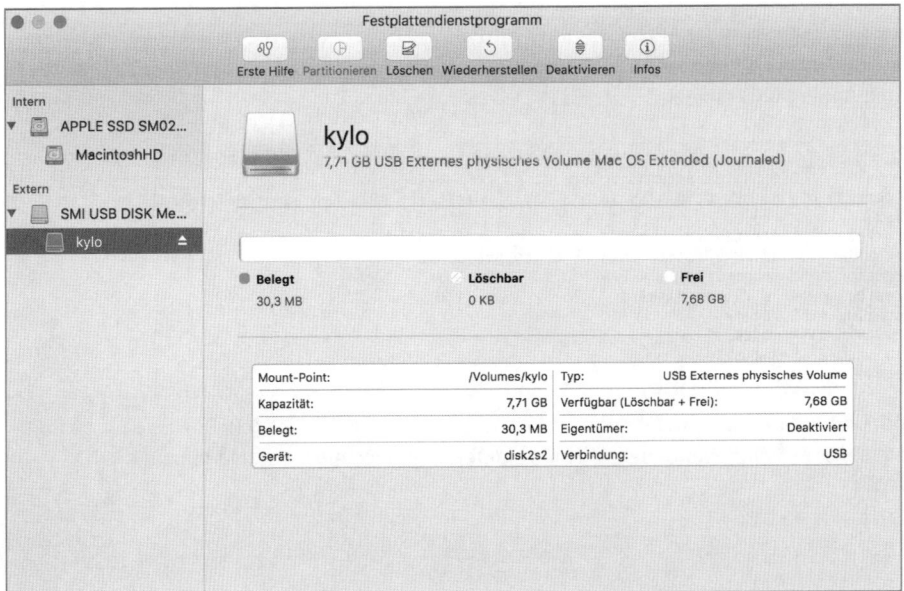

Bild 3.44: Ansicht des vorformatierten USB-Sticks mit dem Festplattendienstprogramm

```
● ● ●                          ⇧ ibcc — -bash — 80×24
[macoss-Mac:~$ diskutil list /dev/disk2
/dev/disk2 (external, physical):
   #:                       TYPE NAME              SIZE       IDENTIFIER
   0:      GUID_partition_scheme                  *8.1 GB     disk2
   1:                        EFI EFI              209.7 MB    disk2s1
   2:                  Apple_HFS kylo              7.7 GB     disk2s2
macoss-Mac:~$ ▮
```

Bild 3.45: Der vorformatierte USB-Stick wird als /dev/disk2 eingebunden.

```
● ● ●                          ⇧ ibcc — -bash — 80×24
[macoss-Mac:~$ diskutil apfs createContainer /dev/disk2s2
Started APFS operation on disk2s2 kylo
Creating a new empty APFS Container
Unmounting Volumes
Switching disk2s2 to APFS
Creating APFS Container
Created new APFS Container disk3
New APFS disk: disk3
Finished APFS operation on disk2s2 kylo
macoss-Mac:~$ ▮
```

Bild 3.46: Das Kommando diskutil apfs createContainer /dev/disk2s2 erstellt den APFS-Container.

```
● ● ●                          ⇧ ibcc — -bash — 80×24
macoss-Mac:~$ diskutil list /dev/disk2
/dev/disk2 (external, physical):
   #:                       TYPE NAME              SIZE       IDENTIFIER
   0:      GUID_partition_scheme                  *8.1 GB     disk2
   1:                        EFI EFI              209.7 MB    disk2s1
   2:                 Apple_APFS                   7.8 GB     disk2s2
[macoss-Mac:~$ diskutil list /dev/disk3

/dev/disk3 (synthesized):
   #:                       TYPE NAME              SIZE       IDENTIFIER
   0:       APFS Container Scheme                 +7.8 GB     disk3
macoss-Mac:~$ ▮
```

Bild 3.47: Der erzeugte APFS-Container wird als APFS Container Scheme angezeigt und als /dev/disk3 eingebunden. Die zuvor vorhandene Apple_HFS Partition (disk2s2) wurde durch Apple_APFS ersetzt.

```
● ● ●                          ⇧ ibcc — -bash — 80×24
[macoss-Mac:~$ diskutil apfs addVolume disk3 APFS kylo_apfs
Exporting new unencrypted APFS Volume "kylo_apfs" from APFS Container Reference
disk3
Started APFS operation
Preparing to add APFS Volume to APFS Container disk3
Creating APFS Volume
Created new APFS Volume disk3s1
Mounting APFS Volume
New APFS disk: disk3s1
Finished APFS operation
macoss-Mac:~$ ▮
```

Bild 3.48: Der Terminalbefehl diskutil apfs addVolume disk# APFS Volumename fügt dem als disk3 eingebundenen APFS-Container ein neues APFS-Volume hinzu.

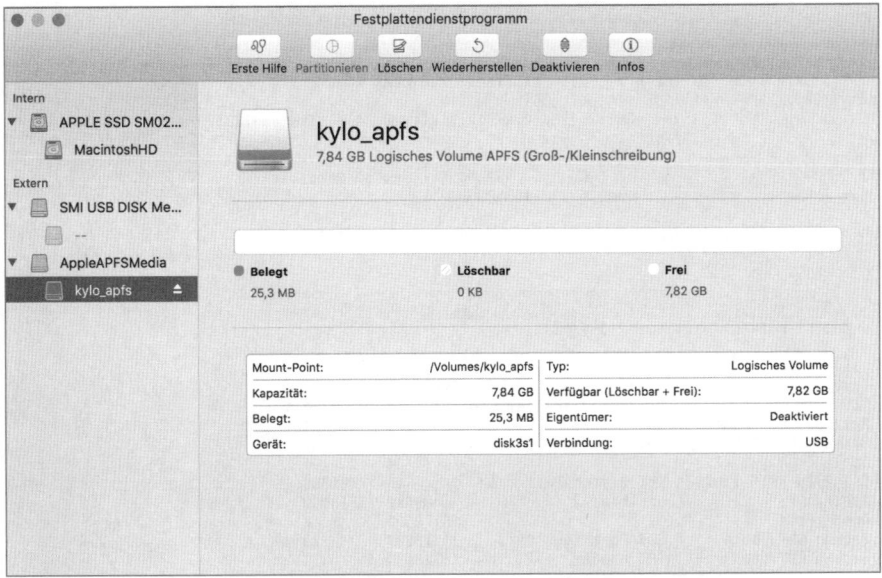

Bild 3.49: Das neu erzeugte Volume wird sofort in Mac OS eingebunden und ist im Festplattendienstprogramm verfügbar.

```
● ● ●                    ⬆ ibcc — -bash — 80×24
macoss—Mac:~$ diskutil list /dev/disk2
/dev/disk2 (external, physical):
   #:                       TYPE NAME          SIZE       IDENTIFIER
   0:        GUID_partition_scheme            *8.1 GB     disk2
   1:                       EFI EFI           209.7 MB    disk2s1
   2:                 Apple_APFS              7.8 GB      disk2s2
macoss—Mac:~$ diskutil list /dev/disk3

/dev/disk3 (synthesized):
   #:                       TYPE NAME          SIZE       IDENTIFIER
   0:        APFS Container Scheme            +7.8 GB     disk3

/dev/disk3s1 (external, virtual):
   #:                       TYPE NAME          SIZE       IDENTIFIER
   0:              APFS Volume kylo_apfs      +24.6 KB    disk3s1
macoss—Mac:~$ ▊
```

Bild 3.50: Die Ausgabe des Terminalkommandos `diskutil list` zeigt, dass das APFS-Volume innerhalb des APFS-Containers als `/dev/disk3s1` eingebunden wird.

Analog könnten nach dem beschriebenen Schema weitere Volumes einem bestehenden APFS-Container hinzugefügt werden. Innerhalb eines APFS-Containers ist es nicht möglich, Volumes mit anderen Dateisystemen wie HFS+, exFAT oder FAT zu erstellen.

3.4.6 Partitionsschema

Das APFS fügt sich nahtlos in die gewohnte GUID-Partitionierungsstruktur ein. In der GPT-Partitionstabelle wird der APFS-Container eingebunden. Eine Überprüfung der Partitionierungsstruktur kann mit den Terminalkommandos `hdiutil pmap` oder `hdiutil partition` erfolgen. Zum Aufbau einer GPT-Partitionstabelle wird auf das Kapitel »Das Mac-OS-Dateisystem im Fokus« verwiesen.

```
● ● ●                          ⬆ ibcc — -bash — 110×39
macoss-Mac:~$ hdiutil pmap /dev/disk2

MEDIA: ""; Size 7 GB [15728640 x 512]; Max Transfer Blocks 2048
SCHEME: 1 GPT, "GPT Partition Scheme" [16]
SECTION: 1 Type:'MAP'; Size 7 GB [15728640 x 512]; Offset 34 Blocks (15728573 + 67) x 512
ID Type                   Offset        Size         Name                         (2)
-- ---------------        ------------  ------------  -------------------------    --------
 1 EFI                             40        409600  EFI System Partition
 2 Apple_APFS                  409640      15318960

macoss-Mac:~$ ▊
```

```
● ● ●                          ⬆ ibcc — -bash — 110×39
macoss-Mac:~$ hdiutil partition /dev/disk2
scheme:      GUID
block size: 512
_ ## Type_____  Name_____  Start___  Size____
+    MBR                    Protective Master Boo        0         1
+    Primary GPT Header     GPT Header                   1         1
+    Primary GPT Table      GPT Partition Data           2        32
+    Apple_Free                                         34         6
  1  C12A7328-F81F-11D2-BA  EFI System Partition        40    409600
  2  Apple_APFS             Untitled 2              409640  15318960
+    Apple_Free                                   15728600         7
+    Backup GPT Table       GPT Partition Data    15728607        32
+    Backup GPT Header      GPT Header            15728639         1

+ synthesized
macoss-Mac:~$ ▊
```

Im Beispiel des USB-Datenträgers wird der APFS-Container ab Sektor 409640 referenziert. Bei Betrachtung der Partitionstabelle in Sektor 2 des Datenträgers kann die Ausgabe hexadezimal nachvollzogen werden.

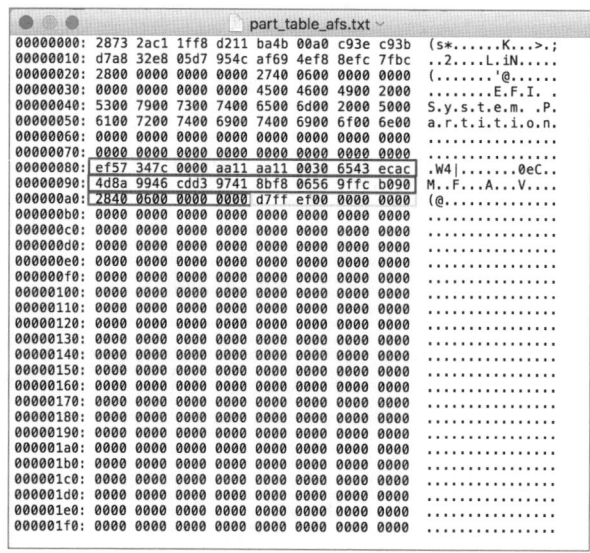

Bild 3.51: Hexadezimale Ausgabe des 2. Sektors des Datenträgers (GPT-Partitionstabelle)

Der APFS-Container wird mit dem GUID-Partitionstyp 7C3457EF-0000-11AA-AA11-00306543ECAC eingebunden (rot). Anhand der GUID kann erkannt werden, um was für eine Art von Partition es sich handelt. Im Beispiel hat der APFS-Container zudem die unique (einzigartige) GUID 46998A4D-D3CD-4197-8BF8-06569FFCB090 (blau). Der

Partitionsanfang des APFS-Containers befindet sich in Sektor 0X284006. Die Umrechnung in eine Dezimalzahl erfolgt unter Beachtung des Speicherformats Little Endian und ergibt den Sektor 409640 (grün). Das Partitionsende befindet sich entsprechend in Sektor 0xd7ffef = 15728599 (gelb).

3.4.7 Container-Superblock

Der Container-Superblock ist an der Signatur »NXSB« erkennbar und beginnt im ersten Sektor des APFS-Containers (im Beispiel Sektor 409640).

```
                            📄 sector_409640.txt ⌄
00000000: 98d1 f9c1 65d0 d58c 0100 0000 0000 0000    ....e...........
00000010: 0900 0000 0000 0000 0100 0080 0000 0000    ................
00000020: 4e58 5342 0010 0000 f637 1d00 0000 0000    NXSB.....7......
00000030: 0000 0000 0000 0000 0000 0000 0000 0000    ................
00000040: 0200 0000 0000 0000 f86b c689 98f1 4e49    .........k....NI
00000050: bc79 b649 8da5 efd1 0604 0000 0000 0000    .y.I............
00000060: 0a00 0000 0000 0000 4000 0000 1017 0000    ........@.......
00000070: 0100 0000 0000 0000 4100 0000 0000 0000    ........A.......
00000080: 1200 0000 2200 0000 1000 0000 0200 0000    ....".........
00000090: 1e00 0000 0400 0000 0004 0000 0000 0000    ................
000000a0: 4c18 0000 0000 0000 0104 0000 0000 0000    L...............
000000b0: 0000 0000 0f00 0000 0204 0000 0000 0000    ................
000000c0: 0000 0000 0000 0000 0000 0000 0000 0000    ................
000000d0: 0000 0000 0000 0000 0000 0000 0000 0000    ................
000000e0: 0000 0000 0000 0000 0000 0000 0000 0000    ................
000000f0: 0000 0000 0000 0000 0000 0000 0000 0000    ................
00000100: 0000 0000 0000 0000 0000 0000 0000 0000    ................
00000110: 0000 0000 0000 0000 0000 0000 0000 0000    ................
00000120: 0000 0000 0000 0000 0000 0000 0000 0000    ................
00000130: 0000 0000 0000 0000 0000 0000 0000 0000    ................
00000140: 0000 0000 0000 0000 0000 0000 0000 0000    ................
00000150: 0000 0000 0000 0000 0000 0000 0000 0000    ................
00000160: 0000 0000 0000 0000 0000 0000 0000 0000    ................
00000170: 0000 0000 0000 0000 0000 0000 0000 0000    ................
00000180: 0000 0000 0000 0000 0000 0000 0000 0000    ................
00000190: 0000 0000 0000 0000 0000 0000 0000 0000    ................
000001a0: 0000 0000 0000 0000 0000 0000 0000 0000    ................
000001b0: 0000 0000 0000 0000 0000 0000 0000 0000    ................
000001c0: 0000 0000 0000 0000 0000 0000 0000 0000    ................
000001d0: 0000 0000 0000 0000 0000 0000 0000 0000    ................
000001e0: 0000 0000 0000 0000 0000 0000 0000 0000    ................
000001f0: 0000 0000 0000 0000 0000 0000 0000 0000    ................
```

Bild 3.52: Erster Sektor des APFS-Containers

Der explizite Aufbau des APFS-Container-Superblocks ist derzeit noch unbekannt. Bestätigt werden kann die Belegung der folgenden Bytes innerhalb des Container-Schemas:

Offset	Byte(s)	Inhalt
32	8	Signatur »NXSB«
72	16	Volume/Partition uuid (APFS Scheme)

Zu beobachten ist, dass sich die »NXSB«-Sektoren alle 16 Sektoren wiederholen. Die Anzahl der Sektoren ist je nach APFS-Container verschieden.

3.4.8 Volume Header

Der Volume Header eines APFS-Volumes hat die Signatur APSB und ebenfalls eine Größe von 512 Bytes.

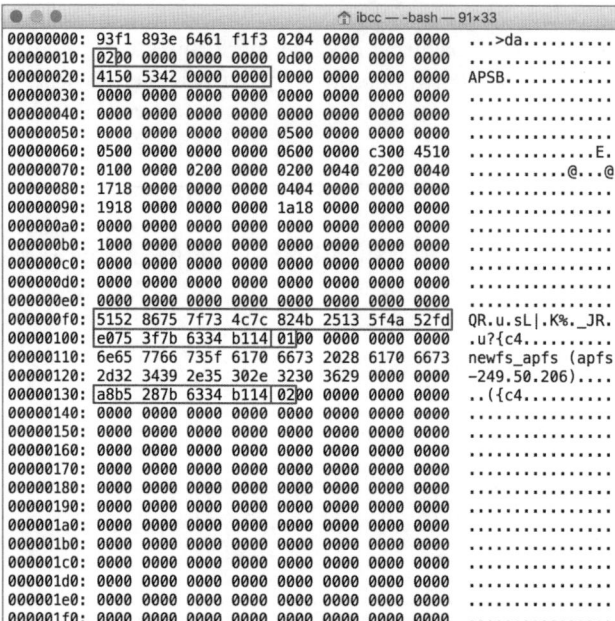

```
● ● ●                    ⌂ ibcc — -bash — 91×33
00000000: 93f1 893e 6461 f1f3 0204 0000 0000 0000  ...>da..........
00000010: 0200 0000 0000 0000 0d00 0000 0000 0000  ................
00000020: 4150 5342 0000 0000 0000 0000 0000 0000  APSB............
00000030: 0000 0000 0000 0000 0000 0000 0000 0000  ................
00000040: 0000 0000 0000 0000 0000 0000 0000 0000  ................
00000050: 0000 0000 0000 0000 0500 0000 0000 0000  ................
00000060: 0500 0000 0000 0000 0600 0000 c300 4510  ..............E.
00000070: 0100 0000 0200 0000 0200 0040 0200 0040  ...........@...@
00000080: 1718 0000 0000 0000 0404 0000 0000 0000  ................
00000090: 1918 0000 0000 0000 1a18 0000 0000 0000  ................
000000a0: 0000 0000 0000 0000 0000 0000 0000 0000  ................
000000b0: 1000 0000 0000 0000 0000 0000 0000 0000  ................
000000c0: 0000 0000 0000 0000 0000 0000 0000 0000  ................
000000d0: 0000 0000 0000 0000 0000 0000 0000 0000  ................
000000e0: 0000 0000 0000 0000 0000 0000 0000 0000  ................
000000f0: 5152 8675 7f73 4c7c 824b 2513 5f4a 52fd  QR.u.sL|.K%._JR.
00000100: e075 3f7b 6334 b114 0100 0000 0000 0000  .u?{c4..........
00000110: 6e65 7766 735f 6170 6673 2028 6170 6673  newfs_apfs (apfs
00000120: 2d32 3439 2e35 302e 3230 3629 0000 0000  -249.50.206)....
00000130: a8b5 287b 6334 b114 0200 0000 0000 0000  ..({c4..........
00000140: 0000 0000 0000 0000 0000 0000 0000 0000  ................
00000150: 0000 0000 0000 0000 0000 0000 0000 0000  ................
00000160: 0000 0000 0000 0000 0000 0000 0000 0000  ................
00000170: 0000 0000 0000 0000 0000 0000 0000 0000  ................
00000180: 0000 0000 0000 0000 0000 0000 0000 0000  ................
00000190: 0000 0000 0000 0000 0000 0000 0000 0000  ................
000001a0: 0000 0000 0000 0000 0000 0000 0000 0000  ................
000001b0: 0000 0000 0000 0000 0000 0000 0000 0000  ................
000001c0: 0000 0000 0000 0000 0000 0000 0000 0000  ................
000001d0: 0000 0000 0000 0000 0000 0000 0000 0000  ................
000001e0: 0000 0000 0000 0000 0000 0000 0000 0000  ................
000001f0: 0000 0000 0000 0000 0000 0000 0000 0000  ................
```

Bild 3.53:
APFS-Volume-Header

Im direkt nachfolgenden Sektor kann der Name der Partition in ASCII abgelesen werden.

```
● ● ●                    ⌂ ibcc — -bash — 84×33
00000000: 0000 0000 0000 0000 0000 0000 0000 0000  ................
00000010: 0000 0000 0000 0000 0000 0000 0000 0000  ................
00000020: 0000 0000 0000 0000 0000 0000 0000 0000  ................
00000030: 0000 0000 0000 0000 0000 0000 0000 0000  ................
00000040: 0000 0000 0000 0000 0000 0000 0000 0000  ................
00000050: 0000 0000 0000 0000 0000 0000 0000 0000  ................
00000060: 0000 0000 0000 0000 0000 0000 0000 0000  ................
00000070: 0000 0000 0000 0000 0000 0000 0000 0000  ................
00000080: 0000 0000 0000 0000 0000 0000 0000 0000  ................
00000090: 0000 0000 0000 0000 0000 0000 0000 0000  ................
000000a0: 0000 0000 0000 0000 0000 0000 0000 0000  ................
000000b0: 0000 0000 0000 0000 0000 0000 0000 0000  ................
000000c0: 6b79 6c6f 5f61 7066 7300 0000 0000 0000  kylo_apfs.......
000000d0: 0000 0000 0000 0000 0000 0000 0000 0000  ................
000000e0: 0000 0000 0000 0000 0000 0000 0000 0000  ................
000000f0: 0000 0000 0000 0000 0000 0000 0000 0000  ................
00000100: 0000 0000 0000 0000 0000 0000 0000 0000  ................
00000110: 0000 0000 0000 0000 0000 0000 0000 0000  ................
00000120: 0000 0000 0000 0000 0000 0000 0000 0000  ................
00000130: 0000 0000 0000 0000 0000 0000 0000 0000  ................
00000140: 0000 0000 0000 0000 0000 0000 0000 0000  ................
00000150: 0000 0000 0000 0000 0000 0000 0000 0000  ................
00000160: 0000 0000 0000 0000 0000 0000 0000 0000  ................
00000170: 0000 0000 0000 0000 0000 0000 0000 0000  ................
00000180: 0000 0000 0000 0000 0000 0000 0000 0000  ................
00000190: 0000 0000 0000 0000 0000 0000 0000 0000  ................
000001a0: 0000 0000 0000 0000 0000 0000 0000 0000  ................
000001b0: 0000 0000 0000 0000 0000 0000 0000 0000  ................
000001c0: 0300 0000 0000 0000 0000 0000 0000 0000  ................
000001d0: 0000 0000 0000 0000 0000 0000 0000 0000  ................
000001e0: 0000 0000 0000 0000 0000 0000 0000 0000  ................
000001f0: 0000 0000 0000 0000 0000 0000 0000 0000  ................
```

Bild 3.54: Folgesektor
mit Partitionsnamen

Auch hier ist der explizite Aufbau der Header-Struktur noch nicht erforscht und es können lediglich einige Belegungen von Bytes innerhalb des Sektors des Volume Headers bestätigt werden:

APFS-Volume-Header		
Offset	Byte(s)	Inhalt
16	1	Nummerierung des Volume Headers (aufsteigend)
32	8	Signatur »APSB«
240	16	Volume-uuid (Big-Endian)
256	8	Zeitstempel, Dateisystem zuletzt verändert (64-Bit-Unix-Time in Little Endian)
264	1	Nummerierungs-Byte
304	8	Zeitstempel, Dateisystem erstellt (64-Bit-Unix-Time in Little Endian)
312	1	Nummerierungs-Byte
Variabel	32	Gegebenenfalls String »apfs_kext compiled«
Danach	8	Zeitstempel, Zeitpunkt »apfs_kext compiled« (64-Bit-Unix-Time in Little Endian)

Folgesektor mit Partitionsnamen		
Offset	Byte(s)	Inhalt
192	Variabel	String mit Volume-Namen

Bei der Analyse eines APFS-Volumes kann festgestellt werden, dass auch der APFS-Volume-Header mehrfach vorhanden ist. Anhand des 16. Bytes innerhalb des Headers kann eine aufsteigende Reihenfolge festgestellt werden. Diese aufsteigenden Reihenfolge entspricht auch der Zeitstempel-Systematik, wonach Volume Header mit einer höheren Nummerierung auch aktuellere Zeitstempel-Einträge »Dateisystem zuletzt verändert« vorweisen. Das APFS scheint durch diese Systematik Snapshots von älteren Versionen des Volume Headers zu speichern.

Diese Vermutung konnte in einem Versuch bestätigt werden. Hierzu wurde ein APFS-Volume erzeugt und mit dem Namen untitled bezeichnet. Anschließend wurde das Volume in kylo_apfs umbenannt. Der Volume Header mit Nummerierung 06 enthielt noch den Namen untitled, während der nächstfolgende Header mit Nummerierung 07 den geänderten Namen beinhaltete.

```
● ● ●                    ⬆ ibcc — -bash — 92×33
00000000: cf58 b264 2cd7 717b 0204 0000 0000 0000  .X.d,.q{........
00000010: 0500 0000 0000 0000 0d00 0000 0000 0000  ................
00000020: 4150 5342 0000 0000 0000 0000 0000 0000  APSB............
00000030: 0000 0000 0000 0000 0000 0000 0000 0000  ................
```

Bild 3.55: APFS-Volume-Header mit Nummerierung 05

```
●  ●  ●                         ⬆ ibcc — -bash — 92×33
00000000:  0000 0000 0000 0000 0000 0000 0000 0000   ................
00000010:  0000 0000 0000 0000 0000 0000 0000 0000   ................
00000020:  0000 0000 0000 0000 0000 0000 0000 0000   ................
00000030:  0000 0000 0000 0000 0000 0000 0000 0000   ................
00000040:  0000 0000 0000 0000 0000 0000 0000 0000   ................
00000050:  0000 0000 0000 0000 0000 0000 0000 0000   ................
00000060:  0000 0000 0000 0000 0000 0000 0000 0000   ................
00000070:  0000 0000 0000 0000 0000 0000 0000 0000   ................
00000080:  0000 0000 0000 0000 0000 0000 0000 0000   ................
00000090:  0000 0000 0000 0000 0000 0000 0000 0000   ................
000000a0:  0000 0000 0000 0000 0000 0000 0000 0000   ................
000000b0:  0000 0000 0000 0000 0000 0000 0000 0000   ................
000000c0:  756e 7469 746c 6564 0000 0000 0000 0000   untitled........
000000d0:  0000 0000 0000 0000 0000 0000 0000 0000   ................
```

Bild 3.56: Folgesektor mit Partitionsnamen untitled

```
●  ●  ●                         ⬆ ibcc — -bash — 92×33
00000000:  f433 c9d4 b2fb 5703 0204 0000 0000 0000   .3....W.........
00000010:  0600 0000 0000 0000 0d00 0000 0000 0000   ................
00000020:  4150 5342 0000 0000 0000 0000 0000 0000   APSB............
00000030:  0000 0000 0000 0000 0000 0000 0000 0000   ................
```

Bild 3.57: APFS-Volume-Header mit Nummerierung 06

```
●  ●  ●                         ⬆ ibcc — -bash — 92×33
00000000:  0000 0000 0000 0000 0000 0000 0000 0000   ................
00000010:  0000 0000 0000 0000 0000 0000 0000 0000   ................
00000020:  0000 0000 0000 0000 0000 0000 0000 0000   ................
00000030:  0000 0000 0000 0000 0000 0000 0000 0000   ................
00000040:  0000 0000 0000 0000 0000 0000 0000 0000   ................
00000050:  0000 0000 0000 0000 0000 0000 0000 0000   ................
00000060:  0000 0000 0000 0000 0000 0000 0000 0000   ................
00000070:  0000 0000 0000 0000 0000 0000 0000 0000   ................
00000080:  0000 0000 0000 0000 0000 0000 0000 0000   ................
00000090:  0000 0000 0000 0000 0000 0000 0000 0000   ................
000000a0:  0000 0000 0000 0000 0000 0000 0000 0000   ................
000000b0:  0000 0000 0000 0000 0000 0000 0000 0000   ................
000000c0:  6b79 6c6f 5f61 7066 7300 0000 0000 0000   kylo_apfs.......
000000d0:  0000 0000 0000 0000 0000 0000 0000 0000   ................
```

Bild 3.58: Folgesektor mit geändertem Partitionsnamen kylo_ apfs

3.4.9   Forensische Ansätze

Mit dem derzeitigen Implementierungsstand von APFS in macOS sind noch keine wirklich verlässlichen Aussagen möglich. Es ist nicht gesichert, ob die derzeitigen Erkenntnisse auch bei einem offiziellen Release von APFS so bestehen bleiben. Weiterhin ist APFS nur bedingt funktionell, viele Neuerungen wie die Verschlüsselung auf Dateisystemebene u. a. sind noch nicht implementiert. Ebenso fehlt eine Dokumentation über den Aufbau und die Funktionalität von APFS. Einige Hinweise lassen sich durch Versuche mit dem Speichern von Dateien und Verzeichnissen in APFS-Volumes finden. So scheinen die Verzeichniseinträge für Dateien einen ähnlichen Aufbau wie unter HFS+ zu haben. Ebenso werden erweiterte Metadaten unterstützt.

Zum Testen der Funktionalität für erweiterte Metadaten wurde ein Bild von einer Internetquelle heruntergeladen und im APFS-Volume abgespeichert.

Die Eigenschaften der Bilddatei wurden mit ls -lai und stat-x ermittelt. Die Bilddatei hat die iNode 22 und eine Dateigröße von 22532 Bytes.

```
●  ●  ●                    apfs_volume — -bash — 80×24
macoss-Mac:/Volumes/apfs_volume$ ls -li franzis_downloaded_pic.jpg
22 -rw-r--r--@ 1 ibcc  staff  22532  3 Apr 08:31 franzis_downloaded_pic.jpg
macoss-Mac:/Volumes/apfs_volume$ stat -x franzis_downloaded_pic.jpg
  File: "franzis_downloaded_pic.jpg"
  Size: 22532         FileType: Regular File
  Mode: (0644/-rw-r--r--)         Uid: ( 501/    ibcc) Gid: (  20/    staff)
Device: 1,13   Inode: 22     Links: 1
Access: Mon Apr  3 08:34:05 2017
Modify: Mon Apr  3 08:31:24 2017
Change: Mon Apr  3 08:33:17 2017
macoss-Mac:/Volumes/apfs_volume$ ▌
```

Bild 3.59: Der Verzeichniseintrag zur Datei konnte hexadezimal lokalisiert werden.

Bild 3.60: Verzeichniseintrag für die heruntergeladene Bilddatei

Farbe	Bytes	Inhalt
Gelb	8	64-Bit-iNode-Nummer, hier 0x16 = 22
Rot	je 8	64-Bit-Unix-Zeitstempel
Blau	Variabel	Dateiname (ASCII)
Grün	4	Dateigröße in Bytes, hier 0x5804 = 22532

Das Kommando `ls -l@` zeigt, dass die heruntergeladene Datei auch auf dem APFS-Volume erweiterte Metadaten besitzt, beispielsweise die Metadaten kMDItemDownloadedDate und kMDItemWhereFroms.

```
●  ●  ●                    apfs_volume — -bash — 80×24
macoss-Mac:/Volumes/apfs_volume$ ls -l@
total 48
-rw-r--r--@ 1 ibcc  staff  22532  3 Apr 08:31 franzis_downloaded_pic.jpg
        com.apple.FinderInfo      32
        com.apple.metadata:_kMDItemUserTags        42
        com.apple.metadata:kMDItemDownloadedDate          53
        com.apple.metadata:kMDItemWhereFroms       101
        com.apple.metadata:kMDLabel_ifsg3mzic4prmezyalph5npygi     89
        com.apple.quarantine      57
macoss-Mac:/Volumes/apfs_volume$ ▌
```

Bild 3.61: Ausgabe von erweiterten Metadaten einer Datei auf einem APFS-Volume mit `ls -l@`

Eine detaillierte Sicht auf die vorhandenen erweiterten Metadaten ermöglicht das Kommando `xattr -xl`. Die Ausgabe zeigt, dass die Metadaten als binäre Plist-Dateien (Signatur: »bplist00«) vorliegen. Auf die Metadaten kann mit den üblichen Mac-OS-Terminalbefehlen wie `ls` oder `xattr` zugegriffen werden. Insofern ergibt sich hier zumindest aus Nutzersicht keine wesentliche Änderung am bisherigen Verhalten unter HFS+. Das Betriebssystem Mac OS scheint auch unter APFS wie gewohnt mit erweiterten Metadaten umgehen zu können. Noch nicht bekannt ist hingegen die Art und Weise der Verwaltung von erweiterten Metadaten bzw. Metadaten unter dem neuen Apple-Dateisystem.

```
● ● ●                    apfs_volume — -bash — 80×36
macoss-Mac:/Volumes/apfs_volume$ xattr -xl franzis_downloaded_pic.jpg
com.apple.FinderInfo:
00000000  00 00 00 00 00 00 00 00 00 10 00 00 00 00 00 00  |................|
00000010  00 00 00 00 00 00 00 00 00 00 00 00 00 00 00 00  |................|
00000020
com.apple.metadata:_kMDItemUserTags:
00000000  62 70 6C 69 73 74 30 30 A0 08 00 00 00 00 00 00  |bplist00........|
00000010  01 01 00 00 00 00 00 00 01 00 00 00 00 00 00 00  |................|
00000020  00 00 00 00 00 00 00 00 00 09                    |..........|
0000002a
com.apple.metadata:kMDItemDownloadedDate:
00000000  62 70 6C 69 73 74 30 30 A1 01 33 41 BE 92 23 BC  |bplist00..3A..#.|
00000010  C0 9D 06 08 0A 00 00 00 00 00 00 01 01 00 00 00  |................|
00000020  00 00 00 00 02 00 00 00 00 00 00 00 00 00 00 00  |................|
00000030  00 00 00 00 13                                   |.....|
00000035
com.apple.metadata:kMDItemWhereFroms:
00000000  62 70 6C 69 73 74 30 30 A1 01 5F 10 36 68 74 74  |bplist00.._.6htt|
00000010  70 3A 2F 2F 66 72 61 6E 7A 69 73 2E 64 65 2F 78  |p://franzis.de/x|
00000020  69 6D 61 67 65 2F 66 72 61 6E 7A 69 73 2D 66 6F  |image/franzis-fo|
00000030  74 6F 67 72 61 66 69 65 5F 32 30 31 37 5F 31 2E  |tografie_2017_1.|
00000040  6A 70 67 08 0A 00 00 00 00 00 00 01 01 00 00 00  |jpg.............|
00000050  00 00 00 00 02 00 00 00 00 00 00 00 00 00 00 00  |................|
00000060  00 00 00 00 43                                   |....C|
00000065
```

Bild 3.62: Ausgabe von erweiterten Metadaten einer Datei auf einem APFS-Volume mit
`xattr -xl`

Die erweiterten Metadaten der heruntergeladenen Bilddatei konnten auch bei einer hexadezimalen Analyse des Dateisystems festgestellt werden.

```
0003465808  00 01 1F 00 00 00 00 40  15 00 63 6F 6D 2E 61 70   @  com.ap
0003465824  70 6C 65 2E 71 75 61 72  61 6E 74 69 6E 65 00 02  ple.quarantine
0003465840  00 00 00 00 00 00 90 1E  00 66 72 61 6E 7A 69 73         franzis
0003465856  2D 66 6F 74 6F 67 72 61  66 69 65 5F 32 30 31 37  -fotografie_2017
0003465872  5F 31 2E 6A 70 67 00 16  00 00 00 00 00 30 16  _1.jpg        0
0003465888  00 00 00 00 00 00 40 15  00 63 6F 6D 2E 61 70 70   @ com.app
0003465904  6C 65 2E 71 75 61 72 61  6E 74 69 6E 65 00 16 00  le.quarantine
0003465920  00 00 00 00 00 00 60 16  00 00 00 00 00 00 80 00          €
0003465936  00 00 00 00 00 00 16 00  00 00 00 00 00 40 24 00              @$
0003465952  63 6F 6D 2E 61 70 70 6C  65 2E 6D 65 74 61 64 61  com.apple.metada
0003465968  74 61 3A 5F 6B 4D 44 49  74 65 6D 55 73 65 72 54  ta:_kMDItemUserT
0003465984  61 67 73 00 16 00 00 00  00 00 40 15 00 63 6F  ags       @ co
0003466000  6D 2E 61 70 70 6C 65 2E  46 69 6E 64 65 72 49 6E  m.apple.FinderIn
0003466016  66 6F 00 16 00 00 00 00  00 40 37 00 63 6F 6D  fo       @7 com
0003466032  2E 61 70 70 6C 65 2E 6D  65 74 61 64 61 74 61 3A  .apple.metadata:
0003466048  6B 4D 44 4C 61 62 65 6C  5F 69 66 73 67 33 6D 7A  kMDLabel_ifsg3mz
0003466064  69 63 34 70 72 6D 65 7A  79 61 6C 70 68 35 6E 70  ic4prmezyalph5np
0003466080  79 67 69 00 16 00 00 00  00 00 40 25 00 63 6F  ygi       @% co
0003466096  6D 2E 61 70 70 6C 65 2E  6D 65 74 61 64 61 74 61  m.apple.metadata
0003466112  3A 6B 4D 44 49 74 65 6D  57 68 65 72 65 46 72 6F  :kMDItemWhereFro
0003466128  6D 73 00 16 00 00 00 00  00 40 29 00 63 6F 6D  ms       @) com
0003466144  2E 61 70 70 6C 65 2E 6D  65 74 61 64 61 74 61 3A  .apple.metadata:
0003466160  6B 4D 44 49 74 65 6D 44  6F 77 6E 6C 6F 61 64 65  kMDItemDownloade
0003466176  64 44 61 74 65 00 00 00  00 00 00 00 00 00 00 00  dDate
```

Bild 3.63: Hexadezimale Ansicht der kMDItems eines APFS-Volumes

```
0003492048 02 00 35 00 62 70 6C 69  73 74 30 30 A1 01 33 41   5 bplist00; 3A
0003492064 BE 92 23 BC C0 9D 06 08  0A 00 00 00 00 00 00 01   ¾'#¼À
0003492080 01 00 00 00 00 00 00 00  02 00 00 00 00 00 00 00
0003492096 00 00 00 00 00 00 00 00  13 02 00 65 00 62 70 6C         e bpl
0003492112 69 73 74 30 30 A1 01 5F  10 36 68 74 74 70 3A 2F   ist00; _ 6http:/
0003492128 2F 66 72 61 6E 7A 69 73  2E 64 65 2F 78 69 6D 61   /franzis.de/xima
0003492144 67 65 2F 66 72 61 6E 7A  69 73 2D 66 6F 74 6F 67   ge/franzis-fotog
0003492160 72 61 66 69 65 5F 32 30  31 37 5F 31 2E 6A 70 67   rafie_2017_1.jpg
0003492176 08 0A 00 00 00 00 00 00  01 01 00 00 00 00 00 00
0003492192 00 02 00 00 00 00 00 00  00 00 00 00 00 00 00 00
0003492208 00 43 02 00 39 00 30 30  38 33 3B 35 38 65 31 65    C 9 0083;58e1e
0003492224 63 33 63 3B 53 61 66 61  72 69 3B 37 46 31 30 42   c3c;Safari;7F10B
0003492240 34 39 33 2D 30 36 45 32  2D 34 45 46 36 2D 42 32   493-06E2-4EF6-B2
0003492256 34 31 2D 43 43 34 39 45  43 34 45 31 38 35 46 02   41-CC49EC4E185F
0003492272 00 00 00 00 00 00 00 16  00 00 00 00 00 00 00 E8                e
0003492288 99 D8 5B 7C CF B1 14 18  86 DA 5B 7C CF B1 14 F8   ™Ø[|Ï± †Ú[|Ï± ø
0003492304 F7 DD 6A 7C CF B1 14 78  DA C0 B9 8D CF B1 14 00   ÷Ýj|Ï± xÚÀ¹ Ï±
0003492320 01 00 00 00 00 00 00 01  00 00 00 00 00 00 00 03
0003492336 00 00 00 00 00 00 00 63  00 00 00 63 00 00 00 A4          c   c ¤
0003492352 81 00 00 00 00 00 00 00  00 00 00 02 00 48 00 04                H
0003492368 02 1B 00 08 20 28 00 66  72 61 6E 7A 69 73 5F 64      (  franzis_d
0003492384 6F 77 6E 6C 6F 61 64 65  64 5F 70 69 63 2E 6A 70   ownloaded_pic.jp
0003492400 67 00 00 00 00 00 00 04  58 00 00 00 00 00 00 00   g       X
```

Bild 3.64: Das Metadatum kMDItemWhereFroms zeigt die Downloadquelle der Bilddatei an.

Im weiteren Versuchsverlauf wurde die heruntergeladene JPG-Bilddatei aus dem APFS-Container gelöscht. Die gelöschte Bilddatei konnte im Anschluss anhand ihrer Metadaten aufgefunden werden. Sowohl der Verzeichniseintrag zur Datei als auch die erweiterten Metadaten waren noch vorhanden. Auch der Inhalt der gelöschten Bilddatei war noch auffindbar und konnte durch eine hexadezimale Suche (Signatur Carving) der JPG-Signatur FFD8 wiederhergestellt werden.

```
Offset     0  1  2  3  4  5  6  7   8  9 10 11 12 13 14 15   /   ANSI ASCII
0003436544 FF D8 FF E1 00 18 45 78  69 66 00 00 49 49 2A 00   ÿØÿá  Exif  II*
0003436560 08 00 00 00 00 00 00 00  00 00 00 00 FF EC 00 11                ÿì
0003436576 44 75 63 6B 79 00 01 00  04 00 00 00 3C 00 00 FF   Ducky       < ÿ
0003436592 E1 03 2D 68 74 74 70 3A  2F 2F 6E 73 2E 61 64 6F   á -http://ns.ado
0003436608 62 65 2E 63 6F 6D 2F 78  61 70 2F 31 2E 30 2F 00   be.com/xap/1.0/
0003436624 3C 3F 78 70 61 63 6B 65  74 20 62 65 67 69 6E 3D   <?xpacket begin=
0003436640 22 EF BB BF 22 20 69 64  3D 22 57 35 4D 30 4D 70   "ï»¿" id="W5M0Mp
0003436656 43 65 68 69 48 7A 72 65  53 7A 4E 54 63 7A 6B 63   CehiHzreSzNTczkc
0003436672 39 64 22 3F 3E 20 3C 78  3A 78 6D 70 6D 65 74 61   9d"?> <x:xmpmeta
```

Bild 3.65: JPG-Signatur der gelöschten Bilddatei

3.4.10 Ausblick auf das APFS

Bei der endgültigen Einführung des Apple-Filesystems in Mac OS darf mit Spannung erwartet werden, wie Apple künftig mit dem logischen Laufwerksmanager Core Storage und dem neuen APFS in Kombination umgehen wird. Einerseits ermöglicht das APFS durch die Abstrahierungsschicht des APFS-Containers sehr ähnliche Funktionalitäten wie Core Storage und lässt zudem das bislang über Core Storage verwaltete FileVault 2 durch die Verschlüsselung auf Dateisystemebene obsolet werden. Andererseits bietet Core Storage, zumindest bei jetzigem Informationsstand, durchaus auch Fähigkeiten, die in der APFS-Umsetzung zumindest bislang nicht vorhanden sind.

Bei der Möglichkeit beispielsweise, Multi-Disk-Raid-Systeme zu konfigurieren oder Fusion-Drive-Laufwerke zu verwalten, darf man gespannt sein, wie Apple mit den beiden Technologien künftig umgehen wird. Aus forensischer Sicht ermöglichen nach erster Betrachtung implementierte Funktionen wie Dateisystem-Snapshots unter Umständen das leichtere Wiederherstellen von gelöschten Dateien, sowohl auf Ebene der Metadaten als auch durch Signatur Carving.

3.5 Übung: Partitionen und Dateisystem

Um die nachfolgenden Übungen durchführen zu können, benötigen Sie die Übungsdatei *GPT_exercise.dmg*. Kopieren Sie die Datei in Ihren Übungs-Account *MacOS*.

Öffnen Sie das Terminal und binden Sie die Übungsdatei mit dem Befehl `hdiutil attach /Pfad_zur_Übungsdatei/GPT_exercise.dmg` in Ihr System ein. Die Ausgabe des Befehls zeigt Ihnen an, unter welchem Blockdevice die Übungsdatei eingebunden wurde, beispielsweise `/dev/disk2` für das Partitionierungsschema und `/dev/disk2s1` für die enthaltene Partition.

Übungen zum GUID-Partitionsschema

Übung 1
Lassen Sie sich anschließend mit dem Befehl `diskutil info /dev/disk2` Informationen zur eingebundenen DMG-Übungsdatei anzeigen. Betrachten Sie die Ausgabe und beantworten Sie die folgenden Fragen: Wie lautet der Name des Device?   Welches Partitionierungsschema wird genutzt?   Wie groß ist das Volume?

Übung 2
Führen Sie den Sleuth-Kit-Befehl `mmls GPT_exercise.dmg` aus und betrachten Sie die Ausgabe.   Wie viele Partitionen hat die Übungsdatei?   Nennen Sie deren Start- und Endsektoren.

Übung 3
Ermitteln Sie mit dem Befehl `diskutil info /dev/disk2s1` Informationen zur enthaltenen Partition.   Wie ist der Name der Partition?   Welchen Typs ist die Partition?   Wie groß ist die Partition?   Wie viel Platz ist auf der Partition belegt?   Wie ist die Allokationsblockgröße?

Übung 4

Betrachten Sie das Partitionierungsschema mit dem Terminalbefehl `sudo gpt -r show / dev/disk2`.

Wie lautet der Startsektor des:

Protective MBR?

Primary-GPT-Header?

Primary Partition Table?

Secondary Partition Table?

Secondary-GPT-Header?

Übung 5

Betrachten Sie den protective MBR im ersten Sektor der Übungsdatei, indem Sie die Datei mit einem Hexadezimaleditor öffnen (Hex Fiend oder 0xED). Wählen Sie dort ab Offset 0 die ersten 512 Bytes aus. Alternativ können Sie den ersten Sektor der Datei mit folgendem Befehl im Terminal betrachten: `dd if=/GPT_exercise skip=0 count=1 | xxd`.

Ist das Volume bootfähig (Offset 446)?

Wie lautet der Partitionstyp (Offset 450)?

Übung 6

Analysieren Sie mit einem Hexadezimaleditor den GPT-Header im zweiten Sektor der Übungsdatei (ab Offset 512). Alternativ im Terminal durch die Eingabe von `dd if=/GPT_ exercise skip=1 count=1 | xxd`.

Welche Signatur hat der GPT-Header (Offset 0-7)?

Wie ist die GUID des Datenträgers (Offset 56 – 71)?

Wie lautet die LBA-Adresse der Partitionstabelle (Offset 72-79)?

Übung 7

Analysieren Sie mit einem Hexadezimaleditor in der GPT-Partitionstabelle im dritten Sektor der Übungsdatei (ab Offset 1024). Alternativ im Terminal durch die Eingabe von `dd if=/ GPT_exercise.dmg skip=2 count=1 | xxd`.

Welches ist die GUID der Partition (Offset 0-15)?

Welches ist die Unique GUID der Partition (Offset 16-31)?

In welchem Sektor beginnt die Partition (Offset 32-39)?

Wie ist der Name der Partition (Offset 56 ff.)?

Übungen zu HFS+

Übung 1

Analysieren Sie den Volume Header der Übungsdatei »GPT_exercise.dmg«. Der Volume Header befindet sich 1024 Bytes vom Partitionsanfang entfernt. Suchen Sie in einem Hexadezimaleditor den Offset (512 Bytes x 42) = 21504 auf oder betrachten Sie den Volume Header im Terminal durch Eingabe des folgenden Befehls: `dd if=/GPT_exercise.dmg skip=42 count=1 | xxd`.

Vergleichen Sie mit Seite 76 ff. und beantworten Sie folgende Fragen:

Wie viele Dateien sind enthalten (Offset 32 – 35)?

Wie viele Verzeichnisse sind enthalten (Offset 36 – 39)?

Wann ist das Volume erstellt worden (Offset 16 – 19)?

Wie ist die Blockgröße (Offset 40 – 43)?

Wie lautet die nächste Catalog ID (Offset 64 – 67)?

Übungen zum Apple File System (APFS)

Kopieren Sie für die Übung zum Apple File System die Datei *APFS_exercise.sparseimage* in Ihren Übungs-Account *MacOS*.

Öffnen Sie die Übungsdatei im Terminal mit dem Befehl `hdiutil attach /Pfad_zur Übungsdatei/APFS_exercise.sparseimage`. Beachten Sie in der Befehlsausgabe, unter welchem Blockdevice die Übungsdatei eingebunden wurde (bspw. `/dev/disk2`).

Übung 1

Geben Sie im Terminal den Befehl `diskutil info /dev/disk2` ein.

Ist die Übungsdatei beschreibbar?

Verifizieren Sie Ihre Erkenntnisse durch Anklicken der Übungsdatei in der GUI und Drücken der Tastenkombination `cmd` + `I`.

Übung 2

Ermitteln Sie das Partitionslayout der Übungsdatei mit dem Befehl `hdiutil partition /dev/disk2`.

Welches Partitionsschema können Sie identifizieren?

Nennen Sie den Start- und Endsektor des APFS-Containers.

Übung 3

Nutzen Sie den Befehl `diskutil list`, um sich die eingebundenen Blockdevices Ihres Systems anzeigen zu lassen.

Nennen Sie den Namen und die Größe des eingebundenen APFS-Volumes.

Übung 4

Analysieren Sie das APFS-Volume mit dem Befehl `diskutil info /dev/disk3s1`.

Wie ist die Volume-uuid?

Wie groß ist der Adressraum des APFS-Containers gesamt?

Wie viel Speicherplatz ist im APFS-Container belegt?

Wie groß ist die Allokationsblockgröße?

Übung 5

Navigieren Sie in das Verzeichnis */Volumes/apfs_volume* und betrachten Sie mit dem Befehl `ls -l` seinen Inhalt. Analysieren Sie vorhandene Dateien mit den Befehlen `stat -x [Datei]` und `xattr -xl [Datei]` nach Metadaten.

Wie ist die iNode der Datei?

Wie groß ist die Datei?

Von welcher URL wurde die Datei heruntergeladen?

Ist ein Spotlight-Kommentar in den Metadaten auffindbar?

Übung 6

Öffnen Sie die Übungsdatei mit einem Hexadezimaleditor (Hex Fiend oder 0xED). Suchen Sie hexadezimal nach der Signatur für PNG-Bilddateien »89 50 4E 47«.

Wie viele Bilddateien können Sie identifizieren?

Laden Sie das Programm File Juicer herunter (URL: *https://echoone.com/de/filejuicer*) und installieren Sie es in Ihren Übungs-Account *MacOS*. Führen Sie ein Signatur Carving mit File Juicer durch, indem Sie die Übungsdatei *APFS_exercise.sparseimage* auf File Juicer ziehen.

Können Sie gelöschte Bilddateien wiederherstellen?

Lösungen zum GUID-Partitionsschema

Übung 1

Wie lautet der Name des Device?

Disk Image

Welches Partitionierungsschema wird genutzt?

GUID_partition_scheme

Wie groß ist das Volume?

9,4 MB

Übung 2

Wie viele Partitionen hat die Übungsdatei?

1

Nennen Sie deren Start- und Endsektoren.

Startsektor: 40, Endsektor: 18359

Übung 3

Wie ist der Name der Partition?

Mac OS Hacking

Welchen Typs ist die Partition?

Apple_HFS

Wie groß ist die Partition?

9,4 MB

Wie viel Platz ist auf der Partition belegt?

1,5 MB

Wie ist die Allokationsblockgröße?

4096 Bytes

Übung 4

Wie lautet der Startsektor des:

Protective MBR?

0

Primary-GPT-Header?

1

Primary Partition Table?

2

Secondary Partition Table?

18367

Secondary-GPT-Header?

18399

Übung 5

Ist das Volume bootfähig (Offset 446)?

Nein (0x00)

Wie lautet der Partitionstyp (Offset 450)?

EFI_protect_mbr (0xEE)

Übung 6

Welche Signatur hat der GPT-Header (Offset 0-7)?

»EFI PART«

Wie ist die GUID des Datenträgers?

DBC10533 – 53E8 – 43BD – 8B50 – 7D1B50090076

Wie lautet die LBA-Adresse der Partitionstabelle (Offset 72-79)?

LBA-Adresse: 2

Übung 7
Welches ist die GUID der Partition (Offset 0-15)? 48465300 – 0000 – 11AA – AA11 - 00306543EC (= HFS+) Welches ist die Unique GUID der Partition (Offset 16-31)? 54218F93 – F750 – 4145 – A652 – 38DA35458D23 In welchem Sektor beginnt die Partition (Offset 32-39)? Sektor 40 (0x28) Wie ist der Name der Partition (Offset 56 ff.)? »disk image« (Unicode)

Lösungen zu HFS+

Übung 1
Wie viele Dateien sind enthalten? 0x0A = 10 Wie viele Verzeichnisse sind enthalten? 0x03 = 3 Wann ist das Volume erstellt worden? 0xD50876B9 (Dezimal: 3574101689) ist ein HFS+-Zeitstempel und ergibt umgerechnet: 2017-04-03 22:01:29 Mon UTC. Wie ist die Blockgröße? 0x10000 = 4096 Wie lautet die nächste Catalog ID? 0x1D = 29

Lösungen zum Apple File System (APFS)

Übung 1
Ist die Übungsdatei beschreibbar? Nein, die Datei ist schreibgeschützt (Read-Only Media: Yes). Sie wurde im Finder als geschützt markiert.

Übung 2
Welches Partitionsschema können Sie identifizieren? GUID-Partitionsschema (GPT) Nennen Sie den Start- und Endsektor des APFS-Containers. Startsektor: 40 Endsektor: 2097072

Übung 3

Nennen Sie den Namen und die Größe des eingebundenen APFS-Volumes.

Name: apfs_volume

Größe: 98.3 KB

Übung 4

Wie ist die Volume-uuid?

692DA2EE-18E8-47E2-8745-FCD763849D86

Wie groß ist der Adressraum des APFS-Containers gesamt?
1.1 GB

Wie viel Speicherplatz ist im APFS-Container belegt?
3.5 MB

Wie groß ist die Allokationsblockgröße?
4096 Bytes

Übung 5

Wie ist die iNode der Datei?
iNode: 22

Wie groß ist die Datei?
22429 Bytes

Von welcher URL wurde die Datei heruntergeladen?

http://chipoff.de/images/apfs_exercise.png

Ist ein Spotlight-Kommentar in den Metadaten auffindbar?

Ja, unter dem Metadatum com.apple.metadata:kMDItemFinderComment findet sich ein Spotlight-Kommentar.

Übung 6

Wie viele Bilddateien können Sie identifizieren?

In der Übungsdatei sind hexadezimal zwei PNG-Bilddateien auffindbar.

Können Sie gelöschte Bilddateien wiederherstellen?

Ja, es kann eine gelöschte PNG-Bilddatei aufgefunden werden. Das Programm File Juicer führt ein Signatur Carving nach diversen Dateitypen durch. Unter anderem können damit auch gelöschte Bilddateien wiederhergestellt werden. Alternativ zu File Juicer sind Linux Tools wie foremost, PhotoRec oder forensische Analyseprogramme wie Autopsy, X-Ways, Access Data Forensik Toolkit (FTK) oder EnCase in der Lage, ein Signatur Carving durchzuführen.

4 Forensische Analyse von Mac OS

Nachdem die Grundlagen des Betriebssystems Mac OS in den vorangegangenen Kapiteln besprochen wurden, setzt sich das nächste Kapitel mit der Durchführung einer forensischen Analyse eines Mac-Computers auseinander. Forensische Analysen spielen in Ermittlungsverfahren von Behörden wie Polizei oder Finanzämtern, aber auch bei innerbetrieblichen Ermittlungen eine Rolle. Sie beschäftigen sich beispielsweise mit Fragen wie:

- Wurde eine relevante E-Mail versandt oder eine bestimmte Datei aus dem Internet heruntergeladen?
- Wurden Daten gelöscht oder manipuliert?
- War der Computer Tatmittel oder Tatobjekt?

Insbesondere Rückschlüsse auf Nutzer und deren Verhalten sind dabei oft zentrale Fragestellungen und können im besten Falle zu einer Zuordnung von digitalen Spuren zu realen Personen und deren Tathandlungen führen. Analysten verfolgen speziell im Ermittlungsbereich von Behörden das Ziel, dass ihre Ermittlungsmaßnahmen auch vor Gericht Bestand haben. Aus diesem Grund wird auch von forensischen Analysen gesprochen, denn Priorität ist bei dieser Art der Analyse stets die Verhinderung von Veränderungen der zu untersuchenden Daten sowie eine lückenlose Dokumentation der Ermittlungsvorgänge. Das Kapitel »Forensische Analyse von Mac OS« betrachtet die grundlegenden forensischen Methoden zur Sicherung und Analyse von Mac-Computern.

4.1 Stand der Forschung

Die Bücher »Mac OS X Internals« von Amit Singh und »Mac OS X and iOS Internals« von Jonathan Levin beschreiben das Betriebssystem Mac OS X bis zur Version 10.7 und sind hervorragende Quellen hinsichtlich der internen Betriebssystemarchitektur. Allerdings beschäftigen sich beide Bücher nicht mit der forensischen Analyse bzw. dem Auffinden und Analysieren von digitalen Spuren auf Mac-Computern.

Bei der forensischen Analyse von Mac-Computern stehen Analysten vor einer Situation, wie es sie in Bezug auf die Analyse von Windows Systemen noch vor einigen Jahren gab. Es existieren kaum Publikationen zur Thematik der Digitalen Forensik, Fortbildungsangebote sind vergleichsweise selten und wenn vorhanden, dann meist im englischsprachigen Raum. Analysten befinden sich ein Stück weit in Pionierstimmung und richten sich meist nach den wenigen Experten von Firmen, die sich auf forensische Analyseprodukte für Mac-Computer spezialisiert haben. Dabei stellt Mac OS gerade für die Hersteller durch die stetig ansteigende quantitative Bedeutung ein immer interessanter werdender

Markt dar. Bislang sind die erhältlichen forensischen Produkte nicht wirklich befriedigend.

Windows-basierte kommerzielle Forensik-Produkte wie EnCase, FTK oder X-Ways haben Probleme mit der vollständigen Unterstützung des Dateisystems HFS+ und der Extraktion und Aufbereitung von digitalen Spuren (Artefakten) aus Mac-Systemen. Mac-spezifische Lösungen wie Sumuris Recon oder Blackbags Blacklight sind in dieser Hinsicht leistungsfähiger, aber auch sie sind derzeit nicht zuverlässig in der Lage, Artefakte vollständig zu extrahieren. Analysten können sich bei ihren Untersuchungen daher kaum auf die Ergebnisse forensischer Tools verlassen und sind zwangsläufig gezwungen, digitale Spuren auch manuell zu sichten.

Das Betriebssystem Mac OS selbst erfährt derzeit regelmäßige Versionssprünge in jährlichem bis zweijährlichem Rhythmus. Die Versionssprünge bringen viele neue Technologien und Änderungen bei der Speicherung entsprechender digitaler Spuren mit sich. Das derzeit aktuelle macOS 10.12 Sierra ist aus forensischer Sicht noch nicht gänzlich erforscht. Auch hier stehen Analysten vor der Aufgabe, neue Spuren sichten und bewerten zu müssen.

4.2 Modelle der Digitalen Forensik

Die Digitale Forensik behandelt die Untersuchung von verdächtigen Vorfällen in Zusammenhang mit IT-Systemen. Das Ziel einer forensischen Untersuchung ist die Ermittlung eines bestimmten Tatbestands oder Täters durch die Analyse von digitalen Spuren. Das wesentliche Element hierbei ist die Gerichtsverwertbarkeit eines sichergestellten Beweismittels. Dies ist nur dann sicherzustellen, wenn alle beteiligten Stellen von der Feststellung eines solchen Beweismittels und seiner Sicherstellung über die Analyse bis hin zur Präsentation der Untersuchungsergebnisse vor Gericht bestimmte Grundsätze im Umgang mit digitalen Beweismitteln beachten.

Aus diesem Grund haben sich mit der Zeit einige Modelle bzw. Prozesse herausgebildet, wie der Umgang mit digitalen Beweismitteln und forensische Untersuchungen idealerweise ablaufen könnten.

4.3 Der investigative Prozess nach Casey

Das in der Praxis bekannteste und bei Ermittlungsbehörden umgesetzte Modell ist der investigative Prozess nach Casey. Das von Casey entwickelte Stufenmodell zur Beschreibung einer forensischen Untersuchung bietet eine schrittweise Anleitung zur Durchführung und Organisation einer forensischen Untersuchung. Das Modell ist Grundlage für die Arbeit vieler Ermittlungsbehörden und forensischer Experten und damit de facto Standard.

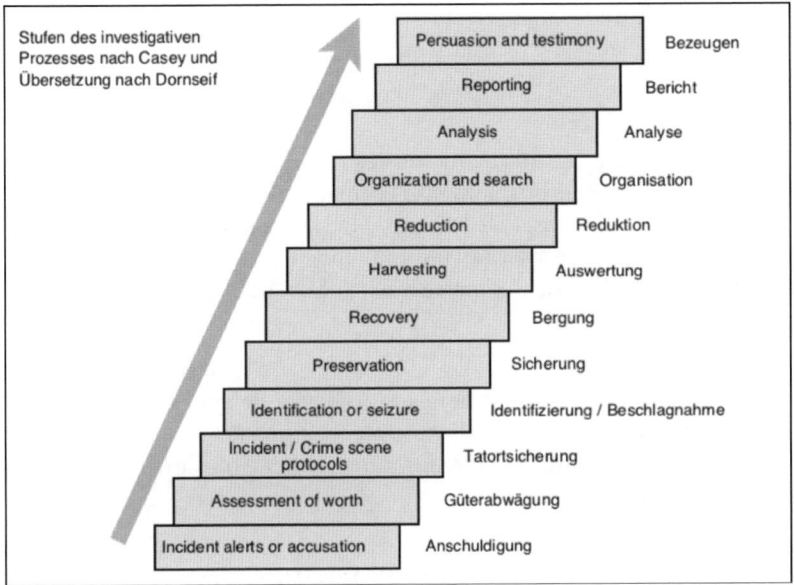

Bild 4.1: Abbildung des Casey-Modells in der Übersetzung nach Dornseif

Das Modell beschreibt eine forensische Untersuchung in zwölf Stufen, wobei einzelne Stufen teilweise stark ineinandergreifen:

1 **Stufe – Anschuldigung**
Die Phase der Anschuldigung beschreibt die Erlangung von Informationen, die dazu geeignet sind, ein Ermittlungsverfahren zu eröffnen. Hierzu gehört das Einholen erster Erkundigungen, um weitere Ermittlungsschritte planen zu können.

2. **Stufe – Güterabwägung**
In dieser Phase wird anhand der gesammelten Informationen entschieden, ob überhaupt ein Ermittlungsverfahren eröffnet wird. Ermittlungsbehörden sind durch das Opportunitätsprinzip zwar zur Verfolgung von Straftaten angehalten, dennoch kann bei sehr zeit- oder kostenintensiven Ermittlungen oder bei einer hohen Wahrscheinlichkeit, dass Ermittlungen nicht zum Auffinden eines Täters führen (bspw. Täter im Ausland), die Einstellung eines Strafverfahrens durch die Staatsanwaltschaft erfolgen.

3. **Stufe – Tatortsicherung**
Tatortsicherung in der klassischen Forensik bedeutet das weiträumige Absperren eines Tatorts und die Kontrolle, dass nur berechtigte Personen Zugang zum Tatort erhalten. In der Digitalen Forensik wäre Ziel der Tatortsicherung, den Zustand eines digitalen Mediums einzufrieren, um weitere Veränderungen auszuschließen. Der Prozess des Einfrierens ist abhängig vom digitalen Medium.

4. **Stufe – Identifizierung/Beschlagnahme**
Während dieser Phase werden digitale Beweismittel gesichtet und eingesammelt. Besondere Bedeutung hat dabei die sogenannte Chain of Custody. Dies bedeutet, dass jederzeit nachvollziehbar sein muss, wie ein Beweismittel behandelt wurde. Die Chain of Custody wird durch eine lückenlose Dokumentation des Weges und der einzelnen Untersuchungsschritte, die ein Beweismittel durchläuft, gewährleistet.

Nicht immer werden Sicherstellungsmaßnahmen von IT-Spezialisten durchgeführt. Viele Ermittlungsbehörden haben daher Checklisten entwickelt, wie mit digitalen Beweismitteln umgegangen werden soll.

5. **Stufe – Sicherung**

In dieser Phase beginnt die eigentliche Arbeit der IT-Forensiker. Bei der Sicherung wird ein digitales Beweismittel beispielsweise begutachtet, dokumentiert und fotografiert. Idealerweise wird an dieser Stelle bereits eine bitweise Kopie des Beweismittels erstellt und durch kryptografische Hashfunktionen verifiziert. Das 1:1-Abbild ermöglicht eine spätere forensische Untersuchung, ohne das originale Beweismittel in Gebrauch nehmen zu müssen.

6. **Stufe – Bergung**

Im Kontext einer forensischen Untersuchung werden in der Bergungsphase gelöschte, versteckte oder anderweitig unzugängliche Daten aufbereitet. Die Aufbereitung erfolgt durch IT-Spezialisten unter Nutzung forensischer Softwareprodukte oder manuell.

7. **Stufe – Auswertung**

In den folgenden Stufen 7 bis 9 werden die gesicherten Daten ausgewertet und relevante von irrelevanten Daten getrennt, beispielsweise durch den Abgleich von Hashwerten oder dem Einsatz von Suchbegriffen. Die Neuorganisierung soll die folgende fallabhängige Analyse erleichtern.

8. **Stufe – Reduktion**

(siehe Stufe 7)

9. **Stufe – Organisation**

(siehe Stufe 7)

10. **Stufe – Analyse**

Bei der Analyse werden Dateiinhalte zusammengeführt und Verbindungen der digitalen Spuren zum realen Sachverhalt hergestellt. Beispiele sind Beziehungen zwischen Personen, Anrufen, Nachrichten sowie Medien- und Standortdaten.

11. **Stufe – Bericht**

Im Abschlussbericht sollten die einzelnen Ermittlungsschritte und die dadurch gewonnenen Erkenntnisse näher erläutert und das daraus resultierende Ergebnis detailliert begründet werden. Hierbei bietet es sich an, aufzuzeigen, nach welchen Standards und Abläufen gearbeitet wird, und zu erörtern, ob die gewonnenen Ergebnisse alternative Schlüsse zulassen.

12. **Stufe – Bezeugen**

In der letzten Stufe kommt es zur Präsentation der Ergebnisse vor Gericht. Hierbei unterstreichen einheitliche und standardisierte Vorgehensweisen sowie die Einhaltung der Chain of Custody die Aussagekraft des Beweismittels und die Glaubwürdigkeit des IT-Forensikers.

4.3.1 Der investigative Prozess für Mac-Computer

Der investigative Prozess nach Casey ist bewusst allgemein formuliert. Für die forensische Behandlung von Computern lässt sich das Modell sehr gut einsetzen. Im Fall von Mac-Computern ergeben sich allerdings einige Besonderheiten im Vergleich zu anderen Computersystemen. Ein IT-Spezialist sollte daher mit Mac-spezifischen Funktionsweisen und Technologien vertraut sein.

In der frei verfügbaren Literatur sind keine Mac-spezifischen Modelle oder Handlungsempfehlungen auffindbar. Nichtsdestotrotz haben Ermittlungsbehörden zur Phase der Identifizierung und Beschlagnahme von Mac-Computern Checklisten erstellt, die es auch nicht IT-affinen Ermittlungsbeamten ermöglichen sollen, Mac-Computer korrekt zu behandeln.

Die folgenden Kapitel des Buchs befassen sich mit Sicherungsmöglichkeiten von Mac-Computern sowie mit der Untersuchung und Analyse von Digitalen Spuren. Inhaltlich lässt sich das Buch in die Stufen 5 bis 9 des Casey-Modells einordnen. Es richtet sich damit vornehmlich an die Zielgruppe der IT-Forensiker bzw. an Spezialisten, die mit der Untersuchung und Analyse solcher Systeme betraut sind.

4.4 Live Response

Bereits in der Phase der Identifizierung und Beschlagnahme, d. h. bei der Sicherstellung eines Computers, sind Mac-spezifische Erstmaßnahmen erforderlich. Obligatorisch ist die Feststellung, ob sich der Mac-Computer in ein- oder ausgeschaltetem Zustand befindet. Bei ausgeschalteten Geräten sind keine weiteren Maßnahmen erforderlich. Bei eingeschalteten Geräten hingegen sind weitere Überprüfungs- und Sicherungsmaßnahmen notwendig, um eine weitere forensische Untersuchung nicht zu gefährden bzw. zu verhindern und um flüchtige (volatile) Daten zu sichern. Diese unaufschiebbaren Maßnahmen werden unter dem Begriff Live-Forensik oder Live Response zusammengefasst.

Mac-Computer sind dafür ausgerichtet, nach Nutzung nicht mehr heruntergefahren, sondern im Sleep-Modus belassen zu werden. Bei Geräten, die Power Napping (ab Mac OS X 10.8) unterstützen, ist daran zu denken, dass auch im Sleep-Modus Aktionen durchgeführt werden können. Beispielsweise ist es möglich, den Computer zu orten oder fernzulöschen. Auch kann der Mac-Computer auf das Dateisystem zugreifen, beispielsweise Daten synchronisieren und damit auch während des Sleep-Modus Veränderungen durchführen.

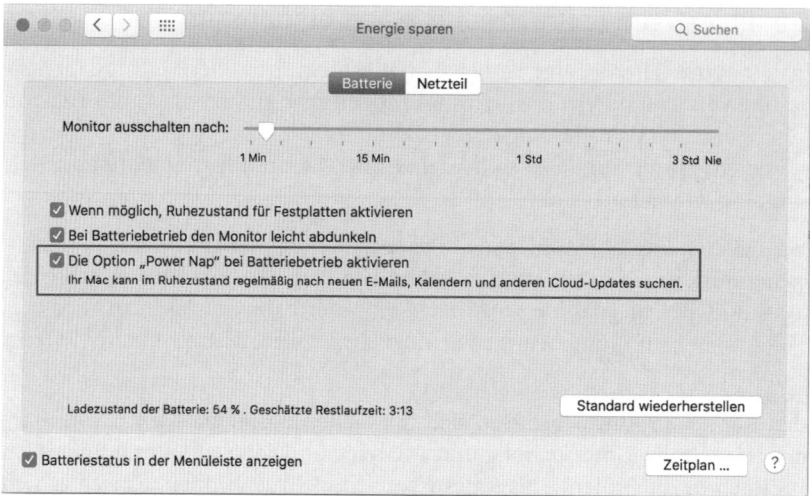

Bild 4.2: Power-Nap-Einstellungen unter Mac OS

4.4.1   Maßnahmen bei eingeschalteten Mac-Computern

- Deaktivierung des Bildschirmschoners/Überprüfung der Einstellungen für aktive Ecken

- Überprüfung nach auffälligen Prozessen bzw. anderen Auffälligkeiten

- Überprüfung der virtuellen Desktops (Spaces) nach laufenden Programmen

- Überprüfung, ob die FileVault Verschlüsselung aktiv ist

- Überprüfung nach weiterer Verschlüsselungssoftware (bspw. True Crypt) bzw. nach gemounteten verschlüsselten Containern

- Überprüfung verbundener Laufwerke/Netzwerklaufwerke/Cloudspeicher

- Überprüfung nach aktiven virtuellen Maschinen

- RAM-Sicherung

- Sammlung von flüchtigen (volatilen) Daten (Triage)

- Fotografische und schriftliche Dokumentation

Sind Verschlüsselungsmechanismen aktiv, ist es sinnvoll, die verschlüsselten Bereiche in unverschlüsseltem Zustand zu sichern (logische Sicherung). Im Fall von FileVault wäre dies das Nutzerverzeichnis mit der Mehrzahl der für die spätere forensische Untersuchung notwendigen digitalen Spuren, bei True Crypt möglicherweise die Sicherung eines geöffneten Containers. Gleiches gilt für verbundene Laufwerke, die beim Aushängen unter Umständen verschlüsselt sind. Verbundene Netzwerk- und Cloudspeicher müssen nicht unbedingt mit aktuellem Stand synchronisiert sein, so dass auch hier eine Überprüfung und gegebenenfalls Sicherung der Inhalte sinnvoll sein kann.

Das Problem bei Live-Response-Maßnahmen ist, dass nicht explizit festgelegt werden kann, in welcher Reihenfolge Maßnahmen stattzufinden haben. Zum einen verändern Live-Response-Maßnahmen das laufende System und sind in Folge selbst als digitale Spur vorhanden. Zum anderen ist es möglich, dass Maßnahmen wie beispielsweise RAM-Sicherungen ein Computersystem zum Absturz bringen und keine weiteren Maßnahmen mehr möglich sind. Vorstellbar ist auch, dass antiforensische Vorrichtungen im laufenden System Untersuchungsmaßnahmen erkennen und das System blockieren, löschen oder herunterfahren. Live-Response-Maßnahmen sind daher variabel und müssen dem Sachverhalt angepasst werden. Sie erfordern ein hohes Maß an Kenntnissen über die zu sichernden Mac-Computer.

4.4.2   Vertrauenswürdige Binaries

Flüchtige Informationen können unter Zuhilfenahme des Terminals an einem laufenden System abgefragt und gesichert werden. Zu beachten ist, dass hierfür nicht die System-Binaries des laufenden Systems benutzt werden sollten, da unbekannt ist, ob sie inkrementiert sind oder nicht. Empfohlen wird daher, eigene vertrauenswürdige Binaries zu verwenden. Beispielhaft zeigt die Skriptdatei *trustedbinaries.sh* (siehe die folgende Abbildung), wie auf einfache Weise ein HFS+-formatierter USB-Stick dazu verwendet werden kann, Binaries von einem vertrauensvollen Mac-Computer für den Einsatz in einem Live-Response-Szenario vorzubereiten.

Bild 4.3: Skriptdatei zur Erstellung eigener vertrauenswürdiger Binaries

Nach erfolgreichem Starten der vertrauenswürdigen Shell auf dem zu untersuchenden Rechner können von dort aus weitere Shell-Kommandos genutzt werden, um volatile Systeminformationen einzusammeln.

Das Programm `script` ermöglicht dabei das gleichzeitige Protokollieren der durchgeführten Aktionen in eine Logdatei.

Das Programm `system_profiler` ist die Kommandozeilenversion der Applikation *Systeminformationen* (*/Applications/Utilities/System Information.app*). Es zeigt detaillierte Informationen zum System, der Softwareumgebung und den Hardwarekomponenten. Die Sicherung der Informationen im Format XML in eine Datei mit der Endung *.spx* ermöglicht es, die Daten auf einem forensischen Rechner mit der Applikation *Systeminformationen* auszuwerten.

Die Applikation *Systeminformationen* kann unter der grafischen Oberfläche folgendermaßen erreicht werden:

* `cmd` + `Leertaste` / *Spotlight-Suche* / *Systeminformationen*

* *Apfel*-Menü / *Über diesen Mac* / *Systembericht ...*

4.4.3 Sammlung volatiler Daten (Triage)

Die folgende Tabelle zeigt einige Beispiele für Live-Response-Kommandos. Der Übersichtlichkeit wegen wurden sie entsprechend ihrem Informationsgehalt in die Kategorien System, Netzwerk und Nutzer eingeteilt:

Live-Response-Terminalkommandos		
Shell-Kommando	Kategorie	Bemerkung
date	System	Lokale Systemzeit
hostname	System	Hostname des Systems
uname -a	System	XNU-Kernel-Informationen
sw_vers	System	OS-X-Version
lsof	System	Geöffnete Dateien nach Prozessen
ps aux	System	Laufende Prozesse
top	System	Laufende Prozesse (Top 30)
netstat −anf inet	Netzwerk	Aktive Netzwerkverbindungen
lsof -i	Netzwerk	Aktive Netzwerkverbindungen nach Prozessen
arp -an	Netzwerk	ARP-Tabelle
ifconfig -v	Netzwerk	Netzwerkeinstellungen, NICs
/System/Library/PrivateFrameworks/ Apple80211.framework/Versions/ Current/Resources/airport -I	Netzwerk	Informationen zu AirPort-Adaptern
netstat −rn	Netzwerk	Routing-Tabelle
who -a	Nutzer	Zeigt eingeloggte Nutzer inklusive Zeitstempel und letzten Systemstart
w	Nutzer	Zeigt eingeloggte Nutzer inklusive Laufzeit des Systems
last	Nutzer	Historie zuletzt eingeloggter Nutzer

Nach Durchführung der Live-Response-Maßnahmen kann der Mac-Computer ausgeschaltet und für eine weitere Post-Mortem-Untersuchung an die IT-Forensik übergeben werden. Beim Herunterfahren des Mac-Computers sollte zwischen den Möglichkeiten eines ordnungsgemäßen Herunterfahrens des Systems (Soft Shutdown) und dem erzwungenen Ausschalten durch langes Drücken der Power-Taste (Hard Shutdown) abgewogen werden.

Beim Soft Shutdown wird durch das Herunterfahren des Systems eine Vielzahl von Daten verändert. Unter anderem werden Daten gelöscht, beispielsweise eingerichtete Gast-Nutzerkonten. Beim Hard Shutdown wiederum wird im HFS+-Dateisystem ein sogenanntes Dirty Bit gesetzt. Dies zeigt die unsachgemäße Beendigung des Systems an und erzwingt beim Neustart eine Dateisystem-Integritätsprüfung. Soll das System im Rahmen einer späteren Post-Mortem-Untersuchung unter einer Windows- oder Linux-Umgebung virtualisiert werden, kann ein aktives Dirty Bit zu Problemen führen.

4.4.4 Virtuelle Maschinen

Viele Nutzer von Apple-Computern nutzen zusätzlich zu Mac OS auch ein Windows-Betriebssystem, um beispielsweise Programme, die exklusiv für Windows vorliegen, ausführen zu können. Mac OS bietet seit der Version Mac OS X 10.4 Boot Camp als Lösung, Windows auf einer zweiten Partition nativ zu installieren. Boot Camp bietet einen eigenen Einrichtungsassistenten und ein entsprechendes Treiberpaket, so dass Windows ohne weitere Vorkenntnisse installiert werden kann.

Neben Boot Camp ist die Nutzung von speziellen Virtualisierungsprogrammen weit verbreitet. Neue Apple-Computer besitzen ausreichend Performanz, um virtualisierte Betriebssysteme ohne großen Leistungsverlust ausführen zu können. Für Mac OS sind derzeit hauptsächlich die Programme Parallels Desktop für Mac, VMware Fusion und VirtualBox in Gebrauch. Alle drei Programme bieten Funktionen zur Integration des Gastbetriebssystems in Mac OS (VirtualBox = Seamless Mode, VMware = Unity Mode, Parallels = Conherence Mode).

```
● ● ●                         ⌂ ibcc — -bash — 101×26
Last login: Sat Feb 27 16:03:57 on ttys000
IBCCs-MacBook-Pro121:~ ibcc$ ps aux | grep "VirtualBox"
ibcc             6086  2,9 26,5 7094984 4439644   ??  S     4:05pm   1:05.27 /Applications/VirtualB
ox.app/Contents/Resources/VirtualBoxVM.app/Contents/MacOS/VirtualBoxVM --comment Windows 7 --startvm
266713a1-ea32-402c-8bf1-0559c3f9823a --no-startvm-errormsgbox
ibcc             6076  0,0  0,1 2523384   21648   ??  S     4:04pm   0:03.87 /Applications/VirtualBo
x.app/Contents/MacOS/VBoxSVC --auto-shutdown
ibcc             6074  0,0  0,1 2469804    9040   ??  S     4:04pm   0:01.44 /Applications/VirtualBo
x.app/Contents/MacOS/VBoxXPCOMIPCD
ibcc             6072  0,0  0,6 2731032  105532   ??  S     4:04pm   0:05.27 /Applications/VirtualBo
x.app/Contents/MacOS/VirtualBox
ibcc             6185  0,0  0,0 2434840     660 s000  R+    4:25pm   0:00.00 grep VirtualBox
IBCCs-MacBook-Pro121:~ ibcc$ ▮
```

Bild 4.4: Die Überprüfung der Prozesse nach VirtualBox zeigt eine aktive Windows-7-VM.

```
● ● ●                    ⬆ ibcc — -bash — 101×32
IBCCs-MacBook-Pro121:~ ibcc$ ps aux | grep "Parallels"
ibcc         6009  8,3  6,0 4326364 1006374  ?? S     3:58pm   5:39.74 /Applications/Parallel
s Desktop.app/Contents/MacOS//Parallels VM.app/Contents/MacOS/prl_vm_app --uuid {8f1d5466-a13b-4c12-9
88e-9b76dd9308bf} --dir-uuid {b1e5d852-94c9-4f64-a237-56976b8a5a3c} --mode pdfm
ibcc         6015  0,0  0,0 2498296  7880  ?? S     3:58pm   0:00.05 /Applications/Parallels
 Desktop.app/Contents/MacOS//Parallels VM.app/Contents/MacOS/Parallels Inverse Sharing.app/Contents/M
acOS/vfstool /Volumes/C -prl_sock=145 -prl_listen_pid=6009 -ouid=501 -ogid=20 -okill_on_unmount,auto_
cache -ovolname=[C] Windows 8 -onobrowse -ofavshortcut -oshow_on_desktop -oallow_other -ofsname=vfsto
ol#vm-pid6009 -f -s
ibcc         6013  0,0  0,1 2551480 19920  ?? S     3:58pm   0:00.53 /Users/ibcc/Parallels/W
indows 8.pvm/Windows 8.app/Contents/MacOS/WinAppHelper --fakestub
```

Bild 4.5: Die Überprüfung der Prozesse nach Parallels zeigt eine aktive Windows-8-VM.

Windows-Programme werden dann unter der grafischen Nutzeroberfläche von Mac OS direkt ausgeführt, die virtuelle Maschine läuft transparent im Hintergrund. Im Zuge einer Live-Response-Maßnahme ist es daher sinnvoll, näher zu prüfen, ob Virtualisierungsprogramme aktiv sind. Eine Überprüfung der Schreibtische (Spaces) und der aktiven Prozesse mit ps aux in Kombination mit grep kann entsprechende Anhaltspunkte liefern.

Die Virtualisierungsprogramme nutzen bestimmte Dateiformate zur Speicherung der virtuellen Maschinen. Diese befinden sich, falls keine anderen Speicherpfade gewählt wurden, unter Mac OS im Verzeichnis *Dokumente* des Homeverzeichnisses eines Nutzers. Im Rahmen einer forensischen Analyse sind diese Dateien bei einer Filterung nach der Dateigröße gut zu lokalisieren. Die Software Parallels benutzt das Dateiformat pvm, das nicht von allen forensischen Analyseprogrammen eingesehen werden kann. Im Rahmen einer Analyse kann es daher erforderlich sein, die Dateien virtueller Maschinen in ein anderes Format zu konvertieren (bspw. mit dem Tool VMware Converter).

Dateiformate und Speicherpfade virtueller Maschinen		
Programm	Dateiformat	Default-Speicherort
VirtualBox	vhd, vdi	~/Benutzer/Dokumente/Virtuelle Maschinen
VMware Fusion	vmdk	~/Benutzer/Dokumente/Virtuelle Maschinen
Parallels	hdd, pvm	~/Benutzer/Dokumente/Parallels

Virtuelle Maschinen sind vollwertige Computer, entsprechend ist bei solchen Systemen eine eigene forensische Analyse notwendig. Für den Forensiker stellt sich die Herausforderung, zusätzlich zu Mac OS ein weiteres Betriebssystem wie Microsoft Windows analysieren zu müssen.

4.5 Übung: Live Response

Die Übung Live Response führt Sie schrittweise durch eine Live-Response-Maßnahme an einem eingeschalteten Mac-Computer. Stellen Sie sich vor, dass Sie als Experte für Mac OS die Aufgabe haben, an einem angeschalteten Mac-Computer obligatorische Sicherungsmaßnahmen durchzuführen. Wir simulieren zu Übungszwecken den angeschalteten Mac-Computer mit Ihrem Übungs-Account *MacOS*. In der Übung lernen Sie die über die GUI und das Terminal zugänglichen Informationsquellen zum Betriebssystem Mac OS kennen.

Damit Sie die Übung durchführen können, benötigen Sie einen HFS+-formatierten USB-Stick. Bereiten Sie den USB-Stick gemäß dem obigen Abschnitt »Vertrauenswürdige Binaries« für den Einsatz in einem Live-Forensik-Szenario vor. Sie können hierzu auch die Skriptdatei *trustedbinaries.sh* aus dem Downloadbereich zu diesem Buch nutzen. Laden Sie zudem das Programm *OSXPmem* über die URL *http://code.google.com/p/pmem/wiki/OSXPmem* herunter und speichern Sie es auf dem USB-Stick.

In einem Live-Forensik-Szenario sollten möglichst wenige Veränderungen am laufenden System vorgenommen werden. Beachten Sie, dass jede Aktion bei einer späteren Post-Mortem-Analyse als digitale Spur auftauchen kann. Binden Sie den vorbereiteten USB-Stick in Ihren Übungs-Account ein und bringen Sie mit dem Befehl mount in Erfahrung, unter welchem Mount-Punkt der USB-Stick eingebunden wurde. Ändern Sie danach den Speicherpfad für Screenshots mit dem folgenden Terminalbefehl zu Ihrem USB-Stick (hier: usb):

```
$ defaults write com.apple.screencapture location /Volumes/usb
```

Sie können jetzt zu Dokumentationszwecken Screenshots erstellen und sie direkt auf Ihrem USB-Stick abspeichern.

Beginnen Sie mit der Ermittlung von Informationen über die Mac-OS-GUI. Über das Apfel-Menü in der Menüleiste können Sie die Funktionen *Über diesen Mac*, *Systemeinstellungen* und *Benutzte Objekte* erreichen.

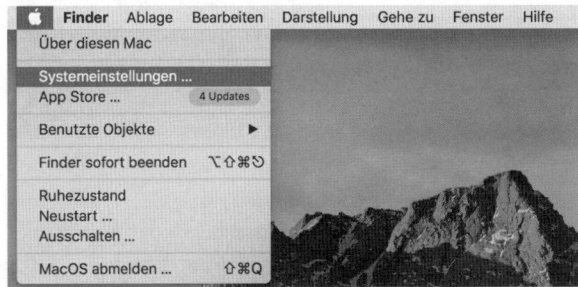

Bild 4.6: Aufruf der Mac-OS-Systemeinstellungen.

Unter *Benutzte Objekte* finden Sie zuletzt benutzte Objekte des angemeldeten Nutzers. Sichern Sie sie, indem Sie Screenshots der Menüfenster durchführen. Drücken Sie zur Erstellung eines Screenshots die Tastenkombination [shift]+[cmd]+[4]. Mit der Tastenkombination können Sie Screenshots eines von Ihnen einzugrenzenden Bereichs durchführen, das Drücken der Leertaste erlaubt es Ihnen zusätzlich, einzelne Fenster zur Erstellung eines Screenshots auswählen.

Haben Sie den Finder als aktiven Prozess gewählt, können Sie in der Menüleiste unter *Gehe zu/Benutzte Ordner* die zuletzt benutzten Verzeichnisse in Form eines Screenshots sichern. Wählen Sie im gleichen Menüpunkt *Mit Server verbinden* ... und klicken Sie auf die kleine Uhr im rechten oberen Bereich des sich öffnenden Fensters. Sichern Sie die zuletzt benutzten Server ebenfalls als Screenshot.

Die Auswahl von *Über diesen Mac* führt zur Anzeige der Applikation *Systeminformationen* oder *System-Profiler*. Hier können neben der installierten Betriebssystemversion und dem konkreten Mac-Modell (inklusive Seriennummer) weitgehende Informationen zum System eingesehen werden (Hardwarebestandteile, installierte Software und Netzwerkverbindungen).

Öffnen Sie die Applikation *Über diesen Mac* und wählen Sie *Systembericht...* aus. Sichern Sie den Systembericht über die Menüleiste *Ablage/Sichern...* und speichern Sie ihn auf dem USB-Stick ab. Fertigen Sie in Folge von allen Arbeitsschritten dieser Übung Screenshots an, um Ihr Vorgehen zu dokumentieren.

Bild 4.7: Applikation *System-Profiler*

Ermitteln Sie die installierte Mac-OS-Version, die Seriennummer sowie das Hardware-Modell Ihres Mac-Computers. Recherchieren Sie danach im Internet unter der URL *https://checkcoverage.apple.com/de/de* Ihren Garantiestatus unter Eingabe der Seriennummer. Identifizieren Sie Ihren Mac auf der Webseite *https://support.apple.com/de-de/HT201300* und lassen Sie sich die technischen Spezifikationen Ihres Mac-Computers unter der URL *http://www.everymac.com/systems/apple/index-apple-specs-applespec.html* anzeigen.

Analysieren Sie im Anschluss unter *Über diesen Mac/Festplatten/Verwalten...* die Kapazität Ihres internen Datenträgers und lassen Sie sich Details zu den einzelnen Dateikategorien anzeigen.

Eine weitere wichtige Informationsquelle im Rahmen einer Live-Forensik-Maßnahme sind die Mac-OS-Systemeinstellungen. Innerhalb der Systemeinstellungen sind insbesondere die Auswahloptionen *Sicherheit*, *Energie sparen*, *iCloud*, *Netzwerk*, *Freigaben*, *Benutzer & Gruppen* sowie *Time Machine* von Interesse.

Bild 4.8: Die Mac-OS-Systemeinstellungen

Unter *Systemeinstellungen/Schreibtisch & Bildschirmschoner/Aktive Ecken* können Sie die Einstellungen für aktive Ecken unter Mac OS überprüfen. Stellen Sie sicher, dass keine aktiven Ecken aktiviert sind, während Sie an einem Mac-OS-System arbeiten. Eine ungünstige Einstellung (Bildschirmschoner aktivieren) kann dazu führen, dass Sie sich vom System aussperren.

Die Auswahl von *Systemeinstellungen/Sicherheit* zeigt Einstellungen zur FileVault-Verschlüsselung und zur in Mac OS integrierten Firewall. Im Laufe einer Live-Forensik-Maßnahme sollte darauf geachtet werden, dass die Option *Passwort erforderlich nach Beginn des Ruhezustands oder Bildschirmschoners* nicht aktiv ist. Weiterhin ist es sinnvoll, das automatische Abmelden von Mac OS nach einer bestimmten, vom Benutzer voreingestellten Zeit zu deaktivieren (*Weitere Optionen...*). Um die Funktion *Weitere Optionen...* aufzurufen, ist die Eingabe des Benutzerkennworts erforderlich. Unter macOS Sierra ist es unter den *Systemeinstellungen/Sicherheit* möglich, das Entsperren des Mac-Computers mit der Apple Watch zu erlauben. Als Voraussetzung muss für den iCloud-Account die Zwei-Faktor-Authentifizierung aktiviert sein.

Deaktivieren Sie in Ihrem Übungs-Account unter *Weitere Optionen...* die Passworteingabe und die automatische Abmeldung nach Inaktivität und überprüfen Sie anschließend die Einstellungen für *FileVault*.

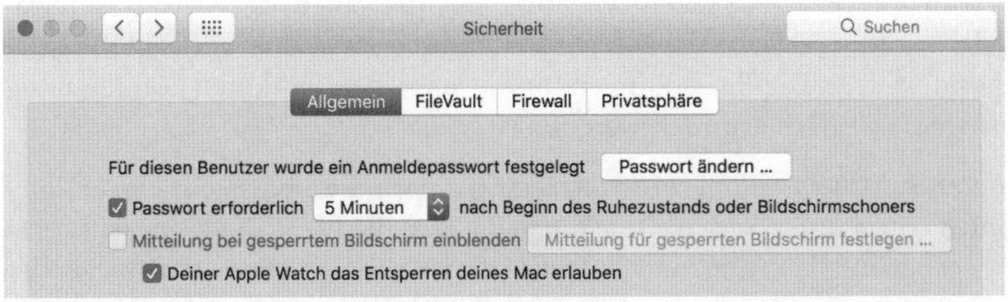

Bild 4.9: Die *Systemeinstellungen/Sicherheit* unter macOS Sierra

Schalten Sie anschließend unter der Auswahloption *Systemeinstellungen/Energie sparen* alle Energiesparoptionen aus, um die Aktivierung einer möglicherweise eingestellten Bildschirmsperre zu verhindern. *Energie sparen* zeigt auch die Einstellungen für Power Nap an (ab Mac OS X 10.8).

Unter *Systemeinstellungen/Netzwerk* können Informationen zu den Netzwerkadaptern und -verbindungen erhoben werden. Unter *Weitere Optionen...* lassen sich zu jedem Netzwerkadapter die zugewiesenen IP-Adressen sowie Einstellungen für Gateway, Proxy, DNS- und WINS-Serverdienste einsehen. Für WLAN-Adapter lassen sich zudem die von Mac OS gespeicherten bevorzugten Netzwerke ablesen. Das Betriebssystem Mac OS merkt sich alle Netzwerke, mit denen der Mac-Computer in der Vergangenheit verbunden war. Ob der Mac aktiv mit einem Netzwerk verbunden ist, kann kumulativ in der oberen rechten Menüleiste des Schreibtischs am Symbol für Netzwerkverbindungen erkannt werden.

Ermitteln Sie in den Netzwerkeinstellungen, wie Ihr Mac-Computer mit dem Internet verbunden ist und überprüfen Sie, ob Ihr System bevorzugte Netzwerke gespeichert hat.

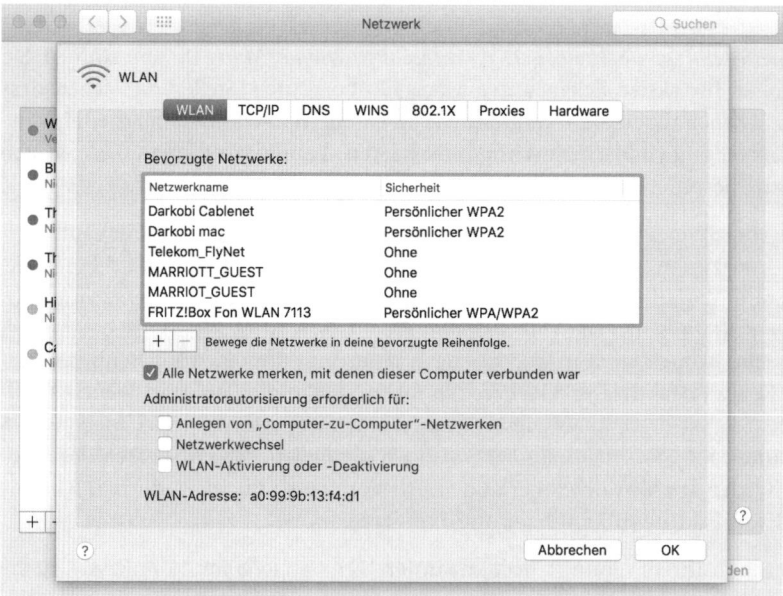

Bild 4.10: Bevorzugte Netzwerke des WLAN-Netzwerkadapters

Mac OS unterstützt diverse Freigaben wie Bildschirmfreigaben (VNC), Dateifreigaben per `afp` oder `smb`, die Freigabe der Internetverbindung sowie eine entfernte Verwaltung per SSH und weitere. Die Einstellungen für die jeweiligen Optionen können unter *Systemeinstellungen/Freigaben* ermittelt werden.

Bringen Sie unter *Systemeinstellungen/Benutzer & Gruppen* die im System eingerichteten Nutzerkonten sowie unter *Systemeinstellungen/iCloud* die für iCloud eingerichteten Dienste und gegebenenfalls die iCloud-E-Mail-Adresse des angemeldeten Nutzers in Erfahrung. Eventuell vorhandene Time-Machine-Sicherungsmedien können Sie unter

Systemeinstellungen/Time Machine einsehen. Hier finden Sie auch Informationen zum Zeitpunkt der zuletzt angefertigten Sicherung, natürlich nur wenn Time Machine überhaupt zur Sicherung des Systems eingerichtet wurde.

Weitere Informationen können Sie unter Zuhilfenahme des Terminals mit entsprechenden Befehlen auf der Kommandozeile erheben. Nutzen Sie hierfür das vertrauenswürdige Terminal auf Ihrem vorbereiteten USB-Stick. Öffnen Sie den Terminal-Link innerhalb des USB-Sticks und fügen Sie den Pfad zu Ihren mitgebrachten Binaries mit dem folgenden Terminalkommando in die Umgebungsvariable des Systems ein:

```
$ PATH=/Volumes/usb/usr/bin:/Volumes/usb/bin:/Volumes/usb/ usr/sbin:/Volumes/
usb/sbin:/Volumes/usb/usr/X11/bin
```

Die Ausgabe von Terminalkommandos sollte jeweils durch Weiterleitung in eine Datei auf Ihrem Sicherungsmedium gespeichert werden.

Beispiel:

```
$ whoami > /Volumes/usb/whoami.txt
```

Beispiele für Live-Response-Terminal-Kommandos sind im Abschnitt »Sammlung volatiler Daten (Triage)« thematisiert. Probieren Sie einige der Kommandos aus oder speichern Sie alternativ das Skript *triage.sh* aus dem Downloadbereich dieses Buchs auf Ihren USB-Stick und führen Sie es von dort mit dem Terminalkommando ./triage.sh aus. Das Skript ist ein Beispiel für eine automatisierte Ausführung von Terminalkommandos und Speicherung der entsprechenden Ausgaben in die Datei *Sicherung.txt*. Sie sind dazu eingeladen, das Skript mit eigenen Befehlen zu erweitern oder eigene Funktionalitäten hinzuzufügen.

4.5.1 RAM-Sicherung

Die Sicherung des Arbeitsspeichers (RAM) ist eine zentrale Maßnahme bei eingeschalteten Mac-Computern. Aus Abbildern des Arbeitsspeichers lässt sich eine Vielzahl von forensisch relevanten Informationen gewinnen, die ohne eine solche Sicherung verloren gehen. Eine Sicherung des Arbeitsspeichers und eine anschließende Analyse kann zu folgenden Informationen führen:

- Prozesse (aktive/beendete), Erkundung von nicht autorisierten Programmen

- Netzwerkverbindungen, Backdoors, Remote-Verbindungen

- Volatile Systeminfos, Windows: Registry, Mac: spezielle OS-Strukturen

- Volatile Application Infos, bspw. Chat-Nachrichten, E-Mails, Klartext von verschlüsselten Inhalten

- Encryption Keys, bspw. Keychain, PW strings

Sicherungen des Arbeitsspeichers sind daher eine Fundgrube an Informationen. Dennoch ist die RAM-Sicherung bei Mac-Systemen noch lange nicht so gut erforscht wie beispielsweise bei Windows-Systemen und sie wird seltener praktisch durchgeführt. Es existiert nur eine Handvoll von Programmen, mit denen eine Sicherung zuverlässig möglich ist. Seit der Mac-OS-X-Version 10.9 sieht das Betriebssystem gewisse technische Hürden vor, die eine RAM-Sicherung erschweren. Bis zur Version OS X 10.8 war eine Sicherung problemlos möglich und es existierte eine größere Auswahl an funktionsfähigen Programmen. Mit der Version OS X 10.9 führte Apple die Komprimierung des RAM-Speichers ein (Compressed Memory).

Compressed Memory ist eine extrem effiziente Technik, um mehr RAM-Speicher zur Verfügung stellen zu können, ohne auf den Geschwindigkeitsvorteil eines echten physischen Arbeitsspeichers verzichten zu müssen. Die Komprimierung erfolgt dabei on-the-fly durch den Kernel. Der Kernel verwaltet eine sogenannte Kernel Memory Map, die die Struktur des RAM enthält. Zur Sicherung des RAM-Speichers muss diese Kernel Memory Map abgefragt werden. Dies ist nur durch das Einbringen einer Kernel-Extension möglich. Praktisch bedeutet dies, dass zur Sicherung des Arbeitsspeichers ab Mac OS X 10.9 das Administratorkennwort zur Ausführung der Kernel-Extension benötigt wird.

Viele Tools zur RAM-Sicherung funktionieren seit Mac OS X 10.9 nicht mehr. Empfohlen werden können derzeit die kommerziellen Lösungen *Sumuri Recon Imager* und *BlackBag MacQuisition* oder das kostenfreie *OSXPMem*.

Falls kein Kennwort ermittelt werden kann, bleibt als Sicherungsmöglichkeit ein Cold-Boot-Angriff (sofern kein Firmware-Passwort das Booten von einem Fremdmedium verhindert).

Zu Übungszwecken nutzen wir das kostenfreie Programm *OSXPMem*, um eine Sicherung des Arbeitsspeichers durchzuführen. Kopieren Sie im Terminal die heruntergeladene Datei *OSXPMem-RC1.tar* auf den Desktop Ihres Übungs-Accounts und entpacken Sie sie.

```
$ cp /Volumes/usb/OSXPMem-RC1.tar ~/Desktop/
$ sudo tar -xf ~/Desktop/OSXPMem-RC1.tar
```

Passen Sie anschließend den Besitzer der Kernel-Extension an und führen Sie das Programm *osxpmem* zur Sicherung des Arbeitsspeichers aus. Wählen Sie als Sicherungsmedium Ihren USB-Stick. Achten Sie vor Durchführung der Sicherung darauf, dass die Kapazität Ihres Sicherungsmediums groß genug ist, um die Sicherung des Arbeitsspeichers aufzunehmen.

```
$ cd ~/Desktop/OSXPMem
$ sudo chown -R root:wheel ./pmem.kext
$ sudo ./osxpmem /Volumes/usb/memory.bin
```

```
● ● ●                    OSXPMem — -bash — 80×10
[000000008b000000 - 0000000090000000] Reserved     [SKIPPED]
[00000000e00f8000 - 00000000e00f9000] MMIO          [SKIPPED]
[00000000fed1c000 - 00000000fed20000] MMIO          [SKIPPED]
[00000000ffd70000 - 00000000ffda0000] MMIO          [SKIPPED]
[0000000100000000 - 000000046f000000] Conventional  [WRITTEN]
Acquired 4169577 pages (17078587392 bytes)
Size of physical address space: 19042140160 bytes (323 segments)
Successfully wrote elf image of memory to memory.bin
Kernel directory table base: 0x0000000384d000
macoss-Mac:~/Desktop/OSXPMem$ ▮
```

Bild 4.11: Erfolgreiche Sicherung des Arbeitsspeichers mit *OSXPmem*

Je nach Größe Ihres Arbeitsspeichers benötigt *OSXPmem* einige Zeit zur Erstellung der Sicherung. Nach Beendigung der Sicherung haben Sie erfolgreich ein Abbild des Arbeitsspeichers erstellt.

4.5.2 Logische Sicherung

Eine logische Sicherung von Dateien und Verzeichnissen kann beispielsweise bei einer aktiven FileVault-Verschlüsselung des System Volume oder bei eingebundenen, aber verschlüsselten Volumes oder Image-Dateien erforderlich sein. Ist in einem solchen Fall der Zugriff auf das Mac-OS-System möglich, werden die Daten sinnvollerweise in unverschlüsseltem Zustand gesichert. Beachten Sie bei einem Herunterfahren des Computers, dass die Daten nicht mehr unverschlüsselt zugänglich sind und die Inhalte möglicherweise nicht mehr oder nur mit sehr hohem Aufwand wieder lesbar gemacht werden können.

Zu Übungszwecken kopieren Sie die Datei *FileVault2.sparseimage* aus dem Downloadbereich des Buchs auf den Desktop Ihres Übungs-Accounts und binden Sie die Image-Datei unter Nennung des Passworts *hackthemac* in Ihr System ein. Die Inhalte der verschlüsselten Datei sollen logisch gesichert werden, indem sie unter Nutzung des Terminals auf ein Sicherungsmedium kopiert werden. Hierfür kann das Terminalkommando cp eingesetzt werden. Es ermöglicht durch den Parameter -a die Konservierung von Dateiattributen wie Mac-Zeitstempel.

Allgemeine Syntax zur logischen Sicherung
```
$ sudo cp -a [Quelle] [Ziel]
```

Ermitteln Sie mit dem Befehl mount den Namen der eingebundenen Image-Datei (*/Volumes/encrypted_Vol*). Sichern Sie die Inhalte anschließend auf Ihren USB-Stick:

```
$ sudo cp -a /Volumes/encrypted_Vol/ /Volumes/usb/Sicherung/
```

4.6 Post-Mortem-Analyse

Die Post-Mortem-Analyse beschäftigt sich mit der Untersuchung und Analyse von bereits ausgeschalteten Mac-Computern. Bei der Post-Mortem-Analyse wird die Untersuchung des Computers anhand von forensischen 1:1 Kopien der vorhandenen Datenträger durchgeführt. Dadurch kann eine Veränderung des Original-Beweismittels verhindert und die Gerichtsverwertbarkeit gesichert werden. Post-Mortem-Untersuchungen finden in der Praxis unter Laborbedingungen statt und werden von IT-Forensikern unter Einsatz von forensischen Analyseprogrammen durchgeführt.

Voraussetzung für eine Post-Mortem-Analyse ist die Erstellung einer bitweisen forensischen Kopie des oder der Datenträger eines Mac-Computers. Idealerweise wird hierzu die Festplatte eines Computers ausgebaut und unter Zuhilfenahme eines Hardware-Schreibschutzes eine forensische Kopie erstellt. Bei Mac-Computern funktioniert dies nur bedingt. Seit der Einführung von Solid-State-Disk-Festplatten im MacBook Air im Jahr 2008 haben sie die traditionellen magnetischen Festplatten verdrängt. Aktuell haben Apple-Notebooks ausschließlich SSD-Speicher verbaut. Die stationären iMacs haben entweder SSD-Speicher oder kombinierte SSD-Speicher und magnetische Festplatten, sogenannte Fusion Drives, verbaut.

Ein Ausbau des Datenträgers ist damit nicht mehr ohne Weiteres möglich. Die von Apple benutzten SSD-Chips nutzen nicht die üblichen 1,8"- oder 2,5"-Formate, sondern haben ein proprietäres Format und ein ebensolches Interface. Die Geräte selbst sind so konstruiert, dass ein Ausbau von internen Bestandteilen durch den Nutzer nicht vorgesehen ist. So gestaltet sich das Öffnen eines MacBooks oder eines MacBook Pros als äußerst diffizile Angelegenheit. Die internen Bauteile sind größtenteils verklebt und das Gerät selbst ist überhaupt nur mit entsprechendem Spezialwerkzeug zu öffnen. Ist ein Ausbau eines Datenträgers aus einem Apple-Gerät notwendig, bieten sich die Anleitungen und Beschreibungen der Webseite *http://www.ifixit.com* als Vorlage an.

Die Erstellung einer forensischen Kopie eines Mac-Computers wird praktisch in den meisten Fällen nicht durch den Ausbau des Datenträgers erfolgen.

4.6.1   Forensische Abbilder von Datenträgern

Zur Erstellung von forensischen Abbildern kann das Kommandozeilenprogramm dd oder dcfldd benutzt werden. Beide sind in der Lage, bitweise Kopien im RAW-Format zu erstellen, die von den gängigen Analyseprogrammen weiterverarbeitet werden können.

Allgemeine Syntax von dd/dcfldd

```
$ dd if=Datenträger/Partition of=Sicherungsziel bs=4096
conv=noerror,sync,notrunc
```

Parameter:

bs	Gibt die Blockgröße an
conv	Übergibt weitere Parameter
noerror	Überspringt Lesefehler und füllt fehlerhafte Sektoren mit 0 auf
sync	Synchronisiert eingelesene Blöcke mit der Eingabe-Blockgröße
notrunc	Verhindert eine Kürzung der Ausgabe und konserviert Blöcke, die nicht explizit von dd geschrieben werden

---

Sicherung eines Datenträgers

```
$ dd if=/dev/disk# of=/Volumes/Sicherungsmedium/
Sicherung.dd bs=4096 conv=noerror,sync,notrunc
```

Sicherung einer Partition

```
$ dd if=/dev/disk#s# of=/Volumes/Sicherungsmedium/
Sicherung_Part.dd bs=4096 conv=noerror,sync,notrunc
```

Die folgende Abbildung zeigt beispielhaft die Sicherung der HFS+-Partition usb eines USB-Sticks (/dev/disk2s2) in die Datei /Desktop/usbstick.dd. Vor Durchführung der Sicherung mit dd werden mit dem Befehl diskutil list die nötigen Laufwerksinformationen ermittelt.

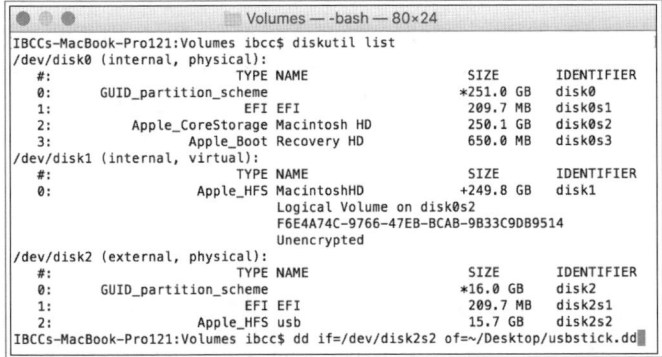

Bild 4.12: Sicherung der Partition usb (/dev/disk2s2) mit dd

Das Kommando dcfldd ist standardmäßig nicht Bestandteil von Mac OS. Es kann bei Bedarf aus der Linux-Welt portiert werden ($ port install dcfldd) und bietet dann umfangreichere Funktionalitäten wie eine Fortschrittsanzeige oder die Möglichkeit, mit der Sicherung auch einen Hashabgleich von Abbild und Originaldatenträger durchzuführen.

Die FreeBSD-Komponente des Mac-OS-Kernels unterstützt neben Block Devices (/dev/disk) auch sogenannte Character Devices (/dev/rdisk). Beides sind vom Kernel unterstützte Gerätetreiber zum Zugriff auf angeschlossene Datenträger. Die Manpage von hdiutil (man hdiutil) beschreibt den Unterschied von Block Devices zu Character Devices hauptsächlich in der Art und Weise des Zugangs zur angeschlossenen Hardware. Bei Block Devices erfolgt der Zugriff unter Nutzung eines Pufferspeichers, wohingegen Character Devices einen direkten Zugriff zur Hardware ermöglichen.

Das Programm dd kann unter Mac OS beide Gerätetreiber nutzen. Praktisch ermöglicht die Nutzung von Character Devices beispielsweise die Sicherung einer laufenden Core-Storage-Partition. So kann mit /dev/rdisk ein zusammengesetztes Fusion-Drive-Laufwerk oder eine mit FileVault 2 verschlüsselte Partition gesichert werden. Allerdings erfolgt der Zugriff auf die angeschlossene Hardware mit /dev/rdisk signifikant langsamer als mit /dev/disk. Die Sicherung eines USB-2.0-Speichersticks mit der Kapazität von 2 GB führte unter Nutzung beider Gerätetreiber zu folgenden Testergebnissen.

Geschwindigkeitsvergleich von /dev/disk und /dev/rdisk	
Gerätetreiber	Dauer der Sicherung Default Speicherort
/dev/disk	6 Minuten, 45 Sekunden
/dev/rdisk	55 Minuten, 20 Sekunden ~/Benutzer/Dokumente/Virtuelle Maschinen

Eine weitere Möglichkeit zur Erstellung eines forensischen Abbilds im Expert-Witness-Disk-Image-Format (EWF) ist das Programm `ewfacquire` aus der libewf-Bibliothek. Das Programm führt menügestützt durch die einzelnen Parameter bis zur Erstellung des forensischen Abbilds und kann mit der folgenden Syntax gestartet werden:

```
$ ewfacquire /dev/disk#
```

Alternativ zu den kommandozeilenbasierten Programmen bieten die Tools *FTK Imager* (kostenfrei von Access Data), *Encase* (kommerziell von Guidance Software) und *Mac-Quisition* (kommerziell von BlackBag Technologies) hervorragende und gut funktionierende Lösungen zum Sichern von Mac-Computern.

Falls keine Live-Response-Maßnahmen mit entsprechenden Feststellungen durchgeführt wurden, ist es nach der Erstellung eines forensischen Abbilds sinnvoll, die Gerätezeit des Computers zu ermitteln. Die Ermittlung der Gerätezeit sollte keine Veränderungen am Mac-Computer verursachen. Die Gerätezeit kann durch Starten des Mac-Computers im Single User Mode – [cmd] + [S] beim Systemstart – ermittelt werden.

Das System bootet mit den minimal benötigten System-Daemons in einer Minimalkonfiguration ohne grafische Oberfläche, dabei wird die Boot-Partition schreibgeschützt eingebunden und kann trotz Root-Rechten nicht beschrieben werden. Eine Ermittlung der Systemzeit lässt der Befehl `date` zu, der Befehl `sw_vers` zeigt die installierte Mac-OS-X-Version. Zu erwähnen ist, dass der Single User Mode nicht gebootet werden kann, wenn ein EFI-Firmware-Passwort vergeben ist.

4.6.2 Live-CD/-DVD oder bootbarer USB-Stick

Unter Zuhilfenahme von Live-CDs/-DVDs oder bootbaren USB-Medien kann ein Mac-Computer mit einem Linux-Betriebssystem fremdgebootet werden. Damit ist es möglich, den originären Datenträger im Anschluss schreibgeschützt zu mounten und zu sichern. Spezielle auf Mac-Computer spezialisierte Distributionen wie Sumuris Paladin oder Raptor bieten komfortable grafisch gesteuerte Sicherungstools.

Bei der Sicherung mit einer Live-Distribution ist zu beachten, dass Apple dazu übergeht, immer weniger Schnittstellen an seinen Produkten zur Verfügung zu stellen. So verfügt beispielsweise das MacBook (2015) nur über eine einzige USB-C-Schnittstelle. Zur Sicherung wird daher eine Live-Distribution benötigt, die in den RAM-Speicher verlagert werden kann, oder es müssen Adapter eingesetzt werden, um sowohl das Live-Medium als auch ein Sicherungsmedium anschließen zu können.

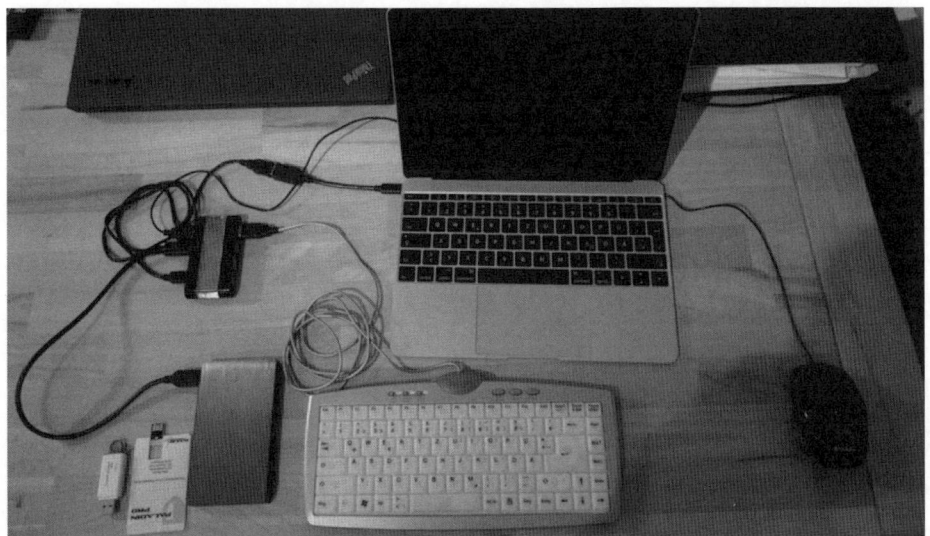

Bild 4.13: Aufbau zur Sicherung eines MacBooks mir einer Linux-Live-Distribution

Zur Sicherung wird folgendes Equipment empfohlen:

- 1 x USB-C-auf-USB-3-Adapter
- 1 x USB-3-Hub
- 1 x USB-Tastatur
- 1 x USB-3-HD-Sicherungsfestplatte (Ext4)
- Linux-Live-Distribution (Sumuri Paladin, Sumuri Paladin Pro, Raptor)

Zur Sicherung mit einer Linux-Live-Distribution wird das kommerzielle Produkt *Sumuri Paladin Pro* empfohlen. Es unterstützt die Mac-Hardware zuverlässig, ermöglicht eine grafisch geführte Sicherung und ein schreibgeschütztes Einbinden von Volumes. Eine Alternative ist die Durchführung einer Sicherung mit einer kostenfreien Linux-Distribution wie beispielsweise Arch Linux.

Sicherung mit der Live-Linux-Distribution Sumuri Paladin Pro

An dieser Stelle wird die Sicherung eines Apple-Computers mit der Live-Linux-Distribution Sumuri Paladin Pro beschrieben. Gemäß dem in der vorherigen Abbildung ersichtlichen Sicherungsaufbau ermöglicht Paladin Pro das Booten des Computers – nach gedrückter `alt`-Taste mit der Auswahl `EFI Boot`.

Abweichend vom aufgezeigten Sicherungsaufbau ist bei einer Sicherung mit Paladin Pro nicht unbedingt eine externe Tastatur bzw. Maus nötig. Die Linux-Distribution kann die interne Tastatur und das Touchpad des MacBooks einbinden.

Paladin Pro wird nach Auswahl des Boot-Mediums gestartet und lässt verschiedene Boot-Optionen zu. Um den Mac-Computer schreibgeschützt zu starten, sollte der *Forensic Mode* ausgewählt werden.

```
           GNU GRUB   version 2.02~beta2-9ubuntu1

*PALADIN 7 - Forensic Mode - 64-bit
 PALADIN 7 - Forensic Mode - 64-bit (nomodeset)
 PALADIN 7 - Forensic Mode - 64-bit (acpi=off)
 PALADIN 7 - SUMURI Remote Services Mode - 64-bit
 PALADIN 7 - SUMURI Remote Services Mode - 64-bit (nomodeset)
 PALADIN 7 - SUMURI Remote Services Mode - 64-bit (acpi=off)
 PALADIN 7 - Non-Forensic Mode - 64-bit
 PALADIN 7 - Non-Forensic Mode - 64-bit (nomodeset)
 PALADIN 7 - Non-Forensic Mode - 64-bit (acpi=off)
 PALADIN EDGE Forensic Mode - 32-bit
```

Bild 4.14: Sumuri Paladin Pro – Boot-Optionen

Nach dem Start der Paladin-Pro-GUI kann die Paladin-Toolbox über das Dock im linken unteren Bereich des Bildschirms erreicht werden. Die Toolbox ermöglicht eine grafisch geführte Sicherung.

Bild 4.15: Sumuri-Paladin-Pro-Dock mit der Toolbox

Innerhalb der Toolbox können die eingebundenen Partitionen im *Disk Manager* eingesehen werden. Vor Durchführung einer Sicherung sollte die Sicherungsfestplatte als *Read-Write* eingebunden werden.

Die Sicherung erfolgt über den *Imager* durch Auswahl des zu sichernden Volumes, des Sicherungstyps (z. B. E01, DD) und der Sicherungsfestplatte. Die Sicherung wird durch Drücken des *Start*-Buttons initiiert.

Paladin 7 ist in der Lage, auch das aktuellste Late-2016-MacBook mit Touch Bar zu booten und zu sichern. Zur Sicherung muss bei den Boot-Optionen nomodeset ausgewählt werden. Durch Drücken der E -Taste kann das Bootkommando vor dem Starten von Paladin geändert werden. Zum Starten des MacBooks und Einbinden des internen SSD-Speichers muss als Kommando paladin_7.iso splash nomodeset -- eingegeben werden.

4.6.3   Sicherung von MacBooks mit NVMe-Controllern

In dem 2015 erschienenen 12-Zoll-MacBook verbaut Apple einen selbst entwickelten SSD-NVMe-Controller. Der Controller unterstützt das Protokoll NVM Express, das die Latenz der SSD verringert und für ein CPU-Multithreading optimiert ist. Eine Untersuchung des LogicBoards durch iFixit bestätigte 2015 den proprietären Controller. Dieser befindet sich unterhalb des DRAM-Cache-Chips und ist damit erst bei einem Ausbau desselben zu erkennen.

Eine Sicherung von NVMe-SSDs ist derzeit nicht mit allen Linux-Live-Distributionen möglich.

Der verbaute SSD-NVMe-Controller wird hardwaretechnisch erst ab der Linux-Kernel-Version 4.6.0 (64 Bit) zuverlässig erkannt. Bei älteren Kernel-Versionen wird die SSD nicht erkannt und kann dementsprechend nicht gesichert werden. Die in diesem Buch aufgezeigten Sicherungsmethoden (Linux-Live-Distribution und Recovery-Partition) sind nur bei nicht aktivem Firmware-Passwort möglich. Falls ein Firmware-Passwort aktiv ist, muss es zuerst über Apple entsperrt werden.

MacBooks mit NVMe-Controller können mit der Linux-Live-Distribution Sumuri-Paladin-Version Edge 64 gesichert werden. Diese ist im kostenpflichtigen Produkt Paladin Pro enthalten - *http://www.sumuri.com.*

Eine kostenfreie Möglichkeit ist, eine eigene Linux-Distribution einzurichten, die in der Lage ist, den NVMe-Controller zu erkennen. Nachfolgend wird aufgezeigt, wie das kostenlose Arch Linux dafür eingesetzt werden kann.

Sicherung eines MacBooks mit Arch Linux

Arch Linux ist eine einfache, schlanke und kostenfreie Linux-Distribution. Die zur Sicherung verwendete Version 2016.09.03 hat die Linux-Kernel-Version 4.7.2 und ist in der Lage, den SSD-NVMe-Controller zu erkennen (*https://www.archlinux.org/releng/releases/2016.09.03/*). Arch Linux ermöglicht in forensischem Kontext von vornherein kein schreibgeschütztes Einbinden von Volumes nach dem Start des Betriebssystems. In der Praxis sind daher für forensische Zwecke optimierte Linux-Distributionen sicherlich geeigneter, da bei deren Nutzung eine Datenveränderung und Anwenderfehler von vornherein vermieden werden können.

Nach dem Download von Arch Linux kann die ISO-Datei mit `dd` bootfähig auf ein USB-Medium kopiert werden:

```
⬆ ibcc — -bash — 105×5
Marc:~$ dd if=~/Downloads/archlinux-2016.09.03-dual.iso of=/dev/disk2
```

Bild 4.16: Erstellen eines bootfähigen Arch-Linux-USB-Sticks unter Mac OS

Im Anschluss kann der neu erstellte Arch-Linux-USB-Stick zur Sicherung eingesetzt werden. Analog zu dem am Anfang des Kapitels gezeigten Sicherungsaufbau erfolgt das Booten mit gedrückter `alt`-Taste der Mac-Tastatur. Beim Einsatz von Arch Linux als Bootmedium werden das interne Touchpad und die Tastatur des MacBooks nicht erkannt. Daher sollte, wie zuvor gezeigt, eine externe Tastatur bzw., wenn benötigt, eine externe Maus genutzt werden. Nach erfolgreichem Booten von Arch Linux erfolgt die Sicherung über das Terminal.

- Zunächst werden die eingehängten Datenträger ermittelt:

```
$ fdisk -lu
```

- Danach wird ein Mount-Point erzeugt. Hierhin soll die Sicherungsfestplatte eingebunden werden:

```
$ mkdir /mnt/nvme
```

- Anschließend wird die Sicherungsplatte eingebunden – /dev/sdb1 kann variieren:

```
$ mount /dev/sdb1 /mnt/nvme
```

- Die Sicherung wird mit dem Befehl dd gestartet:

```
$ if=/dev/nvme0n1 of=/mnt/nvme/ssd_nvme.dd bs=8192 conv=noerror
```

4.6.4 Sicherung über die Recovery-Partition

Eine Alternative zur Sicherung mit einer Live-CD/-DVD oder einem bootbaren USB-Medium ist die Sicherung über die Recovery-Partition eines Mac-Computers. Bei dieser Methode wird der Mac über sein Notfallbetriebssystem gestartet. Im Anschluss wird über das Terminal ein Sicherungsmedium eingebunden und der interne Datenträger mit dd gesichert.

Zur Sicherung wird folgendes Equipment benötigt:

- 1 x USB-C-auf-USB-3-Adapter
- 1 x USB-3-Hub
- 1 x USB-3-HD-Sicherungsfestplatte (ExFat)

Eine Sicherung kann in folgenden Schritten durchgeführt werden:

1. MacBook im Recovery-Modus starten `cmd`+`R`

2. Im Recovery-Modus: Öffnen des Terminals über die Menüleiste.

3. Ermitteln der angeschlossenen Datenträger

```
$ diskutil list
```

4. Aushängen des internen Datenträgers

```
$ unmount /dev/disk#
```

5. Anschließen der USB-Sicherungsfestplatte. Prüfung mit mount, ob die USB-Festplatte korrekt eingebunden wurde.

6. Sicherung starten:

```
$ dd if=/dev/rdisk# of=/Volume/USB/macbook.raw bs=8192
conv=noerror
```

7. Gegebenenfalls den MD5-Wert zum internen Datenträger bilden:

```
$ md5 /dev/rdisk# > /Volume/USB/macbook.md5
```

8. Gegebenenfalls den Fortschritt der Sicherung beobachten:

```
$ while ::do ls -l /Volume/USB/macbook.raw; sleep 1;
  clear; done
```

4.6.5 Target Disk Mode

Der Target Disk Mode (TDM) kann genutzt werden, um einen Mac-Computer als externes Firewire-/Thunderbolt-Laufwerk in einen weiteren Analyse-Mac einzubinden – [cmd] + [T] beim Systemstart. Das eingebundene Laufwerk kann anschließend gesichert werden. Der Target Disk Mode wird von allen Mac-Computern unterstützt, die eine Firewire- oder Thunderbolt-Schnittstelle besitzen. Aktuelle MacBook Airs und Pros besitzen jeweils Thunderbolt-2-Anschlüsse. Bei einem MacBook (Version 2015) kann der Target Disk Mode über die USB-C-Schnittstelle mit einem passenden Kabel hergestellt werden. Im Target Mode verbundene Mac-Computer werden nicht schreibgeschützt eingebunden. Daher ist bei dieser Sicherungsmethode darauf zu achten, dass ein Schreibzugriff durch Verwendung eines Hardware-Schreibschutzes oder durch ein Deaktivieren von Disk Arbitration verhindert wird.

4.6.6 FileVault 2 und Fusion Drive

Das Erstellen von forensischen Abbildern kann beim Vorhandensein der Technologien FileVault 2 und Fusion Drive zu den im Folgenden beschriebenen besonderen Problemstellungen führen.

FileVault 2

Ist eine FileVault 2-Verschlüsselung aktiv, kann im Allgemeinen ein forensisches Abbild erstellt werden, zum Öffnen des Abbilds ist allerdings das Passwort erforderlich. Ebenfalls möglich ist eine Sicherung über den Target Disk Mode, hierbei muss das FileVault-Laufwerk beim Einbinden in den Analyse-Mac durch Eingabe des Passworts entschlüsselt werden. Ist eine FileVault 2-Verschlüsslung aktiv, das Passwort nicht bekannt, und kann auf den Computer zugegriffen werden, wird eine logische Sicherung empfohlen.

Fusion Drive

Fusion-Drive-Laufwerke bestehen aus einer SSD und einer magnetischen Festplatte. Fusion Drive verschiebt automatisch häufig genutzte Dateien auf den schnellen Flash-Speicher. Weniger oft benutzte Dateien werden auf dem langsameren Festplattenspeicher belassen. Die Technologie erlaubt eine erhebliche Beschleunigung bei Festplattenzugriffen. Fusion-Drive-Laufwerke erscheinen als logisches Laufwerk und werden von dem logischen Gerätemanager Core Storage verwaltet.

Von Fusion-Drive-Laufwerken (SSD und magnetische Festplatte) können forensische Abbilder erstellt werden. Ein Zusammenbauen der Images gelingt mit einem Analyse-Mac unter Nutzung von Core Storage. Möglich ist auch die Sicherung eines Fusion-Drive-Laufwerks über den Target Disk Mode. Über diese Methode kann das Laufwerk zusammenhängend gesichert werden. Allerdings ist zum Einbinden eines Fusion-Drive-Laufwerks über TDM mindestens Mac-OS-X-Version 10.8.2 nötig.

FileVault und Fusion Drive

Problematisch ist derzeit die Sicherung eines mit FileVault verschlüsselten Fusion-Drive-Laufwerks. Forensische Abbilder des verschlüsselten Fusion Drive können nicht wieder zusammengesetzt werden und auch eine Sicherung über den Target Disk Mode ist nicht möglich. Bislang sind lediglich die kommerziellen Sicherungstools *BlackLight MacQuisition* und *Sumuri Recon Imager* in der Lage, FileVault-verschlüsselte Fusion Drives zu sichern und anschließend wieder einzubinden.

4.6.7 Open-Firmware-Passwort

Auf Ebene des EFI-Bootloaders kann gegebenenfalls ein Firmware-Passwort vergeben werden. Die Einrichtung erfolgt ab Mac-OS-X-Version 10.7 über die Recovery-Partition unter *Utilities/Firmware Password Utility*. Ist ein Firmware-Passwort aktiv, wird der Start des Mac-Computers von einem anderen als dem internen Bootmedium verhindert. Auch der Single User Mode und der Target Disk Mode sind nicht verfügbar.

Das Firmware-Passwort kann unter Umständen umgangen werden. Bei älteren Mac-Computern ist das Passwort in den PRAM-Bausteinen gespeichert und kann durch Zurücksetzen des PRAM entfernt werden. Hierzu müssen die PRAM-Bausteine einmalig aus- und wieder eingesteckt werden, danach kann mit der Tastenkombination `cmd` + `alt` + `P` + `R` der PRAM-Speicher und damit das Firmware-Passwort gelöscht werden. Bei neueren Mac-Computern ab dem Jahr 2011 wird das Passwort in einem eigenen programmierbaren Atmel-Chip gespeichert.

Der hardwaregebundene Sicherheitschip authentifiziert das Passwort mit einem sicheren Algorithmus unter Einbindung des Logic Boards. Ein Zurücksetzen des Firmware-Passworts auf die bisherige profane Art und Weise wird damit verhindert. Um das Firmware-Passwort zurücksetzen zu können, ist nunmehr ein von Apple generiertes Keyfile nötig. Es kann bei Apple beantragt werden, indem ein 33-stelliger Hashwert an Apple übermittelt wird. Der Hashwert kann beim Systemstart mit der Tastenkombination `ctrl` + `alt` + `cmd` + `shift` + `S` angezeigt werden.

4.6.8 Disk Arbitration

Zur Sicherung eines Datenträgers bzw. eines Mac-Computers im Target-Modus wird das zu sichernde Medium gewöhnlich an ein Analysesystem angeschlossen, von dem aus eine Sicherung initiiert wird. Hierbei sollte das zu sichernde Medium wenn möglich schreibgeschützt eingebunden werden, um Schreibzugriffe und damit Veränderungen zu vermeiden. Empfohlen wird der Einsatz eines geprüften Hardware-Schreibschutzes, der schreibende Zugriffe auf ATA-Ebene zuverlässig blockieren kann. Verschiedene Hersteller wie Tableau oder CRU (WiebeTech) haben sich auf die Herstellung solcher Produkte für den forensischen Einsatz spezialisiert. Ist kein solcher Hardware-Schreibschutz verfügbar, sollten Schreibzugriffe zumindest softwareseitig bzw. auf Betriebssystemebene verhindert werden.

Unter Mac OS ist das Core-OS-Framework Disk Arbitration zuständig für das automatische Mounten von Datenträgern. Vor der Durchführung einer Sicherung sollte Disk Arbitration deaktiviert werden, um ein automatisches und nicht schreibgeschütztes Einhängen des Beweismittels zu verhindern. Ob der Disk-Arbitration-Daemon aktiv ist, kann folgendermaßen ermittelt werden: Der Daemon läuft unter Root-Rechten und hat den Pfad `/usr/libexec/diskarbitrationd`.

```
● ● ●                          Volumes — -bash — 112×10
IBCCs-MacBook-Pro121:Volumes ibcc$ ps aux | grep diskarbitrationd
root              71  0,0  0,0 2497080  3800  ??  Ss  So08pm   0:19.34 /usr/libexec/diskarbitrationd
ibcc           10126  0,0  0,0 2461460   812 s000  S+  10:34pm   0:00.00 grep diskarbitrationd
IBCCs-MacBook-Pro121:Volumes ibcc$ ▉
```

Bild 4.17: Anzeige des Disk-Arbitration-Status

Mit dem Kommando `launchctl` kann Disk Arbitration temporär (bis zum nächsten Neustart) aus- oder eingeschaltet werden:

```
● ● ●                          Volumes — -bash — 124×8
IBCCs-MacBook-Pro121:Volumes ibcc$ sudo launchctl unload /System/Library/LaunchDaemons/com.apple.diskarbitrationd.plist
IBCCs-MacBook-Pro121:Volumes ibcc$ ps aux | grep diskarbitrationd
ibcc           10192  0,0  0,0 2435860   772 s000  S+  10:41pm   0:00.00 grep diskarbitrationd
IBCCs-MacBook-Pro121:Volumes ibcc$ sudo launchctl load /System/Library/LaunchDaemons/com.apple.diskarbitrationd.plist
IBCCs-MacBook-Pro121:Volumes ibcc$ ps aux | grep diskarbitrationd
ibcc           10214  0,0  0,0 2445076   796 s000  S+  10:42pm   0:00.00 grep diskarbitrationd
root           10197  0,0  0,0 2497604  2816  ??  Ss  10:42pm   0:00.03 /usr/libexec/diskarbitrationd
IBCCs-MacBook-Pro121:Volumes ibcc$ ▉
```

Bild 4.18: Deaktivieren und Aktivieren von Disk Arbitration mit `launchctl`

Zur Steuerung des Disk-Arbitration-Daemons kann alternativ das von Aaron Burghardt entwickelte grafische Tool Disk-Arbitrator verwendet werden. Das Programm kann kostenfrei von Github bezogen werden.

4.7 Sicherungsstrategien für Mac-Computer

Ausbau des internen Datenträgers	Target Disk Mode	Live-CD/-DVD, USB-Medium	Recovery Mode
Einsatz eines Hardware-Schreibschutzes möglich.	Einsatz eines Hardware-Schreibschutzes möglich.	Kein Einsatz eines Hardware-Schreibschutzes möglich.	Kein Einsatz eines Hardware-Schreibschutzes möglich.
Ohne Hardware-Schreibschutz, Disk Arbitration deaktivieren.	Ohne Hardware-Schreibschutz, Disk Arbitration deaktivieren.	Das Live-Medium sollte Datenträger softwareseitig schreibgeschützt einbinden können.	Kein Schreibschutz möglich, die Systempartition sollte sicherheitshalber ausgehängt werden.
Tools: dd, dcfldd, FTK Imager, ewfacquire	Firewire-/Thunderbolt-Schnittstelle auf beiden Geräten erforderlich.	Tools: Sumuri Paladin, Sumuri Recon Imager, BlackBag MacQuisition, Raptor, GRML	Möglich, wenn Recovery-Partition gebootet werden kann.
Problematisch bei proprietären Schnittstellen von SSDs.	Nicht möglich, wenn Firmware-Passwort aktiv ist.	Nicht möglich, wenn Firmware-Passwort aktiv ist.	Nicht möglich, wenn Firmware-Passwort aktiv ist.

4.8 Übung: Sicherung erstellen

Fertigen Sie in dieser Übung ein forensisches Abbild eines physikalischen und logischen Volumes an und probieren Sie die unterschiedlichen Sicherungsmethoden aus. Laden Sie zur Durchführung der Übung die Datei *USB_Stick.sparseimage* aus dem Download-bereich zu diesem Buch herunter und speichern Sie die Datei auf dem Schreibtisch Ihres Übungs-Accounts *MacOS*. Lassen Sie sich mit ⌘+I die Eigenschaften der Datei anzeigen und achten Sie darauf, dass das Feld *Geschützt* ausgewählt und die Datei damit schreibgeschützt ist. Binden Sie die Datei anschließend über das Terminal mit

```
$ hdiutil attach -nomount ~/Desktop/USB_Stick.sparseimage
```

in Ihr System ein. Die Ausgabe von `hdiutil` zeigt Ihnen, unter welchem Blockdevice die Übungsdatei eingebunden wurde. Erstellen Sie im Anschluss mit dem Kommando

```
$ mkdir ~/Desktop/Sicherungen
```

das Verzeichnis *Sicherungen* auf Ihrem Schreibtisch. In das Verzeichnis sollen die im Verlauf der Übung erstellten Sicherungen gespeichert werden. Der Terminalbefehl

```
$ diskutil list
```

zeigt Ihnen eine Übersicht der eingebundenen Blockdevices. Die Abbildung zeigt die eingebundene Übungsdatei als /dev/disk2, das Disk-Image enthält eine HFS+-Partition unter /dev/disk2s1.

```
● ● ●                    ⬆ ibcc — -bash — 80×24
macoss-Mac:~$ diskutil list /dev/disk2
/dev/disk2 (disk image):
   #:                       TYPE NAME                SIZE       IDENTIFIER
   0:      GUID_partition_scheme                    +5.0 MB     disk2
   1:                Apple_HFS logical_Volume        5.0 MB     disk2s1
macoss-Mac:~$ ▮
```

Bild 4.19: Die eingebundene Übungsdatei.

Führen Sie die folgenden Sicherungen in Ihrem Übungs-Account durch.

4.8.1 Sicherung mit dd/dcfldd

Volume:

```
$ dcfldd if=/dev/disk2 of=~/Desktop/Sicherungen/sicherung_volume_dcfldd.
dd bs=4096 conv=noerror, sync, notrunc
```

Partition:

```
$ dcfldd if=/dev/disk2s1 of=~/Desktop/Sicherungen/sicherung_partition_
dcfldd.dd bs=4096 conv=noerror,sync,notrunc
```

Sie erhalten jeweils eine Sicherungsdatei im RAW-Format (dd). Das RAW-Format ist ein nicht komprimiertes bitweises Abbild des Ursprungs-Volumes.

4.8.2   Sicherung mit ewfacquire

Bei Ausführung von ewfacquire ist es lediglich notwendig, den Pfad des zu sichernden Volumes anzugeben. Das Programm führt Sie anschließend durch ein textbasiertes
Menü und fragt weitere Parameter ab. Arbeiten Sie sich durch das Menü und starten Sie
jeweils eine Sicherung für das physikalische und das logische Volume.

```
● ● ●                          ⬆ ibcc — -bash — 99×32
The following acquiry parameters were provided:
Image path and filename:              /Users/ibcc/Desktop/Sicherungen/sicherung_volume_ewf.E01
Case number:                          1
Description:                          none
Evidence number:                      1
Examiner name:                        Brandt
Notes:                                none
Media type:                           fixed disk
Is physical:                          yes
EWF file format:                      EnCase 6 (.E01)
Compression method:                   deflate
Compression level:                    none
Acquiry start offset:                 0
Number of bytes to acquire:           4.8 MiB (5020672 bytes)
Evidence segment file size:           1.4 GiB (1572864000 bytes)
Bytes per sector:                     512
Block size:                           64 sectors
Error granularity:                    64 sectors
Retries on read error:                2
Zero sectors on read error:           no

Continue acquiry with these values (yes, no) [yes]: yes

Acquiry started at: Apr 06, 2017 16:21:18
This could take a while.

Acquiry completed at: Apr 06, 2017 16:21:18

Written: 4.8 MiB (5021988 bytes) in 0 second(s).
MD5 hash calculated over data:        130d3f9288e7a5565831196169b286d8
ewfacquire: SUCCESS
macoss-Mac:~$ ▋
```

Bild 4.20: Beispielhafte Ausgabe der Parameter bei der Sicherung eines physikalischen
Volumes mit ewfacquire

Volume:

```
$ ewfacquire /dev/disk2
```

Partition:

```
$ ewfacquire /dev/disk2s1
```

Sie erhalten Sicherungsdateien im EWF-Format. Eine EWF-Datei ist ein Container, der
neben Metadaten zur Sicherung das erzeugte bitweise Abbild des Ursprungsdatenträgers
enthält. EWF unterstützt die Komprimierung von forensischen Abbildern.

4.8.3   Sicherung mit dem FTK Imager

Der FTK Imager ist ein kostenfreies Sicherungstool der Firma AccessData. Laden Sie die
Command-Line-Version des Programms über die URL *http://accessdata.com/product-
download/digital-forensics/mac-os-10.5-and-10.6x-version-3.1.1* herunter und kopieren

Sie es auf den Schreibtisch Ihres Übungs-Accounts. Sie können das Programm vom Terminal aus bedienen.

Navigieren Sie zunächst mit `$ cd ~/Desktop/` auf Ihren Schreibtisch und lassen Sie sich die für den FTK Imager zum Sichern verfügbaren Volumes mit dem Befehl `$ ./ftkimager --list-drives` anzeigen.

```
macoss-Mac:~/Desktop$ ./ftkimager --list-drives
AccessData FTK Imager v3.1.1 CLI (Aug 24 2012)
Copyright 2006-2012 AccessData Corp., 384 South 400 West, Lindon, UT 84042
All rights reserved.

/dev/disk0
/dev/disk1
/dev/disk2 - Apple Mitwachsendes Image Media [9KB]
macoss-Mac:~/Desktop$
```

Bild 4.21: Ausgabe der zu sichernden Volumes mit der Command-Line-Version (CLI) des FTK Imager

Sichern Sie anschließend das physikalische und das logische Volume mit dem FTK Imager. Parameter zur Sicherung können mit dem Programmaufruf übergeben werden.

Volume:

```
$ ./ftkimager /dev/disk2 ~/Desktop/Sicherungen/sicherung_volume_ftk --verify
--e01 --case-number 01 --evidence-number 01 --description none --examiner
Brandt --notes none
```

Partition:

```
$ ./ftkimager /dev/disk2s1 ~/Desktop/Sicherungen/sicherung_partition_ftk
--verify --e01 --case-number 01 --evidence-number 01 --description none
--examiner Brandt --notes none
```

```
macoss-Mac:~/Desktop$ ./ftkimager /dev/disk2 ~/Desktop/Sicherungen/sicherung_volume_ftk --verify --
e01 --case-number 01 --evidence-number 01 --description none --examiner Brandt --notes none
AccessData FTK Imager v3.1.1 CLI (Aug 24 2012)
Copyright 2006-2012 AccessData Corp., 384 South 400 West, Lindon, UT 84042
All rights reserved.

Creating image...
Image creation complete.
Verifying image...
Image verification complete.
[MD5]
 Computed hash: 130d3f9288e7a5565831196169b286d8
 Image hash:    130d3f9288e7a5565831196169b286d8
 Report hash:   130d3f9288e7a5565831196169b286d8
 Verify result: Match
[SHA1]
 Computed hash: f3f6a82b663d635ff8e430270ca0e8fcd93504fa
 Image hash:    f3f6a82b663d635ff8e430270ca0e8fcd93504fa
 Report hash:   f3f6a82b663d635ff8e430270ca0e8fcd93504fa
 Verify result: Match
macoss-Mac:~/Desktop$
```

Bild 4.22: Erfolgreiche Sicherung eines Volumes mit dem FTK Imager (CLI-Version).

Nach Fertigstellung der Sicherung erzeugt FTK Imager eine Protokolldatei mit Metadaten zur Sicherung, unter anderem einem MD5- und SHA1-Hashwertabgleich des Ursprungsvolumes und der angefertigten E01-Abbilddatei.

5 Kategorisierung digitaler Spuren

Das Kapitel führt in die forensische Untersuchung eines Mac-Computers ein. Zunächst kategorisiert es die digitalen Spuren eines Macs nach bestimmten Kriterien. Anhand der gewählten Kategorisierung werden in den verbleibenden Kapiteln die digitalen Spuren betrachtet und Extraktionsmöglichkeiten aufgezeigt.

Eine Kategorisierung nach der Flüchtigkeit der digitalen Spuren bietet sich an. Dabei wird zwischen persistenten und nicht persistenten Spuren unterschieden. Nicht persistente Spuren gehen bei der Unterbrechung der Stromzufuhr verloren. Sie werden ihrerseits in semi-persistente Spuren, die ohne Stromzufuhr kurzfristig erhalten bleiben (bspw. RAM-Speicher), und flüchtige Spuren, die selbst im laufenden Betrieb eines Rechners nur zeitweise vorhanden sind, unterschieden.

Persistente Spuren bleiben auch ohne Stromzufuhr bei ausgeschalteten Computern beispielsweise auf magnetischen Festplatten oder Solid State Disks erhalten. Persistente Spuren lassen sich weiter nach der konzeptionellen Aufteilung von Mac OS in die Domänen Nutzer (Nutzer-Domäne), System und Lokal (System- und lokale Domäne) und schließlich Netzwerk (Netzwerk-Domäne) unterteilen.

Schließlich wird innerhalb der Nutzer-Domäne nach nativen Applikationen des Betriebssystems Mac OS und Applikationen von Drittanbietern unterschieden. Eine Visualisierung der gewählten Kategorisierung in Ebenen ist in der folgenden Abbildung ersichtlich. Die folgenden beiden Kapitel beschäftigen sich mit persistenten und nicht persistenten digitalen Spuren. Die Analyse von Hauptspeicherinhalten nimmt im Buch eine größere Rolle ein, weshalb sie in einem eigenen Kapitel thematisiert wird.

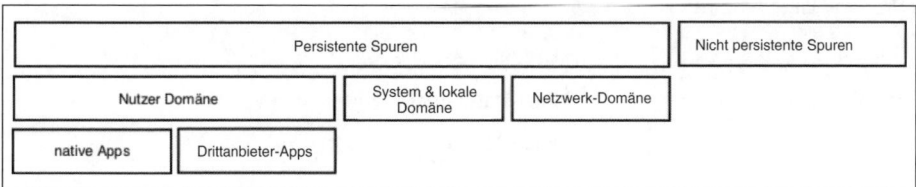

Bild 5.1: Kategorisierung digitaler Spuren eine Mac-OS-Betriebssystems

5.1 Persistente Spuren

Persistente Spuren sind dauerhaft auf Datenträgern (internen und extern angeschlossenen Festplatten, SSDs oder weiteren Speichermedien wie USB-Sticks oder Speicherkarten) gespeichert. Sie können theoretisch zu einem beliebigen späteren Zeitpunkt analysiert werden. Die Untersuchung von Datenträgern und die Analyse persistenter Spuren ist der Hauptbestandteil einer forensischen Post-Mortem-Analyse. Generell sind digitale Spuren Daten in binärem Format. Prozessoren können grundsätzlich nur zwischen 1 und 0 unterscheiden. Erst die Codierung von Binärdaten durch ein Dateisystem – im Fall von Mac-Computern HFS+ – schafft eine Abstrahierungsebene, die das Arbeiten mit Dateien und Verzeichnissen ermöglicht. Eine weitere Ebene bietet das Betriebssystem Mac OS, das aufsetzend auf den Dateisystemen HFS+ und APFS das Arbeiten mit Programmen bzw. die Nutzeraktion durch eine grafische Oberfläche zulässt.

Das Kapitel 5.1, »Persistente Spuren« zeigt Mac-spezifische digitale Spuren des Betriebssystems Mac OS.

5.2 Mac-spezifische Formate

Ein Großteil der persistenten Spuren ist in bestimmten von Mac OS genutzten Dateiformaten abgelegt. Um die Betrachtung der einzelnen digitalen Spuren zu erleichtern, werden die wichtigsten Dateiformate an dieser Stelle allgemein besprochen.

5.2.1 Property List Files

Mac OS nutzt Property List Files (Plist) zur strukturierten Speicherung von Konfigurationsdaten. Die Plist-Dateien unter Mac OS sind in weitestem Sinne vergleichbar mit der Windows-Registry; sie beinhalten Konfigurationseinstellungen für das System, aber auch für einzelne Applikationen. Plist-Dateien können in zwei Formaten vorliegen: XML und binär. Das XML-Format ist zwar vom Menschen gut lesbar, allerdings nicht effizient bei der Nutzung von Speicherplatz. Daher wurde mit Mac-OS-X-Version 10.2 das effizientere binäre Plist-Format eingeführt. Plist-Dateien können mit dem Kommandozeilenprogramm `plutil` geöffnet und zwischen den Formaten konvertiert werden. Eine intuitivere grafische Ansicht bietet Xcode. Die beiden Plist-Formate haben folgende Datei-Signaturen:

Property-List-Signaturen	
Signatur	Format
<?xml version=	Plist-Datei in XML-Format
bplist00	Plist-Datei in Binär-Format

Die nächsten beiden Abbildungen zeigen die Ausgaben von `plutil` und `Xcode` zur Datei `login-window.plist` mit dem zuletzt eingeloggten Nutzer und dem Status für Autologin. Durch den Befehl

```
$ open /Library/Preferences/com.apple.loginwindow.plist
```

wird die Datei in der `Xcode`-Ansicht (sofern installiert) geöffnet.

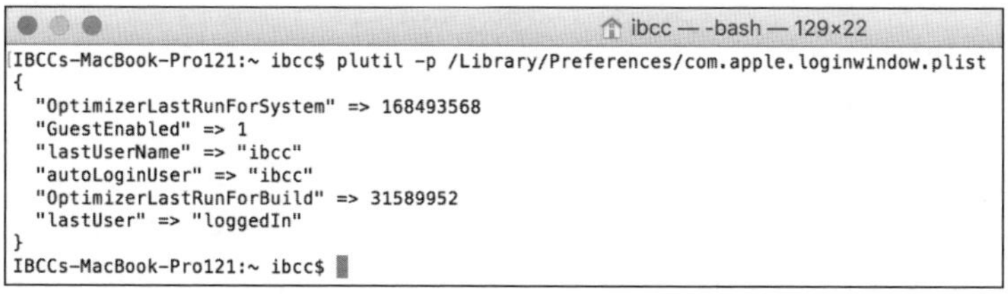

```
● ● ●                          ⬆ ibcc — -bash — 129×22
IBCCs-MacBook-Pro121:~ ibcc$ plutil -p /Library/Preferences/com.apple.loginwindow.plist
{
    "OptimizerLastRunForSystem" => 168493568
    "GuestEnabled" => 1
    "lastUserName" => "ibcc"
    "autoLoginUser" => "ibcc"
    "OptimizerLastRunForBuild" => 31589952
    "lastUser" => "loggedIn"
}
IBCCs-MacBook-Pro121:~ ibcc$ ▉
```

Bild 5.2: Ausgabe mit `plutil -p`

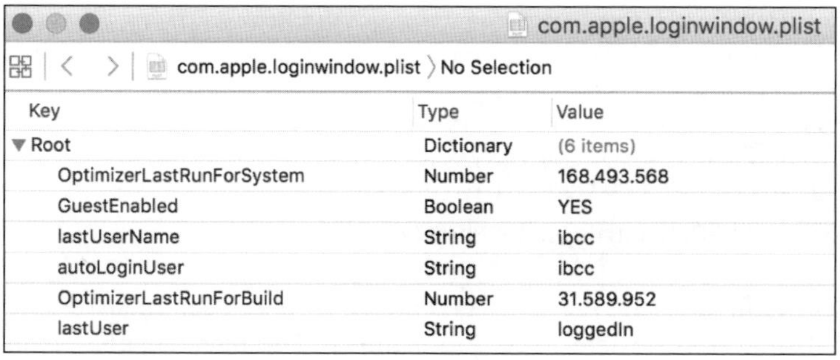

Key	Type	Value
▼ Root	Dictionary	(6 items)
OptimizerLastRunForSystem	Number	168.493.568
GuestEnabled	Boolean	YES
lastUserName	String	ibcc
autoLoginUser	String	ibcc
OptimizerLastRunForBuild	Number	31.589.952
lastUser	String	loggedIn

com.apple.loginwindow.plist ⟩ No Selection

Bild 5.3: Anzeige mit `Xcode`.

5.2.2 NSKeyedArchiver-Format

Binäre Plist-Dateien können im NSKeyedArchiver-Format codiert werden. Apple nutzt das Codierungsformat, um Informationen plattformunabhängig in Plist-Dateien abspeichern zu können. Das NSKeyedArchiver-Format gehört zur Klasse NSCoder des Foundation Frameworks. Plist-Dateien im NSKeyedArchiver-Format unterscheiden sich von nicht codierten Plist-Dateien dadurch, dass alle enthaltenen Objekte oder Werte anhand von Namen oder Schlüsseln referenziert werden. Diese Art der Codierung ermöglicht es App-Entwicklern, leichter auf die jeweiligen Objekte oder Werte einer codierten Plist-Datei zuzugreifen, und verbessert die Auf- und Abwärtskompatibilität bei der Entwicklung von Programmen.

Innerhalb einer codierten Plist-Datei müssen die Schlüssel von Objekten oder Werten einzigartig sein, um eine eindeutige Zuordnung zu ermöglichen. Das NSKeyedArchiver-Format ist hierarchisch angeordnet. Ein Objekt, das mit dem Schlüssel A referenziert wurde, kann auch mit seinen weiteren Unterschlüsseln nicht mit einem Objekt mit dem Schlüssel B in Konkurrenz treten.

Apple tendiert aktuell dazu, das NSKeyedArchiver-Format sowohl in seinem Mac-OS-Betriebssystem als auch in der mobilen Variante iOS verstärkt einzusetzen. Ein Beispiel sind die in Mac OS X 10.11 eingeführten `.sfl`-Dateien für zuletzt benutzte Finder-Objekte. Bei näherer Betrachtung über das Terminal mit `file` und `cat` in Kombination mit `xxd` handelt es sich bei den `.sfl`-Dateien um binäre Plist-Dateien.

```
● ● ●                        🖿 com.apple.sharedfilelist — -bash — 103×29
macoss-Mac:~/Library/Application Support/com.apple.sharedfilelist$ ls
com.apple.LSSharedFileList.ApplicationRecentDocuments
com.apple.LSSharedFileList.ApplicationRecentDocuments.sfl
com.apple.LSSharedFileList.FavoriteItems.sfl
com.apple.LSSharedFileList.FavoriteServers.sfl
com.apple.LSSharedFileList.ProjectsItems.sfl
com.apple.LSSharedFileList.RecentApplications.sfl
com.apple.LSSharedFileList.RecentDocuments.sfl
com.apple.LSSharedFileList.RecentHosts.sfl
com.apple.LSSharedFileList.RecentServers.sfl
doc
macoss-Mac:~/Library/Application Support/com.apple.sharedfilelist$ ▊
```

Bild 5.4: sfl-Dateien im Verzeichnis / *Library/Application Support/com.apple. sharedfilelist*

```
● ● ●                        🖿 com.apple.sharedfilelist — more — 99×29
macoss-Mac:~/Library/Application Support/com.apple.sharedfilelist$ file com.apple.LSSharedFileList.
RecentDocuments.sfl
com.apple.LSSharedFileList.RecentDocuments.sfl: Apple binary property list
macoss-Mac:~/Library/Application Support/com.apple.sharedfilelist$ cat com.apple.LSSharedFileList.R
ecentDocuments.sfl | xxd | more
00000000: 6270 6c69 7374 3030 d400 0100 0200 0300  bplist00........
00000010: 0400 0500 0601 0201 0358 2476 6572 7369  .........X$versi
```

Bild 5.5: Identifikation der sfl-Dateien als binäre Plist-Dateien

Die hierarchische Struktur des NSKeyedArchiver-Format wird bei der Analyse einer solchen Datei mit dem Terminalbefehl plutil -p deutlich. Die hierarchische Struktur beginnt mit dem Schlüssel 1. Er beinhaltet die beiden Unterobjekte NS.keys und NS.objects. Beide Unterobjekte besitzen ihrerseits numerische Schlüssel. Schlüssel mit der gleichen Nummerierung gehören zusammen. Der Schlüsselwert unter NS.keys verweist auf den Schlüsselnamen als String-Wert, der entsprechende Schlüsselwert unter NS.objects verweist auf ein weiteres Objekt mit dem Inhalt. Weiterhin wird unter dem Schlüssel 1 eine Klasse NSDictionary definiert.

```
● ● ●                        🖿 com.apple.sharedfilelist — -bash — 107×39
macoss-Mac:~/Library/Application Support/com.apple.sharedfilelist$ plutil -p com.apple.LSSharedFileList.Rec
entDocuments.sfl
{
  "$version" => 100000
  "$objects" => [
    0 => "$null"
    1 => {
      "NS.keys" => [
        0 => <CFKeyedArchiverUID 0x7fcb3c40c730 [0x7fffaf5c9da0]>{value = 2}
        1 => <CFKeyedArchiverUID 0x7fcb3c40c750 [0x7fffaf5c9da0]>{value = 3}
        2 => <CFKeyedArchiverUID 0x7fcb3c40c770 [0x7fffaf5c9da0]>{value = 4}
      ]
      "NS.objects" => [
        0 => <CFKeyedArchiverUID 0x7fcb3c40c7e0 [0x7fffaf5c9da0]>{value = 5}
        1 => <CFKeyedArchiverUID 0x7fcb3c40c800 [0x7fffaf5c9da0]>{value = 6}
        2 => <CFKeyedArchiverUID 0x7fcb3c40c820 [0x7fffaf5c9da0]>{value = 10}
      ]
      "$class" => <CFKeyedArchiverUID 0x7fcb3c40c890 [0x7fffaf5c9da0]>{value = 9}
    }
    2 => "version"
    3 => "properties"
    4 => "items"
    5 => 1
    6 => {
      "NS.keys" => [
        0 => <CFKeyedArchiverUID 0x7fcb3c40c930 [0x7fffaf5c9da0]>{value = 7}
      ]
      "NS.objects" => [
        0 => <CFKeyedArchiverUID 0x7fcb3c40c990 [0x7fffaf5c9da0]>{value = 8}
      ]
      "$class" => <CFKeyedArchiverUID 0x7fcb3c40c890 [0x7fffaf5c9da0]>{value = 9}
    }
    7 => "com.apple.LSSharedFileList.MaxAmount"
    8 => 10
    9 => {
      "$classname" => "NSDictionary"
      "$classes" => [
        0 => "NSDictionary"
        1 => "NSObject"
```

Bild 5.6: NS.keys, NS.objects und NSDictionary.

Farbe	Schlüsselname	Inhalt
Blau	version	1
Grün	properties	Klasse Dictionary: com.apple. LSSSharedFileList:MacAmount:10
Braun	Items	9 Objekte (siehe folgende Abbildung)
Lila	Klasse	NSDictionary

Das Objekt `com.apple.LSSSharedFileList` ist die Liste mit den zuletzt benutzten Finder-Dokumenten. Sie enthält ein weiteres Dictionary Items (Schlüssel 10) mit neun Objekten. Zur weiteren Betrachtung soll im Folgenden das Item mit dem Schlüsselwert 8 analysiert werden. Das Item verweist auf den Schlüssel 61.

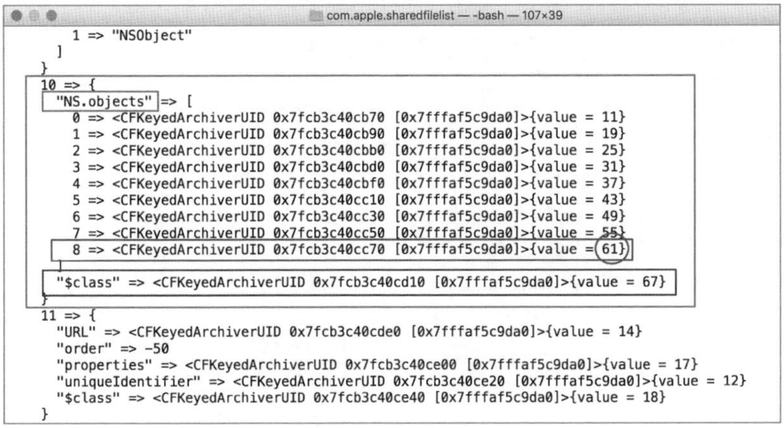

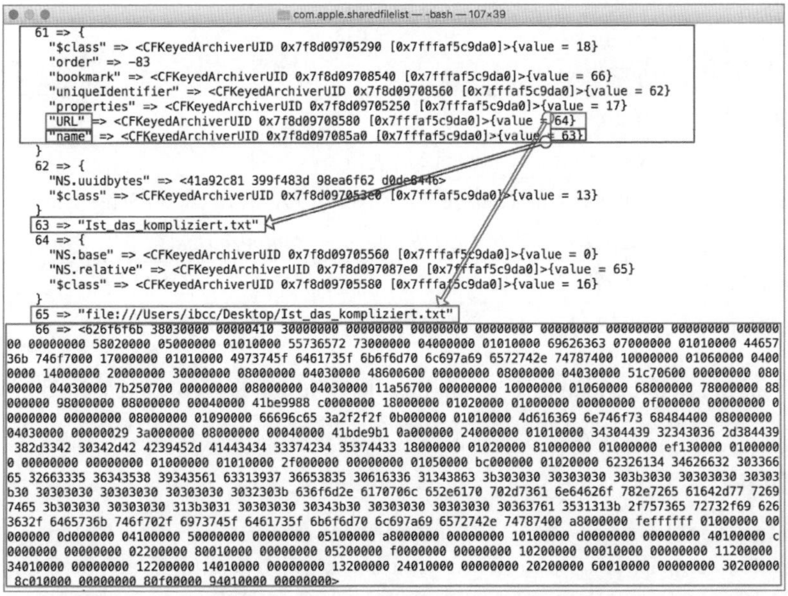

Unter dem Schlüsselwert 61 sind weitere Verweise ersichtlich. Unter anderem wird auf eine Textdatei *Ist_das_kompliziert.txt* und auf die zugehörige Pfadangabe *file://Users/ibcc/Desktop/Ist_das_kompliziert.txt* verwiesen. Der Schlüsselwert beinhaltet zudem einen Verweis auf ein eingebettetes Binärobjekt (BLOB), das den Namen Bookmark hat und zum Schlüsselwert 66 verweist. Zur Analyse kann das eingebettete Objekt kopiert und in einen Hexadezimaleditor eingefügt werden.

```
                              Untitled 2
   0  626F6F6B 38030000 00000410 30000000 00000000 00000000 00000000   book8       0
  28  00000000 00000000 00000000 00000000 00000000 58020000 05000000                          X
  56  01010000 55736572 73000000 04000000 01010000 69626363 07000000       Users           ibcc
  84  01010000 4465736B 746F7000 17000000 01010000 4973745F 6461735F       Desktop         Ist_das_
 112  6B6F6D70 6C697A69 6572742E 74787400 10000000 01060000 04000000   kompliziert.txt
 140  14000000 20000000 30000000 08000000 04030000 48600600 00000000        0              H`
 168  08000000 04030000 51C70600 00000000 08000000 04030000 7B250700               Q«          {%
 196  00000000 08000000 04030000 11A56700 00000000 10000000 01060000                       •g
 224  68000000 78000000 88000000 08000000 00040000 41BE9988   h   x   à   ò           AœòÀ
 252  C0000000 18000000 01020000 01000000 00000000 0F000000 00000000   À                    ¿
 280  00000000 00000000 08000000 01090000 66696C65 3A2F2F2F 0B000000                      file:///
 308  01010000 4D616369 6E746F73 68484400 08000000 04030000 00000029       MacintoshHD           )
 336  3A000000 08000000 00040000 41BDE9B1 1A000000 24000000 01010000   :           AΩË±    $
 364  34304439 32343036 2D384439 382D3342 30342D42 4239452D 41443434   40D92406-8D98-3B04-BB9E-AD44
 392  33374234 35374433 18000000 01020000 81000000 01000000 EF130000   37B457D3         Å    Ò
 420  01000000 00000000 01000000 01010000 2F000000 00000000                           /
 448  01050000 BC000000 01020000 62326134 34626632 30336665 32663335        °         b2a44bf203fe2f35
 476  36343335 39343561 63313937 36653835 30616336 31343863 3B303030   6458945ac1976e850ac6148c;000
 504  30303030 30303B30 30303030 30303030 303B3030 30303030 30303030   00000;00000000;0000000000000
 532  30323B30 636F6D2E 6170706C 652E6170 702D7361 6E64626F 782E7265   020;com.apple.app-sandbox.re
 560  61642D77 72697465 00000001 30313030 30303034 3B30               ad-write;00000001;01000004;0
 588  30303030 30303030 30303637 61353131 3B2F7573 6572732F 69626363   00000000067a511;/users/ibcc/
 616  6465736B 746F702F 6973745F 6461735F 6B6F6D70 6C697A69 6572742E   desktop/ist_das_kompliziert.
 644  74787400 A8000000 FEFFFFFF 01000000 00000000 0D000000 04100000   txt ®     .```
 672  50000000 00000000 05100000 A8000000 00000000 10100000 D0000000   P         ®              —
 700  00000000 40100000 C0000000 00000000 02200000 80010000 00000000         @       ¿        Ä
 728  05200000 F0000000 00000000 10200000 00010000 00000000 11200000        •
 756  34010000 00000000 12200000 14010000 00000000 13200000 24010000   4              $
 784  00000000 20200000 60010000 00000000 30200000 8C010000 00000000        0        à
 812  80F00000 94010000 00000000                                       Ä•  î

  [Signed Int ⌄] [big ⌄] (select some data)                          (-)(+)
                          824 out of 824 bytes
```

Bild 5.7: Eingebettetes Binärobjekt (BLOB) in der NSKeyedArchive-codierten Datei *LSSharedFileList.RecentDocuments.sfl*

Farbe	Schlüsselname	Inhalt
Braun	Items	9 Objekte
Rot	Item 8	Verweis auf Schlüssel 61
Lila	Klasse	Verweis auf Schlüssel 67, Klasse NS.Array (nicht im Screenshot)
Grün	URL	*file://Users/ibcc/Desktop/Ist_das_kompliziert.txt*
Blau	Name	*Ist_das_kompliziert.txt*
Braun	Bookmark	BLOB (Binary Large Object)

Bei dem analysierten Item handelt es sich um die zuletzt im Finder geöffnete Datei.

5.2.3 SQLite

Eine Vielzahl von Applikationen nutzt Datenbanken, um programmspezifische Einstellungen oder Daten zu speichern. Das unter Android maßgeblich genutzte Datenbankformat ist SQLite. SQLite ist ein relationales Datenbankformat, das auf der Datenbanksprache SQL basiert. Die SQLite-Datenbanken sind entsprechend untergliedert und besitzen oftmals eine Vielzahl von Tabellen mit Schlüsselwerten und Daten, die untereinander relational verbunden bzw. abhängig sind. Jede Tabelle hat einen oder mehrere Schlüsselwerte, die unveränderlich sind und die Referenzierung untereinander herstellen.

Relationen von Tabellen können durchaus komplex gestaltet sein. Das folgende Beispiel zeigt die Struktur der SQLite-Datenbank *chat.db* der Mac-OS-Nachrichten-App und die korrespondierenden Relationen.

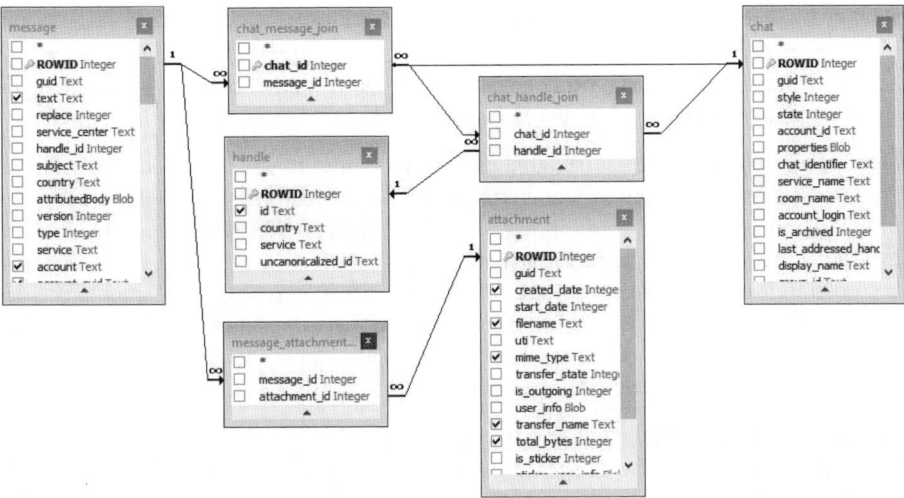

Bild 5.8: Tabellenrelationen der Datenbank *chat.db*

Innerhalb von SQLite-Datenbanken sind diverse Datentypen erlaubt:

SQLite-Datentypen

- NULL (NULL)
- INTEGER (signed Integer)
- REAL (floating point, Dezimalzahl)
- TEXT (String-codiert in UTF-8, UTF-16, UTF-32)
- BLOB (Binary Large Object)

Eine Identifizierung einer SQLite-Datenbank kann anhand der Signatur im Dateiheader zuverlässig erfolgen.

SQLite-Signatur	
Signatur	Format
SQLite format 3	SQLite-Datenbank

Eine SQLite-Datenbank besteht allgemein aus drei Dateien, die jeweils unterschiedliche Dateiendungen besitzen (*.db, *.db-shm, *.wal). Möglich sind auch andere Suffixe wie *.sqlite oder ähnliche.

```
● ● ●                              🖫 MailData — -bash — 108×33
macoss-Mac:~/Library/Mail/V4/MailData$ ls -l Env*
-rw-r--r--@ 1 ibcc  staff  7163904  6 Apr 11:39 Envelope Index
-rw-r--r--@ 1 ibcc  staff    32768  6 Apr 15:14 Envelope Index-shm
-rw-r--r--@ 1 ibcc  staff  2336072  6 Apr 21:22 Envelope Index-wal
macoss-Mac:~/Library/Mail/V4/MailData$ ▊
```

Bild 5.9: Dateien der Datenbank *Envelope Index* der E-Mail-App

Die *.db-Datei enthält die eigentlichen Inhalte der Datenbank, unterteilt in Tabellen, die untereinander über Schlüsselwerte referenziert sind.

Die *.wal-Datei (Write-Ahead-Logdatei) enthält Änderungen bzw. Aktualisierungen von Datensätzen der SQLite-Datenbank. Werden Änderungen innerhalb der Datenbank vorgenommen, werden sie in der *.wal-Datei gespeichert und erst später mit der eigentlichen Datenbank synchronisiert. Unter anderem kann die *.wal-Datei mehrere Versionsstände eines Datensatzes enthalten. Beim Öffnen einer SQLite-Datenbank oder nach einem bestimmten Algorithmus werden die Inhalte der *.wal-Datei in die Datenbank übernommen. Per Default werden beispielsweise 1000 Einträge in der *.wal-Datei gespeichert, bevor diese synchronisiert wird.

Beim Öffnen mit einem externen Programm wird eine SQLite-Datenbank mit der *.wal-Datei automatisch aktualisiert, die *.wal-Datei verschwindet nach der Aktualisierung. Zu beachten ist, dass sich durch die Aktualisierung die neuesten Datensätze in der *.db-Datei befinden und alte Einträge überschrieben werden. Im Umkehrschluss würde eine Analyse ohne Berücksichtigung der *.wal-Datei unter Umständen zu einem Verlust von Informationen führen, da in diesem Fall die neuesten Datensätze nicht analysiert werden können.

Die *.shm-Datei enthält Verwaltungsinformationen zur *.wal-Datei, unter anderem darüber, in welcher Reihenfolge Versionsstände eines Datensatzes gespeichert wurden. Sie erstellt einen Index, damit man den aktuellsten Versionsstand möglichst schnell findet. Ohne *.shm-Datei können die Versionsstände innerhalb der *.wal-Datei dennoch ermittelt werden, allerdings müssen sie dann durchsucht werden, was wesentlich mehr Rechenzeit in Anspruch nimmt. Die *.shm-Datei muss daher nicht zwangsläufig vorhanden sein.

Innerhalb einer SQLite-Datenbank können Datensätze entweder als gelöscht markiert werden, sie verbleiben dann weiterhin als Eintrag in der Datenbank, oder sie werden mit einem DELETE-Statement aus der Datenbank gelöscht. Bei der Löschung per DELETE-Statement werden Datensätze in sogenannte »Free Pages« verlagert. Free Pages sind innerhalb der aktiven Tabellenstruktur einer Datenbank nicht sichtbar. Datensätze innerhalb der Free Pages können aber wiederhergestellt werden, ganz ähnlich dem nicht allokierten Speicherbereich eines Dateisystems (unallocated Space). Free Pages werden beim Öffnen einer Datenbank bzw. bestimmten Algorithmen entsprechend (bspw. nach einer gewissen Zeit) bereinigt.

Bei der Analyse von SQLite-Datenbanken ergeben sich demnach diverse Möglichkeiten, auch gelöschte Inhalte wiederherzustellen, insbesondere als gelöscht markierte Einträge innerhalb einer Datenbank und Einträge aus den Free Pages sind wichtige Fundstellen.

Da viele Mac-OS-Anwendungen das SQLite-Datenbankformat zum Speichern von Inhalten nutzen, ist es sinnvoll, zur Analyse der Datenbanken Programme einzusetzen, die Inhaltsdaten zuverlässig extrahieren können. Insbesondere die Tatsache, dass oftmals aktuelle Einträge in der *.wal-Datei enthalten sind, birgt die Gefahr, dass bei der Analyse aktuelle Informationen schlichtweg übersehen werden. Eine weitere Problematik bei der automatisierten Analyse von Datenbanken ist, dass Inhalte von Datenbanken oft nicht vollständig ausgewertet werden. In vielen Fällen können bei der manuellen Überprüfung einer Datenbank zusätzlich weitere Inhalte ermittelt werden, da Analyseprogramme nur die Tabelleninhalte automatisch auswerten, die von den Herstellern der Programme zuverlässig erkannt und zugeordnet werden.

Ein praktisches Problem ist, dass sich die Tabellenstrukturen innerhalb von Datenbanken oder die Datenbanken selbst von Version zu Version einer Anwendung ändern können und damit unter Umständen kein automatisiertes Parsen der Inhalte mehr möglich ist. Auch bei den jährlichen Versionssprüngen von Mac OS X oder den zahlreichen Updates der Unterversionen ändert Apple regelmässig die Ablagestruktur von Datenbanken und erschwert so das Auffinden und die Analyse von digitalen Spuren.

5.2.4 Analyse von SQLite

SQLite-Datenbanken können mit dem Kommandozeilentool `sqlite3` geöffnet werden. Wesentlich nutzerfreundlicher sind allerdings Programme wie der DB Browser for SQLite oder das Firefox-Add-on *SQLite Manager*. Gelöschte Inhalte können mit einem Hexadezimaleditor oder einem auf SQLite-Forensik spezialisierten Tool wie dem *Sanderson SQLite Forensic Toolkit* analysiert werden.

Eine manuelle Analyse einer SQLite-Datenbank ist durch Nutzung der Syntax der Datenbanksprache SQL möglich. SQL (Structured Query Language) folgt einer recht einfachen, an die natürliche englische Sprache angelehnten Syntax. Mit SQL-Abfragen können Datenbanken manipuliert, verändert oder ausgelesen werden.

Auf einem Mac können Sie das Programm `sqlite3` nutzen, um direkt über das Terminal auf SQLite-Datenbanken zuzugreifen bzw. sie auszulesen. Sqlite3 ist standardmäßig auf jedem Mac OS enthalten.

Um das Analysieren einer SQLite-Datenbank zu zeigen, wird zunächst eine neue Datenbank erzeugt. Sie können die einzelnen Schritte zur Erstellung der Datenbank an dieser Stelle in Ihrem Übungs-Account *MacOS* mit durchführen oder alternativ die Übungsdatenbank aus dem Downloadbereich des Buchs herunterladen.

```
$ sqlite3 übungsdb.sqlite3
```

Der Befehl öffnet eine bestehende Datenbank aus dem aktuellen Verzeichnis des Terminals oder erzeugt eine neue Datenbank. Nach Eingabe des Befehls erreichen Sie die Command Line Shell für `sqlite3`. Sie sind jetzt mit der Datenbank verbunden und können mit SQL-Befehlen interagieren. SQL-Befehle werden innerhalb der Command Line Shell immer mit einem ; abgeschlossen. Die Shell kann mit .exit verlassen werden, .help ermöglicht die Darstellung der Hilfe-Ausgabe.

```
● ● ●                      ⬆ ibcc — -bash — 108×33
macoss-Mac:~$ sqlite3 übungsdb.sqlite3
SQLite version 3.15.2 2016-11-28 19:13:37
Enter ".help" for usage hints.
sqlite> .exit
macoss-Mac:~$ ▮
```

Zunächst wird mit dem SQL-Befehl create table eine Tabelle personen mit den Spalten id, name, vorname und telefonnummer erstellt. Die Spalten name und vorname sollen als Datentyp Text (varchar) definiert sein und jeweils Werte mit zehn Zeichen Länge aufnehmen dürfen. Die Spalte telefonnummer soll als Datentyp Zahl (integer) ebenfalls zehn Zeichen besitzen, die Spalte id soll eine Zahl enthalten. Im Anschluss werden zwei weitere Tabellen adressen (mit den Spalten strasse, ort und land) und geburtstag (mit den Spalten id, personen_id und geburtsdatum) erstellt und passende Datentypen zugewiesen.

Jede Tabelle einer SQLite-Datenbank muss eine Spalte mit einem eindeutigen Primärschlüssel enthalten, der eine Referenzierung der Tabelle ermöglicht. Im Beispiel wurde jeweils die Spalte id als Primärschlüssel (Primary Key) definiert.

In alle drei Tabellen werden anschließend einige Testwerte mit insert into eingetragen. Wie aus der Abbildung ersichtlich, können die Spaltennamen bei der Ausführung des insert-Kommandos weggelassen werden, falls alle Spalten mit Werten gefüllt werden. Sollen Spalten explizit angesprochen werden oder nur in einzelne Spalten Werte eingetragen werden, ist die Nennung der betreffenden Spalten erforderlich. Nach der Zuweisung von Werten zu den Tabellen wird sqlite3 mit .exit verlassen.

```
● ● ●                        ▓ Schreibtisch — -bash — 123×22
macoss-Mac:~/Desktop\Marc $ sqlite3 übungsdb.sqlite3
SQLite version 3.18.0 2017-03-28 18:48:43
Enter ".help" for usage hints.
sqlite> CREATE TABLE personen (id integer primary key, name varchar(10), vorname varchar(10), telefonnummer integer(10));
sqlite> CREATE TABLE adressen (id integer primary key, strasse varchar(10), ort varchar(10), land varchar(10));
sqlite> CREATE TABLE geburtstag (id integer primary key, personen_id integer, geburtsdatum varchar(10));
sqlite> INSERT INTO personen (id,name,vorname,telefonnummer) values (0,'husky','leiza','');
sqlite> INSERT INTO personen VALUES (1,'brandt','marc','0177123456');
sqlite> INSERT INTO personen VALUES (2,'brandt','nina','1711654321');
sqlite> INSERT INTO adressen (id,strasse,ort,land) VALUES (1,'apple-allee','cupertino','usa');
sqlite> INSERT INTO adressen VALUES (2,'iphone-strasse','watchhausen','deutschland');
sqlite> INSERT INTO geburtstag (personen_id,geburtsdatum) VALUES (1,'01.01.1976');
sqlite> INSERT INTO geburtstag (personen_id,geburtsdatum) VALUES (2,'01.01.1977');
sqlite> .exit
macoss-Mac:~/Desktop\Marc $ ▮
```

Bild 5.10: Erstellen und Füllen einer SQLite-Datenbank mit Beispielswerten

Abfragen von SQLite-Datenbanken

Nach dem Öffnen einer SQLite-Datenbank mit sqlite3 können die enthaltenen Tabellen mit .tables abgefragt werden. Mit den Befehlen .headers on und .mode column ist es möglich, die Spaltenüberschriften einzublenden und den Ansichtsmodus auf Spaltenansicht festzulegen. Normalerweise wird die Spaltenbreite bei der Ausgabe im Spaltenmodus (.mode column) automatisch angepasst. Falls nicht alle Inhalte sichtbar sind, kann die Spaltenbreite mit dem Befehl `.width` manuell definiert werden. Mit dem Befehl `.width auto` kehrt man wieder zur Default-Einstellung zurück.

```
● ● ●                          Schreibtisch — sqlite3 übungsdb.sqlite3 — 123×22
macoss-Mac:~/Desktop\Marc $ sqlite3 übungsdb.sqlite3
SQLite version 3.18.0 2017-03-28 18:48:43
Enter ".help" for usage hints.
sqlite> .tables
adressen    geburtstag  personen
sqlite> .headers on
sqlite> .mode column
sqlite> █
```

Bild 5.11: Öffnen einer SQLite-Datenbank und Anzeigen der Tabellen

Inhalte von SQLite-Datenbanken können mit `select`-Abfragen ausgegeben werden. Die Abfragen können sehr einfach formuliert werden, indem man lediglich einzelne Spalten einer Tabelle oder mit dem Platzhalter `*` alle Spalten einer Tabelle ausgibt.

```
SELECT Spalte1,Spalte2 FROM Tabelle;
SELECT * FROM TABELLE;
```

```
sqlite> SELECT name, vorname FROM personen;
name        vorname
----------  ----------
husky       leiza
brandt      marc
brandt      nina
sqlite> SELECT * FROM personen;
id          name        vorname     telefonnummer
----------  ----------  ----------  -------------
0           husky       leiza
1           brandt      marc        177123456
2           brandt      nina        1711654321
sqlite> █
```

Sie lassen aber durchaus auch einen komplexeren Aufbau zu, indem man mit dem Schlüsselwort `WHERE` Bedingungen an die Anfrage knüpft. Bei der Formulierung von Bedingungen ist der Einsatz von logischen Operatoren erlaubt. Die `WHERE`-Bedingung wertet die von `SELECT` erhaltenen Werte einer Tabelle aus.

```
SELECT * FROM Tabelle WHERE Bedingung [logischer Operator];
```

```
sqlite> SELECT * FROM personen WHERE vorname='marc';
id          name        vorname     telefonnummer
----------  ----------  ----------  -------------
1           brandt      marc        177123456
sqlite> SELECT * FROM personen WHERE id between 0 and 2;
id          name        vorname     telefonnummer
----------  ----------  ----------  -------------
0           husky       leiza
1           brandt      marc        177123456
2           brandt      nina        1711654321
sqlite> SELECT * FROM personen WHERE id > 1;
id          name        vorname     telefonnummer
----------  ----------  ----------  -------------
2           brandt      nina        1711654321
sqlite> SELECT * FROM personen WHERE vorname like '%na%';
id          name        vorname     telefonnummer
----------  ----------  ----------  -------------
2           brandt      nina        1711654321
sqlite> █
```

Logische Operatoren ermöglichen eine weitere syntaktische Erweiterung einer Bedingung. So können durch ihren Einsatz einzelne Spalten oder Werte der Tabelle innerhalb der Abfrage gezielt ausgewertet werden.

Beispiele für logische Operatoren unter SQLite	
Logischer Operator	Beschreibung
AND	Verknüpfung von Bedingungen.
BETWEEN	Suche innerhalb von Werten.
EXISTS	Prüft auf Vorhandensein.
IN	Vergleicht den Wert mit einer Liste von Werten.
LIKE	Vergleich mit Wildcard-Operatoren (Suchmuster).
NOT	Negiert den logischen Operator, z. B. NOT IN
OR	Kombiniert mehrere Bedingungen.
IS	= (gleich)
IS NOT	! = (ungleich)
UNIQUE	Prüft auf Einzigartigkeit.

Die Nutzung von Platzhaltern unter SQLite kann durch den LIKE-Operator realisiert werden. Mit Platzhaltern kann der Inhalt einer Datenbank nach Werten durchsucht werden, die der Platzhalter-Formulierung entsprechen. SQLite kennt die Platzhalter Prozentzeichen % und Unterstrich _. Dabei repräsentiert das Prozentzeichen eine oder mehrere Zahlen oder Zeichen inklusive 0. Der Unterstrich steht für eine einzelne Zahl oder ein einzelnes Zeichen. Beide Platzhalter dürfen kombinativ eingesetzt werden.

Beispiele für SELECT Abfragen mit Platzhaltern

Filter nach einem Wert, der mit n beginnt und drei weitere Zeichen enthält:
```
sqlite> SELECT * FROM personen WHERE vorname LIKE 'n___';
2|brandt|nina|711654321
```

Filter nach einem Wert, der mit n beginnt und beliebig viele weitere Zeichen enthält:
```
sqlite> SELECT * FROM personen WHERE vorname LIKE 'n%';
2|brandt|nina|711654321
```

Filter nach einem Wert, der an einer beliebigen Stelle innerhalb des Wertes den Buchstaben r enthält
```
sqlite> SELECT * FROM personen WHERE vorname LIKE '%r%';
1|brandt|marc|177123456
```

Filter nach einem Wert, der beliebig viele Zeichen enthält, aber mit c endet:
```
sqlite> SELECT * FROM personen WHERE vorname LIKE '%c';
1|brandt|marc|177123456
```

Filter nach einem Wert, der mit m **beginnt und mindestens drei weitere Zeichen enthält:**

```
sqlite> SELECT * FROM personen WHERE vorname LIKE 'm___%';
1|brandt|marc|177123456
```

Verbindungen von Tabellen

Innerhalb einer SQLite-Datenbank sind Tabellen miteinander verknüpft und mit soge-nannten gemeinsamen Werten untereinander referenziert. Bei einer Analyse von Tabel-len können SQLite Joins eingesetzt werden, um Inhalte umfassend und kombiniert abzufragen. Ein Join kann unter Nutzung von gemeinsamen Werten die Inhalte von zwei Tabellen kombinieren. Gemeinsame Werte sind über eine bestimmte Referenz-Spalte in der jeweiligen Tabelle umgesetzt. In der Praxis besteht die Schwierigkeit oftmals darin, die passenden Referenz-Spalten zu finden und die Korrelationen zwischen den Tabellen ausfindig zu machen.

Im Beispiel der Übungsdatenbank *übungsdb.sqlite3* können die Tabellen personen und adressen mit einem SQLite Join kombiniert werden. Als gemeinsamer Wert ist die Spalte id definiert. Mit einem Join können die zu den Personen zugehörigen Adressen gemein-sam ausgegeben werden.

SQLite kennt drei Arten von Joins, um Tabellen miteinander zu verbinden:

CROSS JOIN

Der CROSS JOIN kombiniert zwei Tabellen miteinander. Dabei wird jede Zeile der ers-ten Tabelle mit jeder Zeile der zweiten Tabelle kombiniert. Ein gemeinsamer Wert wird nicht berücksichtigt.

```
sqlite> .width 1 6 6 10 1 12 12 12
sqlite> SELECT * FROM personen CROSS JOIN adressen;
i  name    vornam  telefonnum  i  strasse       ort          land
-  ------  ------  ----------  -  ------------  -----------  -----------
0  husky   leiza               1  apple-allee   cupertino    usa
0  husky   leiza               2  iphone-stras  watchhausen  deutschland
1  brandt  marc    177123456   1  apple-allee   cupertino    usa
1  brandt  marc    177123456   2  iphone-stras  watchhausen  deutschland
2  brandt  nina    1711654321  1  apple-allee   cupertino    usa
2  brandt  nina    1711654321  2  iphone-stras  watchhausen  deutschland
sqlite>
```

Bild 5.12: CROSS JOIN der Tabellen personen und adressen

INNER JOIN

Wesentlich geeigneter ist der INNER JOIN. Diese Art von Verbindung von zwei Tabel-len nutzt einen gemeinsamen Wert, um Zeilen der Tabelle 1 explizit Zeilen der Tabelle 2 zuzuordnen.

```
SELECT Spalte1, Spalte2 ... FROM Tabelle1 JOIN Tabelle2 WHERE Bedingung Refe
renz-Spalte1 = Referenz-Spalte2
SELECT Tabelle1.Spalte1, Tabelle2.Spalte2 ... FROM Tabelle1 JOIN Tabelle2
WHERE Tabelle1.Referenz-Spalte1 = Tabelle2.Referenz-Spalte2
```

Bei einem INNER JOIN können Spalten und Referenz-Spalten, die in die Kombination übernommen werden sollen, entweder mit einfachem Namen oder in Kombination mit der Tabelle (Tabelle.Spalte) geschrieben werden. Bei komplexeren Datenbanken können sich Spaltennamen oder die Namen von Referenz-Spalten wiederholen, weshalb zu einer eindeutigen Referenzierung die Notation `Tabelle.Spalte` empfohlen wird.

```
sqlite> .width 10 10 15 15
sqlite> SELECT personen.name, personen.vorname, adressen.strasse, adressen.ort FROM personen JOIN adressen WHERE
personen.id=adressen.id;
name         vorname    strasse           ort
----------   --------   ---------------   ---------------
brandt       marc       apple-allee       cupertino
brandt       nina       iphone-strasse    watchhausen
sqlite> █
```

Bild 5.13: INNER JOIN der Tabellen `personen` und `adressen`

OUTER JOIN

Die `OUTER JOIN`-Abfrage ist ebenfalls in der Lage, zwei Tabellen unter Einbeziehung von Referenz-Spalten miteinander zu kombinieren. SQLite unterstützt den `OUTER LEFT JOIN`. Die Abfrage berechnet zunächst dasselbe Ergebnis wie ein `INNER JOIN`, zusätzlich fügt der `OUTER JOIN` die Zeilen, die nicht kombiniert werden können, der Ausgabe hinzu.

```
SELECT Spalte1, Spalte2 ... FROM Tabelle1 LEFT OUTER JOIN Tabelle2 ON Refe
renz-Spalte1=Referenz-Spalte2
SELECT Tabelle1.Spalte1, Tabelle2.Spalte2 ... FROM Tabelle1 LEFT OUTER JOIN
Tabelle2 ON Tabelle1.Referenz-Spalte1 = Tabelle2.Referenz-Spalte2
```

Im Übungsbeispiel wird in diesem Fall auch der Eintrag `husky` der Ausgabe hinzugefügt, obwohl für diesen kein Eintrag in der Tabelle `adressen` verknüpft werden konnte. Im Rahmen einer Analyse bieten sich `OUTER JOINS` an, da keine Inhalte ignoriert werden.

```
sqlite> .width 10 10 15 15
sqlite> SELECT personen.name, personen.vorname, adressen.strasse, adressen.ort FROM personen LEFT OUTER JOIN
adressen ON personen.id=adressen.id;
name         vorname    strasse           ort
----------   --------   ---------------   ---------------
husky        leiza
brandt       marc       apple-allee       cupertino
brandt       nina       iphone-strasse    watchhausen
sqlite> █
```

Bild 5.14: OUTER LEFT JOIN der Tabellen `personen` und `adressen`

Mehr als zwei Tabellen verbinden

SQLite Joins können beliebig ineinander geschachtelt und folglich können auch mehr als zwei Tabellen miteinander verknüpft werden.

```
SELECT Spalte1, Spalte2 ... FROM (Tabelle1 LEFT OUTER JOIN Tabelle2 ON
Referenz-Spalte1=Referenz-Spalte2) LEFT OUTER JOIN Tabelle3 ON Referenz-
Spalte1=Referenz-Spalte3;
```

Im Übungsbeispiel kann also die dritte Tabelle *geburtstag* verknüpft werden, so dass die Ausgabe der SQL-Abfrage auch das Geburtsdatum enthält.

```
sqlite> .width 10 15 15 15 15
sqlite> SELECT personen.name, personen.vorname, geburtstag.geburtsdatum, adressen.strasse, adressen.ort FROM
(personen LEFT OUTER JOIN adressen ON personen.id=adressen.id) LEFT OUTER JOIN geburtstag ON personen.id=gebu
rtstag.personen_id;
name        vorname         geburtsdatum      strasse          ort
----------  --------------  ----------------  ---------------  ---------------
husky       leiza
brandt      marc            01.01.1976        apple-allee      cupertino
brandt      nina            01.01.1977        iphone-strasse   watchhausen
sqlite> █
```

Zu beachten ist beim Einsatz von LEFT OUTER JOINS, dass die Abfrage von der Tabelle mit den meisten Dantesätzen ausgehen sollte (von links begonnen). Nicht kombinierbare Datensätze werden nur von der äußeren (linken) Tabelle ausgegeben.

Vergeben von Aliasen

Innerhalb von SQLite-Statements ist es möglich, Aliase für Tabellen oder Spalten zu vergeben. Dies hat mehrere Vorteile: Zum einen erleichtert es das Verfassen und die Lesbarkeit der Statements, zum anderen kann die Ausgabe eigenen Wünschen angepasst werden. Aliase können mit dem Befehl AS definiert werden.

```
SELECT Alias_Tabelle.Spalte FROM Tabelle AS Alias_Tabelle;
SELECT Alias_Tabelle.Spalte AS Alias FROM Tabelle AS Alias_Tabelle;
```

```
sqlite> SELECT p.name AS Surname, p.vorname AS Name, g.geburtsdatum AS Birthday, a.ort AS City FROM (personen
AS p LEFT OUTER JOIN adressen AS a ON p.id=a.id) LEFT OUTER JOIN geburtstag AS g ON p.id=g.personen_id;
Surname     Name            Birthday          City
----------  --------------  ----------------  ---------------
husky       leiza
brandt      marc            01.01.1976        cupertino
brandt      nina            01.01.1977        watchhausen
sqlite> █
```

Mehrere Datenbanken verbinden

Viele Applikationen nutzen mehrere SQLite-Datenbanken, um Inhalte zu speichern. Inhalte in Tabellen verschiedener Datenbanken können wiederum über Referenzwerte miteinander verbunden sein. Eine Abfrage mit SQLite-Statements ist über mehrere Datenbanken möglich, so dass entsprechend verknüpfte Inhalte ermittelt werden können. Um eine solche Abfrage zu zeigen, wird zunächst eine zweite SQLite-Datenbank übungsdb2.sqlite3 erstellt. Die Datenbank soll die Tabelle data mit dem Geschlecht, einem UNIX-Zeitstempel und einer Referenz-Spalte enthalten.

```
● ● ●                        Schreibtisch — -bash — 109×27
macoss-Mac:~/Desktop\Marc $ sqlite3 übungsdb2.sqlite3
SQLite version 3.18.0 2017-03-28 18:48:43
Enter ".help" for usage hints.
sqlite> CREATE TABLE data (id integer primary key, referenz integer, ts_unix integer, geschlecht integer);
sqlite> INSERT INTO data (referenz,ts_unix,geschlecht) VALUES (2,1487853330,0);
sqlite> INSERT INTO data (referenz,ts_unix,geschlecht) VALUES (1,1493498715,1);
sqlite> .exit
macoss-Mac:~/Desktop\Marc $
```

Innerhalb eines SQLite-Statements können Datenbanken mit dem Befehl ATTACH hinzugefügt und einem Alias zugeordnet werden.

```
ATTACH "Datenbank" AS Alias_DB;
```

Die Abfrage auf die Tabellen der hinzugefügten Datenbank kann anschließend über das gewählte Alias erfolgen.

```
SELECT Spalte FROM Alias_DB.Tabelle;
```

Im folgenden Beispiel wird die Datenbank *übungsdb.sqlite3* geöffnet. In der SQLite-Shell werden die Datenbanken `übungsdb.sqlite3` und `übungsdb2.sqlite3` hinzugefügt und mit einem Alias versehen (`db1` und `db2`). Anschließend werden Inhalte aus den Tabellen `db1.personen` und `db2.data` mit einem `INNER JOIN`-Statement abgefragt.

```
macoss-Mac:~/Desktop\Marc $ sqlite3 übungsdb.sqlite3
SQLite version 3.18.0 2017-03-28 18:48:43
Enter ".help" for usage hints.
sqlite> .headers on
sqlite> .mode column
sqlite> ATTACH 'übungsdb.sqlite3' AS db1;
sqlite> ATTACH 'übungsdb2.sqlite3' AS db2;
sqlite> SELECT pers.vorname, pers.name, data.geschlecht, data.ts_unix FROM db1.personen as pers JOIN db2.data
 AS data WHERE pers.id=data.referenz;
vorname     name       geschlecht  ts_unix
----------  ---------  ----------  ----------
nina        brandt     0           1491004800
marc        brandt     1           1487808000
sqlite>
```

Die Ausgabe des SQLite-Statements zeigt, dass Inhalte aus verschiedenen Datenbanken ohne Weiteres verknüpft und abgefragt werden können

Hinweis
Zum erfolgreichen Öffnen ohne weitere Pfadangabe müssen sich die beiden Datenbanken in dem Verzeichnis befinden, von dem aus `sqlite3` gestartet wird.

Umrechnung von Zeitstempeln

Zur Umrechnung von Zeitstempeln in SQLite-Statements kann die Funktion `date-time()` verwendet werden. Die Funktion kann eingesetzt werden, um einen Unix-Zeitstempel (Sekunden seit dem 01.01.1970) in das Format `YYYY-MM-DD HH:MM:SS` umzurechnen.

```
SELECT datetime(Zeitstempel, 'unixepoch')
```

Der umgerechnete Zeitstempel wird in der Zeitzone UTC (Coordinated Universal Time) ausgegeben. Mit dem Zeichen || kann der Ausgabe ein selbstdefinierter String hinzugefügt werden, um beispielsweise die Zeitzone in der Ausgabe der Abfrage mit anzuzeigen.

```
SELECT datetime(Zeitstempel, 'unixepoch') || ' UTC+00:00'
```

Die Funktion `datetime()` lässt auch eine direkte Umrechnung von UTC in die lokale Zeitzone des Computers zu.

```
SELECT datetime(Zeitstempel, 'unixepoch', 'localtime')
```

Die oben durchgeführte SQLite-Abfrage kann mit der datetime()-Funktion erweitert werden, um den Unix-Zeitstempel umzurechnen.

```
sqlite> SELECT pers.vorname, pers.name, data.geschlecht, datetime(data.ts_unix,'unixepoch') || ' UTC+00:00'
AS time FROM db1.personen as pers JOIN db2.data AS data WHERE pers.id=data.referenz;
vorname     name        geschlecht  time
----------  ----------  ----------  -------------------------
nina        brandt      0           2017-02-23 12:35:30 UTC+00:00
marc        brandt      1           2017-04-29 20:45:15 UTC+00:00
sqlite> █
```

CASE-Anweisung

Mit der `Case-Anweisung` lassen sich Fallunterscheidungen in SQLite-Abfragen implementieren. In vielen Datenbanken sind Spalten enthalten, die eine Zuordnung von Zahlenwerten oder booleschen Variablen zu bestimmten Inhalten vornehmen. Als Beispiel könnte in einer Anrufliste eine 0 für einen eingehenden Anruf, eine 1 hingegen für einen ausgehenden Anruf stehen. In der jeweiligen Spalte wird dann lediglich der Zahlenwert gespeichert. Bei einer Analyse gilt es festzustellen, was für einen Inhaltstyp der jeweilige Zahlenwert repräsentiert. Diese Auflösungen von Zahlenwerten zu Inhalten sind in der zugehörigen Applikation softwaretechnisch implementiert und im Rahmen einer Analyse nicht immer von vornherein intuitiv zu erkennen.

Im gewählten Übungsbeispiel steht die Zahl 0 für das Geschlecht `weiblich` und 1 für eine männliche Person. Mit der `CASE`-Anweisung lassen sich die Zahlenwerte sehr einfach zu referenzierten Werten auflösen.

```
CASE
WHEN teilnehmer.geschlecht='1' THEN 'MALE'
WHEN teilnehmer.geschlecht='0' THEN 'FEMALE'
END
```

In Kombination mit der `SELECT`-Abfrage des Übungsbeispiels kann die folgende Ausgabe erzeugt werden. Die `CASE`-Anweisung wird dabei mit Komma getrennt in die `SELECT`-Abfrage eingefügt.

```
sqlite> SELECT pers.vorname, pers.name, data.geschlecht, datetime(data.ts_unix,'unixepoch') || ' UTC+00:00'
AS time, CASE WHEN data.geschlecht='0' THEN 'weiblich' WHEN data.geschlecht='1' THEN 'männlich' END AS gesch
lecht FROM db1.personen as pers JOIN db2.data AS data WHERE pers.id=data.referenz;
vorname     name        geschlecht  time                           geschlecht
----------  ----------  ----------  -----------------------------  ----------
nina        brandt      0           2017-02-23 12:35:30 UTC+00:00  weiblich
marc        brandt      1           2017-04-29 20:45:15 UTC+00:00  männlich
sqlite> █
```

Export von Abfragen

SQLite-Abfragen können in unterschiedliche Formate exportiert werden. Innerhalb der Command Line Shell kann mit dem Befehl `.mode` zwischen den unterschiedlichen Formaten umgeschaltet werden. Das Kommando `.output Dateiname` lässt die Speicherung der Ausgabe in eine externe Datei zu. Nach Definition einer Datei zur Ausgabe wird die folgende Abfrage nicht mehr auf dem Bildschirm ausgegeben, sondern in die Datei geleitet.

Befehle zum Ändern des Ausgabeformats und zur Speicherung der Ausgabe	
SQLite3-Befehl	Inhalt
.mode text	Textausgabe
.mode csv	Ausgabe als CSV-Datei
.mode html	Ausgabe als HTML-Datei
.mode ascii	Ausgabe in ASCII
.output Dateiname	Auswahl einer Datei zum Speichern der Ausgabe

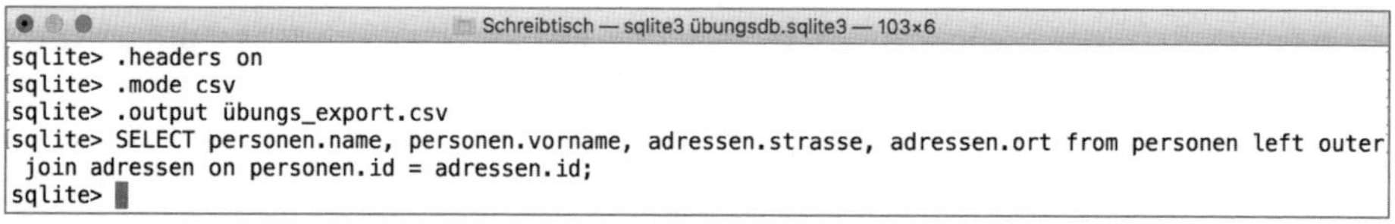

```
                          Schreibtisch — sqlite3 übungsdb.sqlite3 — 103×6
sqlite> .headers on
sqlite> .mode csv
sqlite> .output übungs_export.csv
sqlite> SELECT personen.name, personen.vorname, adressen.strasse, adressen.ort from personen left outer
 join adressen on personen.id = adressen.id;
sqlite>
```

Bild 5.15: Export einer SQLite-Abfrage als CSV-Datei

5.2.5 Disk Images

Mac OS kann mit verschiedenen Arten von Disk Images umgehen. Diese beinhalten vollständige Dateisysteme (unterstützt werden HFS+, FAT oder ExFAT) in einer einzigen Datei (.dmg), in einer mitwachsenden Datei (.sparseimage) oder in einem mitwachsenden Bundle (.sparsebundle). DMG-Images haben im Gegensatz zu Sparse Disk Images eine feste Größe. Ein Sparse Disk Image kann seinen Inhalten entsprechend mitwachsen. Ein Sparse Bundle wird für den Nutzer transparent in kleinen Einheiten gespeichert, so dass beispielsweise eine inkrementelle Sicherung von Teilen des Images möglich ist. Die angegebene Größe von gemounteten Sparse Disk Images oder Sparse Bundles kann aus diesem Grund wesentlich größer sein, als der tatsächlich belegte Speicherplatz auf dem Datenträger.

Bild 5.16: Erstellung von Disk Images mit dem Festplattendienstprogramm

Disk Images nutzen das von Apple entwickelte proprietäres Format UDIF (Universal Disk Image Format). Unter Mac OS können sie bei aktiviertem Disk Arbitration per Doppelklick im Finder gemountet werden. Der Befehl hdiutil kann genutzt werden, um Informationen zu Disk Images zu erhalten bzw. um sie in das System einzubinden oder auszuhängen:

```
$ hdiutil info - zeigt Informationen zu gemounteten Disk Images
$ hdiutil attach   /Desktop/Disk_Image.dmg - mountet ein Disk Image
$ hdiutil detach   /Desktop/Disk_Image.dmg - entfernt ein Disk Image
```

Disk Images können auch dazu genutzt werden, forensische Abbilder von Mac-Computern zu erstellen. Das DMG-Format wird insbesondere von Produkten, die unter Mac OS lauffähig sind, unterstützt. Es bietet den Vorteil, dass die Mac-eigene Technologie Spotlight benutzt werden kann, um Abbilder im DMG-Format zu indexieren und damit einfach und vor allem schnell durchsuchbar zu machen.

Falls ein forensisches Abbild im DMG-Format eingebunden werden soll, ist es sinnvoll, die Datei schreibgeschützt einzubinden, um Veränderungen auszuschließen. Das kann erreicht werden, indem man die DMG-Datei im Finder als geschützt markiert. Die Datei wird, wenn geschützt, mit einem kleinen Schloss-Icon markiert.

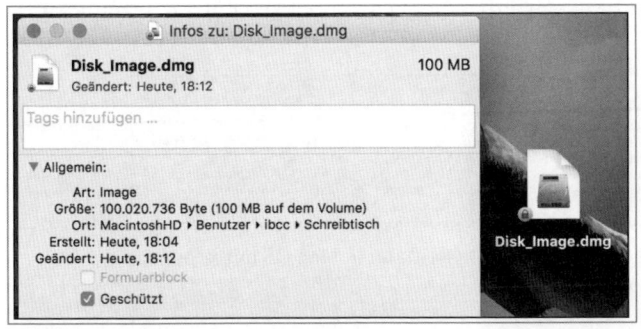

Bild 5.17: Eine DMG-Datei als schreibgeschützt markieren

Damit Spotlight die Datei indexieren kann, wird der Befehl hdiutil attach mit der Option -shadow benutzt. Dieser Befehl erzeugt eine Shadow-Datei, in der alle von Spotlight durchgeführten Änderungen an der DMG-Datei gespeichert werden. Spotlight Indexing kann mit mdutil -i on aktiviert werden. Der Befehl mdutil -s überprüft, ob Spotlight Indexing aktiv oder nicht aktiv ist.

```
●  ●  ●                      ⬆ ibcc — -bash — 124×19
IBCCs-MacBook-Pro121:~ ibcc$ hdiutil attach -noverify ~/Desktop/Disk_Image.dmg -shadow
/dev/disk4                GUID_partition_scheme
/dev/disk4s1              Apple_HFS                     /Volumes/Disk_Image
IBCCs-MacBook-Pro121:~ ibcc$ mdutil -s /Volumes/Disk_Image/
/Volumes/Disk_Image:
       Indexing disabled.
[IBCCs-MacBook-Pro121:~ ibcc$ mdutil -i on /Volumes/Disk_Image/
/Volumes/Disk_Image:
       Indexing enabled.
IBCCs-MacBook-Pro121:~ ibcc$ █
```

Bild 5.18: Mounten einer geschützten DMG-Datei mit der Option -shadow und anschließendes Aktivieren der Spotlight-Indexierung.

Neben dem schreibgeschützten Mounten von DMG-Dateien durch Setzen des Hakens *geschützt* ist ein zweiter Weg möglich, der allerdings kein Spotlight Indexing unterstützt. Hierzu wird das Disk Image zunächst mit dem Befehl `hdiutil attach -nomount` als Block-Device eingebunden und anschließend mit `mount_hfs -j -o rdonly, noexec, noowners` schreibgeschützt gemountet.

```
● ● ●                        ⬆ ibcc — -bash — 98×23
IBCCs-MacBook-Pro121:~ Marc$ mkdir /Volumes/DMG
IBCCs-MacBook-Pro121:~ Marc$ hdiutil attach -nomount ~/Desktop/Disk_Image.dmg
IBCCs-MacBook-Pro121:~ Marc$ mount_hfs -j -o rdonly,noexec,noowners /dev/disk2s1 /Volumes/DMG
IBCCs-MacBook-Pro121:~ Marc$ mount | grep DMG
/dev/disk2s1 on /Volumes/DMG (hfs, local, nodev, noexec, nosuid, read-only, noowners, mounted by M
arc)
IBCCs-MacBook-Pro121:~ Marc$ █
```

Bild 5.19: Schreibgeschütztes Mounten einer DMG-Datei in Mac OS

5.2.6 Forensische Abbilder mounten

Die Möglichkeit, DMG-Dateien schreibgeschützt einzubinden, kann auch zum Mounten von forensischen Abbildern im RAW- oder E01-Format genutzt werden. Hierzu wird das forensische Abbild mit dem Befehl `xmount` (alternativ `ewfmount`) in eine DMG-Datei konvertiert und anschließend, wie zuvor beschrieben, schreibgeschützt eingebunden.

```
● ● ●                        ▦ Volumes — -bash — 139×20
IBCCs-MacBook-Pro121:Volumes Marc$ mkdir /Volumes/IMG
IBCCs-MacBook-Pro121:Volumes Marc$ mkdir /Volumes/DMG
IBCCs-MacBook-Pro121:Volumes Marc$ sudo xmount --in ewf --out dmg ~/Desktop/testdatei.E01 /Volumes/IMG/
IBCCs-MacBook-Pro121:Volumes Marc$ hdiutil attach -nomount /Volumes/IMG/testdatei.dmg
/dev/disk4
IBCCs-MacBook-Pro121:Volumes Marc$ mount_hfs -j -o rdonly,noexec,noowners /dev/disk4 /Volumes/DMG/
IBCCs-MacBook-Pro121:Volumes Marc$ █
```

Bild 5.20: Schreibgeschütztes Mounten einer E01-Datei in Mac OS mit `xmount`

```
● ● ●                        ⬆ ibcc — sh — 139×24
sh-3.2# mkdir /Volumes/ewf
sh-3.2# ewfmount /Users/ibcc/Desktop/testdatei.E01 /Volumes/ewf
ewfmount 20140608

sh-3.2# ln -s /Volumes/ewf/ewf1 /Users/ibcc/Desktop/volume.dmg
sh-3.2# hdiutil attach -nomount /Users/ibcc/Desktop/volume.dmg
/dev/disk3                 GUID_partition_scheme
/dev/disk3s1               Apple_HFS
sh-3.2# mkdir /Volumes/Image
sh-3.2# mount_hfs -j -o rdonly,noexec,noowners /dev/disk3s1 /Volumes/Image
sh-3.2# █
```

Bild 5.21: Schreibgeschütztes Mounten einer E01-Datei in Mac OS mit `ewfmount`

RAW-Abbilder können neben dem beschriebenen Weg auch direkt in Mac OS eingebunden werden:

```
$ hdiutil attach -nomount -imagekey diskimageclass=CRawDiskImage [Pfad zum
RAW Abbild]
```

Alternativ können forensische Abbilder unter Mac OS auch mit den grafischen Tools *EWMounter* von Blacklight oder mit *Sumuri Recon* in das System eingebunden und anschließend untersucht werden.

5.3 System- und lokale Domäne

Die System-Domäne beinhaltet die von Mac OS benötigten Ressourcen wie Betriebssystem, Bibliotheken, Programme und Konfigurationsdateien. Um Dateien der System-Domäne verändern zu können, sind Root-Rechte erforderlich. Die lokale Domäne enthält Ressourcen, die für alle Nutzer des Systems verfügbar sind. Dies sind beispielsweise Applikationen, die für alle Nutzer verfügbar sein sollen. Applikationen aus dem App Store werden generell in der lokalen Domäne gespeichert. Zur Veränderung von Dateien der lokalen Domäne sind mindestens Administratorenrechte erforderlich. Lokale und System-Domäne sind beide vom Wurzelverzeichnis des Boot-Volumes aus erreichbar. Die folgende Tabelle zeigt die zu den Domänen gehörigen Verzeichnisse. Die Domänen System und Lokal enthalten globale und systemspezifische Informationen zum Betriebssystem, Einstellungen der Zeitzone, installierten Programmen, Netzwerkeinstellungen und Nutzerkonten.

Verzeichnisse der System- und lokalen Domäne	
Verzeichnis	Domäne
/System	System
/System/Library	System
/Applications	Lokal
/Library	Lokal
/Developer	Lokal

5.3.1 Systeminformationen

Die Datei *SystemVersion.plist* enthält die Mac-OS-Systemversion und die Build-Nummer.

Mac-OS-Systemversion		
Digitale Spur	Pfad	Datei
	/System/Library/CoreServices/	SystemVersion.plist

Der Installationszeitpunkt des Mac-OS-Betriebssystems ist nicht explizit gespeichert. Möglich ist es allerdings, den Installationszeitpunkt durch Vergleich der Zeitstempel der Dateien `.AppleSetupDone` und `.AppleInstallType.plist` ausfindig zu machen. Auch in der Logdatei `install.log` sind möglicherweise, wenn das Logfile nicht bereits überschrieben wurde, Installationsinformationen zu finden.

Mac-OS-Installationszeitpunkt		
Digitale Spur	Pfad	Datei
	/private/var/db/	.AppleSetupDone
	/private/var/db/	.AppleInstallType.plist
	/private/var/log/	install.log

Im folgenden Beispiel wurde Mac OS am 27. April 2015 installiert und am 01. Oktober 2015 zum ersten Mal in Betrieb genommen.

```
● ● ●                                    ↑ ibcc — -bash — 127×25
IBCCs-MacBook-Pro121:~ ibcc$ ls -la /private/var/db/.Apple*
-r--------  1 root  wheel      0 11 Dez 16:09 /private/var/db/.AppleDiagnosticsSetupDone
-rw-r--r--  1 root  wheel    233  1 Okt 10:55 /private/var/db/.AppleInstallType.plist
-r--------  1 root  wheel      0 27 Apr  2015 /private/var/db/.AppleSetupDone
IBCCs-MacBook-Pro121:~ ibcc$ █
```

Bild 5.22: Ausgabe der Modify-Zeitstempel mit `ls -la`

```
● ● ●                                    ↑ ibcc — -bash — 127×25
IBCCs-MacBook-Pro121:~ ibcc$ cat /private/var/log/install.log |grep Installed
Oct  1 01:51:56 macbook-pro OSInstaller[445]: Installed "OS X" ()
Oct  1 14:59:35 macbook-pro system_installd[934]: Installed "XProtectPlistConfigData" (1.0)
Oct  1 14:59:37 macbook-pro system_installd[934]: Installed "CoreLSKD Configuration Data" (8)
Oct  1 14:59:41 macbook-pro system_installd[934]: Installed "MRT Configuration Data" (1.2)
Oct  1 14:59:46 macbook-pro system_installd[934]: Installed "Core Suggestions Configuration Data" (703)
Oct  1 15:06:28 macbook-pro system_installd[934]: Installed "Voice Update - Anna" (5.0.7)
Oct  1 15:31:19 macbook-pro installd[338]: Installed "Xcode" (7.0.1)
```

Bild 5.23: Grep-Suche nach Mac-OS-Installationen in der Datei `install.log`

Die Einstellungen zur lokalen Systemzeitzone bestehen bei Mac OS aus der Wahl einer Zeitzone und der nächsten Stadt. Dies kann bei der initialen Systemeinrichtung ausgewählt und später in den Systemeinstellungen unter *Datum und Uhrzeit/Zeitzone* geändert werden. Die Zeitzone kann mit dem Befehl `ls -l /etc/localtime` oder durch Betrachtung der Datei `.GlobalPreferences.plist` ermittelt werden.

Einstellungen zu Zeitzonen		
Digitale Spur	Befehl	Datei
	ls –l /etc/localtime	.AppleSetupDone
	Pfad	Datei
	/Library/Preferences/	.GlobalPreferences.plist

Nutzerinformationen, wie der zuletzt im System eingeloggte Nutzer und Einstellungen zur Funktion `Auto Login`, lassen sich in der Plist-Datei `com.apple.loginwindow.plist` auffinden. Ist die Funktion `Auto Login` aktiviert, wird beim Starten des Betriebssystems das Nutzerkonto ohne Passworteingabe gestartet. Das Nutzerpasswort wird bei aktivem `Auto Login` zusätzlich zur gehashten Passwortdatei in der Datei `/etc/kcpassword` abgespeichert und ist dort lediglich mit einem 11-stelligen XOR-Wert verschlüsselt (`0x7D`, `0x89`, `0x52`, `0x23`, `0xD2`, `0xBC`, `0xDD`, `0xEA`, `0xA3`, `0xB9`, `0x1F`).

Das Nutzerpasswort kann mithilfe des Python-Skripts *Decrypt_Autologin.py* entschlüsselt werden. Im Anschluss finden Sie den Quelltext des Python-Skripts, das auch als Download zu diesem Buch bezogen werden kann. Kopieren Sie den Quelltext in einen Texteditor und speichern Sie die Daten unter dem Namen *Decrypt_Autologin.py*. Mit dem Befehl

```
$ python Decrypt_Autologin.py [Pfad zur Datei kcpassword]
```

können Sie das Skript im Terminal aufrufen.

```
import argparse, sys

key=["7D","89","52","23","D2","BC","DD","EA","A3","B9","1F"]

def openfile(datei):
    try:
        f = open(datei,"rb")
        content = f.read()
        char = []
        for i in content:
            char.append(hex(i))
        return char
    except IOError:
        print("Datei nicht vorhanden!")
        sys.exit()

def xorfunc(char,key):
    print("Passwort:", end=" ")
    count=0

    for i in char:
        i=int(i,16)
        k=int(key[count],16)
        print(chr(i^k),end="")
        count+=1
        if count==len(key):
            count=0
        if k==i:
            print("\n")
            break
    return()

def main():
    parser = argparse.ArgumentParser()
    parser.add_argument("file")
    args = parser.parse_args()
    print("Datei: ",args.file)
    char=openfile(args.file)
    xorfunc(char,key)

if __name__ == "__main__":
    main()
```

Das Python-Skript zeigt das Autologin-Passwort eines Systems an, sofern eines vergeben und die Datei /etc/kcpassword erzeugt wurde.

```
● ● ●                          Schreibtisch — -bash — 88×24
macoss-Mac:~/Desktop$ python3 Decrypt_Autologin.py ~/Desktop/kcpassword
Datei:  /Users/ibcc/Desktop/kcpassword
Passwort: secretpw

macoss-Mac:~/Desktop$ []
```

Bild 5.24: Ausgabe des Autologin-Passwortes mit dem Tool `Decrypt_Autologin.py`

Nutzerinformationen und Autologin		
Digitale Spur	Pfad	Datei
	/Library/Preferences/	com.apple.loginwindow.plist
	/etc/	kcpassword

5.3.2 Nutzerkonten

Unter Mac OS angelegte Nutzer besitzen jeweils ein eigenes Nutzerverzeichnis unter dem Pfad */Users/*. Nutzerpasswörter werden wie bei allen unixoiden Systemen gehasht in einer Passwortdatei abgespeichert. Apple hat den Hash-Algorithmus mit der Zeit stark verbessert. Insbesondere die Integration von PBKDF2 verstärkt den Hash-Algorithmus und verursacht eine starke Verlangsamung von Brute-Force-Angriffen auf die Passwortdatei. Die Verzeichnisse zu den Passwortdateien können nur mit Root-Rechten betreten werden. Für Brute-Force-Angriffe auf die Nutzerpasswörter ist der Einsatz von Tools wie Dave Grohl, John the Ripper, Hashcat oder Passware möglich.

Mac-OS-Passwortdateien		
Mac-OS-Version	Passwortdatei	Hashfunktion
<= 10.6	/private/var/db/shadow/hash/‹GUID›.state	48 Bytes Salted SHA1 Hash
10.7	/private/var/db/dslocal/nodes/Default/users/‹USERNAME›.plist	SHA512 Hash
10.8+	/private/var/db/dslocal/nodes/Default/users/‹USERNAME›.plist	SHA512 PBKDF2 Hash

Werden unter Mac OS Nutzerkonten gelöscht, ist das in der Plist-Datei *com.apple.preferences.accounts.plist* unter dem Schlüssel `deletedUsers` erkennbar. Je nach Einstellung kann beim Löschen eines Nutzers das Nutzerverzeichnis als DMG-Datei unter */Users/Deleted Users/* abgespeichert werden.

Einstellungen Nutzer-Accounts und gelöschte Nutzer		
Digitale Spur	Pfad	Datei
	/Library/Preferences/	com.apple.preferences.accounts.plist

5.3.3 Netzwerkeinstellungen

Informationen zu den im Mac-Computer enthaltenen Netzwerkschnittstellen (NIC) befinden sich in der Plist-Datei *NetworkInterfaces.plist*. Mac OS nummeriert die NICs standardmäßig mit den Bezeichnungen en0 (Airport), en1 (Ethernet), en2 usw. (bspw. weitere über USB angeschlossene NICs). Die im selben Verzeichnis liegende Plist-Datei *preferences.plist* enthält individuelle Einstellungen für jeden Netzwerkadapter, wie NETBIOS-Namen oder statische IP-Zuweisungen bzw. Einstellungen für DHCP. Im Verzeichnis */private/var/db/dhcpclient/leases* befindet sich für jede Netzwerkschnittstelle jeweils eine XML-Datei mit Informationen zu kürzlich erhaltenen Einstellungen von DHCP-Servern (leases). In das Verzeichnis kann nur mit Root-Rechten navigiert werden.

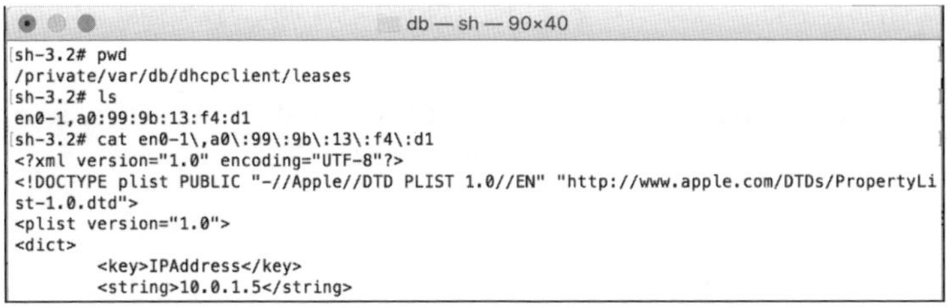

```
● ● ●                    db — sh — 90×40
sh-3.2# pwd
/private/var/db/dhcpclient/leases
sh-3.2# ls
en0-1,a0:99:9b:13:f4:d1
sh-3.2# cat en0-1\,a0\:99\:9b\:13\:f4\:d1
<?xml version="1.0" encoding="UTF-8"?>
<!DOCTYPE plist PUBLIC "-//Apple//DTD PLIST 1.0//EN" "http://www.apple.com/DTDs/PropertyLi
st-1.0.dtd">
<plist version="1.0">
<dict>
        <key>IPAddress</key>
        <string>10.0.1.5</string>
```

Bild 5.25:
Ausschnitt der
DHCP-lease-
Ausgabe für den
Adapter en0

Mac OS speichert verbundene WLAN-Netzwerke, um sich automatisch mit Netzwerken in der Umgebung verbinden zu können. Diese sind in der Plist-Datei *com.apple.airport.preferences.plist* enthalten.

Netzwerkeinstellungen		
Digitale Spur	Pfad	Datei
	/Library/Preferences/SystemConfiguration/	NetworkInterfaces.plist
	/Library/Preferences/SystemConfiguration/	preferences.plist
	/private/var/db/dhcpclient/leases	XML-Dateien en0...
	/Library/Preferences/SystemConfiguration/	com.apple.airport.preferences.plist

Mit dem System gepaarte Bluetooth-Geräte sind mit Gerätenamen, MAC-Adresse und Zeitstempel der letzten Kommunikation in der Plist-Datei *com.apple.Bluetooth.plist* aufgeführt.

Bluetooth Einstellungen		
Digitale Spur	Pfad	Datei
	/Library/Preferences/	com.apple.Bluetooth.plist

5.3.4   Software-Installationen

Die Installation von Software kann anhand mehrerer Quellen nachvollzogen werden. Eine Historie installierter Programme enthält die Plist-Datei *InstallHistory.plist*. Sie beinhaltet auch Informationen, ob die Programme manuell installiert oder vom App Store bezogen wurden. Beim Installationsvorgang eines Programms werden zudem im Verzeichnis */var/db/receipts/* jeweils eine Plist- und eine BoM-Datei (Bill of Materials) erzeugt.

Die Plist-Datei enthält Informationen zur Software-Installation, wie Zeitstempel der Installation und Paketname. Die BoM-Datei enthält eine Liste der zum Programm gehörenden Dateien und Metadaten und kann mit dem Befehl `lsbom` betrachtet werden.

Über die Funktion Software-Update (bis zur Version Mac OS X 10.7) oder den App Store (ab Mac OS X 10.7) bezogene Software-Updates sind in der Plist-Datei *com.apple.SoftwareUpdate.plist* oder *updatejournal.plist* verzeichnet. Informationen lassen sich zudem in der Logdatei *install.log* finden.

Beim Herunterladen werden Dateien aus dem App Store während des Downloadvorgangs im Verzeichnis */var/folders/* temporär zwischengespeichert.

> **Beispiel für eine temporär gespeicherte Datei**
>
> ```
> /private/var/folders/db/vt64lfj957j2q2hv7zs76k8c0000gn/C/com.apple.
> appstore
> ```

Die temporären Dateien der App werden, sobald sie heruntergeladen wurden, in das Verzeichnis *~/Library/Application Support/AppStore/* verschoben. Schließlich wird die komplett heruntergeladene App im Verzeichnis */Applications/* abgelegt und kann von dort aus ausgeführt werden.

Mac OS kann den App Store automatisch nach Updates prüfen und diese installieren. Einstellungen hierzu findet man in der App-Store-App. Es ist möglich, Mac OS so zu konfigurieren, dass Updates automatisch installiert werden, auch wenn dafür ein Neustart des Mac-Computers notwendig ist.

Bild 5.26: App-Store-Einstellungen

Die Einstellungen zum App Store befinden sich in der Datei */Library/Preferences/com. apple.commerce.plist* (lokale Domäne).

Key	Type	Value
▼ Root	Dictionary	(9 items)
AutoUpdateRestartRequiredMajorOSV...	String	10.10
WhatsNewNotificationDate	Date	01.10.2015, 15:09:38
▼ MajorOSUpdate	Dictionary	(0 items)
AutoUpdateMajorOSVersion	String	10.10
AutoUpdate	Boolean	YES
WhatsNewNotificationLatestOS ⊕ ⊖	String	10.11
▼ LockedFilePaths	Array	(0 items)
AutoUpdateRestartRequired	Boolean	YES
LastDoItLaterLogoutFailed	Boolean	NO

Bild 5.27: Plist-Datei */Library/Preferences/ com.apple.commerce. plist*

Durch eine Änderung der entsprechenden Einträge in der Plist-Datei können die Einstellungen auch manuell definiert werden.

- Ausschalten von automatischen Mac-OS-Updates (mit Neustart des Computers)
  ```
  $ defaults write /Library/Preferences/com.apple.commerce AutoUpdateRe-
  startRequired -bool FALSE
  ```

- Anschalten von automatischen Mac-OS-Updates (mit Neustart des Computers)
  ```
  $ defaults write /Library/Preferences/com.apple.commerce AutoUpdateRe-
  startRequired -bool TRUE
  ```

- Ausschalten von automatischen App-Store-Updates

  ```
  $ defaults write /Library/Preferences/com.apple.commerce AutoUpdate -bool
  FALSE
  ```

- Anschalten von automatischen App-Store-Updates

  ```
  $ defaults write /Library/Preferences/com.apple.commerce AutoUpdate -bool
  TRUE
  ```

Voraussetzung, dass Mac OS überhaupt App-Store-Updates durchführen kann, ist der Hintergrunddienst Software-Updates (`softwareupdate`). Er kann mit dem Terminalbefehl

```
$ sudo softwareupdate --schedule off
```

aus- und mit

```
$ sudo softwareupdate --schedule on
```

angeschaltet werden. Der Hintergrunddienst kann über den Schlüssel `AutomaticCheckEnabled` in der Datei */Library/Preferences/com.apple. SoftwareUpdate. plist* verwaltet werden. Der Schlüssel zeigt durch eine boolesche Variable, ob nach automatischen Software-Updates geprüft wird (`TRUE`) oder nicht (`FALSE`).

Der Schlüssel kann ebenfalls manuell geändert werden.

- Anschalten von Check nach automatischen Software-Updates

  ```
  $ defaults write /Library/Preferences/com.apple. SoftwareUpdate
  AutomaticCheckEnabled -bool TRUE
  ```

- Ausschalten von Check nach automatischen Software-Updates

  ```
  $ defaults write /Library/Preferences/com.apple. SoftwareUpdate
  AutomaticCheckEnabled -bool FALSE
  ```

Key	Type	Value
▼ Root	Dictionary	(14 items)
LastResultCode	Number	2
AutomaticCheckEnabled	Boolean	YES
LastAttemptSystemVersion	String	10.12.4 (16E195)
LastBackgroundCCDSuccessfulDate	Date	23.09.2016, 07:38:44
SkipLocalCDN	Boolean	NO
LastUpdatesAvailable	Number	0
LastRecommendedUpdatesAvai…	Number	0
LastAttemptBuildVersion	String	16E195
▶ RecommendedUpdates	Array	(0 items)
LastFullSuccessfulDate	Date	08.04.2017, 00:48:27
▶ PrimaryLanguages	Array	(2 items)
LastSessionSuccessful	Boolean	YES
LastBackgroundSuccessfulDate	Date	08.04.2017, 00:48:41
LastSuccessfulDate	Date	08.04.2017, 00:48:27

Bild 5.28: Plist-Datei */Library/ Preferences/ com.apple. SoftwareUpdate. plist*

Die Datei *~/Library/Preferences/com.apple.commerce* (Nutzer-Domäne) enthält nutzerspezifische Einstellungen zum App Store, unter anderem verknüpfte iCloud-Konten unter den Schlüsseln `PrimaryAccount` und `KnownAccounts`.

Software-Installationen		
Digitale Spur	Pfad	Datei
	/Library/Receipts/	InstallHistory.plist
	/var/db/receipts/	.plist & .bom Datei
	/Library/Preferences/	com.apple.SoftwareUpdate.plist
	~/Library/Application Support/App Store	updatejournal.plist
	/Library/Preferences/com.apple. commerce.plist	App Store-Einstellungen (global)
	~/Library/Preferences/com.apple. commerce.plist	App Store-Einstellungen (Nutzer)
	/var/log/	install.log

5.3.5 Drucker

Detailinformationen zu den installierten Druckern lassen sich aus der Plist-Datei *org. cups.printers.plist* auslesen. Neben Druckernamen und -Typ lässt sich unter anderem ermitteln, ob es sich um einen Netzwerkdrucker (vgl. Schlüssel dnssd) oder einen über USB (vgl. Schlüssel usb) angeschlossenen Drucker handelt. Weitere Konfigurationseinstellungen zu den installierten Druckern lassen sich in der Datei *printers.conf* auffinden. Mac OS nutzt zum Drucken das Common Unix Printing System (CUPS). CUPS protokolliert jeden Druckvorgang in den beiden Logdateien *page_log* und *access_log*. Sie enthalten Informationen und Metadaten zu jedem getätigten Druckauftrag.

```
● ● ●                                                    cups — -bash — 181×
                            /var/log/cups — sh
IBCCs-MacBook-Pro121:cups ibcc$ cat page_log
Brother_MFC_J5320DW ibcc 5 [06/Jan/2016:17:34:08 +0100] 1 1 - localhost testdruck A4 one-sided
Brother_MFC_J5320DW ibcc 5 [06/Jan/2016:17:34:14 +0100] total 0 - localhost testdruck A4 one-sided
Brother_MFC_J5320DW ibcc 5 [06/Jan/2016:17:34:15 +0100] total 0 - localhost testdruck A4 one-sided
Brother_MFC_J5320DW ibcc 5 [06/Jan/2016:17:34:17 +0100] total 0 - localhost testdruck A4 one-sided
Brother_MFC_J5320DW ibcc 5 [06/Jan/2016:17:34:19 +0100] total 0 - localhost testdruck A4 one-sided
Brother_MFC_J5320DW ibcc 5 [06/Jan/2016:17:34:22 +0100] total 0 - localhost testdruck A4 one-sided
Brother_MFC_J5320DW ibcc 5 [06/Jan/2016:17:34:27 +0100] total 1 - localhost testdruck A4 one-sided
IBCCs-MacBook-Pro121:cups ibcc$ ▮
```

Bild 5.29: Ausgabe der Logdatei cups_log

Seit Mac OS X 10.10 wird die Log-Funktion durch den Eintrag PageLogFormat in der CUPS-Konfigurationsdatei */etc/cups/cupsd.conf* per Default unterdrückt, so dass keine Informationen mehr in die Datei *page_log* geschrieben werden.

Druckerinformationen		
Digitale Spur	Pfad	Datei
	/Library/Preferences/	org.cups.printers.plist
	/etc/cups/	printers.conf
	/var/log/cups/	page_log
	/var/log/cups/	access_log

Ist ein Druckauftrag aktiv, wird im Verzeichnis */private/var/spool/cups* eine chronologisch nummerierte Kontrolldatei erzeugt und die zu druckende Datei temporär im PDF-Format zwischengespeichert. Nach Durchführung des Druckauftrags wird die PDF-Datei wieder gelöscht. Sie kann unter Umständen noch vorhanden sein, wenn Druckaufträge abgebrochen wurden. Die Kontrolldatei gibt Hinweise auf den Druckauftrag (siehe die folgende Abbildung) und kann mit dem Befehl `strings` betrachtet werden.

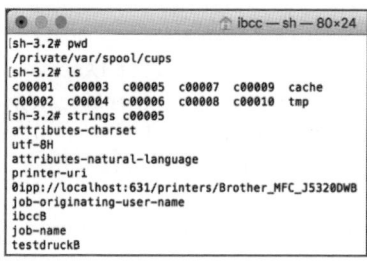

Bild 5.30: Ansicht der Kontrolldatei mit `strings`

5.3.6   Keychains

Keychain- oder Schlüsselbund-Dateien werden von Mac OS genutzt, um Nutzer und Systempasswörter verschlüsselt und gesammelt zu verwalten. Keychain-Dateien enthalten neben Passwörtern auch Zertifikate, ausgehandelte kryptografische Schlüssel und sichere Notizen. Unter Mac OS existieren Keychain-Dateien sowohl in der Systemdomäne unter dem Pfad */Library/Keychains* als auch in der Nutzerdomäne unter dem Pfad *~/Library/Keychains*.

Das Login-Passwort eines Nutzers wird beispielsweise in der Keychain-Datei *login.keychain* im Nutzerkontext gespeichert. Die Datei *keychain-2.db* wird über iCloud synchronisiert und enthält möglicherweise auch Inhalte von iOS-Geräten. Die systemweite Keychain *System.keychain* enthält unter anderem Passwörter für Access Points, VPNs, Time-Machine-Sicherungen oder applikationsspezifische Passwörter.

Mac-OS-Keychains	
Domäne	Keychain
Nutzer	~/Library/Keychains/login.keychain
Nutzer (iCloud)	~/Library/Keychains/keychain-2.db
System	/Library/Keychains/System.Keychain

Im Zuge einer Analyse von Keychain-Dateien können erste Hinweise auf Inhalte mit dem Terminalbefehl `strings` erhalten werden. In einem laufenden Mac-OS-System können Keychain-Dateien mit dem Kommando `security dump-keychain -d` gesichert werden. Oftmals ist beispielsweise die `login.keychain` des Nutzers bereits unlocked, so dass eine Sicherung ohne weitere Passworteingabe erfolgen kann. Einzelne Keychain-Dateien lassen sich mit dem Kommando `security unlock-keychain -p [Passwort] [Keychain-Datei]` entsperren.

Bild 5.31: Sichern von Keychain-Informationen über das Terminal

Nicht selten wird für die Nutzer-Keychain das gleiche Passwort verwendet wie für den Nutzer-Account selbst. Bei unbekannten Keychain-Passwörtern besteht die Möglichkeit, einen Brute-Force-Angriff durchzuführen. Hierzu sind unter anderem die folgenden Tools in der Lage:

crowbarKC

- Quelle: *http://www.georgestarcher.com/?page_id=256*
- Freeware
- funktionsfähig bis Mac OS 10.11

John the Ripper

- Quelle: *http://www.openwall.com/john*
- Freeware

Passware

- Quelle: *http://www.lostpassword.com*
- Kommerziell

John the Ripper beinhaltet das Tool *keychain2john*, mit dem der Hashwert des Passworts aus einer Keychain-Datei exportiert und in ein John-the-Ripper-kompatibles Format gebracht werden kann. Anschließend kann der Hashwert mit John the Ripper angegriffen werden. Allgemein ist der Erfolg eines Angriffs abhängig von der Komplexität des Passworts, der Konfiguration der benutzten Tools und deren Wordlists (siehe hierzu das Kapitel »Hack the Mac«).

Eine Analyse von Keychain-Dateien kann unter Zuhilfenahme der Applikation Schlüsselbundverwaltung erfolgen. Idealerweise wird hierfür ein forensischer Account benutzt. Die Applikation Schlüsselbundverwaltung hat die Funktionalität, Keychain-Dateien importieren und anhand der Programmoberfläche zu betrachten.

Eine weitere Möglichkeit, Keychain-Dateien automatisiert zu analysieren, bietet u. a. das forensische Produkt Sumuri Recon mit dem integrierten Keychain-Plugin. Damit können Keychain-Informationen in Live-Systemen oder in eingebundenen Sicherungen von Mac-OS-Systemen extrahiert werden. Zur Analyse mit Recon ist allerdings das Keychain-Passwort erforderlich.

5.3.7 Firewall

Das Betriebssystem Mac OS verfügt über zwei mitgelieferte Firewall-Lösungen: zum einen die Application Level Firewall (ALF), die über die Mac-OS-GUI erreichbar ist, zum anderen die über das Terminal konfigurierbare Packet Filter Firewall (pfctl).

Application Level Firewall

Die Application Level Firewall kann intuitiv über *Systemeinstellungen/Sicherheit/Firewall* konfiguriert werden. Die Firewall ist unter Mac OS per Default deaktiviert. Sie ermöglicht das Zulassen oder Blockieren applikationsspezifischer Verbindungen.

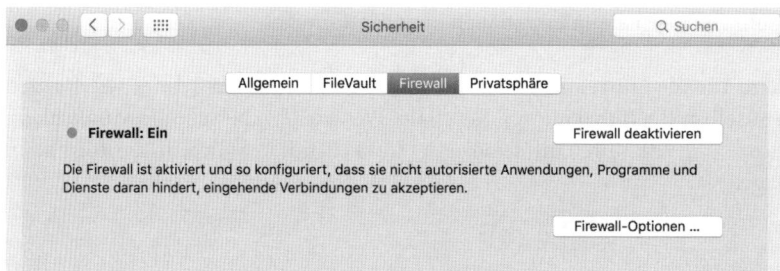

Bild 5.32: ALF-Konfiguration über die Mac-OS-GUI

Konfigurationseinstellungen zur ALF-Firewall sind in der Plist-Datei *com.apple.alf.plist* gespeichert. Der Schlüssel `globalstate` gibt an, ob die Firewall aktiviert oder deaktiviert ist (1 = aktiv, 0 = nicht aktiv). Unter dem Schlüssel `Applications` sind jeweils Informationen zu einzelnen Applikationen verzeichnet. Der Schlüssel `state` beschreibt, ob eingehende Verbindungen akzeptiert (Wert = 0) oder blockiert werden (Wert = 2).

Application Level Firewall (ALF)		
Digitale Spur	Pfad	Datei
	/Library/Preferences/	com.apple.alf.plist

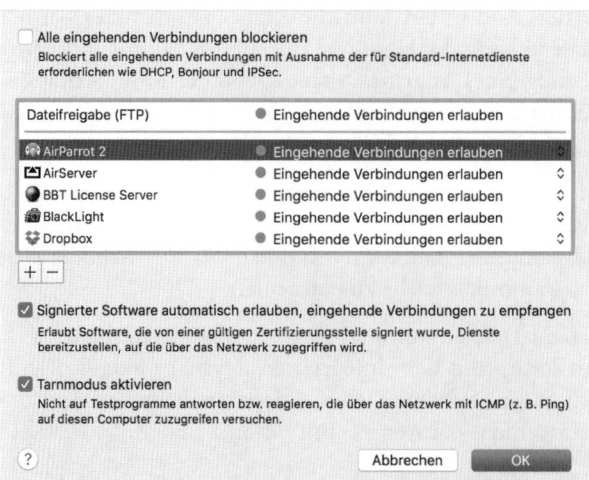

Bild 5.33: ALF-Optionen über die Mac-OS-GUI

Key		Type	Value
▼ Root		Dictionary	(11 items)
allowsignedenabled		Number	1
▶ exceptions		Array	(6 items)
globalstate		Number	1
loggingoption		Number	0
▶ firewall		Dictionary	(9 items)
stealthenabled		Number	1
version		String	1.1
loggingenabled		Number	1
firewallunload		Number	0
▼ applications		Array	(13 items)
▼ Item 0		Dictionary	(4 items)
bundleid		String	com.getdropbox.dropbox
reqdata		Data	<fade0c00 000000a4 00000001 00000006 00000002 00000016 636f6d2e 67657464
alias		Data	<3c3f786d 6c207665 7273696f 6e3d2231 2e302220 656e636f 64696e67 3d225554
state		Number	0
▼ Item 1	⊕ ⊖	Dictionary	(4 items)
bundleid		String	com.blackbagtech.BlackLight
reqdata		Data	<fade0c00 000000a8 00000001 00000006 00000002 0000001b 636f6d2e 626c6163
state		Number	0
alias		Data	<3c3f786d 6c207665 7273696f 6e3d2231 2e302220 656e636f 64696e67 3d225554

Bild 5.34: Ansicht der Datei *com.apple.alf.plist* mit Xcode

Packet Filter Firewall

Die Packet Filter Firewall (pfctl) basiert auf einer OpenBSD-Implementierung und ist seit der Mac-OS-X-Version 10.7 integriert. Die Firewall ist IPv6-kompatibel und kann feingranular durch Regeln konfiguriert werden. Über das Terminal kann die Firewall mit dem Kommando `pfctl` gesteuert werden. Einstellungen werden in der Datei */etc/pf.conf* abgelegt.

Packet Filter Firewall		
Digitale Spur	Pfad	Datei
	/etc/	pf.conf

5.3.8 Launch Agents

Launch Agents sind Hintergrund-Systemprozesse, die beim Login eines Nutzers oder bei Bedarf gestartet werden. Launch Agents werden durch Plist-Dateien im Reverse-DNS-Format beschrieben, die von Mac OS in den folgenden Verzeichnissen abgelegt werden:

Launch-Agents-Verzeichnisse
Pfad
/System/Library/LaunchAgents/
/Library/LaunchAgents/
~/Library/LaunchAgents/

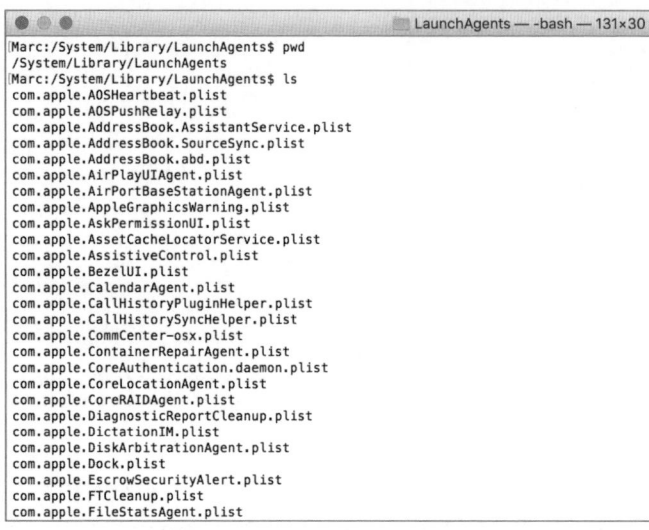

```
● ● ●                          LaunchAgents — -bash — 131×30
[Marc:/System/Library/LaunchAgents$ pwd
/System/Library/LaunchAgents
[Marc:/System/Library/LaunchAgents$ ls
com.apple.AOSHeartbeat.plist
com.apple.AOSPushRelay.plist
com.apple.AddressBook.AssistantService.plist
com.apple.AddressBook.SourceSync.plist
com.apple.AddressBook.abd.plist
com.apple.AirPlayUIAgent.plist
com.apple.AirPortBaseStationAgent.plist
com.apple.AppleGraphicsWarning.plist
com.apple.AskPermissionUI.plist
com.apple.AssetCacheLocatorService.plist
com.apple.AssistiveControl.plist
com.apple.BezelUI.plist
com.apple.CalendarAgent.plist
com.apple.CallHistoryPluginHelper.plist
com.apple.CallHistorySyncHelper.plist
com.apple.CommCenter-osx.plist
com.apple.ContainerRepairAgent.plist
com.apple.CoreAuthentication.daemon.plist
com.apple.CoreLocationAgent.plist
com.apple.CoreRAIDAgent.plist
com.apple.DiagnosticReportCleanup.plist
com.apple.DictationIM.plist
com.apple.DiskArbitrationAgent.plist
com.apple.Dock.plist
com.apple.EscrowSecurityAlert.plist
com.apple.FTCleanup.plist
com.apple.FileStatsAgent.plist
```

Bild 5.35: Launch Agents im Verzeichnis */System/Library/LaunchAgents/*

Das folgende Beispiel zeigt die Plist-Datei des Launch Agents *com.apple.CalendarAgent. plist*. Neben dem Pfad zum ausführbaren Programm enthalten die Plist-Dateien viele weitere Schlüssel zur Konfiguration der Launch Agents. Nähere Informationen zu den Schlüsselwerten können der Manpage von launchd entnommen werden.

Key	Type	Value
▼ Root	Dictionary	(10 items)
Label	String	com.apple.CalendarAgent
Program	String	/System/Library/PrivateFrameworks/CalendarAgent.framework/Executables/CalendarAgent
RunAtLoad	Boolean	YES
StartInterval	Number	900
▼ EnvironmentVariables	Dictionary	(1 item)
NSRunningFromLaunchd	String	1
POSIXSpawnType	String	Adaptive
▶ MachServices	Dictionary	(6 items)
EnableTransactions	Boolean	YES
EnablePressuredExit	Boolean	YES
▶ LaunchEvents	Dictionary	(3 items)

(Header: com.apple.CalendarAgent.plist › No Selection)

Bild 5.36: Ansicht der Datei *com.apple.CalendarAgent.plist* mit Xcode

5.3.9 Launch Daemons

Launch Daemons sind Hintergrund-Systemprozesse, die im Gegensatz zu Agents nicht in Nutzeraktion treten. Launch Daemons werden ebenfalls durch Plist-Dateien verwaltet. Die folgende Abbildung zeigt die Plist-Datei *telnet.plist* des Telnet-Daemons.

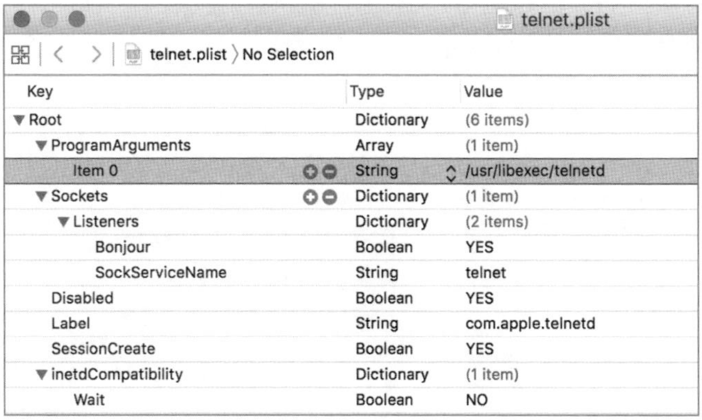

Key		Type	Value
▼ Root		Dictionary	(6 items)
▼ ProgramArguments		Array	(1 item)
Item 0	⊕ ⊖	String	⌃ /usr/libexec/telnetd
▼ Sockets	⊕ ⊖	Dictionary	(1 item)
▼ Listeners		Dictionary	(2 items)
Bonjour		Boolean	YES
SockServiceName		String	telnet
Disabled		Boolean	YES
Label		String	com.apple.telnetd
SessionCreate		Boolean	YES
▼ inetdCompatibility		Dictionary	(1 item)
Wait		Boolean	NO

Bild 5.37: Ansicht der Datei *telnet.plist* mit Xcode

Typischerweise sind Launch Daemons in den folgenden Mac-OS-Verzeichnissen gespeichert:

Launch-Daemons-Verzeichnisse
Pfad
/System/Library/LaunchDaemons/
/Library/LaunchDaemons/

5.3.10 Freigaben

Das Betriebssystem Mac OS bietet unter *Systemeinstellungen/Freigaben* diverse Möglichkeiten, Inhalte des eigenen Rechners freizugeben, zu teilen bzw. Remote-Verbindungen herzustellen. Per Default sind unter Mac OS keine Freigaben aktiv, sie müssen aktiv vom Nutzer konfiguriert und aktiviert werden. In der Mac-OS-X-Version 10.9 wurde die Datei */private/var/db/launchd.db/com.apple.launchd/overrides.plist* verwendet, um den Status von Freigaben zu definieren (aktiv/nicht aktiv). Seit der Mac-OS-X-Version 10.10 wird diese Datei nicht mehr benutzt.

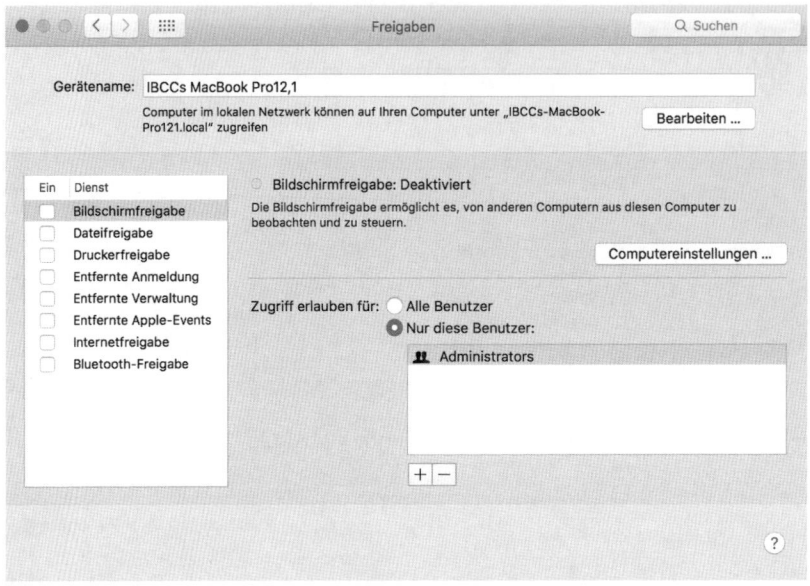

Bild 5.38: Freigaben in der Mac-OS-GUI

Bildschirmfreigabe

Die Bildschirmfreigabe nutzt das VNC-Protokoll und ermöglicht die Freigabe von Inhalten für entfernte Rechner. Bei der Einrichtung einer VNC-Freigabe muss ein Passwort gewählt werden, mit dem sich entfernte Rechner verbinden können. Sobald eine Bildschirmfreigabe unter Mac OS das erste Mal eingerichtet wird, ist die Datei *com.apple.RemoteManagement.plist* vorhanden. Die Plist-Datei enthält den Schlüssel *VNCLegacyConnectionsEnabled*, der anzeigt, ob VNC-Verbindungen akzeptiert werden.

Key	Type	Value
▼ Root	Dictionary	(5 items)
ARD_AllLocalUsersPrivs	Number	-2.147.483.648
VNCLegacyConnectionsEnabled ⊕⊖	Boolean	↕ YES
LoadRemoteManagementMenuExtra	Boolean	NO
ScreenSharingReqPermEnabled ⊕⊖	Boolean	NO
ARD_AllLocalUsers	Boolean	YES

Bild 5.39: Ansicht der Datei *com.apple. RemoteManagement.plist* mit Xcode

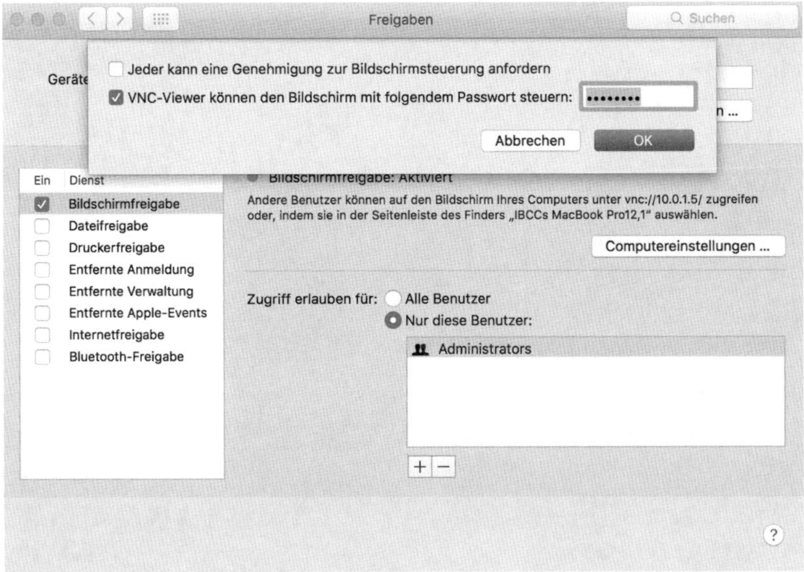

Bild 5.40: Bildschirmfreigabe in der Mac-OS-GUI

Das vom Nutzer gewählte VNC-Passwort wird kryptiert in der Datei *com.apple.VNC-Settings.txt* abgespeichert. Von dem maximal acht Zeichen langen Passwort wird dabei zeichenweise mit einem fixen hexadezimalen Schlüssel (`key= 0x1734516E8BA8C5E2FF-1C39567390ADCA`) das exklusive Oder (`XOR`) berechnet. Die Datei *com.apple.VNCSettings. txt* kann mit dem Python-Skript `Decrypt_VNC.py` entschlüsselt werden. Kopieren Sie den folgenden Quelltext in einen Texteditor und speichern Sie die Datei unter dem Namen `Decrypt_VNC.py`. Das Python-Skript ist als Download zum Buch verfügbar und kann mit dem Befehl

```
$ sudo python3 Decrypt_VNC.py [Pfad zur Datei com.apple.
VNCSettings.txt]
```

aufgerufen werden. Zum Aufruf des Skripts sind Root-Rechte erforderlich.

```
import argparse, sys, os

key=["17","34","51","6E","8B","A8","C5","E2","FF","1C","39","56","73","90","
AD","CA"]

def openfile(datei):
    try:
        f = open(datei,"rb")
        content = f.read()
        content = ascii(content).split('\'')
        content = content[1]
        char = []
        c=0
        while c < len(content):
            char.append(str(content[c])+str(content[c+1]))
```

```
            c += 2
        return char
    except IOError:
        print("Datei nicht vorhanden!")
        sys.exit()

def xorfunc(char,key):
    print("Passwort:", end=" ")
    count=0

    for i in char:
        i=int(i,16)
        k=int(key[count],16)
        print(chr(i^k),end="")
        count+=1
        if count==len(key):
            count=0
        if k==i:
            print("\n")
            break
    return()

def main():
    parser = argparse.ArgumentParser()
    parser.add_argument("file")
    args = parser.parse_args()
    print("Datei: ",args.file)
    char=openfile(args.file)
    xorfunc(char,key)

if __name__ == "__main__":
    main()
```

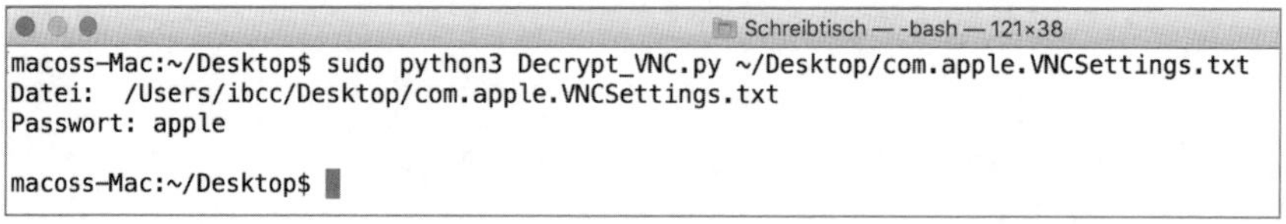

```
● ● ●                              Schreibtisch — -bash — 121×38
macoss-Mac:~/Desktop$ sudo python3 Decrypt_VNC.py ~/Desktop/com.apple.VNCSettings.txt
Datei:  /Users/ibcc/Desktop/com.apple.VNCSettings.txt
Passwort: apple

macoss-Mac:~/Desktop$ ▊
```

Bild 5.41: Entschlüsselung der Datei *com.apple.VNCSettings.txt* mit dem Python-Skript `Decrypt_VNC.py`

Bildschirmfreigabe		
Digitale Spur	Pfad	Datei
	/Library/Preferences/	com.apple.RemoteManagement.plist
	/Library/Preferences/	com.apple.VNCSettings.txt

Dateifreigabe

Durch Auswahl der Mac-OS-Dateifreigabe können Verzeichnisse und Dateien innerhalb eines Netzwerks freigegeben werden. Über die Mac-OS-GUI ist es möglich, entsprechende Verzeichnisse auszuwählen und Zugriffsrechte zu vergeben. Zur Freigabe von Dateien werden die Protokolle AFP und SMB unterstützt.

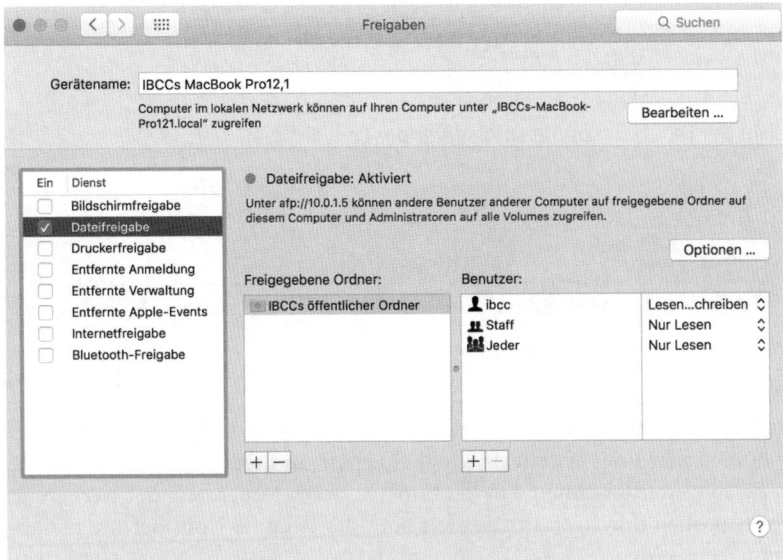

Bild 5.42: Dateifreigabe in der Mac-OS-GUI

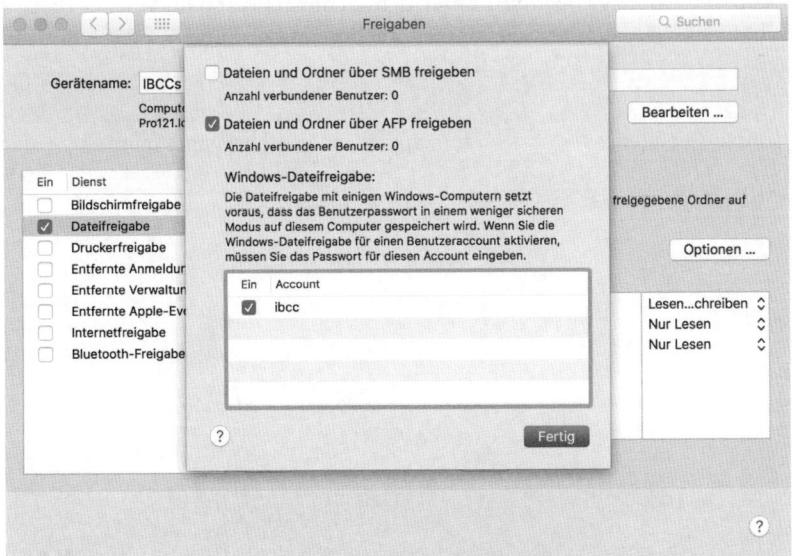

Bild 5.43: Dateifreigabe und Protokollauswahl in der Mac-OS-GUI

Einstellungen zu SMB-Dateifreigaben lassen sich in der Datei *com.apple.smb.server.plist* auffinden. Dort ist unter anderem der Netbios Name des lokalen Systems verzeichnet.

Key	Type	Value
▼ Root	Dictionary	(4 items)
DOSCodePage	String	437
LocalKerberosRealm	String	LKDC:SHA1.42258B6E596E0FB716190E6E637E5A01D8744DCD
NetBIOSName	String	MACBOOKPRO-F4D1
ServerDescription	String	IBCCs MacBook Pro12,1

Bild 5.44: Ansicht der Datei *com.apple.smb.server.plist* mit Xcode

Dateifreigaben		
Digitale Spur	Pfad	Datei
	/Library/Preferences/SystemConfiguration	com.apple.smb.server.plist

Entfernte Verwaltung

Die Option *Entfernte Verwaltung* beinhaltet die bereits thematisierte Bildschirmfreigabe, bietet darüber hinaus allerdings erweiterte Möglichkeiten zur Steuerung des freigegebenen Rechners. Beispielsweise können Applikationen gestartet oder beendet werden, es können Dateioperationen durchgeführt werden oder der Rechner kann heruntergefahren bzw. neu gestartet werden.

Die Konfigurationseinstellungen zur entfernten Verwaltung befinden sich in der Plist-Datei *com.apple.RemoteManagement.plist* unter dem Schlüsselwert ARD_AllLocalUser-Privs. Der Aufbau des Schlüsselwertes ist derzeit noch nicht bekannt.

Digitale Spur	Pfad	Datei
	/Library/Preferences/	com.apple.RemoteManagement.plist

Bild 5.45: Entfernte Verwaltung

5.4 Nutzer-Domäne

Die Nutzer-Domäne umfasst die Nutzerverzeichnisse unter dem Pfad */Users* und die zugehörigen Verzeichnisse und Dateien. Jedes Home Directory besitzt eine einheitliche Struktur mit Ordnern, die entsprechend ihrer Namensgebung Dateien enthalten.

Verzeichnisse der Nutzer-Domäne	
Verzeichnis	Domäne
/Users/‹Nutzername›	Nutzer
~/Bilder	Nutzer
~/Dokumente	Nutzer
~/Downloads	Nutzer
~/Filme	Nutzer
~/Library	Nutzer
~/Musik	Nutzer
~/Öffentlich	Nutzer
~/Schreibtisch	Nutzer
~/.Trash	Nutzer

Das Verzeichnis *~/Library* mit nutzerspezifischen Konfigurations- und Applikationsdateien ist eine forensische Fundgrube. Es ist ab Mac OS X 10.7 versteckt und somit nicht sichtbar. Das *Library*-Verzeichnis enthält vor allem die forensisch relevanten Unterordner *Containers*, *Preferences*, *Application Support* und *Caches*. Das Verzeichnis *~/Library/Containers* enthält Daten von Applikationen, die Sandboxing nutzen (vgl. den Abschnitt »Sandboxing« im Kapitel »Mac-OS-Sicherheitskonzepte«). Entsprechend enthält das Verzeichnis *~/Library/Application Support* Daten von Applikationen, die kein Sandboxing nutzen. Das Verzeichnis *~/Library/Preferences* beinhaltet nutzerspezifische Einstellungen zu Mac OS und zu Applikationen.

Diese liegen als Plist-Dateien im Reverse-DNS-Format vor. Das Reverse-DNS-Format besteht aus der Top-Level-Domain des Unternehmens, Unternehmensnamen und Applikationsnamen, jeweils mit einem Punkt getrennt. Beispielhaft hierfür sind *com. apple.Safari.plist* oder *com.Microsoft.Word.plist.* Nutzerspezifische Applikationen, die Sandboxing nutzen, speichern ihre Einstellungen im Pfad *~/Library/Containers/[App]/ Data/Library/Preferences/.* Das *Caches*-Verzeichnis *(~/Library/Caches)* enthält applikationsspezifische Cache-Dateien. Das Verzeichnis *.Trash* enthält den Papierkorb und ist ebenfalls versteckt. Um versteckte Dateien temporär anzuzeigen, können folgende Befehle genutzt werden:

Anzeige des Library-Verzeichnisses:

```
$ chflags nohidden /Users/[Nutzername]/Library
```

Anzeige aller versteckter Dateien und Verzeichnisse:

```
$ defaults write com.apple.finder AppleShowAllFiles 1; killall Finder
```

5.4.1 Nutzer-Account-Informationen

Unter Mac OS können verschiedene Account-Typen für Nutzer angelegt werden: zum einen Administratoren-Accounts mit vollen administrativen Rechten, zum anderen Standard-Accounts, die eingeschränkte Systemrechte haben und schließlich Gast-Accounts. Für Gast-Accounts legt Mac OS ein temporäres Nutzerverzeichnis an, das beim Ausloggen aus dem Account wieder gelöscht wird. Ein root-Benutzer ist unter Mac OS aus Sicherheitsgründen standardmäßig deaktiviert. Er kann über die *Verzeichnisdienste.app* unter dem Menüpunkt *Bearbeiten* bei Bedarf aktiviert werden.

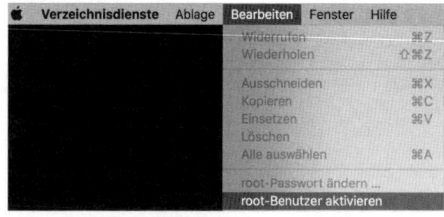

Bild 5.46: *Verzeichnisdienste*-Applikation – Aktivieren eins root-Benutzers

Im Terminal eingegebene Kommandos des Nutzers werden in der versteckten Datei *.bash_history* abgelegt. Die Datei umfasst per Default 500 Einträge und enthält eine Historie der eingegebenen Terminalbefehle. Erwähnenswert ist, dass die Datei erst beim Ausloggen eines Nutzers (innerhalb des Terminals) beschrieben wird. In einem Live-Forensik-Szenario kann es daher sinnvoll sein, die History des angemeldeten Nutzers mit dem Befehl history zusätzlich zu sichern.

Bash History		
Digitale Spur	Pfad	Datei
	~/	.bash_history

Neben den systemweiten Informationen zu Druckern und Bluetooth-Geräten lassen sich ähnliche Informationen auch im Nutzerkontext auffinden. Die Dateien *com.apple.Bluetooth.[GUID].plist* und *org.cups.PrintingPrefs.plist* beinhalten Informationen zu den zuletzt genutzten Bluetooth-Verbindungen und Druckern des Nutzers.

Drucker- und Bluetooth-Einstellungen der Nutzer-Domäne		
Digitale Spur	Pfad	Datei
	~/Library/Preferences/ByHost/	com.apple.Bluetooth.‹GUID›.plist
	~/Library/Preferences/	org.cups.PrintingPrefs.plist

Die Dateisysteme HFS+ und APFS unterstützen sogenannte Extended Attributes. Extended Attributes sind zusätzliche von Mac OS genutzte Metadaten zu Dateien und Verzeichnissen und können eine Vielzahl zusätzlicher Informationen enthalten, beispielsweise Spotlight-Kommentare, Tags und weitere. Mit dem Befehl `ls  -la` kann das Vorhandensein von Extended Attributes ermittelt werden. Diese werden, wenn vorhanden, mit einem @ gekennzeichnet. Mit dem Befehl `xattr` können Extended Attributes eingesehen werden. Die Parameter `-x` und `-l` lassen eine Anzeige in hexadezimaler Sicht und die Ausgabe der Inhalte zu. Extended-Attributes-Metadaten können alternativ mit dem Sleuth-Kit-Befehl `mdls` (derzeit nur HFS+) ausgegeben werden. Beim Download einer Datei unter Mac OS können folgende Extended Attributes geschrieben werden:

`com.apple.metadata:kMDItemDownloadedDate`

Enthält Datum und Zeit des Downloads im Format NSDate (8 Byte float, Big-Endian). Eine Umrechnung kann beispielsweise durch Kopieren der hexadezimalen Bytes in einen Hexadezimaleditor, Speichern als Plist-Datei und Öffnen mit Xcode bewerkstelligt werden.

`com.apple.metadata:kMDItemWhereFroms`

Beinhaltet die URL, von der die Datei heruntergeladen wurde.

`com.apple.quarantine`

Der Quarantäne-Event-Identifier enthält, hexadezimal abgelegt im Unix-Epoch-Format, Datum und Zeit des Downloads, den Agent-Namen (Download-Browser) sowie den Bundle Identifier (siehe auch den Abschnitt »File Quarantine« im Kapitel »Mac-OS-Sicherheitskonzepte«).

```
● ● ●                                    ▧ Test — -bash — 123×39
IBCCs-MacBook-Pro121:Test ibcc$ ls -la
total 17328
drwxr-xr-x   3 ibcc  staff      102  7 Jan 00:07 .
drwx------+ 39 ibcc  staff     1326  7 Jan 00:07 ..
-rw-r--r--@  1 ibcc  staff  8870349  8 Dez 16:16 freenetcloud.dmg
IBCCs-MacBook-Pro121:Test ibcc$ xattr -xl freenetcloud.dmg
com.apple.metadata:kMDItemDownloadedDate:
00000000  62 70 6C 69 73 74 30 30 A1 01 33 41 BC 24 8D 85  |bplist00..3A.$..|
00000010  8B 90 54 08 0A 00 00 00 00 00 00 01 01 00 00 00  |..T.............|
00000020  00 00 00 00 02 00 00 00 00 00 00 00 00 00 00 00  |................|
00000030  00 00 00 00 13                                   |.....|
00000035
com.apple.metadata:kMDItemWhereFroms:
00000000  62 70 6C 69 73 74 30 30 A1 01 5F 10 3B 68 74 74  |bplist00.._.;htt|
00000010  70 73 3A 2F 2F 77 65 62 6D 61 69 6C 2E 66 72 65  |ps://webmail.fre|
00000020  65 6E 65 74 2E 64 65 2F 63 6C 69 65 6E 73 2F 2F  |enet.de/clients/|
00000030  66 72 65 65 6E 65 74 2F 66 72 65 65 6E 65 74 63  |freenet/freenetc|
00000040  6C 6F 75 64 2E 64 6D 67 08 0A 00 00 00 00 00 00  |loud.dmg........|
00000050  01 01 00 00 00 00 00 00 02 00 00 00 00 00 00 00  |................|
00000060  00 00 00 00 00 00 00 00 48                       |........H|
0000006a
com.apple.quarantine:
00000000  30 30 30 32 3B 35 36 37 34 35 36 30 35 3B 53 61  |0002;56745605;Sa|
00000010  66 61 72 69 3B 45 30 38 39 42 39 44 32 2D 35 41  |fari;E089B9D2-5A|
00000020  34 31 2D 34 38 42 38 2D 41 44 41 45 2D 39 46 43  |41-48B8-ADAE-9FC|
00000030  42 41 30 35 42 41 43 36 43                       |BA05BAC6C|
00000039
IBCCs-MacBook-Pro121:Test ibcc$ ▮
```

Bild 5.47: Erweiterte Metadaten der Datei *freenetcloud.dmg*

Extended Attributes können binäre Property-List-Dateien enthalten. Dies kann durch die Signatur `bplist00` erkannt werden. Um diese eingebetteten Plist-Inhalte zu extrahieren, kann wiederum `xattr` mit dem Parameter `-p` benutzt werden. Mit dem Befehl `xxd` können die Plist-Inhalte binär `-r` dargestellt `-p` und mit `plutil` ausgegeben oder alternativ als eigene Plist-Datei abgespeichert werden.

```
● ● ●                                    ▧ Test — -bash — 137×38
IBCCs-MacBook-Pro121:Test ibcc$ xattr -p com.apple.metadata:kMDItemDownloadedDate freenetcloud.dmg | xxd -r -p | plutil -p -
[
  0 => 2015-12-18 18:52:53 +0000
IBCCs-MacBook-Pro121:Test ibcc$ xattr -p com.apple.metadata:kMDItemDownloadedDate freenetcloud.dmg | xxd -r -p > downloaddate.plist
IBCCs-MacBook-Pro121:Test ibcc$ ▮
```

Bild 5.48: Lesbare Anzeige von `NSDate`

5.4.2 Papierkorb

Jeder Nutzer besitzt in seinem Home Directory das Verzeichnis *.Trash*. Gelöschte Dateien und Verzeichnisse werden zunächst nach *.Trash* verschoben, bevor sie endgültig aus dem Dateisystem gelöscht werden. Mac OS bietet für in den Papierkorb verschobene Dateien die Funktion *Zurücklegen*. Damit kann die Datei aus dem Papierkorb wieder an ihren Ursprungsort verschoben werden. Die für die Funktion notwendigen Daten speichert Mac OS in der Datei *.DS_Store*. Diese enthält den Original-Namen und das Original-Verzeichnis der gelöschten Datei.

Papierkorb		
Digitale Spur	Pfad	Datei
	~/.Trash	
	~/.Trash/	.DS_Store

5.4.3 Zuletzt genutzte Objekte

Mac OS speichert Informationen zu den zuletzt genutzten Objekten eines Nutzers. Die zuletzt genutzten Verzeichnisse enthält die Datei *com.apple.finder.plist*. Im Finder ist die Einstellung unter *Gehe zu/Benutzte Ordner* zu finden. Die Einträge befinden sich in der Plist-Datei unter dem Schlüssel FXRecentFolders und liegen dort als eingebettete binäre Daten vor. Zur Untersuchung müssen sie extrahiert und in einen Hex-Editor (z. B. Hex Fiend) eingefügt werden. Die folgende Abbildung zeigt, dass unter dem Schlüssel Item 5 das Verzeichnis */users/ibcc/freenetcloud/mydata/Masterthesis/* vom Datenträger *MacintoshHD* geöffnet wurde.

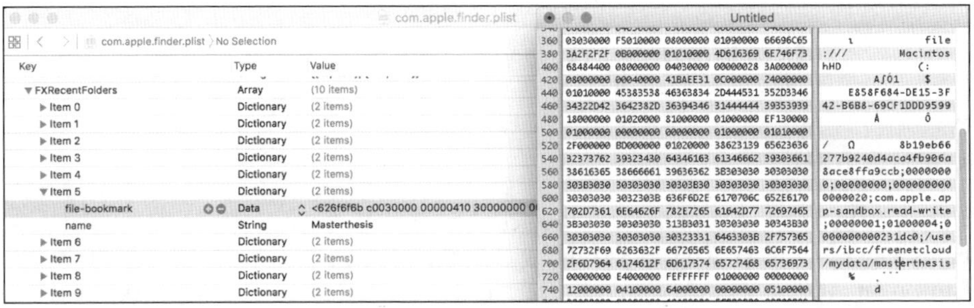

Bild 5.49: Extraktion von Binärdaten der Datei *com.apple.finder.plist* mit Hex Fiend

Die Datei *com.apple.finder.plist* enthält eine Vielzahl weiterer Einstellungen zur Applikation Finder. Einige forensisch interessante Informationen sind in der folgenden Tabelle aufgeführt:

Datei com.apple.finder.plist – relevante Schlüssel	
Schlüssel	Information
FXDesktopVolumePositions	Auf dem Desktop gemountete Datenträger
FXConnectToLastURL	Zuletzt benutzte Server der Finder-Funktion »Gehe zu › Mit Server verbinden«
GoToField	Finder-Funktion »Gehe zu › Gehe zum Ordner«

Zuletzt genutzte Objekte – com.apple.finder.plist		
Digitale Spur	Pfad	Datei
	~/Library/Preferences/	com.apple.finder.plist

Weitere zuletzt benutzte Objekte können unter Mac OS über das Apfel-Symbol am linken oberen Bildschirmrand unter dem Menüpunkt *Benutzte Objekte* erreicht werden. Die Objekte sind dort in die Kategorien Programme, Dokumente und Server aufgeteilt. Bis zur Mac-OS-X-Version 10.10 lassen sich die benutzten Objekte in der Plist-Datei *com.apple.recentItems.plist* auf Dateiebene wiederfinden. Jede Kategorie kann per Default zehn Einträge aufnehmen, danach werden ältere Einträge überschrieben.

In der aktuellen Mac-OS-X-Version 10.12 ist diese Datei nicht mehr vorhanden. Statt-dessen sind Informationen zu benutzten Objekten im Verzeichnis *com.apple.sharedfile-list* auffindbar. Die darin befindlichen Dateien mit den Endungen *.sfl* sind binäre Plist-Dateien, allerdings nutzen sie das codierte NSKeyedArchiver-Format und sind damit nicht mehr so leicht auszulesen wie bisher. Auf das Kapitel »Mac-spezifische Formate, NSKeyedArchiver Format« wird verwiesen.

Zuletzt genutzte Objekte Mac OS			
Digitale Spur	Pfad	Datei	Bemerkung
	~/Library/Preferences/	com.apple.recentItems.plist	bis OS X 10.10
	~/Library/Application Support/ com.apple.sharedfilelist/	*.sfl	ab OS X 10.11

5.4.4 Dock

Das Dock befindet sich im unteren Bereich der Mac-OS-Benutzeroberfläche (GUI) und bietet einen schnellen Zugriff auf die wichtigsten Applikationen und deren Status. So kann man an dem kleinen Punkt unterhalb des Symbols einer Applikation mit einem Blick erkennen, ob diese aktiv ist oder nicht. Das Dock ist frei editierbar und kann vom Nutzer bei Bedarf auch an den Rand der GUI verschoben werden. Informationen zu den Symbolen des Docks befinden sich in der Datei *com.apple.dock.plist*. Dort beinhaltet der Schlüssel `persistent-apps` die frei verschiebbaren Apps im linken Bereich des Docks in numerischer Reihenfolge. Der Schlüssel `persistent-others` beinhaltet die fixierten Symbole im rechten Bereich des Docks, wie z. B. Downloads u. a.

Bild 5.50: Das Dock der OS-X-Benutzeroberfläche

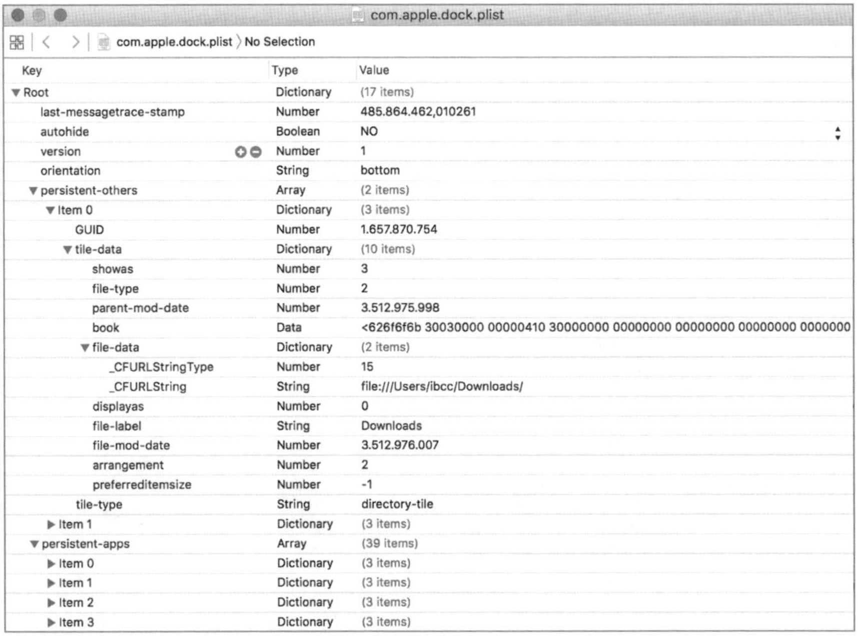

Key	Type	Value
▼ Root	Dictionary	(17 items)
last-messagetrace-stamp	Number	485.864.462,010261
autohide	Boolean	NO
version	Number	1
orientation	String	bottom
▼ persistent-others	Array	(2 items)
▼ Item 0	Dictionary	(3 items)
GUID	Number	1.657.870.754
▼ tile-data	Dictionary	(10 items)
showas	Number	3
file-type	Number	2
parent-mod-date	Number	3.512.975.998
book	Data	<626f6f6b 30030000 00000410 30000000 00000000 00000000 00000000 0000000
▼ file-data	Dictionary	(2 items)
_CFURLStringType	Number	15
_CFURLString	String	file:///Users/ibcc/Downloads/
displayas	Number	0
file-label	String	Downloads
file-mod-date	Number	3.512.976.007
arrangement	Number	2
preferreditemsize	Number	-1
tile-type	String	directory-tile
▶ Item 1	Dictionary	(3 items)
▼ persistent-apps	Array	(39 items)
▶ Item 0	Dictionary	(3 items)
▶ Item 1	Dictionary	(3 items)
▶ Item 2	Dictionary	(3 items)
▶ Item 3	Dictionary	(3 items)

Bild 5.51: Ansicht der Datei *com.apple.dock.plist* mit Xcode

Dock		
Digitale Spur	Pfad	Datei
	~/Library/Preferences/	com.apple.dock.plist

5.4.5 Spaces

Seit der Mac-OS-X-Version 10.5 kann der Desktop in mehrere Spaces (Bildschirme) aufgeteilt werden. Die folgende Abbildung zeigt ein Mac-OS-System mit zwei aktiven Spaces und dem Dashboard. Mit der Funktionstaste [F3] kann man sich eine Übersicht über alle aktiven Spaces anzeigen lassen.

Bild 5.52: Spaces und Dashboard unter Mac OS

Einstellungen zu den einzelnen Spaces sind in der Plist-Datei *com.apple.spaces.plist* verzeichnet. Die einzelnen Spaces sind dabei als Items verzeichnet und mit einer *uuid* bezeichnet. Ausnahmen bezüglich der Zuteilung einer numerischen *uuid* sind das Dashboard (*uuid = dashboard*) und der jeweils erste Bildschirm (leere *uuid*).

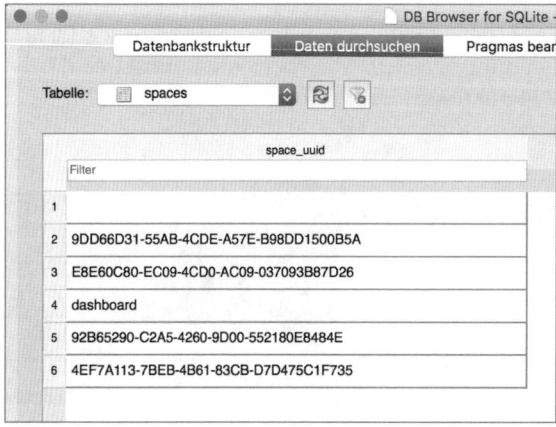

Key	Type	Value
● ● ●		com.apple.spaces.plist
🔲 ‹ › 📄 com.apple.spaces.plist › No Selection		
Key	Type	Value
▼ Root	Dictionary	(1 item)
▼ SpacesDisplayConfiguration	Dictionary	(2 items)
▼ Management Data	Dictionary	(9 items)
▼ Monitors	Array	(2 items)
▼ Item 0	Dictionary	(3 items)
▶ Current Space	Dictionary	(5 items)
▼ Spaces ⊕ ⊖	Array ⇕	(3 items)
▼ Item 0	Dictionary	(5 items)
id64	Number	2
uuid	String	dashboard
type	Number	2
▼ pid	Array	(2 items)
Item 0	Number	829
Item 1	Number	310
ManagedSpaceID	Number	2
▼ Item 1	Dictionary	(5 items)
id64	Number	1
uuid	String	
wsid	Number	1
type	Number	0
ManagedSpaceID	Number	1
▼ Item 2	Dictionary	(4 items)
id64	Number	5
uuid	String	4EF7A113-7BEB-4B61-83CB-D7D475C1F735
type	Number	0
ManagedSpaceID	Number	5

Bild 5.53: Ansicht der Datei *com.apple.spaces.plist* mit Xcode

Die Zuteilung der uuids zu den einzelnen Spaces sowie Konfigurationseinstellungen wie Hintergrundbilder etc. sind in der Datenbank *desktoppicture.db* gespeichert. Die folgende Abbildung zeigt die Tabelle *spaces* mit den uuids der Spaces.

	space_uuid
● ● ●	DB Browser for SQLite -
Datenbankstruktur / Daten durchsuchen / Pragmas bear	
Tabelle: 📄 spaces	
	space_uuid
	Filter
1	
2	9DD66D31-55AB-4CDE-A57E-B98DD1500B5A
3	E8E60C80-EC09-4CD0-AC09-037093B87D26
4	dashboard
5	92B65290-C2A5-4260-9D00-552180E8484E
6	4EF7A113-7BEB-4B61-83CB-D7D475C1F735

Bild 5.54: Tabelle *spaces* der Datenbank *desktoppicture.db*

Spaces		
Digitale Spur	Pfad	Datei
	~/Library/Preferences/	com.apple.spaces.plist
	~/Library/Application Support/Dock/	desktoppicture.db

5.4.6 Anmeldeobjekte von Nutzern

Unter Mac OS können Nutzer sogenannte Anmeldeobjekte (Login Items) definieren, die beim Hochfahren des Systems und Starten des Nutzerkontextes automatisch gestartet werden. Anmeldeobjekte können beim Starten von Mac OS angezeigt oder ihre Anzeige während der Ausführung unterdrückt werden. Einstellungen zu den Anmeldeobjekten sind über *Systemeinstellungen/Benutzer & Gruppen/Anmeldeobjekte* zu finden.

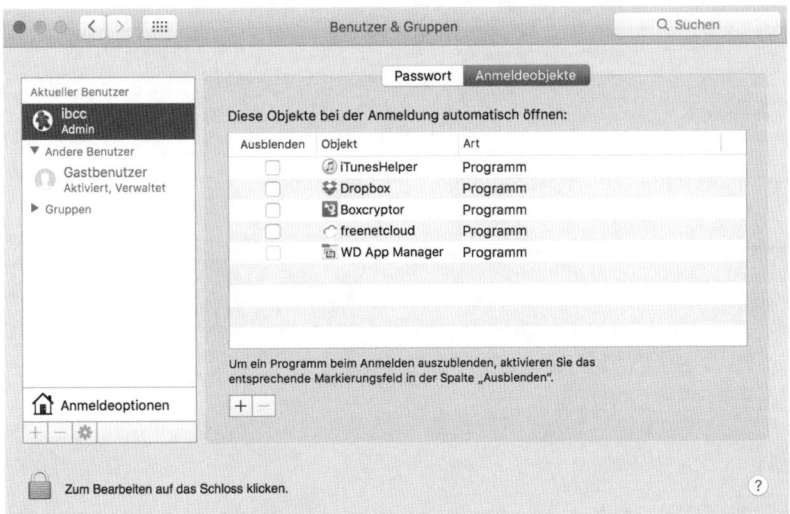

Bild 5.55: Anmeldeobjekte unter der Mac-OS-GUI

Informationen zu den Anmeldeobjekten befinden sich in der Datei *com.apple.loginitems.plist*.

Key	Type	Value
▼ Root	Dictionary	(1 item)
▼ SessionItems	Dictionary	(2 items)
Controller	String	CustomListItems
▼ CustomListItems	Array	(4 items)
▼ Item 0	Dictionary	(4 items)
▼ CustomItemProperties	Dictionary	(2 items)
com.apple.LSSharedFileLi...	Data	<646e6962 00000000 02000000 00000000 00000000 00000000 400000
com.apple.LSSharedFileLi...	Boolean	YES
Name	String	iTunesHelper
Flags	Number	1
Alias	Data	<00000000 00d60003 00010000 d163aa0c 0000482b 00000000 0000644e 0000645
▼ Item 1	Dictionary	(3 items)
Alias	Data	<00000000 00a00003 00010000 d163aa0c 0000482b 00000000 0016d9b7 000025f5
Name	String	Dropbox
▼ CustomItemProperties	Dictionary	(1 item)
com.apple.LSSharedFileLi...	Data	<646e6962 00000000 02000000 00000000 00000000 00000000 210000
▼ Item 2	Dictionary	(3 items)
Alias	Data	<00000000 00aa0003 00010000 d163aa0c 0000482b 00000000 0016d9b7 0076e794
Name	String	Boxcryptor
▼ CustomItemProperties	Dictionary	(1 item)
com.apple.LSSharedFileLi...	Data	<646e6962 00000000 02000000 00000000 00000000 00000000 240000
▼ Item 3	Dictionary	(3 items)
Alias	Data	<00000000 00c80003 00010000 d163aa0c 0000482b 00000000 00504f4f 0055e84d
Name	String	freenetcloud
▼ CustomItemProperties	Dictionary	(1 item)
com.apple.LSSharedFileLi...	Data	<646e6962 00000000 02000000 00000000 00000000 00000000 310000

Bild 5.56: Ansicht der Datei *com.apple.loginitems.plist* mit Xcode

Anmeldeobjekte		
Digitale Spur	Pfad	Datei
	~/Library/Preferences/	com.apple.loginitems.plist

5.4.7   SSH

Mit dem Dienst SSH (Secure Shell) kann ein verschlüsselter Remote-Zugang zu einem Mac-OS-Rechner hergestellt werden. Gerade bei versierten Nutzern ist der SSH-Dienst möglicherweise aktiv bzw. wurde in der Vergangenheit genutzt. Mac OS speichert zu vergangenen SSH-Verbindungen die Hostnamen bzw. IP-Adressen sowie die öffentlichen Schlüssel von verbundenen Teilnehmern. Diese befinden sich in der Datei *~/.ssh/known_hosts*.

Bild 5.57: Ansicht der Datei *known_hosts* mit `cat`

SSH		
Digitale Spur	Pfad	Datei
	~/.ssh/	known_hosts

5.4.8 Apps

Unter Mac OS liegen Programme (Apps) als Bundles vor. Die Bundle-Dateien sind entweder systemweit unter */Applications* oder im Nutzerkontext unter *~/Applications* gespeichert. Zur Ausführung und Speicherung von Programmdaten sowie zur Speicherung von Konfigurationseinstellungen und Caches nutzen sie jedoch Verzeichnisse im Nutzerkontext. Die von Programmen genutzten Verzeichnisse sind:

Von Applikationen genutzte Verzeichnisse	
Pfad	Inhalt
~/Library/Application Support/‹App›	Ausführung & Programmdaten von Apps
~/Library/Containers/‹Bundle ID›	Ausführung & Programmdaten von Apps, die Sandboxing nutzen
~/Library/‹App›	Programmdaten & Konfigurationseinstellungen von Apps
~/Library/Preferences/	Konfigurationseinstellungen von Apps
~/Library/Caches/	Cache-Inhalte von Apps

Im Zuge der im Kapitel »Kategorisierung von Spuren« getroffenen Einteilung wird zwischen nativen Apps, die fest zum Betriebssystem Mac OS gehören und standardmäßig installiert sind, und Apps von Drittanbietern unterschieden. Die in Mac OS integrierten Apps sind aus forensischer Sicht zum Großteil gut erforscht und werden von den meisten forensischen Analyseprodukten automatisiert ausgewertet. Umso anspruchsvoller gestaltet sich hingegen die Analyse von Drittanbieter-Apps.

Diese sind oftmals nur wenig verbreitet und nutzen nicht selten proprietäre Formate. Kommerzielle Analyseprodukte unterstützen nur einen kleinen Teil der auf dem Markt erhältlichen Apps, so dass eine automatisierte Analyse in vielen Fällen nicht oder nur wenig zuverlässig möglich ist. Für den Analysten bedeuten gerade diese Apps eine Herausforderung, denn in diesen Fällen ist es seine Aufgabe, eine fundierte manuelle Analyse durchzuführen.

5.4.9 Kontakte

Das in Mac OS integrierte Adressbuch wurde mit Version 10.8 in *Kontakte* umbenannt. Auf Dateisystemebene wird allerdings weiterhin die Bezeichnung *Addressbook* verwendet. In macOS Sierra liegt die Kontakte-App in Version 10 vor.

Kontakte können im Verzeichnis *Metadata* als Plist-Dateien mit der Endung *.abcdp* aufgefunden werden. Mit Quicklook können die Einträge intuitiv betrachtet werden. Alternativ können die Plist-Dateien mit dem Befehl `plutil -p` oder mit dem in Xcode integrierten Plist-Editor betrachtet werden. Zur Betrachtung mit Xcode ist es allerdings erforderlich, als Dateiendung *.plist* hinzuzufügen, da Xcode die Datei ansonsten in der Adressbuchsicht öffnet. Zu den Kontakteinträgen assoziierte Bilddateien sind im Verzeichnis Images aufzufinden. Anhand der GUIDs in den Dateinamen können sie den entsprechenden Kontakteinträgen in *Metadata* zugeordnet werden. Die Bilddateien können ebenfalls mit Quicklook betrachtet werden.

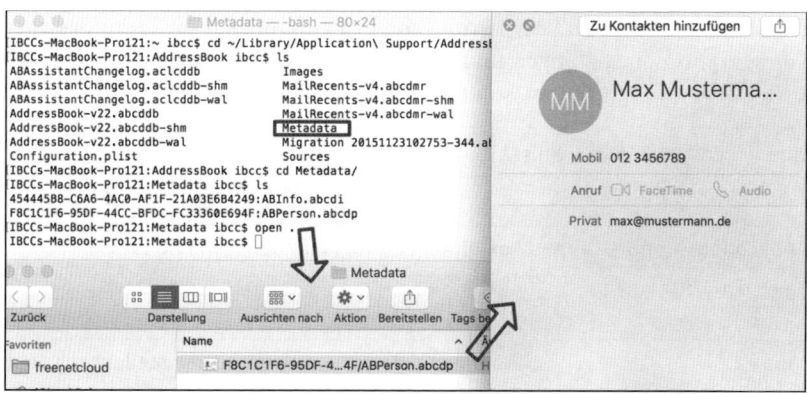

Bild 5.58: Kontakt im Verzeichnis *Metadata* und Ansicht mit Quicklook

Seit Mac OS X 10.11 referenziert die Kontakte-App Adressbucheinträge über ein neu hinzugekommenes Unterverzeichnis *~/Library/Application Support/ AddressBook/Sources/GUID/*. Apple hat dieses zusätzliche GUID-Verzeichnis für Kontakteinträge eingeführt. Das Verzeichnis *~/Library/Application Support/ AddressBook/* enthält nur noch den eigenen Kontakteintrag des Nutzers, alle anderen Einträge sind innerhalb der mit GUID benannten Verzeichnisstruktur zu finden.

Kontakte App – Kontakteinträge		
Digitale Spur	Pfad	Datei
	~/Library/Application Support/AddressBook/Metadata	‹GUID›.abcdp
	~/Library/Application Support/AddressBook/Images	‹GUID›
	~/Library/Application Support/AddressBook/Sources/ GUID/Metadata	‹GUID›.abcdp
	~/Library/Application Support/AddressBook/Sources/ GUID/Images	‹GUID›

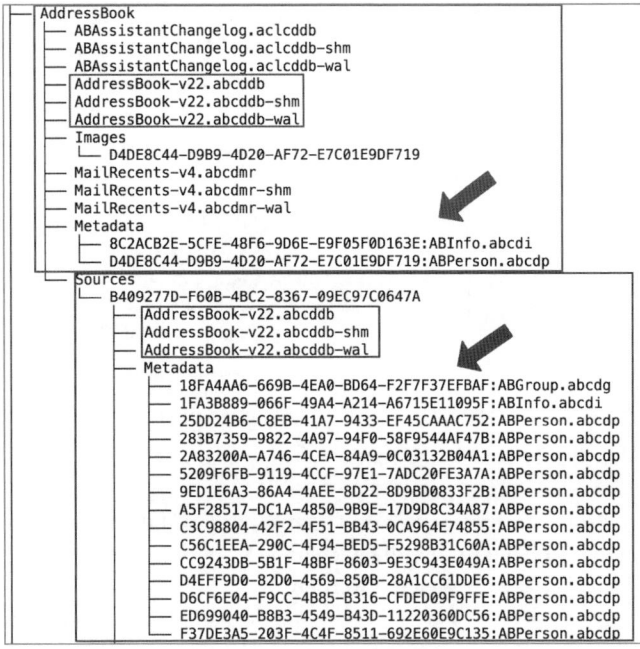

Bild 5.59: Verzeichnis */AddressBook* mit Unterverzeichnis */AddressBook/Sources/ GUID/...*

Kumulativ speichert Mac OS Kontaktdaten in zwei SQLite-Datenbanken. Die Datenbank *AddressBook-v22.abcddb* enthält Adressbucheinträge (Tabelle ZABCDRECORD). Die Datenbank *MailRecents-v4.abcdmr* enthält, falls vorhanden, die E-Mail-Adressen der Kontakte (Tabelle ZABCDMAILRECENT). Konfigurationseinstellungen zur Kontakte-App enthält die Datei *com.apple.AddressBook.plist*.

Kontakte-App – Datenbanken und Konfigurationsdatei		
Digitale Spur	Pfad	Datei
	~/Library/Application Support/AddressBook/	AddressBook-v22.abcddb
	~/Library/Application Support/AddressBook/	MailRecents-v4.abcdmr
	~/Library/Application Support/AddressBook/ Sources/GUID/	AddressBook-v22.abcddb
	~/Library/Application Support/AddressBook/ Sources/GUID/	MailRecents-v4.abcdmr
	~/Library/Preferences/	com.apple.AddressBook.plist

5.4.10 Kalender

Mit der Mac-OS-X-Version 10.8 wurde die ursprüngliche Mac-OS-Kalenderanwendung *iCal* in *Kalender* umbenannt. Wie schon bei der Kontakte-App wird auch im Dateisystem weiterhin die alte Namensgebung verwendet. In macOS Sierra liegt die Kalender-App in Version 9 vor. Die Einstellungen für die Kalender-Applikation lassen sich in der Datei *com.apple.iCal.plist* auffinden. Die Datei enthält beispielsweise die eingestellte *Default*

Kalender GUID. Kalender besitzen eine eindeutige Bezeichnung (GUID), unter der sie im Verzeichnis */Library/Calendars/* abgelegt sind. Jedes Kalender-Verzeichnis mit der Bezeichnung *[GUID].calendar* enthält eine *Info.plist*-Datei mit Konfigurationseinstellungen (u. a. mit dem Namen des Kalenders). Im Unterverzeichnis *Events* befinden sich die Kalendereinträge jeweils als *.ics*-Dateien. Die einzelnen *.ics*-Dateien können mit dem Befehl cat oder mit Quicklook betrachtet werden.

Kalender		
Digitale Spur	Pfad	Datei
	~/Library/Preferences/	com.apple.iCal.plist
	~/Library/Calendars/	‹GUID›.calendar
	~/Library/Calendars/‹GUID›.calendar/	Info.plist
	~/Library/Calendars/‹GUID›.calendar/Events	*.ics

Die Kalender-App speichert ihre Informationen zusätzlich in der SQLite-Datenbank *Calendar Cache*. In der Tabelle *ZNODE* können die einzelnen Kalender, in der Tabelle *ZCALENDARITEM* die Kalendereinträge ausgelesen werden.

Kalender-Cache		
Digitale Spur	Pfad	Datei
	~/Library/Calendars/	Calendar Cache

5.4.11 Mail

Mac OS unterstützt das Empfangen und Versenden von E-Mails mit der integrierten Mail-App. Diese erfuhr mit den vergangenen Mac-OS-X-Versionen jeweils eigene Versionssprünge mit veränderten Pfaden zu Konfigurationseinstellungen und E-Mail-Konten:

Mac-OS-X-Mail-Versionen		
Mac-OS-Version	Mail-Version	Pfad
OS X 10.8	Mail-Version 6	~/Library/Mail
OS X 10.9	Mail-Version 7	~/Library/Mail/V2
OS X 10.10	Mail-Version 8	~/Library/Mail/V2
OS X 10.11	Mail-Version 9	~/Library/Mail/V3
macOS 10.12	Mail-Version 10	~/Library/Mail/V4

Von Version 6 zu 8 haben sich geringfügige Änderungen bezüglich der Speicherstruktur ergeben, die Systematik ist jedoch gleich geblieben. Einstellungen für die E-Mail-Konten wie Account-Namen, Konten-Typ und Hostnamen sind in der Datei *Accounts.plist* verzeichnet.

```
● ● ●                                    🖿 Mail — bash — 125×37
Ninas-MacBook:Mail ninabrandt$ pwd
/Users/ninabrandt/Library/Mail
Ninas-MacBook:Mail ninabrandt$ tree -L 3
.
└── V2
    ├── AosIMAP-brandtni
    │   ├── Archive.mbox
    │   ├── Deleted\ Messages.mbox
    │   ├── Drafts.mbox
    │   ├── INBOX.mbox
    │   ├── Junk.mbox
    │   ├── Notes.mbox
    │   └── Sent\ Messages.mbox
    ├── AosIMAP-ninabrandt
    │   ├── INBOX.mbox
    │   └── Notes.mbox
    ├── EWS-brandtni@webmail.hs-albsig.de
    │   ├── Aufgaben.mbox
    │   ├── Conversation\ Action\ Settings.mbox
    │   ├── Entwu?\210rfe-2.mbox
    │   ├── Gelo?\210schte\ Elemente-2.mbox
    │   ├── Gelo?\210schte\ Elemente-3.mbox
    │   ├── Gesendete\ Elemente.mbox
    │   ├── Inbox.mbox
    │   ├── Journal.mbox
    │   ├── Junk-E-Mail.mbox
    │   ├── Notizen.mbox
    │   ├── Postausgang.mbox
    │   ├── Posteingang.mbox
    │   └── Working\ Set.mbox
```

Bild 5.60: Mail Version 8, Verzeichnis *V2*

Innerhalb des Verzeichnisses *V2* sind E-Mail-Konten als Unterverzeichnisse eingebunden. Diese sind mit Kontentyp und E-Mail-Adresse bezeichnet und haben eine tiefergehende Verzeichnisstruktur mit Posteingang, Postausgang und weiteren Ordnern. Innerhalb dieser tieferen Verzeichnisstruktur folgt jeweils ein GUID-Verzeichnis mit den weiteren Verzeichnissen *Data*, *Messages* und *Attachments*. Die E-Mails sind innerhalb dieser Ordnerstruktur als *.emlx*-Dateien abgelegt. Der Ordner *Messages* enthält die *.emlx*-Dateien, der Ordner *Attachments* entsprechende Anhänge.

In Version 9 der Mail-Applikation und damit Mac OS X 10.11 hat Apple weitergehende Änderungen am Speicherverhalten des Programms vorgenommen. Die Konfigurationsdatei *Accounts.plist* ist nicht mehr vorhanden. Stattdessen werden Informationen zu E-Mail-Konten aus der SQLite-Datenbank *Accounts3.sqlite* bezogen. Sie enthält Informationen und Einstellungen zu unter Mac OS eingerichteten Internet-Accounts. Die Datenbank war auch schon in vorherigen Mac-OS-X-Versionen vorhanden, besitzt allerdings ab Version 10.11 erweiterte Inhalte.

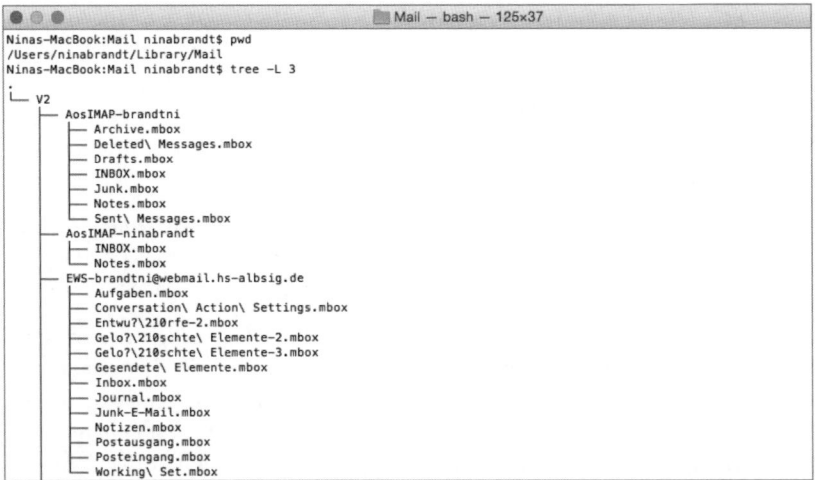

Bild 5.61: Datenbank *Accounts3.sqlite* mit eingebetteter binärer Plist-Datei

In der Tabelle *ZACCOUNT* sind beispielsweise E-Mail-Konten inklusive einer individuellen GUID aufgeführt. Ab Mac OS X 10.11 hat die Tabelle die Spalte *ZDATACLASS-PROPERTIES* mit einer eingebetteten Plist-Datei, die weitere Informationen zur Nutzung des E-Mail-Kontos innerhalb der Mail-Applikation offenbart. Weiterhin verweist die SQLite-Datenbank in der Spalte *ZOWNINGBUNDLEID* nun auf das Applikations-Bundle *com.apple.mail*.

Auch unter dem Verzeichnis *V3* hat sich die Struktur etwas verändert. Neben der fehlenden *Accounts.plist* ist vor allem auffällig, dass die E-Mail-Konten mit einer GUID (entsprechend der GUID aus der Datenbank *Accounts3.sqlite*) adressiert werden.

Die Speicherung der E-Mails als *.emlx*-Dateien im Ordner *Messages* sowie die Speicherung der Anhänge in *Attachments* bleibt jedenfalls gleich, wie auch in den Vorgängerversionen. Die Mail-Applikation wird in einer gesicherten Sandbox-Umgebung ausgeführt. Innerhalb der Sandboxing-Umgebung können aus der Plist-Datei *com.apple.mail. plist* weitere Informationen ausgelesen werden. Beispielsweise beinhaltet der Schlüssel `SGTMailSuggestionField` in der Mail-Applikation durchgeführte Suchen. Die gleichnamige Datei *com.apple.mail.plist* unter dem Verzeichnis */SyncedPreferences/* kann weitreichende Informationen zu synchronisierten E-Mail-Konten beinhalten – diese müssen in *Mail* nicht unbedingt lokal eingerichtet sein.

In macOS 10.12 liegt *Mail* in Version 10 vor und speichert seine Inhalte im Verzeichnis *V4*. Die Struktur ist analog zum Vorgänger *V3*. Die Datenbank zur Speicherung von Konten heißt jetzt *Accounts4.sqlite*.

```
                        V4 — -bash — 80×38
macoss-Mac:~/Library/Mail/V4$ pwd
/Users/ibcc/Library/Mail/V4
macoss-Mac:~/Library/Mail/V4$ tree -L 4
.
├── 47053494-F114-464D-9AF0-CB99FD066AFD
│   └── Outbox.mbox
│       ├── 2B4FA45C-2A92-494D-9CB0-E6AC6D6D82BD
│       │   └── Data
│       └── Info.plist
├── C8811611-5932-4D59-80F9-BFB0E7F04716
│   ├── Deleted\ Messages.mbox
│   │   ├── 2B4FA45C-2A92-494D-9CB0-E6AC6D6D82BD
│   │   │   └── Data
│   │   └── Info.plist
│   ├── Drafts.mbox
│   │   ├── 2B4FA45C-2A92-494D-9CB0-E6AC6D6D82BD
│   │   │   └── Data
│   │   └── Info.plist
│   ├── INBOX.mbox
│   │   ├── 2B4FA45C-2A92-494D-9CB0-E6AC6D6D82BD
│   │   │   └── Data
│   │   └── Info.plist
│   └── Sent\ Messages.mbox
│       ├── 2B4FA45C-2A92-494D-9CB0-E6AC6D6D82BD
│       │   └── Data
│       └── Info.plist
└── MailData
    ├── BackupTOC.plist
    ├── DefaultCounts
    ├── Envelope\ Index
    ├── Envelope\ Index-shm
    ├── Envelope\ Index-wal
```

Bild 5.62: Mail-Version 10, Verzeichnis *V4*

Mail		
Digitale Spur	Pfad	Datei
	~/Library/Mail/V4/‹GUID›...	*.emlx
	~/Library/Accounts/	Accounts4.sqlite
	~/Library/Containers/com.apple.mail/Data/Library/Preferences/	com.apple.mail.plist
	~/Library/Containers/com.apple.mail/Data/Library/SyncedPreferences/	com.apple.mail.plist

Unter allen Mail-Versionen speichert die SQLite-Datenbank *Envelope Index* umfangreiche Daten, wie E-Mails (Tabelle *addresses*) und Zeitstempel in UNIX-Zeit (Tabelle *messages*), E-Mail-Adressen und weitere Metadaten zur Mail-Applikation. Der *Envelope Index* enthält sozusagen einen Index aller E-Mail-Dateien, um diese durchsuchbar zu machen.

Mail Envelope Index		
Digitale Spur	Pfad	Datei
	~/Library/Mail/V4/MailData/	Envelope Index

5.4.12 Safari

Der in Mac OS integrierte Webbrowser Safari liegt aktuell in Version 10 vor. Die Applikation speichert programmspezifische Einstellungen, das per Default gewählte Download-Verzeichnis und mit Safari durchgeführte Suchen im Web in der Plist-Datei *com.apple.Safari.plist*. Im Verzeichnis *~/Library/Safari/* befinden sich weitere Plist-Dateien und SQLite-Datenbanken, die interessante Informationen zu Safari beinhalten. Die Datei *Bookmarks.plist* speichert vom Nutzer angelegte Lesezeichen und Favoriten. In der Datei *Downloads.plist* ist eine nutzerspezifische Historie von heruntergeladenen Dateien abgelegt. Es können detaillierte Informationen zu Downloads, wie die Quell-URL, die Größe des heruntergeladenen Objekts in Bytes, Ziel-Verzeichnis sowie Startzeit und Endzeit des Downloads, ausgelesen werden.

Der Verlauf der besuchten Webseiten ist in der SQLite-Datenbank *History.db* gespeichert. Die Datei ist ab der Mac-OS-X-Version 10.10 vorhanden, zuvor wurde zum Speichern des Verlaufs die gleichnamige Plist-Datei *History.plist* benutzt. Die Tabellen *history_items* und *history_visits* enthalten die besuchten Webseiten und korrespondierende Zeitstempel in Mac Epoch Time (definiert als Anzahl der Sekunden seit 01/01/2001 00:00:00, auch CF Absolute Time). Die Plist-Dateien *LastSession.plist* und *TopSite.plist* enthalten die bei der letzten Sitzung geöffneten Webseiten und die am häufigsten besuchten zwölf Webseiten (Topsites) des Nutzers.

Safari speichert besuchte Webseiteninhalte zudem in der SQLite-Datenbank *Cache.db*, um bei einem erneuten Besuch nicht alle Inhalte neu herunterladen zu müssen. Die Datenbank enthält in der Tabelle *cfurl_cache_response* Metadaten zu den gespeicherten Dateien, die Tabelle *cfurl_cache_receiver_data* enthält eingebettet die Binärdaten der Dateien. Am einfachsten gelingt die Extraktion dieser Inhalte mit File-Signature-Carving-Programmen. Eine forensisch äußerst interessante Fundstelle ist zudem die Eigenschaft des Webbrowsers Safari, von besuchten Webseiten Screenshots zu erstellen. Diese sind im Verzeichnis */Webpage Previews/* gespeichert und können mit Quicklook betrachtet werden. Cookies speichert Safari seit Mac OS X 10.7 in der Datei *Cookies.binarycookies* (in älteren Mac-OS-X-Versionen in der Datei *Cookies.plist*). Die Datei hat ein proprietäres Format. Inhalte können mit dem Befehl `strings` oder mit File-Signatur-Carving-Programmen extrahiert werden.

Safari		
Digitale Spur	Pfad	Datei
	~/Library/Preferences/	com.apple.Safari.plist
	~/Library/Safari/	Bookmarks.plist
	~/Library/Safari/	Downloads.plist
	~/Library/Safari/	History.db
	~/Library/Safari/	LastSession.plist
	~/Library/Safari/	TopSite.plist
	~/Library/Caches/com.apple.Safari/	Cache.db
	~/Library/Caches/com.apple.Safari/	Webpage Previews/
	~/Library/Caches/	Cookies.binarycookies

5.4.13 Fotos

Fotos ist die Mac-OS-eigene Anwendung zur Verwaltung und Bearbeitung von Bilddateien. Mit Mac OS X 10.10 wurde die Applikation von *iPhoto* in *Fotos* umbenannt. Fotos bietet eine Vielzahl von Features wie z. B. die Organisation in Alben, die Erkennung von Gesichtern in Bildern oder die Sortierung von Bildern nach eingebetteten GPS-Daten. Fotos speichert seine Inhalte in der Bundle-Datei *Fotos-Mediathek.photoslibrary*. Die Fotos-Mediathek enthält diverse Unterordner, die die eigentlichen Bilddateien enthalten, dabei enthält das Verzeichnis *Masters* die importierten Bilddateien im Original. Das Verzeichnis *Previews* enthält gegebenenfalls modifizierte Kopien. *Thumbnails* enthält zusätzliche Vorschaubilder aller Bilddateien. Fotos nutzt sie, um beim Programmstart Vorschaubilder der Bilddateien schneller anzeigen zu können.

Mit der Umstellung von iPhoto auf Fotos haben sich bezüglich der Speicherung von Metadaten grundlegende Änderungen ergeben. In den iPhoto-Versionen in Mac OS X 10.9 und abwärts werden Metadaten der Bilddateien in der XML-Datei *AlbumData.xml* gespeichert. Die Datei *AlbumData.xml* befindet sich in der Bundle-Datei *iPhoto-Bibliothek*. Sie beinhaltet Metadaten zu allen gespeicherten Bilddateien und Alben. Die XML-Datei kann durch Umbenennung der Endung von *.xml* in *.plist* als Property-List-Datei geöffnet und dadurch einfacher ausgewertet werden.

Ab Mac OS X 10.10 und dem Versionssprung zu Fotos hat Apple die XML-basierte Datenbankstruktur aufgegeben und setzt stattdessen auf die Speicherung der Metadaten in einer SQLite-Datenbank. Die SQLite-Datenbank heißt in den Mac-OS-X-Versionen 10.10 und 10.11 *Library.apdb*. Mit macOS Sierra hat Apple die Sqlite-Datenbank in *photos.db* umbenannt. Sie enthält in der Tabelle *RKMaster* Metadaten zu den Bilddateien wie beispielsweise Dateiname, Bild-ID und Zeitstempel. Zusätzliche Metadaten wie Bildgröße etc. befinden sich in Form von eingebetteten Plist-Dateien in der Tabelle *RKMaster_dataNote*.

Fotos		
Digitale Spur	Pfad	Datei
	~/Pictures/Fotos-Mediathek.photoslibrary/	Masters/
	~/Pictures/Fotos-Mediathek.photoslibrary/	Previews/
	~/Pictures/Fotos-Mediathek.photoslibrary/	Thumbnails/
	~/Pictures/Fotos-Mediathek.photoslibrary/databases/	photos.db

5.4.14 Nachrichten

Nachrichten ist die in Mac OS integrierte Chat-Applikation. Sie liegt in macOS Sierra in Version 10 vor und unterstützt eine Vielzahl von Instant-Messaging-Protokollen wie iCloud (iChat), AOL (AIM), Google Talk (Jabber) und Yahoo Chat. Die Applikation hat umfangreiche Funktionen wie Peer-to-Peer-File-Sharing oder das Teilen von Bildschirminhalten. Die Integration von FaceTime und iOS ermöglicht zudem Videotelefonie und das Versenden von iMessages oder SMS-Nachrichten über korrespondierende iOS-Devices. Die Nachrichten-App besitzt eine Vielzahl von Konfigurationsdateien, die Einstellungen und Account-Informationen zu den verschiedenen Funktionalitäten beinhalten. Die folgende Tabelle zeigt die wichtigsten Plist-Dateien mit Funktionsbeschreibungen:

Nachrichten-Plist-Dateien		
Plist-Datei	Pfad	Funktion
com.apple.iChat.plist	~/Library/Preferences/	Globale Konfigurationsdatei der Nachrichten-App
com.apple.iChat.AIM.plist	~/Library/Preferences/	Konfigurationsdatei AOL (AIM)
com.apple.iChat.Jabber.plist	~/Library/Preferences/	Konfigurationsdatei Google Talk (Jabber)
com.apple.iChat.Yahoo.plist	~/Library/Preferences/	Konfigurationsdatei Yahoo
com.apple.ids.service.com.apple.madrid.plist	~/Library/Preferences/	iMessage- & FaceTime-Account-Einstellungen
com.apple.imservice.ids.FaceTime.plist	~/Library/Preferences/	Aktive FaceTime-Accounts

Plist-Datei	Pfad	Funktion
com.apple.imservice.ids.iMessage.plist	~/Library/Preferences/	Aktive iMessage-Accounts
com.apple.imservice.ids.iMessage.‹GUID›.plist	~/Library/Preferences/ByHost	Weitere iMessage-Informationen, bspw. Avatar-Bild
com.apple.imservice.ids.FaceTime.‹GUID›.plist	~/Library/Preferences/ByHost	Weitere FaceTime-Informationen, bspw. Avatar-Bild

Die Nachrichten-App speichert Chat-Nachrichten, Zeitstempel, Chat-Teilnehmer und Metadaten zu versandten bzw. empfangenen Dateien in der SQLite-Datenbank *chat.db*. Von besonderem Interesse sind dabei die Tabellen:

- *chat*: Mit Chat-Kontakten und Informationen zu den Chat-Protokollen
- *messages*: Enthält mit einer UID versehene Chat-Nachrichten
- *handle*: Beinhaltet kürzlich empfangene oder versandte Chats
- *attachments*: Enthält Metadaten zu empfangenen und versandten Dateien

	ROWID	guid	text	replace	service_center	handle_id	subject	Filte
	Filter	Filter	Filter	Filter	Filter	Filter	Filter	
1	1	1BA3AD83-1...	Hallo Chuck	0	NULL	1	NULL	NU
2	2	DB7D3469-DB32-4C57-...	Hey Nina wazzup	0	NULL	1	NULL	NU

Bild 5.63: Auszug aus der Tabelle *messages*

Das Verzeichnis *Attachments* enthält empfangene bzw. versandte Dateien. Diese können anhand der Nachrichten-UID zugeordnet werden. Über die Nachrichten-App durchgeführte Konversationen speichert das Programm im Verzeichnis *Archive* ab. Dort liegen die Konversationsinhalte zeitlich sortiert als **.ichat*-Dateien vor. Diese bestehen aus binären Plist-Dateien und können mit plutil -p, Xcode oder der Nachrichten-App geöffnet und betrachtet werden.

Nachrichten		
Digitale Spur	Pfad	Datei
	~/Library/Messages/	chat.db
	~/Library/Messages/	Attachments/
	~/Library/Messages/	Archive/

```
● ● ●                           Messages — -bash — 121×41
IBCCs-MacBook-Pro121:Messages ibcc$ pwd
/Users/ibcc/Library/Messages
IBCCs-MacBook-Pro121:Messages ibcc$ tree -L 3
.
├── Archive
│   ├── 2015-11-23
│   │   └── ?\200?+49\ 151\ 52400975?\200?\ am\ 2015-11-23\ um\ 23.12.12.ichat
│   └── 2016-01-08
│       └── ?\200?+49\ 151\ 52400975?\200?\ am\ 2015-11-23\ um\ 23.12.12.ichat
├── Attachments
│   └── bb
│       └── 11
├── chat.db
├── chat.db-shm
└── chat.db-wal

6 directories, 5 files
IBCCs-MacBook-Pro121:Messages ibcc$ ▮
```

Bild 5.64:
Hierarchie des
Verzeichnisses
Messages

5.4.15 FaceTime

FaceTime ist die Mac-OS-eigene Video-Chat-Applikation. FaceTime wird auch von der mobilen Variante iOS unterstützt. Zur Nutzung von FaceTime wird ein iCloud-Account benötigt. Das Programm interagiert mit der Nachrichten-App und kann synchron mit iOS-Geräten betrieben werden. Einstellungen für FaceTime findet man in der Datei *com. apple.ids.service.com.apple.madrid.plist*. Weitere interessante Einstellungen wie beispielsweise kürzlich getätigte Anrufe (Anrufliste) sind in der Datei *com.apple.imservice.ids.Face-Time.[GUID].plist* (vgl. Nachrichten-Applikation) auffindbar.

FaceTime		
Digitale Spur	Pfad	Datei
	~/Library/Preferences/	com.apple.ids.service.com.apple.madrid.plist
	~/Library/Preferences/ByHost	com.apple.imservice.ids.FaceTime.‹GUID›.plist

5.4.16 Notizen

Mit der Notizen-App können unter Mac OS Notizen erstellt werden. Diese können sowohl lokal gespeichert als auch über die iCloud-Funktion zwischen Mac-OS- und iOS-Geräten synchronisiert werden. Die Notizen-App hat sich mit fortschreitenden Mac-OS-X-Versionen stark weiterentwickelt und ist mittlerweile ein multimediales Tool geworden, mit dem Text, Grafiken, Fotos, Kartenausschnitte, Webseiten und Audiodateien weiterverarbeitet werden können.

Die Notizen-App speichert unter der Version Mac OS X 10.9 und abwärts ihre Notizeinträge in einzelnen Dateien mit der Endung *.notesexternalrecord*. Diese sind in der Sandbox-Umgebung des Programms unter dem Verzeichnis *~/Library/CoreData/ExternalRecords* in einer weiter verzweigten Ordnerstruktur abgespeichert. Das Verzeichnis *Note* enthält dabei lokal gespeicherte Notizen, das Verzeichnis *IMAPNote* über iCloud synchronisierte Notizen.

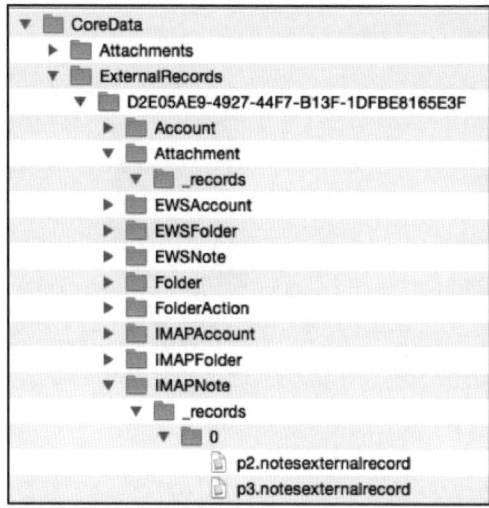

Bild 5.65: Notizen-App, Sandbox-Verzeichnis ~/*Library/CoreData*

Ab Version Mac OS X 10.10 liegt die Notizen-App in Version 3 vor und speichert Notizen nunmehr in einer SQLite-Datenbank. Die dafür genutzte Datenbank *NotesV4.storedata* befindet sich unter dem Pfad */Library/Notes* ebenfalls in der Sandbox-Umgebung der Applikation. Seit Mac OS X 10.11 liegt die Notizen-App in Version 4 vor. Die Datenbank heißt jetzt *NotesV6.storedata* und befindet sich am gleichen Speicherort wie in Version 3. Die Notizen können innerhalb der Datenbank der Tabelle *ZNOTE* entnommen werden. Die Tabelle *ZACCOUT* enthält Informationen zum Account-Typ. Die Tabelle *ZATTACHMENT* beinhaltet Metadaten zu Anhängen wie Bilder, Audiodateien etc.

Die ursprüngliche Ablagestruktur unter ~/*Library/CoreData/* mit den Verzeichnissen *Attachments* und *ExternalRecords* ist weiterhin existent und wird auch genutzt, denn Anhänge werden auch unter den neueren Versionen 3 und 4 der Notizen-App unter dem Verzeichnis *Attachments* gespeichert. Die einzelnen Notizen sind zwar symbolisch vorhanden, haben aber keine Inhalte (Größe 0 Bytes) und verweisen auf die Notizeinträge der SQLite-Datenbank.

Die Notizen-App hat mit der Mac-OS-X-Version 10.11.4 ein größeres Update erhalten. Die neue Notizen-App unterstützt seither wesentlich mehr Formatierungen, lässt das Anfertigen von Skizzen zu (u. a. mit dem Apple-Pencil des iPad Pro) und unterstützt den Import von Drittanbieter-Inhalten wie Evernote. Außerdem ist es möglich, Notizen mit einem Passwort zu schützen. Mit dem Update hat sich auch der Speicherort für Notizen verändert. Die App speichert Ihre Inhalte jetzt innerhalb ihrer Sandbox in die Datenbank ~/*Library/Group Containers/com.apple.notes/NoteStore.sqlite*. In der zuvor verwendeten Datenbank *NotesV6.storedata* werden keine Daten mehr abgelegt. Die Datenbank *NoteStore.sqlite* beinhaltet einzelne Notizen als eingebettete Binärdateien (BLOBs) im GZIP-Format. Mit macOS Sierra hat die Notizen-App einen Versionssprung von 4.2 (El Capitan) zur Version 4.3.1 (Sierra) gemacht. Die Speicherstruktur ist unter macOS Sierra gleich geblieben.

Notizen		
Digitale Spur	Pfad	Datei
	~/Library/Containers/com.apple.notes/ Data/ Library/CoreData/ExternalRecords/	*.notesexternalrecord
	~/Library/Containers/com.apple.notes/ Data/ Library/CoreData/Attachments/	Anhang
	~/Library/Containers/com.apple.notes/ Data/ Library/Notes/	NotesV6.storedata (bis Mac OS X 10.11.3)
	~/Library/Group Containers/com.apple.notes/	NoteStore.sqlite (ab Mac OS X 10.11.4)

5.4.17 Continuity

Continuity ist eine mit Mac OS X 10.10 eingeführte Technologie, mit der Aktionen, die beispielsweise auf einem iOS-Gerät begonnen wurden, auf dem Mac-OS-Rechner fortgesetzt werden können. Umgekehrt funktioniert Continuity auch von Mac OS zu iOS. Dies kann z. B. das Bearbeiten eines Dokuments, das Besuchen einer Webseite oder das Schreiben von Chat-Nachrichten sein. Selbst das Führen eines Telefonats über Mac OS ist damit möglich. Informationen zu Continuity können im Verzeichnis ~/*Library/ Preferences/* aufgefunden werden. Dort befinden sich zu den jeweiligen Diensten Plist-Dateien in dem Format *com.apple.ids.service.com.apple.private.alloy.[Dienst].plist*. Continuity speichert Anruflisten in der SQLite-Datenbank *CallHistory.storedata* und dort in der Tabelle *ZCALLRECORD*.

Spalten der Tabelle ZCALLRECORD (Datenbank CallHistory.storedata)	
Spalte	Inhalt
ZORIGINATED	Anruf eingehend 1 / ausgehend 0
ZANSWERED	Anruf angenommen 1 / verpasst 0
ZDATE	Zeitstempel in Mac Epoch
ZDURATION	Dauer
ZISO_COUNTRY_CODE	Länderkennung
ZUNIQUE_ID	Unique GUID des genutzten Accounts

Die Datenbank *CallHistory.storedata* enthält zwar Informationen zu Continuity-Anrufen, allerdings gehen aus ihr keine Rufnummern hervor. Unter Mac OS X 10.10 konnten diese über die Log-Datei ~/*Library/Application Support/CallHistoryTransactions/tx.log* zugeordnet werden. Seit Mac OS X 10.11 existiert diese Datei allerdings so nicht mehr. Sie heißt jetzt *transaction.log* und ist eine Plist-Datei im NSKeyedArchiver-Format. Die Datei kann durch Umbenennung und Extraktion der eingebetteten Binärdaten analysiert werden.

Continuity		
Digitale Spur	Pfad	Datei
	~/Library/Preferences/	com.apple.ids.service.com.apple.private.alloy.‹Dienst›.plist
	~/Library/Application Support/ CallHistoryDB/	CallHistory.storedata
	~/Library/Application Support/ CallHistoryTransactions/	transaction.log

5.4.18 Siri

Der Sprachassistent Siri ist in der mobilen Betriebssystemvariante iOS bereits seit der Version 9 verfügbar. Mit macOS Sierra integriert Apple Siri nun auch in Mac OS. Siri kann über die Systemeinstellungen aktiviert und konfiguriert werden und erlaubt unter anderem die Steuerung von Betriebssystemfunktionen und Apps. Die folgenden Beispiele zeigen eine Auswahl von Siri-Funktionalitäten unter macOS Sierra. Siri kann durch das Drücken von `alt` + `Leertaste` aktiviert werden. Probieren Sie die folgenden Siri-Kommandos an Ihrem System aus:

Mac-Einstellungen mit Siri vornehmen
»Stelle den Bildschirm heller.«
»Erhöhe die Lautstärke.«
»Aktiviere den Ruhemodus.«
»Schalte „Nicht stören" aus.«

Siri nach Dateien fragen
»Öffne das Dokument ....«
»Zeige mir die Dokumente, an denen ich gestern arbeitete.«
»Zeige mir die Dateien, die auf meinem Schreibtisch sind.«
»Suche den Ordner Downloads.«

Mac-Software über Siri steuern
»Öffne Safari.«

iTunes
»Spiele den Song Nothing Else matters von Metallica.«
»Welcher Song läuft gerade?«
»Spiele ähnliche Titel.«
»Der Titel gefällt mir.«
»Spiele dieses Lied nicht mehr.«

Erinnerungen
»Erinnere mich daran … anzurufen, wenn ich zuhause bin.«

Nachrichten & Mail
»Rufe … via FaceTime an.«
»Schreibe eine Nachricht an …, ich komme gleich.«
»Neue Mail an ….«

Informationen zum Mac
»Wie viel freien Speicherplatz habe ich?«
»Wie viel iCloud-Speicher ist noch frei?«
»Wie lautet die Seriennummer?«
»Wie schnell ist mein Mac?«
»Wie viel RAM-Speicher hat mein Mac?«
»Welche Betriebssystemversion ist installiert?«

Die Verwendung von Siri ohne Internetverbindung ist nicht möglich. Die Sprachkommandos des Nutzers werden online zu Apple übertragen und auf den dortigen Servern verarbeitet. Unter macOS Sierra erzeugt Siri je nach Einsatz des Assistenten digitale Spuren bei den jeweils angesteuerten Apps oder Diensten (Adressbuch, Nachrichten, Kalender usw.). Siri-Beispiele sind in der Datei *com.apple.siri.SiriGuideUpdateCache.plist* verzeichnet. Die Datei *com.apple.SiriNCService.plist* speichert Konfigurationseinstellungen des Sprachassistenten.

Siri		
Digitale Spur	Pfad	Datei
	~Library/Containers/com.apple.SiriNCService/ Data/Library/Caches/	com.apple.siri. SiriGuideUpdateCache.plist
	~Library/Containers/com.apple.SiriNCService/ Data/Library/Preferences/	com.apple.SiriNCService.plist

5.4.19 Applikationen von Drittanbietern

Kommerzielle forensische Produkte sind bei der Analyse von Applikationen von Drittanbietern oftmals nicht in der Lage, diese automatisiert auszulesen und darzustellen. Sehr schnell kann der Analyst vor der Herausforderung stehen, diese selbst untersuchen zu müssen. Hierbei bietet sich ein strukturiertes Vorgehen an, indem man zunächst das Application-Bundle sichtet (vgl. Kapitel »Anwendungsanalyse unter Mac OS«). Es kann sich entweder in der lokalen Domäne unter ~/*Applications* oder innerhalb der Nutzerdomäne ~/*Applications* befinden. Durch eine Analyse des Bundles, insbesondere der *Info.*

plist, lassen sich erste Informationen zur Applikation ermitteln. Ausgehend davon kann eine Analyse der Verzeichnisse innerhalb der Nutzer-Domäne weitere Aufschlüsse über Konfigurationseinstellungen, Programmdaten und gespeicherte Inhalte erbringen.

5.5 Netzwerk-Domäne

Die Netzwerk-Domäne enthält Ressourcen, die für alle Teilnehmer eines lokalen Netzwerks verfügbar sind. Das können beispielsweise Netzwerkfreigaben von Dokumenten oder auch von Programmen sein. Grundsätzlich werden Netzwerkressourcen von einem zentralen Server innerhalb eines Netzwerks zur Verfügung gestellt und von den Netzwerkclients eingebunden. Mögliche Ressourcen der Netzwerkdomäne sind Time-Capsule-Freigaben, im Netzwerk freigegebene Verzeichnisse, verbundene NAS-Server etc. Die Überprüfung von netzwerkbasierten Ressourcen unter */Volumes* und */Network* ist insbesondere im Rahmen einer Live-Response-Maßnahme erforderlich, da bei einer Trennung der Netzwerkverbindung Daten verloren gehen können.

Im Rahmen einer Post-Mortem-Analyse sind Hinweise auf verbundene Ressourcen an unterschiedlichen Stellen auffindbar. Anhaltspunkte können die bereits besprochenen digitalen Spuren unter den Netzwerkeinstellungen oder den zuletzt verbundenen Servern liefern. Auch bietet sich eine Überprüfung der Softwareinstallationen an. Beispielsweise kann das Erkennen einer Installation von Dropbox zur weiteren Suche nach synchronisierten Verzeichnissen im Home Directory eines Nutzers führen. Auch die Analyse von Logfiles kann zur gezielten Suche nach Netzwerkressourcen eingesetzt werden.

5.6 Zusammenfassung

Im Kapitel »Persistente Spuren« wurde anhand der getroffenen Kategorisierung eine Auswahl forensisch interessanter persistenter digitaler Spuren näher vorgestellt. Das Betriebssystem Mac OS enthält eine Vielzahl von digitalen Spuren, so dass eine abschließende Betrachtung der digitalen Spuren eines Mac-OS-Systems auch im Rahmen dieses Buchs nicht möglich ist. Bei der Betrachtung von digitalen Spuren wird insgesamt deutlich, dass zur Analyse Kenntnisse über Mac-OS-spezifische Speichersystematiken sowie über die eingesetzten Formate, insbesondere Property-List-Dateien oder SQLite-Datenbanken, erforderlich sind.

Änderungen an Mac OS und integrierten Applikationen finden von Version zu Version statt und sind von Apple in dieser Tiefe nicht dokumentiert. Eine forensische Analyse erfordert daher oftmals auch ein manuelles Vorgehen bei der Suche nach digitalen Spuren bzw. ein gewisses Maß an eigener Forschungsarbeit. Betrachtet man die Entwicklung Mac-OS-spezifischer digitaler Spuren, ist spätestens seit Mac OS X 10.10 ein eindeutiger Trend zu einer starken Verzahnung mit der mobilen Betriebssystemvariante iOS und zum Vorhandensein von Cross-Plattform-Spuren (siehe Continuity) zu erkennen.

6 Informationen aus Log-Dateien

Log-Dateien können aus forensischer Sicht relevante Informationen enthalten. Mac OS besitzt umfangreiche Log-Mechanismen zu system- und anwendungsgesteuerten Vorgängen. Zur Analyse ist es oftmals erforderlich, Informationen aus verschiedenen Log-Dateien zusammenzubringen bzw. gezielt auch in großen Dateien zu suchen. Neben den UNIX-typischen Kommandos zur Anzeige und Filterung von Dateien wie grep, awk und sed bietet Mac OS dem Analysten die Möglichkeit, mit der integrierten *Console.app* Log-Dateien zu betrachten und bis zu einem gewissen Maß auch zu recherchieren.

Mac OS speichert die meisten Log-Dateien UNIX-typisch als Textdatei (ASCII-Zeichen) im Format

```
YYYY-DD-MM HH:MM:SS TZ: Dienst: Nachricht.
```

Zudem sind weitere proprietäre Formate möglich. Einige Log-Dateien werden abhängig von verschiedenen Attributen wie Größe oder Alter der Logdatei periodisch neu geschrieben. Ältere Log-Dateien werden dabei nicht gelöscht, sondern in die Formate bzip2 oder gzip archiviert. Mac OS speichert Log-Dateien, wie die meisten unixoiden Betriebssysteme, in bestimmten dafür vorgesehenen Verzeichnissen ab. Für eine Analyse ist dieses Verhalten insofern hilfreich, als eine Sicherung dieser Verzeichnisse sehr schnell und unkompliziert durchgeführt werden kann.

Log-Dateien des Betriebssystems sind im Verzeichnis */private/var/log* und */var/db* zu finden. Systemweite Log-Dateien befinden sich im Verzeichnis */Library/Logs* und Log-Dateien des Nutzerkontexts liegen im Verzeichnis *~/Library/Logs*. Zu beachten ist, dass Log-Dateien von Apps, die den Sandboxing-Mechanismus nutzen, unter dem Pfad *~/ Library/Containers/ <App>/Data/Library/Logs* abgelegt werden.

6.1 Log-Dateien des Betriebssystems

Die folgenden Beispiele sind eine Auswahl der interessantesten Log-Dateien des Betriebssystems im Verzeichnis */private/var/log*.

6.1.1 Nutzer-/Account-Informationen

Informationen zu eingeloggten Nutzern bzw. Nutzer-Accounts können in der Datei */private/var/log/accountpolicy.log* eingesehen werden.

6.1.2 Software-Installationen

Installationen von Betriebssystem-Versionen, Updates und Apps lassen sich in der Datei */private/var/log/install.log* ermitteln. Die Logdatei kann mit dem Terminalbefehl `cat install.log | grep "Suchbegriff"` analysiert werden. Die folgenden Abbildungen zeigen zwei Beispiele zur Suche nach installierter Software und nach einem macOS-Sierra-Update.

```
● ● ●                          log — more — 125×34
macoss-Mac:/private/var/log$ cat install.log | egrep 'Installed' |more
Nov 26 04:29:59 MacBook-Pro OSInstaller[480]: Installed "OS X" ()
Nov 27 00:57:54 MacBook-Pro system_installd[304]: Installed "iTunes" (12.5.3)
Nov 28 09:26:03 IBCCs-MacBook-Pro121-2 system_installd[393]: Installed "Chinese Word List Update" (5.4)
Nov 28 09:26:39 IBCCs-MacBook-Pro121-2 system_installd[393]: Installed "Incompatible Kernel Extension Configuration Data" (12
.1.1)
Nov 28 09:27:09 IBCCs-MacBook-Pro121-2 system_installd[393]: Installed "XProtectPlistConfigData" (1.0)
Nov 28 09:27:44 IBCCs-MacBook-Pro121-2 system_installd[393]: Installed "Incompatible Kernel Extension Configuration Data" (12
.1.2)
Nov 28 09:28:14 IBCCs-MacBook-Pro121-2 system_installd[393]: Installed "MRT Configuration Data" (1.12)
Nov 28 20:36:19 IBCCs-MacBook-Pro121-2 installd[315]: Installed "FUSE for macOS" ()
Nov 28 20:39:43 IBCCs-MacBook-Pro121-2 installd[315]: Installed "MacPorts" ()
Nov 28 21:14:47 IBCCs-MacBook-Pro121-2 installd[315]: Installed "Xcode" (8.1)
Nov 28 21:49:23 IBCCs-MacBook-Pro121-2 system_installd[320]: Installed "Command Line Tools (macOS Sierra version 10.12) for X
code" (8.1)
Nov 28 22:17:00 IBCCs-MacBook-Pro121-2 installd[382]: Installed "Adobe Flash Player" ()
Nov 30 18:48:40 IBCCs-MacBook-Pro121-2 installd[318]: Installed "WD My Cloud" ()
```

Bild 6.1: Der Suchbegriff `Installed` zeigt installierte Software.

```
● ● ●                          log — -bash — 125×34
macoss-Mac:/private/var/log$ cat install.log | egrep 'Update für macOS'
        091-03392(R)    | Update für macOS Sierra 10.12.4
        091-03392(R)    | Update für macOS Sierra 10.12.4
        091-03392(R)    | Update für macOS Sierra 10.12.4
Mar 29 09:41:40 MacBookPro system_installd[327]: Installed "Update für macOS Sierra" (10.12.4)
macoss-Mac:/private/var/log$ ▮
```

Bild 6.2: Die Suche nach `Update für macOS` zeigt den Installationszeitpunkt für das Update auf macOS-Sierra-Version 10.12.4 an.

6.1.3 Filesystem Check

Die Log-Dateien */private/var/log/fsck_hfs.log* oder */private/var/log/fsck_apfs.log* zeigen an, wann eine Dateisystemprüfung für die Dateisysteme HFS+ und Apple File System durchgeführt wurde. Neben dem Character Device wird das Ergebnis der Prüfung (CLEAN, ERROR) ausgegeben.

6.1.4 Storage Manager

Die Log-Datei */private/var/log/com.apple.revisiond/revisiond.log* zeigt Informationen zum Mac-OS-Storage-Manager revisiond. Der Hintergrunddienst verwaltet unterschiedliche Fassungen von Dokumenten, die von Applikationen oder Mac-OS-Systemdiensten erzeugt wurden. In das Verzeichnis */private/var/log/com.apple.revisiond/* kann nur mit Root-Rechten navigiert werden. Die Log-Datei kann u. a. Hinweise auf Volumes geben, beispielsweise bei der Löschung von Cache-Speicher.

```
● ● ●                                              log — sh — 125×31
sh-3.2# cat revisiond.log | egrep "CACHE_DELETE_VOLUME" | tail -10
    "CACHE_DELETE_VOLUME" = "/Volumes/usb";
    "CACHE_DELETE_VOLUME" = "/Volumes/Time Machine-Backups";
    "CACHE_DELETE_VOLUME" = "/Volumes/Time Machine-Backups";
    "CACHE_DELETE_VOLUME" = "/";
    "CACHE_DELETE_VOLUME" = "/";
    "CACHE_DELETE_VOLUME" = "/Volumes/MyPassport";
    "CACHE_DELETE_VOLUME" = "/Volumes/Time Machine-Backups";
    "CACHE_DELETE_VOLUME" = "/";
    "CACHE_DELETE_VOLUME" = "/";
    "CACHE_DELETE_VOLUME" = "/";
sh-3.2# █
```

Bild 6.3: Die Suche mit `CACHE_DELETE_VOLUME` und Reduktion der Anzeige auf die letzten zehn Treffer gibt Hinweise auf Volumes.

6.1.5   WiFi.log

Von Mac OS hergestellte WiFi-Verbindungen lassen sich in der Log-Datei */private/var/ log/wifi.log* auffinden. Die Log-Datei speichert WiFi-Verbindungen der letzten 24 Stunden und zeigt detaillierte Informationen zum Verbindungsaufbau mit WiFi-Access-Points. WiFi-Log-Dateien von vergangenen Tagen werden bzip2-komprimiert abgespeichert.

Die folgende Abbildung zeigt einen Verbindungsaufbau mit der BSSID `E2:5F:45:75: 14:08`. Die eigene Mac-Adresse ist ebenfalls ersichtlich.

```
● ● ●                                              log — sh — 125×38
Sun Apr  9 22:23:37.709 <kernel> en0: Terminating supplicant.
Sun Apr  9 22:23:37.709 <kernel> RSNSupplicant: Releasing authenticator for e2:5f:45:75:14:08
Sun Apr  9 22:23:37.727 <kernel> parseRSNIE: groupCipherType = 5 pairwiseCipherType = 5 authSel = 2
Sun Apr  9 22:23:37.727 <kernel> initWithInterfaceAndIE: _myMacAddress a0:99:9b:13:f4:d1
Sun Apr  9 22:23:37.727 <kernel> setPMK: PMK SET!
Sun Apr  9 22:23:37.830 <kernel> en0: Received EAPOL packet (length = 113)
Sun Apr  9 22:23:37.830 <kernel> inputEAPOLFrame: 0 extra bytes present in EAPOL frame.
Sun Apr  9 22:23:37.830 <kernel> inputEAPOLFrame: Received message 1 of 4
Sun Apr  9 22:23:37.830 <kernel> FULL RSN IE FOUND:
Sun Apr  9 22:23:37.830 [00000000] 30 14 01 00 00 0F AC 04 01 00 00 0F AC 04 01 00 00 0F AC 02 0C 00
Sun Apr  9 22:23:37.830 <kernel> storeFullRSNIE: getAP_IE_LIST returned 0
Sun Apr  9 22:23:37.830 <kernel> PMK:
```

Bild 6.4: WiFi-Verbindungsaufbau

6.1.6   System.log

Mit Mac-OS-X-Version 10.8 wurden die System-Log-Dateien *secure.log*, *kernel.log* und *system.log* in einer Log-Datei *system.log* zusammengefasst. *System.log* ist die zentrale Log-Datei des Betriebssystems, sie speichert eine Vielzahl von betriebssystemspezifischen Vorgängen. Die *system.log* wird täglich erzeugt und speichert jeweils die letzten 24 Stunden. Zusätzlich werden zurückliegend die letzten acht Tage im gzip-Format gespeichert. Aus der Log-Datei können mit dem Kommando `cat /private/var/log/system.` `log | grep 'Suchbegriff'` diverse systembezogene Informationen ermittelt werden. Die Tabelle und die nachfolgenden Screenshots zeigen einige Beispiele für Suchen innerhalb der *system.log*.

Grep-Suchbegriffe	
grep-Suchbegriff	Suche nach …
Volumes	eingehängten Volumes mit uuid
mounted, unmounted, hfs:	gemounteten Volumes mit Mount-Points und Volume-Namen
USBMSC	USB-Volumes mit Seriennummer (S/N), Vendor ID, Product ID und Version
SMB_VFS, smb_mount, smb_unmount	Netzwerkfreigaben über SMB
AFP_VFS, afp_mount, afp_unmount	Netzwerkfreigaben über AFP (Apple Filing Protocol)
BOOT_TIME	Systemstart in Unix-Epoch-Zeit
SHUTDOWN_TIME	Systemende in Unix-Epoch-Zeit
Sleep, Wake	System geht in Hibernation-Modus oder wacht auf
/chosen	der Boot-uuid des zum Systemstart eingesetzten Datenträgers
BSSID	Mac-Adressen von BSSIDs
associated	verbundenen Access Points
loginwindow	nutzerspezifischen Login-Vorgängen. Anhand der PID kann der Anfang und das Ende einer Session festgestellt werden. USER_PROCESS zeigt den Anfang einer Session, DEAD_PROCESS das Ende einer Session.
sudo, su	Vorgängen, für die Rootrechte angefordert wurden, beispielsweise Konsolenkommandos
Darwin	Mac-OS-Kernel-Version
backupd	Backup-Vorgängen, z. B. Time Machine

1

```
cat /private/var/log/system.log | grep mounted
```

Filtert nach eingehängten Volumes.

2

```
cat /private/var/log/system.log | grep USBMC
```

Der Suchbegriff USBMSC zeigt USB-Volumes.

3

```
cat /private/var/log/system.log | grep "BOOT_TIME"
```

Der Suchbegriff BOOT_TIME zeigt den Systemstart in Unix-Epoch-Zeit.

4

```
cat /private/var/log/system.log | grep "SHUTDOWN_TIME"
```

Der Suchbegriff SHUTDOWN_TIME zeigt das Systemende in Unix-Epoch-Zeit.

5

```
cat /private/var/log/system.log | grep "BSSID"
```

Der Suchbegriff BSSID zeigt die Mac-Adressen von verbundenen Access Points an.

6

```
cat /private/var/log/system.log | grep "associated"
```

Der Suchbegriff associated zeigt den Status des Netzwerkadapters an.

7

```
cat /private/var/log/system.log | grep "USER_PROCESS"
```

Der Suchbegriff USER_PROCESS zeigt den Login-Vorgang eines Nutzers mit Zeitstempel an.

8

```
cat /private/var/log/system.log | grep "USER_PROCESS"
```

Der Auszug aus der Ausgabe zeigt ein Root-Login im Terminal an.

6.1.7 Periodische Log-Dateien

Die Log-Dateien *daily.out*, *weekly.out* und *monthly.out* werden von Mac OS in periodischen Abständen angelegt. Sie werden als Launch Daemons gestartet (vgl. */System/Library/LaunchDaemons*) und protokollieren systemspezifische Vorgänge. Die Log-Dateien befinden sich unter */private/var/log* und sind mit einem Texteditor oder im Terminal beispielsweise mit dem Kommando cat lesbar. Sie beinhalten die folgenden Informationen:

- *daily.out*: Disk-Status, Network-Status, System-Status

- *weekly.out*: Protokollierung des Neuaufbaus der Whatis-Datenbank

- *monthly.out*: Statistik zu Nutzer-Logins

Die *Whatis*-Datenbank ist eine BSD-Komponente zur Ausgabe von Informationen zu Schlüsselbegriffen. Zum Beispiel können mit dem Befehl whatis grep Informationen zum UNIX-Kommando grep abgerufen werden.

```
●  ●  ●                              🗎 log — -bash — 118×33
IBCCs-MacBook-Pro121:log ibcc$ cat daily.out | grep "\Volumes"
/dev/disk2s1  1.9Gi   13Mi  1.9Gi    1%      512        0 100%  /Volumes/ITB LIVE
/dev/disk2s2  465Gi  465Gi    0Bi  100% 122012666        0 100%  /Volumes/iacis
/dev/disk2s2  7.2Gi  5.4Gi  1.8Gi   75% 1405151   476949  75%  /Volumes/Install OS X Yosemite
/dev/disk4s2   46Gi   17Gi   29Gi   38% 4570055  7511050  38%  /Volumes/OSX 10.11
/dev/disk4s8   46Gi  149Mi   46Gi    1%   38236 12104244   0%  /Volumes/OSX 10.6
/dev/disk4s4   47Gi  426Mi   46Gi    1%  109031 12097998   1%  /Volumes/OSX 10.10
/dev/disk4s5   47Gi  416Mi   46Gi    1%  106605 12085026   1%  /Volumes/OSX 10.9
/dev/disk4s9   47Gi  289Mi   46Gi    1%   73913 12117718   1%  /Volumes/OSX 10.5
/dev/disk4s12  46Gi   42Gi  3.9Gi   92% 11109944  1016152  92%  /Volumes/OSX Software I
/dev/disk4s6   46Gi  149Mi   46Gi    1%   38194 12120670   0%  /Volumes/OSX 10.8
```

Bild 6.5: Auszug aus der Log-Datei *daily.out*, `grep`-Suche nach eingehängten Volumes

```
Disk status:
Filesystem   Size  Used  Avail Capacity  iused    ifree %iused  Mounted on
/dev/disk1   233Gi 119Gi 114Gi     52% 31190988 29790258   51%  /
```

Bild 6.6: Auszug aus der Log-Datei *daily.out*, Disk-Status.

```
Network interface status:
Name  Mtu   Network         Address          Ipkts Ierrs    Opkts Oerrs  Coll
lo0   16384 <Link#1>                           2218     0     2218     0     0
lo0   16384 localhost       ::1                2218     -     2218     -     -
lo0   16384 127             localhost          2218     -     2218     -     -
lo0   16384 fe80::1%lo0 fe80:1::1              2218     -     2218     -     -
gif0* 1280  <Link#2>                              0     0        0     0     0
stf0* 1280  <Link#3>                              0     0        0     0     0
en0   1500  <Link#4>        a0:99:9b:13:f4:d1 137407    0        0     0     0
en0   1500  ibccs-macbo fe80:4::a299:9bff     137407    -   149890     -     -
en0   1500  10.0.1/24       10.0.1.11         137407    -   149890     -     -
```

Bild 6.7: Auszug aus der Log-Datei *daily.out*, Network-Status

6.1.8 Apple System Logs

Mac OS hat als BSD-System Zugang zum unter UNIX-Systemen weit verbreiteten Log-Mechanismus System Log. System Log (syslog) ist ein Hintergrundprozess, der von verschiedenen Komponenten des Betriebssystems Meldungen entgegennimmt und aufzeichnet. Damit ist der Mechanismus in der Lage, eine Vielzahl von systembedingten Vorgängen zu protokollieren. Ab Mac OS X 10.4 wurde der UNIX-Mechanismus in Apple System Log oder ASL überführt. ASL ist auf der Grundlage von syslog aufgebaut und damit auch zum älteren Standard kompatibel.

ASL-Logfiles befinden sich im Verzeichnis */private/var/log/asl*. Sie haben ein binäres Format mit der Signatur ASL DB. Grundsätzlich gibt es zwei verschiedene Arten von ASL-Log-Dateien: Dateien, die mit Zeitstempeln nach dem Format *YYYY.MM.DD.*.asl* benannt sind und Dateien mit der Bezeichnung *AUX.YYYY.MM.DD.asl*. Beide speichern protokollierte Aktionen für einen Zeitraum von sieben Tagen. Danach werden sie in die Log-Dateien mit der Bezeichnung *BB.*.asl* überführt. Diese beinhalten eine monatliche Speicherung der protokollierten Aktionen und werden laut syslog-Spezifikation für ein Jahr gespeichert.

ASL-Log-Dateien können mit der *Console.app* unter Auswahl von *Systemprotokollanfragen/Alle Meldungen* intuitiv betrachtet werden. Jede ASL-Meldung enthält weitere Informationen, die in Schlüsseln (ASL Keys) abgelegt sind. Diese können durch Auswahl der Schaltfläche *Informationen* eingesehen werden.

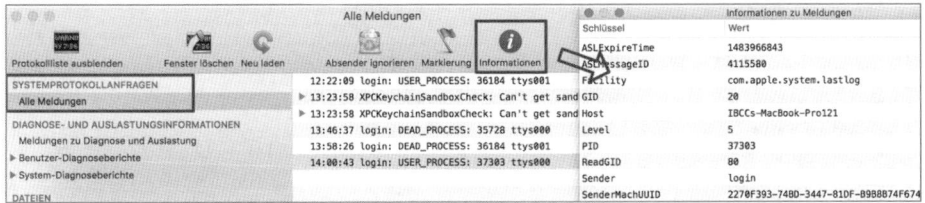

Bild 6.8: ASL-Meldung eines Bash-Login-Vorgangs

Alternativ kann eine Ausgabe auch unter Zuhilfenahme des Kommandos `syslog` erfolgen. Dabei können einzelne Dateien oder ganze Verzeichnisse mit entsprechenden ASL-Log-Dateien betrachtet werden. Beispielsweise gibt der Befehl `syslog -d /private/ var/log/asl/` die Inhalte des gesamten ASL-Log-Verzeichnisses wieder.

```
                              ⌂ ibcc — sh — 151×25
sh-3.2# syslog -d /private/var/log/asl/
Oct  1 10:57:37 localhost bootlog[0] <Notice>: BOOT_TIME 1443689857 0
Oct  1 10:57:59 IBCCs-MacBook-Pro121 loginwindow[94] <Notice>: USER_PROCESS: 94 console
Oct  1 10:58:08 macbook-pro loginwindow[435] <Notice>: USER_PROCESS: 435 console
Oct  1 16:40:18 macbook-pro login[1429] <Notice>: USER_PROCESS: 1429 ttys000
Oct  1 16:41:19 macbook-pro login[1465] <Notice>: USER_PROCESS: 1465 ttys001
Oct  1 16:46:32 macbook-pro login[1465] <Notice>: DEAD_PROCESS: 1465 ttys001
Oct  1 16:46:58 macbook-pro login[1429] <Notice>: DEAD_PROCESS: 1429 ttys000
```

Bild 6.9: Auszug aus der Ausgabe der ASL-Log-Dateien mit `syslog`

6.1.9   Audit-Logs

Die in Mac OS unterstützen Audit-Logs ermöglichen die Verfolgung und Prüfung von Aktionen, die von Nutzern oder Prozessen durchgeführt werden. Die Audit-Logs basieren auf einer Apple-eigenen Implementierung des Basic-Security-Module (BSM) in Darwin und damit Mac OS. Audit-Logs sind im Verzeichnis */private/var/audit/* abgelegt. Dieses kann nur mit Root-Rechten geöffnet werden. Die Log-Dateien liegen in einem binären Format vor und haben das Format `[Start-Zeitstempel].[End-Zeitstempel]`. Die Log-Datei `[Start-Zeitstempel].not terminated` ist die aktuell beschriebene Audit-Log-Datei (Zeitstempel haben das Format `YYYYMMDDHHMMSS`). Konfigurationseinstellungen zu Audit-Logs befinden sich im Verzeichnis */etc/security/*.

Beispielsweise beinhaltet die Datei *audit_class* die zu protokollierenden Aktionen, die Datei *audit_control* enthält Konfigurationseinstellungen zum Audit-Vorgang und die Datei *audit_user*-Einstellungen, für welche Nutzer ein Auditing durchgeführt werden soll. Die Abbildung zeigt, dass ein Auditing für den Nutzer `root` durchgeführt wird. Dabei werden Login- und Logout-Vorgänge protokolliert. Einträge in der Datei *audit_user* haben das Format *username:alwaysaudit:neveraudit*.

```
sh-3.2# cat audit_class
#
# $P4: //depot/projects/trustedbsd/openbsm/etc/audit_class#6 $
#
0x00000000:no:invalid class
0x00000001:fr:file read
0x00000002:fw:file write
0x00000004:fa:file attribute access
0x00000008:fm:file attribute modify
0x00000010:fc:file create
0x00000020:fd:file delete
0x00000040:cl:file close
0x00000080:pc:process
0x00000100:nt:network
0x00000200:ip:ipc
0x00000400:na:non attributable
0x00000800:ad:administrative
0x00001000:lo:login_logout
0x00002000:aa:authentication and authorization
0x00004000:ap:application
0x20000000:io:ioctl
0x40000000:ex:exec
0x80000000:ot:miscellaneous
0xffffffff:all:all flags set
sh-3.2# █
```

```
sh-3.2# pwd
/etc/security
sh-3.2# cat audit_user
#
# $P4: //depot/projects/trustedbsd/openbsm/etc/audit_user#3 $
#
root:lo:no
sh-3.2# █
```

Bild 6.10: Audit-Konfiguration für den Nutzer `root`

Um die Audit-Log-Dateien auszuwerten, verwendet man das Kommando `praudit -xn`. Dabei stehen die Parameter `-x` für eine XML-Ausgabe und `-n` für eine Konvertierung der Nutzer- und Gruppen-IDs. Die folgende Abbildung zeigt, dass der Prozess `launchd` am `27.04.2015` gestartet wurde.

```
                                              ⬆ ibcc — sh — 151×34
sh-3.2# praudit -xn /private/var/audit/*
<?xml version='1.0' encoding='UTF-8'?>
<audit>
<record version="11" event="audit startup" modifier="0" time="Mon Apr 27 11:29:30 2015" msec=" + 697 msec" >
<text>launchd::Audit startup</text>
<return errval="success" retval="0" />
</record>
<record version="11" event="session start" modifier="0" time="Mon Apr 27 11:29:37 2015" msec=" + 54 msec" >
<argument arg-num="1" value="0x0" desc="sflags" />
<argument arg-num="2" value="0x0" desc="am_success" />
<argument arg-num="3" value="0x0" desc="am_failure" />
<subject audit-uid="-1" uid="0" gid="0" ruid="0" rgid="0" pid="0" sid="100003" tid="0 0.0.0.0" />
<return errval="success" retval="0" />
</record>
```

Bild 6.11: Auszug der Ausgabe der Audit-Logfiles mit `praudit -xn`

Wie in der Abbildung ersichtlich, sind Audit-Einträge durch Tags (ähnlich wie ein XML-/HTML-Dokument) nach folgendem Muster hierarchisch strukturiert:

Struktur eines Audit-Eintrags	
‹record...›	Beginn des Eintrags (Header)
‹subject...›	Betreff (Subject), Kontext der Aktion (IDs)
‹text›	String mit Beschreibung zur Aktion
‹return›	Rückgabewert
‹/record›	Ende des Eintrags

Um einzelne Aktionen aus den Audit-Log-Dateien zu filtern, kann der Befehl `auditreduce` benutzt werden. Mit diesem kann nach bestimmten Audit-Events, die in der Konfigurationsdatei */etc/security/audit_event* beschrieben sind, gefiltert werden. Die nächste

Abbildung zeigt das Filtern nach Nutzer-Logins (*AUE_lw_login*) in der Audit-Datei *20160105164801.not_ terminated*.

```
●  ●  ●                                    ⌂ ibcc — sh — 151×34
sh-3.2# auditreduce -m AUE_lw_login 20160105164801.not_terminated | praudit -xn
<?xml version='1.0' encoding='UTF-8'?>
<audit>
<record version="11" event="loginwindow login" modifier="0" time="Tue Jan  5 17:48:05 2016" msec=" + 632 msec" >
<subject audit-uid="501" uid="0" gid="0" ruid="501" rgid="20" pid="97" sid="100007" tid="503316500.0.0.0" />
<return errval="success" retval="0" />
</record>
sh-3.2# █
```

Bild 6.12: Auszug der Ausgabe der Datei *20160105164801.not_terminated* mit `praudit -xn`

6.1.10 Unified Logging

Unter macOS Sierra 10.12. hat Apple das Unified-Logging-System eingeführt. Der Log-Mechanismus ersetzt zukünftig die bisherigen Log-Dateien *system.log* und Apple System Logs (ASL) bzw. führt sie zusammen. Das neue Unified Logging wird plattformübergreifend auch in iOS (ab iOS-Version 10), watchOS und tvOS eingesetzt. Mit dem aktuellen Stand von macOS Sierra (Version 10.12.4) wird das Unified Logging parallel zu den bekannten Log-Dateien betrieben. Zu beachten ist, dass Apple bestimmte Ereignisse nicht weiter in der *system.log* protokolliert. Ein Beispiel sind mit dem System verbundene USB-Devices, mit macOS Sierra sind sie nicht mehr wie gewohnt in der *system. log* zu finden, sondern ausschließlich in den Unified-Logging-Dateien.

Das Unified Logging vereinfacht gerade für Entwickler Logging-Implementierungen, da es mehrere Logging-Technologien in einem neuen Mechanismus vereint. Zur Implementierung von Unified Logging in eigene Applikationen werden die Programmiersprachen Objective-C, C++ und C unterstützt. Entwickler müssen neue APIs nutzen (`os_ log`, `os_trace` u. a.), um den Mechanismus in ihren Programmen einsetzen zu können, dürfen dann aber auf eine wesentlich einfachere Syntax zurückgreifen als bisher.

Das neue Logging-System ermöglicht die Dokumentation von User- und Kernel-Mode-Mitteilungen des Betriebssystems und unterstützt ein komprimiertes Speichern der Mitteilungen in dem neuen Dateiformat *.tracev3*. Zum Exportieren und Öffnen von Log-Mitteilungen auf weiteren Mac-OS-Systemen kann das neues Speicherformat *.logarchive* eingesetzt werden. Unified Logging ermöglicht eine Kategorisierung von Log-Mitteilungen sowie verbesserte Filtermöglichkeiten bei der Analyse.

Unified Logging speichert Log-Dateien im Verzeichnis */var/db/diagnostics/*. Das Unterverzeichnis */var/db/diagnostics/Persist/* enthält die eigentlichen Log-Dateien im Format *.tracev3*.

Log-Dateien des Unified Logging sind nach dem folgenden Muster abgespeichert:

```
logdata.Persistent.YYYYMMDDTHHMMSS.tracev3
```

Das Logging-System speichert Daten zudem im Verzeichnis */var/db/uuidtext*. Dieses enthält diverse Unterverzeichnisse mit Dateien, die mit GUIDs benannt sind und Log-Mitteilungen in Textform enthalten. Die Dateien werden von Unified Logging zur Darstellung von Log-Mitteilungen verwandt.

Kategorisierung von Log-Mitteilungen

Log-Mitteilungen des Unified-Logging-Systems können beliebig kategorisiert werden. Die Funktion ermöglicht es Entwicklern, innerhalb ihrer Applikation sogenannte Subsysteme zu definieren, die wiederum in unterschiedliche Kategorien unterteilt werden können. Diese feingranulare Zuordnung von Log-Mitteilungen zu Subsystemen und Kategorien lässt dem Entwickler die Möglichkeit, die weitere Filterung und Anzeige der Log-Dateien zu beeinflussen. Entwickler können beliebig viele Subsysteme und Kategorien einrichten.

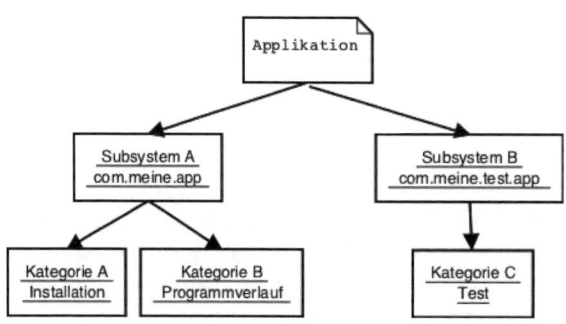

Bild 6.13: Beispielhafte Kategorisierung einer Applikation nach Subsystemen und Kategorien

Log-Mitteilungen des Unified-Logging-Systems können durch die API (`os_log`) als Default-, Info- oder Debug-Mitteilungen definiert werden. Des Weiteren gibt es die speziellen Fehler-Log-Dateien *Fault* und *Error*. Error-Log-Dateien beinhalten Fehler innerhalb einer Applikation oder Bibliothek, wohingegen Fault-Log-Dateien betriebssystemspezifische Fehler speichern.

Default-, Info- und Debug-Mitteilungen sind hierarchisch angeordnet, für jede Art kann definiert werden, ob ein Logging aktiviert ist und wo Log-Dateien gespeichert werden (Festplatte oder Hauptspeicher). Die folgende Tabelle zeigt die Standardeinstellungen für Mitteilungen.

Standardeinstellungen für Mitteilungen im Unified-Logging-System		
Mitteilungsart	Status	Speicherort
Debug-Level	nicht aktiviert	-
Info-Level	aktiviert	Hauptspeicher
Default-Level	immer	Festplatte
Error	immer	Festplatte
Fault	immer	Festplatte

Architektur

Das Unified-Logging-System nutzt die Hintergrundprozesse `logd` und `diagnosticd`. Zur Laufzeit einer Anwendung verarbeitet `logd` Mitteilungen, komprimiert sie und speichert sie je nach Art in eine normale Log-Datei oder in die jeweiligen Log-Dateien für Error-

und Fault-Mitteilungen. Der Hintergrunddienst `diagnosticd` nimmt Mitteilungen entgegen und erzeugt einen Live-Log-Stream.

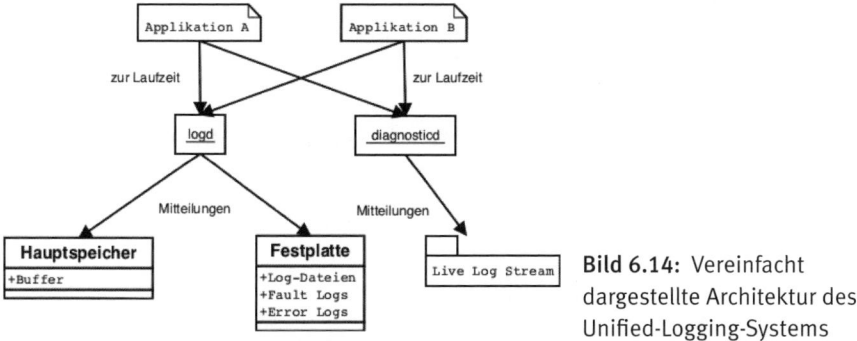

Bild 6.14: Vereinfacht dargestellte Architektur des Unified-Logging-Systems

Um die erstellten Log-Dateien oder den Live-Log-Stream betrachten zu können, kann die in Mac OS integrierte Konsole-App oder das Terminalkommando `log` eingesetzt werden.

Konsole-Applikation

Die Konsole-App liegt ab macOS Sierra in einer neuen Version vor und unterstützt das Unified-Logging-System. In der Konsole-App werden unter Auswahl des Symbols des Mac-Computers die Mitteilungen des Unified Logging ausgewertet.

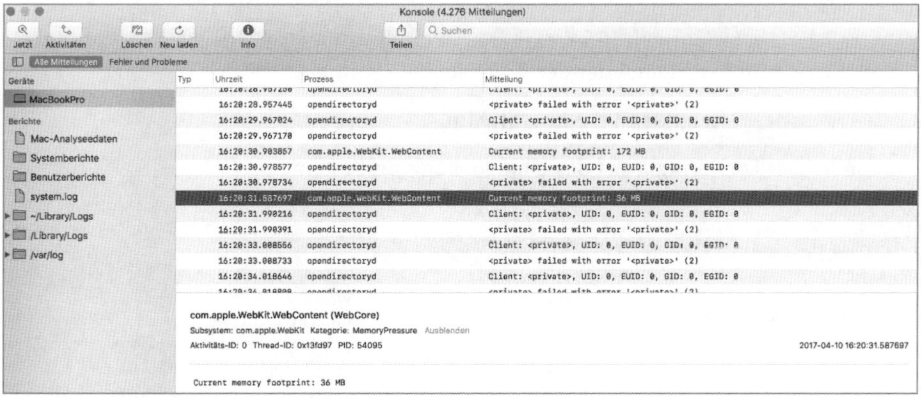

Bild 6.15: Unified-Logging-Mitteilungen in der Konsole-App.

Die Live-Sicht ermöglicht es, aktuelle Betriebssystem-Meldungen in Echtzeit zu verfolgen (Live Log Stream). Fehler (Fault und Error) werden mit einem gelben Punkt gekennzeichnet und können als alternative Auswahl neben *Alle Meldungen* explizit gefiltert werden. Die Auswahl von *Info* erlaubt die Anzeige von erweiterten Informationen für eine geloggte Meldung. Unter anderem kann die Kategorisierung einer Mitteilung nach Subsystem und Kategorie abgelesen werden. Mit der Auswahl von *Details* kann die Info-Sicht nochmals erweitert werden.

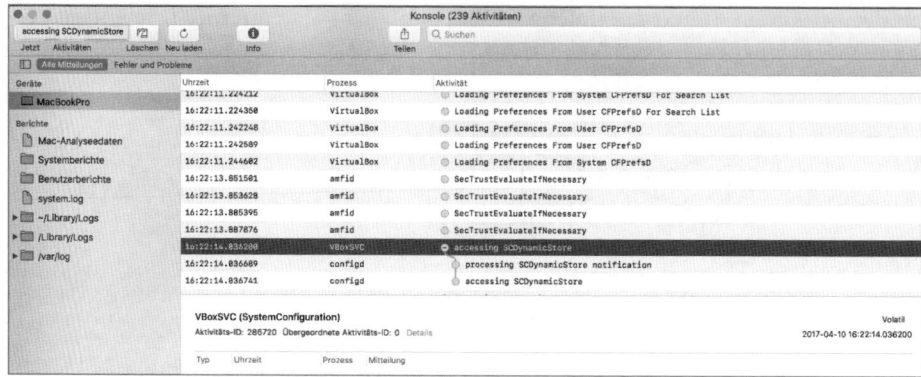

Bild 6.16: Aktivitäten von Prozessen in der Konsole-App

Mit der Auswahl von »Aktivitäten« kann die Ausgabe auf Aktivitäten von Prozessen eingeschränkt werden. Sind hierarchisch angeordnete Aktivitäten vorhanden, wird dies durch ein »+«-Symbol gekennzeichnet. Dieses kann expandiert werden, so dass entsprechende Unteraktivitäten mit angezeigt werden.

log

Neben der Konsole-App kann das Terminalkommando log eingesetzt werden, um den Live-Log-Stream oder vom Unified-Logging-System erstellte Log-Dateien darzustellen. Das log-Kommando bietet dabei erweiterte Möglichkeiten zur Filterung und Suche.

- $ log show: Zeigt den Inhalt von .tracev3 Log-Dateien oder .logarchive-Dateien an.

- $ log collect: Sammelt Informationen in einer Archivdatei (.logarchive) zur späteren Verwendung mit log oder der Konsole.

- $ log stream: Zeigt den Live-Log-Stream.

- $ log config: Konfiguriert das Unified-Logging-System.

Syntax: log show	
Befehl	Bedeutung
$ log show --archive Datei	Zeigt archivierte .logarchive-Dateien an.
$ log show --file Datei	Zeigt .tracev3-Dateien an (die Datei muss sich in .logarchive oder in einem System-Log-Verzeichnis befinden.
$ log show --predicate Filterausdruck	Ermöglicht die Angabe eines Filterausdrucks (predicate).
$ log show --start Datum/Zeit --end Datum/Zeit	Grenzt Mitteilungen nach Start- und Endzeit zeitlich ein (akzeptiert sind die Formate „YYYY-MM-DD", „YYYY-MM-DD HH:MM:SS" oder „YYYY-MM-DD HH:MM:SSZZZZZ").
$ log show --info	Zeigt Info-Mitteilungen an.

Befehl	Bedeutung
$ log show --debug	Zeigt Debug-Mitteilungen an.
$ log show --style json | syslog	Passt das Ausgabeformat an (Json- oder Syslog-Format).

Syntax: log collect	
Befehl	Bedeutung
$ log collect --output Pfad	Setzt den Ausgabepfad für die .logarchive-Datei.
$ log collect --start Datum/Zeit	Grenzt Mitteilungen nach Anfangszeit ein (akzeptiert sind die Formate „YYYY-MM-DD", „YYYY-MM-DD HH:MM:SS" oder „YYYY-MM-DD HH:MM:SSZZZZZ").
$ log collect --last Num [m|h|d]	Grenzt Mitteilungen zeitlich ein. Ausgehend von der aktuellen Zeit wird eine bestimmte Periode zurückgerechnet, z. B. last 2m (die letzten 2 Minuten) oder last 3h (die letzten 3 Stunden).

Syntax: log stream	
Befehl	Bedeutung
$ log stream --level default|info|debug	Zeigt Mitteilungen des ausgewählten Levels und hierarchisch darunter an.
$ log stream --predicate Filterausdruck	Ermöglicht die Angabe eines Filterausdrucks (predicate).
$ log stream --parent pid|process	Grenzt die Ausgabe auf einen bestimmten Prozess ein.
$ log stream --style json | syslog	Passt das Ausgabeformat an (Json oder Syslog Format).

Syntax: log config	
Befehl	Bedeutung
$ log config --status	Zeigt den Status des Unified-Logging-Systems.
$ log config --reset	Setzt zu Default-Einstellungen zurück.
$ log config --mode Modus	Verfügbare Modi: off | default | info | debug

Das Kommando log erlaubt es, sogenannte Predicate-Filter zu nutzen. Die wichtigsten Predicate-Filter sind:

Wichtige Predicate-Filter	
Predicate-Filter	Bedeutung
eventMessage contains ´string´	Durchsucht Log-Mitteilungen nach einem bestimmten String. Der String muss in der Ausgabe der Mitteilung enthalten sein.
messageType == error	Sucht nach Mitteilungen des Typs Error.

Predicate-Filter	Bedeutung
processID == 100	Sucht nach Mitteilungen einer ProzessID, hier mit PID 100.
subsystem == "com.apple.TimeMachine"	Sucht nach einem konkreten Subsystem/App Bundle, im Beispiel Time Machine.

Predicate-Filter können durch logische Operatoren wie beispielsweise &&, and, or, >, <, !=, between, contains, like u. a. miteinander verknüpft werden. Die Syntax folgt den Cocoa-Ausdrücken für Predicate-Filter (Predicate Programming Guide).

Beispiele für eine allgemeine Syntax von Predicate-Filtern:

```
$ log show --predicate 'process == "Prozessname"'
$ log show --predicate 'subsystem == "App Bundle"'
$ log show --predicate 'eventMessage contains == "String"'
```

Analyse des Unified-Logging-Systems

Das Unified-Logging-System speichert ein Maximum an Informationen. Pro Minute können ohne Weiteres einige zehntausend Mitteilungen zusammenkommen. Ein planloses Durchforsten der Log-Dateien wird daher schon aufgrund der Masse an Mitteilungen kaum zu einem vernünftigen Ergebnis führen. Sinnvoll ist es, eine Suche innerhalb der Log-Dateien auf zeitliche Abschnitte, auf bestimmte Prozesse oder mit relevanten Suchbegriffen einzugrenzen. Die folgenden Beispiele zeigen Möglichkeiten, wie das Terminalkommando log dafür eingesetzt werden kann.

Um die Log-Dateien mit log decodieren zu können, müssen *.logarchive*-Bundle-Dateien vorliegen oder sich die *.traveV3*-Dateien im Unified-Logging-Verzeichnis des laufenden Systems befinden. Zur Analyse bietet es sich daher entweder an, das zu untersuchende System zu virtualisieren oder die Verzeichnisse */var/db/diagnostics* und */var/db/uuidtext* auf einen Analyse-Mac-Computer zu übernehmen, um dort die Original-Verzeichnisse mit den zu untersuchenden Verzeichnissen zu ersetzen. Unified-Logging-Dateien werden unter dem Systemkontext gespeichert, so dass die entsprechenden Verzeichnisse eines Analyse-Macs systemweit ersetzt werden.

Das log-Kommando gibt seine Ausgaben grundsätzlich auf dem Bildschirm aus. Oftmals ist es sinnvoller, die Ausgabe in eine Textdatei umzuleiten, um diese weiterverarbeiten oder leichter analysieren zu können.

Die beiden nächsten Befehle erzeugen die Textdatei *meineLogDatei.txt* auf dem Desktop des aktuell angemeldeten Mac-OS-Nutzers. Anschließend werden Mitteilungen der letzten fünf Minuten hierarchisch ab dem Info-Level (damit einschließlich dem Default-Level) in der Datei gespeichert. Die Weiterleitung in die Textdatei erfolgt unter Angabe des Weiterleitungszeichens >.

```
$ touch ~/Desktop/meineLogDatei.txt
$ log show --last 5 m --info > ~/Desktop/meineLogDatei.txt
```

In Verbindung mit dem Predicate-Filter eventMessage contains ´string´ können Mitteilungen nach bestimmten Schlüsselbegriffen durchsucht werden. Der String muss in der Ausgabe der Mitteilungen enthalten sein.

Analyse-Beispiele mit dem Terminalkommando `log`

1

```
$ sudo log collect --output ~/Desktop/meinLogArchiv. logarchive --start
'2017-04-11 11:40:00' --size 2m
```

Filtern nach Mitteilungen ab dem 11.04.2017, 11:40:00 Uhr, für eine Dauer von 2 Minuten. Die Ausgabe wird mit `collect` gesammelt und in die Datei *~/Desktop/meinLogArchiv. logarchive* geschrieben.

2

```
$ log show --style syslog --start '2017-04-11 12:00:00' --end '2017-04-11
12:05:00' --info
```

Filtern nach Mitteilungen ab dem 11.04.2017, 12:00:00 Uhr, bis zum 11.04.2017, 12:05:00 Uhr. Die Art der Ausgabe ist syslog. Gefiltert werden Mitteilungen ab dem Info-Level.

3

```
$ log show --predicate 'process == "kernel"' --start "2017-04-11 12:05:00"
```

Filtert Kernel-Mitteilungen ab dem 11.04.2017, 12:05:00 Uhr.

4

```
$ log show --predicate 'process == "Messages"' --start "2017-04-11
12:05:00"
```

Filtert Mitteilungen der Nachrichten-App 11.04.2017, 12:05:00 Uhr.

5

```
$ log show --predicate 'subsystem == "com.apple.TimeMachine"' --info
```

Filtern der Log-Dateien nach dem Subsystem »com.apple.TimeMachine« (u. a. Time-Machine-Backup-Mitteilungen).

6

```
$ log show --predicate 'subsystem == "com.apple.TimeMachine"' --style
syslog --info --last 1h | cut -c 1-22,43-999
```

Filtern der Log-Dateien nach dem Subsystem »com.apple.TimeMachine«. Eingrenzung der Ausgabe auf die letzte Stunde. Ausschneiden der Spalten Timestamp, Type, Activity und PID mit dem Kommando cut.

7

```
$ log show --predicate 'subsystem == "com.apple.TimeMachine"' --info
--last 1h | grep "backupd" | cut -c 1-22,43-999
```

Weitere Eingrenzung der Ausgabe für das Subsystem »com.apple.TimeMachine«.
Zusätzliches Ausfiltern der Mitteilungen des »backupd« mit grep. Die Ausgabe ist jetzt auf
Backup-Mitteilungen von Time Machine begrenzt.

8

```
$ log show --predicate 'subsystem == "com.apple.TimeMachine"' --info -
style syslog --last 1h | grep "backupd" | cut -c 1-22,43-999 > ~/Desktop/
TimeMachinBackups_lasthour.txt
```

Exportiert Backup-Mitteilungen der letzten Stunde (Time Machine) im Format syslog in die
Textdatei ~/Desktop/TimeMachineBackups_lasthour.txt.

9

```
$ log show --predicate 'messageType == error' --style syslog --info --last
1m
```

Zeigt Fehlermeldungen der letzten Minute im Format syslog an.

10

```
$ log show --predicate 'eventMessage contains "BOOT_TIME"' --style syslog
--info
```

Zeigt Mitteilungen zum Systemstart von Mac OS.

11

```
$ log show --predicate 'eventMessage contains "OS Version"' --style syslog
--info
```

Zeigt die Mac-OS-Version an.

12

```
$ log show --predicate 'eventMessage contains "Darwin Kernel Version"'
--style syslog --info
```

Gibt die Darwin-/Mac-OS-Version aus.

13

```
$ log show --predicate 'eventMessage contains "boot-uuid from /chosen:"'
--style syslog --info
```

Filtert nach dem Boot-Volume.

14

```
$ log show --predicate 'eventMessage contains "COMMAND=/usr/bin/su"'
--info
```

Ermittelt, ob im Terminal Root-Rechte verlangt wurden.

15

```
$ log show --predicate 'eventMessage contains "PMRD: System Wake"' --style
syslog --info
```

Zeigt an, wann Mac OS aus dem Ruhezustand erweckt wurde.

16

```
$ log show --predicate 'eventMessage contains "PMRD: System Sleep"'
--style syslog --info
```

Zeigt an, wann Mac OS in den Ruhezustand versetzt wurde.

17

```
$ log show --predicate 'eventMessage contains "system boot"' --style
syslog --info
```

Gibt aus, wann Mac OS hochgefahren wurde.

18

```
$ log show --predicate 'eventMessage contains "disabling system-wide CPU
Throttling"' --style syslog --info
```

Gibt aus, wann Mac OS heruntergefahren wurde.

19

```
$ log show --predicate 'eventMessage contains "hfs: mounted"' --info
```

Filtert nach eingebundenen HFS+-Volumes.

20

```
$ log show --predicate 'eventMessage contains "USBMSC"' --info
```

Zeigt USB-Volumes mit Seriennummer (S/N), Vendor ID, Product ID und Version.

21

```
$ log show --predicate 'process == "coreaudiod" and eventMessage contains
"BTDeviceName"' --style syslog --info
```

Filtert nach verbundenen BT-Geräten.

22

```
log show --predicate 'eventMessage contains "-- Devices --"' --info
```

Filtert nach verbundenen BT-Geräten.

23

```
$ log show --predicate 'subsystem == "com.apple.SystemConfiguration" and
eventMessage contains "iaddr"' --style syslog --info
```

Ermittelt IP Adressen des Mac-OS-Computers.

24

```
$ log show --predicate 'subsystem == "com.apple.SystemConfiguration" and
eventMessage contains "BSD Name:"' --style syslog --info
```

Ermittelt Mac-Adressen des Mac-OS-Computers.

25

```
$ log show --predicate 'subsystem == "com.apple.mDNSResponder" and
eventMessage contains "DNS Server"' --style syslog --info
```

Ermittelt DNS-Server.

26

```
$ log show --predicate 'eventMessage contains "iCloud"' --style syslog
--info
```

Zeigt iCloud-Informationen an.

27

```
$ log show --predicate 'eventMessage contains "clouddocs"' --style syslog
--info
```

Filtert nach Dokumenten bzw. Applikationen, die Dokumente mit iCloud synchronisieren.

28

```
$ log show --predicate 'eventMessage contains "BSSID changed"' --style
syslog --info
```

Filtert nach WLAN-BSSIDs.

29

```
$ log show --predicate 'eventMessage contains "username"' --style syslog
--info
```

Sucht nach Login-Informationen mit String »username«, bspw. Mail, iCloud.

30

```
$ log show --predicate 'process == "findmydeviced"' --style syslog --info
```

Zeigt an, ob »Mein Mac Suchen« aktiv ist.

31

```
$ log show --predicate 'process == "mediaremoted"' --style syslog --info
```

Filtert nach aktivem Media-Streaming, bspw. iTunes/Apple Music.

6.2 Log-Dateien der Nutzer-Domäne

Neben den Log-Dateien des Betriebssystems finden sich weitere interessante Log-Dateien in der Nutzerdomäne.

6.2.1 Verbundene iOS-Geräte

Log-Dateien zu mit dem Mac-OS-System verbundenen iOS-Geräten befinden sich in dem Verzeichnis *~/Library/Logs/CrashReport/MobileDevice/*. Dort existiert für jedes iOS-Gerät ein eigenes Unterverzeichnis mit entsprechenden Log-Dateien. Die Datei *restore_perform.txt* zeigt ein iPad, das im Wiederherstellungsmodus gestartet wurde.

```
● ● ●                                        MobileDevice — -bash — 125×31
macoss-Mac:~/Library/Logs/CrashReporter/MobileDevice$ tree -L 3
.
└── iPad\ von\ ibcc
    └── restore_perform.txt

1 directory, 1 file
macoss-Mac:~/Library/Logs/CrashReporter/MobileDevice$ stat -x iPad\ von\ ibcc/restore_perform.txt
  File: "iPad von ibcc/restore_perform.txt"
  Size: 14974         FileType: Regular File
  Mode: (0644/-rw-r--r--)          Uid: (  501/   ibcc) Gid: (  20/   staff)
Device: 1,4   Inode: 4103554   Links: 1
Access: Sun Apr  9 23:07:49 2017
Modify: Mon Jan  9 20:34:37 2017
Change: Mon Jan  9 20:34:37 2017
macoss-Mac:~/Library/Logs/CrashReporter/MobileDevice$ cat iPad\ von\ ibcc/restore_perform.txt
[19:28:06.0772-GMT]{5>7} CHECKPOINT NOTICE: Image4 device: AP nonce clearable
[19:28:06.0786-GMT]{5>7} CHECKPOINT NOTICE: AP nonce consumed
[19:28:06.0788-GMT]{5>7} CHECKPOINT NOTICE: Pre-existing NVRAM variable: auto-boot=false
[19:28:06.0789-GMT]{5>7} CHECKPOINT NOTICE: Pre-existing NVRAM variable: restore-outcome=initial_monitor_no_retu
[19:28:06.0790-GMT]{5>7} CHECKPOINT ANOMALY: [check_collection]restore-step-monitor(does_not_exist)
[19:28:06.0790-GMT]{5>7} CHECKPOINT PROGRESS: START (unknown) -> (initial_engine_no_return)
```

Bild 6.17: Auszug aus der Datei *~/Library/Logs/CrashReport/MobileDevice/iPad von ibcc/ restore_perfom.txt*

6.2.2 FaceTime-Verbindungen

Falls die Applikation FaceTime unter Mac OS genutzt wurde, können diesbezügliche Informationen aus der Log-Datei *~/Library/Logs/FaceTime/ FaceTime.log* gewonnen werden.

6.2.3 Übersicht

Mac-OS-Log-Dateien können unter den folgenden Pfaden aufgefunden werden:

Mac-OS-Log-Dateien	
Pfad	Bemerkung
/private/var/log/	Log-Dateien des Betriebssystems Mac OS
/private/var/log/accountpolicy.log	Nutzer- und Account-Informationen
/private/var/log/install.log	Software-Installationen
/private/var/log/fsck_hfs.log	Dateisystem-Prüfung HFS+
/private/var/log/fsck_apfs.log	Dateisystem-Prüfung Apple File System (APFS)
/private/var/log/com.apple. revisiond/revisiond.log	Storage Manager
/private/var/log/wifi.log	WiFi-Log-Datei
/private/var/log/system.log	Zentrale System-Log-Datei
/private/var/log/daily.out, weekly. out, monthly.out	Periodische Log-Dateien
/private/var/audit/	Audit-Logs (BSM)
/private/var/log/asl	Apple System Logs (ASL)

Pfad	Bemerkung
/var/db/diagnostics/Persist/ /var/db/uuidtext	Ab Mac OS X 10.12 (macOS Sierra): Unified-Logging-System
/Library/Logs	Systemweite Log-Dateien
~/Library/Logs	Nutzerspezifische Log-Dateien & Anwendungslogdateien (nicht Sandbox)
~/Library/Logs/CrashReport/ MobileDevice/	Verbundene iOS-Geräte
~/Library/Logs/FaceTime/ FaceTime.log	FaceTime-Verbindungen
~/Library/Containers/‹App›/Data/ Library/Logs	Anwendungslogdateien (Sandbox)

7 Hack the Mac

Mac OS bietet viele Mechanismen, um das Betriebssystem bzw. sensible Daten besonders abzusichern. Im Einzelnen sind dies Kennwörter der Mac-OS-Nutzerkonten, die nur ein authentifiziertes Hochfahren des Betriebssystems in den jeweiligen Nutzerkontext zulassen, sowie die Mac-OS-Keychains, die Zertifikate, kryptografische Schlüssel und vom Nutzer gespeicherte Kennwörter enthalten. Nicht zu vergessen die Verschlüsselungstechnologie FileVault 2, die eine on-the-fly Full Disk Encryption des System-Volumes ermöglicht und unter Mac OS mit ein paar Klicks auch von wenig technisch versierten Anwendern eingerichtet werden kann. Und schließlich verschlüsselte Backup-Dateien von iOS-Geräten, die möglicherweise auf einem Mac-OS-Computer synchronisiert wurden und eine Vielzahl von interessanten Daten von Apple-iPhones oder -iPads enthalten können.

Das Kapitel »Hack the Mac« thematisiert die eingesetzten Sicherungsmechanismen und ihre technische Implementierung und zeigt Möglichkeiten auf, wie diese umgangen bzw. unter Umständen gebrochen werden können.

7.1 Mac-OS-Nutzerpasswörter

Nutzerpasswörter speichert Mac OS wie alle unixoiden Betriebssysteme in einer Passwortdatei ab. Dort liegt das Passwort nicht im Klartext vor, sondern in Form eines kryptografischen Hashwerts. Kryptografische Hashwerte wie MD5, SHA1, SHA256 oder SHA512 sind sogenannte Einwegfunktionen. Das bedeutet, dass zu einem String, wie beispielsweise einem Kennwort, mit einer kryptografischen Hashfunktion ein eindeutiger Hashwert berechnet werden kann. Im Umkehrschluss ist es nicht möglich, aus einem gegebenen Hashwert das Kennwort zurückzurechnen.

Mac OS nutzt diese Eigenheit und speichert Kennwörter nicht im Klartext, sondern als Hashwert ab. Wird bei der Anmeldung eines Nutzers ein Kennwort eingegeben, berechnet Mac OS dessen Hashwert und gleicht ihn mit dem gespeicherten Hashwert ab. Stimmen beide überein, ist die Eingabe valide und der Nutzerkontext wird geladen. Damit eine Berechnung des Hashwerts erschwert wird, arbeitet Mac OS zusätzlich mit Salt-Werten. Diese zufällig generierten Werte nutzt Mac OS zusätzlich zur Berechnung des Hashwerts eines Kennworts.

Mac OS hat die Komplexität der Nutzerkennwörter im Laufe der Versionen stark erhöht. Unter Mac-OS-X-Version 10.6 wird das Nutzerkennwort in einer mit einer GUID bezeichneten Datei */private/var/db/shadow/hash/<GUID>.state* abgespeichert. In der Datei *<GUID>.state* liegt das Kennwort als SHA1-Hashwert mit Salt vor und hat eine Länge von 48 Bytes. In Mac-OS-X-Version 10.7 wurde der Hashalgorithmus zu SHA512 verbessert und der Pfad zur Kennwortdatei geändert. Das Nutzerkennwort liegt jetzt in der Plist-Datei */private/var/db/dslocal/nodes/Default/ users/<USERNAME>.plist* und ist nur mit Root-Rechten über das Terminal erreichbar. Die Datei mit dem Kennwort ist nach dem Namen des Nutzers benannt. Innerhalb der Plist-Datei liegt das Kennwort unter dem Schlüssel `ShadowHashDataKey`. Die ersten vier Bytes des Schlüsselwerts sind das Salt, der restliche Wert der Hashwert des Kennworts.

Unter Mac OS X 10.8 wurde der Schutz des Kennworts erneut verbessert. Die in dieser Version durchgeführten Verbesserungen sind bis zur aktuellen Version macOS Sierra gültig. Als Hashwert wird das Verfahren SHA512 PBKDF2 angewandt. PBKDF2 verlangsamt insbesondere Brute-Force-Angriffe auf den Hashwert des Kennworts enorm. Seit 10.8 sind derartige Angriffe daher deutlich zeitintensiver als zuvor. Das Nutzerkennwort liegt unverändert in einer nach dem Nutzer benannten Plist-Datei unter folgendem Speicherort: */private/var/db/dslocal/nodes/Default/users/<USERNAME>.plist*.

Um zur Datei navigieren zu können, sind Root-Rechte erforderlich. Innerhalb der Plist-Datei sind der Hashwert, Salt, Entropie- und Iteration-Werte unter dem Schlüssel *ShadowHashDataKey* zu finden. Dort liegen sie in Form einer weiteren eingebetteten Plist-Datei vor. Zur Analyse kann die eingebettete Plist-Datei kopiert, in einen Hexadezimaleditor (Hex Fiend/0XED) eingefügt und als neue Plist-Datei abgespeichert werden.

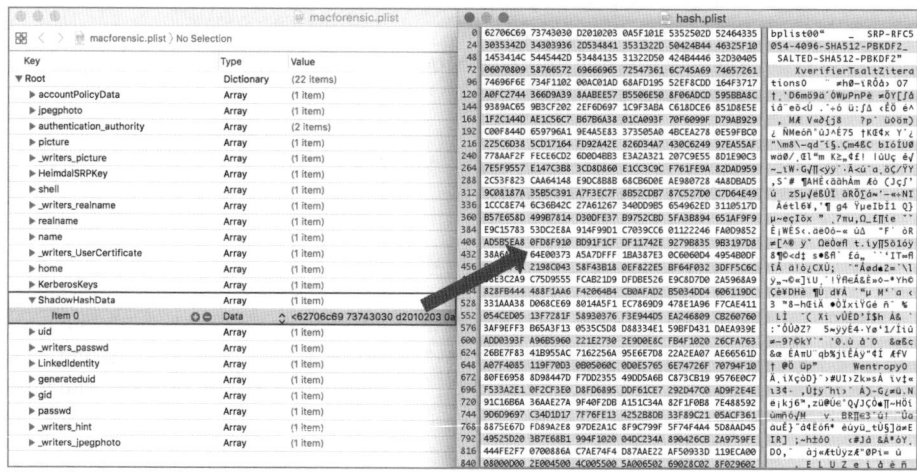

Bild 7.1: Datei */private/var/db/dslocal/ nodes/Default/users/<USERNAME>.plist* mit eingebetteter Plist-Datei

Key	Type	Value
▼ Root	Dictionary	(2 items)
▼ SRP-RFC5054-4096-SHA512-PBKDF2	Dictionary	(3 items)
verifier	Data	<ac01ad68 afd19552 ef8cdd16 4f3717a0 fc274436 6d9a398a abee57b5 506e508f 06a
salt	Data	<26cfa763 26be7f83 41b955ac 7162256a 95e6e7d8 22a2ea07 ae66561d a07f4085>
iterations	Number	40.816
▼ SALTED-SHA512-PBKDF2	Dictionary	(3 items)
entropy	Data	<fe69588d 98447df7 dd235549 dd5a6bc8 73cb1995 76e0c7f5 33a2e10f 2cf3e0d8 fd6
salt	Data	<04dc234a 890426cb 2a9759fe 444fe2f7 0700886a c7ae74f4 d87aae22 af50933d>
iterations	Number	40.650

Bild 7.2: Ansicht der eingebetteten Plist-Datei mit Xcode

Der Hashwert und das Salt des Nutzerkennworts können mit den in der folgenden Tabelle gezeigten Tools angegriffen werden. Die Erfolgsquote ist stark abhängig von der gewählten Komplexität des Kennworts. Allgemein sollte zunächst ein Angriff mit Wörterbüchern bzw. Varianten und Permutationen von Wörtern stattfinden, bevor ein reines Brute-Force, also ein Ausprobieren aller möglichen Kombinationen von Ziffern, durchgeführt wird. Und auch dabei sollten zuerst einfache Varianten (Buchstaben, Zahlen) versucht werden, bevor komplexere Sonderzeichen etc. mit aufgenommen werden.

Im Allgemeinen gilt, je komplexer die Suche nach einem Kennwort sein soll, desto länger ist die Rechenzeit. Einige Tools unterstützten bestimmte GPU-Prozessoren (Nvidia GeForce GTX und AMD Radeon Chips) zur Berechnung von Kennwörtern, damit lässt sich der Berechnungsfaktor im Vergleich zu einer reinen Berechnung über die CPU um ein Vielfaches beschleunigen. Beispielsweise beschleunigt bereits eine handelsübliche Nvidia-Grafikkarte (z. B. Nvidia GeForce GTX 1080) die Berechnungsgeschwindigkeit um den Faktor 20 bis 40.

Tool	Art
Dave Grohl	Freeware
John the Ripper	Freeware
Hashcat	Freeware
Passware Forensic Toolkit	Kommerziell

Cracking-Tools für Nutzerkennwörter

In den folgenden beiden Übungen lernen Sie, den Hashwert des Mac-OS-Nutzerpassworts anzugreifen, mit dem Ziel, das Klartext-Passwort zu ermitteln. Zur Durchführung der Übungen benötigen Sie die beiden Dateien *macforensic.plist* und *wordlist_user.txt* aus dem Downloadbereich des Buchs. Sie finden beide Dateien im Verzeichnis */Cracking/ Nutzerpasswort/*.

7.1.1 Cracking des Nutzerpassworts mit Dave Grohl

Laden Sie sich das Programm Dave Grohl in Ihren Übungs-Account *MacOS*. Dave Grohl liegt aktuell in einer überarbeiteten Version 3 vor, die allerdings noch nicht als Stable-Version released wurde und noch nicht alle Funktionalitäten unterstützt, so dass wir für die Übung auf die ältere Version 2.1 zurückgreifen. Falls Sie die neueste Version ausprobieren möchten, können Sie sie über das Git Repository *https://github.com/octomagon/ davegrohl.git* beziehen.

Nutzen Sie Github, um die Version 2.1 des Tools zu beziehen und für Ihr System zu kompilieren. Zur Durchführung der nächsten Schritte müssen Sie Xcode in Ihrem Übungs-Account installiert haben. Öffnen Sie zur Installation von Dave Grohl das Terminal und geben Sie die folgenden Befehle ein:

```
$ cd ~
$ git clone https://github.com/octomagon/davegrohl-old.git
$ cd davegrohl-old/
$ make
```

Kopieren Sie anschließend die Datei *wordlist_User.txt* in das Verzeichnis *~/davegrohl/wordlists*. Mit Dave Grohl können Sie jetzt einen Brute-Force-Angriff auf das Nutzerpasswort unter Benutzung eines Wörterbuchs ausführen (Parameter -d = Dictionary Attack).

```
$ cd ~/davegrohl-old
$ ./dave -d -p /Pfad_zur_Datei/macforensic.plist
```

Das Programm gibt Ihnen nach kurzer Zeit das Passwort im Klartet aus. Besitzen Sie keine Wörterbücher mit möglichen Passwörtern, können Sie auch einen Brute-Force-Angriff ausführen, der sämtliche Kombinationen durchprobiert. Ohne weitere Angaben zu einem bestimmten Zeichensatz, der als Grundlage für einen Angriff gewählt werden soll, geht Dave Grohl von einem Passwort von 0 bis 16 Zeichen aus und wählt als Zeichen alle Zahlen und Kleinbuchstaben. Die Parameter -c oder -C lassen bei Bedarf die Definition von nutzerdefinierten Zeichen oder ganzen Zeichensätzen zu.

Der folgende Befehl führt einen Brute-Force-Angriff mit den Standardeinstellungen für Zeichen aus. Als Parameter werden die Mindestlänge des Passworts -m mit vier Zeichen und die maximale Länge -M mit fünf Zeichen übergeben. Weiterhin ist bekannt, dass die Buchstaben p und l im Passwort enthalten sind (-c pl).

```
$ ./dave -i -c pl -m 4 -M 5 -p /Pfad_zur_Datei/macforensic .plist
```

7.1.2   Cracking des Nutzerpassworts mit Hashcat

Das Programm *Hashcat* ist eine frei verfügbare Passwort-Cracking-Software, die eine Vielzahl von Hash-Varianten angreifen kann. Hashcat ist für die Betriebssysteme Mac OS, Windows und Linux verfügbar und unterstützt ein CPU- oder GPU-basiertes Cracking. Beziehen Sie die aktuellste Hashcat-Version von Github und installieren Sie das Programm in Ihrem Übungs-Account *MacOS*, indem Sie die folgenden Befehle im Terminal Ihres Übungs-Accounts ausführen.

```
$ cd ~
$ git clone https://github.com/hashcat/hashcat.git
$ mkdir -p cd hashcat deps/OpenCL-Headers
$ git clone https://github.com/KhronosGroup/OpenCL-Headers deps/
OpenCL-Headers/CL
$ make
```

Hashcat kann nach erfolgreicher Kompilierung über das Terminal ausgeführt werden. Beispielsweise zeigt der Parameter --version die aktuell installierte Hashcat-Version an.

```
$ cd ~/hashcat
$ ./hashcat --version
```

Mit dem Parameter --help können umfangreiche Informationen zur Syntax von Hashcat ermittelt werden. Hashcat ist in der Lage, unterschiedliche Hash-Verfahren anzugreifen. Für Mac OS werden folgende Verfahren unterstützt:

```
● ● ●                                    hashcat — -bash — 116×30
macoss-Mac:~/hashcat$ hashcat —help |egrep "OSX"
    122 | OSX v10.4, OSX v10.5, OSX v10.6           | Operating-Systems
   1722 | OSX v10.7                                 | Operating-Systems
   7100 | OSX v10.8, OSX v10.9, OSX v10.10          | Operating-Systems
macoss-Mac:~/hashcat$ ▉
```

Die Hash-Modi können mit dem Parameter -m ausgewählt werden, beispielsweise -m 7100 für Hashwerte der Nutzerpasswörter von Mac OS X >= 10.8.

Mögliche Angriffsarten können mit dem Parameter -a definiert werden. Ein Wörterbuch-Angriff wird mit -a0 definiert, eine Brute-Force-Attacke durch Ausprobieren von bestimmten Zeichen wird mit -a3 ausgewählt.

Hashcat besitzt implementierte Zeichensätze, die zur Durchführung eines Angriffs ausgewählt werden können.

Syntax	Zeichensatz
?l	abcdefghijklmnopqrstuvwxyz
?u	ABCDEFGHIJKLMNOPQRSTUVWXYZ
?d	0123456789
?s	«space»!"#$%&'()*+,-./:;<=>?@[\]^_`{|}~
?a	?l?u?d?s
?b	0x00 - 0xff

Dem Programm Hashcat kann nicht, wie zuvor mit Dave Grohl, einfach die Plist-Datei mit dem Hashwert des Nutzerpassworts übergeben werden. Hashcat ist hier etwas komplizierter in der Handhabung, denn es erwartet die direkte Übergabe des Hashwerts. Dieser kann direkt beim Programmaufruf an Hashcat übergeben werden. Eleganter ist es, den Hashwert in der korrekten Form in einer Textdatei zu speichern und diese beim Start von Hashcat aufzurufen. Damit Hashcat den Hashwert verarbeiten kann, muss er in folgendem Format vorliegen:

```
$ml$<Iterations>$<Salt>$<Entropy>
```

Um den Hashwert des Nutzerpassworts für Hashcat zu extrahieren, öffnen Sie zunächst die Übungsdatei *macforensic.plist* mit dem Xcode-Plist-Viewer in Ihrem Übungs-Account *MacOS*.

```
$ open /Pfad_zur_Datei/macforensic.plist
```

Kopieren Sie danach den Wert des Schlüssels ShadowHashData und fügen Sie ihn in einen Hexadezimaleditor (Hex Fiend/0xED) ein. Speichern Sie den eingefügten Schlüsselwert als Datei auf dem Desktop Ihres Übungs-Accounts unter dem Dateinamen *hash.plist* ab.

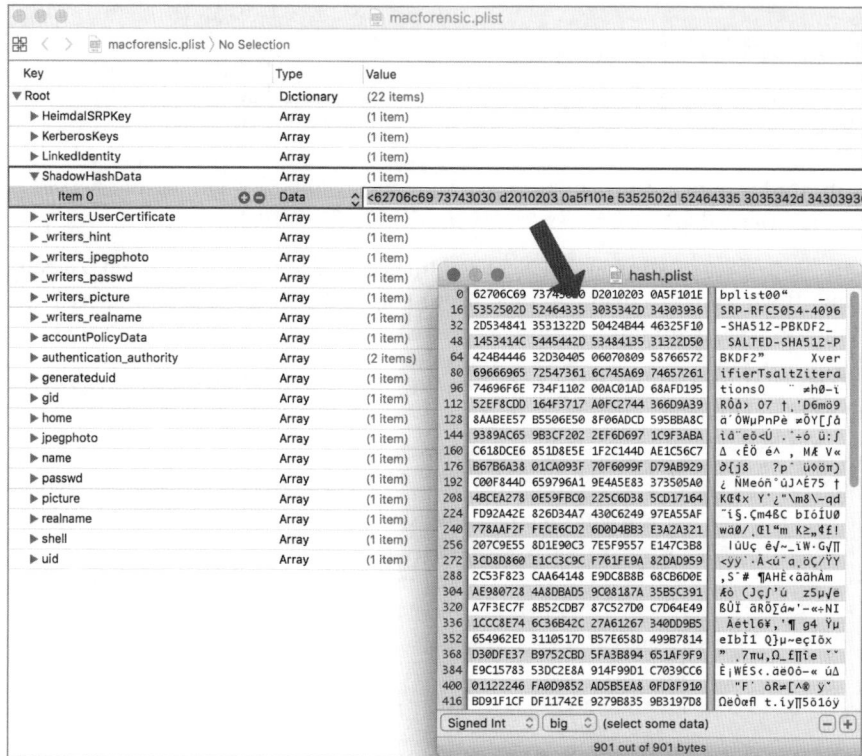

Öffnen Sie im Anschluss die neu gespeicherte Datei *hash.plist*.

```
$ open ~/Desktop/hash.plist
```

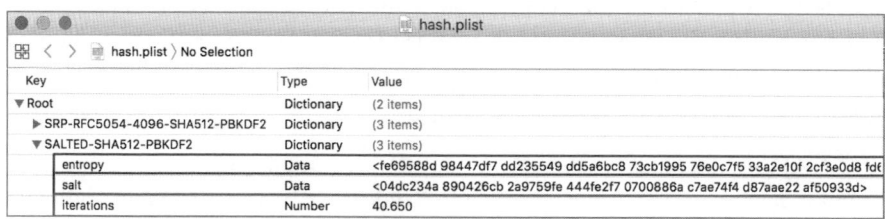

Erstellen Sie im Terminal mit dem Befehl nano eine neue Textdatei *hash.txt*, in der Sie die Hashwerte in einem für Hashcat verständlichen Format abspeichern.

```
$ nano ~/Desktop/hash.txt
```

Lassen Sie die von nano editierte Datei im Terminal geöffnet, kopieren Sie die Hashwerte aus der Datei *hash.plist* und fügen Sie sie in korrekter Reihenfolge in den Texteditor ein.

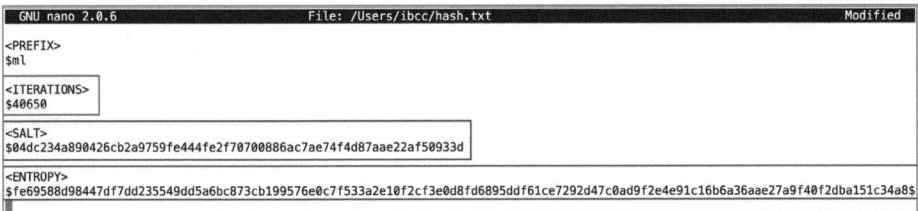

Schreiben Sie die Hashwerte gemäß dem Muster ml<Iterations>$<Salt>$<Entropy> hintereinander.

```
GNU nano 2.0.6                    File: /Users/ibcc/hash.txt                    Modified
$ml$40650$04dc234a890426cb2a9759fe444fe2f70700886ac7ae74f4d87aae22af50933d$fe69588d98447df7dd235549dd5a6bc873cb199576e0c7f533a2e$
```

Speichern Sie die Datei mit [ctrl]+[O] und verlassen Sie den Texteditor nano mit [ctrl]+[X]. Sie haben jetzt alle Vorbereitungen abgeschlossen, um mit Hashcat einen Angriff auf den von Ihnen extrahierten Hashwert durchführen zu können. Probieren Sie zuerst einen Wörterbuch-Angriff aus. Benutzen Sie hierzu erneut die Übungsdateien *macforensic.plist* und *wordlist_user.txt*.

```
$ ./hashcat -m 7100 -a0 /Users/MacOS/hash.txt /Pfad_zur_Datei/wordlist_user.
txt
```

Hashcat kann das Nutzerkennwort in kurzer Zeit cracken und das Klartext-Kennwort ausgeben. Das Programm speichert ermittelte Klartext-Kennwörter zu Hashwerten in einem sogenannten »Potfile«. Falls Sie den gleichen Hashwert erneut angreifen sollten, er aber bereits gecrackt wurde, zeigt Hashcat eine entsprechende Meldung an und führt den Angriff nicht weiter durch. Um in Folge einen Brute-Force-Angriff mit Hashcat auszuprobieren, deaktivieren Sie das Potfile mit dem Parameter --potfile disable.

Hashcat ermöglicht es, komplexe Muster zur Durchführung von Brute-Force-Angriffen zu definieren. Eine umfangreiche Dokumentation zur Maskierung und Definition von Suchmustern ist auf der Webseite *https://hashcat.net/wiki* beschrieben.

Eine einfache Möglichkeit ist es, die in Hashcat implementierten Zeichensätze zu nutzen, um beispielsweise den Brute-Force-Angriff auf ein fünfstelliges Kennwort, das aus Kleinbuchstaben besteht, einzugrenzen.

```
$ ./hashcat -m 7100 -a3 /Users/ibcc/hash.txt ?l?l?l?l?l --potfile-disable
```

Über die Zuweisung eigener Zeichensätze lässt sich eine feinere Eingrenzung umsetzen. Mit dem Parameter -1 (alternativ -2, -3) kann ein eigener Zeichensatz definiert werden, der die Kleinbuchstaben e, l, p und a enthält. Bei der Definition des Suchmusters wird dann auf den eigenen Zeichensatz verwiesen. Das folgende Suchmuster grenzt den Angriff damit auf ein fünfstelliges Kennwort ein, das die Buchstaben aus dem eigenen Zeichensatz enthalten darf.

```
$ ./hashcat -m 7100 -a3 /Users/ibcc/hash.txt -1 elpa ?1?1?1?1?1
--potfile-disable
```

In einen eigenen Zeichensatz können auch vorgefertigte Zeichensätze integriert werden, was u. a. bei kombinativen Ausdrücken wie -1 ?dabcd (Zahlen und Buchstaben a-d) sinnvoll sein kann. Sind Buchstaben innerhalb des Kennworts bekannt, können sie im Suchmuster aufgeführt werden. Im folgenden Beispiel besteht der eigene Zeichensatz -1 aus Kleinbuchstaben. Im Suchmuster für das Kennwort sind die Buchstaben ppl bekannt, das erste und das letzte Zeichen sind unbekannt.

```
$ ./hashcat -m 7100 -a3 /Users/ibcc/hash.txt -1 ?l ?1ppl?1 --potfile-disable
```

Führen Sie die Brute-Force-Angriffe in Ihrem Übungs-Account durch. Sie werden feststellen: Je genauer das Suchmuster definiert werden kann, desto schneller kann das Kennwort gecrackt werden.

7.2 FileVault 2 – Full Disk Encryption

Seit Mac OS X 10.7 kann das gesamte System Volume mit der Verschlüsselungstechnologie FileVault 2 abgesichert werden. FileVault 2 löst damit das zuvor von Apple eingesetzte ältere FileVault ab, das lediglich eine Verschlüsselung des Nutzerverzeichnisses ermöglicht.

Das ältere FileVault gilt als nicht sicher. Dadurch, dass lediglich das Nutzerverzeichnis verschlüsselt wird, sind weite Teile des Dateisystems frei zugänglich. Neben einer Vielzahl von Informationen und digitalen Spuren, die auch ohne Vorhandensein des Nutzerverzeichnisses analysiert werden können, ist die Kennwortdatei des Nutzers, die den Hashwert des Kennworts enthält, frei zugänglich - /private/var/db/shadow/hash/ <GUID>. state. Ebenfalls frei zugänglich ist die Schlüsselbund-Datei (Keychain), die das Master-Kennwort (falls aktiviert) zum Zurücksetzen des FileVault-Kennworts enthält – /Library/Keychains/FileVaultMaster.keychain. Beide Dateien können mit den in diesem Kapitel vorgestellten Tools wie Hashcat oder John the Ripper überwunden werden, was die FileVault-Technologie aushebelt. Die folgende Tabelle zeigt eine Gegenüberstellung der beiden Verschlüsselungstechnologien.

FileVault (legacy)	FileVault 2
Verschlüsselung im laufenden Betrieb	Verschlüsselung im laufenden Betrieb
Mac OS X 10.3 bis 10.6	Ab Mac OS X 10.7
Verschlüsselt das Nutzerverzeichnis	Verschlüsselt den gesamten Datenträger
Unter Mac OS X 10.4 als Image-Datei	Eine zusätzliche Recovery-Partition wird auf dem Datenträger erstellt.
Unter Mac OS X 10.5 und 10.6 als Sparsebundle	Ein Wiederherstellungsschlüssel kann lokal oder in der iCloud gespeichert werden.
Das Nutzerpasswort wird als FileVault-Kennwort eingesetzt.	Das Nutzerpasswort wird als FileVault-2-Kennwort eingesetzt.
Das Master-Passwort ermöglicht einen Reset des Kennworts.	Das Master-Passwort ermöglicht einen Reset des Kennworts.
AES (CB Mode)	AES 128 (XTS-AESW Mode)

FileVault 2 erhöht die Sicherheit des Systems im Vergleich beträchtlich und verhindert ein Cracking von Kennwörtern durch die komplette Verschlüsselung des System Volume (Full Disk Encryption). FileVault 2 benötigt zur Verwaltung des verschlüsselten Datenträgers eine weitere Abstrahierungsschicht, den logischen Laufwerksmanager Core Storage. Core Storage fungiert als Schicht zwischen dem verschlüsselten Dateisystem (HFS+) und dem Betriebssystem und ermöglicht das Einbinden eines verschlüsselten Volumes. Der Laufwerksmanager Core Storage hat neben der Verwaltung von FileVault 2 weitere Funktionalitäten wie die Verwaltung von Fusion-Drive-Volumes oder von Volume-übergreifenden Raids.

Das Problem einer Vollverschlüsselung wie FileVault 2 ist, dass die Bootumgebung EFI nicht mehr wie bisher auf das System Volume zugreifen kann, um den EFI-Bootcode (boot.efi) zu laden und das System hochzufahren. Es muss ein Mechanismus installiert werden, der bereits früher einen Bootcode implementiert, zumindest bis das Nutzerpasswort erhalten wurde, um die FileVault-2-verschlüsselte Partition auch für EFI zu öffnen. FileVault 2 erzeugt daher bei der Einrichtung der Verschlüsselungstechnologie automatisch eine Recovery-Partition, die unverschlüsselt zugänglich ist.

Auf dieser Partition ist EFI-Bootcode enthalten, der die verschlüsselte FileVault-2-Partition ansprechen kann und in der Lage ist, das System bis zur Eingabe des FileVault-2-Kennworts hochzufahren. Auf der Recovery-Partition befindet sich weiterhin die AES-XTS-verschlüsselte Datei *EncryptedRoot.plist.wipekey* im Verzeichnis */com.apple.boot.P/ System/Library/Caches/com.apple.corestorage/*. Die Datei wird genutzt, um gemeinsam mit dem vom Nutzer eingegebenen Kennwort den Volume Master Key des FileVault-2-Volumes zu berechnen. Mit dem Volume Master Key kann das verschlüsselte Volume dann entschlüsselt werden. Zur Aushandlung des Schlüssels wird das Verfahren PBKDF2 benutzt, das Brute-Force-Angriffe massiv verlangsamt.

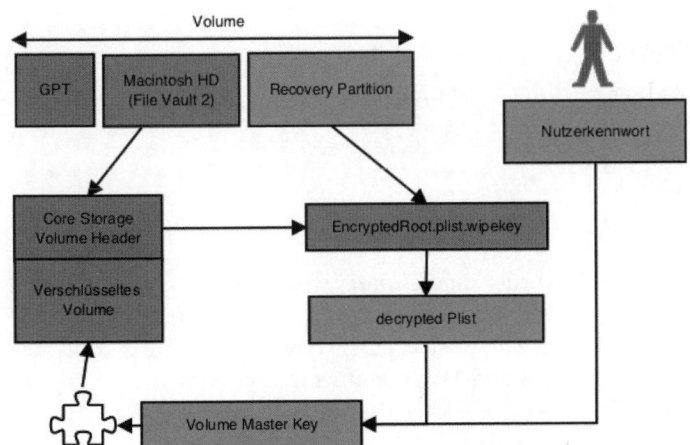

Bild 7.3: Vereinfachte Darstellung des FileVault-2-Mechanismus

Das Schaubild zeigt den Mechanismus der FileVault-2-Technologie. In laufenden Mac-OS-Betriebssystemen kann der Volume Master Key aus dem RAM-Speicher extrahiert werden – z. B. mit dem Programm Passware Forensic Toolkit. Aus diesem Grund ist eine Sicherung des RAM-Speichers bei FileVault-2-verschlüsselten Mac-Computern eine äußerst zielführende Maßnahme.

Bis zur Mac-OS-X-Version 10.7.2 war ein DMA-Angriff (Direct Memory Access) über die Firewire-Schnittstelle möglich, um den Volume Master Key aus dem RAM-Speicher zu extrahieren. Tools wie Paladin Inception oder Passware sind in der Lage, einen entsprechenden Angriff durchzuführen. Neue Mac-OS-X-Versionen verhindern jedoch einen DMA-Zugriff über Firewire. Betrachtet man das Schaubild zum FileVault-2-Mechanismus näher, wird eine Schwäche der Technologie deutlich. Über die unverschlüsselte Recovery-Partition ist es ohne Weiteres möglich, die Datei *EncryptedRoot.plist.wipekey* zu extrahieren. Diese ist zwar verschlüsselt, kann aber mit Informationen aus dem Core-Storage-Volume-Header entschlüsselt werden.

Der Core Storage Volume Header ist wiederum nicht besonders geschützt. Die entschlüsselte Plist-Datei kann im Anschluss verwendet werden, um den Volume Master Key mit einem Brute-Force-Angriff zu berechnen. Das Nutzerkennwort vieler Anwender ist meist nicht sonderlich komplex, so dass die Chancen für einen erfolgreichen Brute-Force-Angriff durchaus gegeben sind. Letztlich ist es eine Frage der Komplexität des gewählten Nutzerkennwortes und der zur Verfügung stehenden Rechenleistung, ob FileVault 2 zu überwinden ist. Es ist daher zumindest diskussionswürdig, ob die Technologie heute noch als besonders sicher angesehen werden kann. Gespannt sein darf man auf die von Apple vorgesehene Implementierung einer Verschlüsselungstechnologie direkt auf der Ebene des Dateisystems, die mit der Einführung des Apple File System umgesetzt wird und dann sehr wahrscheinlich FileVault 2 ersetzen wird.

Auf ein FileVault-2-verschlüsseltes Volume kann folgendermaßen zugegriffen werden:

• Nutzerkennwort / FileVault-2-Kennwort

Mit dem Nutzerkennwort kann das Volume entschlüsselt und mit Core Storage in das System eingebunden werden. Verschlüsselte Volumes sind mit dem Terminalkommando

```
$ diskutil cs list
```

abrufbar.

FileVault-2-verschlüsselte Images können mit dem Kommando

```
$ hdiutil attach -readonly -nomount -stdinpass [FV2-Image]
```

in Mac OS eingebunden werden.

• Master-Passwort

Falls ein Master-Passwort gewählt wurde, kann es dazu genutzt werden, das FileVault-2-Passwort zurückzusetzen. Das Master-Passwort wird in der Datei */Library/Keychains/FileVaultMaster.keychain* gespeichert. Diese ist ebenfalls passwortgeschützt. Falls das Passwort bekannt ist und die Schlüsselbund-Datei geöffnet werden kann, ist es möglich, ein FileVault-2-Volume unter Nutzung des Master-Passworts zu entsperren.

```
$ security unlock-keychain FileVaultMaster.keychain
$ diskutil corestorage unlockvolume <uuid> -recoverychain FileVaultMaster.keychain
```

- Wiederherstellungsschlüssel/Recovery Key

Ein Wiederherstellungsschlüssel zum FileVault-2-Volume kann bei der erstmaligen Erstellung des Volumes entweder lokal oder in iCloud gespeichert werden. Ist der Wiederherstellungsschlüssel bekannt, kann das FileVault-2-Volume entsperrt werden.

```
$ diskutil corestorage unlockvolume <uuid> -passphrase <Recovery Key>
```

Wurde der Wiederherstellungsschlüssel in der iCloud gespeichert, kann das FileVault-2-Volume auch über iCloud entsperrt werden. Hierzu sind die iCloud-Login-Daten erforderlich.

7.2.1 FileVault2-Cracking mit JtR – EncryptedRoot.plist.wipekey

In der nächsten Übung führen Sie einen Angriff auf eine verschlüsselte *EncryptedRoot.plist.wipekey* eines FileVault-2-verschlüsselten Volumes durch. Ziel ist es, die FileVault-2-Verschlüsselung zu überwinden und das entsprechende Kennwort zu ermitteln. Im Anschluss wird der Angriff auf ein komplettes Volume aufgezeigt. Sie können diesen Angriff gerne an Ihrem eigenen FileVault-2-verschlüsselten Mac ausprobieren. Ansonsten können Sie die bereits extrahierten Dateien zur Übung nutzen.

Um die Übung erfolgreich durchführen zu können, benötigen Sie die Übungsdateien *EncryptedRoot.plist.wipekey* und *CS_Sektor(409640).raw* aus dem Downloadbereich des Buchs (*/Cracking/FileVault 2/*). Beide Dateien wurden aus einem Übungsimage eines FileVault-2-verschlüsselten Volumes extrahiert. Bei der Datei *CS_Sektor(409640).raw* handelt es sich um den Core-Storage-Volume-Header des Volumes. Bitte kopieren Sie beide Dateien in Ihren Übungs-Account *MacOS*.

Bevor Sie mit der Übung beginnen, installieren Sie das kostenfreie Programm *John the Ripper*, indem Sie das Git Repository auf Ihren Übungs-Account klonen. John the Ripper ist ein weit verbreiteter und äußerst leistungsfähiger Passwort-Cracker, der unter anderem Mac-spezifische Hashwerte wie FileVault 2, Disk Images und Schlüsselbund-Dateien (Keychains) cracken kann.

```
$ brew install openssl
$ export LDFLAGGS=-1/usr/local/opt/openssl/lib
$ export CPPFLAGS=-1/usr/local/opt/openssl/include
```

Führen Sie zur Installation von *John the Ripper* die folgenden Kommandos im Terminal aus:

```
$ git clone https://github.com/magnumripper/JohnTheRipper
```

```
$ cd JohntheRipper/src
./configure && make
$ cd ./run
$ ./john --test
```

Installieren Sie anschließend ebenfalls über Git die Toolsammlung *fvde2john*. Die Toolsammlung ermöglicht die Analyse von FileVault-2-Images, die Extraktion von FileVault-2-Hashwerten und die Analyse von *EncryptedRoot.plist.wipekey*-Dateien. Wird *fvde2john* unter Linux installiert, ist es möglich, FileVault-2-Images auch ohne Core Storage in Linux einzubinden.

Voraussetzung für die erfolgreiche Installation von John the Ripper und *fvde2john* ist die Installation von openssl.

```
$ cd ~
$ git clone https://github.com/kholia/fvde2john
$ ./configure --prefix=/usr --enable-python --with-pyprefix
$ python setup.py build
$ sudo python setup.py install
$ make
$ make install DESTDIR=$PWD/tmp
```

Zum Entschlüsseln der Datei *EncryptedRoot.plist.wipekey* benötigen Sie den AES-XTS-Schlüssel, der sich im Core-Storage-Volume-Header befindet. Die folgende Tabelle zeigt den allgemeinen Aufbau eines Core-Storage-Volume-Headers.

Offset (Byte)	Länge (Bytes)	Bedeutung
0	8	CRC32 Checksum
8	40	Versionsnummer
48	8	Sektorgröße des Volumes
64	8	Gesamtgröße des Volumes in Bytes
88	2	Signatur »CS«
168	4	Schlüssellänge
172	4	Signatur des kryptographischen Algorithmus
176	16	AES-XTS-Schlüssel der Datei EncryptedRoot.plist. wipekey
304	16	Physical-Volume-uuid
320	16	Logical-Volume-Group-uuid

Den Core-Storage-Volume-Header einer Image-Datei können Sie unter anderem mit dem Sleuth-Kit-Befehl `mmls` ermitteln. Die nächste Abbildung zeigt die Partitionierungs-struktur des Übungsimages. Das Volume ist FileVault-2-verschlüsselt. In Sektor `409640` beginnt das verschlüsselte FileVault-2-Volume. Im gleichen Sektor ist auch der Core-Storage-Volume-Header zu finden, den Sie in extrahierter Form mit der Datei *CS_Sektor(409640).raw* vorliegen haben.

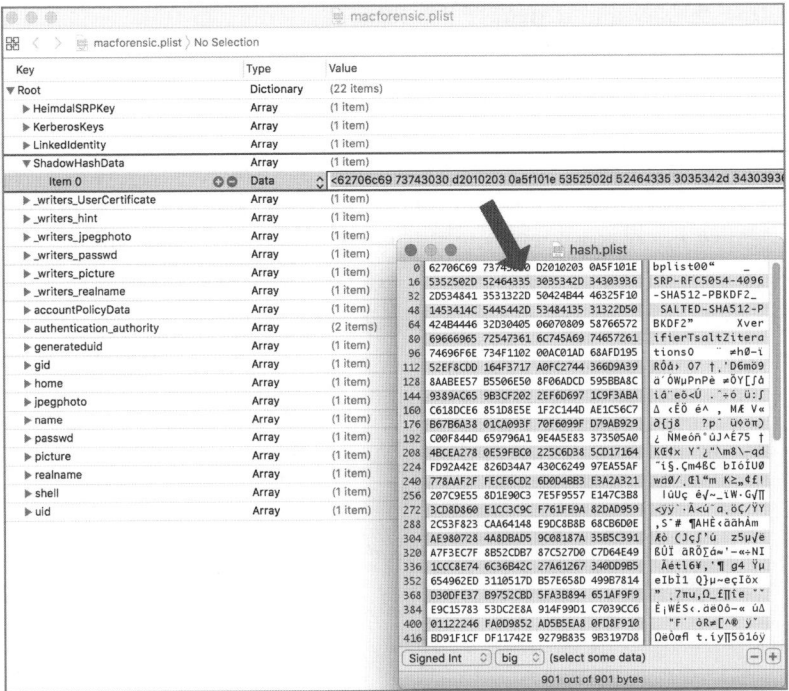

Bild 7.4: Partitionslayout des Übungs-Images.

Öffnen Sie die Datei *CS_Sektor(409640).raw* mit einem Hexadezimaleditor (Hex Fiend/ 0xED) und identifizieren Sie den AES-XRS-Schlüssel zur Plist-Datei ab dem Byte 176. Der Schlüssel ist in Big-Endian gespeichert, so dass Sie keine Änderung der Byte-Reihenfolge vornehmen müssen.

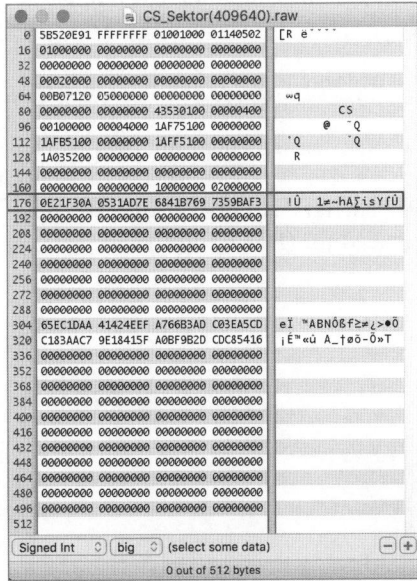

Bild 7.5: Die im Hexadezimaleditor geöffnete Datei *CS_Sektor(409640).raw*.

Kopieren Sie den Schlüssel und führen Sie die folgenden Terminalbefehle aus, um die Datei *EncryptedRoot.plist.wipekey* zu entschlüsseln.

```
$ cd ~/fvde2john/fvdetools/
$ ./fvdewipekey /Pfad_zur_Datei/EncryptedRoot.plist.wipekey
0E21F30A0531AD7E6841B7697359BAF3
```

Sie bekommen die entschlüsselte Version der Plist-Datei auf dem Desktop angezeigt. Führen Sie folgenden Befehl aus, um die Ausgabe in eine Datei weiterzuleiten.

```
$ ./fvdewipekey /Pfad_zur_Datei/EncryptedRoot.plist.wipekey
0E21F30A0531AD7E6841B7697359BAF3 > ~/Desktop/decrypted.text
```

Öffnen Sie die Datei *decrypted.text* in einem Texteditor. Die entschlüsselte Plist-Datei liegt im XML-Format vor. Entfernen Sie die ersten drei Zeilen bis zum Beginn des Headers der Plist-Datei (`<?xml`) und speichern Sie die Datei neu ab. Benennen Sie die Datei anschließend in *decrypted.plist* um und öffnen Sie sie mit dem Xcode-Plist-Viewer.

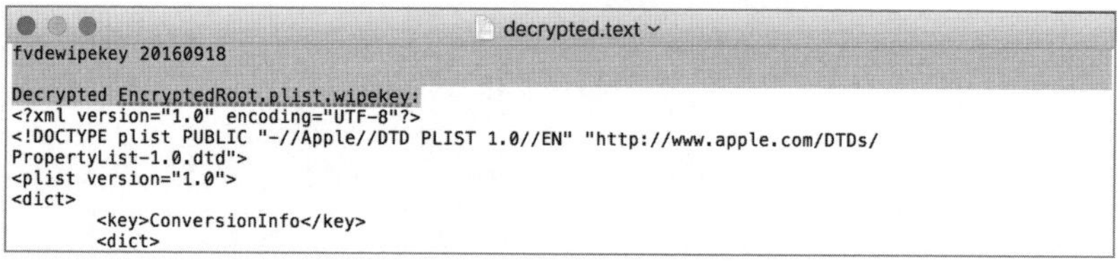

Bild 7.6: Die m Texteditor geöffnete Datei *decrypted.text*.

Die Plist-Datei *EncryptedRoot.plist.wipekey* hat die folgende allgemeine Struktur:

Schlüssel	Inhalt
PassphraseWrappedKEKStruct(1)	284 Bytes: Struktur des Recovery-Passworts
PassphraseWrappedKEKStruct(2)	284 Bytes: Struktur des Nutzerkennworts
KEKWrappedVolumeKeyStruct(1)	Nicht belegt
KEKWrappedVolumeKeyStruct(2)	Enthält den verpackten Volume Master Key

Identifizieren Sie unter dem Schlüsselwertwert `CryptoUsers` das Item mit dem Nutzernamen `macforensic`. Suchen Sie dort nach dem Schlüssel `PassphraseWrappedKEKStruct`. Er enthält die notwendigen Informationen zum Angriff auf das Nutzerkennwort. Kopieren Sie den Inhalt der Struktur in einen Hexadezimaleditor (Hex Fiend/0xED).

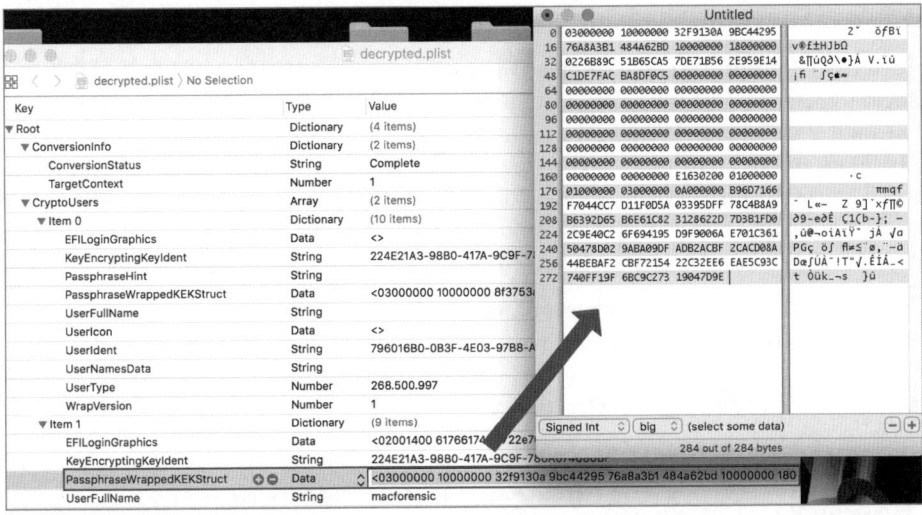

Bild 7.7: Suche nach dem Schlüssel `PassphraseWrappedKEKStruct`.

Suchen Sie dort nach den Bytes mit Offset 8 bis 24 (`String_1`) und 32 bis 56 (`String_2`). Erstellen Sie eine neue Textdatei *hash.txt* auf Ihrem Desktop und kopieren Sie die ermittelten Strings nach dem folgenden Muster in die Datei.

```
$fvde$1$16$String_1$String_2
```

Erstellen Sie einen zusammenhängenden String und speichern Sie die Textdatei.

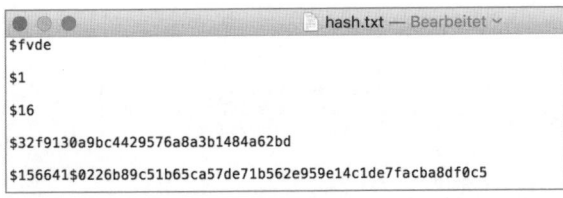

Bild 7.8: Der zusammenhängende String.

Sie haben jetzt die Voraussetzungen, um mit John the Ripper einen Angriff auf das Nutzerpasswort durchzuführen. Nutzen Sie das Wörterbuch *fv2.txt* aus dem Downloadbereich des Buchs, um einen Wörterbuch-Angriff durchzuführen.

```
$ cd ~/JohntheRipper/run
$ ./john /Users/MacOS/Desktop/hash.txt --wordlist=/Pfad_zur_Datei/fv2.txt
```

Nach kurzer Zeit berechnet John das FileVault-2-Kennwort. Sie haben damit die FileVault-2-Verschlüsselung erfolgreich überwunden.

7.2.2   FileVault2-Cracking mit JtR – Image-Datei

Auch das FileVault-2-Kennwort einer Image-Datei eines verschlüsselten Volumes kann überwunden werden. Sie können diese Übung ausprobieren, indem Sie Ihr Mac-OS-FileVault-2 verschlüsseln und im Anschluss von Ihrem System Volume ein forensisches Abbild erzeugen. Das Erstellen von forensischen Abbildern haben Sie bereits im Kapitel »Forensische Analyse von Mac OS / Post-Mortem-Analyse« im Unterkapitel »Forensische Abbilder von Datenträgern« kennengelernt. Die Übung geht beispielhaft anhand eines macOS-Sierra-Übungsimages *exercise_02_FV2.E01* im EWF-Format vor.

Zunächst wird das Übungsimage mit `xmount` in eine DMG-Datei umgewandelt und anschließend mit `hdiutil attach -nomount` als Blockdevice in das System eingebunden.

```
●  ● ●                        ☂ ibcc — sh — 89×24
macoss-Mac:~$ sudo su
sh-3.2# mkdir /Volumes/recovery
sh-3.2# mkdir /Volumes/dmg
sh-3.2# xmount --in ewf --out dmg --cache /tmp/1 /Users/ibcc/Desktop/exercise_02_FV2.E01
 /Volumes/dmg/
sh-3.2# hdiutil attach -nomount /Volumes/dmg/exercise_02_FV2.dmg
/dev/disk2               GUID_partition_scheme
/dev/disk2s1            EFI
/dev/disk2s2            Apple_CoreStorage
/dev/disk2s3            Apple_Boot
sh-3.2# []
```

Bild 7.9: dmg-Datei als Blockdevice einbinden.

Das Einbinden als Blockdevice funktioniert auch ohne Eingabe des FileVault-2-Passworts. `diskutil list` zeigt das Core-Storage-Volume als gesperrt (locked) an.

```
/dev/disk2 (disk image):
   #:                       TYPE NAME                    SIZE       IDENTIFIER
   0:      GUID_partition_scheme                         +62.7 GB   disk2
   1:                        EFI EFI                      209.7 MB   disk2s1
   2:          Apple_CoreStorage MacHD                    22.0 GB    disk2s2
   3:                 Apple_Boot Recovery HD              650.0 MB   disk2s3
Offline
                                 Logical Volume MacHD on disk2s2
                                 936DCC57-972E-4E82-997C-A4DB551E6BEB
                                 Locked Encrypted
macoss-Mac:~$ ▮
```

Bild 7.10: Einbinden als Blockdevice.

Das Core-Storage-Volume wird unter */dev/disk2s2* erkannt, die Recovery-Partition unter */dev/disk2s3*. Mit dem Befehl `hdiutil partition` können die Offsets zu den Partitionen ermittelt werden.

```
● ● ●                        ⌂ ibcc — sh — 89×24
sh-3.2# hdiutil partition /dev/disk2
scheme:     GUID
block size: 512
_ ## Type_____ Name_____ Start___ Size____
+    MBR                    Protective Master Boo      0        1
+    Primary GPT Header     GPT Header                 1        1
+    Primary GPT Table      GPT Partition Data         2       32
+    Apple_Free                                        34        6
   1 C12A7328-F81F-11D2-BA  EFI System Partition      40   409600
   2 53746F72-6167-11AA-AA  MacHD                 409640 43006168
   3 426F6F74-0000-11AA-AA  Recovery HD          43415808  1269536
+    Apple_Free                                  44685344 77859139
+    Backup GPT Table       GPT Partition Data  122544483       32
+    Backup GPT Header      GPT Header          122544515        1

+ synthesized
sh-3.2# ▮
```

Bild 7.11: Core-Storage-Volume erkennen.

Das Core-Storage-Volume mit dem Namen *MacHD* beginnt mit Offset 409640 (Block). Bei einer Blockgröße von 512 Bytes beträgt der Offset in Bytes 409640 * 512. Nun sind alle notwendigen Informationen vorhanden, um mit dem Befehl `fvdeinfo` aus der Toolsammlung `fvde2john` die zum Cracking notwendigen Strukturen extrahieren zu können. Das Programm `fvdeinfo` benötigt die folgenden Parameter:

-e = Pfad zur die exportierten *EncryptedRoot.plist.wipekey*-Datei

-o = Offset zum Core-Storage-Volume-Header in Bytes

-p = Kennwort, hier ohne korrekte Angabe, da unbekannt (Dummy)

```
$ cd ~/fvde2john/fvdetools/
$ ./fvdeinfo -e ~/Desktop/EncryptedRoot.plist.wipekey -o $((409640*512))
-p Dummy ~/Volumes/dmg/exercise_02_FV2.dmg
```

```
● ● ●                      ▦ fvdetools — -bash — 89×24
macoss-Mac:~/fvde2john/fvdetools$ ./fvdeinfo -e ~/Desktop/EncryptedRoot.plist.wipekey -o
$((409640*512)) -p Dummy /Volumes/dmg/exercise_02_FV2.dmg
fvdeinfo 20160918

$fvde$1$16$8f3753a93aedaf657e782762ec9a34f1$79468$6cbd8fa4e7fe70b5d4fb2c6dbd2c3e7ba3653a5
520601420
$fvde$1$16$32f9130a9bc4429576a8a3b1484a62bd$156641$0226b89c51b65ca57de71b562e959e14c1de7f
acba8df0c5
```

Bild 7.12: Mit `fvdeinfo` extrahierte Hash-Werte.

Die Ausgabe von `fvdeinfo` zeigt die zum Cracken mit John the Ripper benötigte Hash-Struktur an. Vergleichen Sie die Ausgabe mit der Struktur der Plist-Datei `EncryptedRoot.plist.wipekey`. Sie werden bemerken, dass der zweite Wert die geparste Struktur `PassphraseWrappedKEKStruct(2)` des Nutzers `macforensic` beinhaltet und damit zum Cracken des Nutzerkennworts eingesetzt werden kann.

Die zweite Hash-Struktur wird in eine neue Textdatei *hash2.txt* kopiert und auf dem Desktop gespeichert. Anschließend erfolgt ein Wörterbuch-Angriff auf das FileVault-2-Kennwort mit `john`. John the Ripper speichert Ergebnisse bereits durchgeführter Crack-Vorgänge in der Datei *john.pot*. Um den Angriff erneut durchführen zu können, muss die Datei vor dem Angriff gelöscht werden.

```
$ cd ~/JohntheRipper/run
$ rm john.pot
$ ./john /Users/ibcc/Desktop/hash2.txt -wordlist=/Users/ibcc/Desktop/fv2.txt
```

```
●  ●  ●                              run — -bash — 92×20
macoss-Mac:~$ cd ~/JohnTheRipper/run/
macoss-Mac:~/JohnTheRipper/run$ rm john.pot
macoss-Mac:~/JohnTheRipper/run$ ./john /Users/ibcc/Desktop/hash2.txt --wordlist=/Users/ibcc/
Desktop/fv2.txt
Warning: detected hash type "FVDE", but the string is also recognized as "FVDE-opencl"
Use the "--format=FVDE-opencl" option to force loading these as that type instead
Using default input encoding: UTF-8
Loaded 1 password hash (FVDE, FileVault 2 [PBKDF2-SHA256 AES 256/256 AVX2 8x])
Press 'q' or Ctrl-C to abort, almost any other key for status
apple             (?)
1g 0:00:00:01 DONE (2017-04-13 18:25) 0.5714g/s 54.85p/s 54.85c/s 54.85C/s appla..appee
Use the "--show" option to display all of the cracked passwords reliably
Session completed
macoss-Mac:~/JohnTheRipper/run$ ▊
```

Bild 7.13: Erfolgreicher Brute-Force-Angriff auf ein FileVault 2-Kennwort mit `john`

7.3 Mac-OS-Keychains cracken

Schlüsselbund-Dateien enthalten unter Mac OS diverse geschützte Inhalte, unter anderem Passwörter. Keychain-Dateien sind verschlüsselt und dadurch besonders vor unbefugtem Zugriff geschützt. Erste Hinweise erhalten Sie durch das Terminalkommando `strings`, angewandt auf den jeweiligen Schlüsselbund. Allerdings zeigt der Befehl `strings` keine verschlüsselten Inhalte an, sondern ermöglicht lediglich die Extraktion von Zeichenketten wie Namen oder E-Mail-Adressen.

Rückschlüsse können damit lediglich in Bezug auf den Inhalt einer Schlüsselbund-Datei getroffen werden. Um verschlüsselte Inhalte aus Keychain-Dateien zu erhalten, müssen diese mit dem passenden Passwort entsperrt und dann gesichert werden. Ist das Passwort unbekannt, sind Programme wie John the Ripper oder crowbarKC (bis Mac OS X 10.11) in der Lage, einen Brute-Force- oder Wörterbuch-Angriff auf die Schlüsselbund-Datei auszuführen.

Die Sicherung einer Schlüsselbund-Datei am laufenden System kann durch folgende Terminalkommandos erfolgen:

```
$ security unlock-keychain -p <password> <Keychain-Datei>
$ security dump-keychain -d <Keychain-Datei>
```

7.3.1 Angriff auf den Nutzerschlüsselbund mit JtR

Die folgende Übung zeigt den Angriff auf die Schlüsselbund-Datei ~/*Library/Keychains/ login.keychain.* Sie enthält das Kennwort des Nutzers.

Kopieren Sie zur Durchführung der Übung die Dateien *login.keychain* und *wordlist_ keychain.txt* aus dem Downloadbereich des Buchs (Verzeichnis *Cracking/Keychain/*) in Ihren Übungs-Account *MacOS.*

Führen Sie anschließend einen Wörterbuch-Angriff mit john durch. Um den Angriff erfolgreich ausführen zu können, müssen Sie das Python-Tool *keychain2john.py* einsetzen, um die Hash-Struktur zur Keychain-Datei zu extrahieren. Die Hash-Struktur kann dann von john verarbeitet and angegriffen werden.

```
$ cd ~/JohntheRipper/run
$ python keychain2john.py /Pfad_zur_Datei/login.keychain > ~/Desktop/
login_keychain.txt
$ ./john --wordlist=/Pfad_zur_Datei/wordlist_keychain.txt ~/Desktop/
login_keychain.txt
```

John the Ripper gibt nach kurzer Zeit das Klartext-Passwort der Keychain-Datei aus. Überprüfen Sie, ob das Passwort korrekt ist, und entsperren Sie die Schlüsselbund-Datei mit dem Kommando:

```
$ security unlock-keychain -p <password> /Pfad_zur_Datei/login.keychain
$ security dump-keychain -d /Pfad_zur_Datei/login.keychain
```

7.4 Verschlüsselte Disk Images

Mac-OS-Disk-Images können entweder im DMG-Format, als Sparseimage- oder als Sparsebundle-Dateien vorliegen. Alle Disk-Image-Formate können 128-Bit- oder 256-Bit-AES-verschlüsselt werden.

Bild 7.14: Verschlüsselungsoptionen von Disk Images im Festplattendienstprogramm

Um die Inhalte von verschlüsselten Disk Images lesbar machen zu können, ist das Kennwort erforderlich. Ist das Kennwort unbekannt, können verschlüsselte Disk Images mit den Programmen John the Ripper oder crowbarDMG (bis Mac OS X 10.11) angegriffen werden.

7.4.1 Angriff auf eine verschlüsselte DMG-Datei mit JtR

Für die Übung benötigen Sie die DMG-Datei *Protected.dmg* und das Wörterbuch *word-list_dmg.txt* aus dem Downloadbereich des Buchs (Verzeichnis */Cracking/DMG/*).

Führen Sie einen Wörterbuch-Angriff mit `john` durch. Extrahieren Sie zuvor mit dem Tool `dmg2john` die Hash-Struktur der zu crackenden DMG-Datei.

```
$ cd ~/JohntheRipper/run
$ ./dmg2john /Pfad_zur_Datei/Protected.dmg > ~/Desktop/protected.txt
$ ./john -wordlist= /Pfad_zur_Datei/wordlist_dmg.txt ~/Desktop/protected.txt
```

Nach erfolgreicher Durchführung des Angriffs können Sie das Klartext-Passwort auf dem Bildschirm ablesen.

7.4.2 Angriff auf eine verschlüsselte Sparsebundle-Datei mit JtR

Außer DMG-Disk-Images kann John the Ripper auch Sparsebundle-Dateien angreifen. Das Vorgehen erfolgt analog zum Angriff auf eine DMG-Datei. Zur Berechnung der Hash-Struktur wird ebenfalls das Tool *dmg2john* eingesetzt. Nutzen Sie zur Durchführung der Übung die Dateien *FileVault2.sparseimage* und *wordlist_sparseimage.txt* aus dem Downloadbereich des Buchs (Verzeichnis */Cracking/Sparseimage*).

```
$ cd ~/JohntheRipper/run
$ ./dmg2john /Pfad_zur_Datei/FileVault2.sparseimage > ~/Desktop/fv2_sparse.
txt
$ ./john --wordlist=/Pfad_zur_Datei/wordlist_sparseimage.txt ~/Desktop/
fv2_sparse.txt
```

Lesen Sie im Anschluss das von john gecrackte Klartext-Passwort in der Terminalausgabe ab.

7.5 Übung: Analyse und Cracking – Teil 1

In der Übung haben Sie die Möglichkeit, ein für Sie vorbereitetes kriminalistisches Szenario zu bearbeiten. Sie haben die Aufgabe, digitale Spuren zu identifizieren, zu analysieren und dem Szenario entsprechend zu bewerten. Zur Durchführung der Übung erhalten Sie aufgrund der Dateigröße kein vollständiges forensisches Abbild eines Mac-Computers, sondern eine DMG-Datei mit ausgewählten digitalen Spuren. Um die Übung beginnen zu können, kopieren Sie die Datei *Analyse_exercise.sparseimage* aus dem Downloadbereich des Buchs in Ihren Übungs-Account *MacOS*.

7.5.1 Szenario

Im Rahmen von Ermittlungen wurde ein Server sichergestellt, über den der Online Shop »GermanGuns« für Waffen im TOR-Netzwerk betrieben wurde. Bei der Auswertung des sichergestellten Servers konnten zahlreiche Kundendaten gefunden werden. Einer der Kunden ist ein Peter Eggins. Er steht in Verdacht, Waffen über das Portal erworben zu haben. Die polizeilichen Ermittlungsbehörden haben an der vom Server bekannten Adresse eine Hausdurchsuchung durchgeführt. Dort konnte lediglich Eggins Freundin angetroffen werden. Sie gab an, dass Eggins nicht bei Ihr wohne, seine aktuelle Adresse mochte sie nicht nennen. Es konnten ein von Eggins genutztes MacBook und ein USB-Stick sichergestellt werden. Weitere Hinweise wurden nicht gefunden.

Der zuständige Staatsanwalt Lex Legis ist besonders computer affin und hat den sicher-gestellten USB-Stick (`USBMSC Identifier 0x90c 0x1000 0x1100`) bereits selbstständig analysiert. Er konnte dabei eine gespeicherte Bilddatei feststellen, die eine Handfeuer-waffe zeigte, außerdem ein PDF-Dokument einer Rechnung. Die beiden Dateien haben folgende Hashwerte:

- Bilddatei – `md5(65266a4b97b10242e256b98b904a3fa6)`

- PDF-Dokument – `md5(1e2ac4b6b2ada83e35d4bcdb1dcb45f0)`

IT-Spezialisten der Polizei haben von dem sichergestellten MacBook bereits ein forensi-sches Abbild erstellt. Aufgrund von akutem Personalmangel kann jedoch keine Analyse des MacBooks durchgeführt werden, so dass Staatsanwalt Legis Sie aufgrund Ihres guten Rufs und der Tatsache, dass Sie das Buch »Mac OS Hacking« gelesen haben, mit den wei-teren Ermittlungen beauftragt.

Analysieren Sie das DMG-Image des MacBooks und suchen Sie nach digitalen Spuren. Beantworten Sie die folgenden Fragestellungen des Staatsanwalts Lex Legis:

Können Sie die Wohnadresse des Peter Eggins identifizieren?

Können Sie eine Mobilfunknummer von Peter Eggins auffinden?

Finden Sie Anhaltspunkte zu einem Waffenkauf über den Online Shop »GermanGuns«?

Können Sie weitere Kontakte des Peter Eggins ermitteln?

Sind Programme zur Nutzung des TOR-Netzwerkes installiert bzw. wurden sie genutzt?

Können Sie Hinweise zu den beiden Dateien des USB-Sticks finden?

Finden Sie darüber hinaus weitere Ermittlungsansätze?

Beantworten Sie weitere technische Fragestellungen:

Welcher Nutzer war zuletzt im System eingewählt?

Digitale Spur: /Library/Preferences/com.apple.loginwindow.plist

Welche Betriebssystemversion ist installiert?

Digitale Spur: /System/Library/CoreServices/SystemVersion.plist

Wann wurde das Betriebssystem installiert?

Digitale Spuren: /private/var/db/.AppleSetupDone,

/private/var/db/.AppleInstallType.plist

Können Sie das Kennwort des Nutzer-Accounts »Peter Eggins« ermitteln?

Digitale Spur: /etc/kcpassword

7.5.2 Lösung: Szenario

Können Sie die Wohnadresse des Peter Eggins identifizieren?	
Quelle Adressbuch:	/Macintosh HD/Users/petereggins/Library/Application Support/ AddressBook/AddressBook-v22.abcddb
Tabellen:	ZABCDRECORD, ZABDPOSTALADDRESS
Lösung:	Im Geiger 60 70374 Stuttgart Deutschland

Können Sie eine Mobilfunknummer von Peter Eggins auffinden?	
Quelle Adressbuch:	/Macintosh HD/Users/petereggins/Library/Application Support/ AddressBook/AddressBook-v22.abcddb
Tabellen:	ZABCDRECORD, ZABDPHONENUMBER
Lösung:	0175 6963097

Finden Sie Anhaltspunkte zu einem Waffenkauf über den Online Shop »GermanGuns«?	
Quelle Mails:	Mail Bestellbestätigung: */Macintosh HD/Users/petereggins/Library/Library/Mail/ V4/7DCC5CF6-D20B-45AC-AFE7-7A46D79BD721/INBOX.mbox/ AF7262F1-4E5C-4FDC-9AB4-CCF8CCCFEA0C/Data/Messages/7. partial.emlx*
	Mail Rechnung: */Macintosh HD/Users/petereggins/Library/Library/Mail/ V4/7DCC5CF6-D20B-45AC-AFE7-7A46D79BD721/INBOX.mbox/ AF7262F1-4E5C-4FDC-9AB4-CCF8CCCFEA0C/Data/Messages/14. partial.emlx*
	Anhang Rechnung: */Macintosh HD/Users/petereggins/Library/Library/Mail/ V4/7DCC5CF6-D20B-45AC-AFE7-7A46D79BD721/INBOX. mbox/AF7262F1-4E5C-4FDC-9AB4-CCF8CCCFEA0C/Data/ Attachments/14/2/invoice_gg.pdf*
Quelle Tor-Browser:	*/Volumes/Macintosh\ HD/Users /petereggins/Library/ Application Support/TorBrowser-Data/Browser/zt6appfn.default/ places.sqlite* *Tabelle: moz_places, moz_bookmarks*
Lösung:	Peter Eggins erwarb eine Handfeuerwaffe Walther PPK und Munition im Wert von 840,00 € bei GermanGuns. Die Lieferung erfolgte an die DHL-Packstation 138. Die Webseite von GermanGuns (*https://3g2upl4pq6kufc4m.onion*) befindet sich im Tor-Netzwerk (Darknet) und ist als Bookmark im Tor-Browser vorhanden. Die Seite wurde zuletzt am 2017-04-18 06:28:43 UTC besucht.

Können Sie weitere Kontakte des Peter Eggins ermitteln?	
Quelle Adressbuch:	*/Macintosh HD/Users/petereggins/Library/Application Support/ AddressBook/AddressBook-v22.abcddb*
Tabellen:	`ZABCDRECORD`
Quelle Nachrichten:	*/Macintosh HD/Users/petereggins/Library/Messages/ chat.db*
Tabellen:	message, handle
Lösung:	Es befinden sich zwölf weitere Adressen im Adressbuch und zwei E-Mail-Adressen in der Nachrichten-App.

Sind Programme zur Nutzung des TOR-Netzwerks installiert bzw. wurden sie genutzt?	
Quelle Tor-Browser-App-Bundle:	*/Macintosh HD/Applications/ TorBrowser.app*
Lösung:	Es ist der Tor-Browser in Version 6.5.2 installiert (letzte Änderung der Bundle-Datei am 20.04.17, 13:38 Uhr).

Können Sie Hinweise zu den beiden Dateien des USB-Sticks finden?	
Quelle Schreibtisch:	*/Macintosh HD/Users/petereggins/Desktop/ usb_content. sparseimage*
Lösung:	Die Sparseimage-Datei *usb_content.sparseimage* ist verschlüsselt. Das Kennwort kann mit John the Ripper angegriffen werden. Im Verzeichnis *~/Dokumente/wordlists/* befinden sich zwei Wordlist-Dateien, die zur Durchführung eines Wörterbuch-Angriffs verwendet werden können.
	Mit dem Passwort (»unreal«) kann die Datei anschließend geöffnet werden. Sie beinhaltet die beiden gesuchten Dateien des USB-Sticks:
	`$ md5 walther.png`
	`MD5 (walther.png) = 65266a4b97b10242e256b98b904a3fa6`
	`$ md5 invoice_gg.pdf`
	`MD5 (invoice_gg.pdf) = 1e2ac4b6b2ada83e35d4bcdb1dcb45f0`

Finden Sie darüber hinaus weitere Ermittlungsansätze?	
Die Mail-App enthält zwei GPG-verschlüsselte E-Mails, die einen Drogenkauf von Peter Eggins dokumentieren.	
Quelle Mails:	*/Library/Mail/V4/7DCC5CF6-D20B-45AC-AFE7-7A46D79BD721/ INBOX.mbox/ AF7262F1-4E5C-4FDC-9AB4-CCF8CCCFEA0C/Data/ Messages/ 20.partital.emlx*
	/Library/Mail/V4/7DCC5CF6-D20B-45AC-AFE7-7A46D79BD721/ INBOX.mbox/ AF7262F1-4E5C-4FDC-9AB4-CCF8CCCFEA0C/Data/ Messages/ 24.partital.emlx

Finden Sie darüber hinaus weitere Ermittlungsansätze? (Forts.)
Aus den EMLX-Dateien kann der E-Mail-Header im Klartext ausgelesen werden. Unter anderem kann die Absenderadresse *razakowksi@gmx.de* in Erfahrung gebracht werden. Der E-Mail-Body ist GPG-verschlüsselt. Im Nutzerverzeichnis */Users/petereggins/Documents/GPG_Passphrase.rtf* befindet sich ein Dokument mit der GPG-Passphrase des geheimen GPG-Schlüssels von Peter Eggins. Dieser kann verwendet werden, um die GPG-verschlüsselten E-Mails zu entschlüsseln.

Installieren Sie hierzu zunächst GPG in Ihrem Übungs-Account *MacOS* (Quelle: *https://gpgtools.org*). Importieren Sie anschließend den geheimen Schlüssel des Peter Eggins in Ihren Übungs-Account.
 	
```$ cd /Volumes/Macintosh\ HD/Users/petereggins/.gnupg```
 	
```$ gpg --import secring.gpg```

Geben Sie anschließend die GPG-Passphrase des Peter Eggins ein. Sie sind jetzt in der Lage, die E-Mails mit dem privaten GPG-Schlüssel zu dekryptieren. Öffnen Sie hierzu die encrypted.asc-Dateien mit dem Terminalkommando ```gpg -d```.
 	
```$ gpg -d /Volumes/Macintosh\ HD/Users/petereggins/Library/ Mail/```
```V4/7DCC5CF6-D20B-45AC-AFE7-7A46D79BD721/INBOX.mbox/ AF7262F1-4E5C-4FDC-```
```9AB4-CCF8CCCFEA0C/Data/Attachments/ 20/2/encrypted.asc```
 	
```$ gpg -d /Volumes/Macintosh\ HD/Users/petereggins/Library/ Mail/```
```V4/7DCC5CF6-D20B-45AC-AFE7-7A46D79BD721/INBOX.mbox/ AF7262F1-4E5C-4FDC-```
```9AB4-CCF8CCCFEA0C/Data/Attachments/ 24/2/encrypted.asc```

Weitere Hinweise auf Drogengeschäfte sind in der History des Tor-Browsers sowie in der Nachrichten-App auffindbar.

Quelle Tor-Browser:	*/Volumes/Macintosh\ HD/Users /petereggins/Library/ Application Support/TorBrowser-Data/Browser/zt6appfn.default/places.sqlite*
Tabelle:	```moz_places```
Quelle Nachrichten:	*/Macintosh HD/Users/petereggins/Library/Messages/ chat.db*
Tabellen:	```message, handle```

Welcher Nutzer war zuletzt im System eingewählt?	
Quelle:	*/Library/Preferences/com.apple.loginwindow.plist*
Lösung:	petereggins

Welche Betriebssystemversion ist installiert?	
Quelle:	*/System/Library/CoreServices/SystemVersion.plist*
Lösung:	macOS Sierra 10.12.4

Wann wurde das Betriebssystem installiert?	
Quelle:	*/private/var/db/.AppleSetupDone, /private/var/db/.AppleInstallType.plist*
Lösung:	Start der Installation 16.04.2017; 21:34 Uhr
	Ende der Installation 16.04.2017, 23:18 Uhr

Können Sie das Kennwort des Nutzer-Accounts »XYZ« ermitteln?	
Quelle:	*/private/var/db/dslocal/nodes/Default/users, /etc/kcpassword*
Lösung:	Die Funktion Autologin ist aktiv. Das Python-Skript Decrypt_Autologin. py kann das Nutzerpasswort entschlüsseln (»wasabi«).

7.5.3 Fortsetzung des Szenarios

Nach Ihren Ermittlungen konnte Peter Eggins an seiner Wohnanschrift festgenommen werden. Bei seiner Vernehmung bestritt er, den Computer überhaupt benutzt zu haben. Nach seinen Aussagen habe er den Computer vor einigen Monaten seiner Freundin geschenkt und nicht weiter in Verwendung gehabt.

Hinweis
Zur Auswertung der Unified-Logging-Log-Dateien ersetzen Sie die Verzeichnisse *var/db/diagnostics und /var/db/uuidtext* Ihres Übungs-Accounts mit den Verzeichnissen des zu untersuchenden Computers. Sie können dann das Terminalkommando log zur Analyse verwenden – Sie überschreiben damit Ihre systemweiten Log-Dateien. Führen Sie die Übung daher nur durch, wenn Sie die Log-Dateien nicht benötigen oder zuvor gesichert haben.

Beantworten Sie die folgenden Fragen, indem Sie Log-Dateien analysieren:

• Können Sie nachweisen, dass der USB-Stick im MacBook eingebunden war?

• Wann war das MacBook zuletzt in Betrieb?

7.5.4 Lösung: Fortsetzung des Szenarios

Können Sie nachweisen, dass der USB-Stick im MacBook eingebunden war?	
Quelle:	Unified Logging (Verzeichnisse */var/db/diagnostics* und */var/db/uuidtext*)
Lösung:	Mit dem Kommando $ log show | grep "USBMSC" können Sie ausfindig machen, dass das USB-Medium mit USBMSC Identifier 0x90c 0x1000 0x1100 am 2017-04-20 14:29:50 UTC im System eingebunden war.

Wann war das MacBook zuletzt in Betrieb?	

Der Vergleich von Zeitstempeln diverser Log-Dateien zeigt, dass der Computer vom 16.04.2017 bis 21.04.2017 angeschaltet war und aktiv genutzt wurde.	Unified-Logging-Log-Dateien
	`/var/log/system.log`
	`/var/log/wifi.log`
	`/var/log/install`
	`/var/log/fsck_hfs.log`

8 Anwendungsanalyse unter Mac OS

Eines der interessantesten Themenfelder für IT-Forensiker ist die Analyse einer bestimmten Applikation. Nicht selten stellt sich im Rahmen einer solchen Untersuchung die Frage, was für Aktionen eine Applikation innerhalb des Betriebssystems oder Dateisystems eigentlich vornimmt und was für Veränderungen von der Applikation durchgeführt werden. Wo speichert die Applikation ihre Daten ab? Interagiert die Applikation mit weiteren Apps? Welche Dateien werden von einer Applikation im laufenden Betrieb geöffnet, geändert, neu erstellt oder gelöscht? Mit welchen IP-Adressen kommuniziert eine Applikation über das Internet? Insbesondere bei unbekannten oder neuen Applikationen kann eine Analyse zu wichtigen neuen Erkenntnissen führen.

8.1 Tools zur Anwendungsanalyse

Dieses Kapitel zeigt zunächst einige Programme, die zur Analyse einer Applikation eingesetzt werden können. Danach wird ein modellhaftes Vorgehen zur Analyse einer Applikation vorgestellt. Das Kapitel endet mit dem Beispiel einer ausführlichen Anwendungsanalyse der Nachrichten-App unter macOS Sierra. Die beschriebene Analyse wurde von meiner Frau Nina Brandt im Rahmen ihres Master-Studiums »Digitale Forensik« erstellt und mit ihrer Zustimmung in dieses Buch integriert.

8.1.1 Mac OS: Aktivitätsanzeige

Einen ersten Ansatz für die Analyse von Applikationen bietet das in Mac OS integrierte Programm Aktivitätsanzeige. Es kann über Spotlight (cmd + Leertaste) durch Eingabe des Begriffs *Aktivitätsanzeige* gestartet werden. Mit der Aktivitätsanzeige können Prozesse identifiziert und analysiert werden. In der grafischen Oberfläche des Programms lassen die fünf Kategorien CPU, Speicher, Energie, Festplatte und Netzwerk eine erste Filterung nach den genannten Kategorien zu. Im Suchfenster der App ist es möglich, gezielt nach einzelnen Prozessen zu suchen.

Über die Menüleiste und *Darstellung* können umfangreiche Darstellungsoptionen gewählt werden, unter anderem die Analyse eines Prozesses bzw. eine Interaktion mit diesem über POSIX-konforme Signale. Die Auswahloption *Prozessinformationen* lässt die Ausgabe weiterer detaillierter Informationen zu. Hier können beispielsweise die Speicherbelegung, statistische Informationen und vor allem vom Prozess geöffnete Dateien und Ports eingesehen werden.

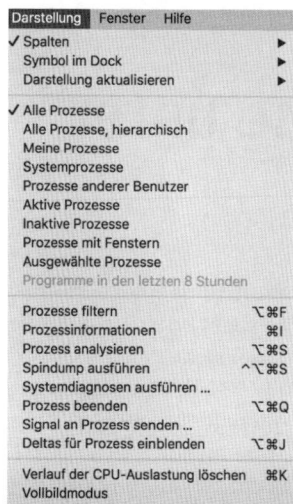

Darstellung Fenster Hilfe

✓ Spalten ▶
Symbol im Dock ▶
Darstellung aktualisieren ▶

✓ Alle Prozesse
Alle Prozesse, hierarchisch
Meine Prozesse
Systemprozesse
Prozesse anderer Benutzer
Aktive Prozesse
Inaktive Prozesse
Prozesse mit Fenstern
Ausgewählte Prozesse
Programme in den letzten 8 Stunden

Prozesse filtern ⌥⌘F
Prozessinformationen ⌘I
Prozess analysieren ⌥⌘S
Spindump ausführen ⌃⌥⌘S
Systemdiagnosen ausführen ...
Prozess beenden ⌥⌘Q
Signal an Prozess senden ...
Deltas für Prozess einblenden ⌥⌘J

Verlauf der CPU-Auslastung löschen ⌘K
Vollbildmodus

Bild 8.1: Darstellungsoptionen der Aktivitätsanzeige

Die folgende Abbildung zeigt den Prozess Safari mit der Process ID (PID) 715.

Aktivitätsanzeige (Alle Prozesse)							
Prozessname	Speicher ⌄	Komprimierter Speicher	Threads	Ports	PID	Benutzer	
kernel_task	895,8 MB	0 Byte	132	0	0	root	
WindowServer	213,0 MB	0 Byte	6	354	146	_windowserver	
Microsoft Word	212,3 MB	0 Byte	6	312	701	ibcc	
Dropbox	146,7 MB	0 Byte	84	390	321	ibcc	
Finder	125,7 MB	0 Byte	14	492	271	ibcc	
Safari	123,4 MB	0 Byte	10	339	715	ibcc	
icdd	72,6 MB	0 Byte	2	62	372	ibcc	
Aktivitätsanzeige	72,5 MB	0 Byte	6	272	679	ibcc	
Microsoft PowerPoint	71,9 MB	0 Byte	10	249	576	ibcc	
mds_stores	68,0 MB	0 Byte	6	78	178	root	
Dock	47,6 MB	0 Byte	3	323	267	ibcc	
Vorschau	43,9 MB	0 Byte	3	243	587	ibcc	
iconservicesagent	40,1 MB	0 Byte	2	73	313	ibcc	
Jabra Bria Integration	36,8 MB	0 Byte	8	155	377	ibcc	
Jabra Skype Integration	33,7 MB	0 Byte	3	140	373	ibcc	
Jabra Sametime Integration	33,6 MB	0 Byte	4	140	386	ibcc	
Jabra Avaya Integration	33,6 MB	0 Byte	4	147	387	ibcc	
sharingd	31,3 MB	0 Byte	6	188	279	ibcc	
mds	30,2 MB	0 Byte	7	313	69	root	
loginwindow	28,9 MB	0 Byte	2	442	106	ibcc	
Terminal	27,8 MB	0 Byte	6	235	539	ibcc	
Spotlight	25,0 MB	0 Byte	8	288	396	ibcc	
Dashboard	23,4 MB	0 Byte	7	200	699	ibcc	
CalendarAgent	22,3 MB	0 Byte	6	208	330	ibcc	
SystemUIServer	21,7 MB	0 Byte	8	359	269	ibcc	
cfprefsd	20,8 MB	0 Byte	4	336	258	ibcc	

SPEICHERDRUCK

Physischer Speicher:	16,00 GB	
Speicher (belegt):	4,47 GB	App-Speicher: 2,86 GB
Dateien im Cache:	3,95 GB	Reservierter Speicher: 1,61 GB
Verwendeter Swap:	0 Byte	Komprimiert: 0 Byte

Bild 8.2: Mac-OS-Aktivitätsanzeige

Unter den Informationen des Prozesses Safari kann beispielsweise ausfindig gemacht werden, dass Safari die SQLite-Datenbank */Users/ibcc/Library/Safari/ History.db* geöffnet hat. In dieser Datenbank speichert die Safari-App den Webverlauf ab.

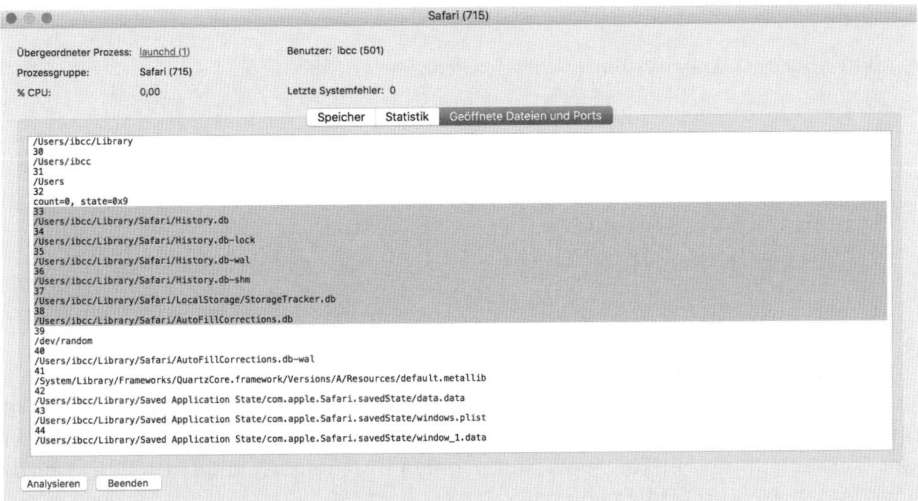

Bild 8.3: Prozessinformationen, geöffnete Dateien und Ports

8.1.2 List open Files: lsof

Das Unix-Kommando `lsof` zeigt die geöffneten Dateien von aktiven Prozessen im Terminal an. `lsof` ist auch unter Mac OS nativ verfügbar und kann zur Anwendungsanalyse eingesetzt werden.

```
macoss-Mac:~$ lsof |egrep "^Safari"|more
SafariClo 347 ibcc   cwd    DIR    1,4       1190      2 /
SafariClo 347 ibcc   txt    REG    1,4      18512 5776481 /usr/libexec/SafariCloudHistoryPushAgent
SafariClo 347 ibcc   txt    REG    1,4   25923072 5778173 /usr/share/icu/icudt57l.dat
SafariClo 347 ibcc   txt    REG    1,4     697712 5776154 /usr/lib/dyld
SafariClo 347 ibcc   txt    REG    1,4  662110208 6787722 /private/var/db/dyld/dyld_shared_cache_x86_64h
SafariClo 347 ibcc   0r     CHR    3,2        0t0    304 /dev/null
SafariClo 347 ibcc   1u     CHR    3,2        0t0    304 /dev/null
SafariClo 347 ibcc   2u     CHR    3,2        0t0    304 /dev/null
Safari    715 ibcc   cwd    DIR    1,4       1190      2 /
Safari    715 ibcc   txt    REG    1,4      20464 5779325 /Applications/Safari.app/Contents/MacOS/Safari
Safari    715 ibcc   txt    REG    1,4   25923072 5778173 /usr/share/icu/icudt57l.dat
Safari    715 ibcc   txt    REG    1,4    4078205 5721664 /System/Library/CoreServices/SystemAppearance.bundle/Contents/Re
sources/SystemAppearance.car
Safari    715 ibcc   txt    REG    1,4      32768 1795152 /Users/ibcc/Library/Caches/com.apple.Safari/Cache.db-shm
Safari    715 ibcc   txt    REG    1,4      32768 4761472 /Users/ibcc/Library/Safari/LocalStorage/StorageTracker.db-shm
Safari    715 ibcc   txt    REG    1,4      32768  673121 /Users/ibcc/Library/Safari/WebpageIcons.db-shm
```

Bild 8.4: Ausschnitt aus der `lsof`-Ausgabe mit `egrep`-Filter nach dem String `Safari`

8.1.3 Fs_usage

Das Terminalkommando `fs_usage` wertet von Systemaufrufen (Syscalls) ausgelöste Veränderungen am Dateisystem aus. Die Syntax von `fs_usage` lässt eine Eingrenzung nach Prozessnamen oder Prozess-Ids zu. Weiterhin kann mit dem Parameter `-f` nach bestimmten Kategorien gefiltert werden, beispielsweise nach Dateisystem-spezifischen Events – `-f filesys`. Der Parameter `-w` erlaubt eine detailliertere Ausgabe. Nähere Informationen zu den möglichen Parametern und deren Funktionalität kann über den Befehl `fs_usage` angezeigt werden.

Beispiele:

- Filterung nach Dateisystem-Events der Prozess-ID 1388
  ```
  $ sudo fs_usage -w -f filesys 1388
  ```

- Filterung nach Dateisystem-Events des Prozesses Calendar
  ```
  $ sudo fs_usage -w -f filesys Calendar
  ```

- Filterung nach Dateisystem-Events des Prozesses Mail
  ```
  $ fs_usage -w -f filesys Mail
  ```

8.1.4   Xcode: Instruments

Instruments ist eine in die Entwicklungsumgebung Xcode integrierte App zum Testen und Analysieren von Apps für Mac OS, iOS, watchOS und tvOS. Das Programm bietet eine Werkzeugsammlung von Tools (sogenannten Instruments) mit denen unterschiedliche Tests ausgeführt werden können.

Bild 8.5: Instruments-Werkzeugsammlung

Um Kernel- und Anwendungsaktivitäten zu dokumentieren, nutzt die Applikation die in Mac OS nativ integrierten DTrace-Analysetools. Das Werkzeug File Activity ermöglicht eine ausführliche Analyse von Dateisystem-spezifischen Aktivitäten einer Applikation. Nach dem Öffnen von File Activity kann die zu analysierende App über die Auswahlfenster im linken oberen Bereich ausgewählt werden. Neben Apps des lokalen Systems können auch Apps innerhalb des iOS- oder watchTV-Simulators analysiert werden.

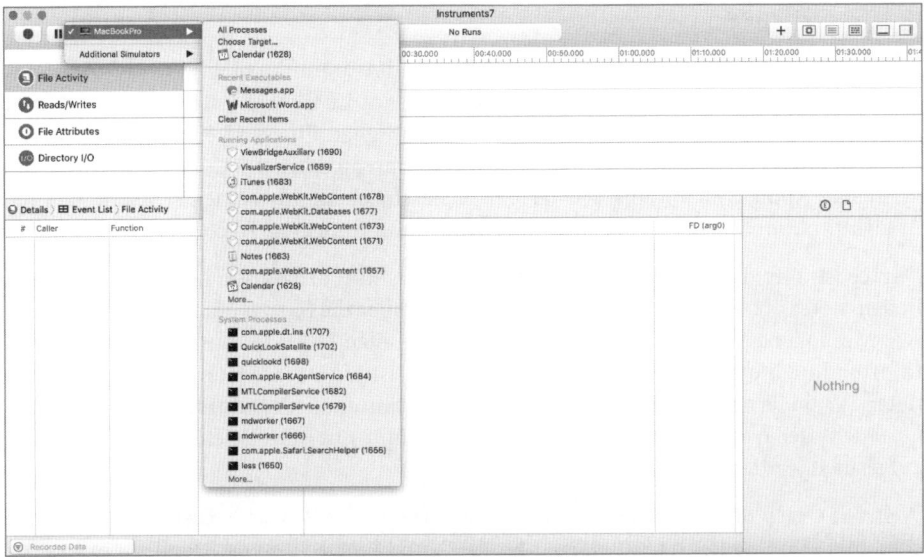

Bild 8.6: Auswahl des Analyseziels in File Activity

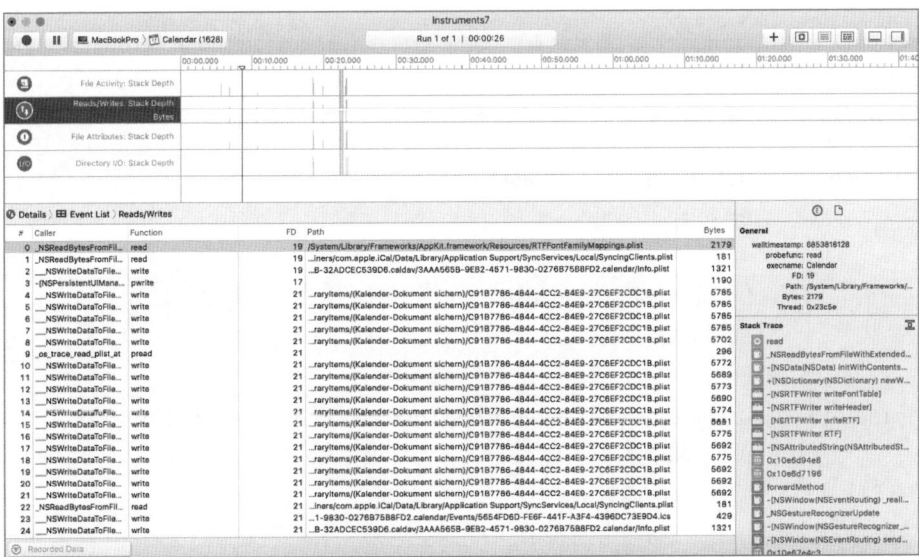

Bild 8.7: Mitschnitt der Aktivitäten der Kalender App

Nach Auswahl der App kann die Analyse mit den Steuerbuttons für Starten bzw. Stoppen gestartet oder beendet werden. File Activity wertet dann die im Zeitraum des Mitschnitts dokumentierten Aktionen der Applikation aus. Zu Instruments bietet Apple eine ausführliche Dokumentation unter der URL *https://developer.apple.com/library/content/documentation/DeveloperTools/Conceptual/InstrumentsUserGuide* an.

8.1.5   DTrace

DTrace ist ein mächtiges Werkzeug zur Kernel- und Anwendungsanalyse. Das ursprünglich von Oracle für Solaris entwickelte DTrace-Tool ist für Unix-Kernel portiert und damit auch für Linux- oder Mac-OS-Systeme verfügbar. Eine im Vergleich zur Solaris-Implementierung funktionseingeschränkte Version von DTrace ist nativ unter Mac OS verfügbar. Apple-Systemtools, wie das zuvor beschriebene Instruments, verwenden bei Analysefunktionalitäten des Kernels oder von Anwendungen DTrace als Grundlage.

DTrace ist über das Terminal erreichbar, Optionen zum Programm lassen sich mit dem Befehl `$ man dtrace` ausgeben. DTrace lässt sich über die Skriptsprache D automatisieren. Mit angepassten Skripten und nur wenigen Zeilen D-Code kann eine Vielzahl von Informationen erhalten werden. Darüber hinaus ist zu DTrace eine Vielzahl vorgefertigter Skripte erhältlich, die bestimmte Analysen automatisiert umsetzen können. Eine Übersicht der nach Mac OS portierten Skripte kann mit dem Befehl `$ man -k dtrace` aufgerufen werden.

Weitere DTrace-Skripte lassen sich beispielsweise von der Webseite zum Buch »DTrace – Dynamic Training in Oracle Solaris, Mac OS X and Free BSD« von Brendan Gregg oder von dem Github Repository von opendtrace *https://github.com/opendtrace/toolkit* herunterladen.

Für eine Anwendungsanalyse unter Mac OS können u. a. die folgenden DTrace-Skripte eingesetzt werden.

DTrace Skript	Funktion
rwsnoop	Dokumentiert Read/Write Events Beispiel: `$ sudo rwsnoop -n Calendar`
opensnoop	Dokumentiert geöffnete Dateien Beispiel: `$ sudo opensnoop -n Calendar`
maclife.d	Dokumentiert das Erstellen und Löschen von Dateien nach Prozessen Beispiel: `$ sudo maclife.d	grep Calendar`

8.1.6   FSmonitor

Das kommerzielle Programm FSmonitor protokolliert Dateisystemänderungen wie das Erstellen oder Löschen von Dateien, das Modifizieren von Dateiinhalten, das Umbenennen von Dateien oder das Ändern von Dateiattributen. FSmonitor ist unter macOS Sierra lauffähig und ermöglicht eine grafische Darstellung der erkannten Dateisystemänderungen.

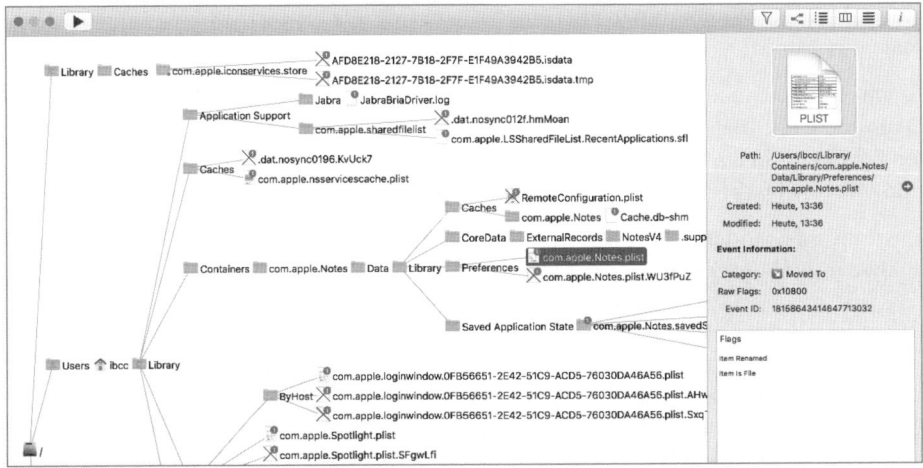

Bild 8.8: Grafische Darstellung von Dateisystemänderungen mit FSmonitor

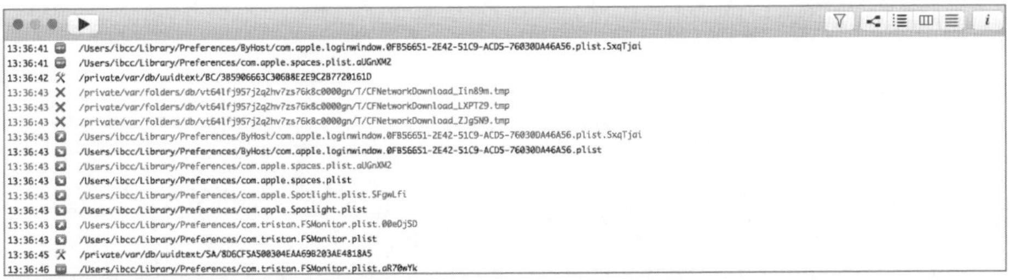

Bild 8.9: Listensicht von Dateisystemänderungen mit FSmonitor

Ein ähnliches Programm zur Analyse von Dateisystemänderungen ist das bis zur Mac-OS-X-Version 10.9 lauffähige Tool FSeventer. Analog zu FSmonitor kann es Änderungen am Dateisystem grafisch darstellen. FSeventer nutzt dabei die gleiche API zur Ermittlung von Änderungen wie die Indexierungstechnologie Spotlight. Das Tool wird aktuell allerdings nicht mehr weiterentwickelt.

8.1.7 DaemonFS

Ein kostenfreies Programm zur Analyse von Dateisystemveränderungen ist DaemonFS. Es ermöglicht die Überwachung von Dateien oder Verzeichnissen und dokumentiert entsprechende Änderungen.

8.2 Modell zur Analyse von Applikationen unter Mac OS

Natürlich ist es mit den zuvor vorgestellten Programmen zur Analyse von Anwendungen bereits möglich, an einem laufenden Mac-OS-System umfangreiche Informationen zu einer Applikation zu sammeln. Bei der forensischen Analyse einer Anwendung sind darüber hinaus allerdings einige weitere Anforderungen zu beachten, die idealerweise bei einer entsprechenden Analyse eingehalten werden sollten. Sinnvoll ist es, die Analyse an einem Mac-OS-System durchzuführen, das von sich aus möglichst wenige andere Aktionen durchführt.

Es empfiehlt sich daher, eine Basisinstallation von Mac OS als Grundsystem zu nutzen. Dann sollte die Analyse einer App mehrfach durchgeführt werden, um die dokumentierten Aktionen verifizieren zu können. Das Verfahren ermöglicht die Reproduzierbarkeit und Überprüfbarkeit der Analyse.

Das folgende Modell setzt die beschriebenen Voraussetzungen an eine Anwendungsanalyse unter Mac OS um.

Testumgebung
... virtualisiertes Mac OS ...

Statische Analyse
... Analyse des Installationsbundles ...

Laufzeitanalyse
... Analyse von Aktionen der Applikation ...

Netzwerkanalyse
... Netzwerkmitschnitt und Analyse ...

Als Testumgebung wird ein virtualisiertes Mac OS empfohlen. Dies hat den Vorteil der leichten Installation und der Nutzung von Snapshots zur wiederholten Ausführung von Aktionen einer Applikation. Zur Virtualisierung von Mac OS können Lösungen wie Parallels, VirtualBox oder VMware Fusion eingesetzt werden.

Die statische Analyse einer Applikation beinhaltet insbesondere die Analyse des Installationsbundles. Hier können in vielen Fällen bereits umfangreiche Informationen zur App, zu Ressourcen, Speicherpfaden und weiteren Metadaten wie Bundle Identifier und Dateinamen der ausführbaren Datei gewonnen werden.

Die anschließende Laufzeitanalyse der Applikation erfolgt in der virtuellen Mac-OS-Umgebung. Hierzu werden bestimmte Aktionen der Applikation wiederholt ausgeführt und beobachtet. An dieser Stelle kommen Tools zur Protokollierung von Dateisystemveränderungen wie DTrace u. a. zum Einsatz. Das Ziel der Laufzeitanalyse ist es, herauszufinden, wie sich eine Applikation bei der Durchführung einer bestimmten Aktion konkret verhält.

Die Netzwerkanalyse schließlich untersucht den ein- und ausgehenden Netzwerkverkehr einer Applikation. Hierzu ist es notwendig, den Netzwerkverkehr mitzuschneiden und anschließend zu analysieren.

8.3 Anwendungsanalyse der Nachrichten-App

Dieses Unterkapitel ist ein Beispiel für die forensische Analyse einer Applikation unter Mac OS. Gegenstand der forensischen Analyse ist die Applikation Nachrichten, die per Default bereits im Betriebssystem Mac OS enthalten ist.

8.3.1 Analyseumgebung

Zur Durchführung der Analyse wurde ein MacBook Pro mit neu installiertem macOS 10.12.2 verwendet. Das MacBook Pro diente als Host System für eine virtuelle Testumgebung. Zur Herstellung dieser virtuellen Testumgebung wurde das Programm Parallels Desktop (Version 11.2.2) eingesetzt.

8.3.2 Anwendungsanalyse der Nachrichten-App

Die Nachrichten-App ist eine für das Apple-Betriebssystem vorinstallierte Messaging-Software. Sie liegt derzeit unter macOS Sierra in der Version 10.0 vor. Die Nachrichten-App erlaubt das Versenden und Empfangen von Nachrichten sowohl über iMessage als auch weitere Messaging-Protokolle. Unterstützt werden beispielsweise AOL (AIM), Google Talk (Jabber) und Yahoo Chat. In einem lokalen Netzwerk können über den Bonjour-Dienst Chat lokale Partner gefunden und Konversationen geführt werden. Über die reine Messaging-Funktion hinaus können Nutzer der Nachrichten-App Dateien austauschen (Peer-to-Peer-File-Sharing) oder Bildschirminhalte freigeben.

Funktionsbeschreibung

Seit macOS Sierra unterstützt die Nachrichten-App zudem sogenannte Tapbacks oder Kurzantworten. Tapbacks können einer Nachricht hinzugefügt werden. Sie kennzeichnen die Nachricht mit einer Reaktion, beispielsweise dass dem Nutzer die Nachricht gefällt oder er sie amüsant findet. Ebenfalls neu seit macOS Sierra sind die Möglichkeiten, Videos direkt in der Nachrichten-App abzuspielen sowie große Emoticons zu nutzen. Besitzer von iPhones haben außerdem die Möglichkeit, mit der Nachrichten-App SMS-Nachrichten über das synchronisierte Gerät zu versenden.

Die Nachrichten-App hat eine übersichtliche Oberfläche. Auf der linken Seite werden die jeweiligen Konversationen mit den entsprechenden Chat-Partnern aufgelistet. Die rechte Seite beinhaltet die eigentlichen Chats einer Konversation sowie die Eingabemaske für Nachrichten.

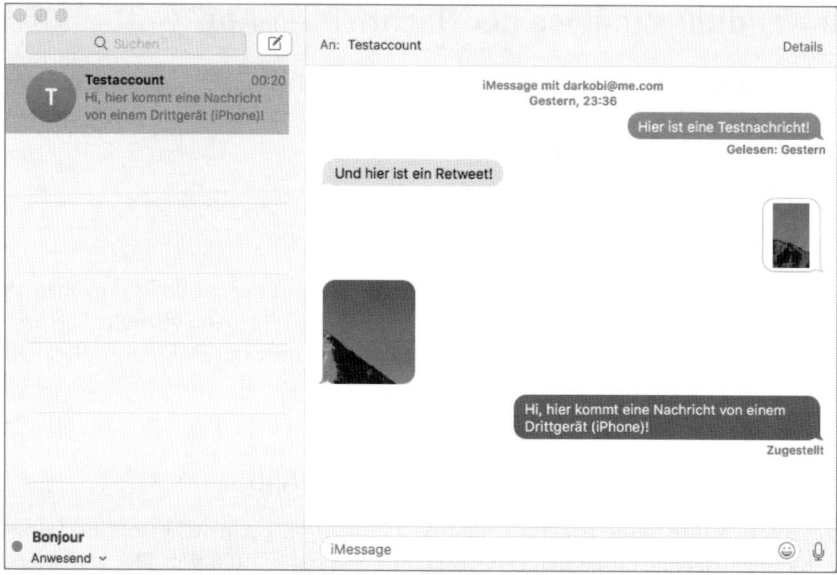

Bild 8.10: Das Dialogfenster der Nachrichten-App

Unter den *Einstellungen* kann optional eine Lesebestätigung der Nachrichten aktiviert werden, ebenso ist es möglich, unerwünschte Kontakte zu blockieren.

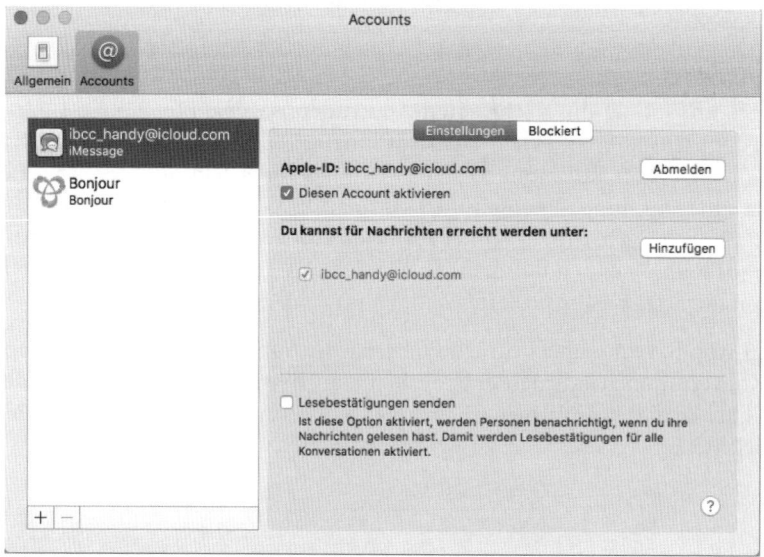

Bild 8.11: Accounts-Einstellungen der Nachrichten-App

Installationsbundle

Die Nachrichten-App ist im Systemkontext unter dem Pfad */Applications/Messages.app* installiert und liegt als sogenannte Bundle-Datei vor. Bundles sind hierarchisch angeordnete Verzeichnisstrukturen, die alle notwendigen Daten beinhalten, um die Lauffähigkeit einer App zu gewährleisten. Apple nutzt das Konzept der Bundle-Dateien, um Ressourcen und Programmcode zu packen, unter anderem bei Applikationen, Frameworks oder Kernel-Extensions. Für den Nutzer erscheinen Bundle-Dateien als eine Datei mit der Endung .app. Beim Navigieren in der Nachrichten-App erschließt sich folgende Verzeichnisstruktur.

```
● ● ●                    🕒 Nachrichten — -bash — 79×17
macoss-Mac:/Applications/Messages.app$ pwd
/Applications/Messages.app
macoss-Mac:/Applications/Messages.app$ tree -L 2
.
└─ Contents
        ├── Frameworks
        ├── Info.plist
        ├── MacOS
        ├── PkgInfo
        ├── PlugIns
        ├── Resources
        ├── XPCServices
        ├── _CodeSignature
        └── version.plist

7 directories, 3 files
macoss-Mac:/Applications/Messages.app$ ▊
```

Bild 8.12: App-Bundle der Nachrichten-App

Unter dem Verzeichnis *Contents* enthalten die Verzeichnisse *MacOS* und *Resources* den ausführbaren Programmcode und Ressourcen, wie z. B. Bibliotheken, Icons und Grafiken. Die Nachrichten-App ist als 64-Bit-Mach-O-Binary kompiliert.

```
● ● ●                    ▦ MacOS — -bash — 79×7
macoss-Mac:/Applications/Messages.app/Contents/MacOS$ pwd
/Applications/Messages.app/Contents/MacOS
macoss-Mac:/Applications/Messages.app/Contents/MacOS$ ls
Messages
macoss-Mac:/Applications/Messages.app/Contents/MacOS$ file Messages
Messages: Mach-O 64-bit x86_64 executable
macoss-Mac:/Applications/Messages.app/Contents/MacOS$ ▊
```

Bild 8.13: Mach-O-Binary der Nachrichten-App

Die Datei *Info.plist* enthält Konfigurationseinstellungen und allgemeine Informationen zur Nachrichten-App, wie etwa den Namen der ausführbaren Datei (*Executable File = Messages*), den *Bundle name* (Messages) und den *Bundle identifier* (*com.apple.iChat*) sowie die *Bundle version* (10.0). Ebenso interessant ist die Information, unter welcher Version des Apple-Betriebssystems die Nachrichten-App minimal lauffähig ist (*Minimum system version*), hier OS X 10.11.0.

Key		Type	Value
▼ Information Property List		Dictionary	(40 items)
▶ Application-Group		Array	(3 items)
BuildMachineOSBuild		String	16C45
Localization native development re...		String	English
Bundle display name		String	Messages
▶ Document types		Array	(3 items)
Executable file		String	Messages
Help Book directory name		String	iChat.help
Help Book identifier		String	com.apple.iChat.help
Icon file		String	Messages
Bundle identifier		String	com.apple.iChat
InfoDictionary version		String	6.0
Bundle name		String	Messages
Bundle OS Type code		String	APPL
Bundle versions string, short		String	10.0
Bundle creator OS Type code		String	fez!
▶ CFBundleSupportedPlatforms		Array	(1 item)
▶ URL types		Array	(6 items)
Bundle version		String	5500
CNInProcessContactPicker		Boolean	YES
DTCompiler		String	com.apple.compilers.llvm.clang.1_0
DTPlatformBuild		String	8R174l
DTPlatformVersion		String	GM
DTSDKBuild		String	16C45
DTSDKName		String	macosx10.12internal
DTXcode		String	0800
DTXcodeBuild		String	8R174l
Application Category		String	Social Networking
Minimum system version		String	10.11.0
MDItemKeywords		String	iChat iMessage
Scriptable		Boolean	YES
Dock Tile plugin path		String	iChatDockTile.docktileplugin
Privacy - Location Usage Descripti...		String	Your location may be shown on the map.

Bild 8.14: Die Konfigurationsdatei *Info.plist*

Unter macOS Sierra wird die Nachrichten-App gesandboxt ausgeführt. Eine Überprüfung der Applikation mit dem Kommando `asctl` belegt, dass das Sandboxing aktiv ist, und gibt den Pfad zum Sandbox-Container *~/Library/Containers/com.apple.iChat* aus.

```
macoss-Mac:/Applications/Messages.app/Contents/MacOS$ asctl sandbox check Messages
/Applications/Messages.app:
        signed with App Sandbox entitlements
macoss-Mac:/Applications/Messages.app/Contents/MacOS$ asctl container path Messages

~/Library/Containers/com.apple.iChat
macoss-Mac:/Applications/Messages.app/Contents/MacOS$ ▮
```

Bild 8.15: Überprüfung der Nachrichten-App mit dem Kommando `asctl`

Die Nachrichten-App besitzt grundsätzlich nur Zugriffsrechte auf Dateien innerhalb des Sandbox-Containers. Zugriffe auf Bereiche außerhalb des Sandbox-Containers werden über die Datei *Container.plist*, die sich innerhalb des Sandbox-Containers befindet, geregelt. Das Verzeichnis */Data/* enthält eine symbolische Abbildung des Nutzerverzeichnisses. Es enthält sowohl Dateien, die innerhalb des Sandbox-Containers gespeichert werden, als auch Aliase auf das originale Nutzerverzeichnis außerhalb der Sandbox.

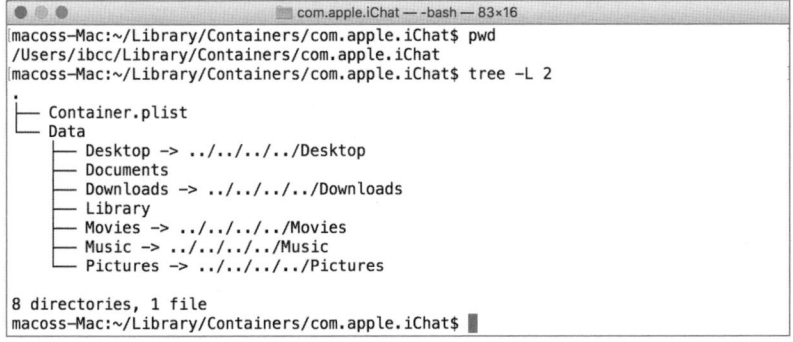

```
● ● ●                    📁 com.apple.iChat — -bash — 83×16
macoss–Mac:~/Library/Containers/com.apple.iChat$ pwd
/Users/ibcc/Library/Containers/com.apple.iChat
macoss–Mac:~/Library/Containers/com.apple.iChat$ tree -L 2
.
├── Container.plist
└── Data
    ├── Desktop -> ../../../../Desktop
    ├── Documents
    ├── Downloads -> ../../../../Downloads
    ├── Library
    ├── Movies -> ../../../../Movies
    ├── Music -> ../../../../Music
    └── Pictures -> ../../../../Pictures

8 directories, 1 file
macoss–Mac:~/Library/Containers/com.apple.iChat$ ▌
```

Bild 8.16: Sandbox-Container der Nachrichten-App

Interessante Schlüssel-/Wertepaare der Datei *Container.plist* sind:

- Schlüssel – `com.apple.private.tcc.allow`

Der Wert `kTCCServiceAddressBook` erlaubt den Adressbuch-Dienst.

▼ com.apple.private.tcc.allow	Array	(1 item)
Item 0	String	kTCCServiceAddressBook

- Schlüssel – `com.apple.security.temporary-exception.shared-preference.read-write`

Er enthält weitere Items mit Plist-Dateien, auf die unter `~/Library/Preferences` Schreib- und Lesezugriff erlaubt ist.

▼ com.apple.security.temporary-exception.shared-preference.read-… ⊕ ⊖	Array	(10 items)
Item 0	String	com.apple.iChat.StatusMessages
Item 1	String	com.apple.iChat
Item 2	String	com.apple.iChat.Jabber
Item 3	String	com.apple.iChat.AIM
Item 4	String	com.apple.imessage.bag
Item 5	String	com.apple.facetime.bag
Item 6	String	com.apple.digihub
Item 7	String	com.apple.ids
Item 8	String	com.apple.id-status
Item 9	String	com.apple.MessagesHistoryImporter

- Schlüssel – `com.apple.security.temporary-exception.files.home-relative-path.read-write`

Enthält Verzeichnisse des Nutzerkontexts, auf die Schreib- und Lesezugriff erlaubt ist.

▼ com.apple.security.temporary-exception.files.home-relative-path.read-…	Array	(2 items)
Item 0	String	/Library/Messages/
Item 1	String	/Desktop/

- Schlüssel – `SandboxProfileDataValidationParametersKey`

Enthält Pfadangaben zum Sandbox-Container (*application_bundle und application_container*).

▼ SandboxProfileDataValidationParametersKey	Dictionary	(13 items)
sandbox_build_id	String	CE320F7C-CA89-4763-B89F-0F86C2B04195
application_bundle	String	/Applications/Messages.app
application_container	String	/Users/ibcc/Library/Containers/com.apple.iChat/Data

Datenspeicherung

Als Speicherorte für Inhaltsdaten können auf Grundlage der Analyse des Installationsbundles die folgenden relevanten Pfade ausfindig gemacht werden:

Speicherorte der Nachrichten-App	
Pfad	Inhalt
~/Library/Preferences	Konfigurationsdateien
~/Library/Messages	Inhaltsdaten
~/Library/Containers/com.apple.iChat/Data	Inhaltsdaten Sandbox

Das Verzeichnis *~/Library/Preferences* enthält Konfigurationsdateien der Nachrichten-App:

- `com.apple.iChat.plist`

Beinhaltet allgemeine Einstellungen zur Nachrichten-App. Von besonderem Interesse ist das Schlüssel-/Wertepaar *UnifiedChatWindowControllerSelection GUIDSet*. Es enthält die iCloud-Adresse des Konversationspartners, dessen Chatverlauf zuletzt in der Nachrichten-App geöffnet war.

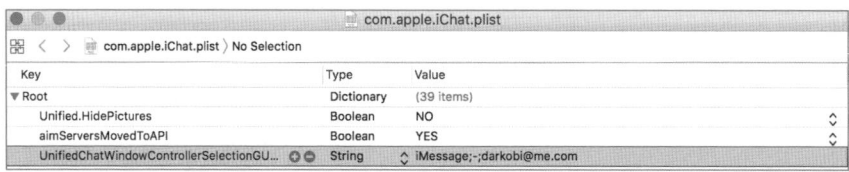

- `com.apple.iChat.AIM.plist` & `com.apple.iChat.Jabber.plist`

Enthält Konfigurationseinstellungen für AIM und Google Talk/Jabber (falls eingerichtet).

- `com.apple.imservice.ids.iMessage.plist`

Die Datei beinhaltet die GUI (Global Unique ID) aktiver Accounts der Nachrichten-App.

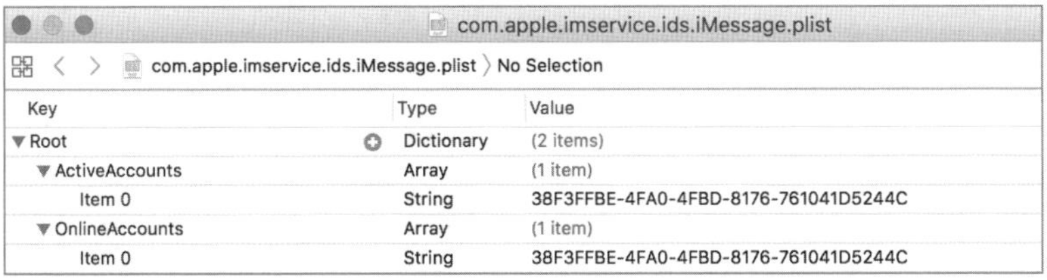
com.apple.imservice.ids.iMessage.plist

com.apple.imservice.ids.iMessage.plist 〉 No Selection

Key	Type	Value
▼ Root	Dictionary	(2 items)
▼ ActiveAccounts	Array	(1 item)
Item 0	String	38F3FFBE-4FA0-4FBD-8176-761041D5244C
▼ OnlineAccounts	Array	(1 item)
Item 0	String	38F3FFBE-4FA0-4FBD-8176-761041D5244C

- `/ByHost/com.apple.imservice.ids.iMessage.<GUID>.plist`

Enthält das Nutzerprofilbild als eingebettetes binary large Object (BLOB). An der Dateisignatur (0xFFD8FFE0) kann man erkennen, dass es sich bei der Abbildung um ein JPG-Bild handelt.

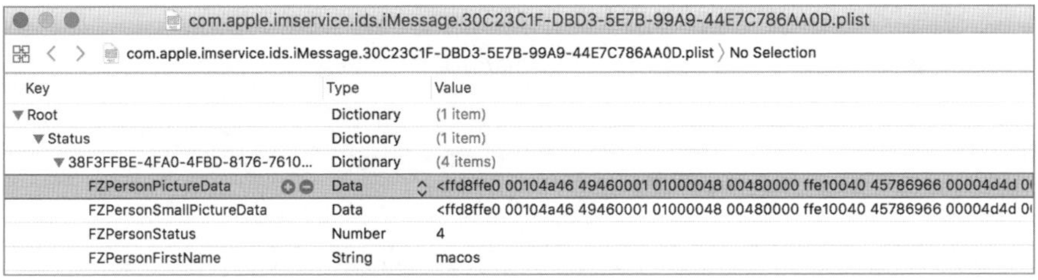
com.apple.imservice.ids.iMessage.30C23C1F-DBD3-5E7B-99A9-44E7C786AA0D.plist

com.apple.imservice.ids.iMessage.30C23C1F-DBD3-5E7B-99A9-44E7C786AA0D.plist 〉 No Selection

Key	Type	Value
▼ Root	Dictionary	(1 item)
▼ Status	Dictionary	(1 item)
▼ 38F3FFBE-4FA0-4FBD-8176-7610...	Dictionary	(4 items)
FZPersonPictureData	Data	<ffd8ffe0 00104a46 49460001 01000048 00480000 ffe10040 45786966 00004d4d 0
FZPersonSmallPictureData	Data	<ffd8ffe0 00104a46 49460001 01000048 00480000 ffe10040 45786966 00004d4d 0
FZPersonStatus	Number	4
FZPersonFirstName	String	macos

Relevante Inhaltsdaten der Nachrichten-App beinhaltet das Verzeichnis *~Library/Messages*.

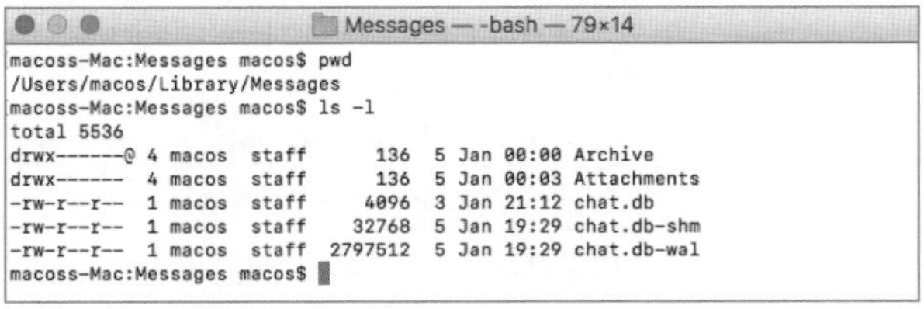
Messages — -bash — 79×14

```
macoss-Mac:Messages macos$ pwd
/Users/macos/Library/Messages
macoss-Mac:Messages macos$ ls -l
total 5536
drwx------@ 4 macos  staff      136  5 Jan 00:00 Archive
drwx------  4 macos  staff      136  5 Jan 00:03 Attachments
-rw-r--r--  1 macos  staff     4096  3 Jan 21:12 chat.db
-rw-r--r--  1 macos  staff    32768  5 Jan 19:29 chat.db-shm
-rw-r--r--  1 macos  staff  2797512  5 Jan 19:29 chat.db-wal
macoss-Mac:Messages macos$ 
```

Bild 8.17: Das Verzeichnis *~/Library/Messages*

Die Nachrichten-App speichert Chat-Nachrichten mit Zeitstempeln, Chat-Teilnehmern und den Metadaten zu versandten bzw. empfangenen Dateien in die SQLite-Datenbank *chat.db*.

Wie in der Abbildung oben ersichtlich, besteht die Datenbank aus drei Dateien. Die Datei *chat.db* ist die eigentliche SQLite-Datenbank mit gespeicherten Inhaltsdaten. Die *chat.db-wal* ist das zugehörige Write-Ahead-Logfile. Die Nachrichten-App speichert neu hinzukommende Datenbankinhalte (Chats, Multimediadateien etc.) oder Änderungen an bestehenden Datenbankeinträgen zunächst in der Datei *chat.db-wal*. Nach einem bestimmten Algorithmus wird diese Datei mit der eigentlichen Datenbank synchronisiert und damit werden die aktuellen Einträge übernommen.

Die *chat.db-shm* enthält Verwaltungsinformationen zur *chat.db-wal*-Datei, unter anderem darüber, in welcher Reihenfolge Versionsstände eines Datensatzes gespeichert wurden. Sie stellt einen Index, damit man möglichst schnell den aktuellsten Datensatz findet. Zur Funktionalität ist sie nicht unbedingt notwendig. Bei nicht vorhandener *chat.*

db-shm können die Versionsstände aus der *chat.db-wal* berechnet werden, was allerdings mehr Rechenleistung in Anspruch nimmt und damit weniger performant ist.

Die Nachrichten-App nimmt die *chat.db-wal* zur Speicherung von Änderungen und Aktualisierungen ausgiebig in Anspruch. Bei der forensischen Analyse sollte die *chat. db-wal* daher unbedingt berücksichtigt werden, da sie die aktuellsten Datensätze enthält.

Innerhalb der *chat.db* sind forensisch relevante Inhaltsdaten in den folgenden Tabellen auffindbar:

Relevante Tabellen der Nachrichten-App	
Tabelle	Inhalt
message	Enthält Chat-Nachrichten, Metadaten
chat_message_join	Referenzierungstabelle
chat_handle_join	Referenzierungstabelle
message_attachment_join	Referenzierungstabelle
handle	Enthält Konversationspartner
chat	Enthält Konversationen
Attachment	Enthält Metadaten zu übermittelten Dateien

Spalten der Tabelle message		
Spalten-Name	Inhalt	Bemerkung
ROWID	Integer	Referenziert zu Tabellen chat_message_ join und message_attachment_join
text	Text	Inhalt der Chat-Nachrichten
account	Text	iCloud-Adresse des Nutzer-Accounts
account_guid	Text	GUID des Nutzer-Accounts
date	Integer (Mac Epoch)	Erstellungszeitpunkt des Chats
date_read	Integer (Mac Epoch)	Zeitstempel Gelesen
date_delivered	Integer (Mac Epoc)	Zeitstempel Zugestellt
is_from_me	Boolesche Var.	Ausgehend=1, Eingehend=0
is_read	Boolesche Var.	Gelesen (1=True/0=False)
is_sent	Boolesche Var.	Versand (1=True/0=False)
cache_has_ attachments	Boolesche Var.	Anhang vorhanden? (1=True/0=False)

Spalten der Tabelle attachment		
Spalten-Name	Inhalt	Bemerkung
created_date	Integer (Mac Epoch)	Erstellungszeitpunkt des Anhangs
filename	Text	Dateipfad
mime_type	Text	MIME-Typ
transfer_name	Text	Dateiname
total_bytes	Integer	Dateigröße in Bytes

Zur erfolgreichen forensischen Analyse der *chat.db* müssen die einzelnen Tabellen zueinander in Beziehung gesetzt werden. Hierzu können SQL-Befehle (SELECT, JOIN) genutzt werden. Eine beispielhafte terminalbasierte Analyse der *chat.db* zeigt die folgende Abbildung:

```
macoss-Mac:/Volumes/JET/9/Messages$ sqlite3 chat.db
SQLite version 3.15.2 2016-11-28 19:13:37
Enter ".help" for usage hints.
sqlite> .headers on
sqlite> .mode csv
sqlite> .output /Users/ibcc/Desktop/chat.csv
sqlite> SELECT message."text" AS Nachricht,
   ...>    message.is_from_me AS Typ,
   ...>    handle.id AS Konversationspartner,
   ...>    message.account AS Nutzeraccount,
   ...>    message.account_guid AS Nutzeraccount_GUID,
   ...>    message.date AS TS_Erstellt,
   ...>    message.date_delivered AS TS_Zugestellt,
   ...>    message.date_read AS TS_Gelesen,
   ...>    message.is_delivered AS Zugestellt,
   ...>    message.is_read AS Gelesen,
   ...>    message.is_sent AS Versandt,
   ...>    message.cache_has_attachments AS Anhang,
   ...>    attachment.created_date AS TS_Anhang_Erstellt,
   ...>    attachment.transfer_name AS Dateiname,
   ...>    attachment.mime_type AS MIME_Typ,
   ...>    attachment.filename AS Dateipfad,
   ...>    attachment.total_bytes AS Dateigr^fle
   ...> FROM message
   ...>    LEFT JOIN chat_message_join ON message."ROWID" = chat_message_join.message_id
   ...>    LEFT JOIN chat_handle_join ON chat_message_join.chat_id = chat_handle_join.chat_id
   ...>    LEFT JOIN chat ON chat."ROWID" = chat_message_join.chat_id AND chat."ROWID" = chat_handle_join.chat_id
   ...>    LEFT JOIN handle ON handle."ROWID" = chat_handle_join.handle_id
   ...>    LEFT JOIN message_attachment_join ON message."ROWID" = message_attachment_join.message_id
   ...>    LEFT JOIN attachment ON attachment."ROWID" = message_attachment_join.attachment_id;
sqlite> .exit
macoss-Mac:/Volumes/JET/9/Messages$
```

Bild 8.18: Analyse der *chat.db* mit dem Kommando sqlite3

	Nachricht	Typ	Konversationspartner	Nutzeraccount	Nutzeraccount_GUID	TS_Erstellt	TS_Zugestellt	TS_Gelesen	Zugestellt	Gelesen	Versandt	Anhang	TS_Anhang_Erstellt	Dateiname	MIME_Typ	Dateipfad	Dateigre
2	Hier ist eine Testnachricht!	1	darkobi@me.com	e:ibcc_handy@icloud.com	38F3FFBE-4FA0-4FBD-8176-761041D5244C	505262169	505262170	505262391	1	1	1	0					
3	Und hier ist ein Retweet!	0	darkobi@me.com	e:ibcc_handy@icloud.com	38F3FFBE-4FA0-4FBD-8176-761041D5244C	505262414	0	505262431	1	1	0	0					
4	¼¾	1	darkobi@me.com	e:ibcc_handy@icloud.com	38F3FFBE-4FA0-4FBD-8176-761041D5244C	505263642	505263643	0	1	0	1	1	505263637	Aktion4_Bild.png	image/png	~/Library/Messages/Attachments/61/01/FD7B0EE3-12AF-4C6F-9D41-D97B0B83FD76/Aktion4_Bild.png	4516
5	¼¾	0	darkobi@me.com	e:ibcc_handy@icloud.com	38F3FFBE-4FA0-4FBD-8176-761041D5244C	505263812	0	505263830	1	1	0	1	505263812	IMG_0213.PNG	image/png	~/Library/Messages/Attachments/44/04/D82A3716-2FD7-4B33-9855-19F2FFD3648I/IMG_0213.PNG	40638
6	Hi, hier kommt eine Nachricht von einem Dritter¾t (iPhone)!	1	darkobi@me.com	e:ibcc_handy@icloud.com	38F3FFBE-4FA0-4FBD-8176-761041D5244C	505264838	0	0	1	0	1	0					

Bild 8.19: Beispielhafte Darstellung der exportierten *chat.csv* in Excel

Empfangene oder versandte Dateien speichert die Nachrichten-App unter dem Verzeichnis *Attachments*.

Zusätzlich zur SQLite-Datenbank *chat.db* legt die Nachrichten-App Chats nach Konversationen getrennt im Verzeichnis *Archive* ab. Die Inhalte der Konversationen sind dort als Dateien mit der Endung **.ichat* abgelegt. Bei den **.ichat*-Dateien handelt es sich um Plist-Dateien, die unter macOS mit der Nachrichten-App, dem in Xcode integrierten Plist-Viewer oder mit dem Terminalkommando `plutil -p` betrachtet werden können.

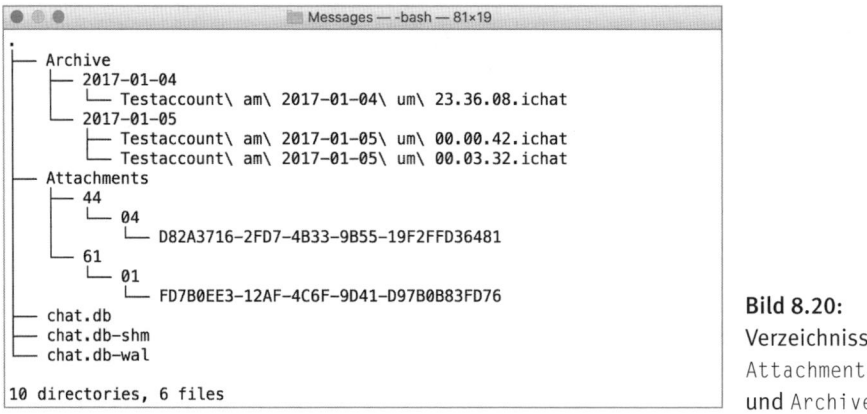

Bild 8.20:
Verzeichnisse
`Attachments`
und `Archive`

Laufzeitanalyse

Zur Laufzeitanalyse der Nachrichten-App wurden nach der Zustands- und Ereignismethode verschiedene Aktionen ausgeführt, protokolliert und analysiert. Hierzu wurde das zur Anwendungsanalyse erstellte Systemwerkzeug DTrace (Dynamic Tracing) mit den auf DTrace basierenden Tools rwsnoop und maclife.d eingesetzt. DTrace bietet umfassende Möglichkeiten zur Inspektion von Prozessen und Dateisystemvorgängen. Weiterhin wurden das Terminalkommando `lsof` zur Ermittlung geöffneter Dateien zur Laufzeit sowie das Programm DaemonFS zur Protokollierung der Dateisystem-Events genutzt.

Um die für die Analyse erforderlichen Aktionen wie das Versenden und Empfangen von Nachrichten oder von Multimedia-Dateien untersuchen zu können, wurde ein iCloud-Test-Account genutzt, mit dem die Nachrichten-App verbunden wurde.

Starten der Nachrichten-App

Bereits beim Starten der Nachrichten-App konnte ein Zugriff auf diverse Dateien nachgewiesen werden. Die Ergebnisse werden anhand der folgenden Screenshots erläutert.

Datei	Aktion	Zuletzt geändert
/Users/macos/Library/Preferences/com.apple.iChat.plist.1wTUuFu	gelöscht	
/Users/macos/Library/Preferences	Inhalt geändert	Mi. Jan. 4 23:21:36 2017
/Users/macos/Library/Preferences/com.apple.dock.plist.qdkuIW2	gelöscht	
/Users/macos/Library/Preferences/com.apple.iChat.plist.19xzpKc	gelöscht	
/Users/macos/Library/Preferences/com.apple.iChat.plist	geändert	Mi. Jan. 4 23:21:35 2017
/Users/macos/Library/Containers/com.apple.iChat/Data/Library/Preferences/com.apple.iChat.plist	geändert	Mi. Jan. 4 23:21:35 2017
/Users/macos/Library/Preferences/com.apple.dock.plist	geändert	Mi. Jan. 4 23:21:35 2017
/Users/macos/Library/Preferences/com.apple.AddressBook.plist.p72MkcR	gelöscht	
/Users/macos/Library/Containers/com.apple.iChat/Data/Library/Saved Application State/com.apple.iChat.savedState	Inhalt geändert	Mi. Jan. 4 23:21:37 2017
/Users/macos/Library/Containers/com.apple.iChat/Data/Library/Saved Application State	Inhalt geändert	Mi. Jan. 4 23:21:36 2017
/Users/macos/Library/Preferences/ByHost/com.apple.loginwindow.30C23C1F-D8D3-5E7B-99A9-44E7C786AA0D.plist.5OOiLvp	gelöscht	
/Users/macos/Library/Preferences/ByHost	Inhalt geändert	Mi. Jan. 4 23:21:36 2017
/Users/macos/Library/Preferences/com.apple.spaces.plist.ZezpNZp	gelöscht	
/Users/macos/Library/Containers/com.apple.iChat/Data/Library/Saved Application State/com.apple.iChat.savedState/window_1.data	geändert	Mi. Jan. 4 23:22:02 2017
/Users/macos/Library/Containers/com.apple.iChat/Data/Library/Saved Application State/com.apple.iChat.savedState/data.data	geändert	Mi. Jan. 4 23:21:52 2017
/Users/macos/Library/Containers/com.apple.iChat/Data/Library/Saved Application State/com.apple.iChat.savedState/window_2.data	geändert	Mi. Jan. 4 23:22:02 2017
/Users/macos/Library/Containers/com.apple.iChat/Data/Library/Saved Application State/com.apple.iChat.savedState/windows.plist	geändert	Mi. Jan. 4 23:21:51 2017

Bild 8.21: Starten der Nachrichten-App

Dateiänderungen beim Starten der Nachrichten-App	
Kennzeichnung	**Beschreibung**
Rot	Im Verzeichnis ~/*Library/Preferences* werden temporäre Versionen der Dateien *com.apple.iChat.list* und *com.apple.AddressBook.plist* gelöscht. Die Datei *com.apple.iChat.plist* wird sowohl in ~/*Library/ Preferences/* als auch im gesandboxten Bereich ~/*Library/Containers/ com.apple.iChat/Data/Library/Preferences/* geändert. Angefasst wird außerdem die Datei *com.apple.dock.plist*. Sie beinhaltet Informationen zu den im Dock von macOS abgelegten Icons und deren Status (z. B. aktive Applikationen).
Blau	Im gesandboxten Bereich der Nachrichten-App werden im Verzeichnis */com.apple.iChat.savedState/* mehrere Dateien geändert. Das Verzeichnis speichert Informationen zur Nachrichten-App, um einen früheren Zustand wiederherstellen zu können (bspw. beim Neustart).
Grün	In den Verzeichnissen ~/*Library/Preferences/* und ~/*Library/ Preferences/ByHost/* werden temporäre Versionen der Dateien *com. apple.spaces.plist* und *com.apple.loginwindow.plist* gelöscht.

Die Ausgabe von `rwsnoop` zeigt zudem einen lesenden Zugriff auf die Dateien *Address-Book-v22.abcddb* und *AddressBook-v22.abcddb-wal*.

```
TIME            TIMESTR             UID   PID CMD          D   BYTES FILE
7931791         2017 Jan  4 23:21:36  501   659 Messages     R    4096 AddressBook-v22.abcddb-wal
7932446         2017 Jan  4 23:21:36  501   659 Messages     R    4096 AddressBook-v22.abcddb
```

Bild 8.22: Gefilterte Ausgabe von `rwsnoop`.

Beim Starten aktualisiert die Nachrichten-App die Konfigurationsdatei *com.apple.iChat. plist* sowohl im normalen Nutzerkontext als auch im Bereich der Sandbox der Applikation. Die App greift lesend auf die SQLite-Datenbank *AddressBook-v22.abcddb* zu, in der die Kontakte-App Inhalte speichert. Erkennbar ist zudem, dass die Nachrichten-App den zuletzt gespeicherten Programmstatus wiederherstellt.

Versand und Empfang einer Nachricht

Zur Analyse der Aktion *Versand einer Nachricht* wurde zunächst eine iMessage in der Nachrichten-App an den Empfänger *Testaccount* (*darkobi@me.com*) versendet.

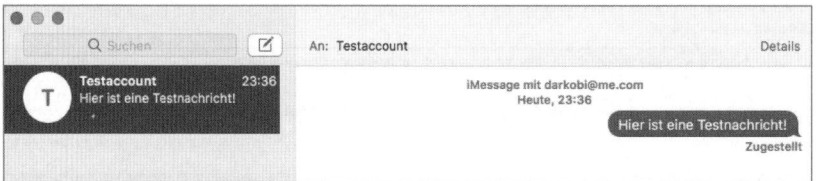

Bild 8.23: Versandte Nachricht in der Nachrichten-App

Datei	Aktion	Zuletzt geändert
/Users/macos/Library/Preferences/com.apple.iChat.plist.CjMHqZp	gelöscht	
/Users/macos/Library/Preferences	geändert	Mi. Jan. 4 23:36:15 2017
/Users/macos/Library/Messages/chat.db-wal	geändert	Mi. Jan. 4 23:36:10 2017
/Users/macos/Library/Preferences/com.apple.iChat.plist	geändert	Mi. Jan. 4 23:36:08 2017
/Users/macos/Library/Containers/com.apple.iChat/Data/Library/Preferences/com.apple.iChat.plist	geändert	Mi. Jan. 4 23:36:08 2017
/Users/macos/Library/Containers/com.apple.iChat/Data/Library/Saved Application State/com.apple.iChat.savedState/window_2.data	geändert	Mi. Jan. 4 23:36:12 2017
/Users/macos/Library/Containers/com.apple.iChat.plist.vAdmVMt	gelöscht	
/Users/macos/Library/Containers/com.apple.iChat/Data/Library/Saved Application State/com.apple.iChat.savedState/data.data	geändert	Mi. Jan. 4 23:36:12 2017
/Users/macos/Library/Preferences/com.apple.AddressBook.plist.KokTSD8	gelöscht	
/Users/macos/Library/Preferences/com.apple.AddressBook.plist	geändert	Mi. Jan. 4 23:36:15 2017
/Users/macos/Library/Containers/com.apple.iChat/Data/Library/Preferences/com.apple.AddressBook.plist	geändert	Mi. Jan. 4 23:36:15 2017

Bild 8.24: Versand einer Nachricht

Dateiänderungen beim Versand einer Nachricht	
Kennzeichnung	Beschreibung
Rot	Im Verzeichnis *~/Library/Preferences* werden die Dateien *com.apple. iChat.list* und *com.apple.AddressBook.plist* geändert. Temporäre Versionen der beiden Dateien werden gelöscht. Im gesandboxten Bereich der App wird die gleichnamige Datei *com.apple.AddressBook. plist* geändert.
Blau	Die *wal*-Logdatei der Datenbank *chat.db* wird geändert.
Grün	Im Verzeichnis */com.apple.iChat.savedState/* werden mehrere Dateien geändert.

Die Ausgabe von `rwsnoop` zeigt beim Versand einer Nachricht einen lesenden Zugriff auf die Dateien *AddressBook-v22.abcddb* und *AddressBook-v22.abcddb-wal* sowie einen Schreibzugriff auf die Datei *Testaccount am 2017-01-04 um 23.36.08.ichat*.

```
TIME        TIMESTR            UID    PID CMD        D   BYTES FILE
578363131   2017 Jan  4 23:36:09  501    673 Messages   R    4096 AddressBook-v22.abcddb-wal
578363204   2017 Jan  4 23:36:09  501    673 Messages   R    4096 AddressBook-v22.abcddb-wal
578363253   2017 Jan  4 23:36:09  501    673 Messages   R    4096 AddressBook-v22.abcddb-wal
578366946   2017 Jan  4 23:36:09  501    673 Messages   R    4096 AddressBook-v22.abcddb
593554907   2017 Jan  4 23:36:24  501    673 Messages   W    2084 Testaccount am 2017-01-04 um 23.36.08.ichat
```

Bild 8.25: Gefilterte Ausgabe von `rwsnoop`

Beim Versenden einer Nachricht übernimmt die Nachrichten-App das Inhaltsdatum, indem sie es in der wal-Logdatei der Datenbank *chat.db-wal* zwischenspeichert. Zusätzlich zur datenbankorientierten Speicherung der Nachricht erzeugt die Nachrichten-App die Plist-Datei *Testaccount am 2017-01-04 um 23.36.08.ichat*, die auch die Konversationsinhalte enthält.

Die Konfigurationsdateien *com.apple.iChat.plist* und *com.apple.AddressBook.plist* (normaler Nutzerkontext und Sandbox) werden aktualisiert. Auf die Datenbank *AddressBook-v22.abcddb* mit Kontaktinformationen wird lesend zugegriffen. Zudem aktualisiert die Nachrichten-App Dateien zur Wiederherstellung des letzten Zustands. Als nächste Aktion wurde das Empfangen einer Nachricht untersucht. Hierzu wurde in umgekehrter Richtung eine Nachricht vom Sender *Testaccount* (*darkobi@me.com*) empfangen.

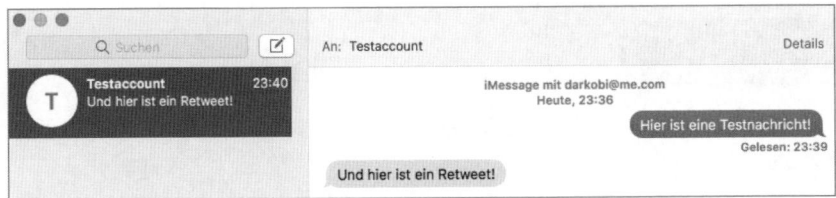

Bild 8.26: Empfang einer Nachricht mit Retweet

Datei	Aktion	Zuletzt geändert
/Users/macos/Library/Messages/chat.db-wal	geändert	Mi. Jan. 4 23:40:15 2017
/Users/macos/Library/Preferences/com.apple.iChat.plist.KVZjjh8	gelöscht	
/Users/macos/Library/Preferences	Inhalt geändert	Mi. Jan. 4 23:40:20 2017
/Users/macos/Library/Preferences/com.apple.iChat.plist	geändert	Mi. Jan. 4 23:40:15 2017
/Users/macos/Library/Containers/com.apple.iChat/Data/Library/Preferences/com.apple.iChat.plist	geändert	Mi. Jan. 4 23:40:15 2017
/Users/macos/Library/Preferences/com.apple.AddressBook.plist.KBmXXWt	gelöscht	

Bild 8.27: Empfang einer Nachricht

Kennzeichnung	Beschreibung
Rot	Die *wal*-Logdatei der Datenbank *chat.db* wird geändert.
Blau	Die Konfigurationsdatei *com.apple.iChat.plist* (normal und Sandbox) wird aktualisiert. Temporäre Versionen der *com.apple.iChat.plist* sowie *com.apple.AdressBook.plist* werden gelöscht.

Dateiänderungen beim Empfang einer Nachricht.

Beim Empfang einer Nachricht zeigt `rwsnoop`, dass auf die Datei *Testaccount am 2017-01-04 um 23.36.08.ichat* zunächst lesend zugegriffen wird und sie im Anschluss beschrieben wird.

```
TIME         TIMESTR           UID   PID CMD       D   BYTES FILE
819268943    2017 Jan  4 23:40:15   501   673 Messages  R   1348 Info.plist
834489616    2017 Jan  4 23:40:30   501   673 Messages  R   2084 Testaccount am 2017-01-04 um 23.36.08.ichat
834492728    2017 Jan  4 23:40:30   501   673 Messages  W   2323 Testaccount am 2017-01-04 um 23.36.08.ichat
843718728    2017 Jan  4 23:40:39   501   673 Messages  W   1339 windows.plist
```

Bild 8.28: Gefilterte Ausgabe von `rwsnoop`

Beim Empfang einer Nachricht wird die *wal*-Logdatei *chat.db-wal* mit dem neu hinzuge-kommenen Inhalt aktualisiert. Außerdem wird die Konfigurationsdatei *com.apple.iChat. plist* im Nutzerkontext und in der Sandbox der Nachrichten-App sowie die Konversati-onsdatei *Testaccount am 2017-01-04 um 23.36.08.ichat* auf den neuesten Stand gebracht.

Versand und Empfang eines Bildes

Zur Analyse von Dateiveränderungen beim Versenden und Empfangen einer Bildda-tei über die Nachrichten-App wurde zunächst die Aktion *Versand eines Bildes* betrach-tet. Hierzu wurde eine Bilddatei (*Aktion4_Bild.png*) vom Testsystem an den Empfänger *Testaccount* (*darkobi@me.com*) versandt.

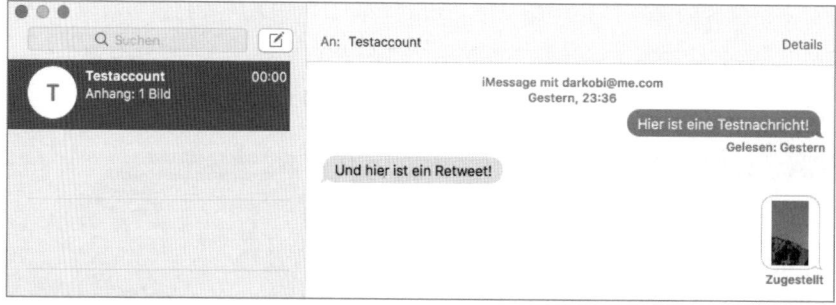

Bild 8.29: Nachrichten-App – Versand einer Bilddatei

Datei	Aktion	Zuletzt geändert
/Users/macos/Library/Preferences/com.apple.iChat.plist.LYLU4se	gelöscht	
/Users/macos/Library/Preferences	Inhalt geändert	Do. Jan. 5 00:00:41 2017
/Users/macos/Library/Preferences/com.apple.iChat.plist	geändert	Do. Jan. 5 00:00:37 2017
/Users/macos/Library/Containers/com.apple.iChat/Data/Library/Preferences/com.apple.iChat.plist	geändert	Do. Jan. 5 00:00:37 2017
/Users/macos/Library/Messages/chat.db-wal	geändert	Do. Jan. 5 00:00:43 2017
/Users/macos/Library/Messages/Attachments	erstellt	Do. Jan. 5 00:00:38 2017
/Users/macos/Library/Messages	Inhalt geändert	Do. Jan. 5 00:00:38 2017
/Users/macos/Library/Containers/com.apple.iChat/Data/Library/Keychains/.fl34AC2A0A	erstellt	Di. Jan. 3 21:11:55 2017
/Users/macos/Library/Containers/com.apple.iChat/Data/Library/Keychains/.flC23220F1	erstellt	Do. Jan. 5 00:00:39 2017
/Users/macos/Library/Containers/com.apple.iChat/Data/Library/Keychains/30C23C1F-DBD3-5E7B-99A9-44E7C786AA0D	erstellt	Di. Jan. 3 21:11:56 2017
/Users/macos/Library/Containers/com.apple.iChat/Data/Library/Keychains/login.keychain-db	erstellt	Mi. Jan. 4 23:42:31 2017
/Users/macos/Library/Containers/com.apple.iChat/Data/Library/Keychains	Inhalt geändert	Do. Jan. 5 00:00:39 2017
/Users/macos/Library/Containers/com.apple.iChat/Data/Library/Keychains/metadata.keychain-db	geändert	Do. Jan. 5 00:00:39 2017
/Users/macos/Library/Containers/com.apple.iChat/Data/Library/Keychains/metadata.keychain-db.sb-b3eddf01-4hVBoy	gelöscht	
/Users/macos/Library/Containers/com.apple.iChat/Data/Library/Keychains/metadata.keychain-db.sb-b3eddf01-T2mpCC	gelöscht	
/Users/macos/Library/Containers/com.apple.iChat/Data/Library/Saved Application State/com.apple.iChat.savedState/data.data	geändert	Do. Jan. 5 00:00:40 2017
/Users/macos/Library/Containers/com.apple.iChat/Data/Library/Saved Application State/com.apple.iChat.savedState/window_2.data	geändert	Do. Jan. 5 00:00:40 2017
/Users/macos/Library/Preferences/com.apple.mmcs.plist	geändert	Do. Jan. 5 00:00:52 2017
/Users/macos/Library/Preferences/com.apple.mmcs.plist.deg6PAm	gelöscht	

Bild 8.30: Versand einer Bilddatei

Dateiänderungen beim Versand einer Bilddatei	
Kennzeichnung	Beschreibung
Rot	Die Konfigurationsdateien *com.apple.iChat.plist* (normal und Sandbox) und *com.apple.mmcs.plist* werden aktualisiert. Temporäre Versionen der Dateien *com.apple.iChat.plist* und *com.apple.mmcs.plist* werden gelöscht.
Blau	Die *wal*-Logdatei der Datenbank *chat.db* wird geändert.
Grün	Das Verzeichnis *~/Library/Messages/Attachments* wird erstellt.
Gelb	In der Sandbox der Nachrichten-App werden Keychain-Dateien erstellt und aktualisiert.
Lila	Im Verzeichnis */com.apple.iChat.savedState/* werden mehrere Dateien geändert.

Die Ausgabe von `rwsnoop` zeigt, dass auf die versandte Bilddatei *Aktion4_Bild.png* lesend zugegriffen wurde. Die Konversationsdatei *Testaccount am 2017-01-05 um 00:00:42.ichat* wurde beschrieben.

```
TIME          TIMESTR           UID    PID CMD        D    BYTES FILE
1059404312    2017 Jan  5 00:00:37   501   673 Messages   R    7595 Aktion4_Bild.png
1059477292    2017 Jan  5 00:00:37   501   673 Messages   R    7595 Aktion4_Bild.png
1059485245    2017 Jan  5 00:00:37   501   673 Messages   R    7595 Aktion4_Bild.png
1059503028    2017 Jan  5 00:00:38   501   673 Messages   R    7595 Aktion4_Bild.png
1059668964    2017 Jan  5 00:00:38   501   673 Messages   R    7595 Aktion4_Bild.png
1074775860    2017 Jan  5 00:00:53   501   673 Messages   W    2032 Testaccount am 2017-01-05 um 00.00.42.ichat
```

Bild 8.31: Gefilterte Ausgabe von `rwsnoop`

Beim Versand eines Bildes mit der Nachrichten-App wird auf die zu versendende Bilddatei zugegriffen. Das Verzeichnis *~/Library/Messages/Attachments* wird neu erstellt und die Bilddatei dort kumulativ in einer verzweigten Unterstruktur abgespeichert. Aktualisiert werden die Konfigurationsdateien *com.apple.iChat.plist* und *com.apple.mmcs. plist* sowie das Verzeichnis */com.apple.iChat.savedState*. Eine Besonderheit konnte bei der Erstellung der Konversationsdatei *Testaccount am 2017-01-05 um 00:00:42.ichat* beobachtet werden. Die Datei wurde neu erzeugt, da der Erstellungszeitpunkt auf einen neuen Wochentag fiel.

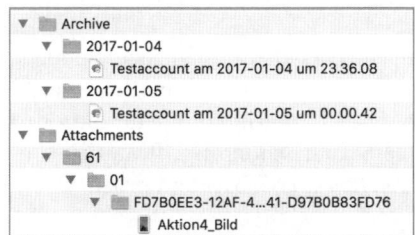

Bild 8.32: Die Verzeichnisse *Attachments* und *Archive* nach dem Versand einer Bilddatei

Zur Analyse der nächsten Aktion *Empfang einer Bilddatei* wurde (*IMG_0213.png*) vom Sender *Testaccount* (*darkobi@me.com*) eine Bilddatei empfangen.

Bild 8.33: Nachrichten-App – Empfang einer Bilddatei

Datei	Aktion	Zuletzt geändert
/Users/macos/Library/Containers/com.apple.iChat/Data/Library/Saved Application State/com.apple.iChat.savedState/window_2.data	geändert	Do. Jan. 5 00:03:32 2017
/Users/macos/Library/Preferences/com.apple.LaunchServices.QuarantineEventsV2	geändert	Do. Jan. 5 00:03:33 2017
/Users/macos/Library/Messages/Attachments/44	Inhalt geändert	Do. Jan. 5 00:03:33 2017
/Users/macos/Library/Messages/Attachments	Inhalt geändert	Do. Jan. 5 00:03:33 2017
/Users/macos/Library/Containers/com.apple.iChat/Data/Library/Messages/Attachments/44	erstellt	Do. Jan. 5 00:03:33 2017
/Users/macos/Library/Containers/com.apple.iChat/Data/Library/Messages/Attachments/61	erstellt	Do. Jan. 5 00:00:38 2017
/Users/macos/Library/Containers/com.apple.iChat/Data/Library/Messages/Attachments	Inhalt geändert	Do. Jan. 5 00:03:33 2017
/Users/macos/Library/Messages/Attachments/44/04	erstellt	Do. Jan. 5 00:03:33 2017
/Users/macos/Library/Messages/chat.db-wal	geändert	Do. Jan. 5 00:03:33 2017

Bild 8.34: Empfang einer Bilddatei

Dateiänderungen beim Empfang einer Bilddatei	
Kennzeichnung	**Beschreibung**
Rot	Im Verzeichnis */com.apple.iChat.savedState/* wird eine Datei geändert. Ebenfalls verändert wird die Datei *com.appleLaunchServices.QuarantineEventsV2*.
Blau	Im Verzeichnis *~/Library/Messages/Attachments* werden Inhalte geändert Unter anderem wird das Verzeichnis *~/Library/Messages/Attachments/44/04* neu erstellt.
Grün	Die wal-Logdatei der Datenbank *chat.db* wird geändert.

Die DTrace-Skripte `maclife.d` und `rwsnoop` zeigen, dass die empfangene Bilddatei *IMG_0213.png* unter einem mit einer GUID benannten Verzeichnis gespeichert wurde. Auf die Bilddatei wurde zudem lesend zugegriffen. Ein Lesezugriff konnte für die zuvor versandte Bilddatei *Aktion4_Bild.png*, sowie ein Lese- und Schreibzugriff für die Konversationsdatei *Testaccount am 2017-01-05 um 00:00:42.ichat* beobachtet werden.

```
TIME(ms)    UID    PID PROCESS     CALL         DIR/FILE
1231237     501    291 imagent     VNOP_CREATE  D82A3716-2FD7-4B33-9B55-19F2FFD36481/IMG_0213.PNG
```

Bild 8.35: Gefilterte Ausgabe von `maclife.d`

```
TIME          TIMESTR              UID   PID CMD        D   BYTES FILE
1231414096    2017 Jan  5 00:03:33 501   673 Messages   R   40638 IMG_0213.PNG
1231424107    2017 Jan  5 00:03:33 501   673 Messages   R   40638 IMG_0213.PNG
1231433371    2017 Jan  5 00:03:33 501   673 Messages   R   40638 IMG_0213.PNG
1231433655    2017 Jan  5 00:03:33 501   673 Messages   R       0 IMG_0213.PNG
1247197043    2017 Jan  5 00:03:49 501   673 Messages   R    2032 Testaccount am 2017-01-05 um 00.00.42.ichat
1247198408    2017 Jan  5 00:03:49 501   673 Messages   R    7595 Aktion4_Bild.png
1247202826    2017 Jan  5 00:03:49 501   673 Messages   W   15986 Testaccount am 2017-01-05 um 00.00.42.ichat
```

Bild 8.36: Gefilterte Ausgabe von `rwsnoop`

Beim Empfang einer Bilddatei wird das Verzeichnis */com.apple.iChat.savedState* aktualisiert. Zudem erfolgt eine Aktualisierung der Konfigurationsdatei *com.apple.LaunchServices.QuarantineEvents.V2*. Sie liefert einen Hinweis auf den Dienst File Quarantine, der eine in macOS implementierte Malware-Prüfung für die heruntergeladene Datei veranlasst. Aus forensischer Sicht ist diese Information besonders wertvoll, da heruntergeladene Dateien, die per File Quarantine geprüft wurden, erweiterte Metadaten (HFS+/APFS) zur Downloadzeit und Downloadquelle enthalten (`kMDItemWhereFroms` und `kMDItemDownloadedDate`). Die Nachrichten-App erzeugt außerdem das Verzeichnis *~/Library/Messages/Attachments/44/04* und speichert die übertragene Datei dort ab. Die wal-Logdatei *chat.db-wal* sowie die Konversationsdatei *Testaccount am 2017-01-05 um 00:00:42.ichat* werden mit dem neu hinzugekommenen Inhalt aktualisiert.

Bild 8.37: Verzeichnisse *Attachments* und *Archive* nach dem Empfang einer Bilddatei

```
● ● ●                    ⇧ ibcc — -bash — 123×25
macoss-Mac:~$ xattr -xl /Volumes/JET/5/Messages/Attachments/44/04/D82A3716-2FD7-4B33-9B55-19F2FFD36481/IMG_0213.PNG
com.apple.quarantine:
00000000  30 30 38 31 3B 35 38 36 64 37 66 34 35 3B 69 43  |0081;586d7f45;iC|
00000010  68 61 74 3B 32 43 30 41 32 46 32 31 2D 39 33 35  |hat;2C0A2F21-935|
00000020  37 2D 34 41 36 38 2D 41 41 38 41 2D 41 37 34 38  |7-4A68-AA8A-A748|
00000030  35 45 33 38 39 42 30 44                          |5E389B0D|
00000038
com.apple.metadata:kMDItemDownloadedDate:
00000000  62 70 6C 69 73 74 30 30 33 41 BE 1D B6 C5 97 2C  |bplist003A.....,|
00000010  B6 08 00 00 00 00 00 00 01 01 00 00 00 00 00 00  |................|
00000020  00 01 00 00 00 00 00 00 00 00 00 00 00 00 00 00  |................|
00000030  00 11                                            |..|
00000032
com.apple.metadata:kMDItemWhereFroms:
00000000  62 70 6C 69 73 74 30 30 A2 01 02 5E 64 61 72 6B  |bplist00...^dark|
00000010  6F 62 69 40 6D 65 2E 63 6F 6D 6F 10 2F 00 DC 00  |obi@me.como./...|
00000020  62 00 65 00 72 00 20 00 64 00 69 00 65 00 20 00  |b.e.r. .d.i.e. .|
00000030  4E 00 61 00 63 00 68 00 72 00 69 00 63 00 68 00  |N.a.c.h.r.i.c.h.|
00000040  74 00 65 00 6E 00 2D 00 44 00 61 00 74 00 65 00  |t.e.n.-.D.a.t.e.|
00000050  69 00 FC 00 62 00 65 00 72 00 74 00 72 00 61 00  |i...b.e.r.t.r.a.|
00000060  67 00 75 00 6E 00 67 00 20 00 65 00 6D 00 70 00  |g.u.n.g. .e.m.p.|
00000070  66 00 61 00 6E 00 67 00 65 00 6E 08 0B 1A 00 00  |f.a.n.g.e.n.....|
00000080  00 00 00 00 01 01 00 00 00 00 00 00 03 00 00 00  |................|
00000090  00 00 00 00 00 00 00 00 00 00 00 7B              |............{|
0000009e
```

Bild 8.38: Anzeige der erweiterten Metadaten (HFS+) der empfangenen Bilddatei

Beenden der Nachrichten-App

Zur Analyse der Aktion *Beenden der Nachrichten App* wurde die App ordnungsgemäß beendet und korrespondierende Dateiänderungen wurden betrachtet.

Datei	Aktion	Zuletzt geändert
/Users/macos/Library/Containers/com.apple.iChat/Data/Library/Keychains/.fl34AC2A0A	erstellt	Di. Jan. 3 21:11:55 2017
/Users/macos/Library/Containers/com.apple.iChat/Data/Library/Keychains/.flC23220F1	erstellt	Do. Jan. 5 00:00:39 2017
/Users/macos/Library/Containers/com.apple.iChat/Data/Library/Keychains/30C23C1F-DBD3-5E7B-99A9-44E7C786AA0D	erstellt	Di. Jan. 3 21:11:56 2017
/Users/macos/Library/Containers/com.apple.iChat/Data/Library/Keychains/login.keychain-db	geändert	Do. Jan. 5 00:05:50 2017
/Users/macos/Library/Containers/com.apple.iChat/Data/Library/Keychains/login.keychain-db.sb-b3eddf01-wOEQYI	gelöscht	
/Users/macos/Library/Containers/com.apple.iChat/Data/Library/Keychains/metadata.keychain-db	erstellt	Do. Jan. 5 00:00:39 2017
/Users/macos/Library/Containers/com.apple.iChat/Data/Library/Keychains	Inhalt geändert	Do. Jan. 5 00:05:50 2017
/Users/macos/Library/Containers/com.apple.iChat/Data/Library/Saved Application State/com.apple.iChat.savedState/data.data	gelöscht	
/Users/macos/Library/Containers/com.apple.iChat/Data/Library/Saved Application State/com.apple.iChat.savedState	gelöscht	
/Users/macos/Library/Containers/com.apple.iChat/Data/Library/Saved Application State/com.apple.iChat.savedState/window_1.data	gelöscht	
/Users/macos/Library/Containers/com.apple.iChat/Data/Library/Saved Application State/com.apple.iChat.savedState/window_2.data	gelöscht	
/Users/macos/Library/Containers/com.apple.iChat/Data/Library/Saved Application State/com.apple.iChat.savedState/windows.plist	gelöscht	
/Users/macos/Library/Containers/com.apple.iChat/Data/Library/Saved Application State	geändert	Do. Jan. 5 00:05:54 2017
/Users/macos/Library/Preferences/com.apple.iChat.plist.92etXSP	gelöscht	
/Users/macos/Library/Preferences	Inhalt geändert	Do. Jan. 5 00:06:00 2017
/Users/macos/Library/Preferences/com.apple.iChat.plist	geändert	Do. Jan. 5 00:05:55 2017
/Users/macos/Library/Containers/com.apple.iChat/Data/Library/Preferences/com.apple.iChat.plist	geändert	Do. Jan. 5 00:05:55 2017
/Users/macos/Library/Preferences/ByHost/com.apple.loginwindow.30C23C1F-DBD3-5E7B-99A9-44E7C786AA0D.plist.YUzcK6B	gelöscht	
/Users/macos/Library/Preferences/ByHost	Inhalt geändert	Do. Jan. 5 00:06:00 2017
/Users/macos/Library/Preferences/com.apple.spaces.plist.ISbgeEs	gelöscht	

Bild 8.39: Beenden der Nachrichten-App.

Dateiänderungen beim Beenden der Nachrichten-App	
Kennzeichnung	**Beschreibung**
Rot	In der Sandbox der Nachrichten-App werden Keychain-Dateien erstellt und aktualisiert.
Blau	Im Verzeichnis */com.apple.iChat.savedState/* werden diverse Dateien geändert.
Grün	Die Konfigurationsdatei *com.apple.iChat.plist* wird sowohl im normalen Nutzerkontext als auch in der Sandbox der Nachrichten-App geändert. Temporäre Versionen werden gelöscht. Weiterhin werden temporäre Versionen der Dateien *com.apple.loginwindow.plist* und *com.apple.spaces.plist* gelöscht.

Beim Beenden aktualisiert die Nachrichten-App die Konfigurationsdateien *com.apple. iChat.plist* sowohl im normalen Nutzerkontext als auch im Bereich der Sandbox der Applikation. Die App aktualisiert weiterhin Dateien im Verzeichnis */com.apple.iChat. savedState/*, um bei einem Neustart den zuletzt gespeicherten Programmstatus wiederherstellen zu können.

Löschen einer Konversation

Das Löschen einer Konversation führte zu den folgenden Dateiänderungen:

Datei	Aktion	Zuletzt geändert
/Users/macos/Library/Containers/com.apple.iChat/Data/Library/Saved Application State/com.apple.iChat.savedState/window_1.data	geändert	Do. Jan. 5 00:16:30 2017
/Users/macos/Library/Containers/com.apple.iChat/Data/Library/Saved Application State/com.apple.iChat.savedState/window_2.data	geändert	Do. Jan. 5 00:16:40 2017
/Users/macos/Library/Preferences/com.apple.iChat.plist.hAJR1xl	gelöscht	
/Users/macos/Library/Preferences	Inhalt geändert	Do. Jan. 5 00:16:39 2017
/Users/macos/Library/Preferences/com.apple.iChat.plist	geändert	Do. Jan. 5 00:16:35 2017
/Users/macos/Library/Containers/com.apple.iChat/Data/Library/Preferences/com.apple.iChat.plist	geändert	Do. Jan. 5 00:16:35 2017
/Users/macos/Library/Preferences/com.apple.iChat.plist.p3CoSAD	gelöscht	
/Users/macos/Library/Containers/com.apple.iChat/Data/Library/Saved Application State/com.apple.iChat.savedState/data.data	geändert	Do. Jan. 5 00:16:40 2017
/Users/macos/Library/Containers/com.apple.iChat/Data/Library/Saved Application State/com.apple.iChat.savedState/windows.plist	geändert	Do. Jan. 5 00:16:40 2017
/Users/macos/Library/Messages/chat.db-wal	geändert	Do. Jan. 5 00:16:41 2017
/Users/macos/Library/Messages/Attachments/61/01/FD7B0EE3-12AF-4C6F-9D41-D9780883FD76/Aktion4_Bild.png	gelöscht	
/Users/macos/Library/Messages/Attachments/61/01/FD7B0EE3-12AF-4C6F-9D41-D9780883FD76	gelöscht	
/Users/macos/Library/Messages/Attachments/61/01	geändert	Do. Jan. 5 00:16:39 2017
/Users/macos/Library/Messages/Attachments/44/04/D82A3716-2FD7-4833-9B55-19F2FFD36481/IMG_0213.PNG	gelöscht	
/Users/macos/Library/Messages/Attachments/44/04/D82A3716-2FD7-4833-9B55-19F2FFD36481	gelöscht	
/Users/macos/Library/Messages/Attachments/44/04	geändert	Do. Jan. 5 00:16:39 2017

Bild 8.40: Löschen einer Konversation

Dateiänderungen beim Löschen einer Konversation	
Kennzeichnung	**Beschreibung**
Rot	Im gesandboxten Bereich der Nachrichten-App werden im Verzeichnis */com.apple.iChat.savedState/* mehrere Dateien geändert.
Blau	Die Datei *com.apple.iChat.plist* wird sowohl in *~/Library/Preferences/* als auch im gesandboxten Bereich *~/Library/Containers/com.apple.iChat/ Data/Library/ Preferences/* geändert.
Grün	Die *wal*-Logdatei der Datenbank *chat.db* wird geändert.
Gelb	Die Verzeichnisse für empfangene und übertragene Dateien unter dem Pfad *~/Library/Messages/Attachments/* werden gelöscht.

Die Ausgabe von `rwsnoop` zeigt einen lesenden Zugriff auf die Dateien *AddressBook-v22. abcddb* und *AddressBook-v22.abcddb-wal*.

```
TIME          TIMESTR             UID   PID CMD       D   BYTES FILE
1548455486    2017 Jan  5 00:16:39 501  1129 Messages  R    4096 AddressBook-v22.abcddb-wal
1540455625    2017 Jan  5 00:16:39 501  1129 Messages  R    4096 AddressBook-v22.abcddb
1548816643    2017 Jan  5 00:16:39 501  1129 Messages  R    4096 AddressBook-v22.abcddb-wal
1548816754    2017 Jan  5 00:16:39 501  1129 Messages  R    4096 AddressBook-v22.abcddb
```

Bild 8.41: Gefilterte Ausgabe von `rwsnoop`

Beim Löschen einer Konversation aktualisiert die Nachrichten-App das Verzeichnis */com.apple.iChat.savedState/* sowie die Konfigurationsdatei *com.apple.iChat.plist* im normalen Nutzerkontext und in der Sandbox der App. Die Inhaltsdaten der *wal*-Logdatei *chat.db-wal* werden mit dem Löschvorgang ebenfalls aktualisiert. Vorhandene empfangene und übertragene Dateien der Konversation werden aus der Datenbank entfernt. Sie können jedoch innerhalb der *wal*-Logdatei weiterhin aufgefunden werden (alter Versionsstand). Um die gelöschten Datensätze zu ermitteln, muss die *wal*-Logdatei separat analysiert werden, beispielsweise unter Zuhilfenahme eines Hex-Editors oder des Terminalkommandos `strings`.

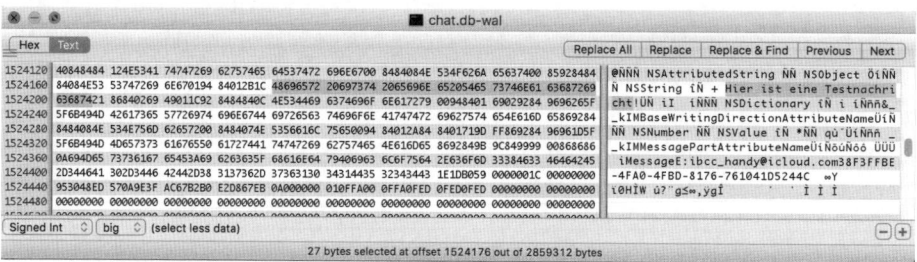

Bild 8.42: Anzeige gelöschter Datensätze in der *wal*-Logdatei

Nutzung durch ein Drittgerät (Synchronisation)

Wird die Nachrichten-App über ein weiteres Gerät, das mit demselben iCloud-Account verbunden ist, genutzt, werden die Chat-Inhalte mit sämtlichen per iCloud verbundenen Geräten, synchronisiert. Um eine Analyse durchführen zu können, wurde als Drittgerät ein iPhone verwendet. Mit diesem wurde eine Nachricht an den Empfänger *Testaccount* (*darkobi@me.com*) versandt.

Kurz nach Absenden wurde die Nachricht in der Nachrichten-App des Testsystems angezeigt.

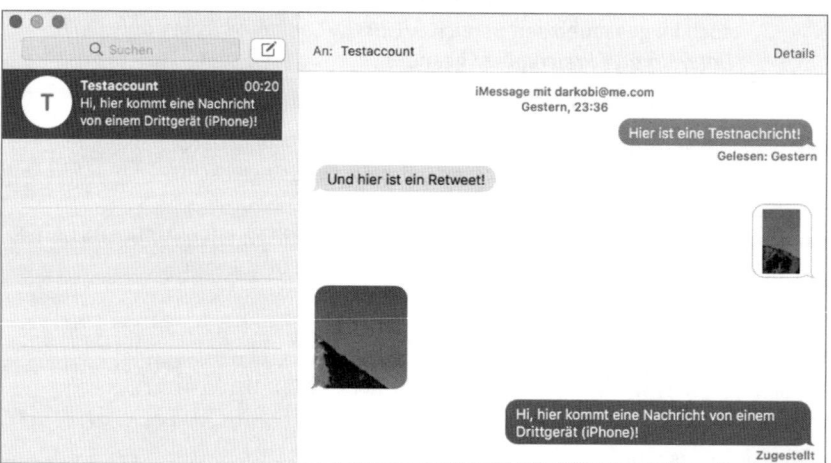

Bild 8.43: Nachrichten-App - Nutzung durch ein Drittgerät

Datei	Aktion	Zuletzt geändert
/Users/macos/Library/Messages/chat.db-wal	geändert	Do. Jan. 5 0...
/Users/macos/Library/Containers/com.apple.iChat/Data/Library/Saved Application State/com.apple.iChat.savedState/window_2.data	geändert	Do. Jan. 5 0...

Bild 8.44: Nutzung durch ein Drittgerät

Dateiänderungen bei der Nutzung durch ein Drittgerät	
Kennzeichnung	Beschreibung
Rot	Die *wal*-Logdatei der Datenbank chat.db wird geändert.
Blau	Im gesandboxten Bereich der Nachrichten-App wird im Verzeichnis / *com.apple.iChat.savedState/* eine Datei geändert.

Die Aktion *Nutzung durch ein Drittgerät* verursacht außerdem einen Lesezugriff auf die Datenbank *AddressBook-v22.abcddb* und deren *Write-Ahead*-Logdatei. Ein Schreibzugriff erfolgt auf die Datei *Testaccount am 2017-01-05 um 00:03:32.ichat*.

```
TIME          TIMESTR            UID   PID CMD       D   BYTES FILE
1646575934    2017 Jan  5 00:20:56   501  1154 Messages  R    4096 AddressBook-v22.abcddb-wal
1646576770    2017 Jan  5 00:20:56   501  1154 Messages  R    4096 AddressBook-v22.abcddb
1653363853    2017 Jan  5 00:21:03   501  1154 Messages  W    2257 Testaccount am 2017-01-05 um 00.03.32.ichat
```

Bild 8.45: Nachrichten-App – Nutzung durch ein Drittgerät

Beim Schreiben einer Nachricht über ein Drittgerät (iPhone) wird diese nach kurzer Zeit mit der Nachrichten-App (auf der virtuellen macOS-Plattform) synchronisiert und ist dort sichtbar. Aktualisiert werden dabei die Dateien *chat.db-wal*, *Testaccount am 2017-01-05 um 00:03:32.ichat* und das Verzeichnis */com.apple.iChat.savedState/*.

Cross-App-Artefakte
Bei der Untersuchung der Frage, welche weiteren installierten Programme durch die Nachrichten-App angefasst werden, lässt sich interessanterweise beobachten, dass sehr häufig ein Zugriff auf die Datenbank der Kontakte-App *AddressBook-v22.abcddb-wal* erfolgt. Die Nachrichten-App scheint sich für die interne Darstellung von Kontakten und deren Zuordnung aus dem Datenbestand der Kontakte-App zu bedienen.

Datenübertragung (Netzwerkanalyse)
Zum sinnvollen Betrieb der Nachrichten-App ist eine Internetverbindung erforderlich. Zwar kann das Programm grundsätzlich auch offline bedient werden, jedoch können Nachrichten über verbundene Internet-Accounts dann nicht zugestellt bzw. empfangen werden. Mit Ausnahme des Bonjour-Diensts für lokale Netzwerke ist die Nachrichten-App dann unbrauchbar.

Zur Analyse der Datenübertragung wurde das Programm Wireshark eingesetzt.

Beim Versenden einer Nachricht baut die App u. a. eine Datenverbindung zu mehreren IP-Adressen auf, die per whois-Abfragen der Firma Apple zugeordnet werden können.

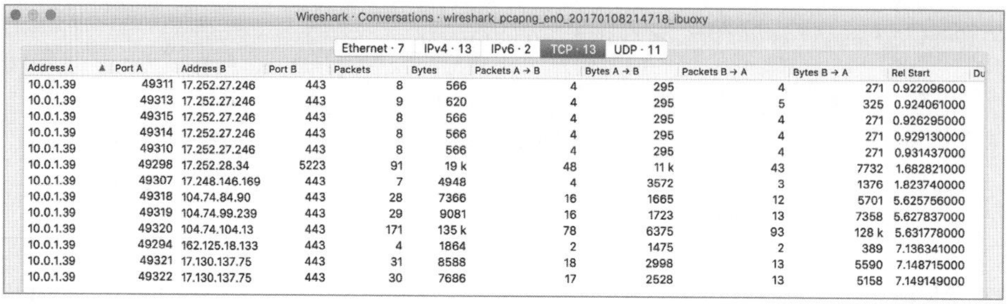

Address A	Port A	Address B	Port B	Packets	Bytes	Packets A → B	Bytes A → B	Packets B → A	Bytes B → A	Rel Start	Du
10.0.1.39	49311	17.252.27.246	443	8	566	4	295	4	271	0.922096000	
10.0.1.39	49313	17.252.27.246	443	9	620	4	295	5	325	0.924061000	
10.0.1.39	49315	17.252.27.246	443	8	566	4	295	4	271	0.926295000	
10.0.1.39	49314	17.252.27.246	443	8	566	4	295	4	271	0.929130000	
10.0.1.39	49310	17.252.27.246	443	8	566	4	295	4	271	0.931437000	
10.0.1.39	49298	17.252.28.34	5223	91	19 k	48	11 k	43	7732	1.682821000	
10.0.1.39	49307	17.248.146.169	443	7	4948	4	3572	3	1376	1.823740000	
10.0.1.39	49318	104.74.84.90	443	28	7366	16	1665	12	5701	5.625756000	
10.0.1.39	49319	104.74.99.239	443	29	9081	16	1723	13	7358	5.627837000	
10.0.1.39	49320	104.74.104.13	443	171	135 k	78	6375	93	128 k	5.631778000	
10.0.1.39	49294	162.125.18.133	443	4	1864	2	1475	2	389	7.136341000	
10.0.1.39	49321	17.130.137.75	443	31	8588	18	2998	13	5590	7.148715000	
10.0.1.39	49322	17.130.137.75	443	30	7686	17	2528	13	5158	7.149149000	

Bild 8.46: Wireshark – Ansicht der mitgeschnittenen Konversationen

Die Analyse mit Wireshark zeigt, dass zur Datenübertragung mit Apple eine Absicherung auf der Transportschicht per TLS/SSL erfolgt.

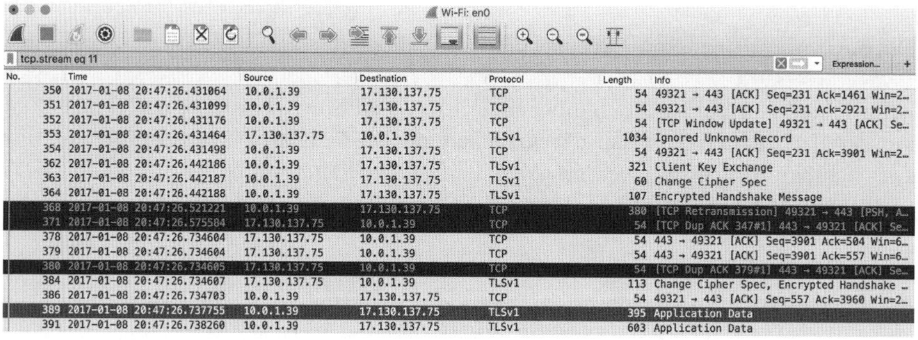

No.	Time	Source	Destination	Protocol	Length	Info
350	2017-01-08 20:47:26.431064	10.0.1.39	17.130.137.75	TCP	54	49321 → 443 [ACK] Seq=231 Ack=1461 Win=2…
351	2017-01-08 20:47:26.431099	10.0.1.39	17.130.137.75	TCP	54	49321 → 443 [ACK] Seq=231 Ack=2921 Win=2…
352	2017-01-08 20:47:26.431176	10.0.1.39	17.130.137.75	TCP	54	[TCP Window Update] 49321 → 443 [ACK] Se…
353	2017-01-08 20:47:26.431464	17.130.137.75	10.0.1.39	TLSv1	1034	Ignored Unknown Record
354	2017-01-08 20:47:26.431498	10.0.1.39	17.130.137.75	TCP	54	49321 → 443 [ACK] Seq=231 Ack=3901 Win=2…
362	2017-01-08 20:47:26.442186	10.0.1.39	17.130.137.75	TLSv1	321	Client Key Exchange
363	2017-01-08 20:47:26.442187	10.0.1.39	17.130.137.75	TLSv1	60	Change Cipher Spec
364	2017-01-08 20:47:26.442188	10.0.1.39	17.130.137.75	TLSv1	107	Encrypted Handshake Message
368	2017-01-08 20:47:26.521221	10.0.1.39	17.130.137.75	TCP	380	[TCP Retransmission] 49321 → 443 [PSH, A…
371	2017-01-08 20:47:26.575584	17.130.137.75	10.0.1.39	TCP	54	[TCP Dup ACK 347#1] 443 → 49321 [ACK] Se…
378	2017-01-08 20:47:26.734604	17.130.137.75	10.0.1.39	TCP	54	443 → 49321 [ACK] Seq=3901 Ack=504 Win=6…
379	2017-01-08 20:47:26.734604	17.130.137.75	10.0.1.39	TCP	54	443 → 49321 [ACK] Seq=3901 Ack=557 Win=6…
380	2017-01-08 20:47:26.734605	17.130.137.75	10.0.1.39	TCP	54	[TCP Dup ACK 379#1] 443 → 49321 [ACK] Se…
384	2017-01-08 20:47:26.734607	17.130.137.75	10.0.1.39	TLSv1	113	Change Cipher Spec, Encrypted Handshake …
386	2017-01-08 20:47:26.734703	10.0.1.39	17.130.137.75	TCP	54	49321 → 443 [ACK] Seq=557 Ack=3960 Win=2…
389	2017-01-08 20:47:26.737755	10.0.1.39	17.130.137.75	TLSv1	395	Application Data
391	2017-01-08 20:47:26.738260	10.0.1.39	17.130.137.75	TLSv1	603	Application Data

Bild 8.47: Wireshark – Absicherung der Datenverbindung per TLS/SSL

8.3.3 Ansätze für eine forensische Analyse

Das Kapitel betrachtet mögliche Ansätze für eine forensische Analyse der Nachrichten-App. Insbesondere die Ermittlung von Inhaltsdaten steht im Fokus von Ermittlungsbehörden.

Post Mortem

Im Idealfall kann eine Sicherung des Datenbestands eines Apple-Computers mit installiertem macOS-Betriebssystem stattfinden. Speziell bei Apple-Rechnern verhindert die kompakte Bauweise, sowohl bei Apple-Notebooks als auch bei aktuellen iMac-Computern, in den allermeisten Fällen den Ausbau des Datenspeichers und die Sicherung mit einem Hardware-Schreibschutz. Die Datenspeicher sind in vielen Fällen verklebt oder befinden sich mit proprietären Anschlüssen direkt auf dem Logic Board des Geräts.

In aktuellen Apple-Computern sind nur noch SSD-Speicher verbaut. Ausnahme ist der kombinierte Einsatz von SSD und herkömmlichen magnetischen Festplatten (sogenannte Fusion Drives) in iMac-Geräten. Eine Sicherung kann dennoch in vielen Fällen erfolgreich über den Einsatz von Live-Bootmedien, dem Target Mode oder über spezielle Forensik-Tools durchgeführt werden. Probleme bei der Sicherung können dennoch auftreten, wenn Apple-Geräte mit der integrierten FileVault-2-Technologie vollverschlüsselt sind.

Kann der Datenbestand erfolgreich gesichert werden, ist im Rahmen einer Post-Mortem-Analyse die Sicherstellung und Aufbereitung von Inhaltsdaten der Nachrichten-App ohne Weiteres möglich. Die entsprechenden Quellen für Inhaltsdaten wurden bereits gezeigt.

iTunes-Backup

Eine alternative Möglichkeit ist die Analyse eines iTunes-Backups. Dieses kann Inhaltsdaten der Nachrichten-App eines gesicherten iOS-Geräts enthalten. Backups von iOS-Geräten können auf den Betriebssystemplattformen macOS oder Windows unter Zuhilfenahme der Software iTunes durchgeführt werden. Zu bedenken ist, dass auf Backups von iOS-Geräten nicht zwangsläufig die gleichen Inhaltsdaten wie auf dem Hostrechner vorhanden sind. Gesicherte Geräte können beispielsweise durchaus mit einer anderen iCloud-Adresse versehen sein oder noch Inhaltsdaten enthalten, die sowohl auf dem iOS-Gerät als auch auf dem Computer selbst bereits gelöscht wurden.

iCloud

Eine weitere Möglichkeit zur Speicherung von Inhaltsdaten ist die iCloud. Wird die Nachrichten-App mit einem iCloud-Account eingerichtet, werden entsprechende Inhaltsdaten ebenfalls durch den iCloud-Dienst gesichert. Eine Sicherung von iCloud-Inhalten ist beispielsweise durch Programme wie Passware Forensic Toolkit oder Elcomsoft Phone Breaker möglich. Sie sind in der Lage, sowohl durch Eingabe von Credentials als auch durch die Nutzung von sicheren Tokens einen Zugriff herzustellen.

Synchronisierte Geräte

Im Rahmen einer Ermittlungsmaßnahme sollte beachtet werden, dass Inhaltsdaten auch auf weiteren synchronisierten Geräten vorhanden sein können. Die durchgeführte Anwendungsanalyse hat gezeigt, dass Inhalte bereits nach kurzer Zeit synchronisiert werden. Praktisch könnten beispielsweise Inhalte der Nachrichten-App, die aufgrund einer aktiven Verschlüsselung auf einem Mac-Rechner nicht gesichert werden können, durchaus auch auf einem iPhone, iPad oder einem weiteren Mac-Computer vorhanden sein, der möglicherweise gesichert werden kann.

8.3.4   Zusammenfassung

Bei der Analyse der Nachrichten-App stellte sich heraus, dass Veränderungen an den gleichen Dateien immer wieder zu beobachten waren. Insbesondere die Konfigurationsdateien *com.apple.iChat* in den Verzeichnissen *~/Library/Preferences/* und *~/Library/Containers/com.apple. iChat/Data/Library/*, die Datei *~/Library/Messages/chat.db-wal* sowie die Konversationsdateien im Verzeichnis *~/Library/Messages/Archive* lassen sich als charakteristische digitale Spuren der Anwendung ausmachen.

Beim ersten Versand oder Empfang einer Datei bzw. eines Anhangs wird das Verzeichnis *~/Library/Messages/Attachments* erzeugt, das somit ebenfalls als charakteristische Spur für diese Aktionen bezeichnet werden kann. Die Präsenz dieses Verzeichnisses lässt den

Rückschluss zu, dass die Aktion Versand oder Empfang von mindestens einer Datei statt-gefunden haben muss, auch wenn Inhalte bereits gelöscht wurden. Tiefere Erkenntnisse zur Nachrichten-App selbst könnten unter Umständen noch durch eine Quellcode-Ana-lyse gewonnen werden.

9 Random-Access-Memory-Analyse

Random Access Memory (RAM) ist Datenspeicher, der bei Computern als Arbeitsspeicher Verwendung findet. In diesem Speicherbereich werden gerade ausgeführte Programme, Programmteile oder von Programmen benutzte Daten abgespeichert. Für den Arbeitsspeicher werden Speicherbausteine eingesetzt, die Daten volatil speichern, d. h. nach Abschaltung der Stromzufuhr gehen die Daten verloren.

Die Sicherung und Analyse des RAM-Speichers von Mac-Computern ist eine recht neue Disziplin. Bislang haben nur wenige Experten diesbezügliche Schriften veröffentlicht und es existieren nur einige wenige Programme, mit denen eine Sicherung und anschließende Analyse durchgeführt werden kann. Ganz im Gegensatz hierzu ist die Thematik RAM-Sicherung und Analyse des Betriebssystems Microsoft Windows aus forensischer Sicht bereits seit Jahren erforscht, so dass für Windows-basierte Computer eine Vielzahl von Programmen verfügbar ist, die eine automatisierte Sicherung und auch Analyse unterstützen. Mit der Einführung von Mac OS X 10.9 im Oktober 2013 führte Apple die Technologie Compressed-Memory ein. Die Folge war, dass der überwiegende Teil der wenigen Mac-spezifischen Tools nicht mehr funktionierte und die Anzahl von Programmen bis zum aktuellen Stand von macOS Sierra an einer Hand abgezählt werden kann.

Die Sicherung und anschließende Analyse von RAM nimmt derzeit noch einen recht geringen Anteil bei forensischen Untersuchungen ein. In der Praxis werden nur in wenigen Fällen Sicherungen des RAM durchgeführt und respektive ist auch nur in wenigen Fällen eine diesbezügliche Analyse notwendig. Dabei kann die RAM-Analyse in vielen Fällen äußerst relevante Informationen liefern, die ansonsten nicht oder nur sehr mühsam erlangt werden können. Eine RAM-Analyse kann beispielsweise hilfreich sein, um aktive oder versteckte Prozesse zur Laufzeit eines Computers zu erkunden. Unter Umständen lassen sich hierdurch auffällige und nicht autorisierte Programme (Malware) identifizieren.

Es lassen sich umfangreiche Informationen zu Netzwerkverbindungen ermitteln. Beispielsweise können verdächtige Verbindungen, eventuell sogar Backdoors zum Computer, erkannt werden. Weiterhin lassen sich aus einer RAM-Sicherung volatile System-Informationen und volatile Daten von Programmen auslesen. Dies können beispielsweise Chat-Nachrichten, E-Mails oder Klartextinformationen zu eigentlich verschlüsselten Inhalten sein. Schließlich lassen sich auch Passwörter oder kryptografische Schlüssel auffinden, im Fall von Mac OS möglicherweise Keychain-Informationen, die den Zugang zu verschlüsselten Inhalten des Computers ermöglichen. Ab macOS Sierra werden Passwörter verschlüsselt im RAM-Speicher abgelegt, so dass der Ermittlungsaufwand entsprechend höher ist, da sie zusätzlich entschlüsselt werden müssen.

9.1 Stand der Forschung

Mit der Mac-spezifischen Analyse von RAM-Abbildern beschäftigt sich das Buch »The Art of Memory Forensics« von Light et al. Die Präsentation »Mac Memory Analysis with Volatility« von Andrew Case betrachtet speziell die Analyse mit dem Tool Volatility. Der Artikel »Advancing Mac OS X rootkit detection« von Andrew Case und G. Richard beschäftigt sich mit der Erkennung von Rootkits unter Verwendung von Volatility als Analysetool. Mehr allgemeine Informationen zur Struktur des RAM unter Mac OS X sind in Kapitel 12 des Buchs »Mac OS X and iOS Internals« von Jonathan Levin zu finden.

Zur Durchführung von RAM-Analysen ist das Open-Source-Programm Volatility de facto Standard und wird auch in den genannten Büchern und Schriften als Analyseplattform angewandt. Bezüglich Volatility sind insbesondere die offizielle Volatility-Webseite sowie das auf Github zur Verfügung gestellte Wiki interessante Quellen. Bezüglich der Entwicklung eigener Profile und Plugins bietet der auf Google zur Verfügung gestellte Developer Guide nützliche Einstiegshilfen. Volatility unterstützt Mac OS seit der Version 2.3 (Oktober 2013). Entsprechende Profile sind seither für die Mac-OS-X-Versionen ab Version 10.5 auf der offiziellen Github-Präsenz verfügbar.

9.2 Struktur des RAM-Speichers

Wird unter Mac OS ein Prozess ausgeführt, kann er den gesamten RAM-Speicher als Adressraum nutzen. Der Prozess geht sozusagen davon aus, dass er der einzige ist, der Ressourcen des Systems in Anspruch nimmt. Damit die Speicherverwaltung des Betriebssystems in der Lage ist, mehrere Prozesse zu verwalten, bekommt ein Prozess einen sogenannten virtuellen Adressraum zugeteilt, über den er verfügen kann. Dieser virtuelle Adressraum ist unter Intel-X86-Prozessoren in feste Pages von 4096 Bytes Größe unterteilt. Über eine Page-Tabelle werden die einzelnen virtuellen Pages auf den eigentlichen, physikalisch vorhandenen RAM-Speicher abgebildet. Dort können sie unterschiedlich geordnet sein.

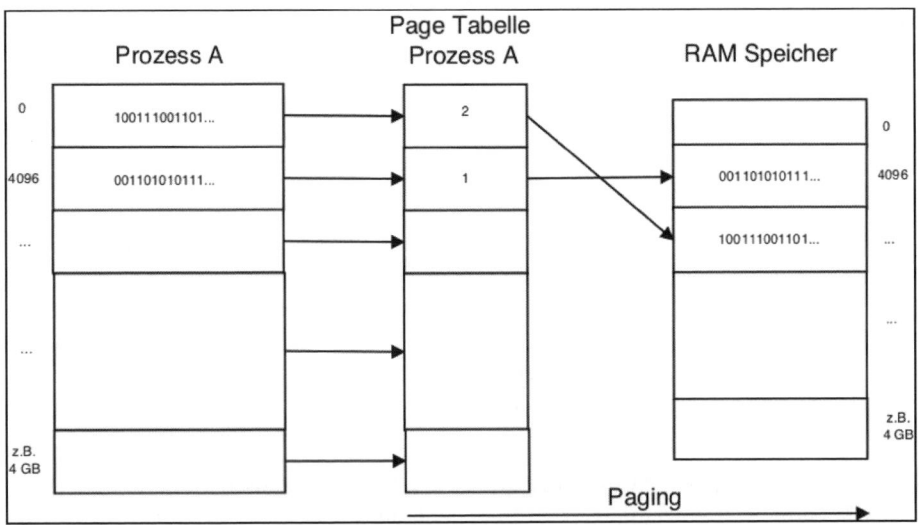

Bild 9.1: Paging eines Prozesses unter Mac OS (32-Bit)

32-Bit-Prozessen stehen unter Mac OS die maximal adressierbaren 4 GB zur vollen Verfügung. Der Kernel wird über einen eigenen Adressraum adressiert. Im Gegensatz dazu trennen Windows und Linux den Kernel- und Userspace für jeden Prozess (bspw. 2/2 GB unter Windows oder 1/3 GB unter Linux). 64-Bit-Prozesse können ebenfalls den maximal adressierbaren Adressraum nutzen, bei ihnen wird der Kernel allerdings nicht getrennt adressiert, sondern in den Adressraum des Prozesses abgebildet (gemappt). Ab Version 10.9 wird Mac OS ausschließlich unter dem 64-Bit-XNU-Kernel betrieben. 64-Bit-Prozesse konnten (ab 10.5) allerdings auch schon vorher unter einer 32-Bit-Kernel-Umgebung ausgeführt werden und damit mehr als 4 GB Adressraum adressieren.

Durch die Nutzung von virtuellem Adressraum kann es vorkommen, dass mehrere Prozesse gleichzeitig aktiv sind und zusammen mehr physikalischen RAM-Speicher in Anspruch nehmen, als eigentlich im Computer vorhanden ist. Die Speicherverwaltung des Betriebssystems benötigt in diesen Fällen eine Strategie, wie sie den Zugriff auf die physikalischen Ressourcen steuern und mit zu wenig vorhandenem RAM-Speicher umgehen soll. Die meisten Betriebssysteme lösen dies durch Erweiterung des RAM-Speichers in Form einer Auslagerung in sogenannte SWAP-Dateien auf den wesentlich größeren Festplattenspeicher. Diese SWAP-Dateien sind auch unter Mac OS vorhanden und werden vom Betriebssystem genutzt, allerdings weit weniger stark wie beispielsweise unter Microsoft Windows. Swap-Dateien sind unter Mac OS unter folgenden Pfaden zu finden:

*   */private/var/vm/sleepimage*

*   */private/var/vm/swapfile*

Bis zur Version 10.6 können diese Dateien mit dem Befehl `strings` nach Passwörtern oder Ähnlichem durchsucht werden. Seit Mac OS X 10.7 nutzt Apple die Technologie Secure Virtual Memory zur Verschlüsselung der Auslagerungsdateien, so dass forensisch keine Informationen mehr extrahiert werden können. Secure Virtual Memory ist per

Default aktiv, kann aber vom Nutzer deaktiviert werden. Mit dem Terminalkommando $ `sysctl vm.swapusage` kann der Status zu Secure Virtual Memory abgefragt werden.

Mac OS ist aktuell eines der fortschrittlichsten Betriebssysteme bezüglich der Speicherverwaltung von Prozessen. Neben der Möglichkeit, Speicher auf Festplattenbereiche auszulagern, kann Mac OS auf die wesentlich effizienteren Technologien Automatic Termination und Compressed Memory zurückgreifen.

Automatic Termination unterstützt die Speicherverwaltung bei der schnelleren Freigabe von RAM-Speicher durch ein aktives Beenden von nicht mehr benötigten Prozessen. Die Grundidee ist das Sparen von Ressourcen durch schnelleres Erreichen des Sleep-Modus. Die meisten Mac-Computer sind mobile Notebooks, das Einsparen von Energie hat daher für das Betriebssystem oberste Priorität ('Race to Sleep'). Je länger ein Prozess läuft und je mehr Ressourcen er in Anspruch nimmt, desto mehr Energie benötigt er auch.

Die zweite Technologie ist Compressed Memory. Die Technologie wurde mit der Mac-OS-X-Version 10.9 eingeführt und ermöglicht die dynamische Komprimierung von nicht benötigten Speicherbereichen innerhalb des Adressraums eines Prozesses durch den Kernel. Compressed Memory ermöglicht es damit, weitaus mehr Daten im physikalisch vorhandenen RAM-Speicher zu halten als zuvor. Die Technologie bedeutet zudem eine enorme Beschleunigung. Der Komprimierungsprozess ist um ein Vielfaches schneller als der Auslagerungsprozess in SWAP-Dateien:

Geschwindigkeitsvergleich RAM – PCIe	
Auslagerung in SWAP auf PCIe-Flash-Speicher bei neuen Mac-Modellen	ca. 1,2 GB/s
RAM-Speicher-Bandbreite zur Komprimierung	60 GB/s

Moderne Mac-Computer machen von Compressed Memory exzessiv Gebrauch und vermeiden, wenn möglich, die Auslagerung auf Festplattenspeicher.

Durch Compressed Memory ist eine Sicherung von RAM-Speicherinhalten nicht mehr ohne Weiteres möglich. Um ein Speicherabbild erstellen zu können, muss zuvor die vom Kernel verwaltete Struktur des RAM-Speichers abgefragt werden. Dies kann durch die Abfrage von Kernel-Boot-Argumenten und Auswertung der Kernel Memory Map erfolgen. Das Tool OSXPmem unterstützt diesen Ansatz beispielsweise durch das Einbringen einer eigenen Kernel-Extension, die in der Lage ist, die RAM-Struktur abzufragen und in Folge zu sichern.

Viele weitere Tools scheitern allerdings an Compressed Memory und sind seit der Mac-OS-X-Version 10.9 nicht mehr in der Lage, Sicherungen durchzuführen.

Eine weitere relevante Technologie bezüglich der Struktur des RAM-Speichers ist Address-Space-Layout-Randomisation (ASLR). ASLR ist seit der Mac-OS-X-Version 10.7 vollständig implementiert. Ist ASLR aktiv, weist der Kernel Prozessen bei jedem Neustart veränderte Adressbereiche auf zufälliger Basis zu. ASLR ist ein Sicherheitsfeature, das insbesondere Buffer-Overflow-Angriffe erfolgreich verhindern kann.

Nicht-persistente Spuren

Der Begriff der nicht persistenten digitalen Spur umfasst flüchtige Spuren, die im Kontext eines laufenden Systems auch bei durchgängiger Stromzufuhr nicht erhalten bleiben. Das sind typischerweise Netzwerkdaten oder Inhalte von Prozessorregistern. Spuren dieses Typs müssen im laufenden Betrieb eines Rechners im Rahmen von Live-Response-Maßnahmen gesichert werden.

Die Sicherung von Prozessinformationen kann beispielsweise mit dem Kommando `ps` erfolgen, das direkt auf dem BSD System Call `sysctl` aufsetzt. Weitere Kernelinformationen liefert das auf dem System Call `proc_info` aufsetzende Kommando `lsof`. Auch das Programm system-profiler ist in der Lage, einen Prozess- und System-Snapshot eines Mac-OS-Systems zu erstellen. Das Programm ist die grafische Version der in Mac OS integrierten Applikation *Systeminformationen.app* (System Profiler), die in der grafischen Benutzeroberfläche unter dem *Apfel-Symbol/Über diesen Mac* erreichbar ist. Bezüglich der Sicherung von Netzwerkspeichern und Cloud-Speichern ist eine manuelle Überprüfung von verbundenen Ressourcen und freigegeben Verzeichnissen notwendig.

Neben den flüchtigen Spuren fallen auch die sogenannten semi persistenten Spuren unter den Begriff der nicht persistenten digitalen Spur. Semi persistente Spuren bleiben bei unterbrochener Stromzufuhr nur kurzfristig erhalten. Typischerweise ist dies der Hauptspeicher (Random Access Memory oder RAM) eines Computers. Die Sicherung und Analyse von RAM-Speicher wird im folgenden Kapitel thematisiert.

9.3 Tools zur Sicherung und Analyse

Zur Sicherung und Analyse von RAM-Speicher unter Mac OS können beispielhaft die folgenden Programme eingesetzt werden:

RAM-Sicherungstools		
Sicherung	Status	Unterstützte Mac-OS-Versionen
OSXPmem	Open Source	bis 10.12
Mac Memoryze	Freeware	bis 10.8
Recon	Kommerziell	bis 10.12
MacQuisition	Kommerziell	bis 10.12
Recon Imager	Kommerziell	bis 10.12

RAM-Analysetools		
Analyse	Status	Unterstützte Mac-OS-Versionen
Volatility	Open Source	bis 10.12
Mac Memoryze	Freeware	bis 10.8
Volafox	Open Source	bis 10.8

9.4 RAM-Analyse mit Volatility

Volatility ist ein in Python geschriebenes Open-Source-Analyse-Framework. Es unterstützt die RAM-Analyse von Windows, Linux und Mac-OS-Betriebssystemen (Mac OS seit der Version 2.3). Um eine Analyse für die verschiedenen Plattformen durchführen zu können, benötigt Volatility ein für den Betriebssystem-Kernel passendes Profil. Zunächst ist ein RAM-Abbild eine binäre Folge von Nullen und Einsen. Zur Durchführung einer Analyse ist es notwendig, die vom Kernel benutzte Ablagestruktur ausfindig zu machen. Nur dann ist es möglich, das binäre Abbild brauchbar zu strukturieren.

Profile ermöglichen es Volatility, binäre Abbilder strukturiert auszulesen. Dabei ist jedes Profil für eine bestimmte Kernel-Version angepasst und daher auch nur mit dieser funktionsfähig. Um ein Profil erstellen zu können, werden Informationen verwendet, die beim Debuggen von Symbolen der Kernel-Binaries in Erfahrung gebracht werden können. Dies sind zum einen die Adressen globaler Variablen, zum anderen vom Debugger erzeugte Kernel-Strukturen (sogenannte vtypes), die die Struktur des Speicherlayouts beschreiben. Intuitiv können vtypes als Schablonen betrachtet werden, die über das binäre Speicherabbild gelegt werden und dessen Struktur beschreiben.

Für Mac OS wird zur Erstellung eines Profils das Kernel Debug Kit der jeweiligen Mac-OS-X-Version benötigt. Mit dem Tool *dwarfdump* können die benötigten Debugging-Informationen generiert und anschließend mit dem in Volatility mitgelieferten Programm *convert.py* in für Volatility nutzbare vtypes umgewandelt werden. Das Tool *dsymutil* erzeugt die notwendigen Symboladressen. Vtypes und Symboladressen können im Anschluss zu einem gültigen Volatility-Profil im ZIP-Format gepackt werden. Auf der offiziellen Github-Präsenz der Volatility Foundation sind derzeit über 40 Mac-Profile abrufbar.

Für eine Analyse eines RAM-Abbilds mit Volatility sind im Volatility-Framework bereits diverse Plugins enthalten. Zusammen mit dem RAM-Abbild und dem passenden Profil können damit umfangreiche Analysen erstellt werden. Die folgende Tabelle zeigt die von Volatility mitgelieferten Plugins für Mac OS und deren praktische Bedeutung. Volatility wird dabei jeweils im Terminal als Python-Programm mit der folgenden Syntax gestartet:

```
$ python vol.py -f [RAM Abbild] - -profile=[PROFIL][PLUGIN]
```

Volatility-Plugins für Mac OS	
Plugin	Bedeutung
python vol.py --info | less	Zeigt Informationen zu Volatiliy, Profilen und Plugins
python vol.py -h | less	Volatility-Beschreibung (»man-Page«)
mac_version	System-Kernel-Informationen
mac_machine_info	System-Informationen
mac_dmesg	Kernel Message Buffer (Kernel-Meldungen)
mac_mount	Eingehängte Volumes
mac_ifconfig	Netzwerkinformationen, NICs (analog ifconfig)

Plugin	Bedeutung
mac_arp	Netzwerkinformationen, ARP-Tabelle (analog `arp -an`)
mac_route	Netzwerkinformationen, Routing-Tabelle (analog `netstat -rn`)
mac_pslist	Prozesse (analog `ps aux`)
mac_pgrp_hash_table	Prozesse nach Group Hash Table
mac_pstree	Prozesse im Tree-Format
mac_lsof	Geöffnete Dateien (analog `lsof`)
mac_lsmod	Kernel-Extensions
mac-keychaindump	Sucht Keychain-Schlüssel im RAM-Abbild
mac_calendar	Stellt Kalendereinträge aus dem RAM-Abbild wieder her
mac_contacts	Stellt Kontakte aus dem RAM-Abbild wieder her
mac_notesapp --dump-dir	Stellt Notizen aus dem RAM-Abbild wieder her

mac_strings	String-Suche über das RAM-Abbild.
	
	Zur Durchführung einer String-Suche im RAM muss dem Plugin eine Datei mit Schlüsselbegriffen (z. B. keys.txt) übergeben werden.
	
	Diese muss im Format
	
	`<decimal.offset>:<string>`
	
	vorliegen. Der Aufruf des Plugins lautet dann:
	
	`$ python vol.py -f <RAM ABBILD> --profile=<PROFIL> mac_strings --s ../keys.txt --output-file=mac_strings_output.txt`
	
	Eine Textdatei `words.txt` mit Schlüsselbegriffen kann mit dem Befehl
	
	`$ strings -t d words.txt > keys.txt`
	
	in das passende Format konvertiert werden.

```
● ● ●                          🔲 volatility-master — -bash — 111×26
IBCCs-MacBook-Pro121:volatility-master ibcc$ python vol.py -f /Users/ibcc/Desktop/OSX10.11.1_12-04-15T.raw --pr
ofile=Mac10_11_1_64bitx64 mac_mount
Volatility Foundation Volatility Framework 2.5
Device                         Mount Point                                                    Type
-----------------------------  ---------------------------------------------------------      ----
/                              /dev/disk1                                                     hfs
/dev                           devfs                                                          devfs
/net                           map -hosts                                                     autofs
/home                          map auto_home                                                  autofs
/Volumes/Boxcryptor            Boxcryptor@bcfs0                                               bcfs
/Volumes/PALADIN               /dev/disk2s1                                                   msdos
/Volumes/RECON                 /dev/disk2s2                                                   hfs
IBCCs-MacBook-Pro121:volatility-master ibcc$ ▊
```

Bild 9.2: Ausgabe von *mac_mount* mit eingehängten Volumes

```
● ● ●                          ▦ volatility-master — -bash — 142×22
IBCCs-MacBook-Pro121:volatility-master ibcc$ python vol.py -f /Users/ibcc/Desktop/OSX10.11.1_12-04-15T.raw --profile=Mac10_11_1_64bitx64 mac_p
slist
Volatility Foundation Volatility Framework 2.5
Offset              Name                   Pid    Uid    Gid    PGID    Bits    DTB                 Start Time
------------------  ---------------------  -----  -----  -----  ------  ------  ------------------  -------------------------
0xffffff803a6155d8  mdworker               5914   501    20     5914    64BIT   0x00000002c5890000  2015-12-04 21:53:55 UTC+0000
0xffffff803e9a8e90  raming                 5913   0      0      5888    64BIT   0x0000000149bb5000  2015-12-04 21:53:54 UTC+0000
0xffffff803a614c88  sudo                   5912   0      0      5888    64BIT   0x0000000039783000  2015-12-04 21:53:54 UTC+0000
0xffffff803672f2a0  sh                     5910   501    20     5888    64BIT   0x0000000020091000  2015-12-04 21:53:53 UTC+0000
0xffffff8034f277e0  QuickLookSatelli       5896   501    20     5896    64BIT   0x000000018iba0000  2015-12-04 21:53:43 UTC+0000
0xffffff803e9a72a0  quicklookd             5894   501    20     5894    64BIT   0x0000000228b2000   2015-12-04 21:53:38 UTC+0000
0xffffff803e9a8098  cupsd                  5890   0      0      5890    64BIT   0x000000010cbed000  2015-12-04 21:53:29 UTC+0000
0xffffff8036d18950  Sumuri_Recon           5889   501    20     5888    64BIT   0x0000000032926000  2015-12-04 21:53:29 UTC+0000
0xffffff803e9a6950  backupd                5883   0      0      5883    64BIT   0x000000042c399000  2015-12-04 21:53:18 UTC+0000
```

Bild 9.3: Auszug aus der Ausgabe von *mac_pslist* mit einigen Prozessen

9.5 Volatility-Plugin vol_logkext.py

Dieser Abschnitt beschäftigt sich mit der Erstellung eines eigenen Volatility-Plugins. In der Praxis ist Volatility das meistgenutzte Programm zur Durchführung von RAM-Analysen. Im Zuge solcher Analysen kann es durchaus sinnvoll sein, Volatility-Funktionalitäten durch Erstellung eigener Plugins manuell anzupassen oder gar neue Funktionalitäten zu integrieren. Volatility bietet mit der Möglichkeit, eigene Plugins zu integrieren, eine solche Schnittstelle für erfahrene Analysten. Plugins sind wie das Framework Volatility selbst in Python programmiert. Für die Analyse von Mac OS existiert bereits eine Vielzahl von vorgefertigten Plugins, mit denen Analysen durchgeführt werden können. Darüber hinaus existiert eine aktive Community zu Volatility, die sich unter anderem mit der Entwicklung bzw. Weiterentwicklung von Plugins beschäftigt.

Volatility-Plugins sind objektorientiert aufgebaut und implementieren eine Python-Klasse. Der gewählte Name der Klasse ist gleichzeitig auch der Name des Plugins. Unter diesem kann es beim Start von Volatility geladen werden. In der folgenden Abbildung wird das von Volatility mitgelieferte Plugin `mac_version` mit dem Profil für Mac OS X 10.11.1 verwendet.

```
● ● ●                          ▦ volatility-master — -bash — 155×32
IBCCs-MacBook-Pro121:volatility-master ibcc$ pwd
/Users/ibcc/Desktop/Thesis_Vol/volatility-master
IBCCs-MacBook-Pro121:volatility-master ibcc$ python vol.py -f /Users/ibcc/Desktop/OSX10.11.1_12-04-15T.raw --profile=Mac10_11_1_64bitx64 mac_version
Volatility Foundation Volatility Framework 2.5
Darwin Kernel Version 15.0.0: Sat Sep 19 15:53:46 PDT 2015; root:xnu-3247.10.11~1/RELEASE_X86_64
IBCCs-MacBook-Pro121:volatility-master ibcc$ ▮
```

Bild 9.4: Aufruf des Plugins `mac_version` mit Volatility

Der Aufbau eines Volatility-Plugins folgt einem bestimmten Schema. So können nach Auswahl der Klasse diverse Methoden definiert werden. Die wichtigsten sind:

- `__init__` – definiert globale Plugin-Einstellungen
- `calculate` – beinhaltet die Analysefunktionalität des Plugins
- `render_text` – definiert den Ausgabeinhalt und das Ausgabeformat

Zur Umsetzung eines Plugins für Volatility soll der Mac-OS-Keylogger logKext V2.4 in einem RAM-Speicherabbild nachgewiesen werden. Hierzu wurde ein Testsystem mit der Mac-OS-X-Version 10.11.1 erstellt und logKext V2.4 installiert. Der Keylogger logKext ist ein Open-Source-Programm, das mit einer statischen Analyse sicher erkannt werden kann.

Der Keylogger installiert sich in das Verzeichnis */Library/Application Support/logKext* sowie als Kernel-Extension in das Verzeichnis */System/Library/Extensions/logKext*. Die Tastatureingaben werden in der Datei */Library/Preferences/com.fsb.logKext* verschlüsselt gespeichert. Ist der Keylogger aktiv, läuft er im Hintergrund des Systems, ohne dass der Nutzer etwas davon mitbekommt. Kontrolliert werden kann logKext über das Terminal.

Mit dem Befehl `sudo logKext` wird ein interaktiver Client gestartet, über den beispielsweise mit `print` die gespeicherten Tastatureingaben ausgegeben werden können. In einem laufenden System obfuskiert `logKext` seine Präsenz nicht weiter. Mit dem Befehl `ps` kann er als aktiver Prozess eindeutig identifiziert werden, ebenso lässt `lsof` nachvollziehen, dass die Log-Datei `com.fsb.logKext` geöffnet ist.

```
ibcc — sh — 178×35
sh-3.2# ps aux |grep logKext
root            783  0,0  0,1  2503224  11260 s001  S+   9:18pm   0:00.19 logKextClient
root            782  0,0  0,0  2446452   3028 s001  S+   9:18pm   0:00.02 sudo logKextClient
root            100  0,0  0,0  2496576   3024  ??  Ss   9:13pm   0:00.05 /Library/Application Support/logKext/logKextDaemon
root            890  0,0  0,0  2444052    776 s000  S+   9:24pm   0:00.00 grep logKext
sh-3.2# lsof |grep com.fsb.logKext
logKextDa 100           root   4w      REG           1,4     487416 4739277 /Library/Preferences/com.fsb.logKext
sh-3.2# █
```

Bild 9.5: Nachweis von `logKext` in einem laufenden System

Zum Nachweis von `logKext` soll das Volatility-Plugin `vol_logKext.py` den Keylogger auf ähnliche Art und Weise in einem RAM-Speicherabbild erkennen.

Das Python-Plugin besteht insgesamt aus drei Modulen, die beim Start von Volatility jeweils als einzelne Plugins ausgeführt werden können. Alle drei integrierten Module unterstützen jeweils eine Ausgabe in der Konsole (Methode `def render_text`) und die Speicherung der Ausgabe in eine externe HTML-Datei (Methode `def render_html`). Die Ausgabe in eine externe HTML-Datei kann durch Zugabe der Parameter `--output=html` `--output-file=Datei.html` beim Aufruf von Volatility erfolgen.

```
volatility
IBCCs-MacBook-Pro121:volatility-master ibcc$ python vol.py --info |grep logKext
Volatility Foundation Volatility Framework 2.5
mac_logkext_files           - Checks logKext's Open Files
mac_logkext_kernel          - Checks if logKext Kernel Extension is present
mac_logkext_proc            - Checks if logKextDaemon Process is active
IBCCs-MacBook-Pro121:volatility-master ibcc$ █
```

Bild 9.6: Module von `vol_logKext.py`

Das Modul `mac_logKext_files` überprüft innerhalb eines Speicherabbilds, ob die Programmdatei `logKextDaemon` und die Log-Datei `com.fsb.logKext` geöffnet sind. Hierfür nutzt es das in Volatility integrierte Plugin `mac_lsof` und durchsucht dessen Ausgabe nach dem String `logKext`. Das Modul gibt anschließend aus, ob entsprechende Dateien gefunden werden konnten.

logKext's Open Files

PID	File Descriptor	File Path
80	7	/MacintoshHD/Library/Application Support/logKext/logKextDaemon
97	4	/MacintoshHD/Library/Preferences/com.fsb.logKext

2 Open Files detected!
258 Open Files parsed!

Bild 9.7: HTML-Ausgabe von `mac_logKext_files`

Das Modul `mac_logKext_proc` überprüft das Speicherabbild nach dem Prozess `logKext-Daemon`. Es nutzt das in Volatility integrierte Plugin `mac_pslist` und durchsucht in Folge alle von `mac_pslist` ausgegebenen Prozesse nach `logKextDaemon`. Abhängig vom Ergebnis der Suche gibt es eine Erfolgs- oder Misserfolgsmeldung aus.

logKext's Process Check

Offset	Name	PID
18446743524779172144	logKextDaemon	97

Process logKextDaemon found! LogKext ist running in your RAM Dump!
254 Processes parsed!

Bild 9.8: HTML-Ausgabe von `mac_logKext_proc`

Das Modul `mac_logKext_kernel` schließlich überprüft, ob die Kernel-Extension `com.fsb.kext.logKext` geladen ist. Das Modul durchsucht die von dem in Volatility integrierten Plugin `mac_lsmod` ermittelten Kernel-Extensions nach der Kext-Datei des Keyloggers. Wenn die Kernel-Extension gefunden wurde, gibt das Modul eine Erfolgsmeldung aus, andernfalls eine Misserfolgsmeldung.

Check for com.fsb.kext.logKext

kmod	kmod name
18446743522109523104	com.fsb.kext.logKext

Kernel Extension com.fsb.kext.logKext found! Your RAM Dump is infected!
131 Kernel Extensions parsed!

Bild 9.9: HTML-Ausgabe von `mac_logKext_kernel`

9.6 Zusammenfassung

Als Resümee kann festgehalten werden, dass die Sicherung von RAM-Speicherinhalten bis hin zur aktuellsten Mac-OS-Version trotz der beschriebenen Schwierigkeiten durch die Technologie Compressed Memory mit den richtigen Programmen erfolgreich möglich ist. Im Zuge forensischer Maßnahmen sollte die Sicherung des volatilen RAM-Speichers bei laufenden Systemen eine Standardmaßnahme sein. In diesem Kapitel wurden Analysemöglichkeiten von gesicherten RAM-Speicherabbildern besprochen. Mit Volatility steht ein mächtiges und kostenfreies Analyse-Framework zur Verfügung, das eine umfangreiche Unterstützung von Mac OS beinhaltet. Die Möglichkeit, eigene Profile und Plugins zu generieren, erweitert den Nutzen gerade für erfahrene Analysten enorm. Auch Speicherabbilder von manipulierten Kernels können dadurch angepasst analysiert werden.

Das Kapitel »Volatility-Plugin vol_logkext.py« schließlich zeigt, dass eine Analyse eines Hauptspeicherabbilds mit Volatility erfolgreich auch mit den aktuellsten Mac-OS-Versionen durchgeführt werden kann. Der Nachweis des Keyloggers `logKext` mit Volatility gelang mit einem manuell angepassten Plugin problemlos. Wie erwartet konnten geöffnete Dateien, das Programm selbst sowie die implementierte Kernel-Extension nachgewiesen werden.

10 Forensische Betrachtung der Mac-Technologien

Dieses Kapitel beschäftigt sich mit der Betrachtung von Mac-Technologien unter forensischen Gesichtspunkten. Das beinhaltet zum einen das Aufkommen forensisch relevanter Spuren im Rahmen einer Analyse, zum anderen aber auch Möglichkeiten, wie Mac-Technologien zur Unterstützung einer forensischen Untersuchung konkret eingesetzt werden können. Insbesondere Spotlight als natives Indexierungsinstrument ist ein mächtiges Werkzeug und kann zu Analysezwecken aktiv eingesetzt werden.

10.1 Versions

Versions wurde mit Mac OS X 10.7 eingeführt und ermöglicht es dem Betriebssystem, im Hintergrund automatische Sicherungen von Dokumenten durchzuführen. Versions speichert Versionsstände von Dokumenten nach einem bestimmten Sicherungsschema:

- Bei jedem Öffnen bzw. Speichern eines Dokuments wird eine stündliche Sicherung erzeugt.

- Stündliche Sicherungen während der Bearbeitung werden für einen Tag gespeichert.

- Tägliche Sicherungen werden für einen Monat gespeichert.

- Wöchentliche Sicherungen werden für mehrere Monate gespeichert.

Als Mac-OS-Technologie wird Spotlight von nativen Applikationen wie TextEdit, Pages, Numbers, Keynotes oder Preview unterstützt. Bei Drittanbieter-Apps muss geprüft werden, ob Versions implementiert ist. Möglicherweise nutzen sie auch eigene Sicherungsfunktionalitäten. Microsoft Word implementiert anstelle von Versions beispielsweise die Funktion *Auto Save*. Versions kann vom Nutzer direkt aus der jeweiligen Applikation gestartet werden und bietet analog zu Time Machine eine intuitive Sicht und Wiederherstellungsmöglichkeit der einzelnen Versionsstände.

Bild 10.1: Versions-Funktionalität in der App TextEdit

Bild 10.2: Wiederherstellungsansicht in der Time Machine

Versions speichert korrespondierende Informationen zu den Versionsständen von Dokumenten in dem als versteckt gekennzeichneten Verzeichnis *./DocumentRevisions-V100/*. Das Verzeichnis ist auf jedem HFS+-Volume vorhanden und enthält die in der nächsten Abbildung gezeigte Verzeichnisstruktur.

Versionsstände werden innerhalb der Versionsstruktur nach Nutzern abgelegt. Bei einem Mac-OS-Boot-Volume liegen die einzelnen Nutzer-IDs hierarchisch unterhalb des Verzeichnisses *PerUID*. Bei externen Datenträgern werden zur strukturierten Speicherung nicht Nutzer-IDs gewählt, sondern numerische IDs gezählt. Die numerischen Werte, begonnen mit *1*, liegen dann hierarchisch unterhalb des Verzeichnisses *AllUIDs* (statt *PerUID*). Unterhalb der Ebene der Nutzer-IDs bzw. numerischen IDs existiert eine weitere Ebene mit hexadezimal benannten Verzeichnissen. Diese beinhalten jeweils die Versionsstände eines bestimmten Dokuments. Die numerische Repräsentation eines Dokumentes ist weiter untergliedert in Verzeichnisse, die im Reversed-DNS-Format vorliegen. Diese bezeichnen jeweils, ob es sich um Versionsstände handelt, die lokal von Mac OS gespeichert werden (*com.apple.documentVersions*) oder aber auch mit der iCloud synchronisiert sind (*com.apple.ubiquity*).

Die einzelnen Versionsstände der Dokumente schließlich sind mit einer GUID bezeichnet und beinhalten als Dateiendung das in der Ursprungsapplikation genutzte Speicherformat (bspw. .txt, .rtf u. a.).

```
● ● ●
sh-3.2# pwd
/.DocumentRevisions-V100
sh-3.2# tree -L 5
.
├── LibraryStatus
├── PerUID
│   └── 501
│       ├── 10
│       │   └── com.apple.documentVersions
│       │       ├── 021C043A-1762-4E1C-A01E-63B189D020AD.rtf
│       │       ├── 5528AE02-80B8-4B71-94E7-DC0F2FD6F027.rtf
│       │       └── 75F25B0D-EB81-4C3D-9D09-61D29721C9E7.rtf
│       ├── c
│       │   └── com.apple.documentVersions
│       │       ├── 816A93E5-E9F7-41D4-A5EC-D9B1BA11327A.rtf
│       │       └── 8F44C5EC-ACE9-4B61-AFCC-98EA4DFA9286.rtf
│       └── f
│           └── com.apple.documentVersions
│               └── A432ECB8-6910-4ED7-8982-9D7D178CD375.tex
├── db-V1
│   ├── db.sqlite
│   └── db.sqlite-wal
├── metadata
├── purgatory
└── staging
    └── 501-809-ApNbtLRK

12 directories, 10 files
sh-3.2# █
```

Bild 10.3: Verzeichnisstruktur von ./
DocumentRevisions-V100/

Informationen zu Versions sind in den erweiterten Metadaten der einzelnen Versionsstände gespeichert. Beispielsweise enthält das Metadatum *com.apple.origdisplayname* den Dateinamen der Ursprungsdatei. Das Metadatum *com.apple.genstore.info* enthält eine eingebettete Plist-Datei mit weiteren Informationen, beispielsweise zum Speicherzeitpunkt des letzten Versionsstands (Schlüssel: NSDocumentPreviousSavedDate).

```
● ● ●                                                              🖿 Macintos
sh-3.2# ls -l@ 021C043A-1762-4E1C-A01E-63B189D020AD.rtf
-r--r--r--@ 1 ibcc  staff  409 28 Apr 09:41 021C043A-1762-4E1C-A01E-63B189D020AD.rtf
        com.apple.FinderInfo         32
        com.apple.genstore.info      91
        com.apple.genstore.orig_perms_v1      1
        com.apple.genstore.origdisplayname   13
        com.apple.genstore.origposixname     17
sh-3.2# █
```

Bild 10.4: Anzeige der erweiterten Metadaten eines Versionsstands mit ls -l@

```
● ● ●
sh-3.2# xattr -xl 021C043A-1762-4E1C-A01E-63B189D020AD.rtf
com.apple.FinderInfo:
00000000  00 00 00 00 00 00 00 00 10 00 00 00 00 00 00 00  |................|
00000010  00 00 00 00 00 00 00 00 00 00 00 00 00 00 00 00  |................|
00000020
com.apple.genstore.info:
00000000  62 70 6C 69 73 74 30 30 D1 01 02 5E 4E 53 44 6F  |bplist00...^NSDo|
00000010  63 75 6D 65 6E 74 49 6E 66 6F D1 03 04 5F 10 14  |cumentInfo..._..|
00000020  4E 53 50 72 65 73 65 72 76 61 74 69 6F 6E 52 65  |NSPreservationRe|
00000030  61 73 6F 6E 10 1E 08 0B 1A 1D 34 00 00 00 00 00  |ason......4.....|
00000040  00 01 01 00 00 00 00 00 00 00 05 00 00 00 00 00  |................|
00000050  00 00 00 00 00 00 00 00 00 00 36                 |.........6|
0000005b
com.apple.genstore.orig_perms_v1:
00000000  04                                               |.|
00000001
com.apple.genstore.origdisplayname:
00000000  56 65 72 73 69 6F 6E 73 5F 54 65 73 74           |Versions_Test|
0000000d
com.apple.genstore.origposixname:
00000000  56 65 72 73 69 6F 6E 73 5F 54 65 73 74 2E 72 74  |Versions_Test.rt|
00000010  66                                               |f|
00000011
sh-3.2# █
```

Bild 10.5: Ausgabe der
erweiterten Metadaten
eines Versionsstands mit
xattr -xl

Unter Zuhilfenahme des Terminalkommandos xattr mit dem Parameter -p ist eine Extraktion der eingebetteten Plist-Datei möglich. Der Befehl xxd mit den Parametern -r oder -p ermöglicht eine binäre Darstellung. Die extrahierte Plist-Datei kann dann entweder mit plutil ausgegeben oder als eigene Plist-Datei abgespeichert werden.

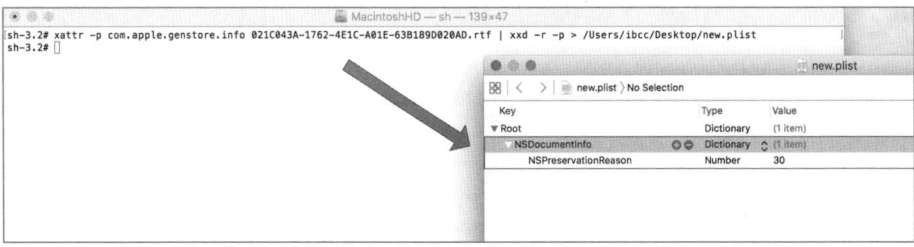

Bild 10.6: Extraktion und Speicherung der eingebetteten Plist-Datei unter *com.apple.genstore.info*, anschließende Analyse mit Xcode

Der Befehl plutil ermöglicht neben der Ausgabe von Plist-Dateien auch ein Konvertieren zwischen den verschiedenen Formaten. In der folgenden Abbildung wird die zuvor extrahierte eingebettete Plist-Datei beispielsweise mit der Option -convert in das Format XML umgewandelt und nach stdin umgeleitet (Standardeingabe stdin, Option –). Nach Durchführung der Konvertierung erfolgt die Ausgabe der Plist im XML-Format im Terminal durch Umleitung der Ausgabe nach stdout (Standardausgabe stdout, Option -).

```
●  ●  ●                        MacintoshHD — sh — 139×47
[sh-3.2# xattr -p com.apple.genstore.info 021C043A-1762-4E1C-A01E-63B189D020AD.rtf | xxd -r -p | plutil –convert xml1 - -o -
<?xml version="1.0" encoding="UTF-8"?>
<!DOCTYPE plist PUBLIC "-//Apple//DTD PLIST 1.0//EN" "http://www.apple.com/DTDs/PropertyList-1.0.dtd">
<plist version="1.0">
<dict>
        <key>NSDocumentInfo</key>
        <dict>
                <key>NSPreservationReason</key>
                <integer>30</integer>
        </dict>
</dict>
</plist>
sh-3.2# ▮
```

Bild 10.7: Extraktion und Ausgabe der eingebetteten Plist-Datei unter *com.apple.genstore.info*

Die einzelnen Versionsstände einer Datei können unter einer nativen Mac-OS-Umgebung beispielsweise mit dem Befehl cat betrachtet werden. Analysiert ein Forensiker die Verzeichnisstruktur mit einem forensischen Analyseprogramm wie X-Ways oder FTK, fällt auf, dass die Versionsstände eine Dateigröße von 0 Byte haben.

Mac OS wählt zur Speicherung von Inhalten der Versions-Dateien ein ungewohntes Speicherkonzept. Das Betriebssystem nutzt nicht, wie sonst üblich, die Funktionalitäten eines Dateisystems, um Dateien den allokierten Bereichen der Festplatte zuzuordnen. Vielmehr umgeht Mac OS an dieser Stelle faktisch die gewohnte Allokation über das Dateisystem und verlagert die Dateiinhalte in einen sogenannten Chunk Storage (= zerstückelter Speicherbereich). Aus diesem Speicherbereich auf Dateisystemebene, der aus einer Vielzahl einzelner Dateien mit Inhaltsdaten besteht, werden die Inhalte der Versions-Dateien bezogen.

Unter Mac OS funktioniert das für den Nutzer völlig transparent, er kann die Dateien wie gewohnt betrachten und damit umgehen. Beispielsweise ist das Kopieren einer Versions-Datei ohne Weiteres möglich, die Datei wird in der kopierten Version mit Inhaltsdaten gespeichert. Für forensische Analyseprogramme ist die Zuordnung von Chunk Storage durch Mac OS nicht erkennbar.

```
● ● ●                             ⚑ ibcc — sh — 132×51
sh-3.2# pwd
/.DocumentRevisions-V100/PerUID/501/10/com.apple.documentVersions
sh-3.2# ls -la
total 16
d--x--x--x  8 root  wheel  272 28 Apr 11:27 .
d--x--x--x  3 root  wheel  102 28 Apr 09:41 ..
-r--r--r--@ 1 ibcc  staff  409 28 Apr 09:41 021C043A-1762-4E1C-A01E-63B189D020AD.rtf
-r--r--r--@ 1 ibcc  staff  394 28 Apr 09:41 5528AE02-80B8-4B71-94E7-DC0F2FD6F027.rtf
-r--r--r--@ 1 ibcc  wheel  409 28 Apr 09:41 6D738179-30AB-4395-A9FF-3113B1A50DF7.rtf
-r--r--r--@ 1 ibcc  wheel  367 28 Apr 09:40 75F25B0D-EB81-4C3D-9D09-61D29721C9E7.rtf
-rw-r--r--  1 root  wheel  290 28 Apr 11:28 <stdin>
-r--r--r--@ 1 ibcc  staff  419 28 Apr 11:05 ADE8EF02-E7FC-43AA-923C-B2538D296BC6.rtf
sh-3.2# cat 021C043A-1762-4E1C-A01E-63B189D020AD.rtf
{\rtf1\ansi\ansicpg1252\cocoartf1404\cocoasubrtf340
{\fonttbl\f0\fswiss\fcharset0 Helvetica;}
{\colortbl;\red255;\green255;\blue255;}
\paperw11900\paperh16840\margl1440\margr1440\vieww21500\viewh19680\viewkind0
\pard\tx566\tx1133\tx1700\tx2267\tx2834\tx3401\tx3968\tx4535\tx5102\tx5669\tx6236\tx6803\pardirnatural\partightenfactor0

\f0\fs24 \cf0 \
1.) Versionsstand 1\
\
2.) Versionsstand 2\
\
3) Tolle Sache!}sh-3.2# █
```

Bild 10.8: Analyse einer Versions-Datei mit `cat`

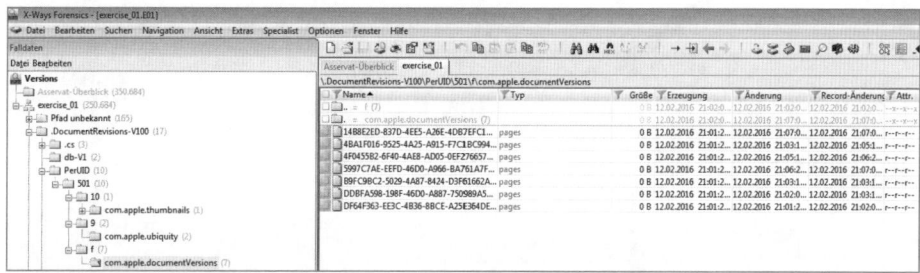

Bild 10.9: Ansicht von Versions-Dateien mit X-Ways, die Dateigröße wird mit 0 Byte angegeben.

Der Chunk-Speicher von Versions liegt im Verzeichnis *./DocumentRevisions-V100/.cs/*. Im untergeordneten Verzeichnis */ChunkStorage/* befindet sich eine weiter verzweigte Verzeichnisstruktur mit den Inhaltsdaten.

```
● ● ●                   ⚑ ibcc — sh — 97×50
[sh-3.2# pwd
/.DocumentRevisions-V100/.cs
[sh-3.2# tree -L 5
.
├── ChunkStorage
│   └── 0
│       └── 0
│           └── 0
│               └── 3
├── ChunkStoreDatabase
└── ChunkStoreDatabase-wal

4 directories, 3 files
sh-3.2# █
```

Bild 10.10: Versions, Chunk-Speicher-Verzeichnisstruktur

Die Organisierung der Inhaltsdaten des Chunk Storage übernimmt die SQLite-Datenbank ChunkStoreDatabase. Sie ordnet die einzelnen Datenteile den Versions-Dateien zu. Innerhalb der SQLite-Datenbank ChunkStoreDatabase enthält die Tabelle CSChunkTable die benötigten Informationen zur Zuordnung:

ChunkStoreDatabase - Spaltenbezeichnungen der Tabelle CSChunkTable	
Spaltenbezeichnung	Inhalt
CID	Chunk ID (21 Bytes, eingebettete Binärdatei)
Offset	Offset im Chunk-Speicher
dataLen	Größe des Inhaltsteils in Bytes
timeStamp	Speicherzeitpunkt des Inhaltsteils (Unix Epoch Time)

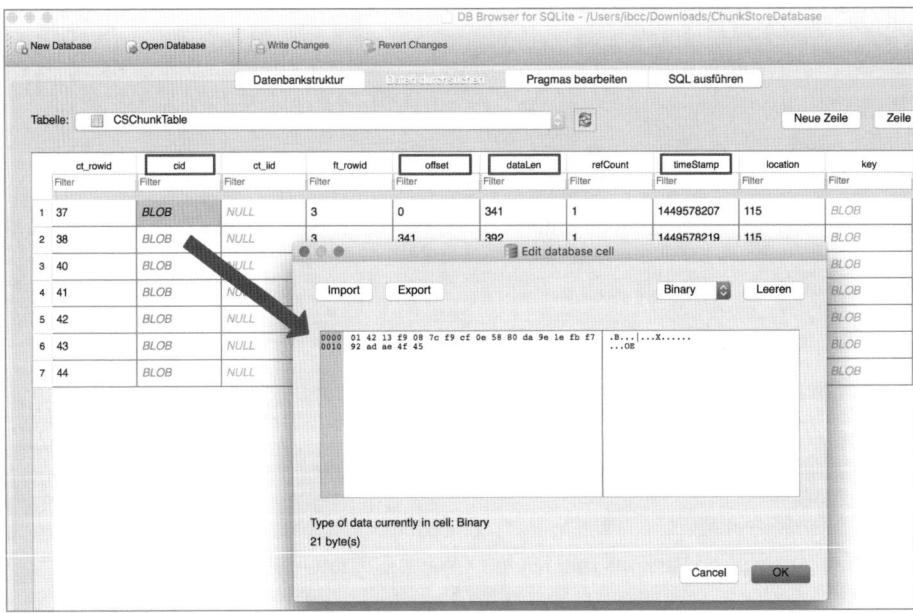

Bild 10.11: Ansicht der ChunkStoreDatabase mit dem SQLite-Browser

Die im Chunk-Speicher existenten Dateien mit Inhaltsdaten befinden sich unterhalb des Verzeichnisses *./DocumentRevisions-V100/.cs/*. Die Chunk-Speicher-Dateien haben einen numerischen Dateinamen. Die Inhalte folgen einer fixen Struktur. Jeder Eintrag hat jeweils einen einheitlich aufgebauten Header:

Chunk-Speicher-Datei – Header eines Inhalts	
Größe in Bytes	Inhalt
4	Größe des Inhalts/Eintrags in Bytes
21	Chunk ID
Variabel	Inhalt/Eintrag

Die nächste Abbildung zeigt den Header eines Eintrags innerhalb einer Chunk-Speicher-Datei. Erkennbar sind in den ersten vier Bytes des Eintrags die Größe sowie in den folgenden 21 Bytes die Chunk ID. Der anschließende Teil betrifft die Inhaltsdaten.

Bild 10.12: Ansicht der Chunk-Speicher-Datei mit xxd

Etwas intuitiver gestaltet sich die Ansicht der Chunk-Speicher-Datei mit cat. Einzelne Versionsstände der Datei sind ohne Weiteres erkennbar.

Bild 10.13: Ansicht der Chunk-Speicher-Datei mit cat

Mac OS speichert die Versionsstände nicht nur in den beschriebenen Versions-Dateien, sondern legt sie auch in der SQLite-Datenbank *db.sqlite* ab. Die Datenbank befindet sich im Verzeichnis *./DocumentRevisions-V100/db-V1/*. Von Versions unterstützte Dateien befinden sich in der Tabelle files. Zugehörige Versionsstände mit Zeitstempel in Unix Epoch Time befinden sich, wenn vorhanden, in der Tabelle generations. Die Tabellen sind über die Spalten file_storage_id (files) und generation_storage_id (generations) verknüpft.

Versions		
Digitale Spur	Pfad	Datei
	./DocumentRevisions-V100/	[PerUID]
	./DocumentRevisions-V100/.cs/	ChunkStorage/
	./DocumentRevisions-V100/.cs/	ChunkStoreDatabase
	./DocumentRevisions-V100/db-V1/	db-sqlite

10.2 Spotlight

Mac OS nimmt zusätzliche Informationen zu Dateien und Verzeichnissen, sogenannte Metadaten, exzessiv in Gebrauch. Neben den bereits angesprochenen Dateisystem-Metadaten des Catalog File und den erweiterten Metadaten des Attributes File können Metadaten auch direkt mit einer Datei gespeichert werden. Ein bekanntes Beispiel hierfür sind EXIF-Metadaten von Bilddateien, die eine Vielzahl zusätzlicher Informationen enthalten können (EXIF steht für Exchangeable Image File Format). Das Betriebssystem Mac OS referenziert sämtliche Metadaten gemeinsam in sogenannten kMD-Items. Der Terminalbefehl mdls ermöglicht die Anzeige sämtlicher Metadaten einer Datei oder eines Verzeichnisses unter Mac OS. Der Befehl nutzt dafür die Indexierungsdatenbank der Spotlight-Technologie.

Das mit Mac-OS-X-Version 10.4 eingeführte Spotlight ist ein mächtiges Indexierungswerkzeug, das eine Suche in sämtlichen Dateien und Verzeichnissen, inklusive Metadaten und Dateiinhalte, ermöglicht. Auf einem Live-System kann die Spotlight-Suche über die Lupe im rechten oberen Rand oder durch die Tastenkombination `cmd` + `Leertaste` aufgerufen werden. Spotlight zeigt Ergebnisse einer Live-Suche ohne Zeitverzögerung, d. h. sofort nach Eingabe des Suchbegriffs, an.

In einem laufenden Mac-OS-System werden neben dem Systemdatenträger sämtliche extern angeschlossenen und eingebundenen Laufwerke indexiert, mit Ausnahme von Disk Images (DMG-Dateien oder Sparsebundle-Dateien), optischen Datenträgern (CDs, DVDs) und Netzlaufwerken mit deaktivierter Dateifreigabe. Ebenfalls nicht indexiert werden schreibgeschützt eingebundene Laufwerke. Spotlight speichert benötigte Informationen zur Indexierung jeweils auf dem indexierten Laufwerk in einem versteckten Verzeichnis /.Spotlight-V100 ab. So beinhaltet Spotlight eine Vielzahl forensisch interessanter Informationen.

Im Folgenden soll die Technologie Spotlight forensisch betrachtet werden. Darüber hinaus soll gezeigt werden, wie Spotlight als Werkzeug im Rahmen einer forensischen Analyse genutzt werden kann, um äußerst schnell und ohne großen Aufwand größere Datenmengen zu durchsuchen.

10.2.1 Analyse von Spotlight

Im `root`-Verzeichnis jedes indexierten Laufwerks befindet sich das versteckte Verzeichnis */.Spotlight-V100*. Es enthält die Unterverzeichnisse */Store-V1* (<= Mac OS X 10.6) und */Store-V2* (Mac OS X 10.7 +) sowie die Konfigurationsdatei *VolumeConfiguration. plist*. Auch bei Nutzung unterschiedlicher Mac-OS-X-Versionsstände sind stets beide Verzeichnisse vorhanden.

```
● ● ●                          ⌂ ibcc — sh — 106×23
/.Spotlight-V100
[sh-3.2# ls -lai
total 16
970690 drwx------    5 root   wheel    170  6 Aug  2015 .
       2 drwxr-xr-x  34 root   wheel   1224 14 Mai 19:34 ..
970692 drwx------    3 root   wheel    102  6 Aug  2015 Store-V1
970691 drwx------    4 root   wheel    136  6 Apr 10:19 Store-V2
970694 -rw-------    1 root   wheel   4596  6 Apr 10:19 VolumeConfiguration.plist
sh-3.2# ▊
```

Bild 10.14:

Verstecktes

Verzeichnis

/.Spotlight-V100

Die Datei *VolumeConfiguration.plist* enthält Konfigurationseinstellungen, vom Index ausgeschlossene Verzeichnisse (Schlüssel: Exclusions) und indexierte Volumes. Zur Referenzierung der Volumes werden die Global Unique IDs (GUIDs) der Laufwerke benutzt. Der Schlüssel `PartialPath` zeigt den Mountpoint des jeweiligen Volumes im System an.

Key	Type	Value
▼ Root	Dictionary	(10 items)
▶ Annotations	Dictionary	(4 items)
ConfigurationCreationDate	Date	06.08.2015, 21:31:32
ConfigurationCreationVersion	String	Version 10.10.4 (Build 14E46)
ConfigurationModificationDate	Date	06.04.2016, 10:19:12
ConfigurationModificationVersion	String	Version 10.11.4 (Build 15E65)
ConfigurationVolumeUUID	String	E858F684-DE15-3F42-B6B8-69CF1DDD9599
ConfigurationWriteback	Boolean	NO
▶ Exclusions	Array	(0 items)
▼ Options	Dictionary	(1 item)
ConfigurationType	String	Default
▼ Stores	Dictionary	(2 items)
▼ 9D031FA9-782C-4C7D-8AF6-BC6...	Dictionary	(8 items)
CreationDate	Date	06.08.2015, 21:31:32
CreationVersion	String	Version 10.10.4 (Build 14E46)
IndexVersion	Number	96
PartialPath	String	/
PolicyDate	Date	06.04.2016, 10:19:12
PolicyLevel	String	kMDConfigSearchLevelReadWrite
PolicyProcess	String	mdutil
PolicyVersion	String	Version 10.11.4 (Build 15E65)
▼ AF408B09-C34B-48E4-BFAB-F34...	Dictionary	(8 items)
CreationDate	Date	06.08.2015, 21:31:33
CreationVersion	String	Version 10.10.4 (Build 14E46)
IndexVersion	Number	96
PartialPath	String	/.MobileBackups
PolicyDate	Date	25.03.2016, 00:52:37
PolicyLevel	String	kMDConfigSearchLevelReadWrite
PolicyProcess	String	STORE_ADD
PolicyVersion	String	Version 10.11.4 (Build 15E65)

Bild 10.15:

Die Spotlight-

Konfigurationsdatei

VolumeConfiguration.

plist

Die Unterverzeichnisse */Store-V1* und */Store-V2* enthalten Unterverzeichnisse der indexierten Volumes, die mit den GUIDs der Volumes bezeichnet sind. Diese Volumes wiederum enthalten diverse Index-, Journaling- und Datenbankdateien mit bislang unbekannter proprietärer Struktur. Die Datenbank *store.db* enthält den von Spotlight genutzten

Index. Bis zur Mac-OS-X-Version 10.10 kann die Datenbank mit dem Programm *Spotlight Inspector* analysiert werden. Ab Mac-OS-X-Version 10.11 hat sich die Struktur der *store.db* verändert, so dass derzeit kein bekanntes Tool in der Lage ist, die Datenbank der aktuellsten Mac-OS-Version zu analysieren.

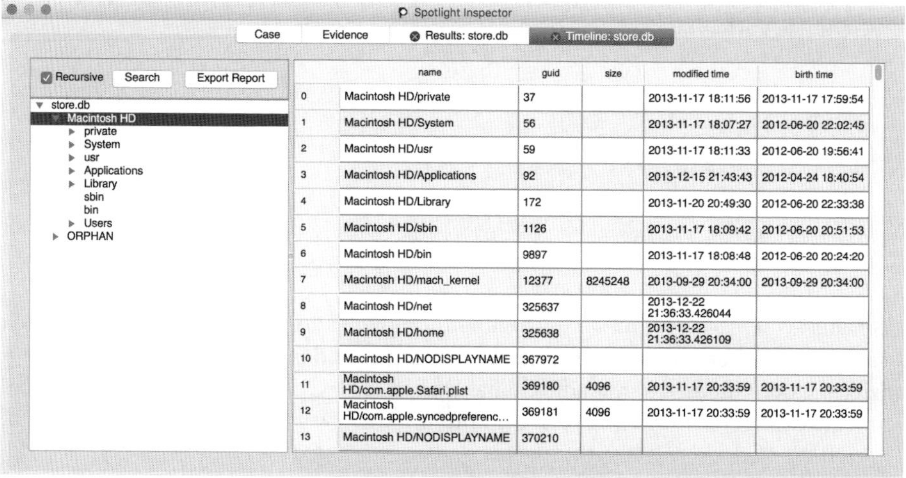

Bild 10.16: Auswertung der *store.db* mit dem Tool Spotlight Inspector (< Mac OS X 10.11)

Eine weitere mögliche Informationsquelle bietet das Verzeichnis */Cache*. Es enthält in einer weiteren verzweigten Struktur textbasierte Dateien, die Inhalte von Dokumenten, Emails, Notizen etc. enthalten. Die Dateien sind jeweils mit der Catalog Node ID (CNID) bezeichnet und können hierüber zur passenden Elterndatei referenziert werden.

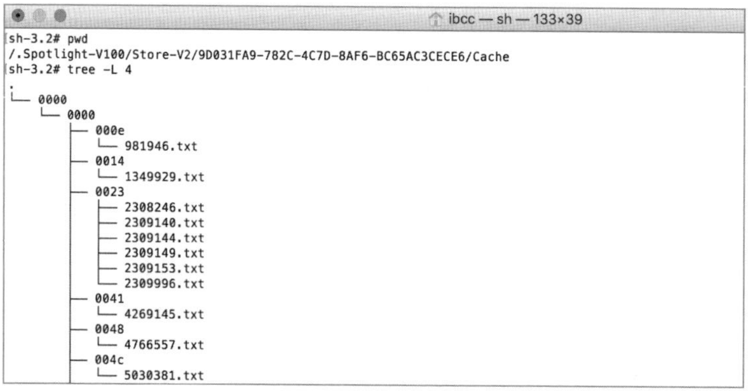

Bild 10.17: Das Verzeichnis */Cache* mit verzweigter Verzeichnisstruktur

Spotlight		
Digitale Spur	Pfad	Datei
	./Spotlight-V1007Store-V2/‹GUID›	store.db
	./Spotlight-V100/Store-V2/‹GUID›/Cache	*.txt

10.2.2 Spotlight als Werkzeug

Spotlight kann hervorragend zur Unterstützung forensischer Analysen eingesetzt werden. Eine Möglichkeit, wie Disk Images durch Spotlight indexiert werden können, zeigt das Kapitel 5.2.5, »Disk Images«.

Befehle zum Spotlight-Index	
Spotlight-Befehl	Bedeutung
sudo mdutil -s /Volumes/*	Zeigt Informationen zum Spotlight-Status eines Volumes
sudo mdutil -i on /Volumes/*	Aktiviert Spotlight-Indexing
sudo mdutil -i off /Volumes/*	Deaktiviert Spotlight-Indexing
sudo mdutil -E /Volumes/*	Erzwingt die Neuerstellung eines Spotlight-Indexes

Nach einer erfolgreichen Indexierung kann Spotlight innerhalb einer Vielzahl von kMD-Items nach Informationen suchen. Eine Liste aller verfügbaren und recherchierbaren kMD-Items mit einer Inhaltsbeschreibung zeigt der Terminalbefehl `mdimport -A`.

Spotlight kann über die Mac-OS-GUI oder per Terminal bedient werden. Die Bedienung per GUI gestaltet sich intuitiv. Das Spotlight-Eingabefenster kann über die Lupe am rechten oberen Rand des Desktops oder mit der Tastaturkombination `cmd` + `Leertaste` erreicht werden. Die Sucherergebnisse werden von Spotlight nach Kategorien geordnet dargestellt. Durch Auswahl der Schaltfläche *Alle im Finder anzeigen* werden die Suchergebnisse im Finder dargestellt. Hier können erweiterte Suchbedingungen feingranular definiert und kombiniert werden. Der Reiter *Diesen Mac* durchsucht sämtliche angeschlossenen und indexierten Volumes. Im Finder ist es zudem möglich, durchgeführte Spotlight-Suchen abzuspeichern (*Sichern*). Gespeicherte Suchen können in der Seitenleiste des Finders abgelegt werden und durch Auswahl in der Ablage erneut aufgerufen werden. Der Default-Speicherort für Spotlight-Suchen ist ~/*Library/Gesicherte Suchabfragen*.

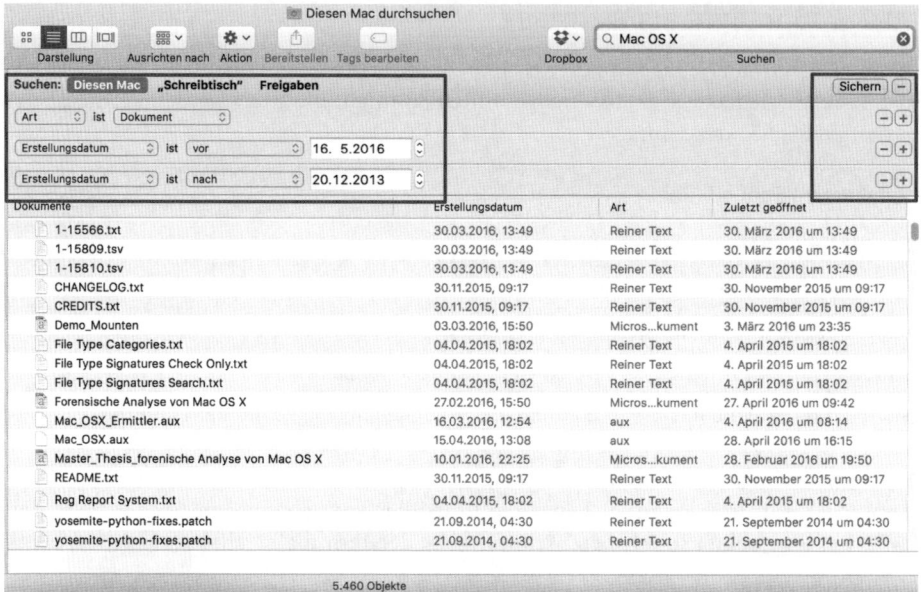

Bild 10.18: Diesen Mac durchsuchen

Sucheingaben können bereits im Spotlight-Eingabefenster eingegrenzt werden. Durch die Auswahl eines Präfixes kann Spotlight angewiesen werden, nur in einem bestimmten Bereich zu suchen.

Spotlight-Suchbeispiele	
Suchbegriff	Bedeutung
Name:Suchbegriff	Sucht nur in Dateinamen
Inhalt:Suchbegriff	Sucht nur in Dateiinhalten
Schlagwörter:Suchbegriff	Sucht nur in den Schlagwörtern von Dateien
Kommentar:Suchbegriff	Sucht nur in Kommentaren von Dateien
Art:Suchbegriff	Sucht nach Dateitypen

Zu beachten ist, dass Spotlight per Default Systemdateien, versteckte Dateien und Entwicklerverzeichnisse vom Index ausschließt. Soll beispielsweise nach Log-Dateien oder E-Mail-Dateien gefiltert werden, bietet es sich an, diese Dateien zu integrieren. Ebenso möglich ist das manuelle Ausschließen von Verzeichnissen vom Index. Entsprechende Verzeichnisse können in den *Systemeinstellungen/Spotlight* im Reiter *Privatsphäre* ausgewählt werden.

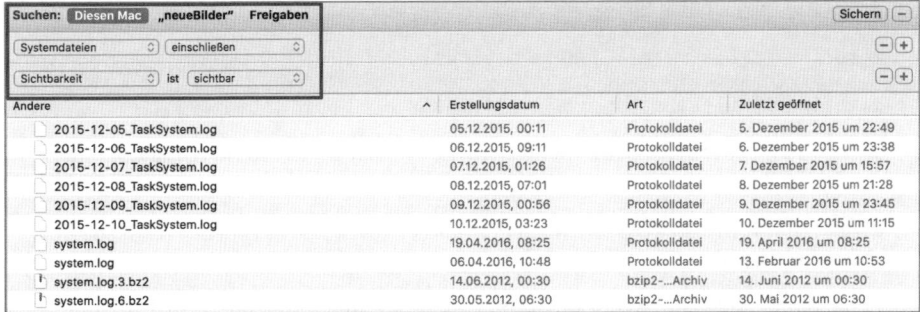

Bild 10.19: Integration per Default ausgeschlossener Verzeichnisse im Finder

Eine Integration vom Index ausgeschlossener Verzeichnisse kann alternativ im Terminal mit dem Befehl `mdimport /Volume/Verzeichnis` durchgeführt werden.

Mit dem Befehl `mdfind` existiert ein Werkzeug, das die volle Funktionalität von Spotlight auch über das Terminal ermöglicht. `mdfind` bietet damit die Möglichkeit, Spotlight-Suchen zu skripten bzw. umfangreich zu automatisieren.

Die Syntax von `mdfind` ist folgendermaßen strukturiert:

```
mdfind [-live] [-count] [-onlyin directory] [-name fileName] query
```

Eine umfangreiche Übersicht zu kommandozeilenbasierten Suchanfragen findet man im Apple-Entwicklerverzeichnis. Zur Definition von Suchen mit `mdfind` sind bestimmte Operatoren erlaubt:

mdfind-Operatoren	
Operator	Bedeutung
==	Gleich
!=	Nicht gleich
>	Größer als
<	Kleiner als
>=	Größer gleich
<=	Kleiner gleich
c	Nicht case-sensitiv
w	Erkennt automatisch Groß- und Kleinschreibung von Wörtern

Beispiele für kommandozeilenbasierte Suchen mit `mdfind` sind:

- `$ mdfind 'kMDItemKind == '*JPEG*' 'wc -onlyin /Users/marc/Downloads`

- `$ mdfind 'kMDItemKind == '*PDF*' 'wc -onlyin /Users/marc/Dokumente >/ Volumes/usb/pdf.csv`

- `$ mdfind 'kMDItemWhereFroms == 'http://*' '`

- `$ mdfind -name Apple`

- `$ mdfind 'kMDItemAuthors == Marc'`

- `$ mdfind 'kMDItemDateAdded>$time.today(-7)'`

- `$ mdfind 'kMDItemLastUsedDate!=*' -onlyin`

- `$ mdfind 'kMDItemFSCreationDate>$time.iso(2016-05-18T10:00:00Z)' -onlyin`
  `. # Zeit ist UTC`

- `$ mdfind 'kMDItemURL=*apple.com*' -onlyin   /Library/Caches/Metadata/`
  `Safari/History`

Das Metadaten-Attribut kMDItemKind ermöglicht eine Filterung nach Dateitypen. Es kann sowohl in der Spotlight-GUI als auch in Kombination mit mdfind genutzt werden. Das Attribut lässt eine Vielzahl von Filtermöglichkeiten zu:

Beispiele für kMDItemKind-Dateitypen	
Filterausdruck	Dateityp
art:audio	Audiodateien
art:Lesezeichen	Safari-Lesezeichen (Bookmarks)
art:verlauf	Safari-Browser-History
art:kontakte	Kontakte
art:email	E-Mail-Nachrichten
art:ordner	Verzeichnisse
art:ereignisse	Kalenderereignisse
art:bilder	Bilddateien
art:jpeg	JPEG-Dateien
art:keynote	Keynote-Dateien
art:microsoft	Microsoft-Office-Dateien
art:filme	Film-Dateien
art:mp3	Audio-MP3-Dateien
art:musik	Audiodateien
art:pages	Pages-Dateien
art:pdf	PDF-Dateien

Der Funktionsumfang von Spotlight kann durch Verwendung eigener Spotlight-Plugins oder durch den Import von Plugins erweitert werden. Sogenannte Spotlight Importers ermöglichen beispielsweise das Suchen innerhalb von ZIP-Archiven (bspw. Ziplight). Plugins (.mdimporter-Dateien) können in das Verzeichnis */Library/Spotlight* installiert werden und stehen Spotlight dann funktionell zur Verfügung.

10.3 Time Machine

Seit der Mac-OS-X-Version 10.5 ist Time Machine die Apple-eigene Technologie zur Erstellung von Backups.

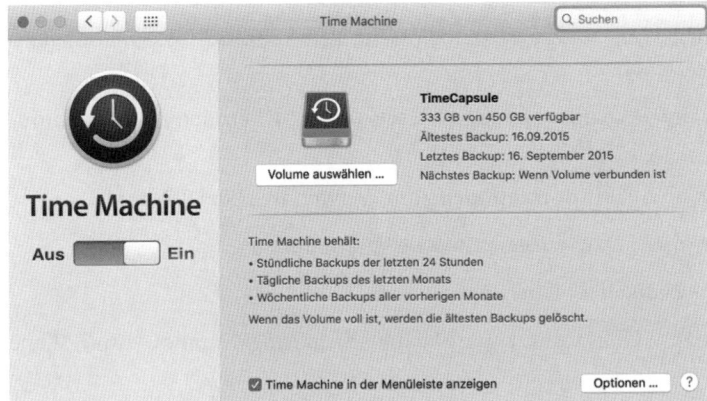

Bild 10.20: Das Dialogfenster der Time Machine

Time Machine kann Sicherungen sowohl auf Apple-Time-Capsule-Laufwerken, externen Datenträgern oder auf Netzlaufwerken erstellen. Voraussetzung für die Nutzung eines Volumes durch Time Machine ist eine Formatierung mit dem Dateisystem HFS+. Das System bietet die Möglichkeit, Datensicherungen von Apple-Computern vollautomatisiert durchzuführen.

Wird mit Time Machine eine Sicherung getätigt, erstellt das Programm zunächst eine komplette Sicherung des Apple-Computers. Im Anschluss an die erste Sicherung werden nur noch die Veränderungen zur ersten Sicherung gesichert (inkrementelles Backup). Bei der Erstellung der ersten Sicherung eines Apple-Computers kann die Sicherung verschlüsselt werden, nachträgliches Verschlüsseln von Sicherungen ist nicht mehr möglich. Verschlüsselte Time-Machine-Sicherungen werden von Core Storage verwaltet, zur Entschlüsselung ist die Eingabe des korrekten Passworts erforderlich.

Time Machine führt Sicherungen nach einem bestimmten Zeitschema durch:

- Local Snapshots (Offline), wenn das Time-Machine-Volume nicht präsent ist.

- Stündliche Backups werden nach 24 Stunden verworfen.

- Tägliche Backups werden nach einem Monat verworfen.

- Wöchentliche Backups werden nicht verworfen (Ende, wenn das Time-Machine-Volume voll ist).

10.3.1 Time-Machine-Spuren auf zu sichernden Rechnern

Auf den zu sichernden Apple-Computern lassen sich Einstellungen zur Time Machine in der Datei */Library/Preferences/com.apple.TimeMachine.plist* finden. Die folgenden Schlüssel sind dabei von besonderem Interesse. Informationen zu den einzelnen Back-ups befinden sich im Schlüssel *Destinations*:

- SkipPaths – Enthält vom Nutzer ausgeschlossene Verzeichnisse (*Systemeinstellungen/Time Machine/Optionen*)

- hostuuids – Von Time Machine benutzte GUIDs der zu sichernden Apple-Computer (Hosts)

- BackupAlias – Binäre Alias-Informationen zum Zielvolume (Pfad + Name)

- ExcludeByPath – Vom Backup ausgeschlossene Verzeichnisse

- TimeCapsuleName – Name des Sicherungsvolumes

- Destination uuids – GUID des Time-Machine-Sicherungsvolumes (bspw. Time Capsule)

- LastKnownEncryptionState – Verschlüsselungsstatus des Backups

- Bytes Used – Von den Time-Machine-Backups allokierte Bytes

- Snapshot Dates – Zeitstempel der Time-Machine-Backups

- RootVolumeuuid – GUID des Root-Volumes (= Boot-Volume des Systems)

- BytesAvailable – Zur Verfügung stehender Platz des Time-Machine-Volumes in Bytes

- Autobackup – Automatisches Backup aktiviert/deaktiviert

Key	Type	Value
● ● ●		com.apple.TimeMachine.plist
🔲 ❮ ❯ 🗎 com.apple.TimeMachine.plist ❯ No Selection		
Key	Type	Value
▼ Root	Dictionary	(14 items)
SkipSystemFiles	Boolean	NO
BackupAlias	Data	<00000000 042a0002 00010f41 70706c65 20545620 696e7465 726e0000 000000
▼ ExcludeByPath	Array	(3 items)
Item 0	String	//Users/Shared/adi
Item 1	String	/Library/Application Support/Microsoft/PlayReady
Item 2	String	/Users/Shared/adi
MobileBackups	Boolean	NO
AutoBackup	Boolean	YES
AlwaysShowDeletedBackupsWarning	Boolean	YES
LocalizedDiskImageVolumeName ⊕ ⊖	String	Time Machine-Backups
▼ SkipPaths	Array	(1 item)
Item 0	String	~ibcc/Pictures
LastConfigurationTraceDate	Date	07.05.2016, 02:07:33
▼ HostUUIDs	Array	(2 items)
Item 0	String	3672C9E9-EB37-57FA-B822-93A2ECA67737
Item 1	String	0FB56651-2E42-51C9-ACD5-76030DA46A56
SuspendHelperActivityTimeStamp	Number	485.276.798
LastDestinationID	String	59932F86-B1D0-4585-95AC-06E35CD30CED
▼ Destinations	Array	(1 item)
▼ Item 0	Dictionary	(14 items)
BackupAlias	Data	<00000000 04840002 00010f41 70706c65 20545620 696e7465 726e0000 00000C
TimeCapsuleName	String	Marcs Time Capsule
ConsistencyScanDate	Date	29.12.2015, 19:51:13
▼ DestinationUUIDs	Array	(1 item)
Item 0	String	6D8CC651-F8C7-38EC-8DCC-045BD009BADC
▼ MessageParameters	Array	(1 item)
Item 0	String	/Volumes/Apple TV intern-1/IBCCs MacBook Pro12,1.sparsebundle
RESULT	Number	31
LastKnownEncryptionState	String	NotEncrypted
DateOfLatestWarning	Date	14.05.2016, 18:32:13
DestinationID	String	59932F86-B1D0-4585-95AC-06E35CD30CED
BytesUsed	Number	869.698.289.664
FirmwareCheckDate	Date	14.05.2016, 19:17:19
▼ SnapshotDates	Array	(37 items)
Item 0	Date	11.12.2015, 10:18:55
Item 1	Date	29.12.2015, 19:51:11

Bild 10.21: Blick in die *com.apple.TimeMachine.plist*

In älteren Mac-OS-Versionen (10.8 und älter) sind die Zeitstempel der Time-Machine-Backups in eine weitere Plist-Datei ausgelagert (*/var/db/com.apple.TimeMachine.SnapshotDates.plist*). Ebenfalls ausgelagert ist der Zeitpunkt der letzten erfolgreichen Time-Machine-Sicherung (*/var/db/com.apple.TimeMachine.TimeMachine.Results.plist*). Seit Mac OS X 10.9 sind diese Informationen in die Datei *com.apple.TimeMachine.plist* migriert.

Der Schlüssel BackupAlias enthält eingebettete Binärdaten, die den Pfad und den Namen des Time-Machine-Backup-Volumes enthalten. An der Pfadangabe kann man zudem erkennen, ob es sich um ein Netzlaufwerk (*afp://*) oder um ein lokal eingebundenes Volume handelt.

Der Schlüssel SkipPaths enthält vom Nutzer ausgeschlossene Verzeichnisse. Diese können in den Systemeinstellungen unter *Time Machine/Optionen* ausgewählt und so vom Backup ausgeschlossen werden.

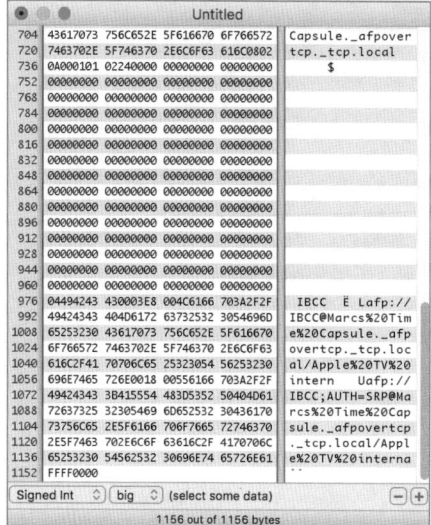

Bild 10.22: Binäre Alias-Informationen des Schlüssels `BackupAlias`

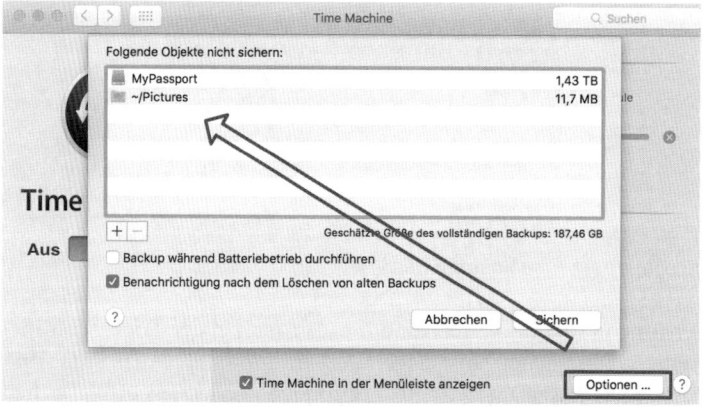

Bild 10.23: Time Machine, ausgeschlossene Verzeichnisse

Time Machine schließt bereits per Default bestimmte Verzeichnisse von der Sicherung aus, die in Datei */System/Library/CoreServices/ backupd.bundle/Contents/Resources/ StdExclusions.plist* enthalten sind.

Time Machine		
Digitale Spur	Pfad	Datei
	/Library/Preferences/	com.apple.TimeMachine.plist
	/System/Library/CoreServices/backupd.bundle/Contents/Resources/	StdExclusions.plist

10.3.2 Allgemeine Struktur eines gemounteten Time-Machine-Backups

Die nachfolgende Abbildung zeigt den allgemeinen Aufbau eines gemounteten Time-Machine-Backups unter Nutzung des Finders.

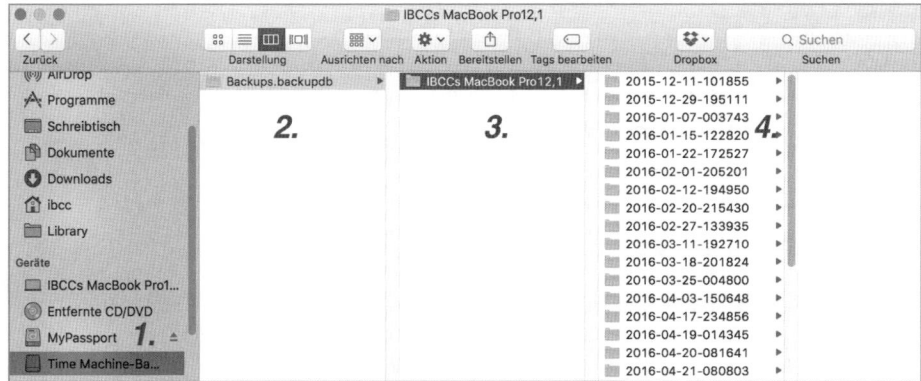

Bild 10.24: Allgemeine Struktur eines Time-Machine-Backups

- Unter Punkt 1 ist das Time-Machine-Volume verzeichnet.

- Punkt 2 bezeichnet das Speicherverzeichnis *Backups.backupbd/* für Time-Machine-Backups im Root des Time-Machine-Volumes.

- Punkt 3 bezeichnet das Sicherungsverzeichnis des Rechners, für den eine Sicherung erstellt wurde. Das Sicherungsverzeichnis ist mit dem Hostnamen bezeichnet. Enthält das Time-Machine-Volume Sicherungen mehrerer Rechner, sind hier auch mehrere Hostnamen verzeichnet.

- Punkt 4 beinhaltet die Snapshot-Verzeichnisse, die die eigentlichen Time-Machine-Backups enthalten. Die Verzeichnisnamen enthalten den Zeitstempel des Snapshots im Format *YYYY-MM-DD-HHMMSS* (lokale Systemzeit).

- Das Sicherungsverzeichnis (Punkt 3) beinhaltet erweiterte Metadaten, die weitere Informationen zur vorliegenden Time-Machine-Sicherung enthalten. Eine Ansicht der Metadaten kann mit dem Befehl `xattr -xl [Sicherungsverzeichnis/]` abgerufen werden.

```
● ● ●                          🖴 Backups.backupdb — -bash — 123×33
Marc:/Volumes/Time Machine-Backups/Backups.backupdb$ pwd
/Volumes/Time Machine-Backups/Backups.backupdb
Marc:/Volumes/Time Machine-Backups/Backups.backupdb$ xattr -xl IBCCs\ MacBook\ Pro12\,1/
com.apple.backupd.BackupMachineAddress:
00000000  61 30 3A 39 39 3A 39 62 3A 31 33 3A 66 34 3A 64  |a0:99:9b:13:f4:d|
00000010  31 00                                            |1.|
00000012
com.apple.backupd.HasRecoverySet:
00000000  59 45 53                                         |YES|
00000003
com.apple.backupd.HostUUID:
00000000  30 46 42 35 36 36 35 31 2D 32 45 34 32 2D 35 31  |0FB56651-2E42-51|
00000010  43 39 2D 41 43 44 35 2D 37 36 30 33 30 44 41 34  |C9-ACD5-76030DA4|
00000020  36 41 35 36 00                                   |6A56.|
00000025
com.apple.backupd.ModelID:
00000000  4D 61 63 42 6F 6F 6B 50 72 6F 31 32 2C 31        |MacBookPro12,1|
0000000e
com.apple.backupd.RecoveryPartitionLastModificationDate:
00000000  33 35 33 32 35 30 31 36 36 30                    |3532501660|
0000000a
com.apple.backupd.RecoveryPartitionVolumeUUID:
00000000  33 45 41 31 41 31 43 44 2D 32 45 41 38 2D 33 30  |3EA1A1CD-2EA8-30|
00000010  37 42 2D 42 41 46 45 2D 31 41 42 34 36 39 37 35  |7B-BAFE-1AB46975|
00000020  34 42 42 34                                      |4BB4|
00000024
Marc:/Volumes/Time Machine-Backups/Backups.backupdb$ ▌
```

Bild 10.25: Time-Machine-Sicherungsverzeichnis, Ansicht der erweiterten Metadaten

Erweiterte Metadaten des Time-Machine-Sicherungsverzeichnisses:

- *com.apple.backupd.BackupMachineAddress* – Mac-Adresse (NIC) des zu sichernden Computers

- *com.apple.backupd.HasRecoverySet* – Recovery-Boot von Backup möglich (ja/nein)

- *com.apple.backupd.Hostuuid* – Host-Hardware uuid

- *com.apple.backupd.ModelID* – Hostname (Hardware Model Identifier)

- *com.apple.backupd.HasEncrypredRecoveryBits* – Vorhanden bei verschlüsselten Backups

Auch die einzelnen Snapshot-Verzeichnisse (Punkt 4) enthalten erweiterte Metadaten. Der Befehl `ls -lA` zeigt in der folgenden Abbildung das Vorhandensein von diesbezüglichen Metadaten. Diese sind am @ in der Ausgabe von `ls` erkennbar.

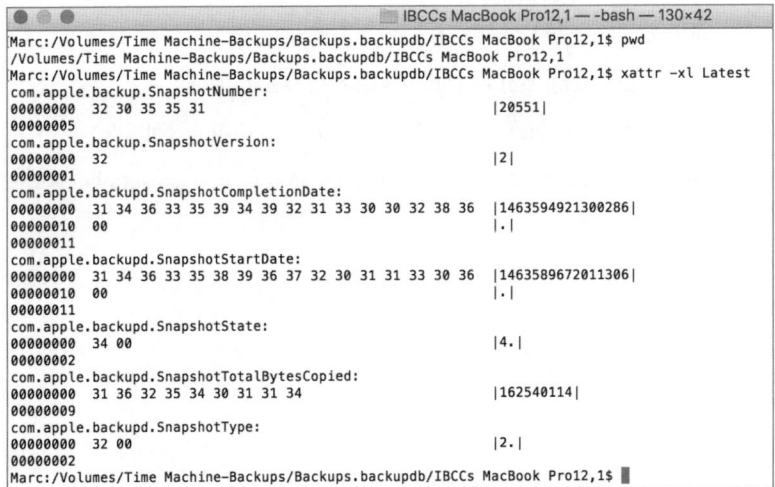

```
● ● ●                    IBCCs MacBook Pro12,1 — -bash — 130×4
Marc:/Volumes/Time Machine-Backups/Backups.backupdb/IBCCs MacBook Pro12,1$ ls -lA
total 8
drwxr-xr-x@ 3 root  wheel  204 11 Dez 10:19 2015-12-11-101855
drwxr-xr-x@ 3 root  wheel  204 29 Dez 19:51 2015-12-29-195111
drwxr-xr-x@ 3 root  wheel  204  7 Jan 00:37 2016-01-07-003743
drwxr-xr-x@ 3 root  wheel  204 15 Jan 12:28 2016-01-15-122820
drwxr-xr-x@ 3 root  wheel  204 22 Jan 17:25 2016-01-22-172527
drwxr-xr-x@ 3 root  wheel  238  1 Feb 20:52 2016-02-01-205201
drwxr-xr-x@ 3 root  wheel  238 12 Feb 19:49 2016-02-12-194950
drwxr-xr-x@ 3 root  wheel  238 20 Feb 21:54 2016-02-20-215430
drwxr-xr-x@ 3 root  wheel  204 27 Feb 13:39 2016-02-27-133935
drwxr-xr-x@ 3 root  wheel  238 11 Mär 19:27 2016-03-11-192710
drwxr-xr-x@ 3 root  wheel  204 18 Mär 20:18 2016-03-18-201824
drwxr-xr-x@ 3 root  wheel  204 25 Mär 00:48 2016-03-25-004800
drwxr-xr-x@ 3 root  wheel  204  3 Apr 15:06 2016-04-03-150648
drwxr-xr-x@ 3 root  wheel  204 17 Apr 23:49 2016-04-17-234856
drwxr-xr-x@ 3 root  wheel  204 19 Apr 01:43 2016-04-19-014345
drwxr-xr-x@ 3 root  wheel  204 20 Apr 08:16 2016-04-20-081641
drwxr-xr-x@ 3 root  wheel  204 21 Apr 08:08 2016-04-21-080803
drwxr-xr-x@ 3 root  wheel  204 22 Apr 02:21 2016-04-22-022139
drwxr-xr-x@ 3 root  wheel  204 23 Apr 09:29 2016-04-23-092935
drwxr-xr-x@ 3 root  wheel  204 25 Apr 08:12 2016-04-25-081157
drwxr-xr-x@ 3 root  wheel  204 26 Apr 10:31 2016-04-26-103109
drwxr-xr-x@ 3 root  wheel  238 29 Apr 22:38 2016-04-29-223834
drwxr-xr-x@ 3 root  wheel  238 14 Mai 20:55 2016-05-14-205536
drwxr-xr-x@ 3 root  wheel  204 15 Mai 09:54 2016-05-15-095418
drwxr-xr-x@ 3 root  wheel  204 16 Mai 14:04 2016-05-16-140401
drwxr-xr-x@ 3 root  wheel  204 17 Mai 00:32 2016-05-17-003238
drwxr-xr-x@ 3 root  wheel  204 17 Mai 16:41 2016-05-17-164124
drwxr-xr-x@ 3 root  wheel  204 17 Mai 17:46 2016-05-17-174609
drwxr-xr-x@ 3 root  wheel  204 17 Mai 19:20 2016-05-17-192019
drwxr-xr-x@ 3 root  wheel  204 17 Mai 20:28 2016-05-17-202823
drwxr-xr-x@ 3 root  wheel  204 17 Mai 21:29 2016-05-17-212917
drwxr-xr-x@ 3 root  wheel  204 17 Mai 23:30 2016-05-17-233039
drwxr-xr-x@ 3 root  wheel  204 18 Mai 11:44 2016-05-18-114409
drwxr-xr-x@ 3 root  wheel  204 18 Mai 12:44 2016-05-18-124409
drwxr-xr-x@ 3 root  wheel  204 18 Mai 13:47 2016-05-18-134710
drwxr-xr-x@ 3 root  wheel  204 18 Mai 14:52 2016-05-18-145226
drwxr-xr-x@ 3 root  wheel  204 18 Mai 16:02 2016-05-18-160243
drwxr-xr-x@ 3 root  wheel  136 18 Mai 18:41 2016-05-18-184103.inProgress
lrwxr-xr-x  1 root  wheel   17 18 Mai 16:02 Latest -> 2016-05-18-160243
Marc:/Volumes/Time Machine-Backups/Backups.backupdb/IBCCs MacBook Pro12,1$ ▉
```

Bild 10.26: Time-Machine-Snapshot-Verzeichnisse und Anzeige der erweiterten Metadaten mit `ls`

Die Metadaten zu einem bestimmten Snapshot können mit dem Befehl `xattr -xl [Snapshot]` ermittelt werden.

```
● ● ●                    IBCCs MacBook Pro12,1 — -bash — 130×42
Marc:/Volumes/Time Machine-Backups/Backups.backupdb/IBCCs MacBook Pro12,1$ pwd
/Volumes/Time Machine-Backups/Backups.backupdb/IBCCs MacBook Pro12,1
Marc:/Volumes/Time Machine-Backups/Backups.backupdb/IBCCs MacBook Pro12,1$ xattr -xl Latest
com.apple.backup.SnapshotNumber:
00000000  32 30 35 35 31                                    |20551|
00000005
com.apple.backup.SnapshotVersion:
00000000  32                                                |2|
00000001
com.apple.backupd.SnapshotCompletionDate:
00000000  31 34 36 33 35 39 34 39 32 31 33 30 30 32 38 36  |1463594921300286|
00000010  00                                                |.|
00000011
com.apple.backupd.SnapshotStartDate:
00000000  31 34 36 33 35 38 39 36 37 32 30 31 31 33 30 36  |1463589672011306|
00000010  00                                                |.|
00000011
com.apple.backupd.SnapshotState:
00000000  34 00                                             |4.|
00000002
com.apple.backupd.SnapshotTotalBytesCopied:
00000000  31 36 32 35 34 30 31 31 34                        |162540114|
00000009
com.apple.backupd.SnapshotType:
00000000  32 00                                             |2.|
00000002
Marc:/Volumes/Time Machine-Backups/Backups.backupdb/IBCCs MacBook Pro12,1$ ▉
```

Bild 10.27: Time-Machine-Snapshot und Ausgabe der erweiterten Metadaten mit `xattr -xl`

Erweiterte Metadaten der Snapshot-Verzeichnisse:

- *com.apple.backupd.SnapshotCompletionDate* – Zeitstempel Abschluss der Sicherung

- *com.apple.backupd.SnapshotStartDate* – Zeitstempel Beginn der Sicherung

- *com.apple.backupd.Snapshot-Type* – Typ der Sicherung

- *com.apple.backupd.SnapshotTotalBytesCopied* – Gesicherte Menge in Bytes

Die Zeitstempel der Attribute *com.apple.backupd.SnapshotCompletionDate* und *com. apple.backupd.SnapshotStartDate* sind in Unix Epoch Time angegeben (Format: Millisekunden; eine Umrechnung in das Standard-Unix-Epoch-Format kann durch Division durch 10^6 erfolgen).

Das Attribut *com.apple.backupd.Snapshot-Type* enthält die Zuordnung zum Backup-Schema (1 für monatliche Sicherung, 2 für stündliche Sicherung, 3 für tägliche Sicherung). Jedes einzelne Snapshot-Verzeichnis enthält ein Verzeichnis mit dem Namen des zu sichernden Volumes sowie einige versteckte Dateien:

```
Marc:$ pwd
/Volumes/Time Machine-Backups/Backups.backupdb/IBCCs MacBook Pro12,1/Latest
Marc:$ ls -lA
total 24
-rw-------    1 root  wheel  1713 19 Mai 10:55 .Backup.log
-rw-------    1 root  wheel   265 19 Mai 10:55 .com.apple.TMCheckpoint
-rw-r--r--    1 root  wheel  2726 19 Mai 10:50 .exclusions.plist
drwxr-xr-x@ 16 root  wheel   850 19 Mai 10:55 MacintoshHD
Marc:$ 
```

Bild 10.28: Inhalte eines Snapshot-Verzeichnisses

- *.Backup.log* – enthält das Backup-Logfile

- *.com.apple.TMCheckpoint* – unbekannt

- *.exclusions.plist* – Liste ausgeschlossener Dateien und Verzeichnisse

- *Macintosh HD* – Verzeichnis des zu sichernden Volumes (Snapshot-Volume)

Das Verzeichnis des zu sichernden Volumes besitzt wiederum erweiterte Metadaten, die ausgewertet werden können.

```
●  ●  ●                      ▦ Latest — -bash — 90×34
Marc:$ xattr -xl MacintoshHD/
com.apple.backupd.SnapshotVolumeFSEventStoreUUID:
00000000   36 30 46 35 34 32 43 43 2D 33 41 31 46 2D 34 37   |60F542CC-3A1F-47|
00000010   45 38 2D 42 41 31 36 2D 36 32 46 45 39 42 43 45   |E8-BA16-62FE9BCE|
00000020   33 39 33 41 00                                    |393A.|
00000025
com.apple.backupd.SnapshotVolumeLastFSEventID:
00000000   31 38 31 35 38 36 34 32 39 38 38 39 31 32 37 34   |1815864298891274|
00000010   37 39 32 38 00                                    |7928.|
00000015
com.apple.backupd.SnapshotVolumeUUID:
00000000   45 38 35 38 46 36 38 34 2D 44 45 31 35 2D 33 46   |E858F684-DE15-3F|
00000010   34 32 2D 42 36 42 38 2D 36 39 43 46 31 44 44 44   |42-B6B8-69CF1DDD|
00000020   39 35 39 39 00                                    |9599.|
00000025
com.apple.backupd.VolumeBytesUsed:
00000000   31 38 36 30 30 31 34 39 38 31 31 32               |186001498112|
0000000c
com.apple.backupd.VolumeIsCaseSensitive:
00000000   30                                                |0|
00000001
com.apple.metadata:_kTimeMachineNewestSnapshot:
00000000   62 70 6C 69 73 74 30 30 33 41 BC ED B6 F6 00 00   |bplist003A......|
00000010   00 08 00 00 00 00 00 00 01 01 00 00 00 00 00 00   |................|
00000020   00 01 00 00 00 00 00 00 00 00 00 00 00 00 00 00   |................|
00000030   00 11                                             |..|
00000032
com.apple.metadata:_kTimeMachineOldestSnapshot:
00000000   62 70 6C 69 73 74 30 30 33 41 BC ED B5 C4 00 00   |bplist003A......|
00000010   00 08 00 00 00 00 00 00 01 01 00 00 00 00 00 00   |................|
00000020   00 01 00 00 00 00 00 00 00 00 00 00 00 00 00 00   |................|
00000030   00 11                                             |..|
00000032
Marc:$ ▮
```

Bild 10.29: Metadaten des Snapshot-Volume-Verzeichnisses

Erweiterte Metadaten des Snapshot-Volume-Verzeichnisses:

*   *com.apple.backupd.SnapshotVolumeFSEventStoreuuid* – FSEventStore uuid

*   *com.apple.backupd.SnapshotVolumeLastFSEventID* – Last FS Event Store ID

*   *com.apple.backupd.SnapshotVolumeuuid* – uuid des zu sichernden Volumes (Snapshot-Volume)

*   *com.apple.backupd.VolumeBytesUsed* – zu sichernde Inhalte in Bytes (nur Hardlinks)

*   *com.apple.metadata:_kTimeMachineNewestSnapshot* – eingebettete Plist-Datei mit dem Zeitstempel der neusten Sicherung

*   *com.apple.metadata:_kTimeMachineOldestSnapshot* – eingebettete Plist-Datei mit dem Zeitstempel der ältesten Sicherung

Die Struktur innerhalb des Verzeichnisses des zu sichernden Volumes (Snapshot-Volume) entspricht der Verzeichnisstruktur eines Mac-OS-Systems. Dateien sind allerdings nur dann im Original vorhanden, wenn sie neu hinzugekommen oder verändert wurden. Alle anderen Dateien verweisen in Form von Hardlinks auf Originaldateien aus älteren Sicherungsständen (Snapshots). Dieses Konzept ermöglicht es, redundantes Speichern von Dateien und Verzeichnissen zu vermeiden.

Im Terminal lässt sich zunächst nicht intuitiv erkennen, ob es sich bei einer Datei bzw. einem Verzeichnis um einen Hardlink oder um die Originaldatei handelt. Ein Anhaltspunkt ist die Catalog Node ID (CNID). Hardlinks referenzieren dieselbe CNID wie die Originaldatei.

Die folgenden beiden Abbildungen zeigen jeweils zwei unterschiedliche Sicherungs-stände. Wie zu sehen, hat z. B. die Datei *flag.app* in beiden Versionsständen dieselbe CNID.

```
Marc:$ pwd
/Volumes/Time Machine-Backups/Backups.backupdb/IBCCs MacBook Pro12,1/2015-12-11-101855/MacintoshHD/Users/ibcc/Downloads
Marc:$ ls -i
1182609 $RECYCLE.BIN                        1183982 WD_Apps_2.0.0.12.dmg
1182614 Angriffe auf lokale Netze.pdf       1182662 exercise
1182615 EtreCheck.app                       1183905 flag.app
1183981 UFED_Supported_Phone_List_4.4.xls
Marc:$ ▮
```

Bild 10.30: Ursprungssicherung 11.12.2015, *Downloads*-Verzeichnis, Anzeige der CNIDs

```
Marc:$ pwd
/Volumes/Time Machine-Backups/Backups.backupdb/IBCCs MacBook Pro12,1/2016-05-19-110857/MacintoshHD/Users/ibcc/Downloads
Marc:$ ls -i
3024848 $RECYCLE.BIN           4381568 Neuer Ordner          2561526 exercise
1182615 EtreCheck.app          4258465 SandersonFOR          1183905 flag.app
2570669 FRITZ!Box_Anrufliste.csv 4258475 Software_IBCC        3863721 iloot-master
4023350 GPT_exercise.dmg       3895051 WeChat Analysis.pdf
2988513 Kurs                   3111606 Yaffs_Linux
Marc:$ ▮
```

Bild 10.31: Sicherungsstand 19.05.2016, *Downloads*-Verzeichnis, Anzeige der CNIDs

Time-Machine-Backups können von unterschiedlichen Medien aus erstellt werden. Unterstützt werden Backups über externe Datenträger, Netzwerk-Laufwerke oder lokale Backups. Die Time-Machine-Laufwerke selbst haben eine unterschiedliche Struktur. Time-Machine-Backups über Netzlaufwerke nutzen das Sparsebundle-Format und kön-nen sowohl unverschlüsselt wie auch verschlüsselt vorhanden sein.

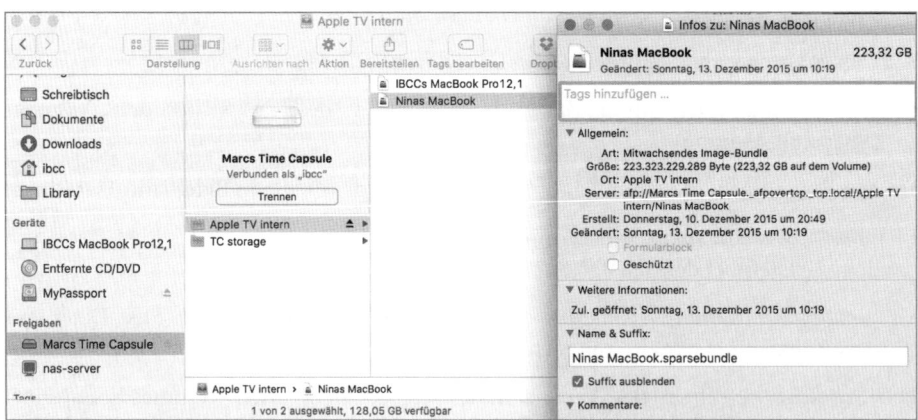

Bild 10.32: Time-Machine-Backup über ein Netzlaufwerk im Sparsebundle-Format

Jedes Time-Machine-Sparsebundle enthält die folgenden Dateien:

- *Info.plist* – enthält die Größe des Sparsebundle und die Größe der Bands (Sparse-bundle-Teildateien)

- *Bands* (Verzeichnis) – Bands-Verzeichnis (Sparsebundle-Teildateien)

- *com.apple.TimeMachine.MachineID.plist* – Host-uuid, Time-Machine-Verifizierungs-informationen

- *com.apple.TimeMachine.Results.plist* – enthält umfangreiche Eigenschaften zum Time-Machine-Backup

- *com.apple.TimeMachine.SnapshotHistory.plist* – Informationen zu den enthaltenen Snapshots

- *Token*-Datei

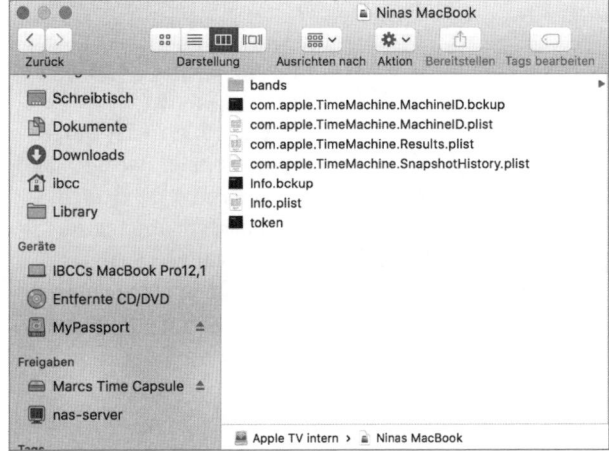

Bild 10.33: Dateien und Verzeichnisse eines Time-Machine-Sparsebundles

Das Verzeichnis */bands/* enthält Dateien mit Teilen der gesicherten Daten. Diese Dateien (Band Files) sind sequenziell nummeriert (a-f, 1-9) und von Menschen nicht lesbar.

Key		Type	Value
▼ Root	○	Dictionary	(15 items)
BlockSize		Number	4.096
BlocksAvailable		Number	148.760.401
BlocksToCopy		Number	882
BlocksUsed		Number	94.821.969
BytesAvailable		Number	609.322.602.496
BytesToCopy		Number	3.616.542
BytesUsed		Number	388.390.785.024
ClientID		String	com.apple.backupd
PaddedBytesRequired		Number	2.126.419.608
Percent		Number	0,9
▼ Progress		Dictionary	(6 items)
TimeRemaining		Number	0
_raw_totalBytes		Number	4.929.970
bytes		Number	4.929.970
files		Number	2.899
totalBytes		Number	5.422.967
totalFiles		Number	2.899
RESULT		Number	0
Running		Boolean	YES
_raw_Percent		Number	1
com.apple.backupd.SnapshotTotalByt...		Number	4.929.970

Bild 10.34: Plist-Datei *com. apple.TimeMachine.Results. plist* mit Eigenschaften zum Time-Machine-Backup

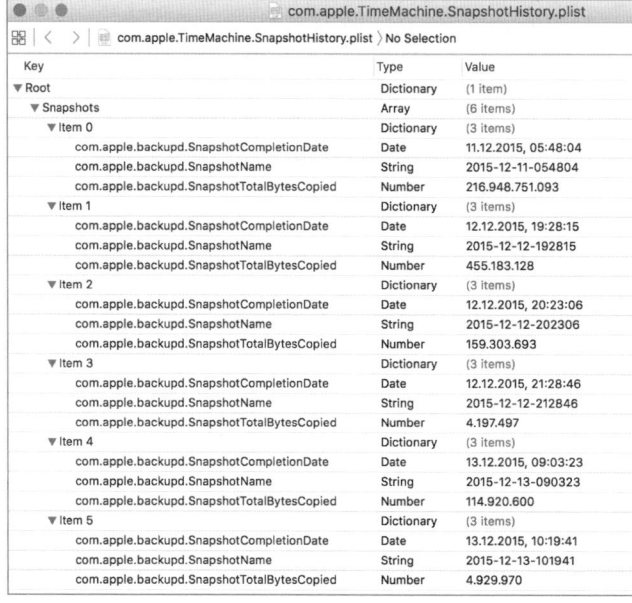

Bild 10.35: Plist-Datei *com.apple.TimeMachine. SnapshotHistory.plist* mit Informationen zu enthaltenen Snapshots, Zeitstempeln und der Anzahl kopierter Bytes pro Snapshot

10.3.3 Struktur eines lokalen Backups

Lokale Time-Machine-Backups ermöglichen die Erstellung von Sicherungen auch dann, wenn keine externen Time-Machine-Datenträger oder Netzlaufwerke vorhanden sind. Lokale Backups wurden mit der Mac-OS-X-Version 10.7 eingeführt. Die Funktionalität ist ausschließlich für Mac-Notebooks verfügbar und dann auch per Default aktiviert. Lokale Backups werden automatisch erstellt, sobald Time Machine benutzt wird. Ab dem Moment der Aktivierung von Time Machine wird alle 24 Stunden ein tägliches lokales Backup und einmal pro Woche ein wöchentliches lokales Backup erstellt.

Lokale Backups werden allerdings nur dann gespeichert, wenn ausreichend Platz auf dem System Volume verfügbar ist. Bei weniger als 20 % verfügbaren Gesamtspeichers werden lokale Backups gelöscht, um Speicherplatz freizumachen. Bei Anzeige des freien Speicherplatzes des System Volume im Finder oder per Info-Fenster wird der von lokalen Backups genutzte Speicherplatz als freier Speicherplatz behandelt. Die Belegung des Speichers durch lokale Backups kann unter *Über diesen Mac* ermittelt werden. Der von lokalen Schnappschüssen belegte Speicher wird unter *Backups* angezeigt.

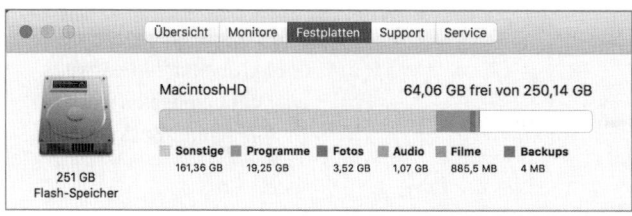

Bild 10.36: Belegung des System Volume durch lokale Backups

Lokale Backups enthalten nur Originaldateien, d. h. es werden jeweils nur diejenigen Dateien bzw. Verzeichnisse gesichert, die verändert wurden oder neu hinzugekommen sind. Im Gegensatz zu nicht lokalen Time-Machine-Sicherungen sind keine Hardlinks vorhanden. Innerhalb eines Mac-OS-Systems sind lokale Backups im Verzeichnis */.MobileBackups* gespeichert. Time Machine führt lokale Backups durch, indem es im Pfad */Volumes/MobileBackups/* ein eigenes Dateisystem MTMFS (Mobile Time Machine File System) einbindet.

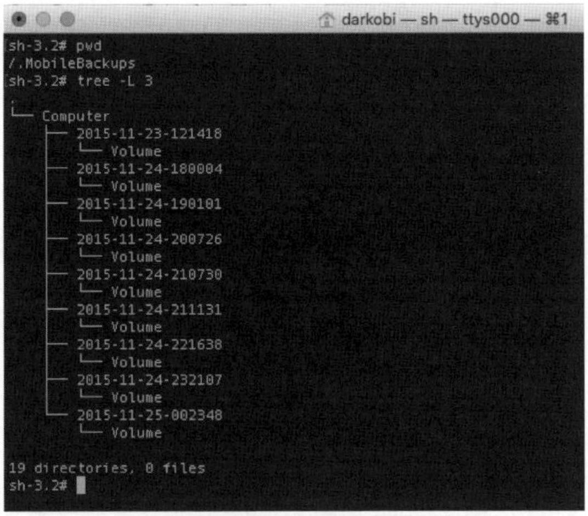

Bild 10.37: Lokales Backup-Verzeichnis */.MobileBackups*

10.3.4 Analyse von Time-Machine-Backups

Die Analyse von Time-Machine-Backups kann eine große Herausforderung für den IT-Forensiker bedeuten. Unter Umständen sind eine Vielzahl von Versionsständen mit zahlreichen Originaldateien und Hardlinks zu analysieren. Generell bietet es sich an, gesicherte Time-Machine-Backups in ein forensisches Analysesystem einzubinden, so dass native Mac-OS-Funktionalitäten und Terminalkommandos zur Analyse genutzt werden können.

Time-Machine-Backups können unter Zuhilfenahme des Terminalkommandos `hdiutil` eingebunden werden.

Netzlaufwerke:
```
$ hdiutil attach timemachine.sparsebundle -readonly
```

Externe Datenträger:
```
$ hdiutil attach timemachine.dmg -readonly
```

Externe und verschlüsselte Datenträger:
```
$ hdiutil attach timemachine.dmg -nomount -readonly
```

Nach dem Einbinden eines Time-Machine-Backups kann das Terminalkommando `tmutil` zur weiteren Analyse eingesetzt werden.

Größe der Snapshots anzeigen:

```
$ tmutil uniquesize [Sicherungsverzeichnis/*]
```

Größe der Änderungen zwischen Snapshots anzeigen (added, removed, changed):

```
$ tmutil calculatedrift [Sicherungsverzeichnis/]
```

Vergleich von zwei Snapshots (diff):

```
$ tmutil compare [Snapshot Verzeichnis 1] [Snapshot Verzeichnis 2]
```

Bei einem Vergleich zweier Snapshots mit tmutil compare kann in Erfahrung gebracht werden, ob Dateien bzw. Verzeichnisse erstellt oder gelöscht oder ob Metadaten geändert wurden (Symbole: ! = Metadatum geändert, + = Datei erstellt, - = Datei gelöscht).

Annahmen zur Analyse von Time-Machine-Backups:

1. Dateien, die seit dem ersten Backup vorhanden sind, besitzen ebenso viele Hardlinks, wie Versionsstände vorhanden sind. Alle Hardlinks haben die gleiche CNID.

2. Dateien, die später hinzukamen oder gelöscht wurden, haben weniger Hardlinks, als Versionsstände vorhanden sind. Die Hardlinks haben die gleiche CNID.

3. Hieraus folgt: Dateien, die in späteren Versionsständen vorhanden sind, aber nicht in früheren, wurden hinzugefügt. Analog wurden Dateien, die in früheren Versionsständen vorhanden sind, aber nicht in späteren, gelöscht.

4. Dateien, die verändert wurden, können je nach Speicherart eine neue CNID erhalten oder aber unter derselben CNID neu gespeichert werden. Ob Dateien verändert wurden oder nicht, kann durch einen Vergleich der Hashwerte eindeutig verifiziert werden.

Analysestrategien

Innerhalb eines eingebundenen Time-Machine-Backups erstellt der folgende Terminalbefehl eine Dateiliste aller Dateien und Verzeichnisse inklusive Catalog ID (CNID) und MD5-Hashwert:

```
$ sudo find . -type f -exec ls -i {} \; -exec md5 {} \;
> /Desktop/inodes.txt 2> /Desktop/error.txt
```

Die erstellte Dateiliste *inodes.txt* kann in der Folge genutzt werden, um Filteroperationen durchzuführen. In den folgenden Beispielen wird von einem Time-Machine-Backup mit zwei Versionsständen ausgegangen.

Die erste Abbildung zeigt eine Filterung im Verzeichnis */Downloads*. Es werden sämtliche Dateien aller Versionsstände ausgegeben und numerisch sortiert. Anhand der Namen und CNIDs kann der Status einer Datei nachvollzogen werden. Beispielsweise ist die Datei *#ADFC1534* in beiden Versionsständen mit der gleichen CNID vorhanden. Sie wurde folglich nicht verändert. Die CNID der Datei besitzt zwei Hardlinks.

```
● ● ●                          Schreibtisch — -bash — 151×33
Marc:~/Desktop$ cat inodes.txt | grep "/Downloads/" | sort -n
419876 ./#DABBAD00/2015-11-23-231839/OSX10.10/System/Library/User Template/Non_localized/Downloads/.localized
419876 ./#DABBAD00/2015-11-23-232832/OSX10.10/System/Library/User Template/Non_localized/Downloads/.localized
421435 ./#DABBAD00/2015-11-23-231839/OSX10.10/Users/chuck/Downloads/#ADFC1534
421435 ./#DABBAD00/2015-11-23-232832/OSX10.10/Users/chuck/Downloads/#ADFC1534
421436 ./#DABBAD00/2015-11-23-231839/OSX10.10/Users/chuck/Downloads/.localized
421436 ./#DABBAD00/2015-11-23-232832/OSX10.10/Users/chuck/Downloads/.localized
424860 ./#DABBAD00/2015-11-23-231839/OSX10.10/Users/Flaguser/Downloads/.localized
445799 ./#DABBAD00/2015-11-23-232832/OSX10.10/Users/chuck/Downloads/.DS_Store
445804 ./#DABBAD00/2015-11-23-232832/OSX10.10/Users/chuck/Downloads/allFiles_off.app/Contents/document.wflow
445805 ./#DABBAD00/2015-11-23-232832/OSX10.10/Users/chuck/Downloads/allFiles_off.app/Contents/Info.plist
445807 ./#DABBAD00/2015-11-23-232832/OSX10.10/Users/chuck/Downloads/allFiles_off.app/Contents/MacOS/Application Stub
```

Bild 10.38: Filterung des *Downloads*-Verzeichnisses mit `grep` und numerischer Sortierung

```
● ● ●                     Schreibtisch — -bash — 113×40
Marc:~/Desktop$ istat /Volumes/RECON/TM.dd 421435
File Path: /^^^^HFS+ Private Data/iNode421435
Catalog Record: 421435
Allocated
Type:     File
Mode:     rrw-r--r--
Size:     357
uid / gid: 501 / 20
Link count:    2

File Name: iNode421435
This is a hard link to a file
Admin flags: 0
Owner flags: 0
Has extended attributes
Has security data (ACLs)
File type:       0000
File creator:    0000
Text encoding:   0 = MacRoman
Resource fork size:    0

Times:
Created:        2015-11-23 13:42:52 (CET)
Content Modified:      2015-11-23 13:42:52 (CET)
Attributes Modified:   2015-11-23 23:28:26 (CET)
Accessed:       2015-11-23 23:17:02 (CET)
Backed Up:      0000-00-00 00:00:00 (UTC)
```

Bild 10.39: Anzeige der Hardlinks der Datei *#ADFC1534* dem Sleuth-Kit-Befehl `istat`

Ein Vergleich der MD5-Hashwerte der Datei *#ADFC1534* zeigt, dass die beiden Dateien identisch sind und somit nicht verändert wurden.

```
● ● ●                     Schreibtisch — -bash — 130×26
Marc:~/Desktop$ cat inodes.txt | grep "#ADFC1534"
421435 ./Backups.backupdb/#DABBAD00/2015-11-23-231839/OSX10.10/Users/chuck/Downloads/#ADFC1534
MD5 (./Backups.backupdb/#DABBAD00/2015-11-23-231839/OSX10.10/Users/chuck/Downloads/#ADFC1534) = 82b3f628c5eca14c141ace105a6737e2
421435 ./Backups.backupdb/#DABBAD00/2015-11-23-232832/OSX10.10/Users/chuck/Downloads/#ADFC1534
MD5 (./Backups.backupdb/#DABBAD00/2015-11-23-232832/OSX10.10/Users/chuck/Downloads/#ADFC1534) = 82b3f628c5eca14c141ace105a6737e2
Marc:~/Desktop$ ▊
```

Bild 10.40: Vergleich der MD5-Hashwerte der Datei *#ADFC1534*

Der nächste Befehl filtert nach der Datei *ASCII-Tabelle*, die sich ebenfalls im *Downloads*-Verzeichnis befindet. Das Ergebnis zeigt, dass die Datei lediglich im neuen Versionsstand vorhanden ist und damit neu hinzukam. Entsprechend hat die CNID der Datei lediglich einen Hardlink.

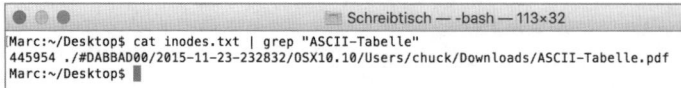

Bild 10.41: Filterung nach der Datei *ASCII-Tabelle* mit grep

```
● ● ●                          Schreibtisch — -bash — 113×37
Marc:~/Desktop$ istat /Volumes/RECON/TM.dd 445954
File Path: /Backups.backupdb/#DABBAD00/2015-11-23-232832/OSX10.10/Users/chuck/Downloads/ASCII-Tabelle.pdf
Catalog Record: 445954
Allocated
Type:   File
Mode:   rrw-r--r--
Size:   160462
uid / gid: 501 / 20
Link count:          1

File Name: ASCII-Tabelle.pdf
Admin flags: 0
Owner flags: 0
Has extended attributes
Has security data (ACLs)
File type:      0000
File creator:   0000
Text encoding:  0 = MacRoman
Resource fork size:   0

Times:
Created:        2013-02-22 12:19:43 (CET)
Content Modified:       2013-02-22 12:19:43 (CET)
Attributes Modified:    2015-11-23 23:28:27 (CET)
Accessed:       2015-11-23 23:28:27 (CET)
Backed Up:      0000-00-00 00:00:00 (UTC)
```

Bild 10.42: Anzeige der Hardlinks der Datei *ASCII-Tabelle* mit dem Sleuth-Kit-Befehl istat

Ein Export von Dateien kann aus dem gemounteten Image heraus erfolgen. Eine Alternative ist der Sleuth-Kit-Befehl blkcat, der einen Export unter Angabe der CNID ermöglicht.

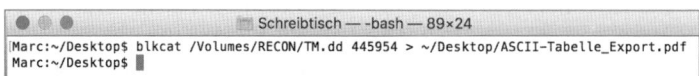

Bild 10.43: Export der Datei *ASCII-Tabelle* mit blkcat

Die CNID kann benutzt werden, um eine sortierte Filterung mit Angabe der Anzahl von Duplikaten zu erreichen. So kann erkannt werden, ob Dateien in allen Versionsständen vorhanden sind oder nicht.

```
●  ●  ●                  ▤ Schreibtisch — more — 84×32
Marc:~/Desktop$ cat inodes.txt | awk '{print $1}' |sort -n | uniq -c | more
693469 MD5
      1 24
      1 25
      1 61
      1 102
      1 103
      1 108
      1 134
      1 136
      2 194
      2 195
      2 198
      2 199
      2 203
      2 204
      2 206
      2 207
      2 212
      2 213
      2 215
      2 218
      2 220
      2 222
      2 224
      2 226
      2 228
      2 230
      2 232
```

Bild 10.44: Sortierte Ausgabe der CNIDs mit Angabe der Anzahl gleicher Dateien

Die vorgestellten Terminalbefehle ermöglichen eine gezielte Analyse von Time-Machine-Backups. Je nach Sachverhalt und Fragestellung erlauben sie die Identifizierung und Kategorisierung von Dateien innerhalb von diversen Versionsständen eines Time-Machine-Backups. Bei sehr umfangreichen Sicherungen mit einer Vielzahl von Versionsständen kann eine entsprechende Analyse sehr umfangreich und zeitaufwendig sein. Die forensische Analyse-Software X-Ways lässt eine Analyse von Time-Machine-Backups ebenfalls zu. Allerdings funktioniert eine Referenzierung von Dateien anhand der CNID nicht. X-Ways scheint die CNIDs nicht korrekt darzustellen.

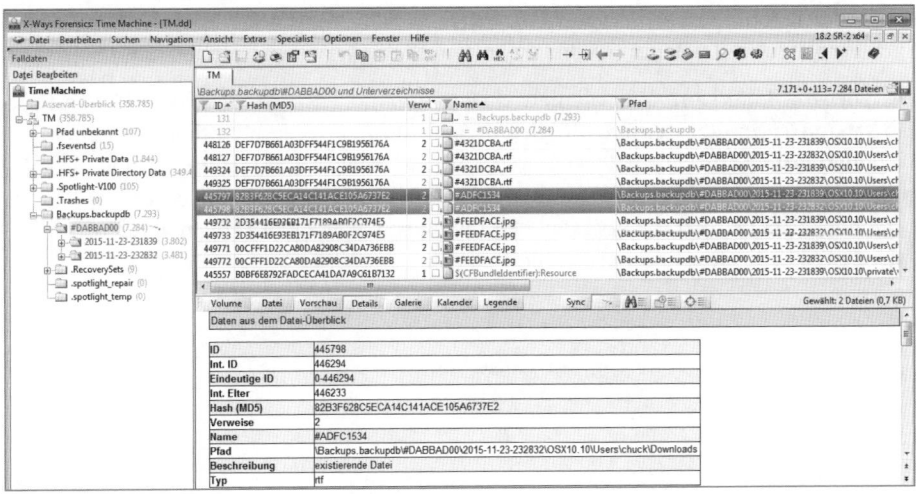

Bild 10.45: Versionsstände der Datei *#ADFC1534*, Ansicht mit X-Ways

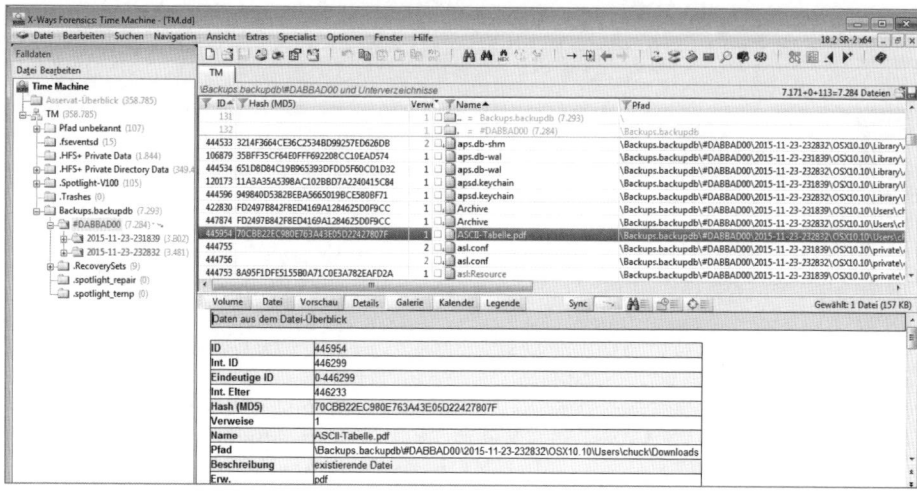

Bild 10.46: Versionsstand der Datei *ASCII-Tabelle*, Ansicht mit X-Ways

10.4 iCloud

Der Onlinedienst iCloud ist eine Cloud-Computing-Anwendung der Firma Apple. Die Anwendung ermöglicht es, Daten auf allen Apple-Geräten mit dem Betriebssystem Mac OS und iOS synchron zu halten und von überall auf sie zuzugreifen (Ubiquity). Mit iCloud können bis zu zehn Apple-Geräte synchronisiert werden. Neben dem Austausch von Bildern, Dokumenten und Einstellungen können auch Sicherungen von iOS-Geräten in der iCloud gespeichert werden. Nutzer von iCloud erhalten einen kostenlosen Speicherplatz von 5 GB, der bei Bedarf kostenpflichtig erweitert werden kann.

Der Dienst iCloud kann über die Betriebssysteme Mac OS X (ab Version 10.7) und iOS (ab Version 5) genutzt werden. Möglich ist auch ein Zugriff zum Onlinedienst über eine Weboberfläche. Sämtliche iCloud-Daten werden in den Serversystemen Apples gespeichert. Zur Zuordnung eines Nutzers zu einem iCloud-Account wird eine eindeutige persönliche ID benutzt. Die persönliche ID eines Nutzers kann mit mehreren E-Mail-Adressen bzw. Telefonnummern verknüpft sein.

Bild 10.47: Webzugriff auf *iCloud.com*

Bild 10.48: Einstellungen für iCloud unter Mac OS

Einige Beispiele für iCloud-Funktionalitäten:

* Gekaufte Inhalte (Apps) können automatisch auf alle Geräte synchronisiert werden.

* Teilen von iCloud-Fotos durch Foto-Freigaben (maximal 5000 Fotos) oder Foto-stream (die letzten 1000 Fotos)

* Orten, Sperren und Fernlöschen von iOS- und Mac-OS-Systemen (*Meinen Mac/ Mein iPhone suchen*)

* Speicherung von Inhaltsdaten in der iCloud (bspw. Spielstände, verschlüsselte Inhalte etc.)

* Synchronisierung von Safari-Lesezeichen, geöffneten Tabs auf allen Geräten

- Speicherung und Synchronisierung von Kennwörtern (Schlüsselbund)

- Backup-Funktionalität für iOS-Geräte

- Synchronisierung von nativen Apps auf allen Geräten (bspw. Mail, Notizen, Kontakte, Kalender, Notizen etc.)

- Die Funktion iCloud Drive ermöglicht den Zugriff auf eine Verzeichnisstruktur zum Speichern und Verwalten von Dateien.

- Die Familienfreigabe ermöglicht das Verknüpfen von iCloud-Accounts untereinander. Inhalte aus iTunes, iBooks und getätigte Käufe von Apps können dann innerhalb der Familie gemeinsam genutzt werden. Auch eine Ortung durch die Apps *Nachrichten*, *Freunde suchen* und *Meinen Mac/Mein iPhone suchen* kann aktiviert werden.

Der Zugang zum Onlinedienst iCloud erfolgt durch Eingabe der persönlichen iCloud-ID (alternativ der iCloud-E-Mail-Adresse) und eines vom Nutzer gewählten Passworts (mindestens 8 Zeichen, mindestens 1 Ziffer, 1 Kleinbuchstabe und 1 Großbuchstabe).

Optional zur Authentifizierung mit ID/E-Mail und Passwort kann eine Zwei-Faktor-Authentifizierung aktiviert werden, die das Sicherheitslevel beträchtlich erhöht. Bei aktivierter Zwei-Faktor-Authentifizierung kann nur von vertrauenswürdigen Geräten auf den Onlinedienst iCloud zugegriffen werden. Als vertrauenswürdige Geräte können iOS-Geräte oder Mac-OS-Systeme definiert werden, die sich in Besitz des Nutzers befinden. Zur Definition eines Geräts als vertrauenswürdig ist die Eingabe eines temporären Sicherheitscodes erforderlich, der entweder über eine verifizierte Telefonnummer oder über ein bereits als vertrauenswürdig geltendes Gerät empfangen werden kann.

Bild 10.49: Zwei-Faktor-Authentifizierung in den iCloud-Einstellungen

Sämtliche Daten werden von iCloud verschlüsselt übertragen und auf den Apple-Subsystemen verschlüsselt abgelegt. Als Verschlüsselungsverfahren wird mindestens 128-Bit-AES benutzt. Bestimmte Inhalte, wie der Schlüsselbund, werden 256-Bit-AES verschlüsselt. Zur Sicherung der Nutzerkennung nutzt iCloud sogenannte sichere Tokens. Die Verwendung von Tokens ermöglicht eine Nutzung von iCloud-Funktionen, ohne dass ein Nutzer bei jeder Inanspruchnahme das Kennwort erneut eingeben muss. Die Authentifizierung erfolgt über das sichere Token. Weiterhin können Drittanbieter-Apps iCloud-Funktionalitäten nutzen, indem sie ein sicheres Token ausgestellt bekommen und damit einen Zugriff erhalten. Damit ist es nicht erforderlich, dass Drittanbieter-Apps die iCloud-Zugangskennung haben, um den Onlinedienst zu nutzen.

IT-Forensiker können sichere iCloud-Tokens nutzen, um auch ohne Zugangskennung eines Nutzers einen Zugriff auf iCloud-Daten zu erhalten. Beispielsweise ermöglicht die Software Elcomsoft Phone Breaker das Auslesen von iCloud-Tokens aus laufenden Mac-OS-Systemen oder im Rahmen einer Post-Mortem-Analyse, sofern das Keychain-Passwort bekannt ist. Nach erfolgreicher Extraktion des Tokens kann die Software auf iCloud-Inhalte zugreifen und diese sichern.

10.4.1 iCloud-Spuren unter Mac OS

Die persönliche iCloud-ID sowie verknüpfte E-Mail-Adressen lassen sich im Verzeichnis *~/Library/Application Support/iCloud/Accounts* ermitteln.

```
Accounts — -bash — 80×24
Marc:~/Library/Application Support/iCloud/Accounts$ pwd
/Users/ibcc/Library/Application Support/iCloud/Accounts
Marc:~/Library/Application Support/iCloud/Accounts$ ls -l
total 32
-rw-r--r--  1 ibcc  staff  5520 24 Mai 17:13 1359408072
lrwxr-xr-x  1 ibcc  staff    12  5 Apr 16:50 darkobi@icloud.com -> ./1359408072
lrwxr-xr-x  1 ibcc  staff    12  5 Apr 16:50 darkobi@me.com -> ./1359408072
Marc:~/Library/Application Support/iCloud/Accounts$
```

Bild 10.50: Anzeige der iCloud-ID und verknüpfter E-Mail-Adressen

Der Onlinespeicher iCloud kann von diversen Applikationen genutzt werden, um Dateien abzuspeichern. Die Funktion iCloud Drive lässt darüber hinaus einen Zugriff auf die iCloud-Verzeichnisstruktur zu, in die Nutzer manuell Dateien abspeichern können. In iCloud gespeicherte Dateien werden mit dem verbundenen Mac-OS-System synchronisiert und sind innerhalb der Nutzerdomäne im Verzeichnis *~/Library/Mobile Documents/* abgespeichert. Dabei enthält das Verzeichnis */Mobile Documents* als erweitertes Metadatum die persönliche ID des verbundenen iCloud-Accounts.

```
Library — -bash — 103×32
Marc:~/Library$ xattr -xl Mobile\ Documents/
com.apple.ubd.prsid:
00000000  31 33 35 39 34 30 38 30 37 32 2E 43 6C 6F 75 64  |1359408072.Cloud|
00000010  44 6F 63 73                                      |Docs|
00000014
Marc:~/Library$
```

Bild 10.51: Anzeige der erweiterten Metadaten des Verzeichnisses */Mobile Documents/*

Das Verzeichnis */Mobile Documents/* enthält in einer weiteren verzweigten Verzeichnisstruktur die mit iCloud synchronisierten Dateien, die nach zugehörigen Applikationen kategorisiert sind. Die Verzeichnisse der Applikationen sind mit dem Applikationsnamen im Reversed-DNS-Format bezeichnet. Drittanbieter-Apps sind zusätzlich mit einer ID benannt. In iCloud Drive gespeicherte Dateien befinden sich in *com~apple~CloudDocs.*

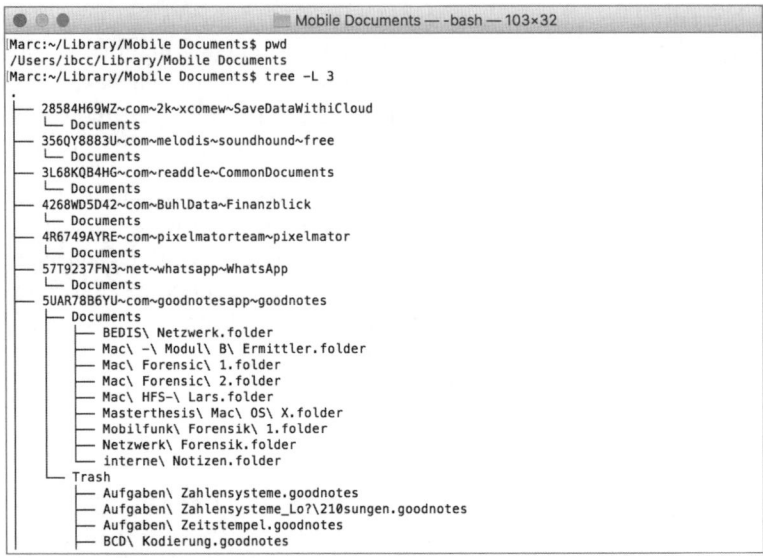

Bild 10.52: Kategorisierung der iCloud-Dateien in */Mobile Documents/*

Die globalen Einstellungen zu iCloud enthält die Datei *~/Library/Synced Preferences/com.apple.syncedpreferences.plist.*

Einstellungen zu den Synchronisierungseigenschaften einzelner Apps und iCloud befinden sich in eigenen Plist-Dateien. Die Pfade können teilweise aus der Datei *com.apple.syncedpreferences.plist* ausgelesen werden. Sie befinden sich entweder im Verzeichnis *~/Library/SyncedPreferences* oder bei Applikationen, die in einer gesicherten Sandbox-Umgebung ausgeführt werden, unter dem Pfad *~/Library/Containers/[APP]/Data/Library/SyncedPreferences.*

iCloud & Safari

Der in Mac OS integrierte Webbrowser Safari ermöglicht die Nutzung von sogenannten iCloud-Tabs. Damit können Safari-Tabs auf allen Geräten synchron betrachtet werden.

Bild 10.53: iCloud-Tabs unter Safari

Die über iCloud synchronisierten iCloud-Tabs und die verknüpften Geräte sind in der Datei *~/Library/SyncedPreferences/com.apple.Safari.plist* verzeichnet.

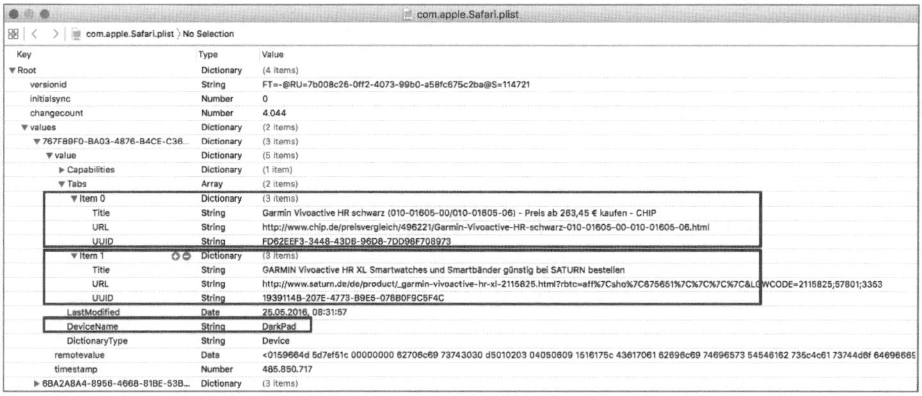

Bild 10.54: iCloud-Tabs und verknüpfte Geräte in der Datei *com.apple.Safari.plist*

iCloud & Mail

Umfangreiche Metadaten zu mit iCloud synchronisierten E-Mail-Konversationen, teilweise auch über zeitlich weit zurückliegenden E-Mail-Verkehr, enthält die Datei *~/Library/Containers/com.apple.corerecents.recentsd/Data/Library/SyncedPreferences/ recentsd-com.apple.mail.recents.plist.*

Die folgende Abbildung enthält beispielsweise Informationen zu 489 E-Mail-Kontakten, deren Konversation jeweils in einem eigenen Schlüssel zusammengefasst ist. Hierbei bezeichnet das Präfix MR einen einzelnen Kontakt, das Präfix GP eine Kontaktgruppe.

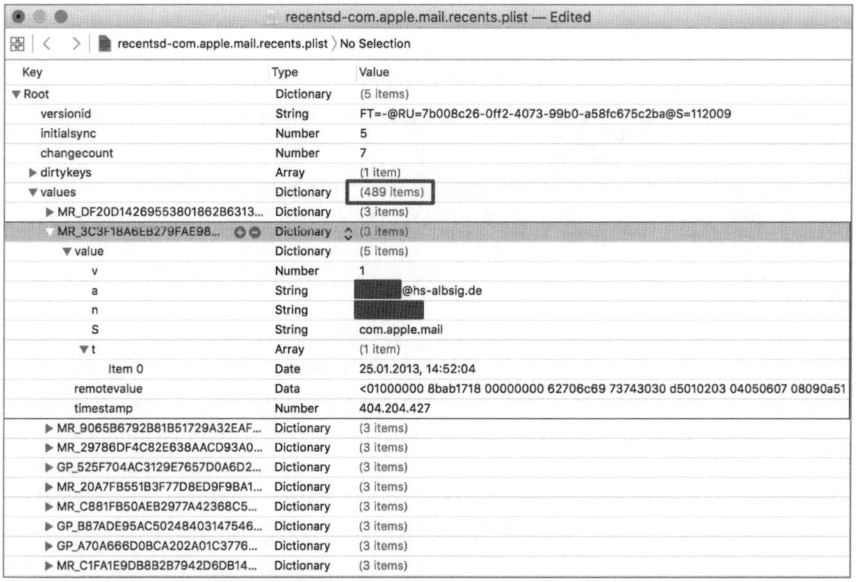

Bild 10.55: iCloud-E-Mail-Informationen der Datei *recentsd-com.apple.mail.recents.plist*

Informationen zu als VIP gekennzeichneten E-Mail-Kontakten enthält die Datei *~/Library/Containers/com.apple.mail/Data/Library/SyncedPreferences/com.apple.mail-com.apple.mail.vipsenders.plist.*

Ebenfalls über iCloud synchronisiert werden Adressdaten, die kürzlich auf einem mit iCloud verknüpften Gerät per E-Mail empfangen wurden. Sie sind in der Datei *~/Library/Containers/com.apple.corerecents.recentsd/Data/Library/SyncedPreferences/com.apple.corerecents.map-locations.plist* enthalten.

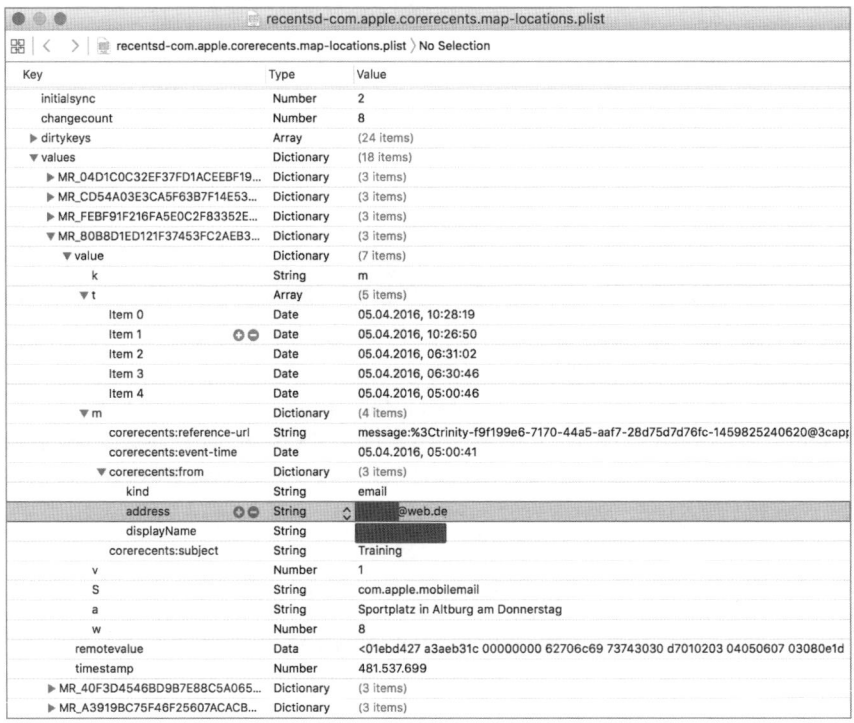

Bild 10.56: Kürzlich per E-Mail empfangene Adressdaten

iCloud & Nachrichten

Analog zu den umfangreichen Metadaten zu E-Mail-Konversationen werden Metadaten zu Chat-Nachrichten, die über die Nachrichten-App synchronisiert werden, abgespeichert. Die folgende Abbildung enthält beispielsweise Informationen zu 150 Chat-Konversationen inklusive E-Mail-Adressen, Telefonnummern, Zeitstempeln und der Art der Kommunikation (iMessage, SMS etc.). Informationen zu synchronisierten Chat-Nachrichten sind in der Datei *~/Library/Containers/com.apple.corerecents.recentsd/Data/Library/SyncedPreferences/recentsd-com.apple.messages.recents.plist* abgelegt.

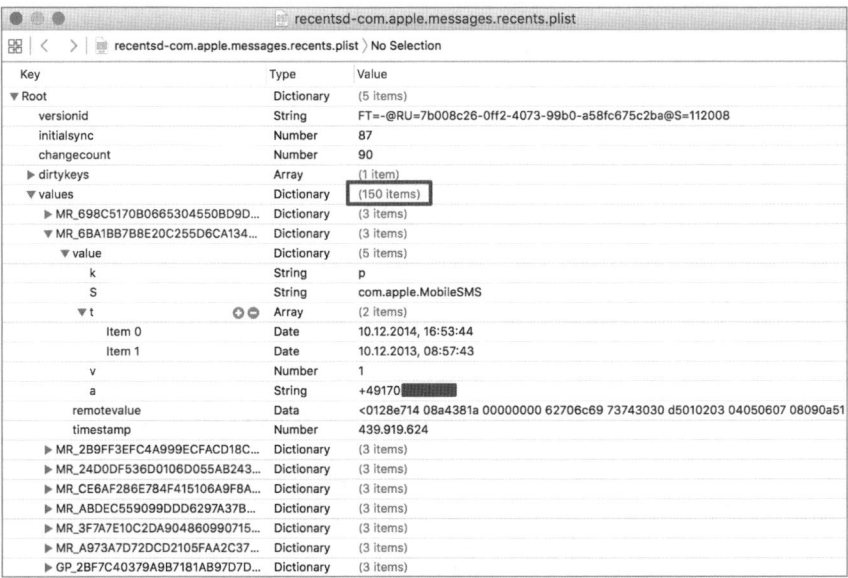

Bild 10.57: Gespeicherte iCloud-Konversationen der Nachrichten-App in der Datei *recentsd-com.apple.messages.recents.plist*

iCloud & Fotos

Freigegebene Alben und Bilder des Fotostreams werden innerhalb der Fotos-Applikation verwaltet. Entsprechende Metadaten können in der SQLite-Datenbank *Library.apdb* ermittelt werden.

Das Ablageformat innerhalb der Datenbank ist bislang noch nicht gänzlich erforscht. Bilder, die über den iCloud-Fotostream synchronisiert wurden, enthalten in der Tabelle RK_Master und der Spalte importedBy den Wert 5. In der Spalte PhotoStreamTagId kann die persönliche iCloud-ID der synchronisierten iClouds abgelesen werden. Außerdem sind Fotostream-Bilddateien in der Tabelle RK_Version und der Spalte specialType mit dem Wert 6 gekennzeichnet.

Dateien, die aus einer iCloud-Mediathek synchronisiert wurden, enthalten in der Tabelle RK_Master und der Spalte importedBy den Wert 5. Bilddateien, die lokal in die Fotos-Mediathek importiert wurden, enthalten in selbiger Tabelle und Spalte den Wert 3.

	ne	originalFileSize	importedBy	burstUuid	importComplete	TimeZoneOffsetS	photoStreamTagId
		Filter	Filter	Filter	Filter	Filter	Filter
1	...	1102167	6	NULL	1	7200	1359408072
2	...	1918712	6	NULL	1	7200	1359408072
3	...	1454148	3	NULL	1	3600	NULL
4	...	989650	3	NULL	1	3600	NULL
5	?G	2089620	5	NULL	1	3600	NULL
6	...	21171179	5	NULL	1	NULL	NULL

Bild 10.58: Tabelle *RK_Master* mit Spalten *importedBy* und *PhotoStreamTagId*

iCloud & Standortdaten

Die native Mac-OS-Applikation Karten erlaubt das Speichern von Favoriten und zuletzt benutzten Zielen. Diese können über iCloud synchronisiert werden.

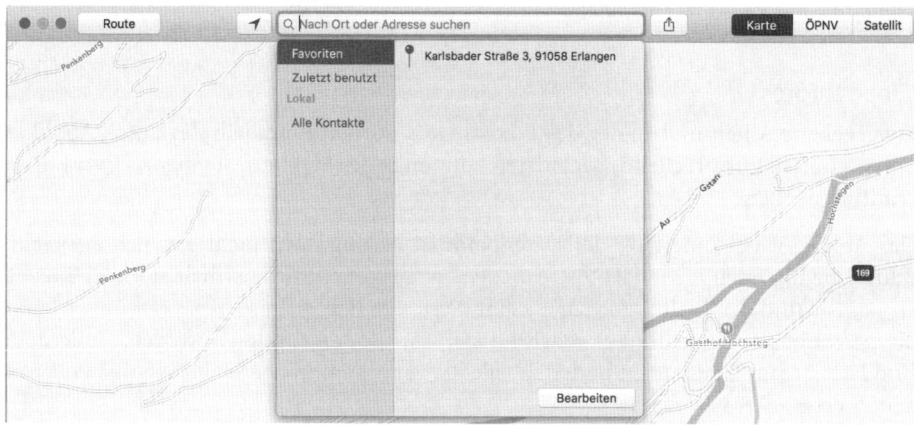

Bild 10.59: Maps-Applikation mit Favoriten und zuletzt benutzten Zielen

Synchronisierte Favoriten werden in der Datei *~/Library/Containers/com.apple.Maps/Data/Library/SyncedPreferences/com.apple.Maps-com.apple.MapsSupport.bookmarks.plist* binär abgelegt.

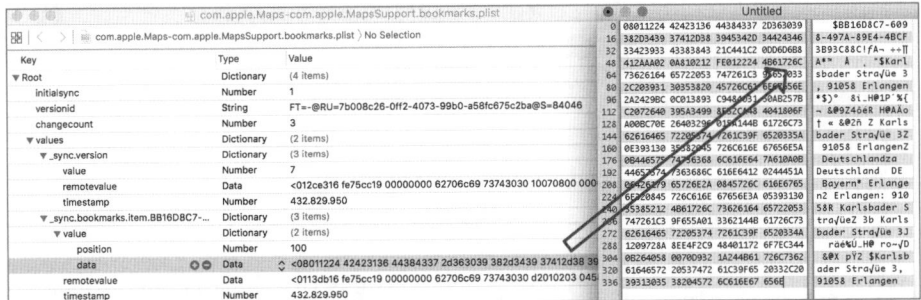

Bild 10.60: Binärdaten in der Datei *com.apple.Maps-com.apple.MapsSupport.bookmarks. plist*

Zuletzt benutzte Ziele befinden sich in der Datei *~/Library/Containers/com.apple.Maps/ Data/Library/SyncedPreferences/com.apple.Maps-com.apple.MapsSupport.history.plist*.

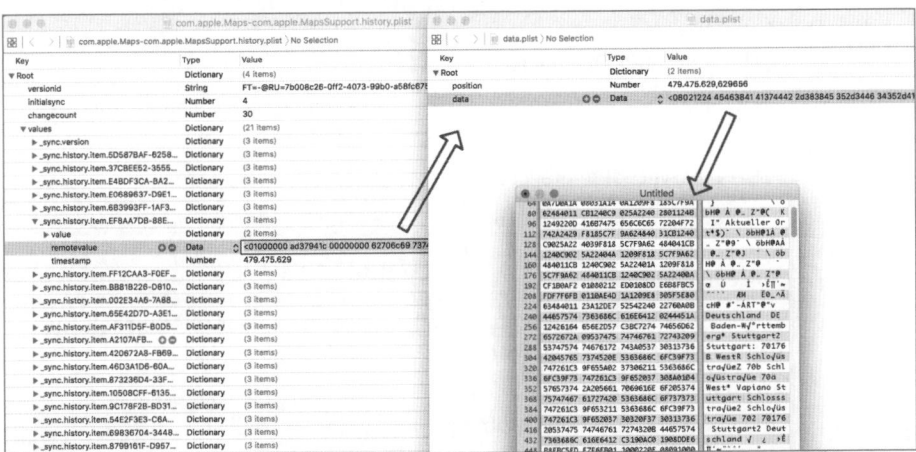

Bild 10.61: Binärdaten in der Datei *com.apple.Maps-com.apple.MapsSupport.history.plist*.

iCloud-Logdateien

Details zu mit iCloud synchronisierten Dateien befinden sich im Verzeichnis *~/Library/ Application Support/CloudDocs/*. Die Datei *account.1* enthält die persönliche iCloud-ID des verknüpften iCloud-Accounts. Innerhalb des Verzeichnisses existiert eine weiterverzweigte Struktur. Die unter */sessions/containers/* vorhandenen Plist-Dateien enthalten Konfigurationseinstellungen zu den mit iCloud synchronisierten Applikationen. Unter */sessions/db/* enthalten die SQLite-Datenbanken *client.db* und *server.db* Details zu synchronisierten Dokumenten.

```
● ● ●                    CloudDocs — -bash — 104×35
Marc:~/Library/Application Support/CloudDocs$ pwd
/Users/ibcc/Library/Application Support/CloudDocs
Marc:~/Library/Application Support/CloudDocs$ tree -L 2
.
├── 0FB56651-2E42-51C9-ACD5-76030DA46A56.txt
├── account.1
├── pkg_extensions.plist
└── session
    ├── containers
    ├── d
    ├── db
    ├── f
    ├── r
    ├── u
    └── v

8 directories, 3 files
Marc:~/Library/Application Support/CloudDocs$ ▊
```

Bild 10.62: Verzeichnis ~/*Library/ Application Support/CloudDocs/*

iCloud Spuren			
Digitale Spur	Pfad		Datei
	~/Library/Application Support/iCloud/ Accounts		
	~/Library/Mobile Documents/		
	~/Library/SyncedPreferences/		com.apple.syncedpreferences. plist
	~/Library/SyncedPreferences/		com.apple.Safari.plist
	~/Library/Containers/com.apple. corerecents.recentsd/Data/Library/ SyncedPreferences/		recentsd-com.apple.mail.recents. plist
	~/Library/Containers/com.apple.mail / Data/Library/SyncedPreferences/		com.apple.mail-com.apple.mail. vipsenders.plist
	~/Library/Containers/com.apple. corerecents.recentsd/Data/Library/ SyncedPreferences/		com.apple.corerecents.map- locations.plist
	~/Library/Containers/com.apple. corerecents.recentsd/Data/Library/ SyncedPreferences/		recentsd-com.apple.message. recents.plist
	~/Library/Containers/com.apple.Maps/ Data/ Library/SyncedPreferences/		com.apple.Maps-com.apple. MapsSupport.bookmarks.plist
	~/Library/Containers/com.apple.Maps/ Data/ Library/SyncedPreferences/		com.apple.Maps-com.apple. MapsSupport.history.plist
	~/Library/Application Support/CloudDocs/		

10.4.2 iCloud-Daten sichern

In manchen Fällen kann im Rahmen eines Ermittlungsverfahrens die Sicherung von iCloud-Daten relevant sein. Die rechtliche Bewertung einer solchen Sicherung wird hier nicht thematisiert. Technisch kann eine Sicherung von iCloud-Inhalten entweder durch mit iCloud synchronisierte Mac-OS- oder iOS-Geräte erfolgen. Im Fall von Mac OS sind Inhalte im Rahmen einer Post-Mortem-Analyse auffindbar. Zu berücksichtigen ist allerdings, welche Daten synchronisiert wurden und wann zuletzt eine Synchronisierung stattgefunden hat. Bei iOS-Devices ist eine Sicherung von iCloud-Inhalten nur bei jailbroken Geräten oder Geräten, bei denen eine physikalische Sicherung durchgeführt werden kann, möglich. Eine weitere Möglichkeit ist die direkte Sicherung von iCloud-Inhalten auf *iCloud.com*. Zur Durchführung einer solchen direkten Sicherung aus dem Apple-Cloud-Speicher können beispielsweise die Programme iLoot, Elcomsoft Phone Breaker oder Passware Forensic-Toolkit benutzt werden.

iLoot
- Quelle: *https://www.github.com/hackappcom/iloot*
- Open Source
- Python Tool, plattformunabhängig, kommandozeilenbasiert
- Benötigt Apple ID und Kennwort
- Unterstützt keine Zwei-Faktor-Authentifizierung
- Kann Backups aus der iCloud downloaden

Elcomsoft Phone Breaker
- Quelle: *http://www.elcomsoft.com*
- Kommerzielles Tool, lauffähig unter Windows und Mac OS
- Benötigt Apple ID und Kennwort oder sicheres Token
- Unterstützt Zwei-Faktor-Authentifizierung
- Kann Backups und iCloud-Drive-Dateien downloaden

Passware Forensic Toolkit
- Quelle: *http://www.passware.com/kit-forensic*
- Kommerzielles Tool, lauffähig unter Windows und Mac OS
- Benötigt Apple ID und Kennwort oder sicheres Token
- Unterstützt Zwei-Faktor-Authentifizierung
- Kann Backups und iCloud-Drive-Dateien downloaden

10.5 iOS-Backups

Nutzer von iOS-Devices haben die Möglichkeit, ein Backup ihres Geräts herzustellen, das zu einer späteren Wiederherstellung bzw. zu einer Sicherung von Inhalten benutzt werden kann. Backups von iOS-Devices können entweder lokal mit iTunes erstellt oder in die iCloud synchronisiert werden. Besitzer von mobilen iDevices haben damit die Möglichkeit, ihre Geräte auch ohne Vorhandensein eines Computers zu sichern. Zur Sicherung von iDevices via iCloud ist ein gültiger iCloud-Account nötig. Neben der

Möglichkeit, Backups zu erstellen, bietet iCloud weitere Funktionalitäten wie das Synchronisieren von Inhalten auf mehreren iOS- oder Mac-OS-Systemen sowie Funktionen wie das Orten, Sperren oder Löschen von Geräten.

Zu beachten ist, dass iTunes oder iCloud-Backups von iDevices nicht unbedingt alle auf dem Gerät vorhandenen Daten beinhalten müssen. Zum einen werden nicht alle Daten gesichert, zum anderen ist es durchaus möglich, dass Nutzer weitere Dienste wie Dropbox u. a. zusätzlich zur Sicherung in Anspruch nehmen.

Sicherungen mit iTunes können lokal auf Windows- oder Mac-Systemen erstellt werden. Bei der Durchführung eines Backups kann festgelegt werden, ob es unverschlüsselt oder verschlüsselt abgespeichert werden soll. Backups können automatisch per WiFi oder manuell per USB durchgeführt werden. Sicherungen sind an folgenden Speicherorten zu finden:

Windows XP

- */Documents and Settings/[Nutzer]/Application Data/Apple Computer/MobileSync/ Backup/*

Windows 7

- */Documents and Settings/Users/[Nutzer]/AppData/Roaming/Apple Computer/MobileSync/Backup/*

OS X

- *~/Library/Application Support/MobileSync/Backup/*

Sicherungen in die iCloud werden grundsätzlich verschlüsselt übertragen und auch verschlüsselt auf Apple-Servern abgespeichert (128-Bit-AES). Was in den Backups gesichert wird, können Sie der folgenden Tabelle entnehmen.

Inhalte von iTunes- und iCloud-Backups		
Inhalt	iTunes	iCloud
Kontakte	Ja	Nein, wird unabhängig vom Backup in iCloud gesichert
Kalender	Ja	Nein, wird unabhängig vom Backup in iCloud gesichert
E-Mails	Ja	Nein, wird unabhängig vom Backup in iCloud gesichert
Notizen	Ja	Nein, wird unabhängig vom Backup in iCloud gesichert
Fotos	Ja	Ja (zusätzlich in iCloud: geteilte Alben und Fotostream)
Dokumente	Ja	Nein, wird unabhängig vom Backup in iCloud gesichert
Safari	Ja	Nein, wird unabhängig vom Backup in iCloud gesichert
Anruflisten	Ja	Nein
Health*	Ja	Nein
Keychain*	Ja	Nein
Maps	Ja	Nein

Inhalt	iTunes	iCloud
Drittanbieter-Apps	Ja	Ja
Voicemail	Ja	Ja
Einstellungen	Ja	Ja
Nachrichten	Ja	Ja
Voice-Nachrichten	Ja	Nein

* nur bei verschlüsselten iTunes-Backups

Wird ein iDevice zum ersten Mal angeschlossen und von iTunes erkannt, wird eine 40-stellige alphanumerische UDID (Unique Device ID) erstellt, unter der das Backup abgespeichert wird. Die UDID berechnet sich aus dem SHA1-Wert von bestimmten Geräteinformationen wie Seriennummer, IMEI sowie Mac-Adressen der WiFi- und Bluetooth-Schnittstellen. Die folgende Abbildung zeigt die Sicherung eines iDevices innerhalb eines Mac-OS-Systems.

```
● ● ●                    🖥 Backup — -bash — 98×27
Marc:~/Library/Application Support/MobileSync/Backup$ pwd
/Users/ibcc/Library/Application Support/MobileSync/Backup
Marc:~/Library/Application Support/MobileSync/Backup$ ls -l
total 0
drwxr-xr-x  401 ibcc  staff  13634 28 Mai 15:46 f0a408ad93f5f3be5cc169273cc8a037aed16b18
Marc:~/Library/Application Support/MobileSync/Backup$ █
```

Bild 10.63: Backup eines iDevices unter Mac OS

```
● ● ●                    🖥 Backup — -bash — 112×47
├── Info.plist
├── Manifest.mbdb
├── Manifest.plist
├── Status.plist
├── a2b72d3f75514d6dd2926c1e8edc5bf2b33d3130
├── a30335a2c0f0316c9610d868a527b2ade1911542
├── a33ef768b8fb55f0b9b4d1e68306945fbcb391b0
├── a36c3f9bdbfc04d4322ad81ea527a168bb17c4b9
├── a690d7769cce8904ca2b67320b107c8fe5f79412
├── a89395060fc1b07b6436c763cb9b1529ce2b0ea3
├── a8a6c672a3c5a913a222263b9acabf575e2bb350
├── a98ec8937b925cbe53053a05dfd405a9186c1959
├── a99bac2cd4c77bf371d68456638fc94418302892
├── aa8d95cef382c1c0e1c2d8f901b5c972ff8cf259
├── aaad9fe5390db439da169a3cec66f7667d351339
├── aac0959a822877a442154d5d7f127625914b5728
├── ab3babce9ad20c8b52b998587c7b5b55be65f4ef
├── ab5cca3e572876f2050ed939372ae305fd99ce4e
├── ac0e9d55f15be77233dbdd1dbf0da147a01c4002
├── ad23c12d94cfbb01b49813750575a57082668774
├── ade0340f576ee14793c607073bd7e8e409af07a8
├── ae1652503bb986352b4c24c52a26c6b104ad0fd5
├── ae6fb6804e782b8ad4a5d3c1d21c99cc01949439
├── aeacdfd9fadbbe56548a40e02b7685d324050e54
├── af0a461cff85322d0c029fedc42e7841ecbd5b9f
├── b09be922bad928249f1c1045d24d5557e8ddac4c
├── b17e436532015ab76c9ba5bb4ce277903bacb08e
├── b18b12d8d53d01a7f6c56dcbb57a81a5fa7e7e3b
├── b26fd66091dc4192eac79fe726c52cf0bdea8f0f
├── b33d5b4c1e343f6651f98128ac7d3d370c64f6e5
├── b3f5945694120cbb23254422a4dca514f32917bc
├── b418ecf502779203ef35411f22cf709c4d5562f0
```

Bild 10.64: Auszug aus dem Geräteverzeichnis eines iOS-Backups

Innerhalb des Geräteverzeichnisses sind eine Vielzahl von Dateien vorhanden, die mit einer GUID bezeichnet sind. Die GUIDs wiederum berechnen sich aus dem MD5-Hashwert des korrespondierenden Pfads zu einer Datei und des Dateinamens. Sie beinhalten damit die eigentlichen Inhalte der Sicherung und bezeichnen gesicherte Dateien des iOS-Betriebssystems. Anhand der GUID kann bei jedem Anschließen des iDevices an iTunes referenziert werden, ob Inhalte neu hinzugekommen sind oder Updates erfolgten. Bei jedem Backup-Vorgang wird bei neu gespeicherten Inhalten der *Modification Zeitstempel* der Dateien entsprechend angepasst. Ebenfalls innerhalb des Geräteverzeichnisses befinden sich die Dateien *Info.plist*, *Status.plist*, *Manifest.plist* und *Manifest. mbdb*. Sie enthalten die folgenden Informationen:

Inhalte der Plist-Dateien des Geräteverzeichnisses	
Datei	Inhalt
Status.plist	Backup-Status-Zeitstempel des Backups, Backup-Typ
Info.plist	Name des iDevices, IDs (GUID, ICCID, IMEI), iOS-Version, installierte Apps u. a.
Manifest.plist	Backup verschlüsselt ja/nein, Zeitstempel des Backups, Passcode vorhanden ja/nein
Manifest.mbdb	Proprietäre Datenbank mit Mapping der GUIDs zu Originaldateien

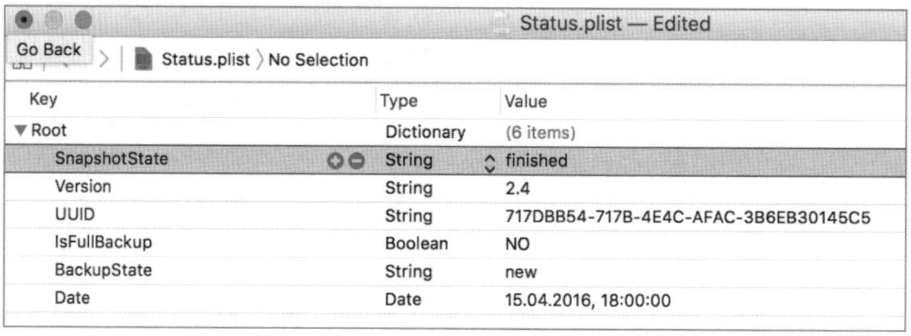

Bild 10.65: Ansicht der Datei *Status. plist* mit Xcode

Bild 10.66: Ansicht der Datei *Info.plist* mit Xcode

Key	Type	Value
▼ Root	Dictionary	(8 items)
BackupKeyBag	Data	<56455253 00000004 00000003 54595045 00000004 00000001 55554944 000000
Version	String	9.1
Date	Date	15.04.2016, 18:00:00
SystemDomainsVersion ⊕⊖	String	16.0
WasPasscodeSet	Boolean	NO
▼ Lockdown	Dictionary	(13 items)
▶ com.apple.MobileDeviceCrashCopy	Dictionary	(1 item)
▶ com.apple.TerminalFlashr	Dictionary	(0 items)
▶ com.apple.mobile.data_sync	Dictionary	(1 item)
▶ com.apple.Accessibility	Dictionary	(1 item)
ProductVersion	String	6.1
ProductType	String	iPhone3,3
BuildVersion	String	10B141
▶ com.apple.mobile.iTunes.accessori...	Dictionary	(0 items)
▶ com.apple.mobile.wireless_lockdown	Dictionary	(0 items)
▶ com.apple.iTunes.backup	Dictionary	(0 items)
SerialNumber	String	C5QFGJWTABBP2
UniqueDeviceID	String	f0a408ad93f5f3be5cc169273cc8a037aed16b18
DeviceName	String	iPhone
▶ Applications	Dictionary	(27 items)
IsEncrypted	Boolean	NO

Bild 10.67: Ansicht der Datei *Manifest.plist* mit Xcode

Die Datei *Manifest.plist* enthält unter dem Schlüssel Lockdown weitere Geräteinformationen. Bei verschlüsselten Backups enthält die Datei den Hashwert des Kennworts. Die Verschlüsselung erfolgt nach dem kryptografischen Algorithmus AES-256-Bit. Die Datei kann mit Programmen wie Elcomsoft Phone Password Breaker, Passware, Password Recovery Toolkit (PRTK) oder Hashcat angegriffen werden.

Unter dem Schlüssel Applications enthält die Datei weiterhin eine Übersicht der installierten Apps des iDevices. Aus den Angaben zu einer Applikation lassen sich Bundle Identifier (im Reverse-DNS-Format), der Speicherpfad sowie die Bundle-Version ermitteln.

Key	Type	Value
▼ Root	Dictionary	(8 items)
BackupKeyBag	Data	<56455253 00000004 00000003 54595045 00000004 00000001 55554944 00000010 97a21fee
Version	String	9.1
Date	Date	15.04.2016, 18:00:00
SystemDomainsVersion	String	16.0
WasPasscodeSet	Boolean	NO
▶ Lockdown ⊕⊖	Dictionary	(13 items)
▼ Applications	Dictionary	(27 items)
▶ com.iphoneclan.drawlite	Dictionary	(3 items)
▼ net.whatsapp.WhatsApp	Dictionary	(3 items)
Path	String	/private/var/mobile/Applications/CE8BB1EB-891B-4678-B4D1-50DF1544C0B5/WhatsApp.app
CFBundleVersion	String	2.11.7
CFBundleIdentifier	String	net.whatsapp.WhatsApp
▶ com.checkout51.rc	Dictionary	(3 items)
▶ co.jelly.jelly	Dictionary	(3 items)
▶ com.apple.weather	Dictionary	(3 items)

Bild 10.68: Schlüssel Applications (*Manifest.plist*)

Die Datenbank *Manifest.mbdb* hat ein proprietäres Format. Sie löst die 40-stelligen GUIDs zu Originalnamen, Pfaden und Metadaten des iDevices auf. Im Fall eines verschlüsselten Backups, bei dem kein Passwort ermittelt werden kann, lassen sich aus dieser

Datenbank dennoch einige Informationen, beispielsweise zu installierten Applikationen oder E-Mail-Konten, auslesen. Eine Analyse der Datenbank kann unter Zuhilfenahme des Python-Skripts mbdbls.py von Hal Pomeranz erfolgen. Das Tool kann kostenfrei von Github bezogen werden und funktioniert für Backups bis einschließlich iOS 9.

```
● ● ●                              mbdbls-master — -bash — 169×36
Marc:~/Downloads/mbdbls-master$ python mbdbls.py -f /Users/ibcc/Library/Application\ Support/MobileSync/Backup/f0a408ad93f5f3be5cc169273cc8a037aed16b18/Manifest.mbdb
a60b72cb5baaa9e0a1fc85a100c9a18020ea0012 AppDomain-co.jelly.jelly::
ee4d085e5fea1b608fb2e5812faff498806af2b0 AppDomain-co.jelly.jelly::Documents
5b812024a4af10e5245d52537f7e43c481905821 AppDomain-co.jelly.jelly::Documents/jdb
69f49d6bda68513b6a5a2dec465e9c1239b316aa AppDomain-co.jelly.jelly::Library
10d97f49bf64b652ef5da5b2540651d71ebe4e84 AppDomain-co.jelly.jelly::Library/Preferences
3cff81e7a5bca00ff2b1dd5b16ac9189ad143979 AppDomain-co.jelly.jelly::Library/Preferences/.GlobalPreferences.plist
1d154bdd835b1886cda2ef8ec8fad4b704b2046c AppDomain-co.jelly.jelly::Library/Preferences/co.jelly.jelly.plist
48c71169e245f1e62fd7ea92613e79d7beadf2f8 AppDomain-co.jelly.jelly::Library/Preferences/com.apple.PeoplePicker.plist
39bc7d8affc9f2398cc76371bdf57bc301b953e8 AppDomain-co.jelly.jelly::Library/mixpanel-3212d0cc993840971ef7242d68d0d195-events.plist
8ae98716ae800af2f7e943ff2ceaf6e1a178e5b3 AppDomain-com.amazon.Amazon::
f3da667a41ef e8a67e0833642e6ac5ab6bbff0f2 AppDomain-com.amazon.Amazon::Documents
f6d6aa973448466e90024f5356f717fd61f6042c AppDomain-com.amazon.Amazon::Library
50ee18f502c3cc32660b1db341a6865678f4ebfd AppDomain-com.amazon.Amazon::Library/Cookies
9b45cd8ffc78380e7f3d4304daee8c81554682a15 AppDomain-com.amazon.Amazon::Library/Cookies/Cookies.binarycookies
02e087f3542b52494ca9c8804f9925261240add7 AppDomain-com.amazon.Amazon::Library/Preferences
```

Bild 10.69: Auszug der Ausgabe des Python-Skripts mbdbls.py

Zur Analyse der Backup-Dateien sind eine Vielzahl von freien Open-Source-Tools, Trial-Tools und kommerziellen Programmen verfügbar. Sie bieten meist eine Extraktion der Verzeichnisse und Dateien sowie die Darstellung einer Filesystem-Struktur an. Einige Tools unterstützen zudem automatisiertes Parsing von Inhalten.

Kommerzielle Programme

- UFED Cellebrite
- MSAB XRY
- Sumuri Recon
- BlackBag Blacklight
- Internet Evidence Finder

Open Source & Trial Tools

- iBackupbot (Quelle: *http://www.icopybot.com/itunes-backup-manager.htm*)
- iPhone Backup Extractor (Quelle: *http://www.iphonebackupextractor.com/de/*)
- iExplorer (Quelle: *https://www.macroplant.com/iexplorer/*)

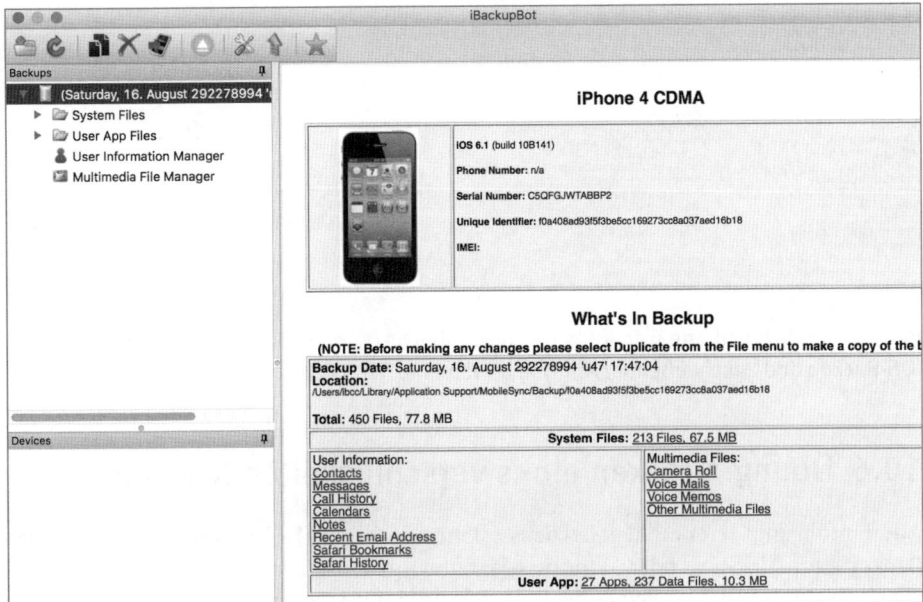

Bild 10.70: Analyse eine iOS-Backups mit dem Tool iBackupbot

Neben einer automatisierten Analyse kann es in manchen Fällen erforderlich sein, Inhaltsdaten auch manuell zu sichten. Eine Analyse von iOS-spezifischen digitalen Spuren richtet sich nach den gleichen Grundsätzen wie eine Analyse von Spuren unter Mac OS. Die folgende Abbildung zeigt einige Beispiele für relevante digitale Spuren innerhalb von iOS-Backups. Zur Zuordnung der GUIDs zu Dateien kann, wie beschrieben, das Python Skript mbdbls.py eingesetzt werden.

Beispiele für digitale Spuren innerhalb von iOS-Backups	
GUID (SHA-1)	Pfad und Dateiname
31bb7ba8914766d4ba40d6dfb6113c8b614be442	~/Library/AddressBook/ AddressBook.sqlitedb
2b2b0084a1bc3a5ac8c27afdf14afb42c61a19ca	~/Library/call_history.db
3d0d7e5fb2ce288813306e4d4636395e047a3d28	~/Library/SMS/sms.db
ca3bc056d4da0bbf88b5fb3be254f3b7147e639c	~/Library/Notes/notes.sqlite

```
●  ●  ●          f0a408ad93f5f3be5cc169273cc8a037aed16b18 — sqlite3 ~/Desktop/AddressBook.sqlitedb — 142×28
Marc:~/Library/Application Support/MobileSync/Backup/f0a408ad93f5f3be5cc169273cc8a037aed16b18$ cat 31bb7ba8914766d4ba40d6dfb6113c8b614be442 >
~/Desktop/AddressBook.sqlitedb
Marc:~/Library/Application Support/MobileSync/Backup/f0a408ad93f5f3be5cc169273cc8a037aed16b18$ sqlite3 ~/Desktop/AddressBook.sqlitedb
SQLite version 3.9.2 2015-11-02 18:31:45
Enter ".help" for usage hints.
sqlite> .tables
ABAccount                      ABPersonFullTextSearch_segdir
ABGroup                        ABPersonFullTextSearch_segments
ABGroupChanges                 ABPersonFullTextSearch_stat
ABGroupMembers                 ABPersonLink
ABMultiValue                   ABPersonMultiValueDeletes
ABMultiValueEntry              ABPersonSearchKey
ABMultiValueEntryKey           ABPhoneLastFour
ABMultiValueLabel              ABRecent
ABPerson                       ABStore
ABPersonBasicChanges           FirstSortSectionCount
ABPersonChanges                FirstSortSectionCountTotal
ABPersonFullTextSearch         LastSortSectionCount
ABPersonFullTextSearch_content LastSortSectionCountTotal
ABPersonFullTextSearch_docsize _SqliteDatabaseProperties
sqlite> select * from ABPerson;
```

Bild 10.71: Beispielhafte Extraktion des Adressbuchs (AddressBook.sqlitedb) aus einem iOS-Backup und anschließender Analyse im Terminal mit `sqlite3`

10.6 Übung: Cracken eines verschlüsselten iOS-Backups

Mit Einführung der mobilen Betriebssystemversion iOS in Version 10 werden iOS-Backups auf Mac-OS- oder Windows-Systemen grundsätzlich verschlüsselt abgespeichert. Der in iOS 10 implementierte Verschlüsselungsmechanismus offenbarte jedoch eklatante Sicherheitslücken, so dass er mehrfach mit iOS 10.1 und 10.2 modifiziert und angepasst wurde. Eine maßgebliche Änderung mit iOS 10.2 ist der implementierte Algorithmus zum Schlüsselaustausch. Dieser benötigt unter anderem ca. 7 Sekunden Zeit, bis ein Passwort verifiziert wird und das Backup geöffnet werden kann. Im Umkehrschluss bedeutet dies sehr viel mehr Zeitaufwand bei Brute-Force-Angriffen auf das Kennwort. Die mit iOS 10 eingeführten Änderungen betreffen ausschließlich lokale iTunes-Backup-Dateien, iOS-Backups in iCloud sind von den Änderungen nicht betroffen.

iOS-Backup-Verschlüsselung (Quelle: Elcomsoft):

iOS-Version	Faktor
iOS 9 und älter	ca. 150.000 Passwörter pro Sekunde
iOS 10, iOS 10.1	ca. 40-mal schneller als unter iOS 9, ca. 6 Millionen Pw/s
iOS 10.2	ca. 1000-mal langsamer, ca. 6000 Pw/s

Trotz der seit iOS 10.2 erhöhten Komplexität eines Brute-Force-Angriffs auf iOS-Backups ist ein solcher weiterhin möglich und bei trivialen Kennwörtern noch immer Erfolg versprechend.

10.7 Übung: Angriff auf die Manifest.plist

In der folgenden Übung wird ein Angriff auf die *Manifest.plist*, die den Hashwert des Backup-Kennworts enthält, gezeigt. Zur Durchführung der Übung benötigen Sie die Dateien *Manifest.plist* und *wordlist_itunes.txt* aus dem Downloadbereich des Buchs (*Cracken von iOS Backups*). Kopieren Sie die Dateien in Ihren Übungs-Account *MacOS*.

Um den Hashwert des Backup-Kennworts aus der Datei *Manifest.plist* zu extrahieren, nutzen wir das Pearl-Tool `itunes_backup2hashcat`. Installieren Sie das Tool in Ihrem Übungs-Account, indem Sie das Git Repository klonen.

```
$ cd ~ $ https://github.com/philsmd/itunes_backup2hashcat/
```

Extrahieren Sie im Anschluss den Hashwert aus der *Manifest.plist* und speichern Sie ihn in die Textdatei *itunes_hash.txt*.

```
$ cd itunes_backup2hashcat/
$ ./itunes_backup2hashcat.pl /Pfad_zur_Datei/ Manifest2.plist > /Users/MacOS/
Desktop/itunes_hash.txt
```

Nachdem Sie die für einen Angriff mit Hashcat benötigte Hash-Struktur extrahiert haben, können Sie in der Textdatei die iOS-Version für Hashcat ermitteln. Öffnen Sie die Textdatei hierzu mit einem Texteditor.

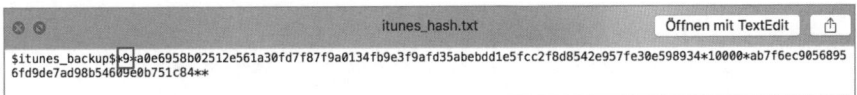

Mit dem Parameter `-m` definieren Sie den anzugreifenden Hashwert. Wählen Sie `-m` 14700 für iOS-9-Backup-Kennwörter und `-m 14800` für iOS-10-Backup-Kennwörter. Wählen Sie zusätzlich den Parameter `--weak-hash-threshold` 0 zum Stoppen der Prüfung nach schwachen Hashwerten.

```
$ ./hashcat -m 14700 --weak-hash-threshold 0 /Pfad_zur_Datei/itunes_hash.txt
/Pfad_zur_Datei/ wordist_itunes.txt
```

Nach kurzer Zeit berechnet Hashcat das Klartext-Kennwort des verschlüsselten iOS-Backups. Hashcat zeigt ein erfolgreiches Cracking mit `Cracked` an und gibt das Ergebnis mit Doppelpunkt getrennt nach der Hash-Struktur aus.

10.8 Übung: Analyse und Cracking – Teil 2

Ziel dieser Übung ist es, einen Spotlight-Index zu erstellen, der lediglich die Übungsdatei *Analyse_exercise.sparseimage* indexiert.

10.8.1 Suchen mit Spotlight

Deaktivieren Sie daher zunächst Spotlight für alle Volumes Ihres Übungs-Accounts in den Systemeinstellungen. Unter der Einstellung *Privatsphäre* können Sie sämtliche Volumes, die nicht indexiert werden sollen, hinzufügen.

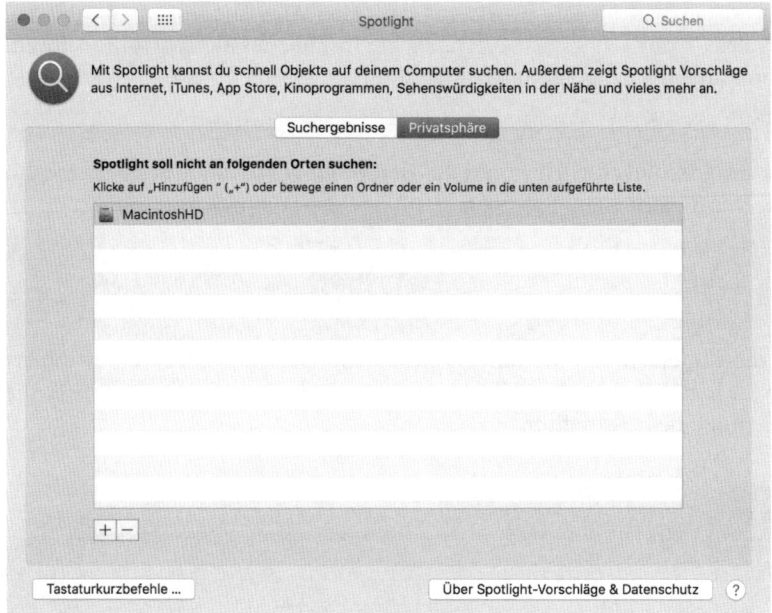

Bild 10.72: Einstellungen im *Spotlight*-Dialogfeld.

Binden Sie die Übungsdatei mit dem Kommando `hdiutil attach` ein und aktivieren Sie den Spotlight-Index für die Datei. Nutzen Sie den Parameter `-shadow [Datei]`, um für die schreibgeschützte Übungsdatei einen Index erstellen zu können.

```
$ sudo hdiutil attach -noverify ~/Desktop/Analyse_exercise. sparseimage/
-shadow /Users/MacOS/Desktop/shadow
$ mdutil -s /Volumes/Macintosh\ HD/
$ mdutil -i on /Volumes/Macintosh\ HD/
```

Nach erfolgreichem Erstellen des Index können Sie `mdfind` nutzen, um Spotlight-Suchen in Ihrer Übungsdatei durchzuführen.

Nutzen Sie das Kommando `mdfind` zur Beantwortung der folgenden Fragen:

- Suchen Sie alle RTF-Dateien heraus und erstellen Sie eine Dateiliste.

- Wie viele E-Mail-Dateien sind vorhanden?

- Welche Datei hat eine Größe von 543.049 Bytes?

- Suchen Sie sämtliche Plist-Dateien heraus.

- Lassen Sie sich alle Dateien mit dem erweiterten Metadatum WhereFroms anzeigen.

- Suchen Sie in den erweiterten Metadaten der Datei *invoice_gg.pdf*, wann die Datei erhalten wurde und von welcher E-Mail-Adresse.

Nach Beendigung der Übung wird empfohlen, die Spotlight-Einschränkungen in den Systemeinstellungen wieder rückgängig zu machen, so dass Sie Spotlight wieder wie gewohnt für Ihre eigenen Aufgaben nutzen können.

10.8.2 Fortsetzung des Szenarios

Aufgrund Ihrer Ermittlungen konnte der Tatverdacht gegen Peter Eggins weiter erhärtet werden. Im Laufe seiner Vernehmung verstrickte er sich mehr und mehr in Widersprüche. Die Staatsanwaltschaft entschied sich daher dafür, das Smartphone iPhone SE sicherzustellen und auswerten zu lassen. Leider ist es kennwortgeschützt, so dass keine Analyse erfolgen kann.

An Sie werden die folgenden Fragen gerichtet:

- Können Sie eine Sicherung des Smartphones auf dem sichergestellten MacBook feststellen?

Falls ja:

- Wann wurde das Backup erstellt?

- Sind Apps zur Kommunikation installiert?

10.8.3 Lösung: Suchen mit Spotlight

Suchen Sie alle RTF-Dateien heraus und erstellen Sie eine Dateiliste.

Lösung:

```
$ mdfind 'kMDItemKind == *RTF*' > /Users/ibcc/rtf_list.txt
```

Wie viele E-Mail-Dateien sind vorhanden?

Lösung:

```
$ mdfind 'kMDItemContentType == *emlx*' | wc -l
```

Welche Datei hat eine Größe von 543.049 Bytes?

Lösung:

```
$ mdfind 'kMDItemFSSize==543049'
```

Suchen Sie sämtliche Plist-Dateien heraus.

Lösung:

```
$ mdfind 'kMDItemKind=*Property*'
```

Lassen Sie sich alle Dateien mit dem erweiterten Metadatum WhereFroms anzeigen.

Lösung:

```
$ mdfind'kMDItemWhereFroms ==*'
```

Suchen Sie in den erweiterten Metadaten der Datei *invoice_gg.pdf*, wann die Datei erhalten wurde und von welcher E-Mail-Adresse?

Lösung:

```
$ xattr -xl "/Volumes/Macintosh HD/Users/petereggins/Library/Mail/
V4/7DCC5CF6-D20B-45AC-AFE7-7A46D79BD721/INBOX.mbox/AF7262F1-4E5C-4FDC-
9AB4-CCF8CCCFEA0C/Data/Attachments/14/2/invoice_gg.pdf"
```

Das Metadatum com.apple.metadata:kMDItemWhereFroms enthält die E-Mail-Adresse germanguns@re-gister.com.

Lösung:

```
$ xattr -p com.apple.metadata:com_apple_mail_dateReceived "/Volumes/
Macintosh HD/Users/petereggins/Library/Mail/V4/ 7DCC5CF6-D20B-45AC-
AFE7-7A46D79BD721/INBOX.mbox/AF7262F1-4E5C-4FDC-9AB4-CCF8CCCFEA0C/Data/
Attachments/14/2/ invoice_gg.pdf"| xxd -r -p | plutil -p -
```

Die Datei wurde am 2017-04-20 10:36:28 UTC per E-Mail erhalten.

10.8.4   Lösung: Fortsetzung des Szenarios

Können Sie eine Sicherung des Smartphones auf dem sichergestellten MacBook feststellen?

Lösung:

Im Datenbestand des MacBooks ist ein verschlüsseltes iOS-Backup vorhanden (*/Users/ petereggins/Library/Application\ Support/MobileSync/Backup/*). Die Datei *Info.plist* zeigt an, dass die Sicherung von einem iPhone SE mit Namen *iPhone von Peter* stammt.

Falls ja:

Wann wurde das Backup erstellt?

Lösung:

Die Datei Info.plist gibt als Datum des letzten Backups den 2017-04-20, 12:52:39 UTC an.

Sind Apps zur Kommunikation installiert?

Lösung:

Die Datei *Manifest.plist* führt unter dem Schlüssel Applications installierte Apps des iPhones auf. Die Instant-Messaging-App WhatsApp ist in der Version 2.17.11.36 installiert.

Weitere Hinweise:

Das iOS-Backup ist verschlüsselt. Sie können das Backup analog zur vorherigen Übung »Cracken eines iOS-Backups« entschlüsseln. Nutzen Sie für den Wörterbuch-Angriff die Wordlist *wordlist_ios.txt* aus dem Übungsimage *Analyse_exercise. sparseimage*. Nach der Ermittlung des Passworts können Sie mit Tools wie dem iPhone Backup Extractor oder iExplorer auf das Backup zugreifen und Inhaltsdaten analysieren (WhatsApp, Datenbank ChatStorage.sqlite).

11 Advanced Terminal im forensischen Umfeld

Dieses Kapitel beschäftigt sich mit dem Mac-OS-Terminal und dessen Einsatz im forensischen Umfeld. Mac OS bietet als UNIX-konformes Betriebssystem weitreichende Möglichkeiten, das Terminal mit seinen nativen Befehlen einzusetzen. Eine forensische Analyse wird, sofern ein Mac als Analysesystem benutzt wird, zwangsläufig unter dem Einsatz des Terminals stattfinden. Viele Mac-OS-spezifischenTools, Applikationen und Tasks können nur exklusiv im Terminal ausgeführt werden. Weiterhin bietet das Terminal die Möglichkeit, UNIX-Tools wie Sleuth Kit (TSK), libewf und weitere zu portieren, so dass sie auch unter Mac OS genutzt werden können. Ein weiterer nicht zu unterschätzender Vorteil ist die Tatsache, dass viele der Terminal-Tools Open-Source oder gar fester Bestandteil des Betriebssystems sind. Sie sind damit für Analysten ohne zusätzlichen Kostenaufwand frei verfügbar.

11.1 Basiskommandos

Basiskommandos	
Kommando	Bedeutung
clear	Bereinigt das Terminal
cd	Wechselt das Verzeichnis
pwd	Zeigt den Standort/Pfad an
man [Kommando]	Manual Page eines Kommandos
cp	Kopiert eine Datei
rm	Löscht eine Datei
mv	Bewegt eine Datei
mkdir	Erstellt ein Verzeichnis
rmdir	Löscht ein Verzeichnis
less	Ausgabe scrollbar
touch	Erstellt eine Datei
nano	Öffnet den Texteditor nano
stat -x [Datei]	Zeigt Metadaten zur Datei
GetFileInfo [Datei]	Zeigt Metadaten zur Datei
ls	Listet Dateien und Verzeichnisse

Kommando	Bedeutung
file [Datei]	Zeigt den Dateityp an
history	Zeigt eine Historie eingegebener Kommandos
>	Weiterleitung
»	Weiterleitung und Anhänge
|	Verkettet Kommandos

Optionen für ls	
Kommando	Bedeutung
-a	Zeigt versteckte Dateien an
-l	Long Listing, zeigt erweiterte Informationen an
-S	Sortiert nach Dateigröße
-r	Anzeige in umgekehrter Reihenfolge
-t	Sortiert nach Änderungszeitpunkt
-T	Zeigt alle Zeitstempel an
-h	Größenangaben (KB, MB etc.) in lesbarer Form
-@	Zeigt erweiterte Metadaten an
-i	Zeigt CNID an

11.2 Tastaturfunktionen

Tastaturfunktionen	
Aktion/Kommando	Bedeutung
TAB	Automatisches Vervollständigen
Pfeil hoch/runter	Befehl erneut aufrufen
CTRL + A	Springt zum Anfang einer Zeile
CTRL + E	Sprint zum Ende einer Zeile
CTRL + C	Neue Zeile
FN + DEL	Löschen ohne Cursorbewegung

11.3 Spezielle Kommandos

11.3.1 Suche nach Dateien: locate

Mit dem Programm locate ist es möglich, auf dem Terminal nach Dateien zu suchen. Das Tool nutzt dabei nicht das Dateiverzeichnis, sondern bedient sich einer zuvor erstellten und ständig aktualisierten Datenbank (`/var/db/locate.database`). Wird `locate` zum ersten Mal genutzt, muss die Datenbank zunächst initialisiert werden.

Initialisierung der locate-Datenbank:

```
$ sudo launchctl load -w /System/Library/LaunchDaemons/com.apple.locate.plist
```

Im Anschluss kann `locate` zur Suche benutzt werden. Zu beachten ist, dass `locate` nur diejenigen Verzeichnisse und Dateien integriert, für die globale Leserechte bestehen. Verzeichnisse ohne Leserechte (z. B. per Default `Pictures`) werden nicht indexiert. Dies kann bei Bedarf manuell angepasst werden. Eine anschließende Aktualisierung der Datenbank ermöglicht der folgende Befehl:

```
sudo /usr/libexec/locate.updatedb
```

```
● ● ●                          ⌂ ibcc — -bash — 112×34
Marc:~$ locate /Users/ibcc/freenetcloud/*.docx | wc -l
       2
Marc:~$ locate /Users/ibcc/freenetcloud/*.docx
/Users/ibcc/freenetcloud/myData/Motorraeder/Suzuki GSX R1000 K2/Technische Daten GSXR 1000 K2.docx
/Users/ibcc/freenetcloud/myData/Motorraeder/Triumph S4/technische Daten.docx
Marc:~$ ▮
```

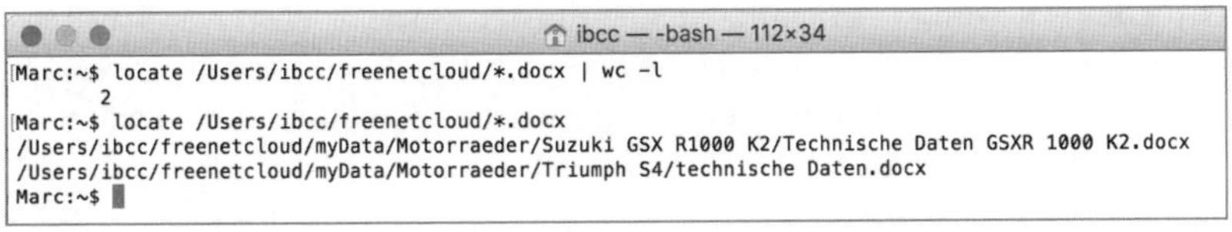

Bild 11.1: Suche nach Word-Dateien mit `locate`

```
● ● ●                          ⌂ ibcc — -bash — 112×34
Marc:~$ ls -ld ~/Downloads
d-wx------+ 21 ibcc  staff  714 28 Mai 18:05 /Users/ibcc/Downloads
Marc:~$ chmod a+rx ~/Downloads/
Marc:~$ ls -ld ~/Downloads
drwxr-xr-x+ 21 ibcc  staff  714 28 Mai 18:05 /Users/ibcc/Downloads
Marc:~$ sudo /usr/libexec/locate.updatedb
Marc:~$ locate /Users/ibcc/Downloads/*.dmg
/Users/ibcc/Downloads/GPT_exercise.dmg
Marc:~$ ▮
```

Bild 11.2:
Rechteanpassung, Aktualisierung der Datenbank und Suche nach DMG-Dateien mit `locate`

11.3.2 Suche nach Dateien: find

Das Mac-OS-Programm `find` ermöglicht die kommandozeilenbasierte Suche nach Dateien. Es lässt eine Vielzahl von Filteroperationen sowie eine Formatierung und Weiterverarbeitung der Suchergebnisse zu.

Optionen des Tools find	
Parameter/Optionen	Bedeutung
-name	Case-Sensitiv
-iname	Nicht case-sensitiv
-type f	Suche nach einer Datei (file)
-type d	Suche nach einem Verzeichnis (directory)
-exec {} \;	Führt ein Kommando aus
xargs	Führt ein Kommando aus

Beispiele:

- ```
$ find / -name '*.csv'
```

- ```
$ find / -name '*.csv'
```

- ```
$ find / -type f
```

- ```
$ find /Users/ibcc/Downloads/ -name '*.dmg' -exec md5 {} \;
```

- ```
$ find /Users/ibcc/Downloads/ -name '*.dmg' -print0 | xargs -0 md5
```

### 11.3.3  Grep

Mit dem Kommandozeilenprogramm `grep` lassen sich Dateien nach bestimmten Text-stücken durchsuchen. Die von `grep` benutzten Suchmuster werden `regular expression` (auf Deutsch: reguläre Ausdrücke) genannt. Eine Erweiterung von `grep` ist das erweiterte grep oder `egrep`. Das `egrep`-Kommando umfasst die gleichen Funktionalitäten wie `grep` und kann darüber hinaus mit erweiterten Suchmustern umgehen.

| Optionen des Tools grep | | |
|---|---|---|
| Parameter | Beschreibung | Bedeutung |
| -f | Datei | Eingrenzung der Suche auf Datei |
| -i | Ignore Case | Suchbegriff muss nicht der genauen Schreibweise entsprechen |
| -l | Dateien mit Treffern | Als Treffer wird die Datei ausgegeben |
| -r | Rekursiv | Sucht innerhalb von Dateien |

Zum Aufzeigen von `grep`-Funktionalitäten wurden im Verzeichnis `/Users/ibcc/Down-loads` zwei Dateien erstellt. In die Datei *Anakin.txt* wurde der String `I am DARTHVADER` hinzugefügt.

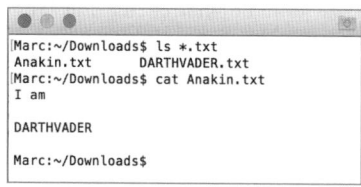

**Bild 11.3:** Erstellen zweier Textdateien im Verzeichnis `/Users/ibcc/Downloads`

Beispiele:

- ```
$ grep 'VADER' /Users/ibcc/Downloads/*
```

- ```
$ grep -lr 'VADER' /Users/ibcc/Downloads/*
```

- ```
$ grep -lri 'VADER' /Users/ibcc/Downloads/*
```

- ```
$ find /Users/ibcc/Downloads/ -type f -name '*.txt' -exec grep -l 'VADER' {} \;
```
```

- `$ find /Users/ibcc/Downloads/ -type f -name '*.txt' -exec grep -li 'VADER' {} \;`

```
● ● ●                        🖥 MacintoshHD — -bash — 112×34
Marc:/$ grep 'VADER' /Users/ibcc/Downloads/*
grep: /Users/ibcc/Downloads/$RECYCLE.BIN: Is a directory
/Users/ibcc/Downloads/Anakin.txt:DARTHVADER
grep: /Users/ibcc/Downloads/EtreCheck.app: Is a directory
grep: /Users/ibcc/Downloads/Kurs: Is a directory
grep: /Users/ibcc/Downloads/SandersonFOR: Is a directory
grep: /Users/ibcc/Downloads/Software_IBCC: Is a directory
grep: /Users/ibcc/Downloads/Yaffs_Linux: Is a directory
grep: /Users/ibcc/Downloads/exercise: Is a directory
grep: /Users/ibcc/Downloads/flag.app: Is a directory
grep: /Users/ibcc/Downloads/iloot-master: Is a directory
grep: /Users/ibcc/Downloads/mbdbls-master: Is a directory
Marc:/$ grep -lr 'VADER' /Users/ibcc/Downloads/*
/Users/ibcc/Downloads/Anakin.txt
Marc:/$ grep -lri 'VADER' /Users/ibcc/Downloads/*
/Users/ibcc/Downloads/Anakin.txt
/Users/ibcc/Downloads/exercise/cracking/DaveGrohl/wordlists/emmanuelgoldstein_memory_strings.txt
/Users/ibcc/Downloads/exercise/cracking/DaveGrohl/wordlists/rockyou-75.txt
/Users/ibcc/Downloads/exercise/cracking/DaveGrohl/wordlists/the-english.txt
/Users/ibcc/Downloads/exercise/cracking/JohnTheRipper-bleeding-jumbo/run/alnum.chr
/Users/ibcc/Downloads/exercise/cracking/JohnTheRipper-bleeding-jumbo/run/password.lst
Marc:/$ ▊
```

Bild 11.4: Beispiele für `grep`-Suchen

```
● ● ●                        🖥 MacintoshHD — -bash — 112×34
Marc:/$ find /Users/ibcc/Downloads/ -type f -name '*.txt' -exec grep -l 'VADER' {} \;
/Users/ibcc/Downloads//Anakin.txt
Marc:/$ find /Users/ibcc/Downloads/ -type f -name '*.txt' -exec grep -li 'VADER' {} \;
/Users/ibcc/Downloads//Anakin.txt
/Users/ibcc/Downloads//exercise/cracking/DaveGrohl/wordlists/emmanuelgoldstein_memory_strings.txt
/Users/ibcc/Downloads//exercise/cracking/DaveGrohl/wordlists/rockyou-75.txt
/Users/ibcc/Downloads//exercise/cracking/DaveGrohl/wordlists/the-english.txt
Marc:/$ ▊
```

Bild 11.5: Beispiele für eine kombinierte `find`- und `grep`-Suche

11.4 Mac-OS-Kommandos

11.4.1 Anzeige von erweiterten Metadaten

Erweiterte HFS+-Metadaten können mit dem Befehl `ls` mit der Long-Listing-Option `-l` am @ erkannt werden. Eine Anzeige der einzelnen kMD-Items kann durch `ls -l@` erfolgen.

```
● ● ●                        🖥 Downloads — -bash — 112×34
Marc:~/Downloads$ ls -l@ WeChat\ Analysis.pdf
-rw-r--r--@ 1 ibcc  staff  1353535  9 Apr 20:27 WeChat Analysis.pdf
        com.apple.metadata:kMDItemDownloadedDate       53
        com.apple.metadata:kMDItemWhereFroms          135
        com.apple.quarantine                           57
Marc:~/Downloads$ ▊
```

Bild 11.6: Anzeige von erweiterten Metadaten mit `ls -l@`

Eine Ausgabe der kMD-Items ermöglicht der Befehl `xattr` mit dem Parameter `-xl`. Einzelne kMD-Items können mit `xattr -pl` ausgegeben werden.

```
● ● ●                         Downloads — -bash — 112×34
[Marc:~/Downloads$ xattr -xl WeChat\ Analysis.pdf
com.apple.metadata:kMDItemDownloadedDate:
00000000  62 70 6C 69 73 74 30 30 A1 01 33 41 BC B9 81 12  |bplist00..3A....|
00000010  4A F1 02 08 0A 00 00 00 00 00 00 01 01 00 00 00  |J...............|
00000020  00 00 00 00 02 00 00 00 00 00 00 00 00 00 00 00  |................|
00000030  00 00 00 00 13                                   |.....|
00000035
com.apple.metadata:kMDItemWhereFroms:
00000000  62 70 6C 69 73 74 30 30 A2 01 02 5F 10 3D 68 74  |bplist00..._.=ht|
00000010  74 70 3A 2F 2F 77 77 77 2E 61 74 6C 61 6E 74 69  |tp://www.atlanti|
00000020  73 2D 70 72 65 73 73 2E 63 6F 6D 2F 70 68 70 2F  |s-press.com/php/|
00000030  64 6F 77 6E 6C 6F 61 64 5F 70 61 70 65 72 2E 70  |download_paper.p|
00000040  68 70 3F 69 64 3D 31 30 31 38 35 5F 10 16 68 74  |hp?id=10185_..ht|
00000050  74 70 73 3A 2F 2F 77 77 77 2E 67 6F 6F 67 6C 65  |tps://www.google|
00000060  2E 64 65 2F 08 0B 4B 00 00 00 00 00 00 01 01 00  |.de/..K.........|
00000070  00 00 00 00 00 00 03 00 00 00 00 00 00 00 00 00  |................|
00000080  00 00 00 00 00 00 64                             |......d|
00000087
com.apple.quarantine:
00000000  30 30 30 32 3B 35 37 30 39 34 39 39 32 3B 53 61  |0002;57094992;Sa|
00000010  66 61 72 69 3B 36 37 46 38 39 36 43 38 2D 31 38  |fari;67F896C8-18|
00000020  30 46 2D 34 38 36 39 2D 41 37 44 44 2D 45 36 31  |0F-4869-A7DD-E61|
00000030  45 42 38 35 43 37 38 38 42                       |EB85C788B|
00000039
Marc:~/Downloads$ █
```

Bild 11.7: Anzeige von erweiterten Metadaten mit `xattr -xl`

```
● ● ●                         Downloads — -bash — 124×34
[Marc:~/Downloads$ xattr -pl com.apple.metadata:kMDItemWhereFroms WeChat\ Analysis.pdf
com.apple.metadata:kMDItemWhereFroms:
00000000  62 70 6C 69 73 74 30 30 A2 01 02 5F 10 3D 68 74  |bplist00..._.=ht|
00000010  74 70 3A 2F 2F 77 77 77 2E 61 74 6C 61 6E 74 69  |tp://www.atlanti|
00000020  73 2D 70 72 65 73 73 2E 63 6F 6D 2F 70 68 70 2F  |s-press.com/php/|
00000030  64 6F 77 6E 6C 6F 61 64 5F 70 61 70 65 72 2E 70  |download_paper.p|
00000040  68 70 3F 69 64 3D 31 30 31 38 35 5F 10 16 68 74  |hp?id=10185_..ht|
00000050  74 70 73 3A 2F 2F 77 77 77 2E 67 6F 6F 67 6C 65  |tps://www.google|
00000060  2E 64 65 2F 08 0B 4B 00 00 00 00 00 00 01 01 00  |.de/..K.........|
00000070  00 00 00 00 00 00 03 00 00 00 00 00 00 00 00 00  |................|
00000080  00 00 00 00 00 00 64                             |......d|
00000087
Marc:~/Downloads$ █
```

Bild 11.8: Anzeige eines einzelnen kMDItem mit `xattr -pl`

Ein Export des Metadatums in eine eigene Plist-Datei ist möglich. Der Export ermöglicht eine einfachere Ansicht und Auswertung.

Bild 11.9: Export eines kMDItem in eine Plist-Datei, Ansicht mit Xcode

11.4.2 Anzeige und Konvertierung von Plist-Dateien

Plist-Dateien können mit dem Kommando `plutil` mit dem Parameter `-p` im Terminal betrachtet werden.

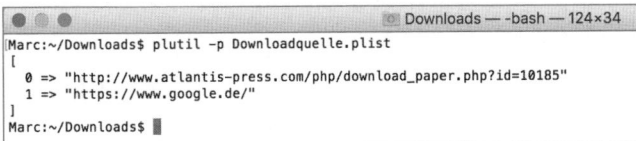

```
● ● ●                          ☐ Downloads — -bash — 124×34
|Marc:~/Downloads$ plutil -p Downloadquelle.plist
[
  0 => "http://www.atlantis-press.com/php/download_paper.php?id=10185"
  1 => "https://www.google.de/"
]
Marc:~/Downloads$ ▮
```

Bild 11.10: Ansicht einer Plist-Datei mit `plutil -p`

Mit dem Parameter `-convert` können Plist-Dateien zwischen dem binären Format und XML konvertiert werden. Im folgenden Beispiel wird ein einzelnes Metadatum mit `xattr -p` extrahiert, mit `XXD` binär dargestellt und anschließend mit `plutil` im XML-Format auf der Konsole ausgegeben.

```
● ● ●                          ☐ Downloads — -bash — 140×34
|Marc:~/Downloads$ xattr -p com.apple.metadata:kMDItemWhereFroms WeChat\ Analysis.pdf | xxd -r -p | plutil -convert xml1 - -o -
<?xml version="1.0" encoding="UTF-8"?>
<!DOCTYPE plist PUBLIC "-//Apple//DTD PLIST 1.0//EN" "http://www.apple.com/DTDs/PropertyList-1.0.dtd">
<plist version="1.0">
<array>
        <string>http://www.atlantis-press.com/php/download_paper.php?id=10185</string>
        <string>https://www.google.de/</string>
</array>
</plist>
Marc:~/Downloads$ ▮
```

Bild 11.11: Konvertierung einer binären Plist-Datei in das XML-Format.

11.5 Scripting-Grundlagen

Ein großer Vorteil beim Einsatz des Terminals ist die Möglichkeit, Vorgänge zu automatisieren. Durch die Kombination von Befehlen in einer übergreifenden Befehlsdatei (Skript) können sie automatisiert ausgeführt werden. Die Ergebnisse eines Befehles können an den nächsten Befehl weitergegeben werden, der sie weiterverarbeitet. So lassen sich komplexere Vorgänge oder wiederkehrende Befehlsketten vereinfachen, der Nutzer muss die Kommandos nicht jedes Mal neu entwickeln. Neben dem Einsatz von Skriptdateien können Befehlsketten im Terminal auch direkt aneinandergereiht und ausgeführt werden.

Ein weiterer Vorteil der Skript-Fähigkeiten des Terminals ist die Option, auch Variablen und Kontrollflusselemente wie Bedingungen und Schleifen einzusetzen. Eine der meistgenutzten Kontrollflusselemente ist die for-Schleife, die auf einfache Weise im Terminal implementiert werden kann. Die Grundsyntax richtet sich nach dem folgenden Aufbau:

```
for VAR in ELEMENT
do AKTION
done
```

```
● ● ●                          ☐ MacintoshHD
Marc:/$ for i in ~/Downloads/*; do md5 $i; done > md5.txt▮
```

Bild 11.12: Beispiel für eine `for`-Schleife zur Erstellung einer `md5`-Hashliste

Ein weiteres Kontrollflusselement ist die `while`-Schleife, die so lange ausgeführt wird, wie eine Bedingung zutrifft (wahr ist). Die Grundsyntax einer `while`-Schleife richtet sich nach folgendem Muster:

```
while BEDINGUNG
do AKTION
done
```

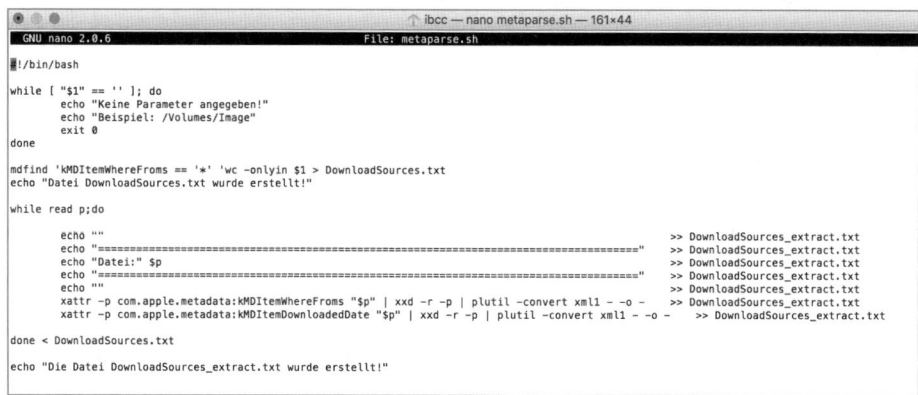

```
● ● ●                          ⌂ ibcc — -bash — 108×31
Marc:~$ while read zeile; do echo $zeile; done < md5.txt
MD5 (/Users/ibcc/Downloads/Anakin.txt) = a4e93b7dd743e9c38b30fd6d8c87efe1
MD5 (/Users/ibcc/Downloads/DARTHVADER.txt) = d41d8cd98f00b204e9800998ecf8427e
MD5 (/Users/ibcc/Downloads/FRITZ!Box_Anrufliste.csv) = 4056a5892f5436671d61b9163d600676
MD5 (/Users/ibcc/Downloads/GPT_exercise.dmg) = a25f96910940f372ac0554f8b60321c5
MD5 (/Users/ibcc/Downloads/Library_all.apdb) = 12a71cb23f66c70eaef88d3004bee0b2
MD5 (/Users/ibcc/Downloads/Library_icloudstream.apdb) = 31de2792b1ffa7783a72978dc054f3f0
Marc:~$ ▉
```

Bild 11.13: Beispiel für eine `while`-Schleife zur Ausgabe aller Zeilen der Datei-`md5`-Hashliste.

Die folgende Abbildung zeigt die Skriptdatei `metaparse.sh`. Das Skript extrahiert aus einem Verzeichnis sämtliche Dateien, die das erweiterte Metadatum `kMDItemWhereFroms` besitzen, und erstellt eine Dateiliste mit Pfad und Dateinamen. Darüber hinaus wird eine zweite Dateiliste mit extrahierten Metadaten erstellt. Das Skript kann beispielsweise auf ein eingebundenes Abbild eines Mac-OS-Systems angewandt werden. Die Skriptdatei können Sie im Downloadbereich des Buchs herunterladen.

```
● ● ●                          ⌂ ibcc — nano metaparse.sh — 161×44
GNU nano 2.0.6                          File: metaparse.sh

#!/bin/bash

while [ "$1" == '' ]; do
        echo "Keine Parameter angegeben!"
        echo "Beispiel: /Volumes/Image"
        exit 0
done

mdfind 'kMDItemWhereFroms == '*' 'wc -onlyin $1 > DownloadSources.txt
echo "Datei DownloadSources.txt wurde erstellt!"

while read p;do
        echo ""                                                                    >> DownloadSources_extract.txt
        echo "========================================================="           >> DownloadSources_extract.txt
        echo "Datei:" $p                                                            >> DownloadSources_extract.txt
        echo "========================================================="           >> DownloadSources_extract.txt
        echo ""                                                                     >> DownloadSources_extract.txt
        xattr -p com.apple.metadata:kMDItemWhereFroms "$p" | xxd -r -p | plutil -convert xml1 - -o -   >> DownloadSources_extract.txt
        xattr -p com.apple.metadata:kMDItemDownloadedDate "$p" | xxd -r -p | plutil -convert xml1 - -o -   >> DownloadSources_extract.txt

done < DownloadSources.txt

echo "Die Datei DownloadSources_extract.txt wurde erstellt!"
```

Bild 11.14: Skriptdatei `metaparse.sh`

```
● ● ●                          ⌂ ibcc — -bash — 108×31
Marc:~$ ./metaparse.sh /Users/ibcc/Downloads/
Datei DownloadSources.txt wurde erstellt!
Die Datei DownloadSources_extract.txt wurde erstellt!
Marc:~$ ▉
```

Bild 11.15: Beispielhafter Aufruf von `metaparse.sh`

11.6 Übung: Advanced Terminal

Suchen Sie in Ihrem eigenen Mac-OS-Nutzer-Account nach Dateien mit dem Metadatum `kMDItemWhereFroms`.

Sie können zur Automatisierung die Skriptdatei metaparse.sh einsetzen.

```
$ ./metaparse.sh /Volumes/MacintoshHD/Users/[Ihr Nutzer Account]/
```

12 AppleScript, Automator, OS X Server

AppleScript ist eine in Mac OS integrierte Skriptsprache. Sie ist seit Mac OS 7.1.1 (1993) fester Bestandteil des Betriebssystems. AppleScript entstand aus der Idee heraus, eine Skriptsprache zu entwickeln, die es auch technisch nicht versierten Nutzern ermöglicht, typische Aufgabenstellungen zu automatisieren. Die Syntax von AppleScript richtet sich stark nach der natürlichen (englischen) Aussprache. Trotz des Versuchs, AppleScript bei den Anwendern als einfache Skriptsprache zu etablieren, konnte sich die Technologie lange Jahre nicht in der Breite durchsetzen und blieb ein Nischenprodukt für Programmierer.

12.1 Ein kurze Einführung in AppleScript

AppleScript ist eine Skriptsprache für Mac-OS-Anwender, die es ermöglicht, in einfacher, nach natürlicher, in englischer Sprache gefasster Syntax, Skripte und Applikationen zu erstellen. Zur Nutzung von AppleScript liefert Mac OS einen Editor mit, mit dem eigene Programme leicht verfasst und ausgeführt werden können. Der *Script Editor* befindet sich unter dem Pfad */Applications/Utilities/Script Editor.app*.

Der Apple-Script-Editor hat eine sehr aufgeräumte Oberfläche. Neben den Kontrollelementen unter Punkt 1 zur Steuerung des Programms sind zentrale Elemente des Editors vor allem das Eingabefenster für Code (Punkt 2) und das Ausgabefenster (Punkt 3), das die Ausgabe eines Programms sowie Log- und Debugging-Informationen beinhalten kann.

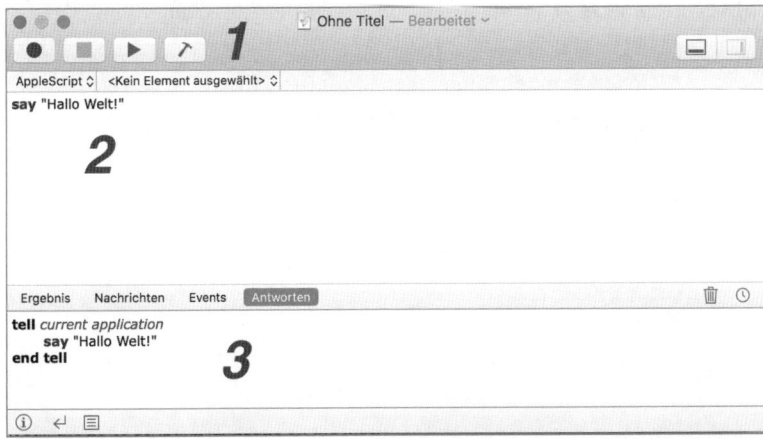

Bild 12.1: AppleScript-Editor

Zur Einführung in AppleScript bietet der Editor unter dem Menüpunkt *Hilfe* die Möglichkeit, Beispielprogramme zu öffnen und zu studieren. Eine gute Einstiegshilfe bietet zudem das ebenfalls unter *Hilfe* erreichbare AppleScript-Handbuch. Eine Übersicht über die Befehle liefert die *Commands Reference*. Nach Eingabe des Programmcodes kann durch Drücken der Schaltfläche *Skript ausführen* AppleScript-Code gestartet werden.

AppleScript-Beispiele

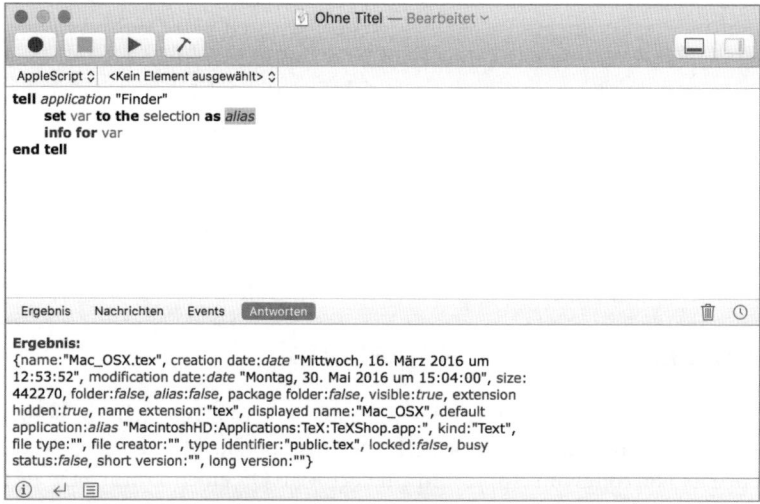

Bild 12.2: AppleScript-Beispiel 1

Elemente des Codebeispiels	
Element	Beschreibung
tell application Finder	Anweisung an die Applikation Finder
set var	'set' definiert die Variable 'var'
to the selection as alias	Nimmt Auswahl entgegen und referenziert sie zu einer Datei ('as alias')
info for var	'info for' ermittelt Informationen zur Datei bzw. zum Verzeichnis
end tell	Beendet die Anweisung

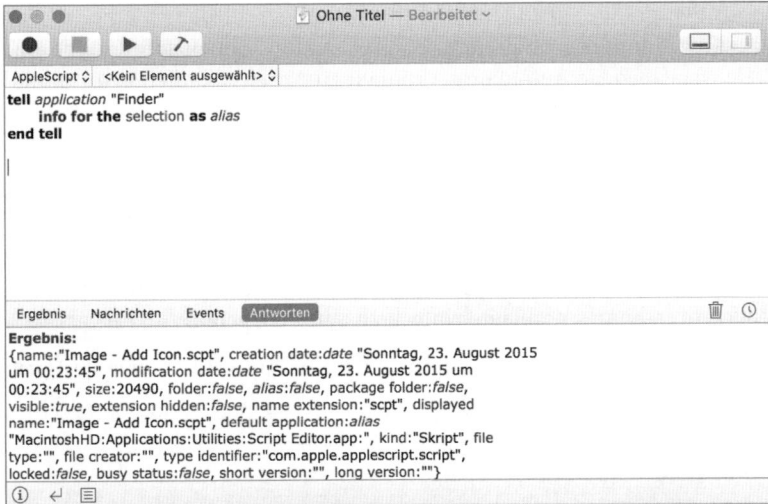

Bild 12.3: AppleScript-Beispiel 2

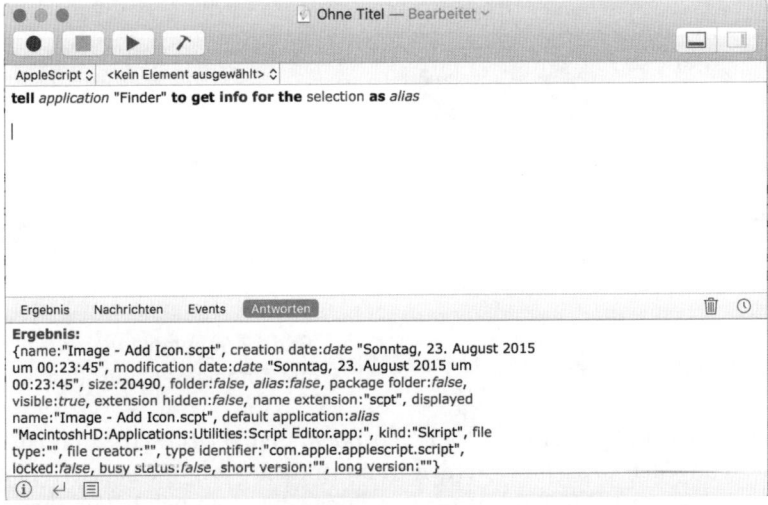

Bild 12.4: AppleScript-Beispiel 3

Die drei Codebeispiele zeigen jeweils Informationen zu einer im Finder ausgewählten Datei bzw. zu einem ausgewählten Verzeichnis. Alle drei Skriptbeispiele erzeugen die gleiche Ausgabe mit abnehmender Komplexität des Codes. AppleScript erlaubt, wie im Beispiel erkennbar, eine sehr flexible Codegestaltung.

12.2 Automator und relevante Arbeitsabläufe

Erst mit der Einführung der Applikation Automator mit Mac OS X 10.4 (Tiger) konnte Apple die implementierten Scripting-Mechanismen einer breiteren Anwenderschicht zugänglich machen. Automator basiert auf demselben Code-Framework wie AppleScript und bietet eine intuitive, grafisch geführte Möglichkeit, auf verschiedene Methoden und Objekte von Mac-Anwendungen zuzugreifen. Mit Automator können somit, ohne eine einzige Zeile Code, verschiedene Automator-Aktionen zu Arbeitsabläufen (Workflows) kombiniert und ausgeführt werden.

Die Applikation Automator hat eine Vielzahl integrierter Automator-Aktionen für viele native Applikationen, aber auch für eine Vielzahl von Drittanbieter-Programmen. Bei Bedarf können mit Xcode eigene Automator-Aktionen erstellt oder von zahlreichen Webseiten aus dem Internet heruntergeladen werden. Beim Einsatz von Mac OS als forensisches Analysesystem lassen sich AppleScript- bzw. Automator-Funktionalitäten nutzen, um wiederkehrende Arbeitsabläufe einfach zu automatisieren.

Nach dem Start von Automator bietet die Applikation eine Auswahl an vorgefertigten Templates zur Erstellung eines Workflows an.

Bild 12.5: Template-Auswahl der Automator-Applikation

Die drei relevantesten Workflows *Arbeitsablauf, Programm* und *Dienst* werden im Folgenden beschrieben. Weitere Workflows werden an dieser Stelle nicht thematisiert. Ein *Arbeitsablauf* ist die einfachste Möglichkeit zur Erstellung eines Automator-Workflows. Arbeitsabläufe sind Skripte, die innerhalb der Applikation Automator ausgeführt werden. Im Gegensatz dazu ist ein Programm eine eigenständige ausführbare Skriptdatei, die unabhängig von Automator funktioniert. Einem Programm können beispielsweise per Drag-and-drop auf das Programmsymbol Dateien übergeben werden. Ein Dienst wiederum wird Mac-OS-intern integriert und steht dann in diversen Kontextmenüs (z. B. im Finder) zur Verfügung und kann dort auch ausgewählt werden.

Nach Auswahl eines passenden Templates erreicht der Nutzer die Automator-GUI, die konzeptionell in vier Bereiche unterteilt werden kann.

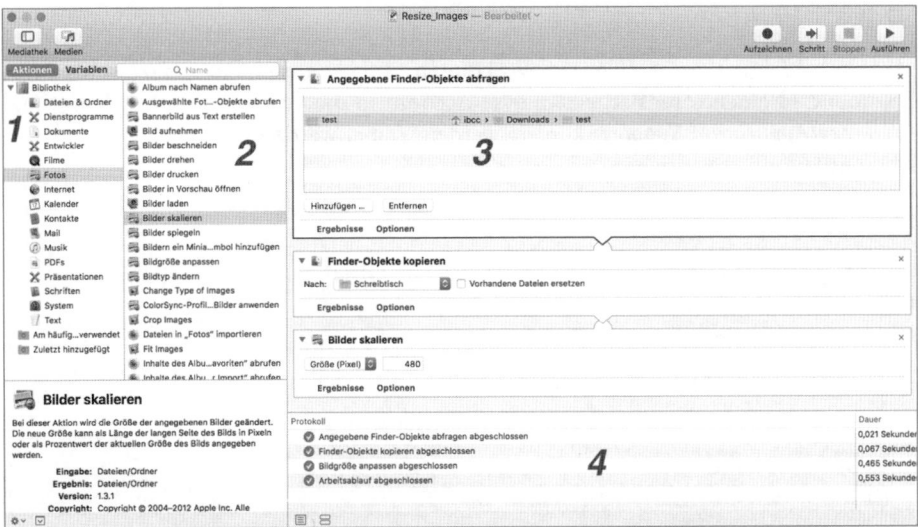

Bild 12.6: Automator-GUI

Im oberen rechten Bereich der Automator-GUI befinden sich die Schaltflächen *Aufzeichnen*, *Schritt*, *Stoppen* und *Ausführen*. Sie ermöglichen die Kontrolle bzw. Steuerung eines Automator-Workflows.

- Unter Punkt 1 befindet sich die Bibliothek, die eine Kategorisierung von Automator-Aktionen enthält. Die Bibliothek enthält sämtliche verfügbaren Automator-Aktionen des Systems.

- Punkt 2 bezeichnet das Aktionsfenster. Dort können die Automator-Aktionen ausgewählt werden. Im Fenster unterhalb der Aktionen wird jeweils eine Beschreibung der Aktion angezeigt.

- Punkt 3 bezeichnet den Bereich, in dem der Workflow schließlich per Drag-and-drop zusammengesetzt und damit definiert wird.

Im Beispiel ist erkennbar, dass Unteraktionen jeweils in einem Kasten dargestellt werden. Sie können untereinander verbunden sein, was durch die zueinander führenden Pfeile visualisiert wird. In diesen Fällen wird das Ergebnis einer Unteraktion jeweils an die nächste Aktion weitergegeben. Nicht in jedem Fall ist die Übergabe von Ergebnissen an eine weitere Unteraktion erforderlich, eine Unterbrechung kann daher bei Bedarf im Kontextmenü einer Unteraktion angefordert werden (*Eingabe ignorieren*). Punkt 4 schließlich bezeichnet das Protokollfenster, das Debugging-Informationen liefert und beispielsweise anzeigt, ob das Skript erfolgreich ausgeführt werden konnte oder Fehler auftraten.

Die im Beispiel gewählte Aktion *Bilder skalieren* erhält per Drag-and-drop Dateien oder Verzeichnisse des Finders, skaliert diese auf eine Größe von 480 Pixel und speichert die bearbeiteten Dateien auf dem Schreibtisch ab. Zur Ausführung des Workflows müssen also zunächst die erforderlichen Dateien in die Automator-GUI hineinbewegt werden (in diesem Fall erscheint die Unteraktion *Angegebene Finder-Objekte abfragen*). Der Workflow kann dann durch die Schaltfläche *Ausführen* gestartet werden.

12.2.1 Workflow: Copy Files

Mit den beiden beschrieben Workflows können Dateien aus einem gemounteten Mac-OS-Abbild in einen forensischen Analyse-Account in die Verzeichnisse *~/Library/* und *~/Library/Application Support/* kopiert werden. Dabei werden die Dateien im forensischen Account überschrieben.

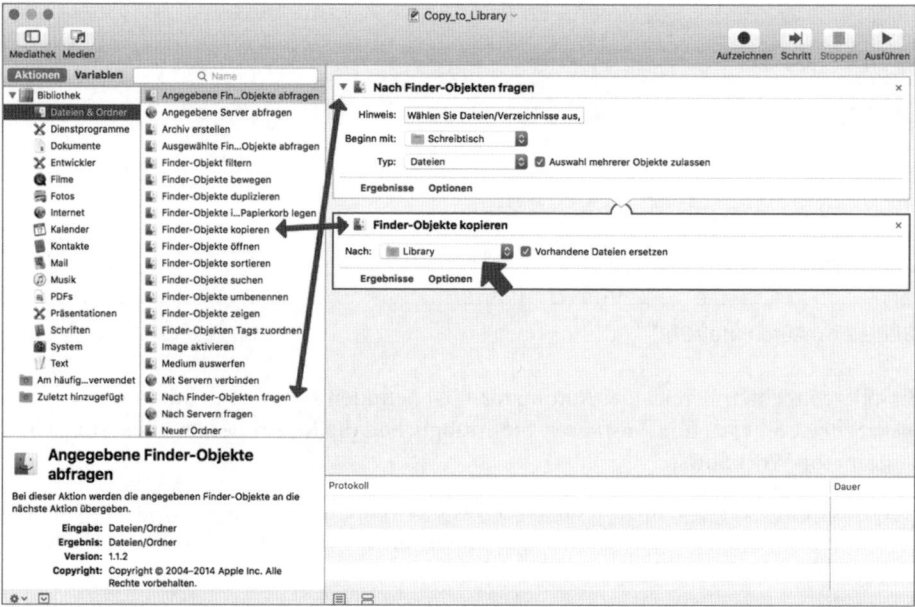

Bild 12.7: Workflow *Copy_to_Library*

Unteraktionen des Workflows Copy_to_Library:

- Dateien & Ordner/Nach Finder-Objekten fragen
- Dateien & Ordner/Finder-Objekte kopieren

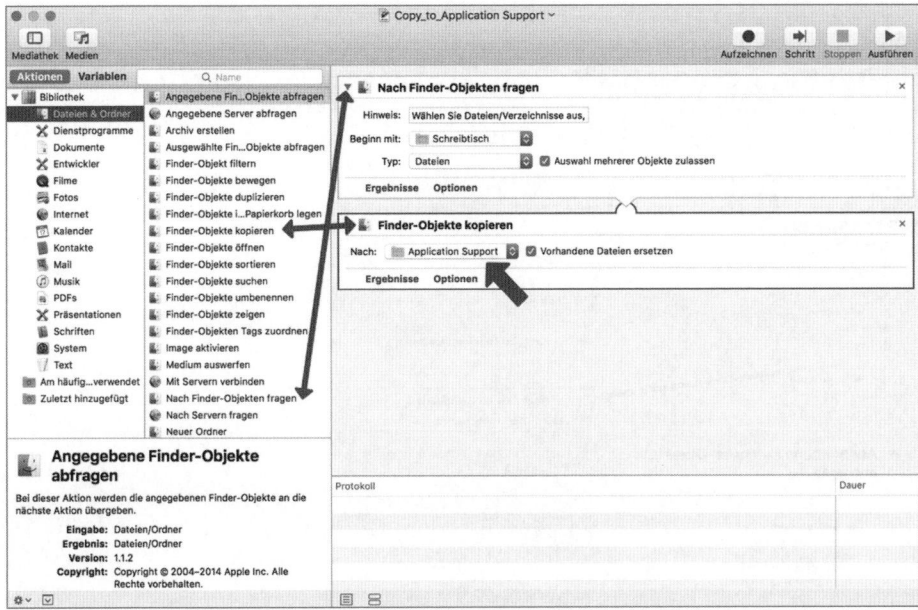

Bild 12.8: Workflow *Copy_to_Application Support*

Unteraktionen des Workflows 'Copy_to_Application Support':

- Dateien & Ordner/Nach Finder-Objekten fragen

- Dateien & Ordner/Finder-Objekte kopieren

12.2.2 Workflow: Kalenderdaten parsen

Der Workflow *Parse_Kalender* ermöglicht die Auswahl eines Kalenders oder mehrerer Kalender sowie die Extraktion von Kalendereinträgen und Speicherung in ein TextEdit-Dokument.

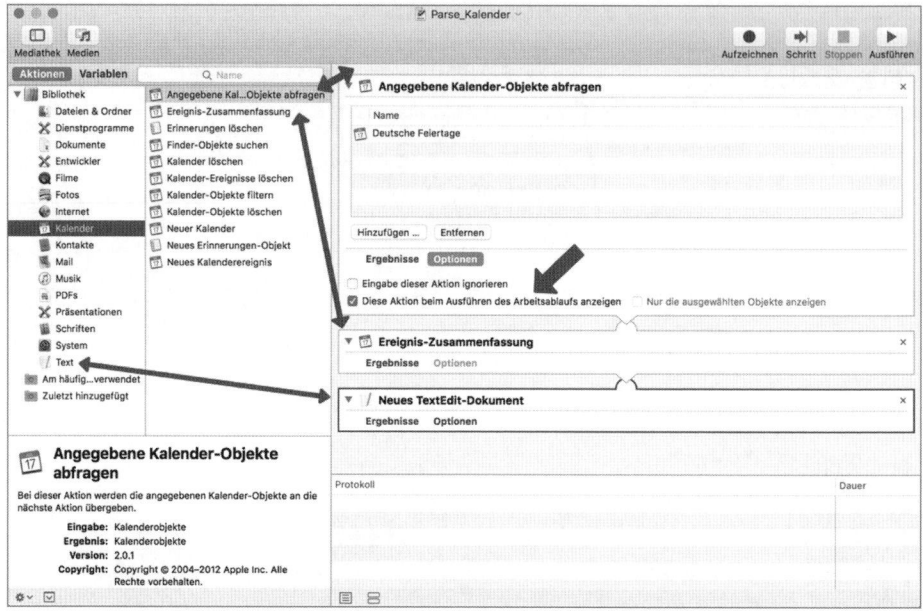

Bild 12.9: Workflow *Parse_Kalender*

Unteraktionen des Workflows Parse_Kalender:

*   Kalender/Angegebene Kalender-Objekte abfragen

*   Kalender/Ereignis-Zusammenfassung

*   Text/Neues TextEdit-Dokument

12.2.3 Workflow: Kontakte parsen

Der Workflow *Parse_Kontakte* extrahiert Kontakte und speichert sie in ein TextEdit-Dokument.

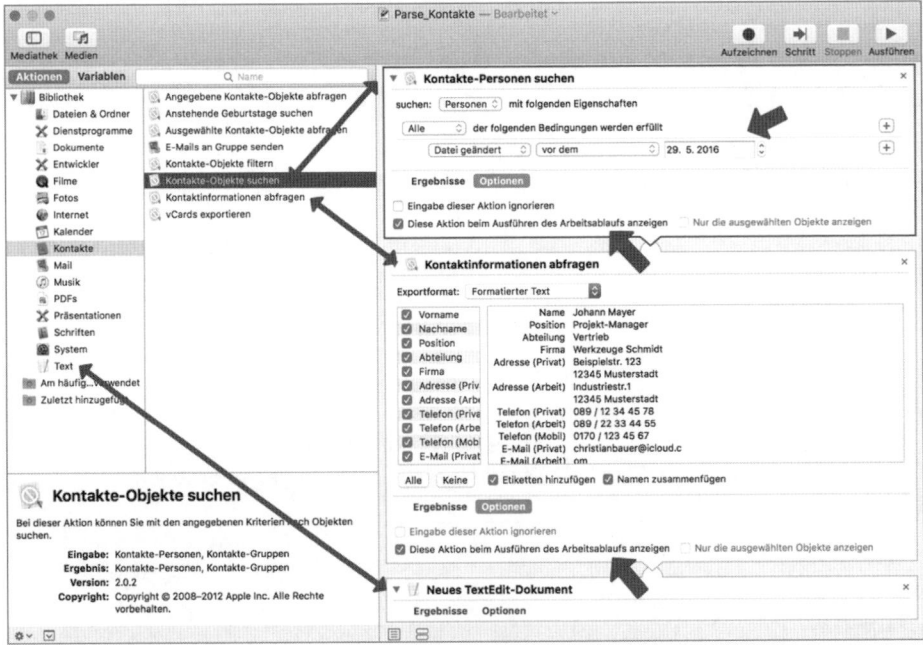

Bild 12.10: Workflow *Parse_Kontakte*

Unteraktionen des Workflows Parse_Kontakte:

* Kontakte/Kontakte-Objekte suchen

* Kontakte/Kontaktinformationen abfragen

* Text/Neues TextEdit-Dokument

12.2.4 Dienst: Dateiliste erstellen

Der Dienst *Dateiliste erstellen* erstellt eine Dateiliste zu einer Datei oder zu einem Verzeichnis und speichert sie in ein TextEdit-Dokument. Der Dienst kann über das Finder-Kontextmenü aufgerufen werden. Mac OS speichert Dienste unter dem Pfad *~/Library/Services*.

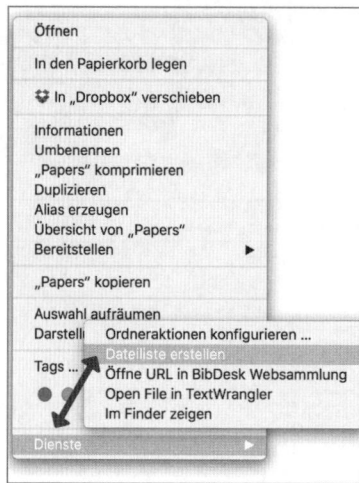

Bild 12.11: Aufruf des Diensts
Dateiliste erstellen im Finder-Kontextmenü

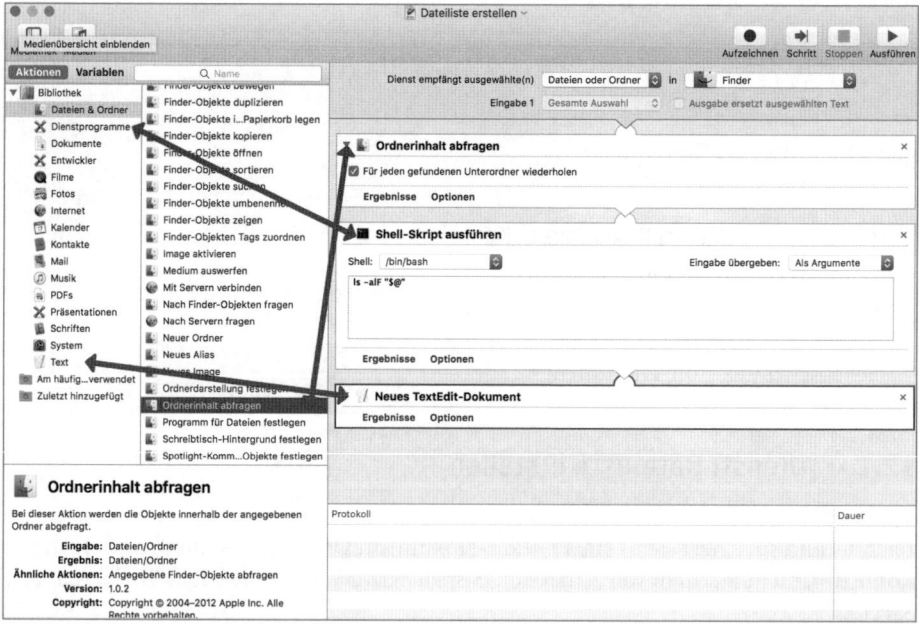

Bild 12.12: Dienst *Dateiliste erstellen*

Unteraktionen des Dienstes »Dateiliste erstellen«:

- Dateien & Ordner/Ordnerinhalt abfragen

- Dienstprogramme/Shell-Skript ausführen

- Text/Neues TextEdit-Dokument

12.2.5 Dienst: MD5-Hashliste erstellen

Der Dienst *md5* erstellt rekursiv eine MD5-Hashliste aller übergebenen Dateien. Die Iteration durch die Dateien erfolgt durch Einsatz einer for-Schleife. Die MD5-Hashliste wird als TextEdit-Dokument ausgegeben.

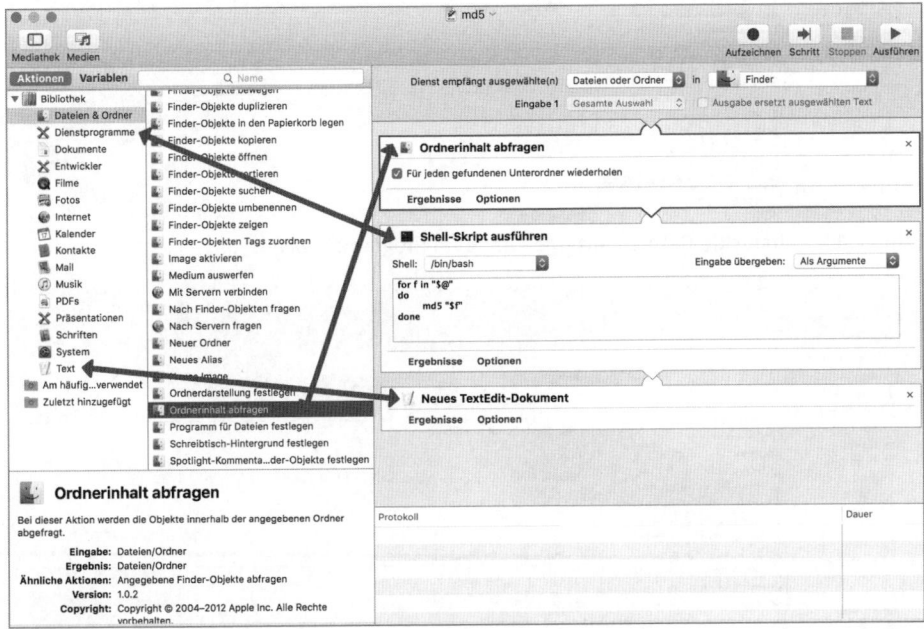

Bild 12.13: Dienst *md5*

Unteraktionen des Diensts md5:

- Dateien & Ordner/Ordnerinhalt abfragen

- Dienstprogramme/Shell-Skript ausführen

- Text/Neues TextEdit-Dokument

12.2.6 Programme: Versteckte Dateien anzeigen und ausblenden

Die beiden Programme *allFiles_on* und *allFiles_off* aktivieren oder deaktivieren die Ansicht versteckter Verzeichnisse im Finder.

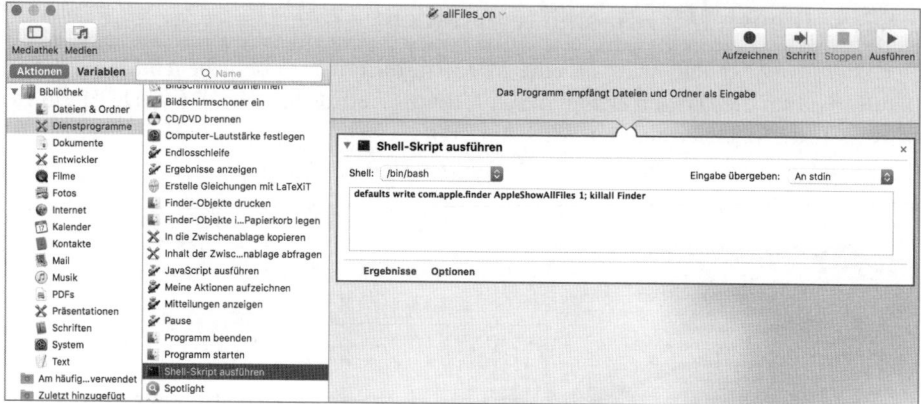

Bild 12.14: Versteckte Dateien anzeigen mit dem Programm *allFiles_on*

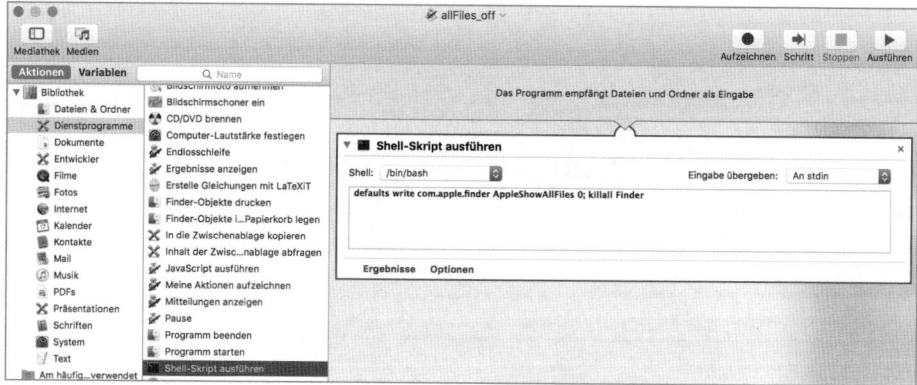

Bild 12.15: Versteckte Dateien ausblenden mit dem Programm *allFiles_off*

12.2.7 Programme: Diskarbitration Daemon aktivieren und deaktivieren

Die Automator-Programme *Diskarbitration_on* und *Diskarbitration_off* aktivieren oder deaktivieren den Diskarbitration Daemon und damit das automatische Einbinden von Volumes.

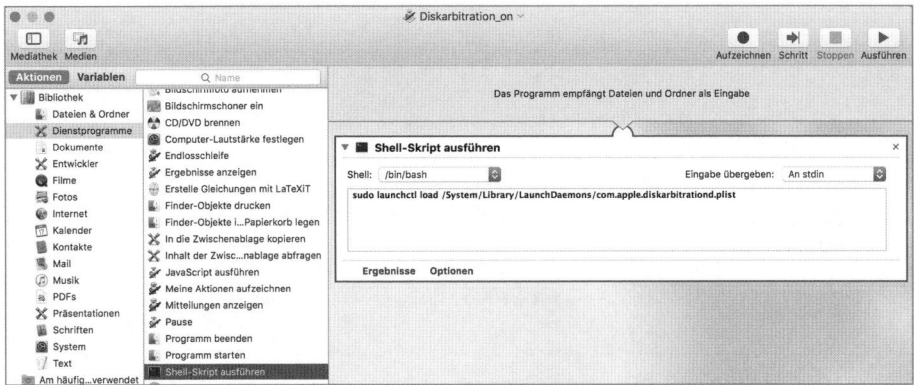

Bild 12.16: Diskarbitration Daemon aktivieren mit dem Programm *Diskarbitration_on*

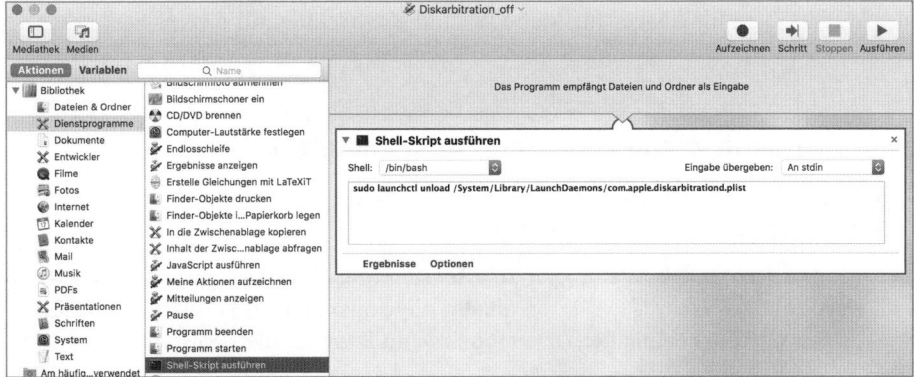

Bild 12.17: Diskarbitration Daemon deaktivieren mit dem Programm *Diskarbitration_off*

12.3 Mac OS als vollwertiges Serversystem

Mac OS kann auf einfache Weise zu einem vollwertigen Serversystem erweitert werden und bietet dann Funktionalitäten, die bei Konkurrenzsystemen einen enormen Aufpreis bedeuten. Um Mac OS zu einem Serversystem zu erweitern, ist ein Upgrade über den App Store nötig, bei dem die Applikation Server.app in das bestehende Mac OS integriert wird.

12.3.1 OS-X-Server-Upgrade über den App Store

Mit der Server.app kann ein Mac-OS-System als Server aufgesetzt und administriert werden (vor Mac-OS-X-Version 10.7 war es erforderlich, eine eigene angepasste Server-Version des Betriebssystems zu nutzen).

Bild 12.18: App Store: OS X Server

OS X Server bietet umfangreiche Funktionen wie Dateifreigaben über SMB, AFP oder WebDAV, Profilmanager für Mac-OS- und iOS-Geräte und diverse Serverdienste (Caching, Xcode, Time Machine, Kontakte, Kalender, Mail, Wiki, VPN und XSan).

12.3.2 Grundlegende OS-X-Server-Einstellungen

Grundlegende Einstellungen zum OS X Server beinhaltet die Datei */Library/Server/Preferences/com.apple.servermgr_info.plist.*

Die Plist-Datei enthält Einstellungen zu Diensten, die aktuell eingerichtet bzw. aktiv sind. Der Schlüssel `ServiceConfig` beinhaltet die eingerichteten Dienste, der Schlüssel `ServiceRunningTimes` beinhaltet Zeitstempel, wann Dienste zuletzt gestartet wurden.

Zur Verwaltung von Nutzern und Rechten innerhalb eines Netzwerks nutzt Mac OS die Technologie Open Directory. Open Directory ist im weitesten Sinne vergleichbar mit Microsofts Active Directory. Nutzer werden innerhalb des Open Directory nicht mehr zwangsläufig lokal verwaltet, sondern können sich innerhalb des Netzwerks auf jedem Mac-OS-System anmelden. Die Nutzerinformationen werden dabei von der Open-Directory-Instanz (OS-X-Server) zur Verwaltung der Nutzer bezogen.

Auf dem Mac-OS-Serversystem lassen sich daher umfangreiche Nutzerinformationen finden. Neben lokal vorhandenen Nutzern (Nutzer-ID 5##) lässt sich meist eine Vielzahl von Netzwerknutzern (Nutzer-ID 1###) finden. Diese können über die Unique IDs zugeordnet werden. Zu beachten ist, dass Netzwerknutzer unter dem Pfad */private/var/db/dslocal/nodes/Default/users* keine Plist-Datei haben.

Nach Installation der Server.app wird unter Mac OS das Verzeichnis */Library/Server/* erzeugt. In diesem Verzeichnis befinden sich die meisten für OS X Server relevanten digitalen Spuren. Konfigurationseinstellungen sind im Verzeichnis */Library/Preferences/* und Logfiles in den Verzeichnissen */var/log/* und */Library/Logs/* zu finden.

OS X Server		
Digitale Spur	Pfad	Datei
	/Library/Server/	Serverdienste
	/Library/Preferences/	Einstellungen
	/var/log/	Logdateien
	/Library/Logs/	Logdateien

12.3.3 Dateifreigaben innerhalb eines Mac-Netzwerks

OS-X-Server werden oftmals eingesetzt, um Dateifreigaben innerhalb eines Mac-Netzwerke bereitzustellen. Die Plist-Datei *sharepoints* enthält vom Server zur Verfügung gestellte Dateifreigaben mit Freigabenamen, genutztem Protokoll (FTP, AFP, SMB) und Zugriffsrechten. Die Datei *afpuseraliases* enthält verbundene Teilnehmer jeweils mit Zeitstempel des letzten Logins. Die Datei *com.apple.AppleFileServer.plist* enthält Dateipfade für AFP-Logdateien. Die Default-Einstellung ist dabei */Library/Logs/AppleFileService* mit den Dateien *AppleFileServiceAccess.log* und *AppleFileServiceError.log*.

OS-X-Server – Filesharing		
Digitale Spur	Pfad	Datei
	/private/var/db/dslocal/nodes/Default/	afpuseraliases
	/private/var/db/dslocal/nodes/Default/	sharepoints
	/Library/Preferences/	com.apple.AppleFileServer.plist

12.3.4 Digitale Spuren zu eingerichteten Diensten

Digitale Spuren zu eingerichteten Serverdiensten finden sich im Verzeichnis */Library/Server/*. Die folgende Tabelle zeigt beispielhaft digitale Spuren bei eingerichtetem E-Mail- und Webserver:

E-Mail-Server	
Pfad	Bedeutung
/Library/Server/Mail/Data/mail/[GUID]/	E-Mail-Verzeichnis, sortiert nach GUID pro Nutzer
/var/log/mail.log	Logdatei

Web-Server	
Pfad	Bedeutung
/Library/Server/Web/Config/apache2/	Apache-Konfigurationsdateien
/Library/Server/Web/Data/Sites/	Webinhalte
/Library/Logs/WebServer/	Logdateien

Literaturverzeichnis

Kapitel »Wichtige Hintergrundinformationen«

Statista.de (Hg,) (2015): Marktanteile von Betriebssystemen weltweit bis September 2015. Online verfügbar unter *http://de.statista.com/statistik/daten/studie/157902/umfrage/marktanteil-der-genutzten-betriebssysteme-weltweit-seit-2009/*.

n24.de (Hg.) (2014): Marktwert von Apple: Das wertvollste Unternehmen aller Zeiten. Online verfügbar unter *http://www.n24.de/n24/Nachrichten/Wirtschaft/d/5767088/das-wertvollste-unternehmen-aller-zeiten.html*.

Apple (2015): What's New in OS X. This document describes developer-level features that were introduced in different versions of OS X. Online verfügbar unter *https://developer.apple.com/library/mac/releasenotes/MacOSX/WhatsNewInOSX/WhatsNewInOSX.html#//apple_ref/doc/uid/TP40001812*.

de.wikipedia.org (2015): OS X 10.11. Online verfügbar unter *https://de.wikipedia.org/wiki/OS_X_10.11*.

de.wikipedia.org (Hg.) (2014): Apple. Online verfügbar unter *https://de.wikipedia.org/wiki/Apple*.

de.wikipedia.org (2015): Apple II. Online verfügbar unter *https://de.wikipedia.org/wiki/Apple_II*.

Bernd Leitenberger (2014): Der Apple II und VisiCalc. Online verfügbar unter *http://www.bernd-leitenberger.de/apple-2.shtml*.

Apple (2010): Apple 1984 Super Bowl Commercial Introducing Macintosh Computer (HD). Online verfügbar unter *https://www.youtube.com/watch?v=2zfqw8nhUwA*.

de.wikipedia.org (Hg.) (2015): Apple Lisa. Online verfügbar unter *https://de.wikipedia.org/wiki/Apple_Lisa*.

Christoph Dernbach (2014): 30 Jahre Apple Macintosh – Der Mac als Digital Hub. Online verfügbar unter *http://www.mac-history.de/apple-geschichte-2/2014-01-09/30-jahre-apple-macintosh-der-mac-als-digital-hub-2001-2014*.

Apple (2002): Apple Makes Mac OS X the Default Operating System on All Macs. Hg. v. Apple. Online verfügbar unter *http://www.apple.com/pr/library/2002/01/07Apple-Makes-Mac-OS-X-the-Default-Operating-System-on-All-Macs.html*.

mactechnews.de (Hg.) (2015): Vor 15 Jahren: Mac OS X 10.0 Public Beta erscheint. Online verfügbar unter *http://www.mactechnews.de/news/article/Vor-15-Jahren-Mac-OS-X-10-0-Public-Beta-162314.html*.

de.wikipedia.org (Hg.) (2016): Apple iOS. Online verfügbar unter *https://de.wikipedia.org/wiki/Apple_iOS*.

en.wikipedia.org (Hg.) (2016): watchOS. Online verfügbar unter *https://en.wikipedia.org/wiki/WatchOS*.

de.wikipedia.org (Hg.) (2015): Mach Kernel. Online verfügbar unter *https://de.wikipedia.org/wiki/Mach_(Kernel)*.

James Friend (Hg.) (2016): Mac OS 7 Emulator. Online verfügbar unter *https://james-friend.com.au/pce-js/*.

Levin, Jonathan (2013): Mac OS X and iOS internals. To the Apple's core. Indianapolis: Wiley. Online verfügbar unter *http://proquest.tech.safaribooksonline.de/9781118236055*.

de.wikipedia.org (Hg.) (2016): OS X. Online verfügbar unter *https://de.wikipedia.org/wiki/OS_X#Mac_OS_X_10.0_.28Cheetah.29*.

de.wikipedia.org (Hg.) (2015): Common Unix Printing System. Online verfügbar unter *https://de.wikipedia.org/wiki/Common_Unix_Printing_System*.

webkit.org (Hg.): Webkit Open Source Web Browser Engine. Online verfügbar unter *https://webkit.org*.

de.wikipedia.org (Hg.) (2015): Single Unix Specification. Online verfügbar unter *https://de.wikipedia.org/wiki/Single_Unix_Specification*.

de.wikipedia.org (Hg.) (2015): Address Space Layout Randomization. Online verfügbar unter *https://de.wikipedia.org/wiki/Address_Space_Layout_Randomization*.

de.wikipedia.org (Hg.) (2016): Darwin Betriebssystem. Online verfügbar unter *https://de.wikipedia.org/wiki/Darwin_(Betriebssystem)*.

freebsd.org (Hg.) (2015): The FreeBSD Project. Online verfügbar unter *https://www.freebsd.org/de/*.

Amit Singh (2003): What is Mac OS X? Hg. v. osxbook.com. Online verfügbar unter *http://osxbook.com/book/bonus/ancient/whatismacosx/arch_xnu.html*.

developer.apple.com (Hg.) (2015): Mac Technology Overview. Online verfügbar unter *https://developer.apple.com/library/mac/documentation/MacOSX/Conceptual/OSX_Technology_Overview/About/About.html#/apple_ref/doc/uid/TP40001067-CH204-TPX-REF101*.

de.wikipedia.org (Hg.) (2013): Virtuelles Dateisystem. Online verfügbar unter *https://de.wikipedia.org/wiki/Virtuelles_Dateisystem*.

de.wikipedia.org (Hg.) (2015): Filesystem Hierarchy Standard. Online verfügbar unter *https://de.wikipedia.org/wiki/Filesystem_Hierarchy_Standard*.

developer.apple.com (Hg.) (2007): Accelerate Framework. Online verfügbar unter *https://developer.apple.com/library/mac/documentation/Darwin/Reference/ManPages/man7/Accelerate.7.html*.

de.wikipedia.org (Hg.) (2015): OpenCL. Online verfügbar unter *https://de.wikipedia.org/wiki/OpenCL*.

developer.apple.com (Hg.) (2014): AppKit. Online verfügbar unter *https://developer. apple.com/library/mac/documentation/Cocoa/Reference/ApplicationKit/ObjC_classic/ index.html.*

de.wikipedia.org (Hg.) (2015): Aqua (OS X). Online verfügbar unter *https://de.wikipedia. org/wiki/Aqua_(OS_X).*

de.wikipedia.org (Hg.) (2013): Open Firmware. Online verfügbar unter *https:// de.wikipedia.org/wiki/Open_Firmware.*

de.wikipedia.org (Hg.) (2015): Unified Extensible Firmware. Online verfügbar unter *https://de.wikipedia.org/wiki/Unified_Extensible_Firmware_Interface#OS_X.*

support.apple.com (Hg.) (2015): Startup key combinations for Mac. Online verfügbar unter *https://support.apple.com/en-us/HT201255.*

developer.apple.com (Hg.) (2014): The I/O Registry. Online verfügbar unter *https:// developer.apple.com/library/mac/documentation/DeviceDrivers/Conceptual/IOKitFunda- mentals/TheRegistry/TheRegistry.html.*

developer.apple.com (Hg.): Downloads for Apple Developers. Online verfügbar unter *https://developer.apple.com/downloads/?name=for%20Xcode.*

de.wikipedia.org (Hg.) (2014): Launchd. Online verfügbar unter *https://de.wikipedia. org/wiki/Launchd.*

Amit Singh (2003): Mac OS X System Startup. Hg. v. osxbook.com/. Online verfügbar unter *http://osxbook.com/book/bonus/ancient/whatismacosx/arch_startup.html.*

developer.apple.com (Hg.) (2014): The launchd Startup Process. Online verfügbar unter *https://developer.apple.com/library/mac/documentation/MacOSX/Conceptual/BPSystem- Startup/Chapters/CreatingLaunchdJobs.html.*

Keith Loepere (1992): Mach 3 Kernel Principles. Mellon University. Online verfügbar unter *http://www.cs.cmu.edu/afs/cs/project/mach/public/doc/osf/kernel_principles.ps.*

developer.apple.com (Hg.) (2013): Mach Port Rights. Online verfügbar unter *https:// developer.apple.com/library/mac/documentation/Security/Conceptual/Authenticatio- nAndAuthorizationGuide/Permissions/Permissions.html.*

de.wikipedia.org (Hg.) (2015): Mutex. Online verfügbar unter *https://de.wikipedia.org/ wiki/Mutex.*

developer.apple.com (Hg.) (2013): Message Queues, Semaphores, Notifications, Locks. Online verfügbar unter *https://developer.apple.com/library/mac/documentation/Darwin/ Conceptual/KernelProgramming/Mach/Mach.html.*

developer.apple.com (Hg.) (2013): Mach Scheduling and Thread Interfaces. Online ver- fügbar unter *https://developer.apple.com/library/mac/documentation/Darwin/Concep- tual/KernelProgramming/scheduler/scheduler.html.*

de.wikipedia.org (Hg.) (2014): Grand Central Dispatch. Online verfügbar unter *https:// de.wikipedia.org/wiki/Grand_Central_Dispatch.*

tech-faq.com (Hg.) (2012): Unix Signals. Online verfügbar unter *http://www.tech-faq. com/unix-signals.shtml.*

developer.apple.com (Hg.) (2014): About Entitlements. Online verfügbar unter *https:// developer.apple.com/library/mac/documentation/Miscellaneous/Reference/Entitlement- KeyReference/Chapters/AboutEntitlements.html.*

en.wikipedia.org (Hg.) (2014): Dynamic Linker. Online verfügbar unter *https:// en.wikipedia.org/wiki/Dynamic_linker.*

developer.apple.com (Hg.) (2015): Bundle Programming Guide. Online verfügbar unter *https://developer.apple.com/library/mac/documentation/CoreFoundation/Conceptual/ CFBundles/Introduction/Introduction.html.*

developer.apple.com (Hg.) (2015): System Frameworks. Online verfügbar unter *https:// developer.apple.com/library/mac/documentation/MacOSX/Conceptual/OSX_Technology_ Overview/SystemFrameworks/SystemFrameworks.html.*

en.wikipedia.org (Hg.) (2012): Trojan BackDoor.Flashback. Online verfügbar unter *https://en.wikipedia.org/wiki/Trojan_BackDoor.Flashback.*

developer.apple.com (Hg.) (2012): Code Signing Guide. Online verfügbar unter *https:// developer.apple.com/library/mac/documentation/Security/Conceptual/CodeSigningGuide/ Introduction/Introduction.html.*

en.wikipedia.org (Hg.) (2016): System Integrity Protection. Online verfügbar unter *https://en.wikipedia.org/wiki/System_Integrity_Protection.*

Kapitel »Das Mac-OS-Dateisystem im Fokus«

de.wikipedia.org (2016): GUID Partition Table. Online verfügbar unter *https:// de.wikipedia.org/wiki/GUID_Partition_Table.*

Synalisis.net: SynalizeIt!Pro. Online verfügbar unter *https://www.synalysis.net.*

ridiculous_fish: Hex Fiend. Version. Online verfügbar unter *http://ridiculousfish.com/ hexfiend/.*

sleuthkit.org: The Sleuth Kit. Version. Online verfügbar unter *http://sleuthkit.org.*

pinguin.lu: xmount. Version: pinguin.lu. Online verfügbar unter *https://www.pinguin. lu/xmount.*

Technical Note TN1150 (2004). Online verfügbar unter *http://dubeiko.com/development/ FileSystems/HFSPLUS/tn1150.html.*

Ludwig Bachmaier (2003): Ausarbeitung zum Proseminar »Algorithms and Data Structures for Database Systems«, Vortrag zum Thema B-Bäume.

developer.apple.com (Hg.) (2017): Apple File System Guide, Online verfügbar unter *https://developer.apple.com/library/content/documentation/FileManagement/Conceptual/ APFS_Guide/Introduction/Introduction.html#//apple_ref/doc/uid/TP40016999-CH1- DontLinkElementID_18.*

de.wikipedia.org (Hg.) (2017): APFS (Dateisystem). Online verfügbar unter *https:// de.wikipedia.org/wiki/APFS_(Dateisystem).*

Henrik Dalgaard: File Juicer. Version: echoone.com. Online verfügbar unter *http:// echoone.com/de/filejuicer/.*

X-WaysSoftware Technology AG: X-Ways Forensics. Version : X-Ways Software Technology AG. Online verfügbar unter *https://www.x-ways.net.*

AccessData: Forensic Toolkit (FTK). Version : AccessData. Online verfügbar unter *http:// accessdata.com/solutions/digital-forensics/forensic-toolkit-ftk.*

Guidance Software: Encase Forensic. Version : Guidance Software. Online

Kapitel »Forensische Analyse von Mac OS«

Amit Singh (2003): Mac OS X System Startup. Hg. v. osxbook.com/. Online verfügbar unter *http://osxbook.com/book/bonus/ancient/whatismacosx/arch_startup.html.*

Levin, Jonathan (2013): Mac OS X and iOS internals. To the Apple's core. Indianapolis: Wiley. Online verfügbar unter *http://proquest.tech.safaribooksonline.de/9781118236055.*

Guidance Software: Encase Forensic. Version : Guidance Software. Online verfügbar unter *https://www.guidancesoftware.com/products/Pages/encase-forensic/overview.aspx.*

AccessData: Forensic Toolkit (FTK). Version : AccessData. Online verfügbar unter *http:// accessdata.com/solutions/digital-forensics/forensic-toolkit-ftk.*

X-Ways Software Technology AG: X-Ways Forensics. Version : X-Ways Software Technology AG. Online verfügbar unter *https://www.x-ways.net.*

Sumuri LLC.: Recon for Mac OS X. Version : Sumuri LLC. Online verfügbar unter *https:// www.sumuri.com/products/recon/.*

BlackBag Technologies: BlackLight. Version: BlackBag Technologies. Online verfügbar unter *https://www.blackbagtech.com.*

Casey, Eoghan (2004): Digital evidence and computer crime. Forensic science, computers and the internet. 2nd ed. Amsterdam, London: Elsevier Academic. Online verfügbar unter *http://site.ebrary.com/lib/alltitles/docDetail.action?docID=10169690.*

Maximilian Dornseif (2004): Vorlesung Computerforensik, 2004.

Nina Brandt (2016): Mobilfunk Forensik I.

BSI (2009): M 6.126 Einführung in die Computer-Forensik. Online verfügbar unter *https://www.bsi.bund.de/DE/Themen/ITGrundschutz/ITGrundschutzKataloge/Inhalt/_ content/m/m06/m06126.html.*

Johannes Stuettgen (2012): OSXPMem – Mac OS X Physical Memory acquisition tool. Version. Online verfügbar unter *https://code.google.com/p/pmem/wiki/OSXPmem.*

de.wikipedia.org (Hg.) (2015): Fusion Drive. Online verfügbar unter *https://de.wikipedia. org/wiki/Fusion_Drive.*

Spiegel (Hg.) (2015): Apple Macbook 2015: Bitte nicht öffnen! Online verfügbar unter *http://www.spiegel.de/netzwelt/gadgets/apple-macbook-laut-ifixit-schwer-zu-reparieren-a-1028940.html*.

iFixit (Hg.): iFixit.com: The free Repair Manual. Online verfügbar unter *https://www.ifixit.com*.

Macports: The MacPorts Project Official Homepage. Version. Online verfügbar unter *https://www.macports.org*.

AccessData: FTK Imager. Version: AccessData. Online verfügbar unter *http://accessdata.com/product-download*.

BlackBag Technologies: MacQuisition. Version : BlackBag Technologies. Online verfügbar unter *https://www.blackbagtech.com/software-products/macquisition.html*.

 Sumuri LLC.: Paladin. Version. Online verfügbar unter *https://www.sumuri.com/products/paladin*.

forensicsandediscovery.com: Raptor – Digital Forensic Imaging Software. Version. Online verfügbar unter *https://www.forensicsandediscovery.com/Pages/Raptor.aspx*.

en.wikipedia.org (Hg.) (2015): Target Disk Mode. Online verfügbar unter *https://en.wikipedia.org/wiki/Target_Disk_Mode*.

support.apple.com (Hg.) (2015): Mac mini (Ende 2012 und neuer), iMac (Ende 2012 und neuer): Informationen zu Fusion Drive. Online verfügbar unter *https://support.apple.com/de-de/HT202574*.

support.apple.com (Hg.) (2015): Mac mini (Ende 2012 und neuer), iMac (Ende 2012 und neuer): Informationen zu Fusion Drive. Online verfügbar unter *https://support.apple.com/de-de/HT202574*.

Sumuri LLC.: Recon Imager. Online verfügbar unter *https://sumuri.com/software/recon-imager/*.

Atmel (Hg.) (2010): 8-bit Microcontroller. Online verfügbar unter *http://www.atmel.com/Images/2535s.pdf*.

cnet.com (Hg.) (2012): EFI firmware protection locks down newer Macs. Online verfügbar unter *http://www.cnet.com/news/efi-firmware-protection-locks-down-newer-macs/*.

Aaron Burghardt: Disk-Arbitrator. Version: Github. Online verfügbar unter *https://github.com/aburgh/Disk-Arbitrator*.

Kapitel »Kategorisierung digitaler Spuren«

Andreas Dewald (2012): Formalisierung digitaler Spuren und ihre Einbettung in die Forensische Informatik. Universität Erlangen-Nürnberg, Erlangen. Technische Fakultät. Online verfügbar unter *https://opus4.kobv.de/opus4-fau/frontdoor/deliver/index/docId/2741/file/AndreasDewaldDissertation.pdf*.

de.wikipedia.org (Hg.) (2015): Property List. Online verfügbar unter *https://de.wikipedia. org/wiki/Property_List.*

developer.apple.com (Hg.) (2017): NSKeyedArchiver. Online verfügbar unter *https:// developer.apple.com/reference/foundation/nskeyedarchiver.*

developer.apple.com (Hg.) (2017): NSCoder. Online verfügbar unter *https://developer. apple.com/reference/foundation/nscoder.*

Martin Kleusberg (2016): DB Browser for SQLite. Version 3.8.0: Github. Online verfügbar unter *https://github.com/sqlitebrowser/sqlitebrowser/releases.*

Mozilla (2016): SQLite Manager. Version 0.8.3.1: Mozilla. Online verfügbar unter *https:// addons.mozilla.org/de/firefox/addon/sqlite-manager/.*

Sanderson Forensics, SQLite Forensic Toolkit. Online unter *http://www.sandersonforen-sics.com.*

Liste der logischen Operatoren in SQLite. Online verfügbar unter *http://www.w3ii.com/ de/sqlite/sqlite_logical_operators.html.*

SQLite Like-Klausel. Online verfügbar unter *http://www.w3ii.com/de/sqlite/sqlite_like_ clause.html.*

de.wikipedia.org (Hg.) (2015): Apple Disk Image. Online verfügbar unter *https:// de.wikipedia.org/wiki/Apple_Disk_Image.*

pinguin.lu: xmount. Version: pinguin.lu. Online verfügbar unter *https://www.pinguin. lu/xmount.*

Joachim Metz: Libewf. Version: Github. Online verfügbar unter *https://github.com/ libyal/libewf/wiki/Building.*

BlackBag Technologies: BlackLight. Version : BlackBag Technologies. Online verfügbar unter *https://www.blackbagtech.com.*

Sumuri LLC.: Recon for Mac OS X. Version: Sumuri LLC. Online verfügbar unter *https:// www.sumuri.com/products/recon/.*

apple.stackexchange.com (Hg.) (2013): Does activating auto-login compromise secure password storage? Online verfügbar unter *http://apple.stackexchange.com/questi-ons/50652/does-activating-auto-login-compromise-secure-password-storage.*

de.wikipedia.org (Hg.) (2016): PBKDF2. Online verfügbar unter *https://de.wikipedia. org/wiki/PBKDF2.*

Octomagon: Dave Grohl. A Password Cracker for OS X. Version : Github. Online verfügbar unter *https://github.com/octomagon/davegrohl.*

openwall.com: John the Ripper password cracker. Version : openwall.com. Online verfügbar unter *http://www.openwall.com/john/.*

hashcat.net: hashcat. advanced password recovery. Version : hashcat.net. Online verfügbar unter *http://hashcat.net/oclhashcat/.*

Passware: Passware Kit Forensic Lab Edition. Version : Passware. Online verfügbar unter *https://www.passware.com/kit-forensic-lab/*.

developer.apple.com (Hg.): bom – bill of materials. Online verfügbar unter *https://developer.apple.com/library/mac/documentation/Darwin/Reference/ManPages/man5/bom.5.html*.

heise.de (Hg.) (2011): Das Firewall-Tool pf in Mac OS X 10.7 Lion. Online verfügbar unter *http://www.heise.de/netze/artikel/Das-Firewall-Tool-pf-in-Mac-OS-X-10-7-Lion-1348566.html*.

developer.apple.com (Hg.) (2016): OS X Man Pages: launchd.plist. Online verfügbar unter *https://developer.apple.com/legacy/library/documentation/Darwin/Reference/ManPages/man5/launchd.plist.5.html*.

de.wikipedia.org (Hg.) (2016): Unixzeit. Online verfügbar unter *https://de.wikipedia.org/wiki/Unixzeit*.

ridiculous_fish: Hex Fiend. Version. Online verfügbar unter *http://ridiculousfish.com/hexfiend/*.

developer.apple.com (Hg.) (2013): NSKeyedArchiver Class. Online verfügbar unter *https://developer.apple.com/library/mac/documentation/Cocoa/Reference/Foundation/Classes/NSKeyedArchiver_Class/*.

developer.apple.com/ (Hg.) (2007): Time Utilities Reference. Online verfügbar unter *https://developer.apple.com/library/mac/documentation/CoreFoundation/Reference/CFTimeUtils/*.

Henrik Dalgaard: File Juicer. Version: echoone.com. Online verfügbar unter *http://echoone.com/de/filejuicer/*.

Kapitel »Informationen aus Log-Dateien«

freebsd.org (Hg.) (2016): Whatis. Online verfügbar unter *https://www.freebsd.org/cgi/man.cgi?query=whatis*.

de.wikipedia.org (Hg.) (2016): Syslog. Online verfügbar unter *https://de.wikipedia.org/wiki/Syslog*.

developer.apple.com (Hg.) (2016): Syslog. Online verfügbar unter *https://developer.apple.com/library/mac/documentation/Darwin/Reference/ManPages/man1/syslog.1.html*.

developer.apple.com (Hg.) (2016): asl.conf. Online verfügbar unter *https://developer.apple.com/library/mac/documentation/Darwin/Reference/ManPages/man5/asl.conf.5.html*.

support.apple.com (Hg.) (2016): Mac OS X Server: The System Log. Online verfügbar unter *https://support.apple.com/kb/TA26117?viewlocale=en_US&locale=en_US*.

en.wikipedia.org (Hg.) (2016): OpenBSM. Online verfügbar unter *https://en.wikipedia.org/wiki/OpenBSM*.

developer.apple.com (Hg.) (2016): Reference audit_user. Online verfügbar unter *https:// developer.apple.com/library/mac/documentation/Darwin/Reference/ManPages/man5/ audit_user.5.html.*

developer.apple.com (Hg.) (2016): praudit. Online verfügbar unter *https://developer.apple.com/library/mac/documentation/Darwin/Reference/ManPages/man1/ praudit.1.html.*

developer.apple.com (Hg.) (2016): auditreduce. Online verfügbar unter *https://developer.apple.com/library/mac/documentation/Darwin/Reference/ManPages/man1/ auditreduce.1.html.*

developer.apple.com (hg.) (2016): Unified Logging and Activity Tracing. Online verfügbar unter *https://developer.apple.com/videos/play/wwdc2016/721/.*

developer.apple.com (Hg.):. Online verfügbar unter *https://developer.apple.com/reference/os/logging.*

developer.apple.com (Hg.) (2014): Predicate Programming Guide. Online verfügbar unter *https://developer.apple.com/library/content/documentation/Cocoa/Conceptual/Predicates/Articles/pSyntax.html.*

Kapitel »Hack the Mac«

Octomagon: Dave Grohl. A Password Cracker for OS X. Version : Github. Online verfügbar unter *https://github.com/octomagon/davegrohl.*

hashcat.net: hashcat. advanced password recovery. Version : hashcat.net. Online verfügbar unter *http://hashcat.net/oclhashcat/.*

Passware: Passware Kit Forensic Lab Edition. Version : Passware. Online verfügbar unter *https://www.passware.com/kit-forensic-lab/.*

Infiltrate the Vault: Security Analysis and Decryption of Lion Full Disk Encryption. Online verfügbar unter *http://eprint.iacr.org/2012/374.pdf.*

Kapitel »Anwendungsanalyse unter Mac OS«

DTrace, Dynamic Training in Oracle Solaris, Mac OS X and FreeBSD (2016), Online verfügbar unter *http://www.brendangregg.com/dtracebook/index.html.*

FSmonitor (2017). Online verfügbar unter *http://fsmonitor.com.*

DaemonFS (2017). Online verfügbar unter *https://sourceforge.net/projects/daemonfs/ files/latest/download.*

Kapitel »Random-Access-Memory-Analyse«

de.wikipedia.org (Hg.) (2016): Random Access Memory. Online verfügbar unter *https://de.wikipedia.org/wiki/Random-Access_Memory*.

Ligh, Michael Hale; Walters, Aaron; Case, Andrew; Levy, Jamie (2014): The art of memory forensics. Detecting malware and threats in Windows, Linux, and Mac memory. Indianapolis, Indiana: John Wiley and Sons. Online verfügbar unter *http://proquest.tech.safaribooksonline.de/9781118824993*.

Andrew Case (2012): Mac Memory Analysis with Volatility. Hg. v. SANS. Online verfügbar unter *https://digital-forensics.sans.org/summit-archives/2012/mac-memory-analysis-with-volatility.pdf*.

Andrew Case, Golden G. Richard III (2015): Advancing Mac OS X rootkit detection. Hg. v. DFRWS. Online verfügbar unter *http://www.dfrws.org/2015/proceedings/DFRWS2015-5.pdf*.

volatilityfoundation (2016): Volatility - Webseite. Online verfügbar unter *http://www.volatilityfoundation.org*.

volatilityfoundation (2016): Volatility – Github. Hg. v. github.com. Online verfügbar unter *https://github.com/volatilityfoundation/volatility*.

volatilityfoundation: Developer Guide. Hg. v. code.google.com. Online verfügbar unter *https://code.google.com/p/volatility/wiki/DeveloperGuide22*.

volatilityfoundation (2016): Mac OS X Profiles – Github. Hg. v. github.com. Online verfügbar unter *https://github.com/volatilityfoundation/profiles/tree/master/Mac*.

support.apple.com (Hg.) (2015): OS X Yosemite: Sicherer virtueller Speicher. Online verfügbar unter *https://support.apple.com/kb/PH18639?locale=de_DE%00*.

hints.macworld.com (Hg.) (2011): Disable Secure Virtual Memory. Online verfügbar unter *http://hints.macworld.com/article.php?story=20110920052038951%00*.

John Siracusa (2013): OS X 10.9 Mavericks: The Ars Technica Review. Hg. v. arstechnica.com. Online verfügbar unter *http://arstechnica.com/apple/2013/10/os-x-10-9/17/*.

Johannes Stuettgen (2012): OSXPMem – Mac OS X Physical Memory acquisition tool. Version. Online verfügbar unter *https://code.google.com/p/pmem/wiki/OSXPmem*.

FireEye (2012): Mac Memoryze. Version. Online verfügbar unter *https://www.fireeye.com/services/freeware/memoryze-for-the-mac.html*.

Sumuri LLC.: Recon for Mac OS X. Version : Sumuri LLC. Online verfügbar unter *https://www.sumuri.com/products/recon/*.

BlackBag Technologies: MacQuisition. Version : BlackBag Technologies. Online verfügbar unter *https://www.blackbagtech.com/software-products/macquisition.html*.

Sumuri LLC.: Recon Imager. Online verfügbar unter *https://sumuri.com/software/recon-imager/*.

n0fate (2015): Volafox. Version. Online verfügbar unter *https://github.com/n0fate/volafox*.

rekall-forensic.blogspot.de (Hg.) (2014): Rekall Profiles. Online verfügbar unter *http://rekall-forensic.blogspot.de/2014/02/rekall-profiles.html*.

Apple (2016): Downloads. Hg. v. developer.apple.com. Online verfügbar unter *https://developer.apple.com/downloads/*.

Michael Hale (2013): Mac OSX Commands for Volatility 2.3. Hg. v. code. google.com. Online verfügbar unter *https://code.google.com/p/volatility/wiki/MacCommandReference23#mac_psaux*.

FSB software (2014): logKext, Freeware barebones keylogger for OS X that hooks into the kernel. Version: code.google.com. Online verfügbar unter *https://code.google.com/p/logkext/wiki/ReadMe*.

Dewald, Andreas; Freiling, Felix C. (2011): Forensische Informatik. 1. Aufl. Norderstedt: Books on Demand.

Kapitel »Forensische Betrachtung der Mac-Technologien«

SpotlightInspector: Online verfügbar unter *http://www.504ensics.com/spotlight-inspector-v1-1-beta/*.

developer.apple.com (Hg.) (2016): File Metadata Search Programming Guide. Online verfügbar unter *https://developer.apple.com/library/mac/documentation/Carbon/Conceptual/SpotlightQuery/Concepts/QueryFormat.html*.

Ziplight: Online verfügbar unter *http://www.bartastechnologies.com/products/ziplight/*.

support.apple.com (Hg.) (2016): iCloud: Überblick über Sicherheit und Datenschutz. Online verfügbar unter *https://support.apple.com/de-at/HT202303*.

Hal Pomeranz (2016): mbdbls.py. Hg. v. github.com. Online verfügbar unter *https://github.com/halpomeranz/mbdbls*.

iOS 10.2 encryption feature fully supported (2016), Online verfügbar unter *https://www.iphonebackupextractor.com/de/blog/2016/nov/10/ios-102-encryption-fully-supported/*.

Cracking Apple iOS 10 Backup Encryption is now 2,500 times faster, Online verfügbar unter *http://securityaffairs.co/wordpress/51593/hacking/ios-10-backup-encryption.html*.

Kapitel »AppleScript, Automator, OS X Server«

macosxautomation.com (Hg.) (2016): Mac OS X Automation. Online verfügbar unter *http://macosxautomation.com/automator*.

developer.apple.com (Hg.) (2016): AppleScript-Languag- Guide, Commands Reference. Online verfügbar unter *https://developer.apple.com/library/mac/documentation/AppleScript/Conceptual/AppleScriptLangGuide/reference/ASLR_cmds.html*.

Stichwortverzeichnis

Symbole
0XED 25

A
Address Space Layout Randomisation 310
AFP 112, 199, 230, 394, 395
Agents 51
Aktivitätsanzeige 275
Allocation File 81, 82, 84, 86, 94
Allokationsblock 80, 81, 85, 86
Anmeldeobjekte 209
Anwendungsanalyse 9, 225, 275, 280, 305
APFS-Container 74, 109, 115, 117
Apple 27
Apple Bonjour 33
Apple File System 8, 108, 109, 126, 228, 246, 400
Apple File System Guide 112
Apple I 28
Apple II 28
Apple II+ 28
Apple Integer Basic 28
Apple LISA OS 29
Apple Script 33
AppleScript 9, 33, 381
AppleScript Studio 33
Applesoft BASIC 28
Apple System Logs 232
Apple TV 30
Apple Watch 30, 37
Applikationen 56
Applikationsschicht 46
App Store 34
  Einstellungen 187
Aqua 33

ASLR 34, 310
ATS 35
Attributes File 79, 81, 82, 84, 87, 90, 100, 101, 102, 326
Audio 33
Audit-Logs 233
Auto Login 182
Automatic Termination 310
Automator 9, 33, 383, 384, 385

B
Bash History 202
B-Baum 87, 89, 93, 94, 95
Befehle für Datenträger und Partitionen 75
Betriebssystem
  iOS 31
  Mac OS X 31
  watchOS 31
Big-Endian 73, 80
Bildschirmfreigabe 144, 196, 197, 198, 200
Bitweise Kopie 134
BlackBag 146, 150, 366, 401, 402, 403
Block Devices 149
Bluetooth-Geräte 185
Bluetooth-Verbindungen 203
Bob Frankston 29
BoM-Datei 186
Bootbare USB-Medien 150
Boot Camp 34, 49
boot.efi 47, 48
Boot.efi 50
bootstrap 51
Bricklin, Daniel 29
Brute-Force 191, 250, 251, 252, 253, 255, 368
B-Tree 87
Bundles 31, 53, 55, 56, 178, 211, 225, 284

C

Case-Anweisung 177
Casey 132, 133, 135, 401
Catalog File 79, 81, 82, 84, 87, 90, 95, 96, 326
Catalog Node ID 82, 94, 95, 328, 341
Chain of Custody 133
Cheetah 33, 79
Clump 81, 84, 85, 93
Cocoa 32, 44, 46, 107, 240, 404
Code Signing 43, 57
Commodore BASIC 29
Compressed Memory 35, 146, 307, 310, 317
Container-Superblock 117
Continuity 35, 223
Copy-On-Write 112
Core Data 33
Core Dumps 43
Core-OS-Schicht 43
Core Services 44
Core Storage 34, 69, 74, 75, 77, 78, 109, 123, 149, 155, 257, 258, 260, 264, 265
Core-Storage-Volume-Header 258, 260
Cracking 9, 251, 252, 257, 265, 266, 369, 407
Cross Clipboard 36
CROSS JOIN 173
crowbarDMG 267
Cupertino 28
CUPS 33

D

DaemonFS 281, 292, 405
Daemons 51
Darwin 37
Data Fork 78, 79, 81, 97
Dateifreigabe 199, 326
Dateikomprimierung 103
Dateisystem-Snapshots 108, 111, 112, 123
Dateisystem-Support 39
datetime() 176
dcfldd 148
dd 72, 73, 75, 85, 148, 153, 154
Device Tree 48
diagnosticd 236
Disk Arbitration 43, 155, 156, 157, 179
Disk Identifier 75

Disk Images 113, 178, 179, 259, 267, 268, 326, 329
diskutil 69, 75, 110, 113, 258
DMG-Images 178
Dock 33, 62, 63, 64, 152, 206, 209, 293
Download 57, 59, 153, 169, 182, 197, 203, 217, 368
Drucker 189, 203
DTrace 278, 280, 292, 298

E

EFI 46, 50
EFI-Boot-Services 47
EFI-Runtime-Services 47
egrep 376
El Capitan 19, 35, 60, 222
Elcomsoft 305, 353, 361, 365, 368
EnCase 113, 132
EncryptedRoot.plist.wipekey 260
Entitlements 57
Erweiterte Metadaten 100, 337, 338, 374
ewfacquire 24, 150, 159
ewfmount 24, 76, 180
ExFAT 40, 178
Exposé 33
Extended File Allocation Table 40
Extensible Firmware Interface 46
Extension Data Attribute 100, 101
Extent 79, 85, 94, 97
Extents Overflow File 81, 82, 87, 90, 97, 100

F

Facebook 35
FaceTime 219, 220, 221, 247
FAT 40, 79, 178
Fat Binaries 34
File Allocation Table 40
File Quarantine 59
FileVault 33
FileVault 2 34, 69, 112, 123, 149, 155, 249, 256, 257, 258, 260, 305
find 61, 375
Finder 29, 35, 37, 41, 42, 56, 62, 63, 64, 84, 96, 105, 141, 163, 179, 205, 344, 384
Firewall 143, 192, 193, 404

Firmware-Passwort 47, 146, 150, 153, 156
Fork Data Attribute 100, 101
Fotos 218
Frameworks 56, 57
FreeBSD Kernel 37
Freigaben 63, 142, 144, 195, 196, 226
FSeventer 281
FSEvents 34
FSmonitor 280, 281
fsstat 75, 85
fs_usage 277
Full Disk Encryption 34
Full-Screen-Modus 34
Fuse für Mac OS 23
Fusion Drive 69, 77, 78, 123, 148, 149, 155, 156, 257, 304, 401

G

Garbage Collection 69
Gatekeeper 21, 43, 58, 59
GCP 52
Github 25
Global Unique ID 288
Grand Central Dispatch 44, 52, 399
grep 140, 227, 228, 230, 376
Grohl, Dave 184, 251ff., 403
GUI 28
GUID-Partitionsschema 70

H

Handoff 35
Hardening 57
Hardlinks 105, 106
Hashcat 184, 251, 252, 253, 365, 369
hdiutil 75, 76, 78, 85, 124, 126, 179, 180, 264
Header Node 89, 91, 92
Hex-Editoren 25
Hex Fiend 25
HFS+ 39
HFS+ case-sensitive 39
HFS+ Special Files 79, 85
HFSX 39
HFS+-Zeitstempel 107
Hierachical File System 39
Hierarchical File System 78
Hintergrund-Systemprozesse 193, 194
Homebrew 23

I

iBooks 35
iChat 33
iCloud 9, 34, 35, 36, 48, 142, 143, 188, 190, 219, 221, 225, 244, 245, 256, 259, 288, 290, 292, 302, 305, 320, 350, 352, 353, 360, 368, 407
iMac 27, 30
Image 33
iMessage 35
Index Node 91
Inline Data Attribute 100, 103
INNER JOIN 173, 174, 176
Installations-DVD 34
Installationszeitpunkt 181
Installation von Software 186
install.log 228
Instruments 278, 279, 280
Intel 33
interaktive Tastaturübersicht 66
Interprozesskommunikation 31, 37, 38, 52
I/O-Kit 37, 48
IOKit 32
ioreg 49
iOS 27, 30, 31
iOS Backups 369
iPad 30
iPhone 30
iPhoto 30
iPod 30
istat 104, 347
iTunes 30
iTunes-Backup 305, 368

J

Jaguar 33
Java SE 22
John the Ripper 184, 191, 251, 256, 259, 263, 265, 268, 403
Journal 84, 103

K

Kalender 213
Kernel- und Treiber-Schicht 39
Keychain 35, 45, 145, 190, 191, 256, 266, 267, 297, 300, 307, 353
kMDItemDownloadedDate 121, 299
kMD-Items 326, 377

kMDItemWhereFroms 121, 123, 299, 331, 372, 380

Kontakte 211

Kooperatives Multitasking 30

L

Laufzeitanalyse 292

Launch Agents 193, 194

Launchd 50

Launch Daemons 194, 195, 231

Launchpad 34, 64

Leaf Nodes 89, 95

Leopard 34

Libewf 24

Linux-Live-Distribution 151, 153

Lion 34, 405

Live-CD 154

Live-Forensik 135, 141, 202

Live Log Stream 237

Live Response 135, 137, 138, 140, 145, 150, 226, 311

locate 374

log 181, 186, 189, 190, 224, 231, 238, 241, 242, 243, 244, 395

logd 236

Log-Dateien 227

Logical Block Addressing 68

logische Sicherung 136, 147, 155

Logische Volumes 69

logKext 314, 315, 316, 407

Lokale Domäne 161, 181

lsof 277, 292, 311, 315

M

Mac 29

Mac App Store 34

MacBook 27, 30

MacBook Air 27

MacBook Pro 27, 30

Mac Epoch 107, 108, 217, 223

Mach 32

Mach-Messages 31

Mach Microkernel 31

Mach-O-Binaries 53

Mach Task 52

Macintosh 29

maclife.d 280, 292, 298

Mac mini 30

macOS 32

Mac OS 27, 29, 32

  Zeitstempel 107

Mac-OS-Architektur 27, 38, 39

Mac OS Classic 29

Mac OS Integer 107

Mac OS Lab

  Fuse 23

  Github 25

  Hex-Editoren 25

  Homebrew 23

  Java SE 22

  Libewf 24

  Mac Ports 23

  Python 25

  Sleuth Kit 25

  SQLite-Browser 25

  Xcode 22

  Xmount 24

Mac OS Layer 39

Mac-OS-Notationen 37

macOS Sierra 8, 19, 27, 35, 37, 58, 59, 62, 112, 113, 143, 211, 213, 219, 222, 224, 225, 228, 235, 247, 250, 264, 275, 280, 283, 286, 307

Mac OS X 27, 31, 32

  GUI 28

  Versionen 32

Mac Ports 23

Mac Pro 30

MacQuisition 146, 150, 156, 311, 402

Mail 33, 214

Map Nodes 89

Maps 35

Mavericks 35

MBR 67, 70, 71, 125

mdfind 331, 371

mdls 203, 326

mdutil 179

Media-Schicht 45

Metal Framework 35

mount 141, 147, 154, 180, 230, 313

Mountain Lion 34

Mounten 44, 156, 179, 180

mount_hfs 180

MSAB XRY 366

MTMFS

Dateisystem 345
Multi-Touch-Gesten 34

N
Nachrichten 219
Netzwerk-Domäne 226
NeXT 30, 31
NeXTSTEP 31
Nicht-persistente Spuren 9, 311
Notizen 221
NSKeyedArchiver Format 163, 164, 206
NTFS 40
Nutzer-Domäne 161, 188, 201, 226, 245
Nutzerpasswörter 184, 249, 253
NVMe-Controller 152, 153
NVM Express 152
NVRAM 47, 48

O
Objective-C 31, 34
Open Directory 394
opensnoop 280
OS X Server 9, 393
OUTER JOIN 174

P
Packages 55
Panther 33
Papierkorb 204
Partitionstabelle 70, 71, 72, 73, 74, 115, 125
Partitionstypen und GUIDs 74
Passware 184, 251, 257, 305, 361, 365
PBKDF2 184, 250, 257, 403
Periodische Log-Dateien 231
Persistente Spuren 8, 9, 161, 226
Physikalische Volumes 69
plutil 162, 164, 212, 292, 372, 378
POSIX-Signale 53
Post-Mortem-Analyse 147, 162, 226, 264, 305, 353
Power Napping 135
PowerPC 33
PRAM 47, 156
Predicate-Filter 239, 240
Preemptives Multitasking 38
Preemtives Scheduling 52
Primary-GPT-Header 70

Primary Partition Table 71
Property List Files 162
Protective MBR 70
Proximity 37
Prozesse 51
Puma 33
Python 25, 34

Q
Quartz Extreme 33
Quick Look 34

R
RAM-Sicherung 136, 145, 307
Recon Imager 311
Recovery-Modus 19, 60, 154
Recovery-Partition 153, 154, 156, 256, 257, 258
rEFIND 50
rEFIT 50
Resource Fork 78, 79, 97
root-Benutzer 202
Ruby 34
rwsnoop 280, 292, 293, 298

S
Safari 33, 36, 217
Sandbox 57, 58
Sandboxing 43
Schloss-Icon 179
Schlüsselbund 190, 256, 266, 352
Schreibtisch & Bildschirmschoner
    aktive Ecken 143
Schützender Master Boot Record 70
Sculley, John 29
Secondary Partition Table 71
Secure Virtual Memory 309
select-Abfragen 171
Seriennummer 142, 225, 230, 243, 363
Server.app 393, 394
Single User Mode 150, 156
SIP 19
SIP-Status 19
Siri 36, 224
Sleuth Kit 25, 75, 82, 106, 113, 203, 260, 373
SMB 44, 199, 200, 230, 394, 395
Snow Leopard 34
Solid State Disks 68, 161

Soziale Medien 35
Spaces 34, 64, 65, 136, 140, 207, 208
Sparse Bundle 178
Sparse Disk Image 178
Split Screen 65
Spotlight 9, 33, 34, 100, 102, 179, 180, 203, 275, 281, 319, 326, 332
Spotlight Indexing 179
sqlite3 169, 170, 173, 176, 291
SQLite-Browser 25
SQLite-Datenbank 167
SQLite Joins 173
SSD 68
SSH 144, 210
Startup File 81, 82, 84
Steve Jobs 28
Steve Wozniak 28
strings 54, 145, 190, 191, 218, 266, 301, 309, 313
Structured Query Language 169
Sumuri Recon 156, 180, 191, 366
Sumuri Recon Imager 146
SWAP Dateien 309, 310
SWIFT 35
syslog 232
System-Domäne 181
Systeminformationen 137, 138, 311
System Integrity Protection 19, 35, 59, 60, 400
System.log 229
Szenario 268

T
Tabs 35
Tags 35
Tapbacks 37
Target Disk Mode 47, 155, 156
Threads 51
Tiger 33, 383
Time Machine 9, 34, 35, 112, 142, 144, 190, 240, 241, 242, 319, 333, 342, 345
tmutil 345
Triage 136, 138, 145
TSK Befehle 75
Twitter 35

U
Ubiquity 350
Übungs-Account 19
UDF 40
UEFI 46
UFED Cellebrite 366
Unified Logging 235
Unified-Logging-System 8, 236, 240
Unique Device ID 363
Unix Epoch 107, 203, 230, 324
User Data Record 92, 93

V
Verbundene iOS Geräte 245
Verschlüsselung 39, 50, 108, 112, 120, 123, 136, 143, 147, 155, 256, 257, 305, 309, 365
  TLS 35
  vollständige 34
Versionen 32
Versions 9, 34, 319, 323, 324
Vertrauenswürdige Binaries 137
Verzeichniseintrag 96
VFS 40
Video 33
Virtuelle Maschinen 139, 140, 149
VisiCal 29
VNC 144, 196, 197
VNC-Passwort 197
Volatility 9, 308, 311, 312, 314, 315, 316, 317, 407
Volatility Plugins 312
Volume Header 81, 83, 85, 117, 119, 260

W
watchOS 31
Wayne, Ronald 28
Wear Leveling 69
Webkit Integer 107
Whatis-Datenbank 231
Widgets 33
WLAN-Netzwerke 185
Workflow 385
Write Ahead Logdatei 168
Wurzelknoten 89

X

xattr 203, 377
Xcode 22, 42, 48, 60, 292
xmount 75, 76, 180, 264
Xmount 23, 24
XNU-Kernel 37, 38, 39, 47, 48, 50, 60, 62, 309
XPC 43, 60, 61
XProtect 59
X-Ways 104, 113, 132, 322, 349

xxd 163, 372

Y

Yosemite 35

Z

Zeitzone 182
zuletzt im System eingeloggte Nutzer 182
Zwei-Faktor-Authentifizierung 352